Coquibocoa
La Rancheria
R. dela Hacha
Pta das Piedras
Tapia
Salmaca
Sierras de Sufaur
Sierra Nevada
Coro
Cartegena
I. Uerde
Baranca de Malambo
Cienaga
R. de Gayra
Sierra de Bonda
Sta Martha
Ual de Tayrna
Buritaca
Val de Upar
Ciudad delos Reyes
R. Guataporí
GOVERNACION
DE SANCTA
MARTHA
Tenerifæ
Mopox
Tamalameque
Rio Cesar, Pompatao
Merida
R. Auijanas
Alpuerto
Ocaña
Rio grande dela Madalena
Rio Cauca, o Rio grande de Sta Martha
S. Christoual
Caceres
Uetes
Montes de Opon
Pamplona
R. de Carare
Corome
Sta Fe
Xundabe
Pueblo llano
Cenufara
Val de Aburra
Cartama prov.
El Desembarcadero
Plasentia
Velez
Pueblo blanco
NVEVO REY NO DE
GRANADA
Nra Señora delos remedios
Arma
Arma pr.
Musos
Trinidad
Tunia
Paucura
Mariquita
Tudela
Picara pr.
Carrapa pr.
Arbi pr.
Colymas
S. Miguel
Palma
Quinbaya pr.
Cartago
Tocayma
L. de Guaravita
Consota
R. Pati
Sta Fe de Bogota
Ybagua
Cordillera delos Andes
Sierra nevada
Guadalajara de Buga
S. Sebastian de la Plata
Onda
R. Guali
Manipos
Villa delos Angeles
Pixaos
Neyva
Paezes
Val de Neyva
Cotara
S. Uincente
S. Iuan delos Llanos
Truxillo
Timana
TERRA FIRMA
NOVUM REGNUM
GRANATENSE
POPAYAN
Amstelodami
Guiljelmus Blaeuw
excudit

DIE GROSSEN ENTDECKER

Die Erforschung der Erde – von den Anfängen der Menschheit bis in die Gegenwart

Nebel
BILDBAND

Christoph Kolumbus

James Cook

Im Erstreben des Unmöglichen hat der Mensch immer das Mögliche erreicht. Wer es nicht wagte, mehr zu tun, als woran er glaubte, ist niemals einen Schritt vorwärts gekommen.

(Michail Bakunin)

Marco Polo

Ferdinand Magellan

Texte
Paolo Novaresio

Redaktion
Valeria Manferto De Fabianis
Laura Accomazzo

Graphik
Patrizia Balocco Lovisetti

Karten
Giancarlo Gellona

Dank geht an Alberto Salza für die Verfassung der Einleitung und für seinen Rat bei der Planung dieses Werkes; an Prof. Oscar Norwich aus Johannesburg für die Zusendung seiner Erkenntnisse über die Expeditionen der Chinesen; an Enrico Goasco und Roberta Lanzone für ihre Hilfe beim Korrekturlesen. Ohne sie und zahlreiche andere, hier nicht im einzelnen genannte Helfer, wäre das Buch sicher nicht zu diesem herrlichen Band geworden.

Der Herausgeber dankt Maria Rosa Biason Accomazzo für ihre wertvolle Hilfe. Ebenfalls dankt er Liliana Ferraro Greppi, Gertrude Nobile, Jaques Piccard, Bob Moore vom Jefferson National Expansion Memorial, Susan Seyl von der Oregon Historical Society und Becky Fryday von der Media Services Corporation der Nasa.

1 *Dieser Druck stammt aus dem 1537 erschienenen Werk des Geographen Giovanni da Sacrobosco, der unten links im Bild eine Weltkugel als Schreibtisch benutzt.*

5 *Ein Seefahrer beobachtet die Sterne mit einem Navigationskreuz, mit dem die Höhe der Sterne über dem Horizont gemessen und so die geographische Breite errechnet werden kann.*

Genehmigte Sonderausgabe für:
Nebel Verlag GmbH, Erlangen/Utting

Übertragung aus dem Englischen:
Redaktionsbüro Krumbach
Lektorat: Susanne Kattenbeck

ISBN 3-89555-103-1

5 4 3 2 1 96 97 98 99 00

INHALT

Tropicus Capricorni

Wir diskutieren gerade mit Alberto Salza, einem Anthropologen, der dreißig Jahre lang uns unbekannte Länder bereist hat, über Forschungsreisen – umgeben von turkmenischen Kameltaschen, türkischen Schmuckstücken, Vermessungsinstrumenten, einem merkwürdigen fossilen Schädel und vielen, vielen Stiefeln.
„In Laetoli im nördlichen Tansania", beginne ich, „sah ich eine Reihe von Fußabdrücken, die ein Wesen aus der Familie der Hominiden vor über dreieinhalb Millionen Jahren auf seiner Wanderschaft hinterlassen hatte. Es war ein Australopithecus afarensis, *unser frühester Vorfahr. Im Juli 1969 hinterließ erstmals ein Mensch einen Fußabdruck auf dem Mond. Die beiden Fußabdrücke scheinen mir eng zusammenzuhängen, obwohl soviel Zeit und Raum dazwischen liegt. Es scheint, als ob der Mensch seit Urzeiten vom Reisen und der Erforschung der Welt fasziniert ist. Aber warum?"*

AUF FORSCHUNGSREISE

Salza nimmt den Gipsabdruck eines *Australopithecus*-Schädels und sagt: „Die Kinder sind schuld. Wir Savannen-Menschen brauchten ein großes Gehirn, um in einer sich ständig ändernden und gefährlichen Umwelt zu überleben.
Da wir auf zwei Beinen gehen, was gar nicht so ungefährlich ist, da wir bei jedem Schritt hinfallen können, kann unser Becken eine bestimmte Breite nicht überschreiten. Die Mütter vor drei Millionen Jahren wollten – wie heute – schlaue Kinder mit großem Gehirn. Aber sie riskierten wegen der großen Köpfe ihrer Kinder während der Geburtswehen ihr Leben. Die Evolution bewirkte, daß unsere Vorfahren Babys mit noch nicht fertig gebildeten Schädeln zur Welt brachten. Das heißt, daß die ersten Hominiden erst einige Jahre nach der Geburt ein voll entwickeltes Gehirn hatten – wie auch unsere Babys. Ein Kind muß erforschen. Heute wächst es relativ sicher auf, aber bis vor kurzem – anthropologisch gesehen – mußte ein Kind das Überleben sehr schnell lernen. Im Gegensatz zu seinen Schimpansen-‚Kollegen' entwickelt sich das Gehirn eines Babys im Kontext seiner Umgebung und verarbeitet die verschiedenen Erfahrungen. Ein Schimpanse, gleich ob in Freiheit oder im Zoo, hat ein vorprogrammiertes Gehirn und daher ein

7 oben links *Der* Omphalos *von Delphi, der heilige Stein, der das Zentrum des hellenistischen Universums markierte. Alle großen Zivilisationen der Vergangenheit, Griechen, Ägypter, Babylonier und Azteken, um nur die wichtigsten zu nennen, sahen sich selbst im Mittelpunkt ihrer Welt. Dieses „Nabelschau-Syndrom" und die Einstellung zum Weltall durchdringt die Geschichte der Entdeckungen der Erde von den Reisen der Ägypter nach Punt bis zur Entdeckung der Antipoden.*

7 oben rechts *Die Fußabdrücke in Laetoli (Nordtansania). Zwei parallele Reihen von Fußabdrücken über 27 m Länge, die unser Vorfahr, der* Australopithecus afarensis, *vor über dreieinhalb Millionen Jahren hinterließ. Die Abdrücke stammen von verschiedenen Personen, was man auf der Fotografie gut erkennen kann.*

7 unten *Der Fußabdruck des ersten Schrittes eines Menschen auf dem Mond. Millionen konnten dieses historische Ereignis im Fernsehen verfolgen. „Es ist ein kleiner Schritt für einen Menschen, aber ein Riesensprung für die Menschheit", kommentierte Neil Armstrong.*

festes Verhaltensmuster. Es ist an seine ursprüngliche Umgebung angepaßt. Im Unterschied dazu paßt ein Menschenbaby sein Verhalten veränderten Umweltreizen an."
„Das ist für ein Baby gar nicht so schwierig", fährt Salza fort „auch wenn die Erwachsenen dazu neigen, ein solch junges Wesen eher vor der Umwelt zu schützen, anstatt es sie erforschen zu lassen. Doch wir sind soziale und kulturelle ‚Tiere'. Die Vermittlung von Kultur durch Sprache verringert die Gefahren – wir nennen das ‚Erziehung'.
In einem Experiment mit Mäusen – sie werden von Verhaltensforschern wegen ihrer menschenähnlichen Verhaltensmuster bevorzugt – wurde folgendes beobachtet: Wenn man die Tiere von Anfang an manipuliert und stimuliert, entwickeln die jungen Mäuse eine weitaus stärkere Neugierde. Sie durchquerten z. B. einen Raum diagonal und folgten nicht mehr den Wänden. Bei einer mittelstarken Stimulierung wurden die Mäuse zu ‚Erforschern', sie legten ihre Furcht vor offenen Räumen ab. Diese Furcht ist übrigens auch bei Menschen oft vorhanden."
„In unserer infantilen Phase sind wir also alle Erforscher", sage ich. „Aber welcher Mechanismus läßt uns als Erwachsene weiter forschen?"
„Das Spiel. Spielen ist die einzige nicht-produktive Aktivität in dem Sinn, daß einem Energieaufwand kein unmittelbares Ergebnis folgt. Es scheint also keinen Sinn zu ergeben. Doch es hat eine große Bedeutung: Es legt nicht nur unsere Verhaltensmuster als Erwachsene fest (Geschlechterrolle, Sozialisation, Nahrungsbeschaffung etc.), sondern führt auch zum Experimentieren mit neuen, ungewohnten

8 oben *Ptolemäus, ein ägyptischer Geograph und Astronom aus dem 2. Jahrhundert, unterteilte die Erde in 360 Grade, womit die geographische Länge und Breite festgelegt werden konnte. Außerdem projizierte er die runde Erdoberfläche auf eine ebene Vorlage. Trotz vieler Irrtümer begründete er damit die wissenschaftliche Kartographie und beeinflußte Geographen und Astronomen der nächsten 1500 Jahre.*

8 unten *Diese Karte aus dem 15. Jahrhundert wird in der Marciana-Bibliothek in Venedig aufbewahrt. Europa und der Mittelmeerraum sind relativ genau wiedergegeben, doch Afrika hat eine zu gedrungene und zu große Form, und der Indische Ozean wird als Binnenmeer gesehen, das von der geheimnisvollen* Terra Australis Incognita *im Süden begrenzt wird.*

9 Titelbild des Atlas von Gerhard Kremer, auch bekannt als Geradus Mercator, aus dem Jahr 1596. Der Atlas ist ein Sammelwerk von 107 Karten über die verschiedenen Regionen der Erde. Außer für seine Genauigkeit ist der flämische Kartograph für seine neuartige Projektionsweise bekannt, die ähnlich auch heute noch als Mercatorprojektion bekannt ist. Sie basiert auf einem Netz paralleler Linien für die Länge und Breite in definierten Abständen. So kann man auch bei der Verzerrung in Polnähe Seerouten direkt finden, ohne komplizierte Berechnungen anstellen zu müssen.

und ausgefallenen Mustern. Dadurch werden wir zum Erforschen und Erfinden gebracht. Entdecken ist etwas anderes: Hier wird etwas gefunden, was schon existiert. Die Erforschung der Erde führt zu Entdeckungen; die Erforschung im spielerischen Bereich führt zu Erfindungen."

„Erforscher sind daher Menschen, die sich etwas herausheben; aber ihr Potential ist trotzdem geringer als das eines Kindes", antworte ich.

„Bis zu einem gewissen Grad stimmt das. Obwohl wir annehmen müssen, daß ein Wanderverhalten und somit auch Nomadentum teilweise in unseren genetischen Code geschrieben ist, versuchen nicht alle Menschen, das gewohnte Milieu, in dem sie geboren wurden, zu verlassen. Erforscher waren schon immer ‚verrückte' Typen, Außenseiter. Sie sind in gewisser Hinsicht Kinder geblieben, unbelastet von den Beschränkungen der Gesellschaft, in der sie leben. Sie wissen z. B. nicht, was sich auf der anderen Seite eines Raums befindet, deshalb zieht es sie dorthin. Sie sind große Kinder, freiwillige Wanderer. Ein Erforscher erschafft Welten – Welten, die nicht existiert hatten, bevor er sie fand.

So verlaufen die Erforschungen über Kreuz: Die Araber erforschten uns, während wir Jerusalem sehen wollten. Die Ägypter reisten nach Punt, wo es Menschen gab, die ihre eigenen Grenzen erforschten. Die Azteken schickten Expeditionen in die mexikanische Wüste, während Cortés seine Schiffe verbrannte, um nicht zurückkehren zu müssen. Es ist schwer zu sagen, wer wen erforschte, obwohl wir meist

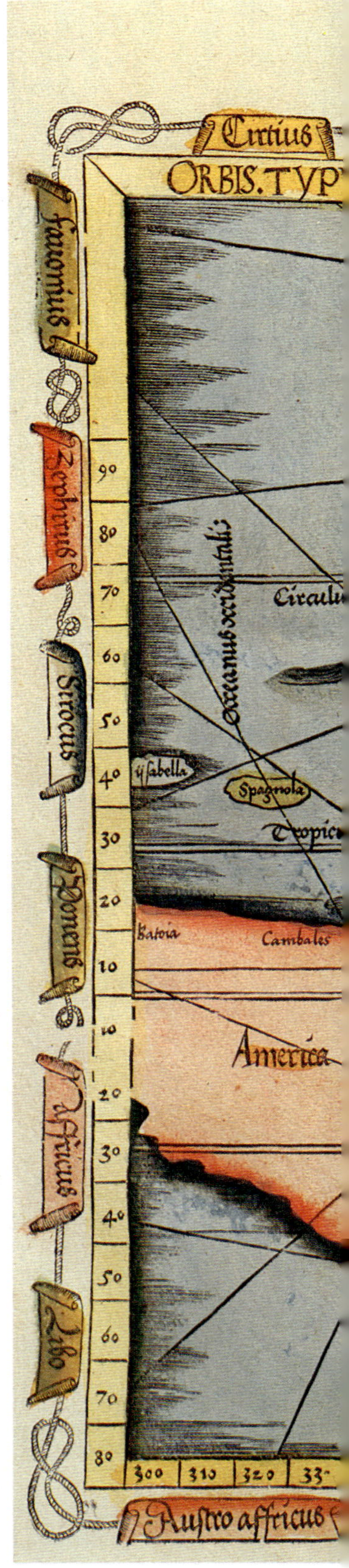

10 *Dieser Stich aus dem 17. Jahrhundert zeigt eine Navigationsschule in Holland. Ab etwa 1600 expandierten die Niederlande wirtschaftlich sehr stark und übernahmen die Kontrolle der Pazifikrouten von den Spaniern. Amsterdam, Sitz der niederländischen Ostindien Kompanie, löste die Mittelmeerländer und Portugal als Zentrum der europäischen Kartographie ab.*

10-11 *Kopie der berühmten Waldseemüller-Karte in einer Ausgabe von Ptolemäus'* Geographia *von 1522. Die Umrisse der bekannten Kontinente sind deutlich, wenn auch verzerrt: Asien ist mit Südamerika verbunden.*

11 unten *Ein Indisches Rhinozeros, dargestellt von dem Bologneser Naturalisten Ulisse Aldrovandi im 17. Jahrhundert. Das Tier, das seit dem Zusammenbruch des Römischen Reiches als erstes nach Europa kam, war ein Geschenk eines indischen Prinzen an den König von Portugal 1515. Albrecht Dürer fertigte einen berühmten Stich hiervon an, der in der Folgezeit oft kopiert wurde. Damals brachte man das Nashorn und das mythische Einhorn durcheinander, wie man an dem Horn auf dem Rücken erkennen kann.*

davon ausgehen, daß die Erforschung der Erde von Europa ausgegangen sei."

„Das lateinische *partire* bedeutet trennen", entgegne ich. „Etwas zu verlassen bedeutet, von etwas Bekanntem in etwas Unbekanntes zu wechseln. Man könnte meinen, daß Erforschung eine kleine persönliche Katastrophe ist (mit indirekten Folgen für die Umwelt), die aber auf einen höheren Level führen kann. Kann Erforschung als Methapher für den Prozeß des Erkennens gesehen werden?"

„Mehr als das. Es ist so etwas wie ein künstlerischer Prozeß: Erforschung ist kreativ. Wenn wir die Quantenmechanik betrachten, entdecken wir, daß Phänomene in einer unendlichen Anzahl von möglichen Zuständen vorkommen. Nur im Augenblick der Beobachtung hat das Universum den physikalischen Zustand, den wir kennen. Der Erforscher schafft eine Welt in dem Augenblick, wo er sie ‚entdeckt' und beobachtet. Das tat Gott auch in der Bibel: Die Erschaffung des Menschen findet am sechsten Tag statt. Für einen Erforscher ist das Universum mehrwertig. Der Quantenphysiker Finkelstein sagte: ‚Genauso wie ein Ja und ein Nein enthält das Universum auch ein Vielleicht. Die Erde war und ist ein Planet für Erforscher'."

Tabula orbis cum descriptione ventorum.
VNIVERSALIS.IVXTA.HYDROGRAPHORVM.TRADITIONEM.EXACTISSIME.DEPICTA.1522. L.F.
Mar congelatum
ASIA
AFFRICA
Mare mediterra
Aequinoctialis
Tropicus capricorni
Mare indicu
India inter gangem
India ex gangem
Sinus gangeticus
Sinus magnus

Vor etwa 500 000 Jahren lebten die Frühmenschen, repräsentiert durch die Art Homo erectus*. Durch neue kulturelle und technische Rahmenbedingungen konnten die Frühmenschen die Grenzen der ostafrikanischen Savanne überwinden, wo sie sich bis dahin weiterentwickelt hatte. Gruppen von nomadisierenden Jägern, die den großen Herden von pflanzenfressenden Tierarten folgten, streiften durch den natürlichen Gürtel des Great Rift Valley und kamen dabei bis zum Roten Meer. Während unzähliger folgender Generationen besiedelte diese Spezies Nordafrika und Südeuropa und lernte langsam, Werkzeuge herzustellen, sich zu organisieren und Feuer zu entfachen. Mit diesen Fähigkeiten wanderten diese Hominiden weiter durch die asiatischen Steppen bis nach China und auf den indonesischen Archipel. Vor etwa 300 000 Jahren war die erste Erforschung der Erde abgeschlossen:* Homo erectus *verschwand. An seine Stelle trat* Homo sapiens*, unser direkter Vorfahr.*

HOMO: EIN „WANDERTIER“

DIE WANDERUNGEN DES *HOMO ERECTUS*

***12** Dieses Schädelfossil eines* Homo habilis *im kenianischen Nationalmuseum wurde am Ostufer des Turkanasees gefunden, der als die „Wiege der Menschheit" bezeichnet wird. Der Schädel ist etwa 2,5 Millionen Jahre alt.* Homo habilis *war vermutlich der Erfinder der Steintechnik, die* Homo erectus *in die ganze Welt „exportieren" sollte.*

Er war muskulös, ungefähr 1,5 m groß, etwas untersetzt, doch im großen und ganzen gar nicht so verschieden von den heutigen Menschen. Aber sein Gesicht war ziemlich häßlich – zumindest für heutige Begriffe: fliehende Stirn, sehr kräftiger Oberkiefer, dafür kaum ein Kinn und wulstige Augenbrauen – ein Typ den man sicher nicht im Auto mitnehmen würde. Doch dieser Typ kolonisierte die Erde: *Homo erectus.*

Im Vergleich zu seinen Vorfahren war das wirklich Neue nicht sein Aussehen, sondern sein Verhalten. Im Unterschied zu *Homo habilis*, von dem er vermutlich abstammte, hatte er ein weiter entwickeltes Gehirn: Er jagte in Gruppen, teilte seine Beute, benutzte Werkzeuge aus Stein, Knochen und Holz und konnte Feuer machen. Er war der Umwelt nicht mehr wehrlos ausgeliefert, sondern konnte sich an die verschiedenen Bedingungen anpassen.

Doch häufig ist die Geschichte der Hominisation (Menschwerdung) noch unklar. Anthropologen haben hier die undankbare Aufgabe, die ferne Vergangenheit der menschlichen Rasse anhand von kleinen Bruchstücken zu rekonstruieren. Menschliche Fossilien sind selten; alle bisher gefundenen Teile würden nicht einmal eine Museumsvitrine füllen. Mit solch dürftigen Anhaltspunkten können Anthropologen nur Hypothesen aufstellen und Modelle entwickeln, aber belegen läßt sich kaum etwas. Die Paläoanthropologie ist daher weitgehend auf Vermutungen angewiesen.

Homo erectus erschien vor etwa 500 000 Jahren auf der Bildfläche und verschwand vor etwa 300 000 Jahren, als *Homo sapiens* ihn ablöste. In diesem langen Zeitabschnitt verbreitete sich *Homo erectus* allmählich über die ganze Welt und hinterließ dabei Spuren von Spanien bis nach China.

Es begann in Afrika, in der Savanne des Great Rift Valley, das den Kontinent vom Roten Meer bis nach Mosambik durchzieht. Durch immer feinere Techniken wurde *Homo erectus* eine Art „Über-Raubtier". Die Technik des Jagens in Gruppen versorgte

***13** Dieses Schädelfossil eines* Homo erectus *wurde 1975 von dem Paläoanthropologen Richard Leakey in Koobi Fora am Ostufer des Turkanasees in Kenia gefunden.* Homo erectus *tauchte vor etwa 500 000 Jahren auf. Diese Spezies kolonisierte die Welt von Afrika nach Europa und Asien.*

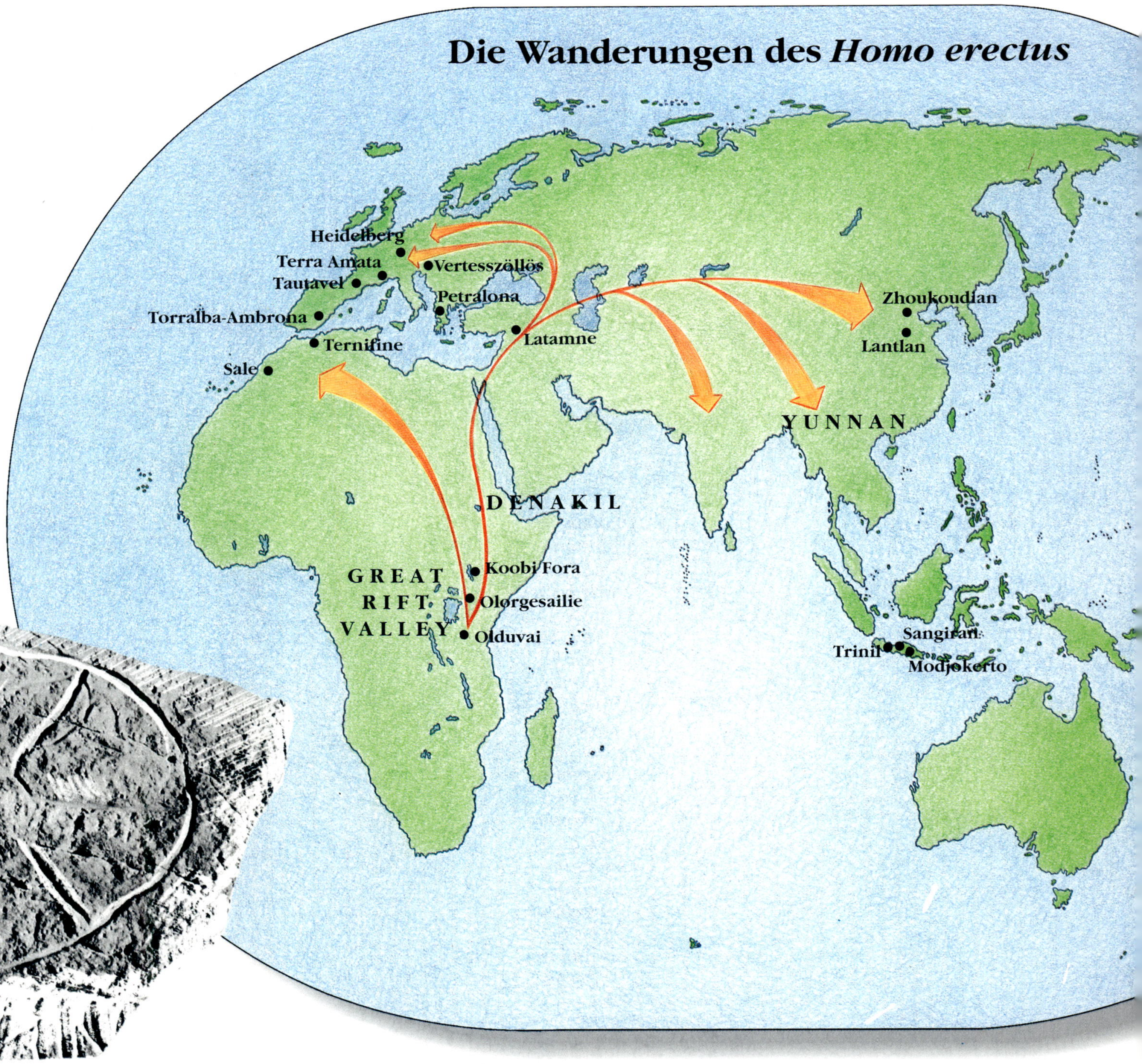

ihn mit riesigen Fleischmengen, was in Kombination mit gesammelten Früchten und Knollengewächsen eine sehr gute Nahrungsversorgung ergab. Wenn er satt war und nicht jagen mußte, verbrachte *Homo erectus* seine Zeit damit, sich fortzupflanzen.
Mit der Zeit entstand durch seine starke Vermehrung ein Ungleichgewicht zwischen der Bevölkerungszahl und den vorhandenen Ressourcen. Sein Siedlungsgebiet wurde übervölkert, und hier setzte nun ein neuer Mechanismus ein: Junge Männer wurden ausgestoßen und in benachbarte Gebiete verdrängt. Sie waren gezwungen, neue Nahrungsquellen zu finden, und folgten dabei den Wanderungen von pflanzenfressenden Tieren in neue Gebiete. Sie wurden Nomaden. Die experimentierfreudigsten unter ihnen, die am ehesten ihr bisheriges Verhalten ablegen konnten, stellten sich an die Spitze der Gruppe: Sie waren die ersten Entdecker.
Umweltbedingungen und die steilen Hänge des Great Rift Valley zwangen die Hominiden, entlang der Nord-Süd-Achse vorzudringen, und nach vielen Generationen erreichten sie das Rote Meer im Gebiet des heutigen Eritrea. Die Wüste konnte die Wanderung des *Homo erectus* nicht aufhalten, und indem er der Küste folgte, erreichte er schließlich das Mittelmeer.
In Isernia La Pineta in der Region Molise entdeckte 1979 ein Hobby-Naturkundler an der Baustelle für die Autobahn Neapel – Vasto einen seltsamen Gegenstand, der aus einer beim Graben freigelegten Erdmauer herausragte. Es handelte sich um einen fossilisierten Elefantenstoßzahn. Bei Ausgrabungen in jenem Gebiet wurde man schnell fündig: Tausende von Knochen und Werkzeugen wurden auf einer Fläche von zwei Hektar freigelegt. Diese Menge war kein Zufall, denn die Knochen, die von Bisons, Nashörnern, Elefanten, Bären und Rotwild stammten, waren sorgfältig nach ihrer Form ausgewählt und in Form eines Gitters angeordnet worden.
Was hatte *Homo erectus* veranlaßt, solch ein Riesengebilde anzufertigen? Man kann nur vermuten, daß es sich um Reste einer Vorrichtung handelte, mit der ein Sumpf urbar gemacht werden sollte. Es könnte sich aber auch, den vielen Schädeln und großen Knochen nach zu schließen, um einen Gerbplatz gehandelt haben (die Buschleute der Kalahari benutzen noch heute ein Gemisch aus Knochenmark und Gehirn, um Häute zu präparieren). Außerdem wurden auf einem Felsen Spuren von Rotem Ocker gefunden, der von vielen primitiven Völkern für rituelle Zwecke benutzt wurde. *Homo erectus* konnte also nicht nur Dickhäuter erlegen und Knochen mit Steinen brechen, sondern hatte auch schon Rituale.
Tautavel in den östlichen Pyrenäen sowie Torralba-Ambrona im spanischen Hochland bezeugen ebenfalls, daß unsere Vorfahren in die gemäßigten Gebiete des Mittelmeerraums vorgedrungen sind. Fossilienfunde im Ambronatal deuten auf große Elefantenjagden hin, bei denen die Tiere durch gelegtes Feuer in die nahen Sümpfe getrieben wurden. *Homo erectus* hatte also auch gelernt, sich das

15 oben Diese prähistorische steinerne Pfeilspitze wurde bei El Fayum in Ägypten gefunden. Die Herstellung von Steinwerkzeugen eröffnete neue Möglichkeiten für unsere Vorfahren: Sie konnten nun Tiere schlachten, die sie vorher nicht essen konnten, wodurch die Fleischversorgung verbessert wurde. Diese Steintechnik hielt sich bis in jüngste Zeiten in verschiedenen Gebieten der Erde.

Feuer zunutze zu machen. Derart gefährliche Jagden setzten außerdem ein hohes Maß an sozialer Organisation voraus.

In Terra Amata an der Côte d'Azur bei Nizza ist eine noch reichere Fundstätte: Bei Ausgrabungen, die 1966 begonnen wurden, kamen Spuren von zahlreichen Hütten zum Vorschein, weiterhin 35000 Werkzeuge und – die erste Kochstelle. Es wurden zwar keine menschlichen Fossilien gefunden, doch ein Fußabdruck eines *Homo erectus*. Seine Form ähnelt stark den Abdrücken, die man in Laetoli gefunden hatte. Physisch hatte sich diese Spezies also nicht so stark verändert, aber die Hominiden waren die Protagonisten in einer entscheidenden Neuerung: *Homo erectus* entwickelte eine Sozialstruktur und schuf seine ersten „Kunstwerke".

Nach der Überwindung von Wüsten, Prärien und Gebirgen, und während die europäischen Hominiden im Mittelmeerraum seßhaft wurden, drang eine andere Wanderungswelle nach Osten durch die endlosen asiatischen Weiten vor. Man weiß nicht genau, welchen Weg *Homo erectus* bis zu den Gebirgen von Yunnan und Nordchina nahm, aber es steht fest, daß die Höhlen von Zhoukoudian bei Peking bereits vor 500 000 Jahren bewohnt gewesen waren, und zwar für länger als 250 000 Jahre. Die Hominiden suchten dort Zuflucht vor den strengen kontinentalen Wintern, und sie hatten Feuer. Eine sechs Meter dicke Ascheschicht bezeugt, daß *Homo erectus* mit dem Feuer umgehen konnte. Die bei Zhoukoudian gefundenen Werkzeuge zeigen einen technologischen Fortschritt: Die Effizienz, mit der man Steine schärfen konnte, wird durch die große Fossilienmenge deutlich: Fast alles sind Knochen und Hörner von Riesenhirschen, einem schnellen Tier, das eine schwierige Beute war.

In China und Frankreich war *Homo erectus* nun unumstrittener Herrscher. Die Zeit war jetzt reif für das Auftauchen einer neuen Spezies, die den großen Sprung in die faßbare Vorgeschichte machen sollte: *Homo sapiens*, unser Urgroßvater.

15 rechts Die Fußabdrücke bei Laetoli sind zwischen 18 und 24 cm lang, woraus man schließen kann, daß die Hominiden nicht mehr als 1,5 m groß waren.

Es wird allgemein festgelegt, die Anfänge der Weltgeschichte im Mittelmeerraum beginnen zu lassen. Dieser Schauplatz hat ein leicht befahrbares Meer, hervorragende Ausgangsbedingungen für erste Versuchserkundungen, die allmählich die Grenzen der bekannten Welt erweiterten. Die früheste Reise in dieses „Außengebiet", von dem wir Aufzeichnungen haben, fand um 1500 v. Chr. statt, als die ägyptische Königin Hatschepsut eine Flotte nach Punt aussandte. Dann übernahmen die Phönizier die Initiative: Im 5. Jahrhundert v. Chr. führten zwei wagemutige Expeditionen durch die Straße von Gibraltar in Richtung westafrikanische Küste und schließlich zur Insel Tin, dem heutigen Großbritannien. Der griechische Seefahrer und Geograph Pytheas drang sogar noch weiter nach Norden vor zu den Grenzen der bewohnbaren Welt in die Packeisregionen. Im Jahr 327 v. Chr. unternahm Alexander der Große eine Expedition: Zentralasien und Indien wurden nun im mediterranen Europa bekannt. Doch hier fanden die frühen Entdeckungen ein Ende: Im Westen zerfiel das Römische Reich, der Islam erstarkte, und die „Barbaren" übernahmen die Macht. Ab dem 10. Jahrhundert tauchten die Wikinger auf. Ihre Fahrten über den Nordatlantik führten zur bald wieder vergessenen Entdeckung Amerikas.

ERSTE ENTDECKUNGS-FAHRTEN

„Erfolgreiche Abreise nach Osten. Erfolgreiche Ankunft der Soldaten der Zwei Länder im Lande Punt. Gemäß den Befehlen des Gottkönigs Amun, ihm kostbare Güter zu bringen ... der Größe seiner Liebe angemessen ... tat Königin Makare dies für ihren königlichen Vater Amun. Nichts Vergleichbares wurde jemals von einem Herrscher dieses Landes erreicht ... Ein riesiger Teil des Landes der Götter ... von dem die Ägypter nur vom Hörensagen wußten ..."
Die Hieroglyphen beim Tempel Deir el-Bahari nahe Theben verbinden die Geschichte der gefeierten Reise, die Königin Hatschepsut oder Makare angeordnet hatte, mit dem Land Punt um das Jahr 1500 v. Chr. Tatsächlich war Punt den Ägyptern nicht ganz unbekannt: Bereits im Jahr 2500 v. Chr. hatte Pharao Sahure eine Expedition ins Land der Götter ausgesandt, die mit kostbaren Gütern heimkehrte: Myrrhe,

17 oben *Diese Büste von Hatschepsut aus bemaltem Gips wurde im Tempel von Deir el-Bahari gefunden. Hatschepsut organisierte eine Schiffsexpedition nach Punt, die auf der Westportikus der zweiten Tempelterasse von Deir el-Bahari dargestellt wird.*

16 *Der Bug eines Drachenschiffes, des schnellen und wendigen Wikinger-Kriegsschiffes, mit einem furchterregenden Drachenkopf zum Schutz vor den Seegeistern verziert. Außer den Hauptgöttern Odin, Thor und Freyr kannte die Religion der Wikinger noch eine Reihe Elfen, Dämonen und böse wie auch gute Wesen, die Macht über den Menschen hatten.*

17 unten *Detail der Reliefs von Deir el-Bahari: Ein ägyptisches Schiff hat seine Ladung wertvoller Güter aus dem Land Punt an Bord genommen. Die Hieroglyphen bezeichnen die verschiedenen Güter: „... Ebenholz, Elfenbein, Gold von Amu, aromatisches Holz, Weihrauch von Ahem, Harz, hundeköpfige Affen, Affen mit langen Schwänzen, Hunde und Leopardenfelle sowie Eingeborene des Landes mit ihren Kindern."*

Die ägyptischen Expeditionen nach Punt

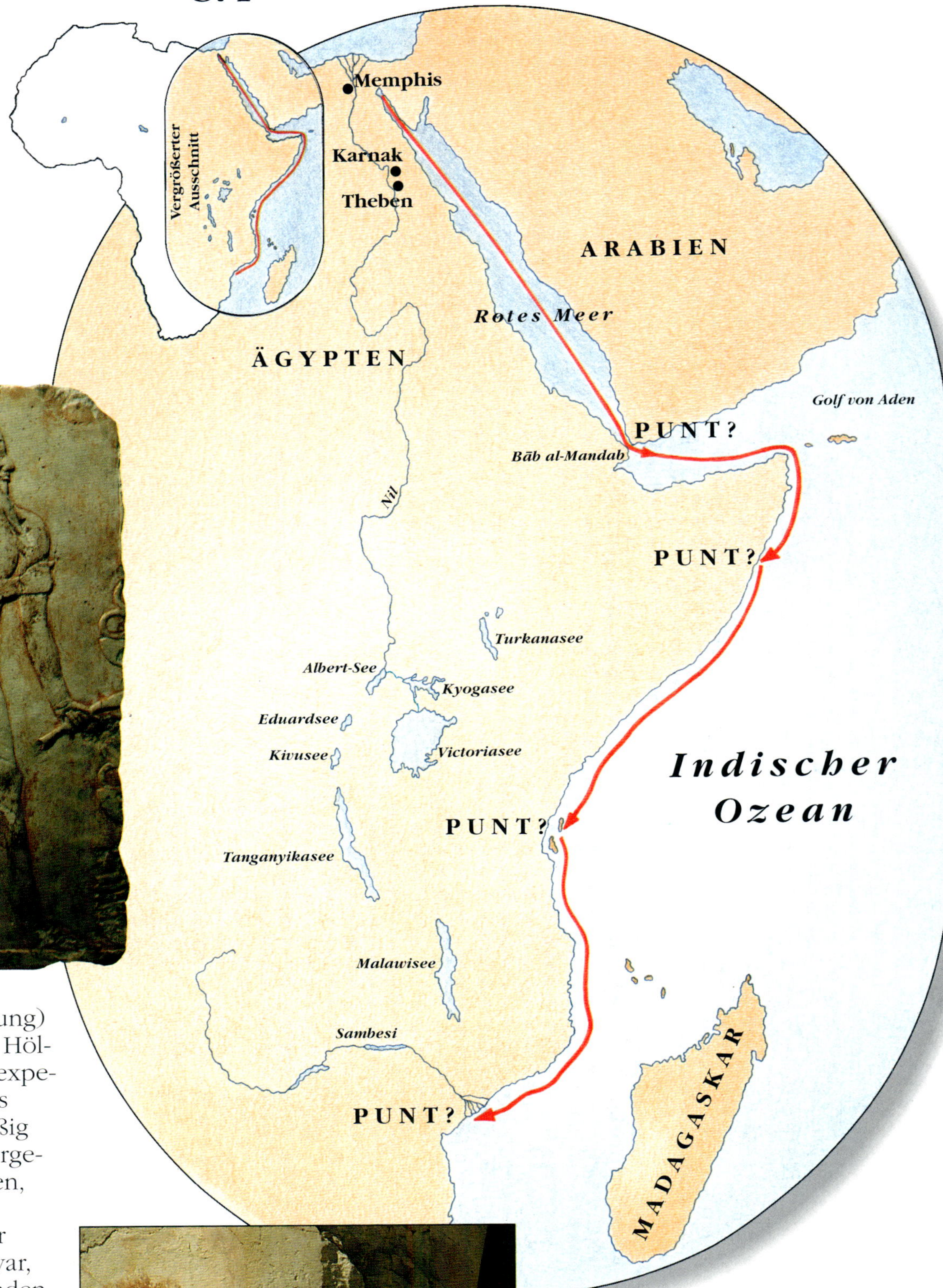

Elektrum (eine Silber-Gold-Legierung) und eine große Menge wertvoller Hölzer. Es ist bewiesen, daß Handelsexpeditionen entlang des Roten Meeres bereits seit frühester Zeit regelmäßig stattfanden, obwohl es noch außergewöhnliche Unternehmungen waren, deren man sich rühmen konnte. Hatschepsut nahm einen Weg, der bereits ihren Vorfahren bekannt war, der aber auch der Stoff von Legenden wurde. Ihr Verdienst besteht darin, daß sie als erste eine detaillierte Beschreibung des Expeditionsweges hinterließ.

Das Land Punt zu erreichen, war keine einfache Sache – wo immer es auch lag: von Theben ein achttägiger Marsch durch die Arabische Wüste. Die Herausforderung bestand darin, das ganze Holz und die übrigen Güter für den Bau einer Flotte zur Küste zu transportieren. Das Rote Meer zu befahren, war aufgrund der heimtückischen Korallenriffe und unberechenbaren Winde eine ständige Gefahr. Auch gab es unterwegs keine Möglichkeit seine Vorräte aufzufüllen.

Das Land Punt umfaßte ein großes Gebiet, das vermutlich im Südosten von Ägypten und von der Meerenge Bāb al-Mandab bei Somalia südwärts entlang der ostafrikanischen Küste lag.

18 oben links *Auf den Reliefs von Deir el-Bahari sieht man den König und die Königin von Punt, als sie die Ägypter treffen.*

18 unten *Dieses Kapitell aus dem Tempel von Deir el-Bahari zeigt Königin Hatschepsut, „die der Gott Amun umarmte, die erste unter den Vornehmen“. Hatschepsut, regierte 22 Jahre über Unter- und Oberägypten.*

Diese Gebiete waren die Quelle seltener exotischer Produkte und aromatischer Essenzen.
Die Flachreliefs und Inschriften bei Deir el-Bahari porträtieren exakt das Alltagsleben der königlichen Expedition. Fünf Schiffe erreichten Punt; sie wurden bewundernd von den Bewohnern begrüßt, die sich fragten, ob die Ägypter wirklich über das Meer gekommen waren oder „auf den Strahlen der Sonne". Ein König und seine unglaublich dicke Königin empfingen die Juwelen- und Schwertgeschenke von Hatschepsut in einem Hüttendorf, das zwischen Palmen und Myrrhe-Bäumen lag. Die ägyptischen Schiffe nahmen ihrerseits große Mengen „wunderbarer Güter" auf: außer den sorgfältig verpackten Myrrhe-Bäumen, die in die Tempelgärten des Amun gepflanzt werden sollten, Tribut vom Land Punt in Form von Weihrauch, Elfenbein, Gold, Ebenholz, dressierten Affen und Geparden.
Doch waren die See-Expeditionen nicht die einzige Verbindung zu fernen südlichen Ländern: Entdecker und Abgesandte waren schon vorher in das Innere von Afrika vorgedrungen. Zwischen 2280 und 2240 v. Chr. hatte Hirkhouf, ein vornehmer Bürger von Assuan, einen „tanzenden Zwerg" von seinen Reisen mitgebracht, einen leibhaftigen Pygmäen vom fernen „Land der Bewohner des Horizonts".
Wir besitzen keine genaue Kenntnis über die Verbindungen Ägyptens mit dem restlichen Afrika, doch war das Niltal sicher nicht so isoliert von „schwarzen" Zivilisationen, wie bisher angenommen. Künftige archäologische Forschungen könnten die Frage beantworten, ob diese Kontakte und Einflüsse nur in eine Richtung gingen. Zur Zeit können wir nur Vermutungen darüber anstellen.

19 Auf den Reliefs von Deir el-Bahari sind unter anderem Krieger, Palmen, Myrrhe und tropische Fische zu sehen. Die Lage von Punt bleibt ein Geheimnis. Viele nahmen an, daß es an der arabischen oder somalischen Küste lag (was die Darstellung der aromatischen Pflanzen erklären würde). Vielleicht bezeichnet der Name Punt aber auch die afrikanische Küste zwischen der Meerenge Bāb al-Mandab und der Sambesi-Mündung.

DIE PHÖNIZIER

Im letzten Jahrtausend vor Christus, als die mykenische Kultur im Niedergang war, erlangten die Phönizier die unumstrittene Macht über die Mittelmeerrouten. Die phönizischen Schiffe gründeten von der libanesischen Küste aus blühende Kolonien entlang der nordafrikanischen Küste, in Sizilien und Spanien und sogar hinter der Straße von Gibraltar die sogenannten Melkart-Kolonien. Die Navigationskenntnisse der Phönizier waren im ganzen Mittelmeerraum bekannt, und viele Länder charterten phönizische Schiffe und Besatzungen für ihre kühnsten Handelsunternehmungen.

Die Bibel erzählt die Geschichte einer mythischen Reise einer Flotte von Tyrus in Zusammenarbeit mit dem König von Israel, Salomon, nach Ofir, dem geheimnisvollen Goldland, im Jahr 945 v. Chr. Die Entdecker kehrten mit nicht weniger als 19 Tonnen dieses Edelmetalls zurück. Viele Spekulationen wurden über die Lage des Landes Ofir angestellt: Man vermutete diese sagenhafte Goldquelle in Japan und in Simbabwe, doch man wird wohl nie genau erfahren, wo dieses Land lag, und ob es tatsächlich existierte.

Die Geschichte einer phönizischen Expedition im Namen des Pharaos Necho im 7. Jahrhundert v. Chr., die von Herodot überliefert ist, klingt noch ungewöhnlicher: Die königlichen Schiffe verließen das Rote Meer und segelten südwärts, bis sie das Kap der Guten Hoffnung erreichten. Drei Jahre später tauchten sie im Mittelmeer wieder auf. Sie behaupteten: „Als wir Libyen umsegelten, hatten wir die Sonne zu unserer Rechten", also im Norden, wie es nur in der südlichen Hemisphäre möglich ist. Herodot bezweifelte diesen einzigen „Beweis" ihrer Reise.

Im Jahr 660 v. Chr. fiel Tyrus an die Assyrer, und die Griechen begannen ihre Seefahrt in der Ägäis. Dies verlagerte das Zentrum der phönizischen Zivilisation nach Westen. Das im 9. Jahrhundert v. Chr. gegründete Karthago besaß ein weitverzweigtes Handelsnetz, das die afrikanische Küste mit den Han-

20 oben *Dieses Flachrelief zeigt ein phönizisches Schiff aus dem Libanon aus dem 2. Jahrhundert v. Chr. Über die phönizischen Handelsschiffe ist wenig bekannt. Die Quellen, meist ägyptischen und griechischen Ursprungs, zeigen keine technischen Details, die bei der Rekonstruktion helfen könnten. Die phönizischen Schiffe waren zwar robust, besaßen aber weder Kiel noch Spanten und auch keine Verstärkung an Bug und Heck.*

20 unten *Dieser Halsschmuck ist aus Glasmasse hergestellt. Die Phönizier entwickelten in der Herstellung von Glasanhängern großes Geschick. Ab 800 v. Chr. wurde Karthago das Zentrum für die Herstellung und Verteilung von wertvollen Gütern, die in die Mittelmeerländer exportiert wurden.*

delszentren auf den Balearen und Sardinien verband. Die Phönizier waren die unumstrittenen Beherrscher der Straße von Gibraltar.
Auf der Suche nach neuen Handelsmöglichkeiten organisierten die Karthager zwei große atlantische Expeditionen. 525 v. Chr. erreichte Imilcone nach einer viermonatigen Reise die Insel Tin, das heutige Cornwall. Nach der Legende überwanden die Entdecker eine heimtückische algenbedeckte See, waren ungestümen Gezeiten ausgesetzt, die ihre Schiffe lahmlegten, mußten durch dichte Nebelbänke und von Seeungeheuern bewohnte Fahrwasser. Einiges von dieser Erzählung ist durchaus glaubwürdig, doch ist nur wenig von Imilcones Bericht überliefert.
Etwas mehr ist bekannt von der zweiten Reise, die fast zur gleichen Zeit begann. Sie ist überliefert in einem griechischen Text aus dem 10. Jahrhundert. Der Protagonist dieser Unternehmung, Annone, folgte der marokkanischen Atlantikküste und erreichte die Mündung des Flusses Lisso. Er segelte von dort weiter südwärts, bis die Küste einen östlichen Verlauf nahm. Schließlich kam ein feuriges Land in Sicht; in dessen Zentrum erhob sich ein „hochaufragender Scheiterhaufen, größer als alle anderen, der die Sterne zu erreichen scheint". Am Tag entpuppte er sich als ein hoher Berg namens „Wagen der Götter". Der einzige Vulkan an Afrikas Westküste ist der Kamerunberg.

Die Fahrten der Phönizier

21 Diese punische Tonmaske wurde in Mozia/Sizilien gefunden. Ab dem 12. Jahrhundert v. Chr. erreichten die Phönizier die Vormacht im Mittelmeerraum und gründeten zahlreiche Kolonien an der nordafrikanischen Küste, in Sizilien und auf der Iberischen Halbinsel. Karthago (in der Nähe des heutigen Tunis) kontrollierte die Straße von Gibraltar, und die Phönizier begannen, den Atlantik zu befahren.

Wenn der Bericht stimmt, so erreichten die Karthager den Golf von Guinea, wobei sie in wenigen Monaten Tausende von Küstenkilometern erforscht hätten. Doch läßt sich die Authentizität dieser Geschichte nicht bestätigen. Immerhin benötigten die portugiesischen Karavellen zweitausend Jahre später ein halbes Jahrhundert, um diese Leistung zu wiederholen.
Doch ob diese Unternehmungen tatsächlich stattfanden oder nicht – die Tatsache bleibt, daß die Phönizier mehr als alle anderen Völker zur Ausdehnung der bekannten Welt beitrugen, die sich vom Mittelmeer schließlich nach Osten und in die Atlantikgebiete ausdehnte.

22 Diese Freske aus dem 16. Jahrhundert v. Chr., die auf der Insel Santorin gefunden wurde, zeigt ein in den Hafen einlaufendes Schiff. Die griechische Wanderung von der Ägäis zum westlichen Mittelmeer erreichte zwischen dem 8. und 6. Jahrhundert v. Chr. ihren Höhepunkt. Die Kolonie Massilia, das heutige Marseille, von wo Pytheas seine Reise in die nördlichen Meere unternahm, wurde um 500 v. Chr. gegründet.

22-23 Diese Karte aus dem 15. Jahrhundert im ptolemäischen Stil zeigt den Nordatlantik. Britannien, Irland (Ibernia) und die europäische Küste mit Jütland und der Ostsee sind zu erkennen. Zwischen Grönland und einem ziemlich verzerrten Skandinavien liegt das unbekannte und unzugängliche Mare Congelatum, *das „gefrorene Meer“.*

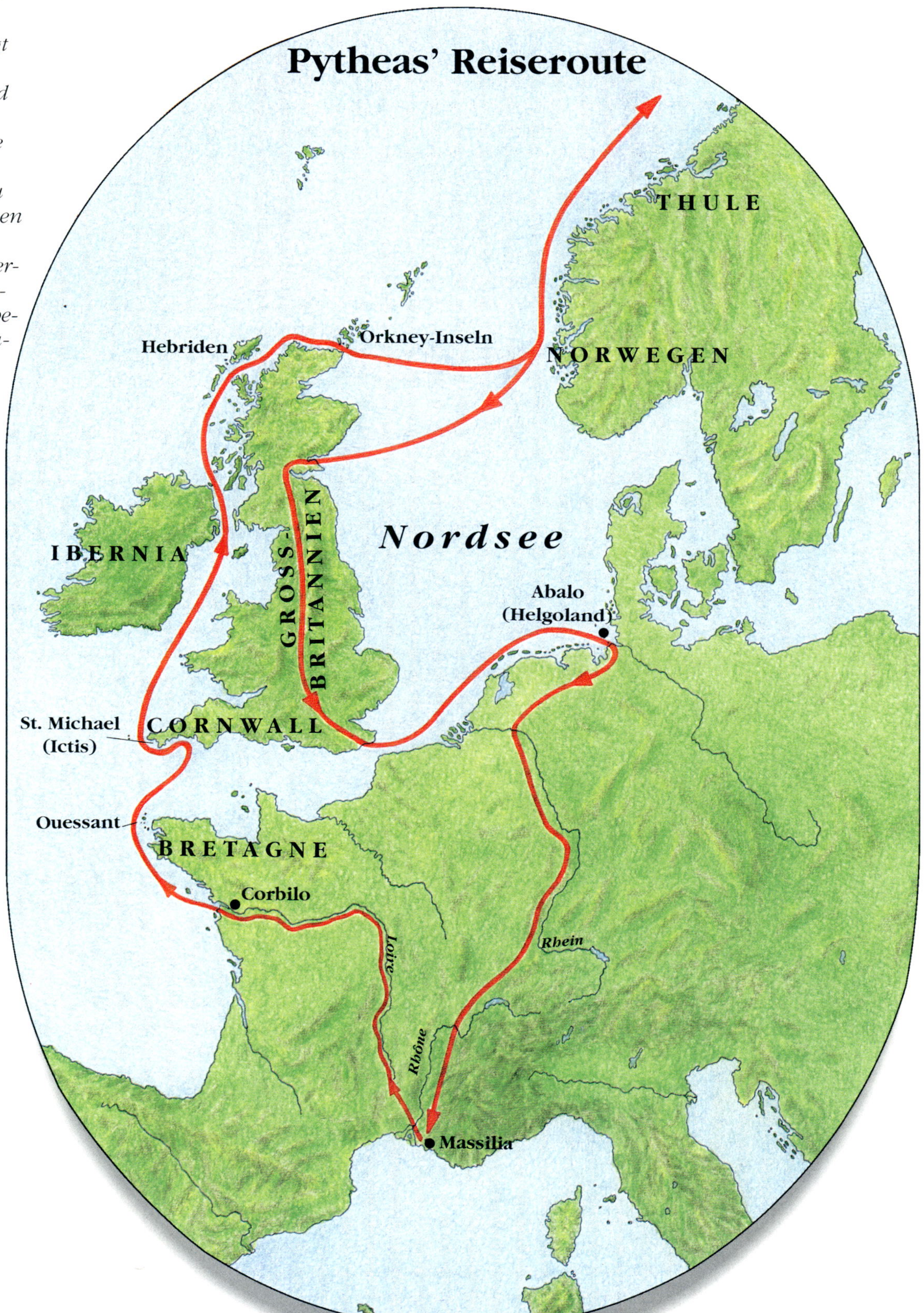

PYTHEAS

Pytheas wurde in Massilia, dem heutigen Marseille, um das Jahr 380 v. Chr. geboren. Diese griechische Kolonie, die strategisch günstig nahe der Rhône-Mündung lag, war damals ein blühender Markt für Produkte aus Nordeuropa: Bernstein, Edelmetalle und insbesondere Zinn.

Sicher waren kommerzielle Gründe dafür ausschlaggebend, daß Pytheas, ein reicher und gebildeter Bürger, eine Reise über den Nordatlantik unternahm. Die Überlieferungen seiner Reise sind allerdings spärlich und sehr zweifelhaft. Das Datum des Reisebeginns ist unbekannt. Über seine Reiseroute bestehen sehr unterschiedliche Meinungen, die alle auf Hypothesen beruhen.

Wenn man bedenkt, daß die Straße von Gibraltar unter Kontrolle der Karthager, des Hauptrivalen von Massilia, war, wird Pytheas wahrscheinlich einen Landweg entlang der Handelsrouten gesucht haben, die entlang der Rhône und der Loire zum keltischen Hafen Corbilo in der Bretagne führten. Von Corbilo segelte er wohl nach Ouxisame (zur Insel Ouessant), überquerte den Kanal und erreichte die Küste von Cornwall. Dort beobachtete er, wie die Einheimischen Zinn gewannen. Sie gossen es in faustgroße Barren und verfrachteten es bei Ebbe zur Insel St. Michael (Ictis), wo alle Händler sich einfanden, da die Küste von Cornwall wegen ihrer kriegerischen Bewohner gefürchtet war.

Pytheas setzte seine Reise durch die Irische See zwischen England und Irland bis zur schottischen Küste, den Hebriden und Orkney-Inseln fort. Gemäß den Überlieferungen wandte er sich dann nach Norden, wo er nach weiteren sechs Tagen „das fernste aller Länder“ sichtete, das legendäre Thule, vielleicht Island, wahrscheinlicher aber die norwegische Küste. Jenseits von Thule wurde die See fest, und man konnte auf ihr „weder gehen noch segeln“, und die Sonne ging niemals unter. An diesem Punkt kehrte Pytheas wieder nach Süden um. Er segelte entlang der Ostküste von England, die er zum Teil auch zu Fuß erkundete, und setzte seine Reise über die Nordsee zur Bernsteininsel vor der dänischen Küste fort. Von Abalo (Helgoland) kehrte er nach Massilia zurück, vermutlich entlang dem Rhein und der Rhône.

Über Pytheas' Reiseweg kann man zwar nur Vermutungen anstellen, aber wir wissen, daß er den Polarkreis erreichte: Seine Beschreibungen des zugefrorenen Meeres und der nicht untergehenden Sonne sind eindeutig und präzise, auch wenn gerade dies zu seiner Zeit belächelt wurde. Er umsegelte zweifellos Großbritannien, das er als eine Insel erkannte. Er beschwerte sich über das scheußliche Klima, lobte aber die Qualität des dortigen Bieres. So blieb Thule für Jahrhunderte das nördliche Ende der Welt.

ALEXANDER DER GROSSE

Alexander, der Sohn von Philipp II., König der Makedonier, bestieg im Jahr 336 v. Chr. den Thron. Schon zwei Jahre später waren die einzelnen griechischen Staaten unter ihm vereint, und Alexander zog mit einer gewaltigen Streitmacht nach Osten, um das Persische Reich endgültig zu besiegen. Zu dieser Zeit hatte die griechische Kultur ihre Blüte. Alexander war Schüler des großen Aristoteles gewesen, dessen Lehren seine Vorliebe für wissenschaftliche und geographische Erforschungen weckten. Daher folgte dem Heer eine große Anzahl von Historikern und Astronomen, und so wurde der Feldzug auch eine Forschungsreise. Alexander eroberte schnell Phönizien, Ägypten und Kleinasien. Der Sieg über Darius III. bei Gaugamela brachte Babylon und Teile des persischen Kernlandes unter seine Herrschaft.
Zu dieser Zeit wußte man nur wenig über die riesigen Gebiete des Persi-

24 oben *Alexander der Große ist oft als besonders hübscher Jüngling mit einem nachdenklichen Ausdruck dargestellt. Er war ein Schüler von Aristoteles, dem berühmtesten griechischen Philosophen jener Zeit, dessen Lehren Alexanders Begeisterung für wissenschaftliche und geographische Erkundungen weckten.*

24 unten *Das Mosaik, von dem hier ein Ausschnitt dargestellt ist, befindet sich im Nationalmuseum in Neapel. Das Mosaik stellt die Schlacht zwischen Darius und Alexander bei Issus dar und zeigt den kämpferischen, aggressiven Charakter des griechischen Eroberers.*

schen Reiches, das bis an die indische Grenze reichte. Über das iranische Hochland erreichte Alexander das Kaspische Meer, und nach Darius' Tod verfolgte er dessen Nachfolger durch die Steppen von Battriana, dem heutigen Afghanistan. Von Nuristan überquerte er das Hindukusch-Gebirge und gelangte in das Oxus-(Amudarja-) Tal. Auf seinen Zügen gegen die Skythen, ein nomadisches Volk im westlichen Turkistan, überquerte er den Fluß Syrdarja. Nun lag Zentralasien vor dem makedonischen Herrscher, und er wandte sich jetzt nach Süden. Die Eroberer überquerten den Indus und den Jhelum und erreichten schließlich den Beas, einen Nebenfluß des Sutlej (Satledsch) im Punjab. Dahinter erstreckte sich die endlose Weite der Wüste Thar, die den Zugang zum Ganges-Tal und der fernen Grenze der Welt bildete, wo „der große Ozean-Fluß die ganze Erde umkreist". Dort beschwor Alexander sein Heer, weiter nach Osten vorzudringen. Doch überzeugte seine Lektion in Geographie die Soldaten nicht davon, auf ungewissen Wegen weiterzuziehen. Um eine Meuterei zu verhindern, entschied Alexander umzukehren. Er ließ eine Flotte bauen und unter Segel setzen, fuhr über den Jhelum, und segelte den Indus bis zu seiner Mündung in den Indischen Ozean entlang. Diese Reise

25 oben *Nachdem er den Indus erreicht hatte, ließ Alexander eine Flotte bauen, um zur Mündung des Indus zu fahren. Seine Schiffe gerieten in einen Sturm, und er beschloß, auf dem Landweg nach Persien zu gelangen, während einer seiner Generale, vermutlich Nearchos, nach der Reparatur der Schiffe weiter die Küste am Indischen Ozean bis zur Euphrat-Mündung erkunden sollte. Nearchos fuhr 130 Tage lang; er traf Wale und Menschen, die sich nur von Fisch ernährten und die er* Ichthyophagen *nannte.*

25 unten *Auf dieser Emaillemalerei aus dem 16. Jahrhundert ist Alexander der Große auf einem Elefanten sitzend dargestellt. Nachdem das Heer von Alexander den Indus entlang gesegelt war, stieß es auf den hartnäckigen Widerstand des lokalen Herrschers Poros Seleukos. Dessen Heer umfaßte 200 Kriegselefanten, eine „Geheimwaffe, die die makedonische Kavallerie aufrieb. Doch Alexander gewann schließlich aufgrund der Effizienz seiner Bogenschützen die Schlacht.*

26 oben links *Auf dieser Seite der* Cosmografia *von Julius Solinus aus dem 16. Jahrhundert steht Alexander bei seinem Lieblingspferd* Bucephalus. *Das legendäre Pferd des makedonischen Eroberers wurde während der Schlacht mit dem Heer von König Poros getötet. Zu seinem Gedenken gründete Alexander die Stadt Alexandria Bucephalus am Ort der Schlacht.*

26 oben rechts *Die Fabelbewohner der fernen Länder des Ostens in der* Cosmografia *von Julius Solinus: Menschen ohne Köpfe, Zyklopen, Hundemenschen und Einbeinige. Die exotischen Monster tauchen überall in den poetischen Verherrlichungen Alexanders auf.*

26 unten *Das Leben Alexanders des Großen ist von einer Aura des Übernatürlichen umgeben. Da er die fernsten Gegenden der Erde erreicht hatte, mußte der makedonische Held Monster und Fabelwesen gesehen haben. Hier ist er im Kampf gegen ein Schildkrötenheer dargestellt.*

war beschwerlich: Der Fluß war durch den Monsunregen angeschwollen und floß sehr schnell, so daß die Boote jederzeit kentern konnten. Kurz vor der Mündung gab es eine starke Tidenströmung, mit der die Seeleute nicht zurecht kamen; viele Schiffe sanken oder wurden ans Ufer geschleudert.
Alexander war überzeugt, daß dieses östliche Meer, in das dieser Fluß mündete, irgendwie mit dem Roten Meer und vielleicht mit dem Kaspischen Meer verbunden sein müßte. Er wollte unbedingt den Seeweg von Indien nach Persien finden, und beschloß daher, sein Heer zu teilen. Mit dem größeren Teil wollte Alexander selbst den Weg durch Gedrosia (Belutschistan) verfolgen, bis er den Persischen Golf erreichte. Einem seiner Generäle, vermutlich Nearchos, erteilte er den Befehl, einen Seeweg zum Mündungsgebiet des Euphrat zu suchen. Nearchos segelte 130 Tage lang durch unbekannte Gewässer; dabei stieß er auf primitive Völker, die sich ausschließlich von Fisch ernährten. Er nannte diese Menschen *Ichthyophagen.*
Alexanders Weg entlang der unwirtlichen Küste des Iran war wesentlich beschwerlicher. Tausende seiner Soldaten verhungerten oder verdursteten, bevor man Babylon erreichte, jene Stadt, die der makedonische König zur Hauptstadt seines neuen Reiches machen wollte.

Nach zehn Jahren voller Schlachten und Erkundungen erkrankte Alexander und starb im Jahr 323 v. Chr. Das lange Asien-Unternehmen hatte das griechische Heer bis an die indische Grenze und in den asiatischen Kontinent geführt, was die bekannte Welt um ein gewaltiges Gebiet erweiterte.

27 Diese beiden Illustrationen zeigen einige der Abenteuer, die Alexander der Große auf seiner großen Asien-Expedition erlebte. Oben kämpft der Makedonier mit sechshändigen Menschen, unten trifft er auf gefährliche Wesen mit Tierköpfen.

28 oben links
Alexanders Heer, das aus 30 000 Infanteristen und 5000 Kavalleristen bestand, erreichte nach der Eroberung Kleinasiens, Phöniziens, Syriens und Ägyptens Mesopotamien und überquerte den Euphrat und den Tigris. Diese Illustration aus einer Handschrift des 15. Jahrhunderts zeigt, wie Alexander den persischen Truppen gegenübersteht und sie bei Gaugamela besiegt. Der Sieg öffnete für den makedonischen Herrscher den Weg in den Osten.

28 unten links
Diese Miniatur im gotischen Stil schuf der flämische Künstler Loyset Liedet für die französische Ausgabe der Geschichte Alexanders von Quinto Curzio Rufo. Sie zeigt den makedonischen Erforscher in seinem Camp bei der Oase Siwa. Alexander der Große wurde als der Sohn des Gottes Ammon verehrt, und er wurde selbst als göttlich angesehen.

28-29 *Alexanders Flotte wurde, nachdem sie die Indusmündung erreicht hatte, von einer Flutwelle überrascht, wobei viele Schiffe zerstört wurden. Mit unglaublicher Zähigkeit wurden die Wracks geborgen und die schlimmsten Schäden repariert. Nach einem Opfer für die Meeresgötter segelte man weiter über den Indischen Ozean.*

__29 unten links__ Die Legende erzählt, daß Alexander in einem Glasfaß ins Meer hinuntertauchte, um die Welt unter Wasser zu erforschen. Außer militärischen Zielen hatte Alexanders Expedition auch Entdeckungen zum Ziel. Alexander wollte nicht nur wissen, was in den Tiefen der Ozeane war, er versuchte angeblich auch, in den Himmel emporzusteigen, wobei er sich an den Klauen von zwei Geiern festbinden ließ.

__29 unten rechts__ Alexanders Schlacht gegen das Heer des Königs Poros im Punjab war vielleicht die einzige bemerkenswerte Militäroperation auf seinem Vordringen zu den Grenzen der bekannten Welt. Er kam gegen die schrecklichen Kriegselefanten nur dank der Geschicklichkeit seiner Bogenschützen an.

DIE WIKINGER

Gegen Ende des 8. Jahrhunderts begannen die Wikinger von den ungastlichen skandinavischen Küsten ihren blutigen Feldzug durch Europa. Im Jahr 793 erfolgte ein erster, verwüstender Angriff dieser Menschen der See auf das Kloster Lindisfarne an der englischen Ostküste. In den folgenden Jahren nahm die Zahl der Angriffe ständig zu. Mit ihren bemerkenswert seetauglichen Schiffen, den Langschiffen, kamen die Wikinger bis nach Irland und die Seine aufwärts nach Paris, das sie im Jahr 855 plünderten.

Andere Wikingergruppen wandten sich nach Süden; sie verwüsteten spanische und portugiesische Atlantikhäfen und drangen ins Mittelmeer vor. Im Osten fuhren die schwedischen Wikinger die Wolga entlang. Sie eroberten Nowgorod und Kiew und bedrohten schließlich Konstantinopel und die syrischen Städte.

Doch wie die skandinavischen Sagas berichten, bestanden die Unternehmungen der Wikinger nicht nur aus Piraterie und Plünderungen: Sie unternahmen auch Entdeckungsfahrten. Bereits um 860 hatten sich die Norweger in Island niedergelassen und eine Kolonie gegründet, die nach etwas über einem Jahrhundert 60 000 Einwohner umfaßte. Der Bevölkerungsdruck und die ungenügenden wirtschaftlichen Ressourcen dieser Insel führten jedoch zu Emigrationen. Diese führten zu einer systematischen Erforschung des Nordatlantiks.

Erich der Rote, der 982 des Mordes für schuldig befunden und von der isländischen Kolonie verbannt wurde, begann die Suche nach dem legendären Westen, von dessen Existenz von früheren Exilsuchenden berichtet worden war. Nachdem er 450 Meilen durch den eiskalten Nordatlantik gefahren war, stieß er auf eine unwirtliche, vereiste Küste, der er südwärts folgte. Nachdem Erich das Kap Farvel umrundet hatte, erreichte er einen sicheren Hafen. Hier schien das Land weniger lebensfeindlich zu sein: Es gab kärgliche Weiden, und im Fjord tummelten sich Fische. Erich kehrte voller Eindrücke von diesem „grünen Land" – dem heutigen Grönland – nach Island zurück und beschloß, dorthin zurückzukehren, um eine Kolonie zu gründen.

Hunderte schlossen sich ihm an in der Hoffnung auf eine bessere Zukunft. Das Leben in den Wikingersiedlungen

30 oben *Das Oseberg-Langschiff, 1903 in einem Grabhügel bei Oseberg in Norwegen gefunden. Das über 22 m lange und 5 m breite Schiff bestehend aus Kiefern- und Eichenholz, wurde etwa im Jahr 800 gebaut. Aufgrund des Aufbaus und der großen Abmessungen ist anzunehmen, daß es seetüchtig war.*

30 unten *Diese Steingravur aus dem 9. Jahrhundert zeigt gefallene Wikinger auf ihrer letzten Reise jenseits des Grabes.*

30 Mitte *Die Drachenschiffe der Wikinger, hier in voller Takelage dargestellt, waren Kriegs- und Beuteschiffe. Für Handelsexpeditionen zogen die Wikinger die längeren und robusteren* Knorr *vor, die aus Kiefern- und Eichenholz bestanden und 30 Mann Besatzung sowie Vorräte für eine lange Schiffsreise aufnehmen konnten. Wahrscheinlich erreichte Leif Eriksson an Bord eines* Knorr *die Küsten von Labrador und Neufundland.*

31 *Diese Miniatur aus dem 12. Jahrhundert zeigt, wie die Besatzung eines Wikingerschiffes gegen ein Seeungeheuer kämpft. Die Gefahren der Nordatlantikrouten, über die die Wikinger Island, Grönland und schließlich die kanadische Küste erreichten, waren sehr real. Nebel, schwere Stürme und die ständige Bedrohung durch Eisberge machten die Seefahrt am Polarkreis zu einem gefährlichen Unternehmen.*

Die Wikinger

an der Westküste dieser großen Insel war hart: Es gab keine Bäume, um Schiffe zu bauen, und die Winter waren unglaublich kalt. Bei weiteren Expeditionen stellte man fest, daß der größte Teil der Insel unbewohnbar war. Man stellte sich die Frage, ob es noch weitere Länder im Westen gab. Im Jahr 992 verließ Leif Eriksson, der Sohn von Erich dem Roten, Grönland, und nach kurzer Reise tauchten die Permafrost-Felsen von Helluland (vermutlich Baffin Island) am Horizont auf. Eriksson wandte sich nach Süden und erreichte die Küsten von Labrador und Neufundland. Dort fand er eine Überfülle von Sträuchern mit wilden Beeren; er war überzeugt, die Insel Vinland, das „Land des Weines“, erreicht zu haben. Eriksson und seine Begleiter verbrachten den Winter an der Nordspitze von Neufundland, nahe beim heutigen l'Anse-aux-Meadows. Sobald es wieder wärmer wurde, kehrten sie nach Grönland zurück.

Ohne es zu wissen, hatten die Wikinger Nordamerika entdeckt. Doch die folgenden Kolonisationsbemühungen scheiterten und die Neue Welt geriet schnell wieder in Vergessenheit.

Mitte des 13. Jahrhunderts wandten die mongolischen Horden ihre Aufmerksamkeit Europa zu und säten Terror und Gewalt. Doch die Reiter aus der Steppe waren nicht nur für Zerstörung verantwortlich: Zum ersten Mal öffneten sich die geheimnisvollen Grenzen Asiens für europäische Reisende. Als erste machten sich die Missionare in Richtung des Hofes des Großen Khan auf. Zwischen 1246 und 1255 erreichten die Franziskanermönche Giovanni de Piano Carpini und Wilhelm von Rubruk Karakorum, die Hauptstadt des Mongolenreiches. Ihre Reisen ebneten den Weg für das Abenteuer Marco Polos: Der Venezianer brach im Jahr 1271 auf und blieb insgesamt 21 Jahre in Asien im Dienst des allmächtigen Kublai-Khan, des Beherrschers eines Gebietes, das von Ungarn bis zum Pazifik reichte. Seine Reiseerinnerungen eröffneten dem skeptischen Europa eine völlig neue Welt und eine hochentwickelte und mächtige Zivilisation. Cathay und seine unvorstellbaren Reichtümer waren der Auslöser für eine der größten Entdeckungsreisen der Geschichte.

GLAUBE UND HANDEL: ASIEN IM BLICKPUNKT

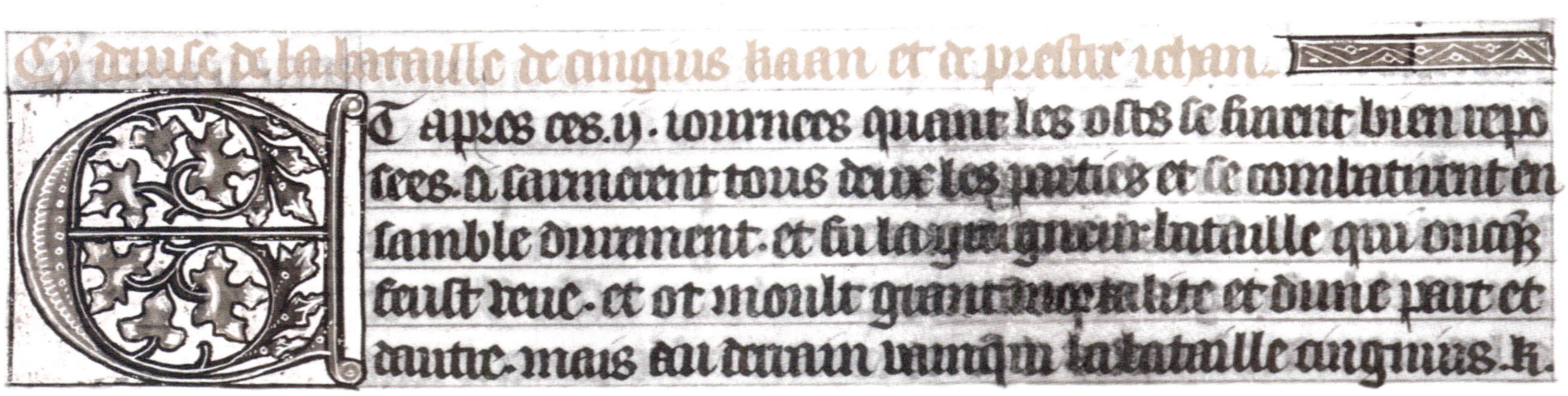
Cy devise de la bataille de cangius kaan et de prestre iehan.
Et apres ces ij. iournees quant les osts se furent bien repo
sees. si s'armerent tous deux les parties et se combatirent en
samble durement. et fu la gregneur bataille qui onques
feust veue. et ot moult grant ... et d'une part et
d'autre. mais au derrain vainqui la bataille cangius kaan.

Die mongolische Invasion kam wie ein Sturm über die östlichen Grenzen Europas. Nachdem sie aus den endlosen asiatischen Weiten aufgetaucht und Rußland gebrandschatzt hatten, überrollten die „Söhne der Hölle“ den Widerstand, den Polen und Ungarn ihnen entgegensetzten, und zerstörten alles, was ihnen in den Weg kam. 1241 bedrohte ihre Vorhut Wien und die dalmatinischen Küstenstädte. Nichts schien sie aufhalten zu können. Doch plötzlich ebbte die Angriffswelle ab, und das mongolische Heer zog sich nach Osten zurück. Der Großkhan Ogodai war gestorben und hatte so Europa vor der Verwüstung bewahrt. Doch für wie lange?
Eines der Ziele des Kongresses von Lyon, den Papst Innozenz IV. 1245 zusammengerufen hatte, war die Verteidigung Europas gegen eine erneute Invasion. Unter allen Umständen sollten Verträge mit den Mongolen geschlossen und Friedensverhandlungen aufgenommen werden, und dabei sollten die Mongolen möglichst auch gleich zum Christentum bekehrt werden. Wenn man sie richtig beeinflußte und auf den rechten Weg führte, könnten diese nomadisierenden Heiden Verbündete im Kampf gegen den Islam werden.
Im April 1246 verließ der Franziskanermönch Giovanni de Piano Carpini im Alter von 63 Jahren Lyon, um seine gefahrvolle Reise in den Osten anzutreten. Er hatte einen Brief des Papstes bei sich, in dem der Khan aufgefordert wurde, die Verfolgung der Christen einzustellen und „durch geeignete Buße den göttlichen Zorn“ zu besänftigen. Nach kurzem Aufenthalt in Prag reisten Carpini und seine Begleiter nach Polen und weiter nach Osten durch die einsamen russischen Steppen bis nach Kiew. Anfang Februar 1247 stieß die Gruppe auf die ersten mongolischen Reitertrupps, die sie bis zum Dnjepr eskortierten, wo sich das Lager von Batu, dem Gouverneur des Khanats der Goldenen Horde, befand. Batu hieß sie herablassend willkommen und erlaubte ihnen, ihre Reise nach Karakorum, der Reichshauptstadt, fortzusetzen.

32 Diese Weltkarte stammt aus einem Psalmenbuch des 13. Jahrhunderts. Das Weltbild ist eine Mischung aus dem geographischen Wissen der alten Griechen und Römer und biblischen Elementen. Der Osten ist oben und wird durch die Figur von Christus und den Garten Eden symbolisiert, während im Nordosten der eiserne Zaun von Alexander dem Großen die Gog- und Magog-Horden fernhalten soll, die Mächte des Bösen und des Anti-Christen, die ständige Bedrohung der christlichen Welt.

33 Die Legende von Prester John (oben, mit einigen Anhängern), dem Herrscher über ein mächtiges christliches Reich an der Grenze zum Islam, hielt sich in Europa lang. Sie kam in der Mitte des 12. Jahrhunderts auf und kursierte über 300 Jahre, wobei sie den Eifer der Portugiesen, die afrikanischen Küsten zu erforschen, anstachelte. Teilweise vermutete man das Reich von Prester John auch in Zentralasien, in Indien und in Äthiopien. Auch Marco Polo bezog sich auf diese Legende, als er über eine epische Schlacht zwischen dem mongolischen Heer und den christlichen Mächten berichtete, wie unten in einem Stich aus dem Livre des Merveilles *zu sehen ist.*

Durch Fasten geschwächt und unter der Kälte und den Entbehrungen der Reise leidend, folgten die Mönche dem Weg der mongolischen Herolde. Sie wechselten ihre Pferde bis zu siebenmal täglich und ließen so bald die endlose Ebene zwischen der Wolga und dem Aralsee hinter sich. Sie überquerten den Syrdarja, passierten die nördlichen Ausläufer der Tien-Schan-Gebirgskette und durchquerten die Halbwüsten von Zungaria. Am 22. Juni erreichten sie den Sitz des Khans unweit der heutigen Stadt Ulaanbaatar (Ulan Bator) in der Mongolei. Dort lief gerade eine Versammlung ab, auf der Göjük als Nachfolger von Ogodai nominiert wurde, und man erlaubte Carpini, an den Feierlichkeiten zur Wahl des mongolischen Herrschers teilzunehmen. Doch er mußte vier Monate in dieser riesigen Zeltstadt warten, bis Göjük ihn zu empfangen geruhte. Der Franziskaner erhielt die Erlaubnis, am 13. November wieder zurückzukehren. Die Antwort des Großkhans auf die Bitten des Papstes war eindeutig: Göjük erklärte sich für mit göttlicher Macht versehen und befahl dem Papst, seine Authorität anzuerkennen. Falls nicht, so die Botschaft, „werden wir euch als unsere Feinde betrachten".
Im November 1247 war Carpini wieder in Lyon. Seine diplomatische Mission war ein Mißerfolg gewesen, doch seine Beobachtungen, die er in seiner *Historia Mongalorum* zusammengetragen hatte, zeigten dem Westen zum ersten Mal das Gesicht Zentralasiens: Die von dem Mönch gesammelten Daten entpuppten sich als eine wahre Fundgrube über Länder und Völker, die zuvor völlig unbekannt gewesen waren. Carpini beschrieb minutiös Sitten, Sozial-

34 links *Giovanni de Piano Carpini, hier auf einem Stich aus alten chinesischen Dokumenten dargestellt, war 63 Jahre alt, als er seine Reise in mongolische Länder begann. Er wurde 1182 in Italien in der Gegend um den Trasimenischen See geboren und hatte schon Erfahrung als Missionar. Laut einem Zeitgenossen war er gläubig, „ein sympathischer Mann, humorvoll, gebildet, sehr redegewandt und in vielen Dingen geschickt".*

34 rechts *Die Menschen mit Hundeköpfen, eine Illustration aus dem* Livre des Merveilles, *und die vielen Sagenfiguren, die an den Grenzen der bewohnbaren Welt leben sollten, tauchen nur selten im Bericht von Giovanni de Piano Carpini auf, dessen Beschreibungen im allgemeinen exakt und frei von Phantastereien sind.*

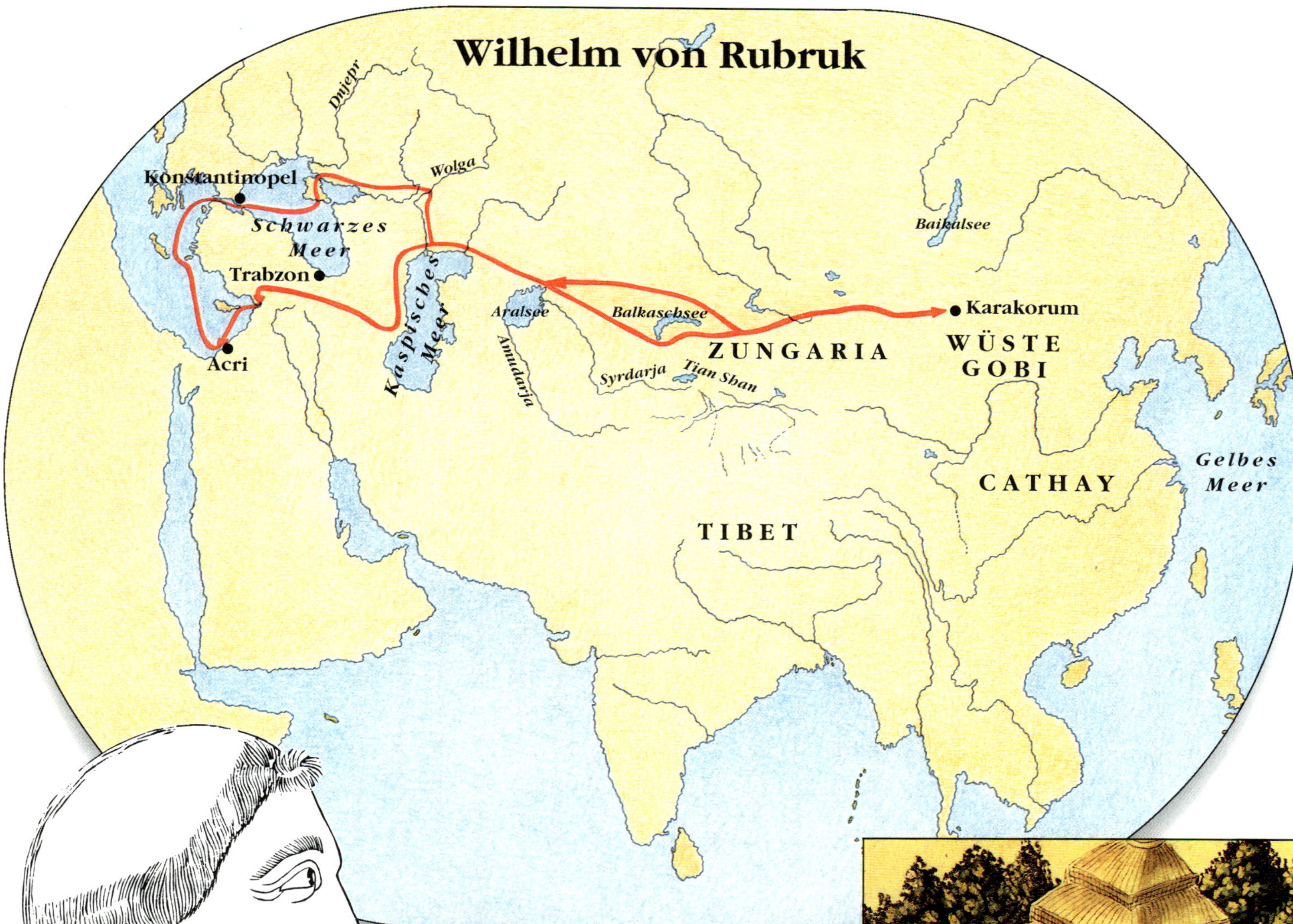

35 links *Wilhelm von Rubruk*

35 rechts *Diese Miniatur aus dem 16. Jahrhundert zeigt Franziskaner, die Heilpflanzen in Asien sammeln. Von Rubruk war von den Kenntnissen der östlichen Ärzte sehr beeindruckt.*

struktur, Rituale und Militärtaktiken der Mongolen. Es bestand keine Hoffnung, sie zu gläubigen Christen zu bekehren, schloß er verbittert. Deshalb waren sie zu bekämpfen, und er beschrieb auch wie.
Doch nicht alle waren so pessimistisch wie Carpini. Ludwig IX., der französische König, schickte weitere Gesandte in den Osten.
Die Mission des Dominikanermönchs André de Longjumeau blieb erfolglos: Göjük war inzwischen gestorben, und seine Witwe beanspruchte für sich das Recht, von allen europäischen Königen und Prinzen einen hohen Goldtribut zu verlangen. Verhandlungen waren erfolglos, aber Ludwig IX. wollte nicht nachgeben. 1252 beauftragte er daher einen Franziskanermönch, Wilhelm von Rubruk, eine weitere Reise zu den Mongolen zu unternehmen. Der Mönch sollte als Missionar auftreten und nicht als Gesandter, um den König vor weiteren diplomatischen Unannehmlichkeiten zu bewahren.
Von Rubruk und seine Begleiter verließen Konstantinopel im folgenden Jahr. Ihr Reiseweg verlief ähnlich wie der von Giovanni de Piano Carpini, doch Wilhelm von Rubruk war ein guter Beobachter, und er war Neuem und Exotischem gegenüber aufgeschlossen. Seine *Reise durch das Reich der Mongolen* enthielt einen guten Schuß Ironie, und sie wird heute als ein Klassiker der Reiseliteratur angesehen. Als Realist erkannte von Rubruk als erster, daß das Kaspische Meer ein Binnengewässer war, was der bis dahin herrschenden Meinung widersprach. Auch zeigte er sich von der Mongolenhauptstadt wenig beeindruckt. Er schrieb, Karakorum könne sich mit Ausnahme des Khan-Palastes nicht einmal mit dem Pariser Vorort Saint-Denis messen. Mangu Khan führte mit ihm einen theologischen Diskurs, in dem er den christlichen Glauben mit den anderen in seinem Reich existierenden Religionen verglich. „Nachdem alles erörtert war, sangen die Nestorianer und Sarazenen laut zusammen und betranken sich ausgiebig.“
Die Mission von Wilhelm von Rubruk markierte den Anfang einer Periode friedlichen Zusammenlebens zwischen Ost und West. Der Weg war nun gebahnt, und die Zeit war reif für die Missionare, den Händlern das Feld zu überlassen.

MARCO POLO

Im Jahr 1269 kehrten die Brüder Nicolò und Matteo Polo nach fast fünfzehnjähriger Abwesenheit nach Venedig zurück. Sie hatten gerade eine der sensationellsten Handelsexpeditionen durchgeführt. Von Konstantinopel, wo sie ein Warenhaus besaßen, waren sie nach Sarai an der Wolga, der Hauptstadt der Goldenen Horde, gereist, bevor sie nach Buchara und durch die Wüsten von Zungaria nach Cambaluc (Peking) weiterreisten. Kublai-Khan, der mongolische Herrscher, hatte sie freundschaftlich empfangen. Er wollte gerne etwas über die geheimnisvollen Länder des Westens erfahren, aus denen seine Gäste kamen, und in der christlichen Lehre unterwiesen werden.
Bevor er die Venezianer wieder abreisen ließ, mußten sie ihm ein Versprechen geben: Nicolò und Matteo sollten mit einer Botschaft des Papstes nach Cambaluc zurückkehren und darüber hinaus mit einhundert Schülern, die in den „sieben Künsten" unterwiesen waren, und am mongolischen Hof das Wissen und den Glauben Europas übermitteln sollten.
Die Brüder Polo wollten ihr Versprechen einhalten. Sie warteten, bis der neue Papst Gregor X. gewählt war, und reisten 1271 wieder nach Asien. Bei sich hatten sie Geschenke für den Großkhan und zwei Mönche, die vom Papst bevollmächtigt waren, die Römische Kirche in diesem fernen Land zu vertreten. Außerdem wurden sie von Nicolòs siebzehnjährigem Sohn Marco begleitet. So erreichten die drei Venezianer Laiazzo (heute Yumurtalik), eine Hafenstadt in der Südost-Türkei. Von dort zogen sie in einer Karawane an die Küste des Schwarzen Meeres und nach Armenien. Die Mönche kehrten jedoch bald wieder um – ihnen waren die Gefahren der Reise zu groß. Die Polos hingegen reisten weiter nach Hormus, dem berühmten Gewürzhafen am Persischen Golf, um von dort nach China zu segeln.
Aus unbekannten Gründen entschieden sie sich aber für den Landweg durch die unruhigen Gebiete von Chorasan. Sie kamen an den Ruinen

36 oben *Dieser Stich von 1857 zeigt Marco Polo.*

36 unten *Der Markusplatz war das tatsächliche politische und ökonomische Zentrum von Venedig. Zu Marco Polos Zeiten war Venedig nicht nur eine Handelsstadt, sondern eine richtige Händlerrepublik, in der ökonomische und politische Machtfaktoren verflochten waren. Die Regierung kontrollierte den Verkehr, überwachte die Tätigkeit der Handelsvereine und regulierte Quantität und Qualität der exportierten und importierten Waren, wodurch sie eine Harmonie zwischen privaten und öffentlichen Interessen herstellte.*

37 oben *Diese Miniatur aus dem Roman d'Alexandre zeigt Marco Polos Abreise aus Venedig.*

37 unten links *Im späten Mittelalter wurden mit dem Begriff „Gewürz" alle möglichen Substanzen beschrieben, die man zum Kochen, in der Medizin, für Parfüme und Kosmetika benötigte. Auch Zucker wurde als Gewürz bezeichnet. Ein Handelsbuch aus dem 14. Jahrhundert zählt elf verschiedene Typen auf.*

37 unten rechts *Diese Illustration zeigt einen Priester mit einem Weihrauchgefäß, beim Kauf von Weihrauch. Dieser kam meist aus Arabien und Somalia und wurde in Europa nicht nur für rituelle Zwecke, sondern auch als Medizin und Antiseptikum verwendet. Lange Zeit wurde er als Medikament bei Atemwegserkrankungen eingesetzt. Marco Polo beschrieb, wie das Harz von Bäumen, die „kleinen Kiefern" ähnlich sehen, aus Schnitten in der Rinde austrat und dann erhärtete.*

der antiken Stadt Balch vorbei, die ein halbes Jahrhundert zuvor von Genghis Khan geplündert worden war, und erreichten den Hindukusch und die Pamir-Hochebene. Sie zu durchqueren, dauerte vier harte Tage. Das Gebirge mit seinen tiefen Tälern war nahezu unbewohnt – bis auf Wölfe und andere seltsame Tiere. Marco Polo beschrieb die herrlichen Pamir-Schafe *(Ovis poli)*, die 200 Kilogramm wogen und deren spiralförmige Hörner bis zu 1 Meter lang werden konnten. Nachdem sie die Hochebene hinter sich gelassen hatten, folgten sie den Karawanenwegen nach Kaschgar, einem der Hauptorte auf der Seidenstraße. Vor ihnen lag nun die Wüste Takla Makan, in der unsichtbare böse

Geister hausen sollten, die Reisende verwirrten, so daß sie sich verirrten. Doch um einen Venezianer zu verwirren, brauchte es schon ein ganzes Regiment Geister! Jedenfalls durchquerten die Polos die Wüste ohne Pannen und erreichten Kanchou, Chinas westlichste Stadt, wo sie ein Jahr lang auf die Befehle des Großkhans warteten. Im Mai 1275 hatten sie schließlich eine Audienz beim Khan in dessen Sommerresidenz Shang Tu, etwa 300 Kilometer nördlich von Cambaluc. Kublai-Khan empfing die Venezianer freundlich und war von dem jungen Marco Polo sofort beeindruckt. Dieser wiederum war begeistert vom Hof des Khan inmitten eines riesigen Parks, wo wilde Tiere und Hirsche lebten. „Der König der Könige", berichtete er, „ist von mittlerer Statur, weder groß noch klein. Er hat wohlgeformte Gliedmaßen und einen gut proportionierten Körper. Seine Haut ist hell, mit einem leichten rötlichen Schimmer, was seinem Aussehen viel Charme verleiht. Seine Augen sind schwarz und anziehend, seine Nase ist wohlgeformt und hervorstechend."

Zwischen den beiden Männern entstand eine unausgesprochene Zuneigung, wahrscheinlich schon beim ersten Treffen. Kublai-Khan betrachtete Marco Polo als Vertrauten und Berater und nahm ihn mit auf Jagden und zu Zeremonien. Marco Polo wurde auch sein Bevollmächtigter in den abgelegensten Provinzen des Reiches. Er lernte asiatische Sprachen und die Kunst des Regierens. Die dortige Zivilisation war nicht zu vergleichen mit der venezianischen. Innerhalb von Tagen oder Wochen konnte der Großkhan durch ein feines Netz von Herolden seine Befehle in die fernsten Außenposten seines Reiches schicken.

38 oben *Auf diesem Ausschnitt aus dem katalanischen Atlas von Karl V. aus dem Jahr 1375 sieht man Marco Polos Karawane auf ihrer Reise in den märchenhaften Osten.*

38 unten *Beim Abschied von den Polo-Brüdern schenkte der mongolische Kaiser ihnen ein goldenes Tablett, eine Garantie für sicheres Geleit und ein Symbol für seinen persönlichen Schutz in den riesigen Gebieten zwischen Pazifik und Donau. Kublai-Khan erhielt von den Venezianern das Versprechen, daß sie mit Gelehrten zurückkehrten, die dem mongolischen Herrscher die Geheimnisse des christlichen Westens erklären sollten.*

39 *Dieses Porträt von Marco Polo im Tatarenland stammt aus dem Jahr 1754. Die legendären Abenteuer des venezianischen Reisenden haben die Phantasie von Künstlern und Schriftstellern zu allen Zeiten angestachelt. Auf dieser Illustration wird Marco Polo in mongolischer Tracht dargestellt, mit Pfeil und Bogen sowie einem Säbel bewaffnet.*

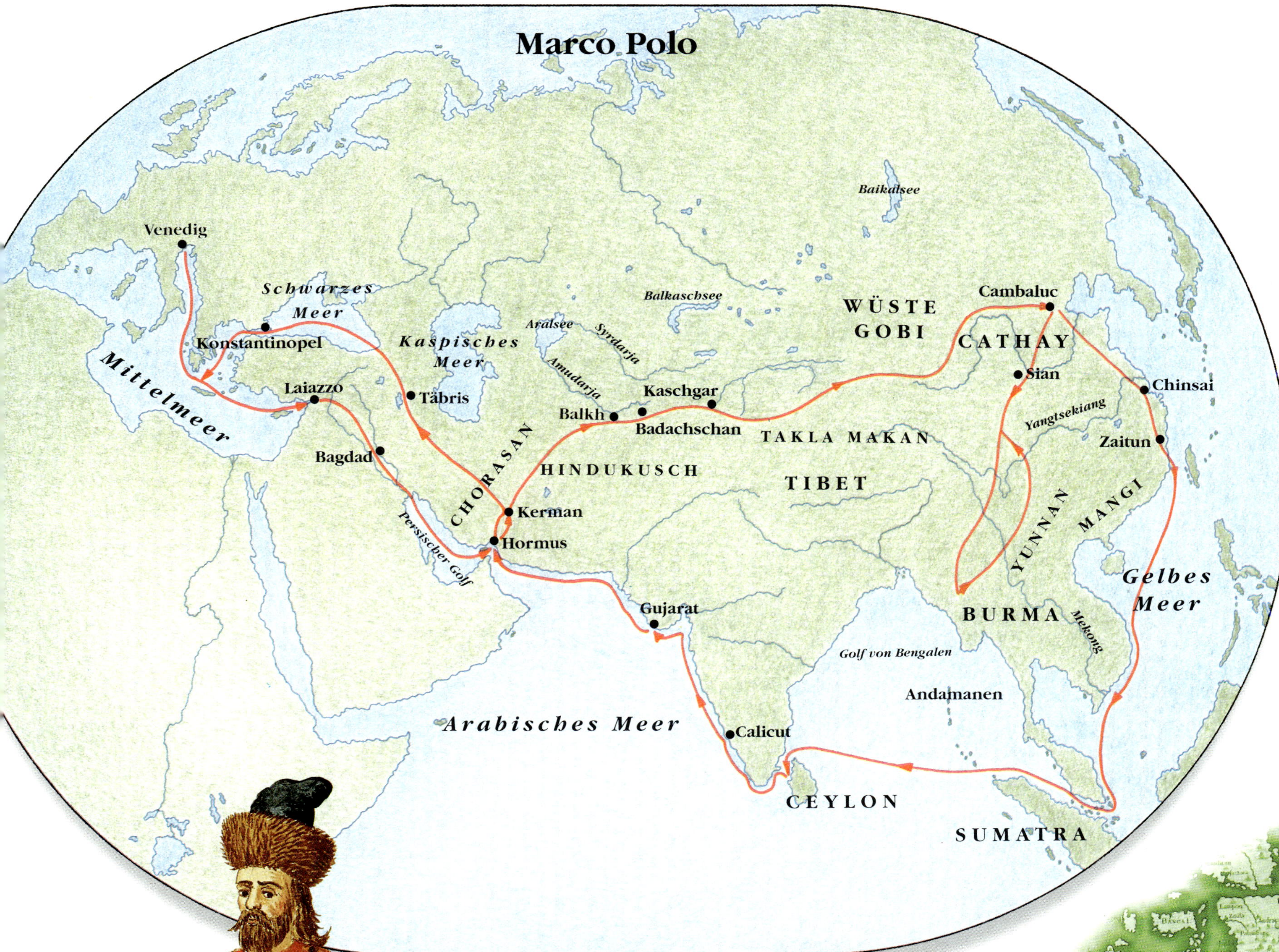
Marco Polo
Venedig
Schwarzes Meer
Konstantinopel
Mittelmeer
Laiazzo
Bagdad
Täbris
Kaspisches Meer
Aralsee
Syrdarja
Amudarja
Balkaschsee
Baikalsee
Balkh
Kaschgar
Badachschan
CHORASAN
HINDUKUSCH
Kerman
Hormus
Persischer Golf
TAKLA MAKAN
TIBET
WÜSTE GOBI
Cambaluc
CATHAY
Sian
Chinsai
Yangtsekiang
Zaitun
YUNNAN
MANGI
Gelbes Meer
BURMA
Mekong
Gujarat
Golf von Bengalen
Andamanen
Arabisches Meer
Calicut
CEYLON
SUMATRA

MARE DELLA CHINA

40 unten *Diese Miniatur zeigt die Straßen und Kanäle von Chinsai, der Himmlischen Stadt. Marco Polo war davon so beeindruckt, daß er schrieb: „Die Stadt Chinsai hat einen Umfang von zehn Meilen."*

40-41 *Ein Schiff mit exotischen Gütern aus Indien und China kommt nach Hormus, dem berühmten Gewürzhafen am Persischen Golf. Die Brüder Polo verließen Venedig 1271 und reisten durch die Türkei und Armenien nach Hormus, von wo sie nach China auslaufen wollten. Aus ungeklärten Gründen gaben sie den Plan einer Seereise auf und reisten auf dem Landweg über Nordpersien.*

Marco Polo lernte Papiergeld kennen, was für ihn aber mehr ein Problem der Alchimie war als eine administrative Notwendigkeit. In der „Prägeanstalt" zu Cambaluc lagerte der Großkhan riesige Mengen von Maulbeerbaumrinde, die „eingeweicht und mit einem Mörser zerstampft wird, bis sie einen Brei bildet, und dann zu Papier verarbeitet wird, wie es auch mit Baumwolle gemacht wird; nur ist dieses schwarz. Vor dem Gebrauch wird es in Geldzeichen von verschiedenem Wert zerschnitten, mit leicht rechteckiger Form." Die mit dem königlichen Siegel gekennzeichneten Banknoten waren dann offizielles Zahlungsmittel, und ihre Fälschung war ein Kapitalverbrechen.
Als Gesandter des Herrschers reiste Marco Polo kreuz und quer durch China, bis nach Yunnan und über die burmesische Grenze. Drei Jahre lang hatte er verschiedene Aufgaben in Chinsai (heute Hangzhou) zu erfüllen. Er hielt diese Stadt für die schönste und reichste Stadt der Welt. Nicht nur waren die Straßen von Chinsai mit Steinen gepflastert, auch führten nicht weniger als 12000 Brücken über die Kanäle.
Chinsai war für Marco Polo auch ein Paradies der Liebe, und die Fremden, die auch nur einmal die Kurtisanen besuchten, die „erfahren und perfekt in der Kunst der schmeichelnden Liebkosungen" waren, konnten nie mehr deren Anziehungskraft vergessen. „Berauscht von den sinnlichen Freuden erzählten sie bei ihrer Rückkehr, daß sie in Chinsai gewesen waren, in der himmlischen Stadt, und sie warteten sehnlichst darauf, in dieses Paradies zurückzukehren."
Wie Nicolò und Matteo Polo die vielen Jahre im Exil verbrachten, ist nicht bekannt. Nach ihrer Ankunft in Cambaluc werden sie in den Reisebeschreibungen nicht mehr erwähnt. Vielleicht wollten sie nach Venedig zurückkehren, denn viele Jahre waren seit ihrer Abreise von Europa vergangen. Da die Venezianer zu seinem Gefolge gehörten, wollte sie Kublai-Khan jedoch nicht mehr ziehen lassen. Schließlich ergab sich aber eine Gelegenheit: Sie sollten Gesandte auf ihrer Heimreise ins ferne Persien begleiten. Marco Polo war gerade erst von einer Mission nach Indochina zurückgekehrt. Seine erwiesene Treue und Kenntnisse der schwierigen Route zerstreuten die Bedenken des Khans. So verließen die Polos China 1292 auf dem Seeweg. 14 große, seetüchtige Dschunken segelten durch die Straße von Malakka in den Indischen Ozean, umrundeten Ceylon und Südindien und erreichten nach zwei Jahren den Hafen von Hormus. Nicolò, Marco und Matteo Polo setzten ihre Reise auf dem Landweg durch Persien und Armenien fort und erreichten schließlich das Schwarze Meer. 1295 kamen sie in Venedig an.

41 unten links Le Livre des Merveilles, *das 1375 in Paris erschien, enthält wertvolle Miniaturen mit den bedeutendsten Ereignissen von Marco Polos Reisen. Diese Abbildung zeigt die Männer des Großkhans bei der Eroberung der Insel Cipangu, des heutigen Japan.*

41 unten rechts *Ein östlicher Herrscher, vermutlich der Großkhan selbst, wohnt einer Handelstransaktion bei: Silberbarren werden gegen Papiergeld getauscht. Marco Polo hatte die Gelegenheit, die Herstellung von Papiergeld aus Maulbeerbaumrinde zu sehen.*

42 oben *Marco Polos Begeisterung für die Verschiedenheiten der Welt macht* Die Reisen des Marco Polo *zu einem wahren „Buch der Wunder", wie das Buch in einer Ausgabe betitelt wird. In den Beschreibungen von epischen Schlachten, Jagden, Merkwürdigkeiten, Sitten und Bräuchen, Legenden und Phantasien ist auch die praktische Seite des Händlers zu sehen, der dem Bericht einen gewissen Realismus verleiht und das Werk zu einem authentischen Reisebericht macht.*

42 Mitte *Diese Miniatur aus dem* Livre des Merveilles *zeigt die merkwürdigen Bewohner der fernen Länder des Ostens: Menschen ohne Köpfe, Zyklopen, Einbeinige, die sich mit ihrem hochgestreckten Bein in der Sommerhitze Schatten spenden. Diese Monster zeigen die Auffassung im Mittelalter. Sie sind zwar nicht in Marco Polos Bericht zu finden, jedoch in zahlreichen anderen Publikationen.*

42 unten *Marco Polo legte auf seiner Rückreise nach Europa einen Aufenthalt an der Küste von Malabar in Südindien ein. Diese Illustration zeigt eine Gruppe dunkelhäutiger und bärtiger Männer, die Pfeffer ernten. Pfeffer* (Piper nigrum), *war in Europa eines der gefragtesten und teuersten Gewürze.*

Drei Jahre später schrieb Marco Polo als Gefangener der Genuesen über seine Reiseerfahrungen in den *Reisen des Marco Polo*, für Jahrhunderte die zuverlässigste Information über den Osten. Der märchenhafte Reichtum von Cathay und Cipangu (Japan) sollte eine der aufregendsten Phasen europäischer Entdeckungen einleiten.

43 oben *Als Marco Polo die dicht bevölkerten, kosmopolitischen Hafenstädte in China und am Indischen Ozean besuchte, registrierte er genau die Zahl der Schiffe, Umfang und Art der Güter sowie die Handelspraktiken. Seine Schätzungen, bei denen er der Phantasie wohl zuviel Raum ließ, erschienen den ungläubigen Zeitgenossen übertrieben, die ihm daraufhin den Spitznamen „Ser Milione" gaben.*

43 unten *Der Großkhan machte bei Marco Polos Abreise eine Flotte von „14 Schiffen, jedes mit vier Masten und viele mit 12 Segeln versehen" klar. Sie nahmen 600 Mann und Vorräte für zwei Jahre auf. Die Gesandtschaft segelte durch den indonesischen Archipel und legte auf Sumatra, Ceylon (heute Sri Lanka) und an der indischen Malabarküste an, bevor sie nach einer zwei Jahre und drei Monate dauernden Reise wieder in Persien ankam.*

„DIE REISEN DES MARCO POLO“ – EIN BESTSELLER

1298 wurde Marco Polo bei einer Seeschlacht vor der Insel Korčula an der dalmatinischen Küste von den Genuesern gefangengenommen. Er verbrachte während seiner dreijährigen Inhaftierung viel Zeit mit einem gewissen Rustichello da Pisa, einem Autor von Ritter-Abenteuergeschichten. Vermutlich als Zeitvertreib begann Marco Polo, von seinen Reisen in Asien zu erzählen, die der Mithäftling in einer franko-italienischen Schriftsprache niederschrieb. So entstanden *Die Reisen des Marco Polo* oder *Die Beschreibung der Welt*, wie das Buch ursprünglich hieß. Das Buch war sofort ein Erfolg, und es gab bald 143 mehr oder weniger originalgetreue Versionen des Textes. Angesichts der hohen Druckkosten war die Verbreitung des Buches erstaunlich und kann mit einem modernen Bestseller verglichen werden, der in hunderttausendfacher Auflage erscheint. Ein breites Publikum wurde angesprochen: Nicht nur Fürsten und Aristokraten wollten diese unterhaltsamen Geschichten lesen, sondern auch reiche Bürger und Kirchenmänner.

In Form und Inhalt hob sich das Buch von der literarischen Norm jener Zeit ab. Es ist nicht nur eine Erzählung, sondern auch ein Führer für Händler sowie ein historisches und ethnographisches Werk, wobei natürlich an den Zeitgeschmack Zugeständnisse gemacht wurden.

Die 234 Kapitel erzählen in einer etwas verworrenen Struktur Marco Polos Erlebnisse. Dabei folgen sie nicht unbedingt seinen Reisen, sondern berichten oft nur aus dritter Hand, was er von anderen hörte. Obwohl von Handel in dem Buch keine Rede ist, ging es Marco Polo sehr um die Nennung von Zahlen – wie viele Brücken oder Plätze eine Stadt hatte, die Entfernung zwischen zwei Orten, die Menge an Gütern, die verkauft oder gekauft wurden. Die Zahlen sind immer sehr hoch, so daß Marco Polo bald den Spitznamen „Ser Milione“ erhielt. Die Reichtümer von Cathay, die genau aufgezählt werden, waren sagenhaft für ein Europa, das von Streitigkeiten zwischen unbedeutenden und armen Staaten zerrissen war. Marco Polo bot in seinem Werk das

44 links *Marco Polo auf einem Frontispiz aus* Il Milione *aus dem Jahr 1477.*

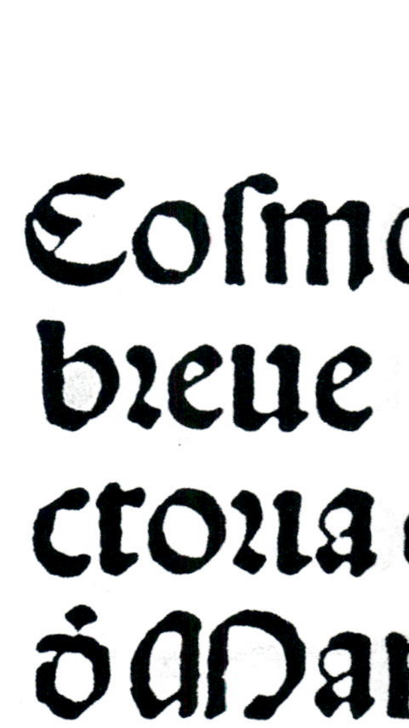

idealisierte Bild einer zentralisierten, starken und gut organisierten Macht und beschwor so das alte Ideal eines universellen Reiches. Zum ersten Mal war der Schleier des Geheimnisses über Asien gelüftet. Asien war nicht mehr ein unbekanntes Land, das von Ungeheuern und teuflischen Horden bevölkert war. Marco Polos Buch zeigte, daß es dort eine Zivilisation gab, die der europäischen vielleicht sogar überlegen war. Der geographische Horizont weitete sich plötzlich – die Wirkung des Buches war weitaus größer, als ihr Autor sich jemals vorgestellt hätte. Landkarten folgten für Jahrhunderte der Geographie von Marco Polo. Kosmographen und Entdecker wurden von ihr zur Suche nach Cathay und den Gewürzinseln inspiriert. Afrika wurde umsegelt und ein neuer Kontinent entdeckt: Amerika.

Começase ho Liuro primeiro de Marco paulo de Veneza das condiçoões & custumes das gẽtes & das terras & prouincias orientaes. E primeyra mente de como & em que maneyra Dom Marco paulo de Veneza & Dom Maffeo seu jrmaão se passarom aas partes do oriente. Capitollo. primeiro.

NO tempo que Baldouino Rey guuernaua ho Emperio d Cõstantinopoli. E esto foy no Anno da encarnaçam de nosso senhor Jhesu christo de Mill & duzẽtos & çinquoẽta annos. dous nobres honrrados & prudẽtes jrmaãos. çidadaãos & moradores da muy nobre çidade d Veneza. poedo por seu acordo no porto da dita çidade de Ve-

44 rechts und 45 rechts *„... Alle von euch, die die Verschiedenheit der menschlichen Rassen und der Wirklichkeit, die Provinzen und Regionen aller Länder des Ostens kennenlernen wollen, sollten dieses Buch lesen. Ihr werdet die Völker vor allem von Armenien, Persien, Indien und dem Tatarenland kennenlernen, über die ausführlich in diesem Werk von Marco Polo, dem klugen und gebildeten Bürger aus Venedig, berichtet wird.“ Mit diesen Worten wird* Il Milione *eingeleitet, eines der faszinierendsten Bücher aller Zeiten. Es wurde zu einem der ersten Bestseller. In kurzer Zeit wurden 143 mehr oder weniger originalgetreue Ausgaben in verschiedenen Sprachen herausgegeben.*

45 links *Auf dieser Miniatur aus dem 15. Jahrhundert aus einer der zahlreichen Ausgaben von* Il Milione *ist Marco Polo als Reiter dargestellt, der ein Geschenk empfängt.*

DER WEG NACH INDIEN: DIE PORTUGIESISCHEN SEEFAHRER

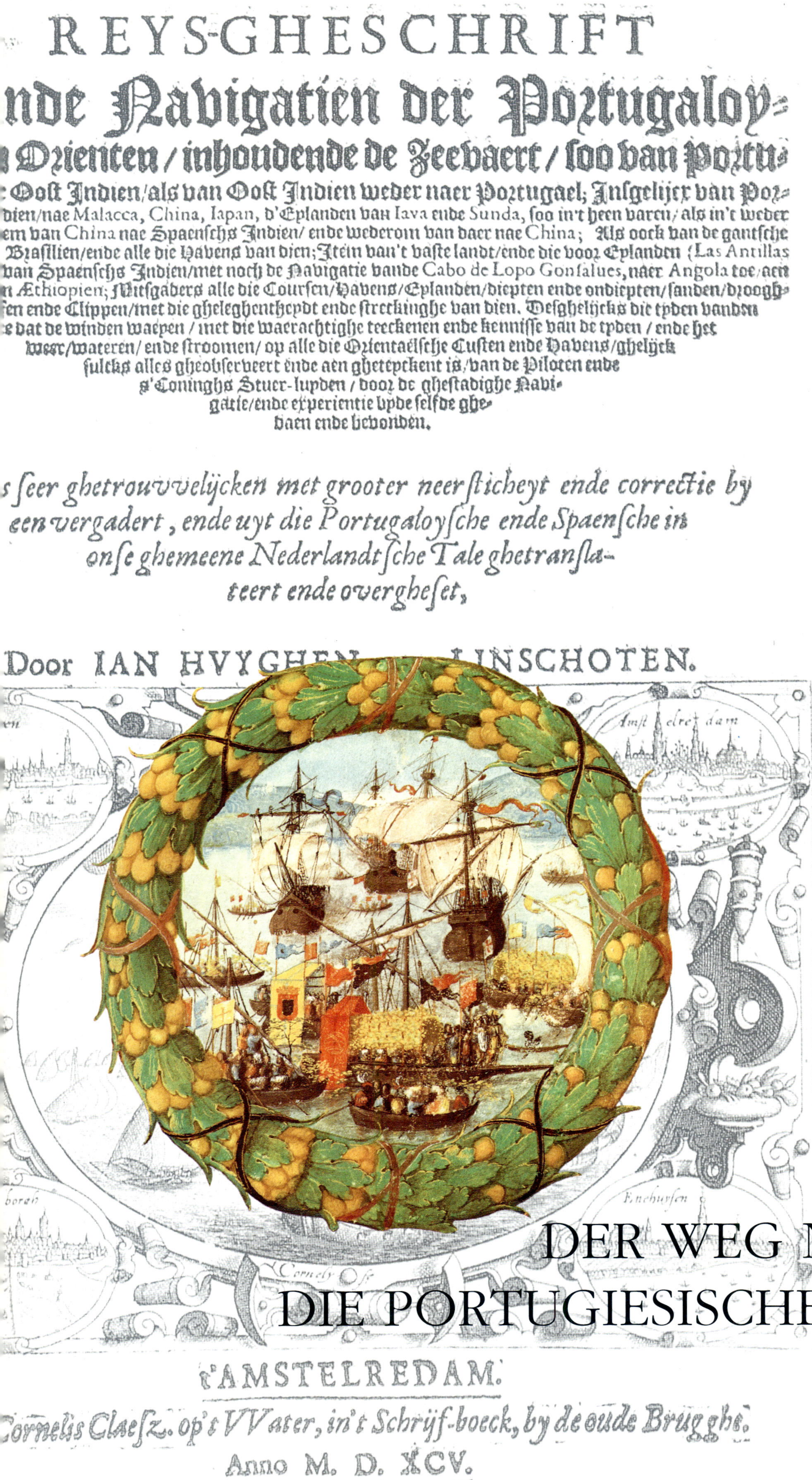
REYS-GHESCHRIFT
nde Navigatien der Portugaloy-
n Orienten / inhoudende de Zeevaert / soo van Portu-
: Oost Indien/ als van Oost Indien weder naer Portugael; Insgelijcx van Por-
dien/nae Malacca, China, Iapan, d'Eylanden van Iava ende Sunda, soo in't heen varen/ als in't weder
em van China nae Spaenschs Indien/ ende wederom van daer nae China; Als oock van de gantsche
Brasilien/ende alle die Havens van dien; Item van't vaste landt/ende die voor Eylanden (Las Antillas
van Spaenschs Indien/met noch de Navigatie vande Cabo de Lopo Gonsalues, naer Angola toe/ aen
n Æthiopien; Mitsgaders alle die Coursen/Havens/Eylanden/diepten ende ondiepten/sanden/droogh-
ten ende Clippen/met die gheleghentheydt ende streckinghe van dien. Desghelijcks die tyden vanden
e dat de winden waeyen / met die waerachtighe teeckenen ende kennisse van de tyden / ende het
weer/wateren/ ende stroomen/ op alle die Orientaelsche Custen ende Havens/ghelijck
sulcks alles gheobserveert ende aen gheteyckent is/van de Piloten ende
s'Coninghs Stuer-luyden / door de ghestadighe Navi-
gatie/ende experientie vyde selfde ghe-
daen ende bevonden.

s seer ghetrouvvelijcken met grooter neersticheyt ende correctie by
een vergadert, ende uyt die Portugaloysche ende Spaensche in
onse ghemeene Nederlandtsche Tale ghetransla-
teert ende overgheset,

Door IAN HVYGHEN ... LINSCHOTEN.

t'AMSTELREDAM.
Cornelis Claesz. op't VVater, in't Schrijf-boeck, by de oude Brugghe.
Anno M. D. XCV.

Auf der Suche nach Gold und dem geheimnisvollen christlichen Königreich von Prester John sandte Portugal Forschungsreisende über den noch unbekannten Atlantik. Ganze Schwärme zerbrechlicher Karavellen segelten die schier endlose westafrikanische Küste hinab, umrundeten Kap Bojador und erreichten den Golf von Guinea und die Kongo-Mündung. Diego Cão kam bis zu den Küsten Südafrikas und bahnte den Weg für die Überfälle des Bartolomeu Diaz. 1488 umrundeten portugiesische Schiffe zum ersten Mal das Kap der Guten Hoffnung und erreichten den Indischen Ozean.
Der Weg zu den Gewürzmärkten des Ostens war nun frei. Zehn Jahre später erreichte die Flotte von Vasco da Gama den Hafen Calicut in Südindien. Damit wurde eine neue Ära eingeläutet: Ab dem 16. Jahrhundert bauten die Portugiesen ein lange bestehendes Handelsimperium im Osten auf.

Der Küstenstreifen zwischen Lagos und dem Kap São Vicente ist einer der eindrucksvollsten der Algarve, der südlichsten Region von Portugal. Unaufhörlich branden die Atlantikwellen gegen die Felsen, und die Kargheit dieses unfruchtbaren windgepeitschten Landes macht diesen Ort nur noch einsamer. Dort vielleicht wurde Prinz Heinrich der Seefahrer dazu angeregt, nach „versteckten Dingen“ zu suchen, nach Geheimnissen, die hinter dem grauen Horizont des Meeres lagen.
Viel weiter südlich, an Afrikas Westküste, bildete ein anderes Kap, das nur eine Sandzunge war, die Grenze des menschlichen Universums. Südlich von Kap Bojador wurde das Meer für nicht befahrbar gehalten, dort begannen die Schrecken der Äquatorzone. Schiffe, die sich in das Meer der Schatten wagten, würden unbarmherzig in den trüben Wassern versinken, die von Ungeheuern bewohnt waren. Die Sonne brannte dort so heiß, daß das Wasser kochte und weiße Männer schwarz machte – so die Legende.
Es ist nicht bekannt, was den Prinzen veranlaßte, seinen gesamten Reichtum für die Erforschung der afrikanischen Küste einzusetzen. Vermutlich war es auch die Verlockung der Reichtümer, aber sicher nicht nur das allein. Heinrich folgte mittelalterlichen Idealen und war eher ein Ritter als ein Händler. Sein Hauptanliegen war die Verbreitung des Glaubens. Kein Geschäftsmann hätte sein Kapital in ein Unternehmen mit so geringen Aussichten gesteckt. Die wahre Motivation für den Entdeckerdrang war wohl der Kreuzfahrergeist: Derselbe Geist, der Heinrich 1415 zu den Mauern von Ceuta, einer islamischen Hochburg an der marokkanischen Mittelmeerküste, getrieben hatte. Nach der Eroberung wurde Heinrich die Verwaltung von Ceuta übertragen.

46 *Zu Beginn des 16. Jahrhunderts hatte die portugiesische Flotte, hier auf einer Miniatur von 1513, die fast völlige Kontrolle über die Routen auf dem Indischen Ozean. Diese Region wurde brutal und schnell erobert, wobei der Widerstand lokaler Herrscher gegen den Terror und die Dreistigkeit der portugiesischen Abenteurer gebrochen wurde, indem bei ihrer Ankunft „alle Schiffe feuerten, so daß selbst die Vögel aufhörten zu fliegen“, wie Alfonso de Albuquerque anläßlich des Angriffs auf Aden verzeichnete.*

47 oben *Diese Abbildung zeigt die sogenannte „Cantino-Karte“, die nach dem Mann benannt ist, der von Portugal entfloh, um sie dem Herzog von Ferrara 1502 zu übergeben. Die Karte zeigt die Erde nach dem Wissensstand jener Zeit. Man sieht deutlich, daß die Küstenprofile oft fehlen.*

47 unten *Prinz Heinrich von Portugal, hier auf einem Porträt von Nuno Goncalves aus dem 15. Jahrhundert, förderte sein Leben lang Expeditionen entlang der afrikanischen Küste. Er starb 1460 und überließ seinen Nachfolgern die Aufgabe, die ehrgeizigen Erforschungen weiterzuführen.*

Die portugiesischen Seefahrer des 15. Jahrhunderts

48 oben *Kachel aus der Schule von Sagres mit der Abbildung eines portugiesischen Nau Redonda des späten 15. Jahrhunderts. Es ist deutlich zu erkennen, daß die Lateinsegel durch rechteckige Segel ergänzt wurden, die für lange Seereisen geeigneter waren. Die Nau hatte auch größeren Laderaum als Karavellen und war daher für Handelsreisen besser geeignet.*

Obwohl Heinrich als „der Seefahrer“ bekannt ist, nahm er niemals persönlich an Atlantikexpeditionen teil, auch suchte er anfangs keinen Weg nach Indien, worunter man damals verschwommen alle Gebiete östlich des islamischen Machtbereichs verstand. Vielleicht glaubte er wie seine Nachfolger tatsächlich an die Existenz eines mächtigen christlichen Königreichs, das des legendären Prester John, das man tief in Afrika vermutete. 1419 wurde Heinrich zum Regenten der Algarve ernannt und trat dem Christusorden (dem Nachfolger des Templerordens) bei, dessen Reichtum es ihm ermöglichte, seine ersten Expeditionen zu finanzieren. Seit dieser Zeit entsandte Heinrich fast jedes Jahr Schiffe, um Fahrten um das Kap Bojador zu unternehmen. Doch für fast ein Jahrzehnt hatten sie keinen Erfolg, und man bemühte sich auch nicht, den herrschenden Aberglauben zu entlarven.
Als seine Schulden wuchsen, sprach Heinrich ein Machtwort und befahl dem Edelmann Gil Eannes, ohne weitere Umstände das unheilvolle Kap zu umsegeln. Das Wort seines Herrn wog für Eannes mehr als die Gefahren der brodelnden See, und so umsegelte er das Kap, ohne auf Schwierigkeiten zu stoßen. Er ging an einer Wüstenküste an Land, ohne irgendeine Form von Leben vorzufinden außer einem seltsamen Busch, den er mitnahm als sichtbaren Beweis für sein Unternehmen. So war es also: weder Menschen noch Monster!
Im folgenden Jahr segelte Alfonso Baldaya noch einige hundert Kilometer weiter nach Süden und geriet in eine Bucht, in der es von Fischen und Robben nur so wimmelte. Irrtümlich hielt er die Bucht für die Mündung eines Flusses, den er Rio de Ouro (Goldfluß) nannte. Er kehrte mit einer Ladung Robbenhäuten und interessanten Neuigkeiten zurück: Im Sand hatte er Fuß-

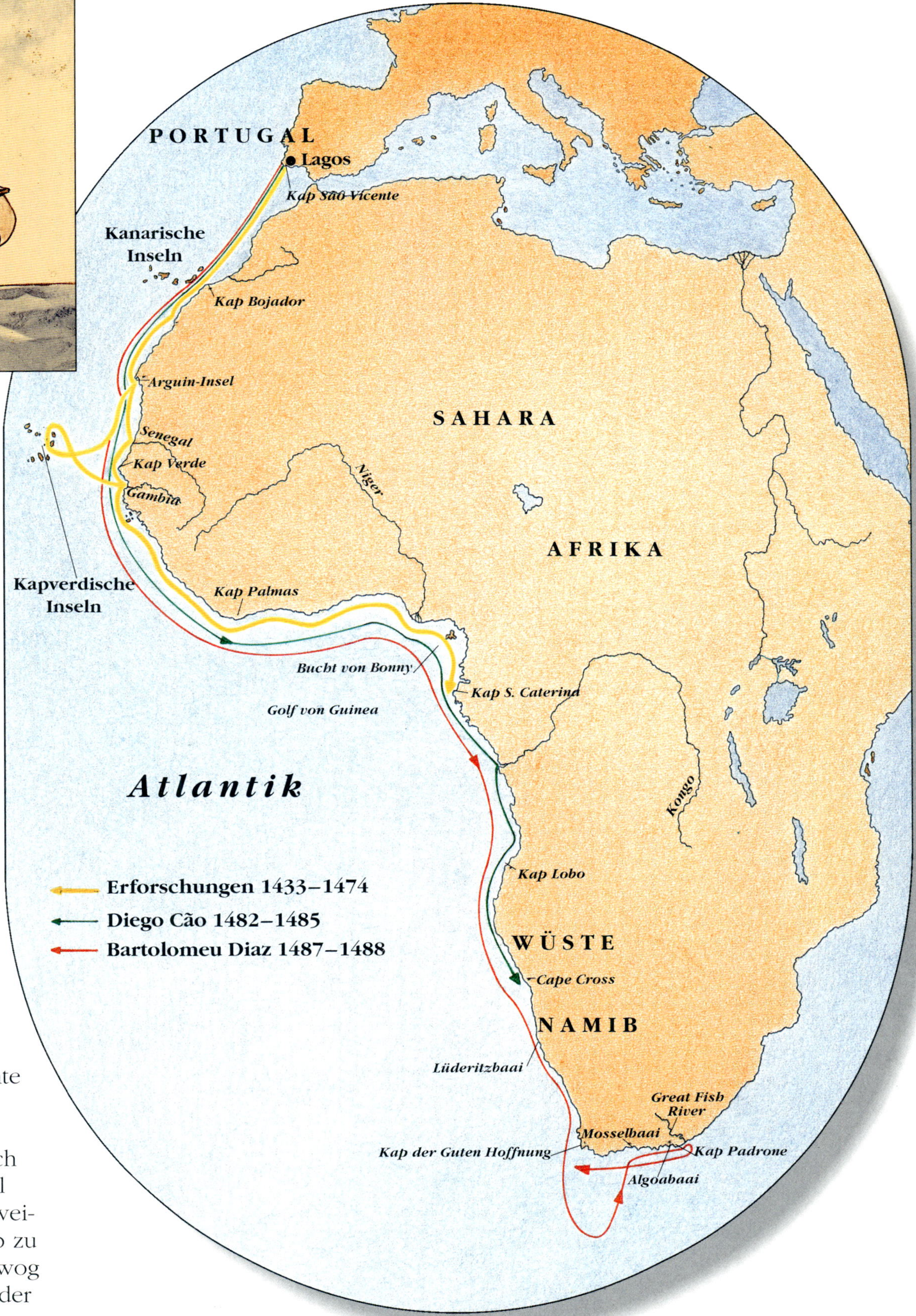

spuren und andere, vermutlich von Kamelen oder Pferden stammende Spuren gefunden. Vor allem hatte er erfahren, daß die Seefahrt im Atlantik einfacher war, als man bisher dachte. Bald begann man daher, den Winden und Strömungen zu Leibe zu rücken, und ersetzte die primitiven Fischerboote durch einen neuen Schiffstyp mit besserer Takelung und größeren Laderäumen, die Karavelle.

Ab 1437 hatte Heinrich mit internen Schwierigkeiten zu kämpfen, so daß fünf Jahre lang kein Schiff den Hafen von Lagos verließ. Die Inthronisierung von König Pedro brachte jedoch für Entdeckungsreisen neue Impulse: 1441 machten sich Nuno Tristão und Antão Gonçalves wieder auf den Weg zum Goldfluß. Dieses Mal trafen sie auf eine einheimische Bevölkerung, vermutlich nomadisierende Berber, und nahmen einige von ihnen gefangen. Ein Schiff kehrte mit den Gefangenen nach Portugal zurück, während Tristão weiter nach Süden segelte, bis er Kap Blanc und die Insel Argin an der Windhund-Bucht im heutigen Mauretanien erreichte.

Die afrikanische Küste war trocken und ungastlich, doch trugen die Expeditionen die ersten Früchte: Salz, Felle, exotische Dinge und vor allem Menschen. Wenn diese erst einmal zum rechten Glauben bekehrt und in ihre Heimat zurückgekehrt wären, würden sie Verkünder der Bibel werden, die ersten Christen im Lande des Islam. Weitere Schiffe liefen aus, und die Menschen des Landesinnern wurden in zunehmendem Maß versklavt. 1444 kehrten fünf Karavellen mit 165 Gefangenen, durch deren Verkauf die Expedition teilweise finanziert wurde, nach Lagos zurück. So gingen bald missionarischer Eifer und Profit Hand in Hand.

Im folgenden Jahr wurde die Mündung des Senegal entdeckt; die Wüste wich dem tropischen Afrika, und die Portugiesen gelangten in völlig andere Regionen. Die Vegetation dort war üppig, Palmen und hohe Bäume säumten die Flußufer. Es gab zahlreiche Vogelarten, von denen einige, z. B. die Schwalben, genau so aussahen, „wie die, die von Portugal wegziehen".

Auch die Menschen dort waren anders: Ihre Hautfarbe war viel dunkler als im Norden, und sie waren nicht so gefügig. Die Mannschaften, die sie zu fangen versuchten, wurden mit einem Hagel vergifteter Pfeile begrüßt. Tristão wurde selbst tödlich verwundet, als er über den Gambia segelte, den er 1446 entdeckt hatte.

Innerhalb von 15 Jahren, nachdem Gil Eannes das Kap Bojador erstmals um-

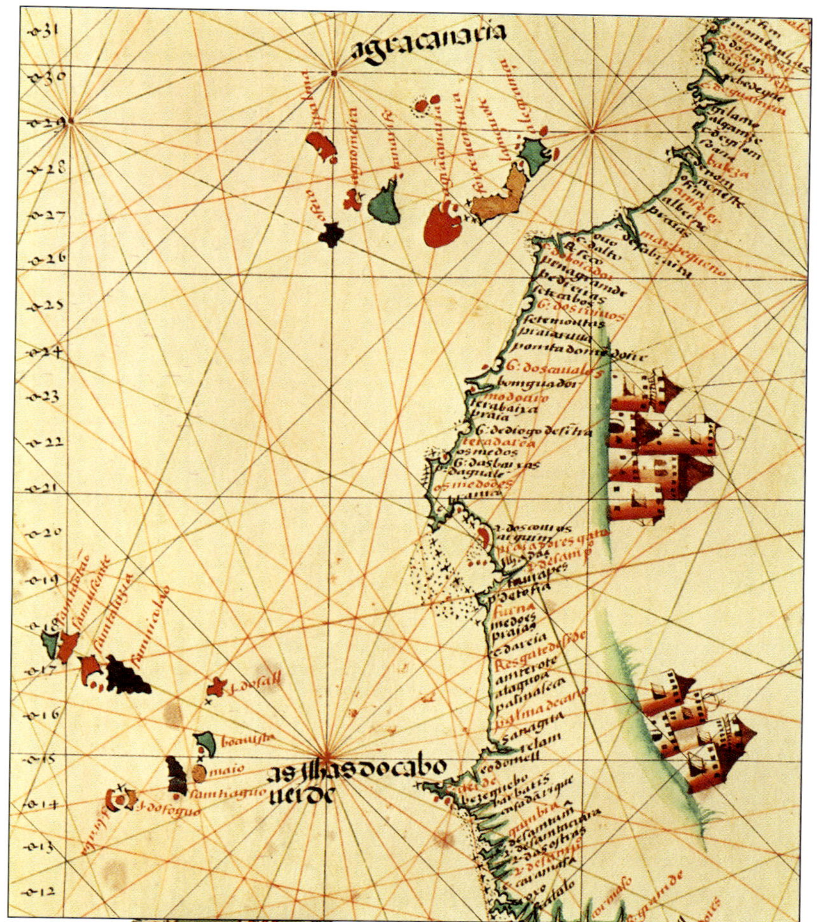

49 oben *Diese Karte aus dem Jahr 1514 zeigt die Atlantikküste von Westafrika, dem Schauplatz der portugiesischen Erforschungen. Die Seefahrer, die bis hinter Kap Bojador in Marokko kamen, mußten mit einigen Problemen fertigwerden: Dort begann das Dunkle Meer, wo die Sonne das Wasser zum Kochen brachte und wo nach Auffassung der mittelalterlichen Geographen phantastische Wesen ihr Unwesen trieben. Man glaubte auch, daß alle Weißen, die dieses Kap passierten, augenblicklich zu Schwarzen würden.*

48 unten *Der erste Kontakt der portugiesischen Eroberer mit dem Königreich Kongo, einem Land mit einer hochstehenden Zivilisation, basierte noch auf Freundschaft und gegenseitigem Respekt. Der „große, mächtige und hervorragende König von Kongo" – so nannte der portugiesische Herrscher seinen „Kollegen" – ist hier bei einer Audienz für die europäischen Gesandten dargestellt. Er ließ sich zum Christentum bekehren und sandte Botschafter nach Lissabon.*

49 unten *Dieser Ausschnitt aus der Cantino-Karte zeigt das Innere Westafrikas, das damals noch völlig unbekannt war. Es gibt den portugiesischen Außenposten La Mina am Golf von Guinea, aber über das Innere blühten die wildesten Phantasien. Die Küste weist viele Ortsnamen und navigatorische Anmerkungen auf, ein Ergebnis der portugiesischen Expeditionen im späten 15. Jahrhundert.*

50 oben *Die Portugiesen mußten nicht immer Gewalt anwenden, um die Kontrolle über indische Häfen zu erlangen. Oft wurden ihre Gesandten von den einheimischen Herrschern willkommen geheißen, die untereinander im Wettstreit lagen und die Kontrolle der islamischen Händler loswerden wollten. Diese Abbildung zeigt zwei Herren in traditionellen Gewändern.*

50 unten *Der Hafen von Lissabon im 16. Jahrhundert. Kolorierter Stich von Théodore de Bry. Lissabon an der Tejo-Mündung war der Ausgangspunkt für alle großen portugiesischen Expeditionen zur afrikanischen Küste, zum Kap der Guten Hoffnung und schließlich nach Indien. Bis ins späte 16. Jahrhundert hatte Portugal praktisch das Monopol für die Routen über den Indischen Ozean und über den lukrativen Gewürzhandel.*

schifft hatte, hatten sich Dutzende von Karavellen auf den Weg gemacht, so daß schließlich 2000 Kilometer Küste erkundet worden waren. Für die Geographen war dies ein Erfolg, für die Wirtschaft eine Katastrophe, denn mit Sklaven und Salz konnte der Prinz seine Schulden nicht tilgen. Keiner der Entdecker hatte Gold oder Gewürze gefunden, und Heinrich stand vor dem Ruin. Ein Krieg mit Kastilien machte alle Pläne für die nächsten zehn Jahre zunichte.

Erst zwei italienische Händler unternahmen eine neue Expedition zur Küste Westafrikas: Aloisio Cadamosto, ein Venezianer, und Antonieotto Usodimare aus Genua, der vor seinen Gläubigern auf der Flucht war. Zwischen 1456 und 1458 entdeckten die beiden die Kapverdischen Inseln und befuhren den Gambia. Ihr Handel mit den Einheimischen war vielleicht nicht so profitabel wie erhofft, aber Cadamosto, ein genauer Beobachter, kehrte mit sensationellen Neuigkeiten zurück. Er hatte Riesenbäume (Baobabs) gesehen, „deren Umfang am Boden 17 Ellen beträgt", Elefanten und Nilpferde, „die die Einheimischen Wasserpferd nennen: Es ist über zehn Fuß lang, hat sehr kurze Beine und Hufe; auf seinem pferdeähnlichen Kopf hat es wie ein Wildschwein zwei Hauer, fast so lang wie ein Unterarm". Heinrich der Seefahrer erlebte diesen Erfolg nicht mehr: Er starb 1460.

1461 segelte Pedro da Sintra bis nach Sierra Leone und bahnte den Weg in den Golf von Guinea. Die Küste verlief nun allmählich ostwärts, so daß man dachte, den Kontinent leicht umrunden zu können, wie es auch den damaligen Karten zu entnehmen war. Die Expedition bekam das Monopol im Austausch für einen Gewinnanteil und die Verpflichtung, die Erforschung der Küste fortzusetzen. Bis Ende 1475 hatten die Portugiesen die gesamte Küste von Libyen bis nach Kamerun erforscht; sie benannten die einzelnen Abschnitte nach den Gütern, die diese lieferten: Pfeffer-, Elfenbein- und Sklavenküste bis zur Goldküste (heute Ghana). Man erbaute dort eine Steinfestung, La Mina, „die Meine".

Doch die profitabelsten „Güter" waren Sklaven. Der Golf von Guinea wurde eine der Hauptquellen für Portugals Reichtum: Als man entdeckte, daß die afrikanische Küste hinter dem Nigerdelta wieder südwärts verläuft, was die Hoffnung auf einen direkten Weg nach Indien zunichte machte, konzentrierte man sich auf die Wahrung der Handelsrechte. Ein neuer Krieg mit Kastilien verschaffte den Portugiesen endgültig die Obermacht an der afrikanischen Küste. König Johann II., der 1481 den Thron bestieg, hatte nun die Mittel und politische Stabilität, die Pläne von Heinrich dem Seefahrer weiterzuverfolgen.

Die erste Expedition startete 1482 von der Tejo-Mündung unter dem

51 Bartolomeu Diaz, hier mit einem Astrolabium, war der erste Europäer, der das Kap der Guten Hoffnung umsegelte und damit den Weg für die Karavellen von Vasco da Gama öffnete.

Kommando von Diego Cão, der Navigationserfahrung in tropischen Meeren hatte. Der König befahl ihm, soweit nach Süden vorzustoßen, bis er eine Passage nach Osten fand, und an den markantesten Küstenpunkten *padrões*, Steinpfeiler mit dem portugiesischen Wappen, aufzustellen. Nach einem Aufenthalt in La Mina segelten die Karavellen durch die Bucht von Bonny und weiter nach Kamerun und Gabun. Jetzt befand sich Cão jenseits des Äquators in unbekannten Gewässern. Er bemerkte, daß das Meer ab einem bestimmten Punkt seine Farbe änderte und eine merkwürdige Strömung die Schiffe von der Küste wegtrieb: Er hatte die Kongo-Mündung entdeckt. Einige Mann wurden an Land gesetzt, um das Gebiet zu erforschen; sie drangen bis zur Stelle der heutigen Stadt Benguela in Angola vor. Unerklärlicherweise kehrte Cão dort um. Vielleicht glaubte er sich schon an der Südspitze Afrikas und wollte seine Entdeckungen dem König mitteilen. Portugal empfing ihn wie einen Held, und schon 1485 ging er wieder auf Fahrt. Bei der zweiten Expedition erreichte er die Küste der Wüste Namib. Er stellte bei Cape Cross das portugiesische Wappen auf und kehrte um. Cão sollte seine Heimat nicht wiedersehen, aber seine Männer brachten dem König entmutigende Nachrichten: Offensichtlich war die afrikanische Küste endlos. Kurz zuvor hatte Johann II. den Plan eines Genueser Kapitäns, eines gewissen Christoph Kolumbus, verworfen, der glaubte, Indien auf dem westlichen Weg über den Atlantik erreichen zu können. Die Berater des Königs schlossen diese Möglichkeit aus und beharrten darauf, daß der Weg nach Indien nach Osten führe. Im Jahr 1487 lief eine kleine Karavellen-Flotte unter dem Kommando von Bartolomeu Diaz aus Lissabon aus. Man nahm ein ganzes Schiff voll Proviant mit, da die Expeditionen von Cão gezeigt hatten, daß die südafrikanische Küste ohne Bewohner und ohne Schätze war. Wenn der Proviant aufgebraucht war, sollte das Schiff aufgegeben werden. Gleichzeitig sandte der König eine Landexpedition aus, die Prester John und schließlich den Weg nach Indien finden sollte. Ihre Führer, Pedro da Covilhão und Alfonso di Paiva, sprachen fließend Arabisch. Sie waren als Händler verkleidet und konnten mit etwas Glück die riesigen islamischen Gebiete sicher durchqueren, um mit den wertvollen Informationen zurückzukehren.

Während Covilhão in Ägypten an Land ging, nahmen Diaz' Schiffe eine neue Atlantikroute, wobei man den windstillen Golf von Guinea umging und direkt die Kongo-Mündung an-

steuerte. Von dort folgte Diaz genau dem Weg von Diego Cão. Er ließ das Versorgungsschiff in einer geschützten Bucht in Südangola zurück und erreichte Cape Cross.
Die Reise entlang der Küste war mühsam wegen der starken Gegenwinde und der Benguela-Strömung, die sehr dicht an der Küste verläuft. Nach einem letzten Stopp in der Lüderitz-Bucht entschied Diaz, wieder aufs offene Meer zu steuern und in einem großen Bogen nach Süden zu segeln. Mit Hilfe der Westwinde könnte er dann leicht die afrikanische Küste wieder erreichen. So segelte man rasch ostwärts, aber es tauchte kein Land auf. Diaz segelte einige Tage weiter ostwärts, und noch immer kam nichts in Sicht. Nach seinen Berechnungen hätte er die Küste schon längst erreichen müssen. So entschloß er sich, wieder nach Norden zu segeln, und im Februar 1488 kam endlich Land in Sicht. Diaz hatte den Kontinent umrundet, ohne es zu wissen. Er ankerte beim heutigen Mosselbaai (400 Kilometer östlich des Kaps), wo er auch Proviant und Frischwasser fand.
Die Einheimischen, so verzeichnete er, waren „negros de cabello revolto“ (Lockenköpfe) wie die von Guinea, jedoch feindseliger. Er zog es vor, die Bucht zu verlassen. Die Küste verlief west-östlich, doch nahm sie hinter Algoabaai einen nördlichen Verlauf. Diaz war sich sicher, daß er sich nun im Indischen Ozean befand: Indien, der Traum vieler Generationen von Forschern, war in Reichweite. Doch Diaz mußte umkehren; die Mannschaft war erschöpft, die Vorräte aufgebraucht. Die Rückreise dauerte lang und war zermürbend. Der Kapitän folgte der Küste bis zum Kap der Guten Hoffnung und drehte dann nach Norden, wo er sein Vorratsschiff wieder antraf. Dort hatten nur drei Seeleute überlebt, die anderen waren an Skorbut gestorben. Diaz verbrannte das Schiff und segelte nach Portugal zurück. Seine Expedition hatte eine fundamentale Frage beantwortet: Der Atlantische und der Indische Ozean waren miteinander verbunden, und jenseits des Kaps der Guten Hoffnung lag eine neue Welt.
Covilhãos Berichte waren sehr detailliert. Der Indische Ozean war keineswegs leer, sondern von einem dichten Schiffahrtsnetz durchzogen. Nach den langen Bemühungen wollte Portugal den Lohn für seine Kosten und Arbeit nicht aus den Händen geben. Die rei-

52 Eine Seeschlange, eines der Monster, die angeblich den Atlantik unsicher machten, auf einem Stich von 1558. Hinter Kap Bojador an der marokkanischen Atlantikküste begann das Dunkle Meer. Nach der Auffassung mittelalterlicher Geographen lauerten jenseits des Kaps phantastische Wesen, die Seeleute verschlangen; die Sonne war so heiß, daß das Wasser kochte. Nach einem weitverbreiteten Glauben wurden alle Weißen, die sich über das Kap hinaus wagten, wie durch Zauberhand zu Schwarzen.

52-53 *Bartolomeu Diaz erreichte im Frühjahr 1488 den äußersten Süden Afrikas, wie hier auf einem holländischen Stich aus dem 17. Jahrhundert dargestellt. Als ein Sturm ihn überraschte, nannte er die Spitze des Kontinents „Kap der Stürme“. König Johann II. von Portugal änderte den Namen später in „Kap der Guten Hoffnung“.*

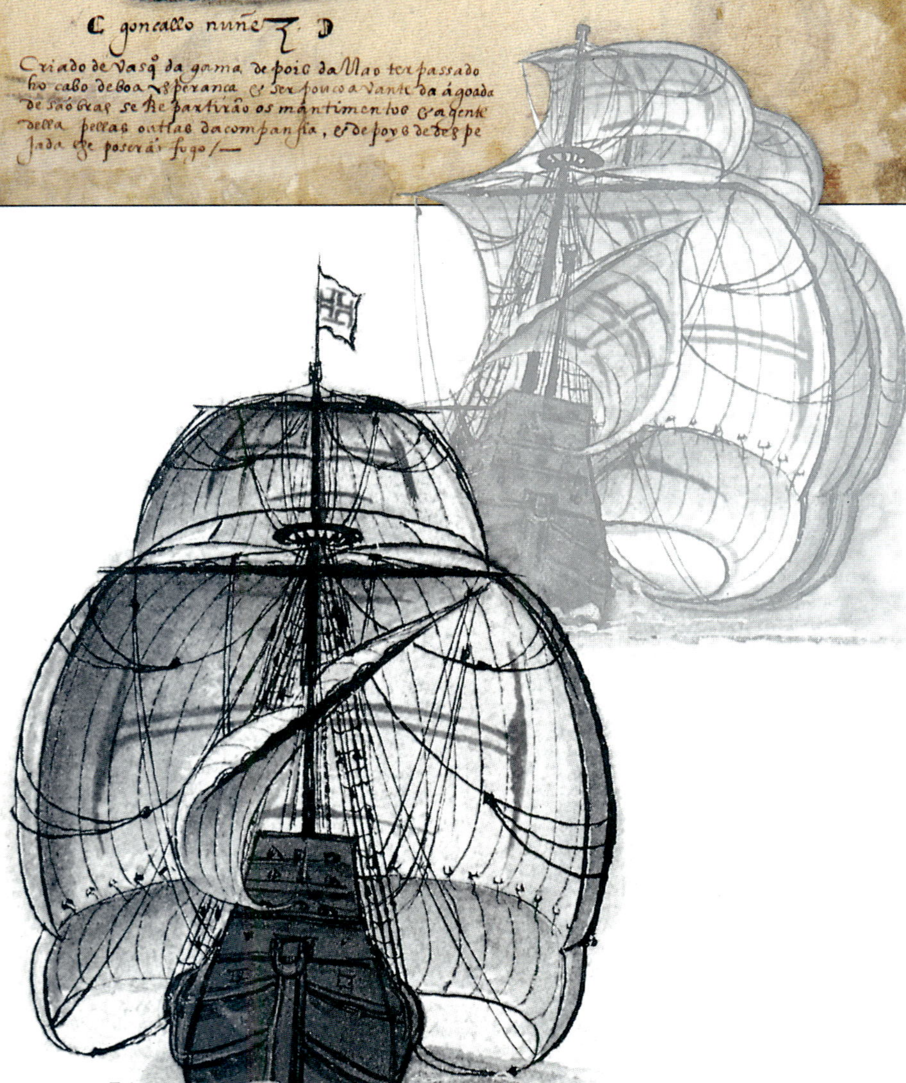

chen Gewürzmärkte waren auch von den Spaniern hochgeschätzt, die ähnliche Expeditionen starteten. Johann II. bat um Vermittlung des Papstes und schloß im Juni 1494 einen Vertrag mit dem König von Kastilien, in dem der Atlantik in getrennte Einflußsphären aufgeteilt wurde. Der Vertrag von Tordesillas sah vor, daß der portugiesische Monarch alle geographischen Entdeckungen östlich einer gedachten Linie behielt, die den Atlantik in einer Entfernung von 400 Kilometern von den Kapverdischen Inseln längs durchschnitt.

Nun war die Zeit reif für die Expedition von Vasco da Gama. Die ursprünglichen Forschermotive wurden überlagert von neuen politischen und wirtschaftlichen Forderungen: Allein die Auswahl des Kapitäns zeigte die Überzeugung, daß ein Diplomat in Indien wichtiger sei als ein guter Seemann. Da Gama war adliger Abstammung, und er war charakterlich geeignet, diese komplizierte Aufgabe zu übernehmen. Im Juli 1497 segelte die Flotte von Lissabon los. Es waren vier Schiffe mit besonderer Takelung: Die Latein-Segel waren ersetzt oder in ein System von rechteckigen Segeln inte-

54 links *Die Flotte von da Gama, dargestellt in einem portugiesischen Schiffskatalog aus dem 16. Jahrhundert. Das traditionelle Latein-Segel wurde so modifiziert, daß es um rechteckige Segel erweitert werden konnte, was bei langen Ozeanreisen mit konstanten Winden günstiger war. Im Gegensatz zu Diaz hielt sich da Gama nicht so nah an der afrikanischen Küste, sondern segelte von den Kapverdischen Inseln bis fast zum Breitengrad des Kaps der Guten Hoffnung nach Süden, bevor er sich ostwärts wandte.*

54 rechts *Auf diesem Porträt erscheint Vasco da Gama kurz vor seinem Tod ruhig und gütig – ganz anders als der grausame Mann aus den zeitgenössischen Berichten.*

55 links *Dieser Stich von 1800 zeigt eines der Schiffe, die Vasco da Gama auf seiner Reise nach Indien begleiteten. Trotz der hohen Kosten der Expedition, sowohl in menschlicher als auch in finanzieller Hinsicht, weckte das bißchen Gold und die wenigen Gewürze, die da Gamas Schiffe nach Portugal brachten, die Begeisterung von König Manuel I. Der Reichtum des Ostens schien sicher zu sein, und der Entdecker der Indienroute wurde zum Nationalhelden.*

55 rechts *Dieses Porträt von Vasco da Gama stammt aus einer alten portugiesischen Handschrift, die in der Nationalbibliothek in Paris aufbewahrt wird. Der beharrliche und realistische da Gama leitete die erste portugiesische Expedition zu den Küsten Indiens. Er leitete später als Admiral noch zwei weitere Eroberungsunternehmen in den Fernen Osten. Da Gama starb 1524 in Cochin an der Malabarküste.*

griert, was auf hoher See günstiger war. Diaz' Erfahrung hatte gezeigt, daß die besten Routen nicht zu nahe an der Küste verliefen. Da Gama verließ die Kapverdischen Inseln Anfang August. Im Bereich des Nördlichen Wendekreises segelte er ostwärts, bis Land in Sicht kam. Drei Monate später warfen seine Schiffe Anker in der Bucht von St. Helena, etwa 200 Kilometer nördlich des Kaps der Guten Hoffnung. Da Gama hatte die längste Ozeanfahrt geschafft, die je ein europäischer Seefahrer zurückgelegt hatte, wenigstens um ein Drittel länger als die Reise von Kolumbus, und er hatte einen Weg in den Indischen Ozean gefunden.

Afrika, bisher im Brennpunkt des Entdeckerdrangs, war nun eher ein Hindernis auf dem Weg nach Indien. Nachdem sie das Kap umrundet hatten, folgten die Portugiesen der südafrikanischen Küste bis zum Great Fish River. Am 25. Dezember stießen sie in unkartographiertem Gebiet auf die steilen Klippen von Pondoland, die sie *Terra do Natal* nannten. Der

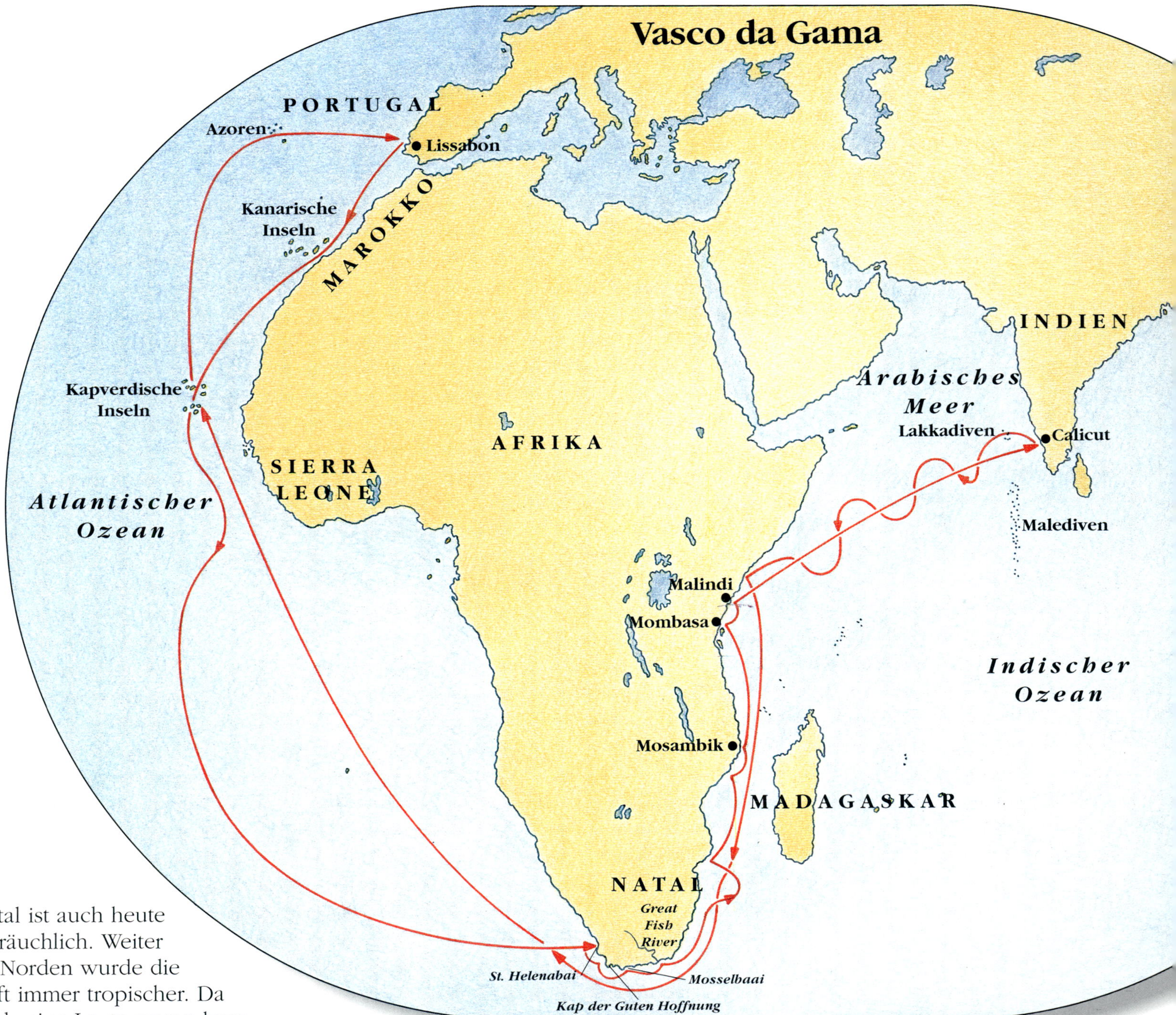

Name Natal ist auch heute noch gebräuchlich. Weiter Richtung Norden wurde die Landschaft immer tropischer. Da Gama und seine Leute waren kurz vor der arabischen Handelsregion. Die Lehmhütten wichen Städten, die Häfen wimmelten von Schiffen aus allen Teilen des Indischen Ozeans. Zunächst gingen die Portugiesen in Mosambik an Land, dann in Mombasa, wo sie feindselig empfangen wurden. Das nahegelegene Malindi bereitete einen freundlichen Empfang: Der dortige Sultan bot Proviant und Wasser und, noch wichtiger, einen Lotsen, der die dortigen Windverhältnisse kannte. Mit Hilfe des Frühlings-Monsuns erreichte die kleine Flotte die Malabarküste in Südindien in nur 27 Tagen, Ende Mai 1498. Die Portugiesen gingen in der Nähe der Stadt Calicut (heute Kozhikode) vor Anker, und einige Tage später wurde da Gama von Zamorin, dem dortigen Herrscher, empfangen. Zunächst waren die Beziehungen freundschaftlich, obwohl man die portugiesischen Gastgeschenke für Kitsch hielt. Doch fühlten die islamischen Händler durch die Fremden ihre Interessen gefährdet und veranlaßten Zamorin zu einer Änderung seiner Haltung. In Calicut war ein reicher Markt für Gewürze und andere

57 oben *Ansicht von Goa an der indischen Westküste, das im Jahr 1510 von Alfonso de Albuquerque erobert wurde. In nur wenigen Jahren wurde aus dem kleinen Handelshafen eine blühende Kolonie und eine Festung, die die wichtigsten Routen über den Indischen Ozean kontrollierte.*

56 *Dieser um 1525 gewobene flämische Wandteppich zeigt die Ankunft von Vasco da Gamas Expediton im Hafen Calicut (heute Kozhikode an der Malabarküste) im Jahr 1498. Die Portugiesen wurden von prächtig gekleideten Menschen begrüßt und konnten ihre Schiffe mit exotischen Tieren aus den fernsten Regionen der Erde beladen: mit Straußen, Kamelen und einem Einhorn.*

57 unten *Vasco da Gama huldigt dem Herrscher von Calicut, der damals bedeutenden Handelsstadt an der Malabarküste in Südindien. Die Geschenke der Portugiesen – Glasperlen, Federhüte und ähnlicher Kitsch – waren vom König und seinem Gefolge, das gemäß einem zeitgenössischen Bericht „beim Anblick der Geschenke in Gelächter ausbrach“, überhaupt nicht gerne gesehen.*

kostbare Güter, doch die Portugiesen hatten nichts im Tausch dafür anzubieten. Nach drei erfolglosen Monaten verließen sie daher Calicut, um nach Portugal zurückzukehren.
Ihre Rückreise war schwierig; sie benötigten drei Monate bis zur afrikanischen Küste. Die Mannschaft war erschöpft, viele starben an Skorbut. Als da Gama schließlich Portugal im Sommer 1499 erreichte, hatte er zwei Schiffe und die Hälfte der Besatzung verloren. Als Handelsunternehmen war die Expedition fehlgeschlagen: kein Gold, keine Gewürze, gerade etwas Pfeffer und Gewürznelken. Doch war nun endlich Indien erreicht, und das war der wahre Triumph! Da Gamas Aufzeichnungen zeigten, daß es kein christliches Königreich im Osten gab und daß der islamische Einflußbereich von Afrika bis in den Fernen Osten reichte. Wenn Portugal Gewürze brauchte, mußte es sie sich mit Gewalt holen.
Die dreijährige Reise von Vasco da Gama, die eine 300 Tage dauernde Fahrt über das offene Meer umfaßte, hatte einen Weg vom Atlantik um die Südspitze Afrikas in einen gleichermaßen riesigen wie geheimnisvollen Ozean gezeigt. Der Weg nach Indien war nun eine lange und schwierige Reise. Zwischen Lissabon und der Ma-

58 oben links *1557 erteilten die chinesischen Behörden den portugiesischen Händlern von Malakka die Erlaubnis, einen Stützpunkt in Macao an der Mündung des Perlenflusses einzurichten, das auf diesem Stich von Théodore de Bry von 1598 dargestellt ist. 300 Jahre lang war die Stadt Macao Drehpunkt für den Handel mit Ostasien und Japan. 1999 soll die letzte portugiesische Überseebesitzung an China zurückgegeben werden.*

58 oben rechts *In wenigen Jahrzehnten errangen die Portugiesen durch eine Reihe kühner Eroberungen die Kontrolle über alle strategischen Punkte des Indischen Ozeans von Malakka bis Hormus und betrieben die Haupthandelsrouten zwischen dem Osten und dem Westen. Die Abbildung zeigt den Hafen Aden an der Einfahrt zum Roten Meer.*

labarküste lagen 16 000 Kilometer, eine sechsmonatige Reise mit all ihren Unwägbarkeiten. Was es bedeutete, eine solche Reise zu wagen, zeigen die vielen Schiffswracks, die im Durchschnitt alle 130 Kilometer verlorengingen – wobei kleine Problemchen wie Krankheiten und Meutereien einmal außer acht gelassen werden sollen.
Doch tat das dem Enthusiasmus in Portugal keinen Abbruch: Mit Gottes Hilfe und nach unzähligen Opfern hatten sich die Tore zum Osten endlich geöffnet, und König Manuel I. war entschlossen, die Seefahrt – koste es was es wolle – auszudehnen.
Da Gama war gerade erst vor neun Monaten zurückgekehrt, als eine neue Expedition nach Calicut aufbrach. Sie wurde von dem gerade 30jährigen Adligen Pedro Alvares Cabral geleitet. Cabral hatte wenig Erfahrung mit langen Seereisen, doch assistierte ihm Bartolomeu Diaz, Entdecker der Passage im Süden des Kaps der Guten Hoffnung. Cabral befehligte eine Flotte von 13 Schiffen und 1200 Mann. Unter Ausnutzung der atlantischen Winde, die Diaz kannte, segelte man zu den Kapverdischen Inseln und dann westwärts. Cabral kam vom Kurs ab, so daß man sechs Wochen nach der Abreise von Lissabon am Horizont eine unbekannte Küste sichtete. Cabral hatte Brasilien entdeckt und landete etwa 200 Kilometer südlich des heutigen Bahia.
Laut dem Vertrag von Tordesillas lag das neue Land innerhalb der portugiesischen Einflußsphäre. Es ist nicht bekannt, ob Cabral hier einen geheimen Auftrag hatte oder die Entdekkung rein zufällig erfolgte, als der Passat die Schiffe über den Südatlantik trieb. Tatsache bleibt, daß sich Cabral genau an seine Pflichten hielt. Er erkundete die Küste und ergriff im Namen Portugals Besitz von dem Land. In seinem Tagebuch hielt er fest, daß das Land von nackten Wilden besiedelt war, die sich mit bunten Federn schmückten: das Tupinambavolk.

58 unten *Dieser Stich aus dem 17. Jahrhundert zeigt ein portugiesisches Schiff bei einem Zwischenstop auf dem Weg nach Indien. Da Gamas Entdeckungen motivierten viele, nach Osten zu reisen, doch überstieg die Zahl der portugiesischen Missionare, Soldaten, Beamten und Händler nie 10 000.*

59 oben *Dieses Gemälde von Pereira da Silva, das im Nationalmuseum in Rio de Janeiro hängt, zeigt Cabrals Landung in Porto Seguro in Brasilien und den Empfang durch die einheimischen Tupinamba.*

59 unten *Das* Livro da Armados *zeigt die Flotte, die Pedro Cabral auf seiner Reise nach Brasilien begleitete. Sie bestand aus 13 Karavellen mit 1200 Mann Besatzung, die meisten davon Berufssoldaten.*

__60 oben__ Karte von Battista Agnese, 1553. Die südamerikanische Ostküste war bereits kartographiert, obwohl die Region südlich der Magellanstraße noch recht vage gezeichnet ist. Mittelamerika hat eine durchgehende Küstenlinie; es war nun sicher, daß es dort keine Wasserverbindung zwischen Atlantik und Pazifik gab. Südamerika war von den legendären Giganten bewohnt.

__60 Mitte__ Diese Kopie der Tabula Terra Novae *aus dem 16. Jahrhundert zeigt noch eine recht ungenaue nordbrasilianische Küstenlinie. Das Innere des Kontinents ist noch völlig unbekannt, und es soll von wilden Wesen und wilden Menschen bewohnt sein; unter den zahlreichen Phantasie-Anmerkungen auf der Karte lautet eine „Antropophagi hic sunt" (hier leben Menschenfresser).*

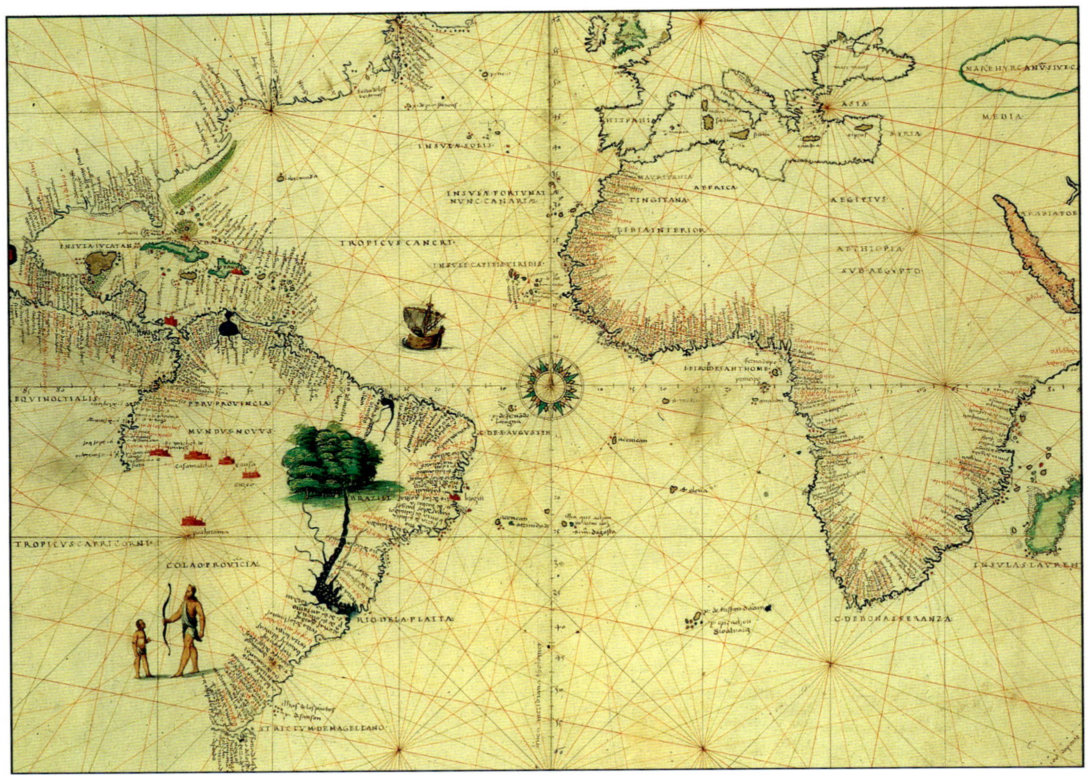

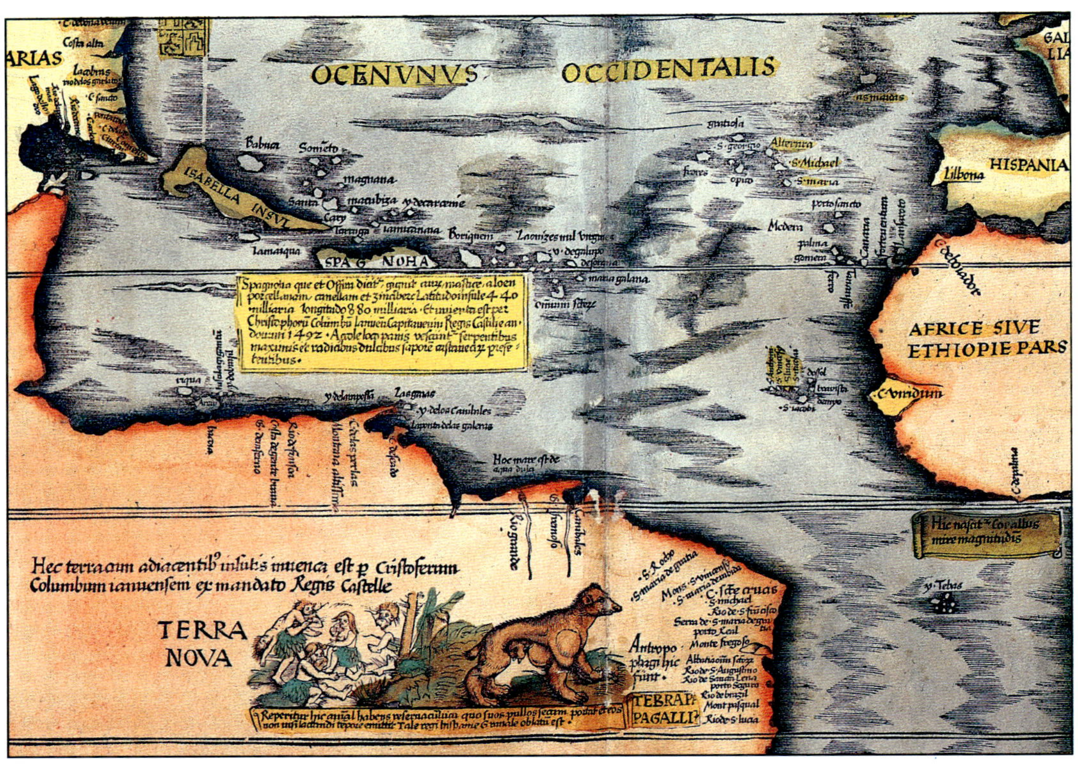

Nach einigen Tagen segelte man weiter in Richtung Indien, wo Cabral die Pflichten eines Soldaten erwarteten. Je nachdem, wie es die Lage erforderte, setzte er Diplomatie oder Kanonen ein, um die Fürstentümer an der Malabarküste – zuerst Calicut, dann Cochin – zur Unterschrift unter eine Reihe Verträge zu nötigen, die der portugiesischen Krone das Recht auf freien Handel und Niederlassungen einräumten.

Im Sommer 1501 kehrte Cabral mit nur der Hälfte seiner Schiffe und mit einer dezimierten Mannschaft nach Lissabon zurück. Dafür brachte er eine große Ladung wertvoller Gewürze mit – einen sichtbaren Beweis für den Reichtum des Ostens, und vor allem die Gewißheit, im fernen Indien nun eine Basis zu besitzen. Die Grund-

__60 unten__ Der Vorstoß der Portugiesen ins brasilianische Landesinnere erfolgte erst über hundert Jahre nach der zufälligen Entdeckung durch Cabral. 1637 machte sich Kapitän Pedro Teixeira von Belém in der Nähe der Amazonas-Mündung mit 47 Schiffen, 70 Soldaten und tausend Einheimischen auf den Weg. Im Gegensatz zu dem Eindruck, den diese Abbildung erweckt, war der Widerstand der Amazonas-Stämme schwach. Nach acht Monaten erreichte von Belém die spanische Siedlung Quito, und etwa 30 Jahre später bauten die Portugiesen bei Barra am Amazonas eine Festung, das spätere Manaus.

steine zu einem Reich waren gelegt: Cabrals Nachfolger, Francisco de Almeida und Alfonso de Albuquerque, sollten dieses Reich verwirklichen. Innerhalb von weniger als 20 Jahren kontrollierte die portugiesische Flotte alle wichtigen Häfen am Indischen Ozean von Mombasa bis Malakka, von Hormus bis Goa. Das 1511 eroberte Malakka wurde Ausgangsbasis für die weitere Expansion zu den Molukken-Inseln, China und Japan.
1557 gelang es den Händlern von Malakka die chinesische Regierung zu überreden, ihnen einen Stützpunkt in Macao einzuräumen. Kurz darauf wurde der Handel mit Japan intensiviert. 1571 errichteten die Portugiesen einen Stützpunkt in Nagasaki, wo sie 70 Jahre lang blieben. Goa wurde Hauptstadt eines gewaltigen Handelsimperiums, das von der Kontrolle der Häfen und der Schiffahrtswege lebte. Ein solches Monopol mußte jedoch zusammenbrechen, sobald noch aggressivere „Spieler" auf den Plan traten: Angesichts der vereinten Kräfte der Niederlande und Großbritanniens mußten die Portugiesen nach und nach weichen und verloren einen Stützpunkt nach dem andern. 1666 waren vom portugiesischen Imperium in Indien nur noch Goa und Macao übrig. Eine neue Ära europäischer Vorherrschaft in Asien hatte begonnen.

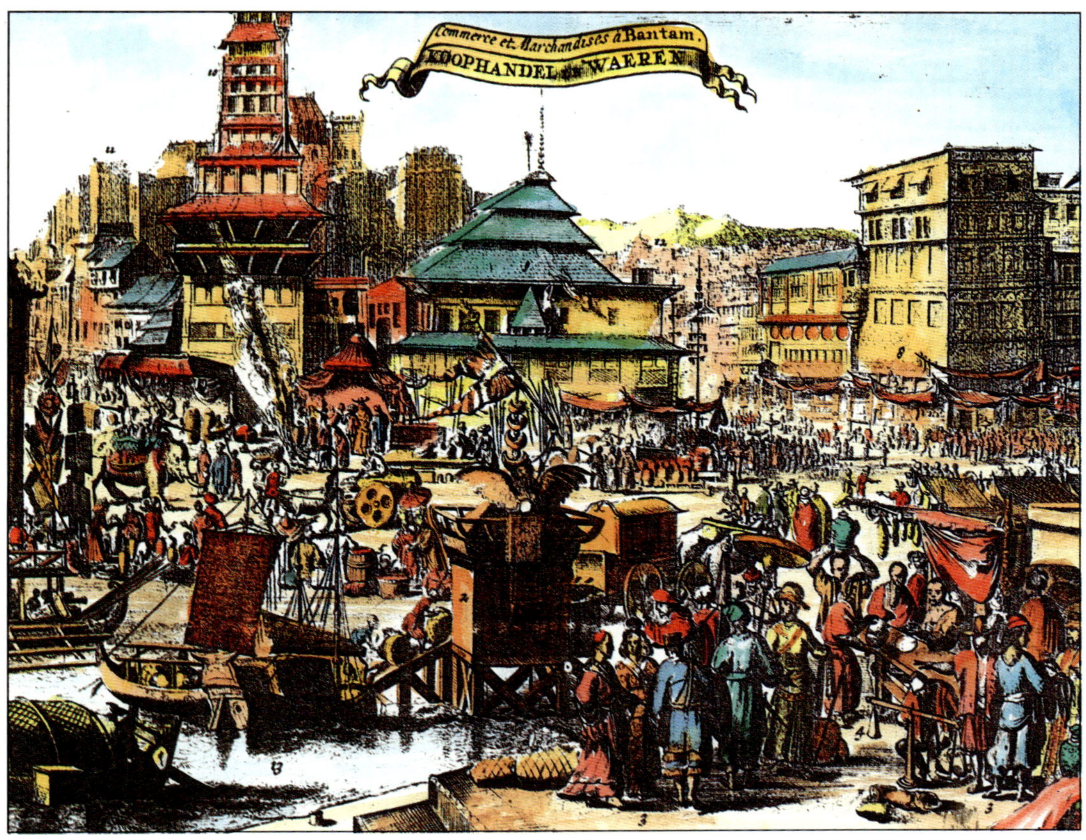

61 oben *Diese Abbildung aus einer holländischen Ausgabe der Reisen des Fernão Andrade in China von João de Barros zeigt die erste Landung auf chinesischem Boden im Jahr 1517. Der portugiesische Kapitän bietet einer Gruppe Mandarine Geschenke an.*

61 unten *Diese Abbildung zeigt den florierenden Hafen Banten in Java, ein wichtiger Stützpunkt auf der Route nach China und Umschlagplatz für Gewürze von den Archipeln des Fernen Ostens. 1603 konnte der englische Kapitän James Lancaster mit dem Herrscher von Banten einen Handelsvertrag schließen, der den Grundstein für die britische Expansion in Asien legte.*

***62** Diese chinesische Wand aus dem 16. Jahrhundert ist mit einer Reihe von Szenen dekoriert, die die Ankunft eines portugiesischen Schiffes und das Löschen der Ladung zeigen. 1571 gründeten die Portugiesen Nagasaki, die erste europäische Siedlung in Japan, wo die Handelsroute von Goa über Macao endete.*

GEWÜRZE

Im späten Mittelalter wurde unter dem Begriff „Gewürz“ eine ganze Reihe natürlicher Substanzen verstanden, die man als Würze, Medikamente, Parfüms und Konservierungsstoffe verwendete. Einige davon, wie z. B. Safran, wuchsen auch im mediterranen Europa, doch die meisten – die kostbarsten und die begehrtesten – gab es nur in den Tropen, wo das Klima heiß und feucht genug war. Gewürznelken, die getrockneten Knospen von *Eugenia caryophyllata*, fand man nur auf bestimmten Inseln der Molukken. Wegen ihrer Wunderkräfte bei der Behandlung von Karies und Magenbeschwerden waren sie in China und Indien hochgeschätzt. In Europa wurden sie zur Konservierung von Fleisch und, in eine goldene Muschel gefüllt, als Talisman gegen die Pest verwendet. Pfeffer *(Piper nigrum)* kam aus Südindien und Malaysia und wurde als Gegengift gegen zahlreiche Gifte und als Gewürz benutzt. Er war äußerst kostspielig, genauso wie die Muskatnuß *(Myristica fragrans)* und Zimt von Ceylon aus der Rinde von *Cinnamomum zeylanicum*.
Bis Mitte des 14. Jahrhunderts gelangten Gewürze durch Karawanen aus Asien nach Europa. Mit dem Zerfall des mongolischen Reichs und dem Ausbruch der Pest versiegten diese Kanäle jedoch. Arabische und persische Händler monopolisierten den Handel mit dem Osten; die Preise explodierten. Die Kostbarkeiten aus dem Fernen Osten kamen in Alexandria an, wo die Venezianer noch einen gewissen Zugang über die Häfen am Persischen Golf und dem Roten Meer hatten. So erreichte nur eine kleine Menge Pfeffer und anderer Gewürze Europa. Die Kosten waren immens, und die Profite riesig. Waren, die in Indien einen normalen Preis kosteten, erzielten beim Verkauf in Europa den bis zu achtzigfachen Preis – in Silber oder Gold. So war es verständlich, daß Gewürze für die portugiesischen und spanischen Seefahrer die treibende Kraft waren, Reisen über unbekannte Meere zu riskieren.
1501 erreichte Cabrals Flotte die indischen Häfen, und er kehrte mit 150 Tonnen Gewürzen zurück. Er hatte die islamische Handelsblockade durchbrochen und die Basis gelegt für die portugiesische Vorherrschaft in Südostasien, die Jahrhunderte dauern sollte.

63 oben *Die meistgesuchten und wertvollsten Gewürze waren in den tropischen Regionen von Asien zu finden: Pfeffer, Zimt, Muskatnuß und Gewürznelken (die man für ein ausgezeichnetes Mittel gegen die Beulenpest hielt). Allen Gewürzen wurden medizinische Wirkungen zugeschrieben, was ihren hohen Preis in den europäischen Apotheken erklärte.*

63 Mitte *Der Samen der Muskatnuß war eines der teuersten und meistgesuchten Gewürze in Europa. Muskatnuß und Muskatblüte (die Außenhaut des Samens) wurden fast nur auf den Banda-Inseln gefunden; sie wurden als Gewürz und als Medikament verwendet.*

63 unten *Ein Gewürzhändler aus dem* Tractatus de herbis *aus dem späten 15. Jahrhundert (Estense-Bibliothek/Modena). Die in Europa seltenen und teuren Gewürze kamen fast ausschließlich aus Indien und dem Fernen Osten. Die Händlergewinne waren astronomisch: Die Waren wurden im Erzeugerland billig eingekauft und dann bis um das 80fache teurer auf den europäischen Märkten verkauft.*

64-65 *Ein Schwarm fliegender Fische fliegt um ein Schiff, das unterwegs nach Amerika ist (Stich von Théodore de Bry aus dem späten 16. Jahrhundert). Obwohl die Reisen von Kolumbus und den Konquistadoren die Furcht vor Seeungeheuern beseitigt hatten, war eine Atlantiküberquerung noch immer eine Herausforderung für europäische Seefahrer.*

Über den Atlantik nach Indien zu segeln – das war für Christoph Kolumbus jahrelang ein Traum. Am portugiesischen und englischen Hof wurde er abgewiesen, doch Spanien zeigte sich interessiert. Kolumbus' Überzeugung beruhte auf falschen Annahmen und Fehlinformationen, doch das wichtigste war seine Vision, die ihn sein ganzes Leben begleitete. Er bezweifelte keinen Augenblick die Richtigkeit seiner Berechnungen: Jenseits des Atlantiks erstreckten sich die märchenhaften Länder des Ostens, Cathay und die Insel Cipangu, die von Marco Polo beschrieben worden waren. Doch die Expedition, die am 3. August 1492 von dem kleinen Hafen Palos aufbrach, kam niemals bis Asien. Nach fünfwöchiger Reise erreichte Kolumbus einen unbekannten Kontinent. Dieses verhängnisvolle Hindernis – Amerika – sollte das Schicksal unseres ganzen Planeten ändern.

EIN FATALER IRRTUM: KOLUMBUS ENTDECKT AMERIKA

Im Dezember 1488 segelten die Karavellen von Bartolomeu Diaz langsam den Tejo aufwärts nach Lissabon. Unter den Schaulustigen am Ufer war ein geheimnisvoller Mann mittleren Alters. Nach jahrelangen hartnäckigen Versuchen hatten die Portugiesen endlich einen Weg in den Osten gefunden, und Diaz' Erfolg hatte seine letzten Hoffnungen zunichte gemacht. Niemand würde ihn mehr ernst nehmen, und sein Vorschlag, westwärts Indien zu erreichen, würde nun erst recht auf taube Ohren stoßen. Nicht einmal mehr der englische Monarch, dem er sein Projekt erklärt hatte, zeigte sich interessiert.
Christoph Kolumbus war 1451 in Genua geboren worden. Er rühmte sich großer seemännischer Erfahrung und hatte die letzten Jahre damit verbracht, bei mehreren Höfen Interesse und Zustimmung für seine Ideen zu gewinnen. Nun resignierte er fast, nur noch die Antwort des Königs von Kastilien stand aus.
Vor zwölf Jahren war er als Schiffbrüchiger vor dem Kap São Vicente an Bord eines Piratenschiffs geraten und hatte an Land schwimmen können. Daraufhin siedelte er nach Portugal um. Die Genueser Händler nahmen ihn mit offenen Armen auf. Allerdings hatte er Stillschweigen darüber zu bewahren, daß sein Schiff während eines Scharmützels mit der Genueser Flotte versenkt worden war. Folglich hatte er sich eine bessere Vergangenheit und eine berühmtere Abstammung zuzule-

66, 67 oben und unten *„Von durchschnittlicher Statur, mit einem länglichen Gesicht und ausgeprägten Backenknochen; er war nicht zu dick und nicht zu dünn, hatte eine Adlernase, klare Augen und einen guten Teint." So wurde Christoph Kolumbus von seinem Sohn Ferdinand beschrieben. Es existieren keine zeitgenössischen Porträts vom Entdecker Amerikas, und die Künstler, die ihn später porträtierten, malten eher ihrer Phantasie entsprechend. Das tatsächliche Aussehen von Kolumbus bleibt ein Geheimnis.*

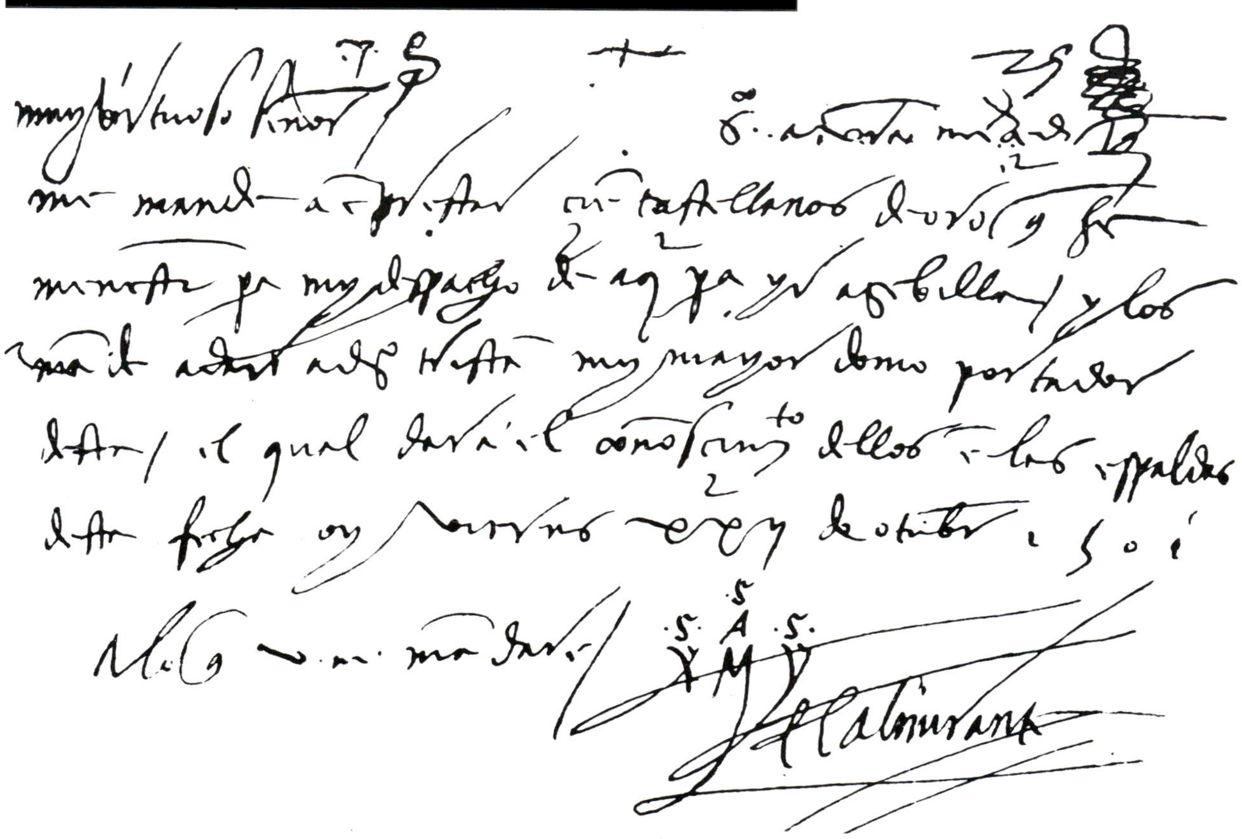

67 Mitte *Das Gesuch um 100 Gold-*Castellanos*, das von Kolumbus unterzeichnet ist, war an den Schatzmeister Alonso de Morales gerichtet.*

gen. In Portugal lernte er Lesen und Schreiben sowie die dortigen Sprachen Kastilisch und Lateinisch. Er wurde ein guter Kartograph und heiratete ein vornehmes Mädchen. Durch seine Fahrten nach Madeira, in den Norden, und nach Guinea wurde er mit den Winden und Strömungen vertraut. In diesen Jahren reifte in ihm die Überzeugung, daß die Länder des Ostens und das Cathay von Marco Polo leicht auch auf dem westlichen Weg über den Atlantik erreicht werden konnten. Seine Überzeugung beruhte auf theoretischen Daten, die er aus den bekanntesten kosmographischen Texten seiner Zeit gewonnen hatte. Um seine Hypothese eines „schmalen" Atlantiks zu beweisen, selektierte Kolumbus die Fakten, die seine Thesen erhärteten, und kombinierte sie zu dem von ihm gewünschten Ergebnis. Nach Ptolemäus bestand die Erde je zur Hälfte aus Festland und aus Meeren. Doch behauptete Kardinal Pierre d'Ailly in seinem *Imago mundi*, Ptolemäus sei mißverstanden worden, und unter Bezug auf andere Klassiker nahm er eine um über ein Zehntel größere Landfläche an. So sollte auch Asien größer als bisher angenommen sein. Doch Kolumbus war es noch nicht groß genug: Er fügte noch 60 Längengrade hinzu, da er die riesige Insel Cipangu (Japan) im Kopf hatte, die Marco Polo beschrieben hatte. So schien die Entfernung zwischen Portugal und Asien 77° zu betragen. Wenn man von den Kanarischen Inseln lossegelte, betrug die Entfernung nur noch 60°. Aber der Atlantik war noch zu riesig. Kolumbus versuchte daher die kleinste bekannte Längeneinheit zu ermitteln; er stützte sich auf die Angaben des arabischen Geographen Al Farghani, der einen Längengrad mit 56 Seemeilen angab, und wählte hierfür die Italienische Meile (= 1480 Meter). Auf diese Weise entsprach ein Längengrad am Äquator gerade 83 Kilometern. Auf der Route, die Kolumbus festlegte, war dieser Wert noch niedriger, so daß die Entfernung zwischen Asien und Europa mit 4400 Kilometern errechnet wurde – einem Viertel der tatsächlichen Entfernung. Es würde eine lange, mühsame, aber durchführbare Reise sein.

68 links *Keramik mit den Karavellen von Kolumbus, gezeichnet von Zuloaga. Keines dieser Schiffe hatte ein Leergewicht über 80 Tonnen. Die* Niña, *die* Pinta *und die* Santa Maria *waren mit Rechteck-Segeln betakelt, die für die Winde des mittleren Atlantik besser geeignet waren. Die Besatzung bestand aus 90 Mann. Die* Niña, *ein robustes Schiff aus Eichenholz, war 21 m lang und 9 m breit.*

68 rechts *Dieses Wandgemälde von Bejarano zeigt Christoph Kolumbus bei einer Unterhaltung mit dem Physiker Garcia Hernandez im Kloster La Rabida. Der erste bekannte Globus wurde von Martin Behaim 1492 konstruiert, also in dem Jahr, in welchem Kolumbus nach Amerika aufbrach. Daher ist es sehr unwahrscheinlich, daß Kolumbus schon vorher einen Globus gesehen hatte – was diese Darstellung jedoch zeigt.*

Kolumbus erklärte seine Theorie König Johann II. von Portugal, aber eine Untersuchungskommission betrachtete sie als nicht realisierbar.
1485 siedelte Kolumbus nach Kastilien um, wo er ganz von vorn beginnen mußte. Er war ein Ausländer, dem gegenüber man mißtrauisch sein mußte. Doch mit bemerkenswerter Zähigkeit und Geschicklichkeit gelang es Kolumbus, eine neue Identität anzunehmen und in wenigen Monaten neue Freunde zu gewinnen. Nach gut einem Jahr wurde er am Hof eingeführt und erhielt eine Audienz des Königs und der Königin. Isabella I. gewährte ihm ihre Protektion, doch zu jener Zeit war Spanien mit der Eroberung von Granada beschäftigt, so daß das Anliegen von Kolumbus einer Expertenkommission vorgelegt wurde. Man stritt dort fünf Jahre lang, ohne sich festlegen zu können. Sogar Kolumbus wurde manchmal von Zweifeln geplagt.
Doch als die Araber 1492 endgültig von der Iberischen Halbinsel vertrieben worden waren, schien sich die Sache zum Besseren zu wenden, und Kolumbus machte sich neue Hoffnungen. Er hatte sich zwischenzeitlich um die Fürsprache einflußreicher Persönlichkeiten bemüht, so vom Herzog von Medinacelli und Luìs Santàngel, dem Schirmherrn von Santa Hermanadad, einer mächtigen politisch-militärischen Bruderschaft.
Schließlich wurde Kolumbus vor die Kommission zitiert: Ein einstimmiges Nein und schwere Beschuldigungen der Ketzerei erwarteten ihn – und die drohende Inquisition. Kolumbus erwog bereits, nach Frankreich ins Exil zu gehen, da kam ihm Santàngel zu Hilfe: Ohne genau auf die Frage der Finanzierung einzugehen, die die direkte Unterstützung der Krone erfordert hätte, umriß er das Problem in einem neuen Licht.

69 oben *Kolumbus erläutert auf diesem anonymen Gemälde aus dem Kloster La Rabida den Franziskanermönchen von Granada seine Pläne. Nach seiner Ankunft in Spanien (1485) suchte Kolumbus lange Zeit vergeblich nach Persönlichkeiten, die an seine Ideen glaubten. Nur dank der Freundschaft und der Unterstützung durch den andalusischen Klerus hatte der Genueser schließlich beim spanischen Hof Erfolg.*

69 unten links *Diese Goldmünze zeigt Ferdinand II. von Aragon und Isabella von Kastilien. Die Heirat der beiden Herrscher vereinte die mächtigsten Reiche auf der Iberischen Halbinsel und bildete den Grundstein der spanischen Nation.*

69 unten rechts *Stundenglas aus dem 15. Jahrhundert. Damals war das zerbrechliche und ungenaue Stundenglas das einzige Instrument, mit dem die Seefahrer die Zeit messen konnten.*

König und Königin sollten nur die Schiffe und die Bezahlung der Mannschaft sichern, während die Bruderschaft Santa Hermanadad Kolumbus 250000 *Maravedis* Honorar zahlen würde. Die Gesamtsumme von 2 Millionen *Maravedis* waren für Santàngel eine Kleinigkeit – sie entsprach ungefähr dem Monatseinkommen eines kastilischen Adligen.

Kolumbus wollte jedoch seine unbescheidenen Forderungen nicht mäßigen. Er bestand für sich und seine Nachkommen auf dem Titel eines Vizekönigs für alle entdeckten Länder, einem Zehntel der Schätze und einem Achtel Beteiligung an den Handelsaktivitäten der Expedition sowie auf verschiedenen weiteren Vergünstigungen. Er betonte jedoch, daß sein Hauptanliegen nicht Reichtümer und Ruhm waren, sondern die Verbreitung des christlichen Glaubens.

Nach einigem Zögern willigte die Königin ein. Die Stadt Palos sollte ihm zwei Schiffe stellen, ein drittes sollte privat gechartert werden. Palos war ein lebhafter Handelshafen, doch nicht so bedeutend wie das benachbarte Càdiz, gerade richtig für dieses Unternehmen. Die Expedition sollte nicht offiziell sein, und falls sie ein Fehlschlag wurde, würde sie nicht den Ruf der Krone schädigen.

Am 3. August 1492 verließen die zwei Karavellen und ein Nao den spanischen Hafen. Die Kapitäne der Schiffe entstammten einer führenden Familie von Palos: Martin Alonso Pinzon kommandierte die *Pinta*, sein Bruder Vicente Yanez Pinzon die *Niña*. Kolumbus befehligte die *Santa María*. Die Mannschaft war insgesamt 90 Mann stark einschließlich eines arabisch sprechenden Juden. Man glaubte, seine Dolmetscherfähigkeiten könnten im Reich des Großkhans von Nutzen sein, dem Kolumbus einen Brief des Königs von Spanien überbringen sollte.

Zehn Tage später erreichte man die Kanarischen Inseln. Während des Aufenthalts im Hafen von Gomera wurden die Segel der *Niña* für die Hochseefahrt modifiziert. Nachdem die letzten Vorbereitungen getroffen und genügend Vorräte gebunkert worden waren, ließ Kolumbus die Anker lichten. Nach seinen Berechnungen müßten sie innerhalb weniger Wochen Antilla im Westen erreichen, eine der im Atlantik vermuteten Inseln. Jenseits von Antilla, aber auf demselben Längengrad, mußte dann Cipangu liegen. Kolumbus vertraute seinen Berechnungen völlig, doch muß ihm wenigstens teilweise klar gewesen sein, daß er ins Ungewisse segelte. Der einzige sichere Faktor war der ständige nordöstliche Passatwind, der die Schiffe zumindest am Anfang schnell in den Atlantik trieb – zu schnell, schien es. Kolumbus sah Probleme mit der Mannschaft voraus und fälschte daher das Schiffslog von Anfang an, um die zurückgelegte Entfernung geringer erscheinen zu lassen. Wenn Asien nun weiter entfernt als erwartet lag, würden es die Seemänner nicht erfahren, und, so schloß er, niemand würde sich Sorgen machen. Mannschaft und Offiziere waren Spanier, und Kolumbus war ein Ausländer – wie lange würde seine Autorität anhalten? Alles hing von der Dauer der Reise ab.

Die Schiffe durchquerten die Weiten des Atlantiks, und die Beobachtungsposten hielten nach Land Ausschau. Am 16. September änderte sich das Meer plötzlich; „hellgrüne Grasbüschel schwammen umher, die aussahen, als hätte man sie erst vor kurzem ausgerissen, so daß die Mannschaft glaubte, in der Nähe einer Insel zu sein". Tatsächlich hatte man die Sargassosee erreicht. Die Männer konnten glauben, was sie wollten, doch Kolumbus hatte nicht so bald Land erwartet: Sie hatten erst den halben Weg nach Cipangu zurückgelegt.

Man ließ sich nicht aufhalten, sondern setzte die Fahrt nach Westen fort. Am 25. September glaubte man auf der

70 oben *Dieses Gemälde zeigt die Abreise von Kolumbus. Die 21 m lange und 9 m breite* Niña *hatte 30 Mann Besatzung und konnte eine Ladung von 51 Tonnen aufnehmen. Bei einem Zwischenstopp auf den Kanarischen Inseln ließ Kolumbus die traditionellen Lateinsegel durch rechteckige Segel ergänzen, die für die Winde des mittleren Atlantiks besser geeignet waren.*

70 unten *Dieser Stich von Théodore de Bry aus dem Jahr 1594 zeigt Kolumbus' Aufbruch nach Amerika. Die von Kolumbus benutzten Karavellen waren schnell und gut manövrierbar; sie waren eine Weiterentwicklung der traditionellen Fischerei- und Küstenschiffe.*

70-71 *Hin- und Rückreise von Kolumbus' erster Fahrt (Kloster La Rabida). Trotz der Beschränkungen der damaligen Techniken und der fehlenden Kenntnisse der Atlantikwinde ist der Weg, den Kolumbus – sei es absichtlich oder zufällig – nahm, auch heute noch der günstigste.*

71 unten *Die Abreise der drei Karavellen aus dem Hafen Palos am 3. August 1492 ist auf diesem Wandgemälde von Bejarano, Kloster La Rabida, dargestellt. Die Franziskanermönche des Klosters La Rabida waren von Anfang an begeisterte Befürworter von Kolumbus' Plänen und führten ihn bei wichtigen Adelspersönlichkeiten von Kastilien ein.*

71 rechts *Am 10. Oktober 1492 hatte Kolumbus nach einer monatelangen Reise über den Atlantik mit einer Meuterei auf der* Santa María *zu kämpfen, wie auf diesem Stich von Amati (1890) zu sehen ist. Sein Selbstvertrauen half ihm, die Situation zu entschärfen. Indien, so versprach er, sei nun in Reichweite, und man habe nur „den Kurs zu verfolgen, bis sie mit Hilfe Gottes Indien erreichten". Kolumbus hatte Glück: Nur zwei Tage später sichtete die* Pinta *die erste amerikanische Landspitze.*

Pinta, Land gesichtet zu haben. „Es war nur der Himmel", notierte Kolumbus, als sich Unruhe unter der Mannschaft breit machte, die nicht mehr durch die endlose Leere segeln wollte. Am 7. Oktober tauchten Vogelschwärme auf, die nach Südwesten zogen. Kolumbus befahl, ihnen zu folgen, was sich als richtig herausstellte; denn wenn er seinen geplanten Kurs beibehalten hätte, wären die Schiffe früher oder später in den Golfstrom geraten, der sie nach Norden und schließlich ins offene Meer zurückgetrieben hätte. So aber sichtete man nach fünf Tagen Land. Indien!
Es war nur eine kleine Insel (Guanahani, die er San Salvador benannte), doch Kolumbus schien es die erste der über 7000 Inseln, über die Marco Polo berichtet hatte. Jenseits dieses Archipels lag also der Kontinent. Cipangu und Cathay konnten nicht mehr weit sein. Durch Zufall stieß Kolumbus gerade dort auf Land, wo er es erwartet hatte: Die Summe seiner Fehler führte so zu einer bemerkenswerten Entdeckung. Nach 36 Tagen hatte man Land gefunden! Man fiel auf dem Strand auf die Knie, nannte die Insel San Salvador und nahm sie im Namen Spaniens und „zur Ehre Gottes, der uns führte und vor vielen Gefahren rettete", in Besitz.
Die einheimischen Taïnos hießen die Fremden freundlich willkommen. Sie waren nackt und schienen ein primitives Leben zu führen. Es gab keine Spuren von befestigten Städten und goldenen Tempeln, aber das Land war üppig. Es erinnerte Kolumbus an das Paradies: gewaltige Bäume, schillernd bunte Vögel und Blumen. Doch wo lag Cipangu? Der Dolmetscher wandte sich auf Arabisch an die Indianer, doch er erhielt keine Antwort. Niemand wußte vom Großkhan und seinem Reich, doch einige besaßen kleine

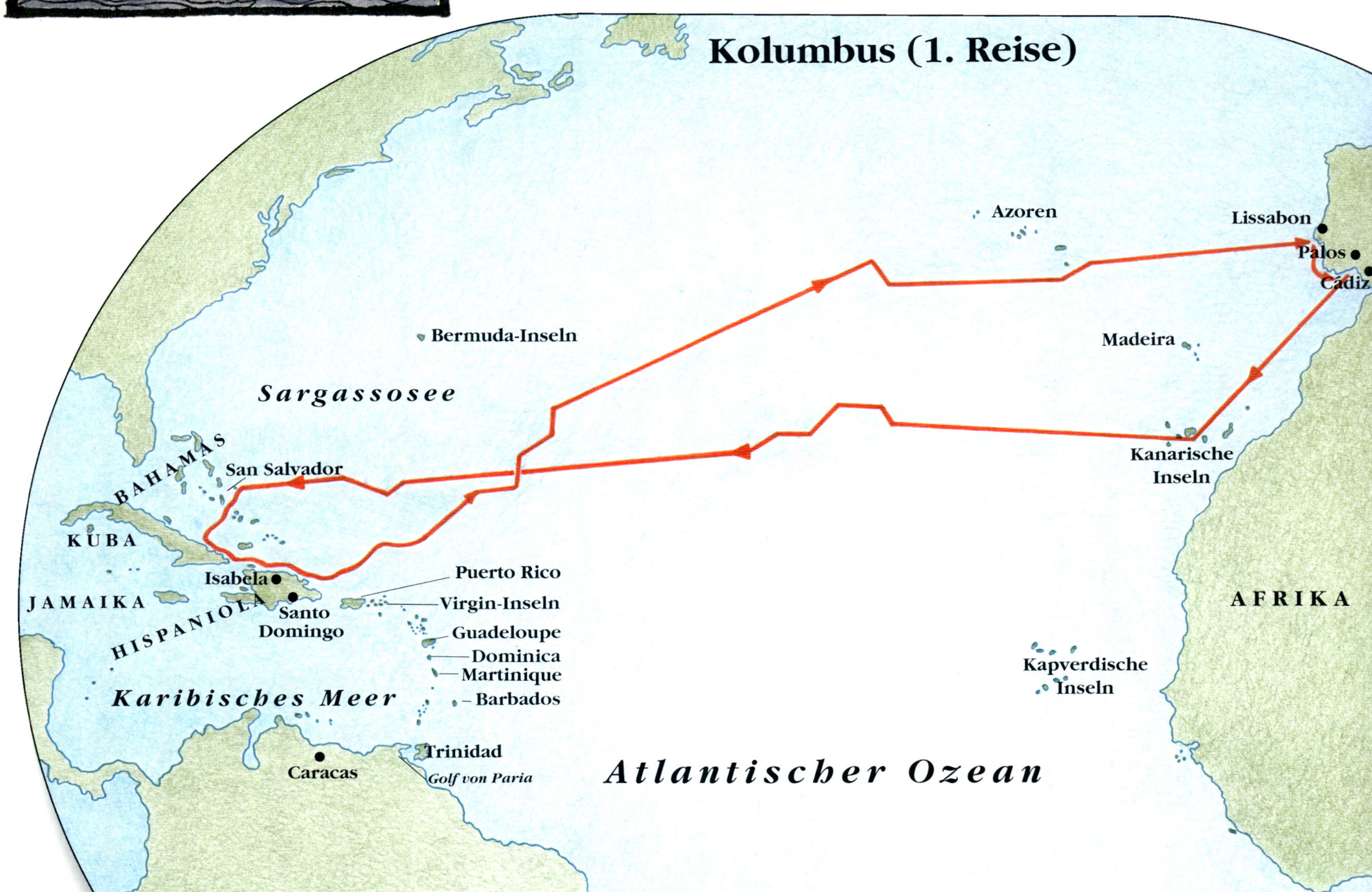

Goldmünzen als Schmuck. Woher stammte das Gold? Man glaubte, Gold könnte nur in wärmeren südlichen Gegenden gefunden werden, und im Süden, glaubte Kolumbus, liege eine große Insel.
Nachdem er die Bahamas einige Wochen durchstreift hatte, erreichte Kolumbus die Nordküste Kubas, der er einige Tage bis in eine geschützte Bucht folgte. Eine Landexpedition ins Innere erbrachte nicht die erhofften Resultate: kein Gold und keine Gewürze, nur ein paar Hüttendörfer. Also segelte man nach Osten und erreichte Anfang Dezember die Küste von Hispaniola. Dort, so Kolumbus, waren die Menschen zwar zurückhaltender, aber auch reicher. Ihre Goldmünzen waren größer und aufwendiger. Man berichtete ihm, das Gold komme von Cibao im Osten. Mit seiner fixen Idee glaubte Kolumbus, Cibao sei Cipangu. Die Indianer auf Hispaniola warnten

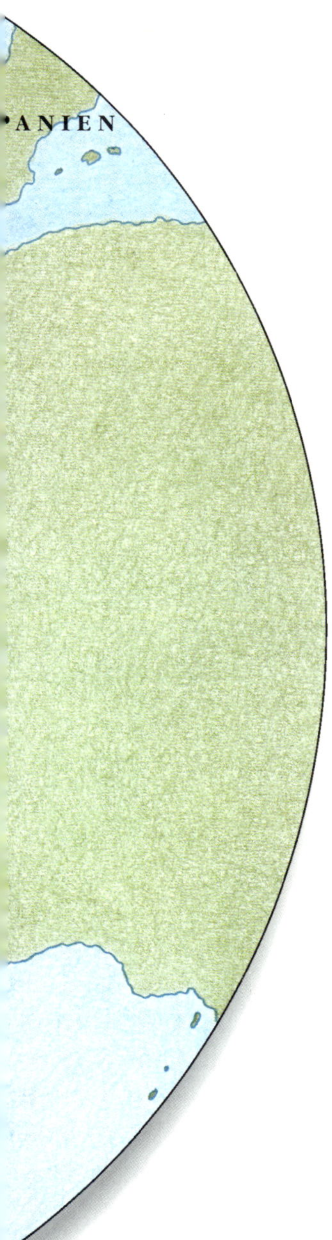

72 oben *Auf dieser Illustration aus Kolumbus' Brief* De Insulis Indie Inventis *(1493) landet Kolumbus an der Küste der Insel Hispaniola, wo eine Gruppe nackter Mädchen ihn empfängt. Die Nacktheit der Menschen überraschte die Spanier, schockierte sie aber nicht. Für Kolumbus war es lediglich ein Beweis für ihre Unschuld und den primitiven Zustand, in dem sie lebten, während sie auf eine höhere Zivilisation durch den Glauben warteten.*

72 unten *Dieser kolorierte Stich von Théodore de Bry (1596) zeigt Kolumbus bei seiner Landung auf den Bahamas auf der Insel San Salvador. Kolumbus nahm die Insel im Namen des Königs und der Königin von Spanien in Besitz und errichtete am Strand ein Kreuz. Die einheimischen Taínos waren freundlich, konnten ihren habgierigen Gästen aber nur Essen und Trinken anbieten und – im Gegensatz zu dieser Abbildung – nicht das geheimnisvolle Gold von Cathay.*

73 oben *Am 12. Oktober 1492 betrat Kolumbus zum ersten Mal amerikanischen Boden. Die Spanier waren von der Schönheit der Bahamas hingerissen, und Kolumbus erklärte, er habe niemals etwas Schöneres gesehen. „Alles ist grün, und die Vegetation ist wie in Andalusien im April. Das Zwitschern der Vögel ist so süß, daß man diesen Ort kaum wieder verlassen möchte."*

73 unten *Der erste Gottesdienst in Amerika, auf den Bahamas, gemalt von Pharamond Blanchard im 19. Jahrhundert. An Bord von Kolumbus' Schiffen gab es auf der ersten Reise keine Priester. Die Frage der Bekehrung der „Heiden" von Amerika wurde bis zur zweiten Fahrt 1493 aufgeschoben: Mit 17 Schiffen und etwa 1500 Mann brach Kolumbus auf; er hatte Order, die Völker der Neuen Welt zu bekehren.*

74 oben *Dieses Profil der Küste von Hispaniola wurde von Kolumbus selbst gezeichnet. Am 6. Dezember 1492 erreichte er Hispaniola. Hier wurde die erste europäische Siedlung in Amerika gegründet, Navidad. Sie war allerdings nur von kurzer Dauer.*

74 Mitte *Die sogenannte Toscanelli-Planisphäre (um 1457) wird dem Florentiner Physiker und Geographen Paolo del Pozzo Toscanelli zugeschrieben. Afrika sollte noch umsegelt werden, und von Amerika wußte man noch gar nichts. Das Werk von Toscanelli, der für einen Westweg nach Indien eintrat, hatte großen Einfluß auf Kolumbus' Pläne.*

74 unten *Die Kolonie Navidad an der Nordküste von Hispaniola, hier in einer Ausgabe von Kolumbus' Brief an Santángel (1493) dargestellt. Navidad, das nach dem Untergang der* Santa María *gegründet wurde, war eigentlich eine Festung, die aus Wrackteilen des verlorenen Schiffes erbaut wurde. Bei der zweiten Ankunft fand Kolumbus nur noch Ruinen vor.*

die Spanier vor den *Caniba*, kriegerischen Kannibalen, die die Insel terrorisierten. Es war für Kolumbus naheliegend, die *Caniba* aufgrund der sprachlichen Ähnlichkeit für Untertanen des Khan zu halten. Alles formte sich für ihn zu einem schlüssigen Bild: Cathay war nahe, und früher oder später würde man es erreichen. Es war nur eine Frage der Zeit.

In der Zwischenzeit versuchte Kolumbus soviel Gold wie möglich zusammenzuraffen, indem er Waren dagegen tauschte. An Weihnachten holte ein Unglück Kolumbus wieder auf den Boden der Tatsachen zurück: Die unbemannte *Santa María* lief auf ein Korallenriff an der Küste auf und erlitt irreparable Schäden. Mit Hilfe der Einheimischen löschte er die Fracht und beschloß, das Schiff zu zerstören. Dessen 40 Mann starke Besatzung konnte weder auf der *Niña* noch auf der *Pinta* untergebracht werden, deshalb baute

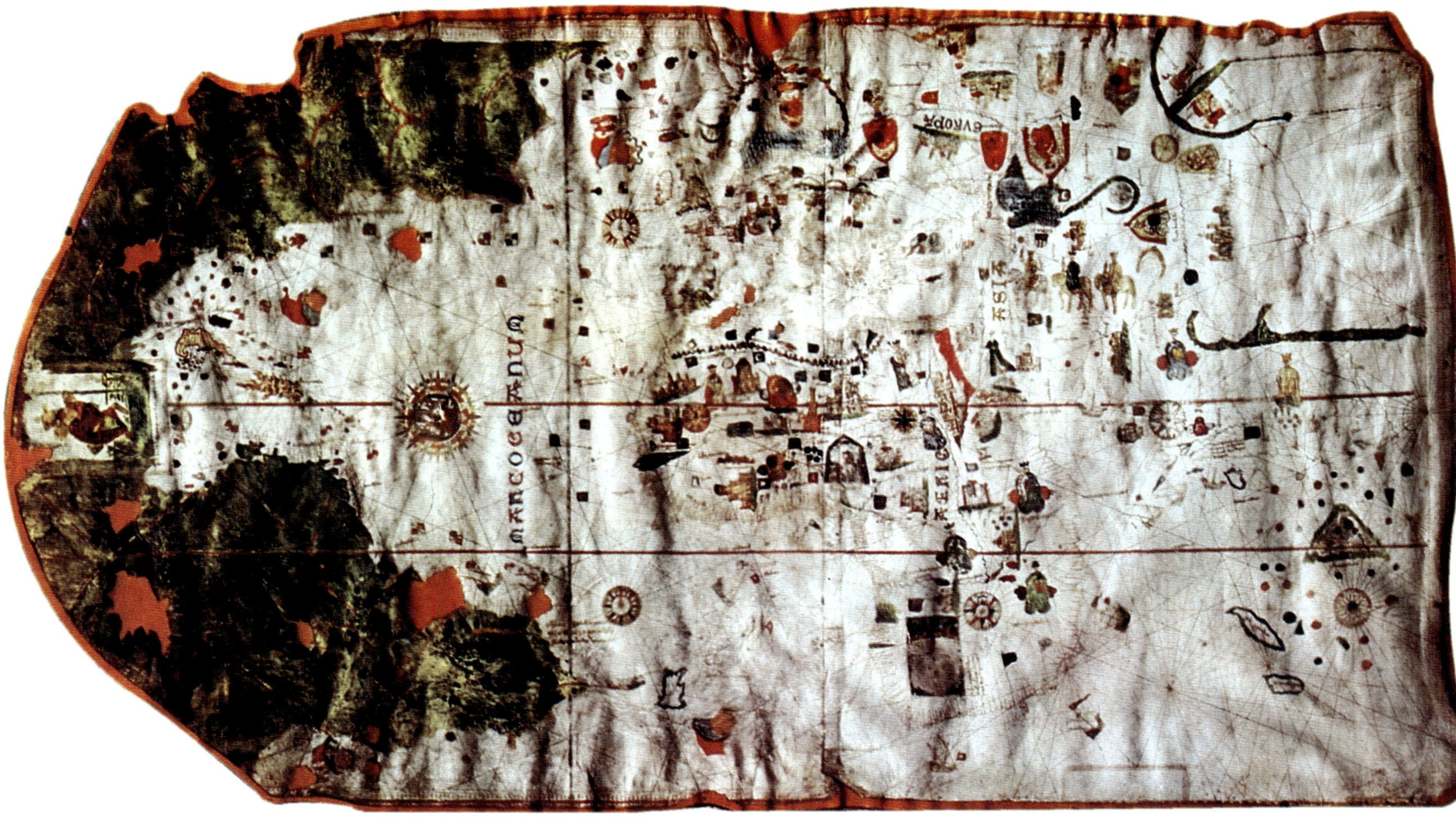

man Schutzhütten aus den Planken des Wracks. So entstand Navidad, die erste europäische Siedlung auf amerikanischem Boden. Kolumbus versicherte den Männern, daß er im folgenden Jahr zurückkehren werde, und ermahnte sie, in der Zwischenzeit nach Gold zu suchen.

Am 4. Januar 1493 machten sich die beiden Schiffe auf den Rückweg. Wieder nahm Kolumbus den richtigen Kurs nordwärts, bis günstige Winde die Rückkehr erlaubten. Bei den Azoren gerieten die Schiffe in einen heftigen Sturm, der den Erfolg der Expedition kurz vor ihrem Ziel zunichte zu machen drohte.

Zu dieser Zeit schrieb Kolumbus einen kurzen Reisebericht, versiegelte ihn in einem Faß und warf dieses über Bord. Vielleicht würde es jemand finden, so daß seine Entdeckung nicht vergeblich gewesen wäre. Doch die *Niña* konnte sich am 18. Februar in einen Hafen der Azoren retten. Von der *Pinta*, mit der man bereits den Kontakt verloren hatte, fehlte jede Spur.

Das Schicksal schien sich gegen den großen Seemann gewandt zu haben: Vor der iberischen Küste zwang ein anderer Sturm die *Niña* zum Abdrehen, und Kolumbus mußte sein Schiff in Lissabon reparieren lassen. Es war eine heikle Lage: Die Beziehungen zwischen Portugal und Kastilien waren schwierig, und Kolumbus riskierte, inhaftiert zu werden. Man brachte ihn zu Johann II. Dort gab er sich als kastilischer Admiral aus und kam so ungeschoren davon. Der König von Portugal zeigte kein großes Interesse an seinen Entdeckungen und wollte auch keinen diplomatischen Zwischenfall provozieren.

Inzwischen steuerte die *Pinta*, die durch Stürme an die galizische Küste getrieben worden war, Palos an. Die beiden Schiffe liefen den Hafen am

75 oben *Diese Karte von Hispaniola wird auf das Jahr 1528 datiert. Verglichen mit Kolumbus' Zeichnung der Nordostküste der Insel zur Zeit der Entdeckung ist die Küstenlinie von Hispaniola nicht sehr genau dargestellt.*

75 unten *Die erste Karte, die die gerade erst entdeckte Neue Welt wiedergibt, wurde um 1500 von Juan de la Cosa, dem Führer von Kolumbus, auf eine Schafshaut gezeichnet.*
Der Westen liegt oben. Die karibischen Inseln sind klar zu erkennen, doch die Küsten von Nord- und Südamerika sind ungenau gezeichnet. Der gut bekannte Umriß von Afrika liegt in der Mitte. Unten ist Indien nur angedeutet.

76 links *Das vom König von Spanien Kolumbus verliehene Wappen „Admiral zur See". Die Abbildungen oben (Burg und Löwe) repräsentieren die Reiche von Kastilien und León. Unten links sind eine Inselgruppe und die Küste eines hypothetischen Kontinents dargestellt, die neu entdeckten Länder. Die Anker auf blauem Untergrund weisen auf den Admiralsrang hin, in den Kolumbus 1493 erhoben wurde.*

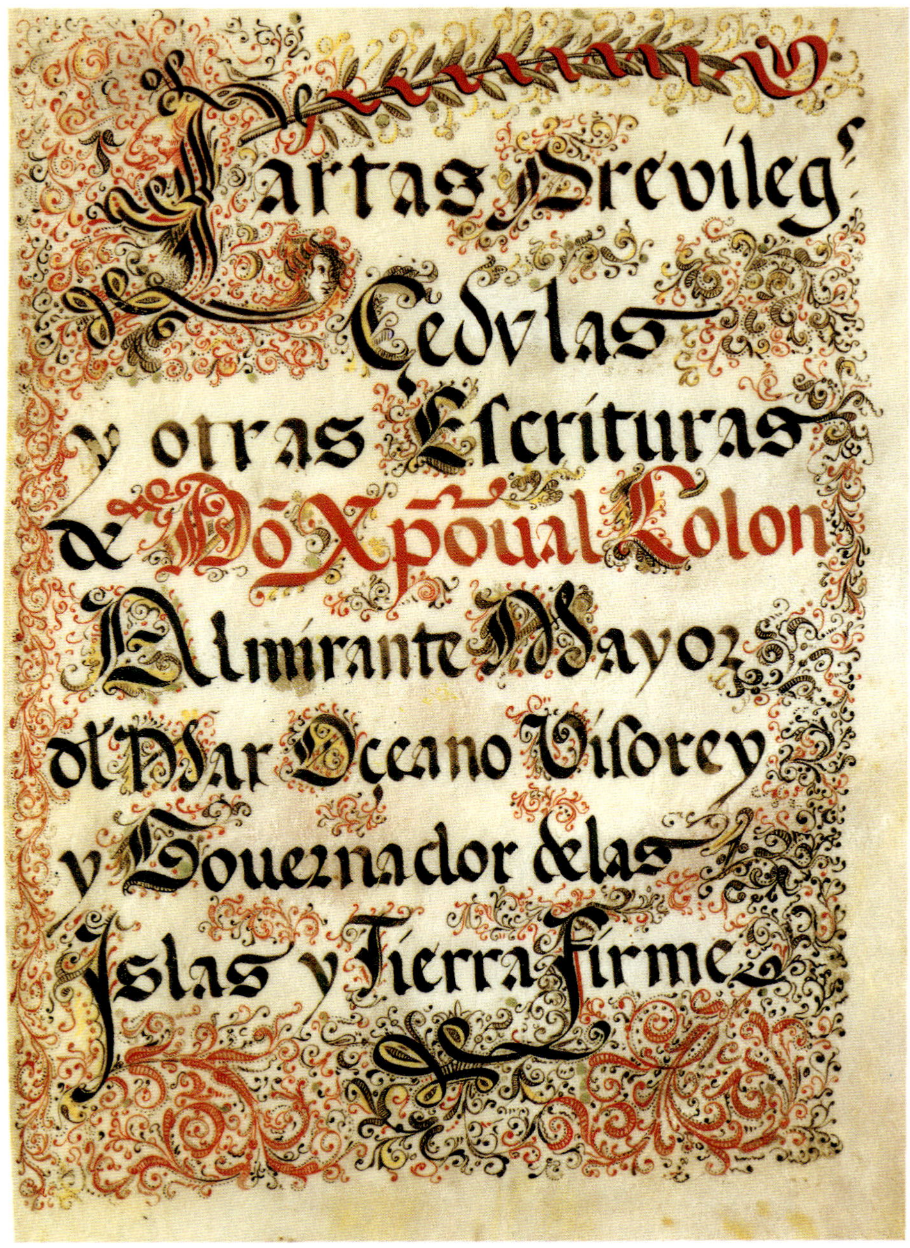

selben Tag an, am 15. März 1493. Sofort machte Kolumbus dem Hof in Barcelona Mitteilung von seiner großen Entdeckung. Die Antwort von Ferdinand und Isabella hätte nicht deutlicher sein können: Sie war an „Unseren Admiral zur See" gerichtet und drang auf ein Treffen. Kolumbus wurde triumphal begrüßt. Er begab sich an der Spitze einer Prozession, die aus Taïnos bestand und exotische Geschenke mitbrachte, zum König. Das mitgeführte Gold, sagte er, könne nur eine kleine Vorstellung vom „Reichtum dieser Länder" vermitteln. „Die Skeptiker werden sagen, ich übertreibe, wieviel Gold und Gewürze dort zu finden sind, doch es ist die Wahrheit: Wir haben gerade ein Hundertstel von der Pracht dieser Reiche gesehen. ... Ich weiß, daß wir riesige Mengen Gold finden werden, wenn Eure Majestät mir erlauben würden, dorthin zurückzukehren."
Sechs Monate später machte sich Kolumbus mit 17 Schiffen und einer Schar Siedler wieder auf den Weg. Der spanische König hatte seine Worte für bare Münze genommen. Er wollte nun überseeische Besitzungen – und das versprochene Gold. Doch auf Hispaniola gab es nur wenig Gold, und die Siedlung Navidad war inzwischen von den Indianern vernichtet worden. Kolumbus fuhr also nach Kuba weiter und erforschte dessen Südküste. Er gab niemals zu, daß es eine Insel war, und veranlaßte seine Leute, seinen Irrtum schriftlich zu bestätigen: Kuba war demzufolge eine Halbinsel auf dem Kontinent, eine Provinz des gewaltigen Reichs von Cathay. Wer anderes behauptete, würde bestraft, indem man ihm die Zunge abschnitt.
Kolumbus unternahm noch zwei weitere Expeditionen nach Amerika. Er fiel in Ungnade und kam wieder zu Ehren. Er entdeckte weitere Inseln und schließlich das Festland beim Orinocodelta. 1502 erreichte er die Küste von Honduras.
Am 25. November 1504 kehrte Kolumbus krank nach Spanien zurück. Er starb am 20. Mai 1506 im Glauben, Indien entdeckt zu haben.
Sieben Jahre später durchquerte de Balboa die Wälder Panamas und entdeckte den gewaltigen Pazifischen Ozean, den er Südsee nannte. Spanien verlor Indien aus den Augen – eine neue Welt erschien auf der Landkarte.

76 rechts *Der Privilegien-Kodex (hier das Titelbild) wurde Kolumbus von den spanischen Monarchen zugestanden. Er erhielt die Titel eines „Admirals zur See, des Vizekönigs und Gouverneurs der Inseln und des Kontinents". Kolumbus blendete den Hof mit den Wundern der Neuen Welt, Gold und Reichtümern, und erhielt so die Belohnungen, die vor seiner Abreise vereinbart worden waren.*

77 oben *Auf diesem Gemälde schenkt Kolumbus dem Monarchen die Schätze der Neuen Welt. Kolumbus wurde triumphal empfangen und reiste sofort nach Barcelona zu Ferdinand und Isabella. Er zog an der Spitze einer großen Prozession zum Hof, wobei er karibische Einwohner, Papageien, exotische Gegenstände und vor allem das Versprechen, künftig „riesige Goldminen" zu finden, mitbrachte.*

77 unten links *Dieser kolorierte Stich aus Kolumbus' Brief* De Insulis Indie Inventis *zeigt das Flaggschiff, das den italienischen Seefahrer auf seiner erfolgreichen Reise auf der Suche nach dem geheimnisvollen Land Cathay begleitete.*

77 unten rechts *Dieser Stich aus Kolumbus' Brief an Santángel (1493) zeigt eine Karavelle, die in einer Phantasie-Umgebung vor den von Kolumbus auf der ersten Reise entdeckten Inseln segelt: Fernandina, Isabella, Hispaniola, Concepción und San Salvador.*

78 oben links *Dieser kolorierte Stich zeigt Kolumbus bei seiner Gefangennahme. Nachdem er einen Aufstand der spanischen Kolonisten auf Hispaniola gewaltsam unterdrückt hatte, wurde Kolumbus vom Gouverneur, der zur Untersuchung der Angelegenheit geschickt worden war, gefangengenommen und nach Spanien gebracht. Erst 1502 wurde der Genueser vom spanischen Hof teilweise rehabilitiert und konnte zu seiner vierten und letzten Reise aufbrechen.*

78-79 unten *Diese Karte wurde 1505 von Kolumbus' Bruder Bartholomeu gezeichnet, der an der letzten Reise 1502 teilgenommen hatte. Es zeugt von der Verwirrung unter den Kartographen des frühen 16. Jahrhunderts: Südamerika ist von den Inseln, Guadeloupe, Hispaniola und Dominica getrennt, jedoch mit Asien bzw. der „Serica Provincia" oder China fest verbunden. Erst viele Jahrzehnte später wurde Amerika als eigener Kontinent gesehen.*

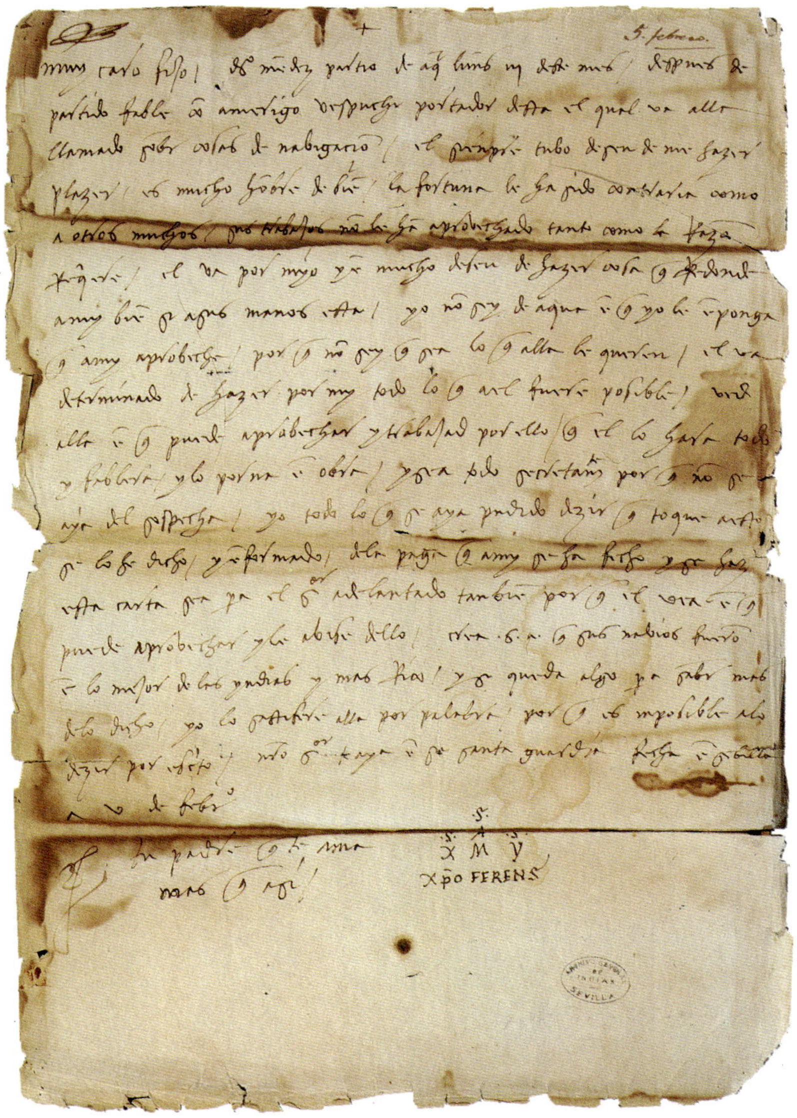

78-79 oben *Dieses Gemälde zeigt Kolumbus auf dem Sterbebett. Der Entdecker von Amerika starb am 20. Mai 1506 in Valladolid. In seinem letzten Willen, den er ein Jahr vor seinem Tod niedergelegt hatte, wiederholte er die Forderung nach den Gewinnen aus „Indien“: „Als ich dem König und der Königin Indien schenkte – und ich kann durchaus sagen, ich schenkte –, gab ich es ihnen durch den Willen Gottes als etwas, das mir gehörte …“*

79 rechts *Dieser Brief von Kolumbus an seinen Sohn Diego wurde in Sevilla am 5. Februar geschrieben. Das Kryptogramm unter dem Text ist seine Unterschrift „Xpoferens“ (Christopherens), der „Träger Christi“. Die Buchstaben über dem Namen sind schwer zu entschlüsseln; sie könnten bedeuten: „Diener des allmächtigen Retters, Christi, Marias Sohn.“ Ein geheimnisvoller Mann – eine geheimnisvolle Unterschrift.*

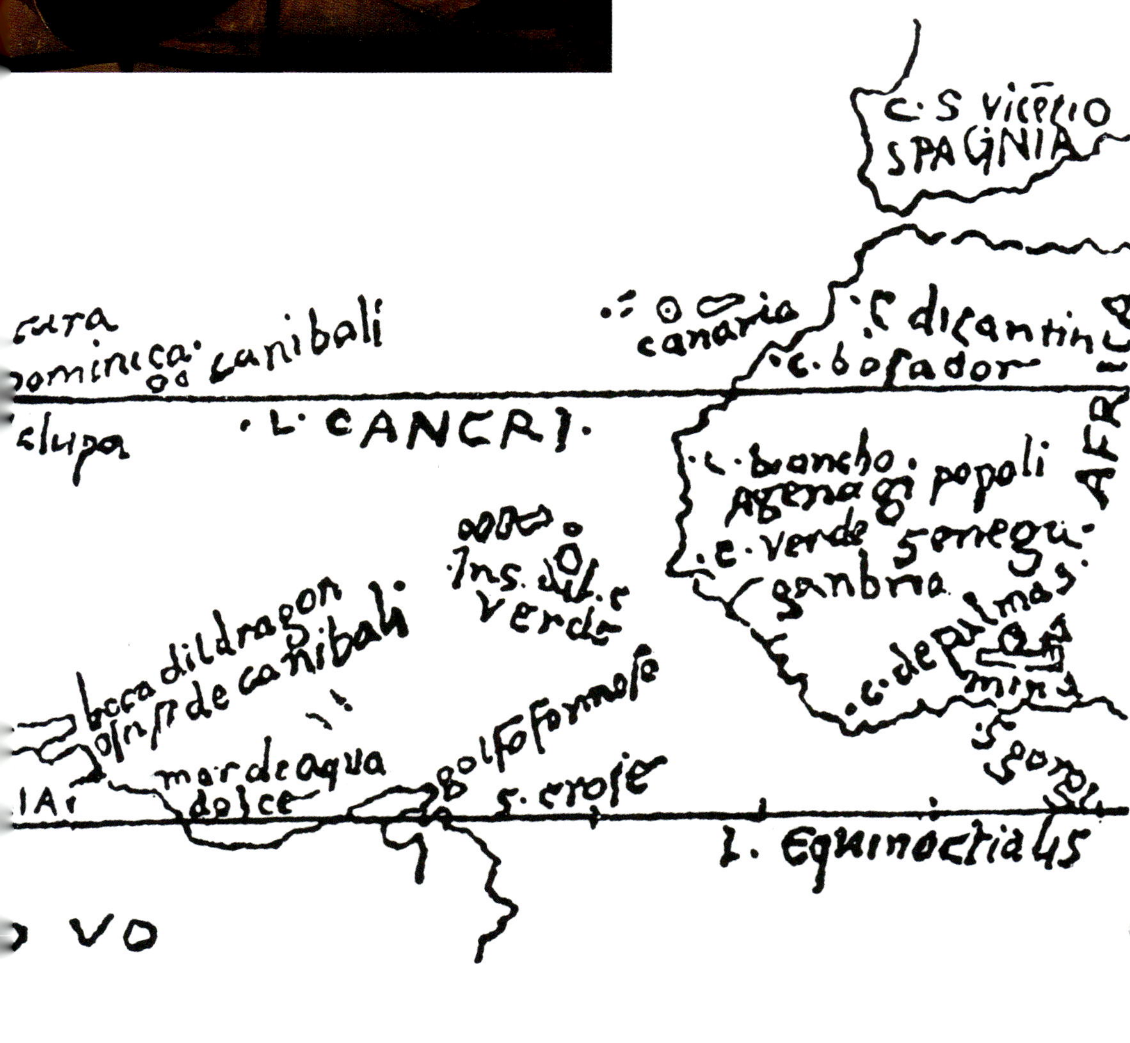

DIE ENTDECKUNG DER „ANDEREN“

Viele der von europäischen Seefahrern des 15. Jahrhunderts entdeckten Länder waren bereits bewohnt. Die Karten von Asien und Afrika stellten Wesen dar, die so phantastisch waren wie die Länder fern und unbekannt: Menschen mit Schwänzen, Zyklopen und Hundemenschen. Marco Polo beschrieb ferne Völker und fremde Bräuche. Über Afrika wußte man bereits einiges: Seine Einwohner wurden zwar als Wilde betrachtet, doch als Menschen mit Geschichte und Tradition.
Die Entdeckung Amerikas kam unerwartet. Niemand hatte jemals die Existenz eines weiteren Kontinents auf der anderen Seite des Atlantiks vermutet. Wie Europa für die Neue Welt nicht vorbereitet war, so fand es keinen Zugang zu seinen Bewohnern. Kolumbus' Treffen mit den Indianern unterschied sich vom Aufeinandertreffen der Portugiesen mit den Afrikanern oder Asiaten. Die Indianer waren zu verschieden. Kolumbus glaubte, in Asien zu sein, unweit der legendären Reiche Cipangu und Cathay, Orte einer Zivilisation, die irgendwie mit der spanischen vergleichbar war. Er begab sich in eine ungewisse Welt, die er aus seinen Wünschen schuf.
Kolumbus entstammte einer gemischtrassigen Gesellschaft. Er war Fremde gewöhnt – ob Mauren oder Juden (beide wurden 1492 aus Spanien vertrieben). Sie waren zwar Ungläubige, aber Menschen, wenn auch minderwertiger als Christen. Die Bewohner der Karibik hatten offensichtlich keine Religion. Inwieweit waren es überhaupt Menschen? In welche Schublade sollte man sie einordnen? Kolumbus war mit einer Entscheidung überfordert. In seinen Augen waren die Inselbewohner der Bahamas und von Hispaniola „Wunder“ – wie Bäume, Vögel, Blumen und andere Naturphänomene. Er weigerte sich anzuerkennen, daß es sich einfach um eine völlig andere Zivilisation handelte. Er verzeichnete die Schönheit und Nacktheit, die er mit der Idee des Paradieses auf Erden assoziierte. Obwohl er von der Sprache der Indianer kein einziges Wort verstand, behauptete er, sie seien zurückhaltend und ohne Bosheit, geeignetes „Rohmaterial“, das zum christlichen Glauben bekehrt werden könne. Ihre gutartige Natur würde sie gehorsam machen: Wenn sie erst einmal aus der Vorhölle gerettet seien, gäben sie ausgezeichnete Diener ab. Der Ethnozentrismus von Kolumbus war absolut und zumindest am Anfang frei von ökonomischen oder kulturellen Motiven. Bei der Entdeckung der Indianer gab es keine Rechtfertigung, sie als minderwertig zu betrachten. Doch sobald sie sich der Invasion zu widersetzen versuchten, wurde dieses Gedankengebäude verworfen: Minderwertigkeit gab den Invasoren das Recht zur Eroberung. Der Völkermord begann unmittelbar nach der ersten Expedition von Kolumbus: Ein paar Jahrzehnte später lebte nur noch ein Zehntel der amerikanischen Urbevölkerung.

80 oben *Diese Aquatinta von D. K. Bonatti (1792) ist eine der vielen Darstellungen von Kolumbus' erstem Treffen mit der einheimischen Bevölkerung. Das Austauschen von Geschenken brachte nicht die erwarteten Ergebnisse. Nur auf Hispaniola erhielt Kolumbus kleine Mengen Gold, was ihn aber nur in der Überzeugung bestärkte, daß das reiche Land Cathay, das Marco Polo beschrieben hatte, nicht fern war.*

80 Mitte oben *Diese Abbildung karibischer Krieger stammt aus Kolumbus' Brief* De Insulis Indie Inventis *(1493). Die ersten Kontakte mit den Menschen der Neuen Welt waren friedlich. Kolumbus hielt sie für unschuldige Wesen, die zum rechten Glauben bekehrt werden und mit Nachsicht behandelt werden mußten. Doch sobald sich die Indianer gegen die aufgezwungene Arbeit und die Plünderungen zur Wehr setzten, wurden sie die rasenden, kannibalistischen Wilden, die besiegt werden mußten.*

80 Mitte unten *Auf diesem Stich von Théodore de Bry (1692) ist eine indianische Zeremonie der Tupinamba aus Brasilien abgebildet. Die Sitte der Körperbemalung und der Tätowierung, die bei vielen amerikanischen Völkern üblich war, machte auf die Spanier besonderen Eindruck. Die folgende Beschreibung stammt aus den Geschichten aus dem Leben von Christoph Kolumbus von seinem Sohn Fernando bei seiner Rückkehr von der letzten Expedition und bezieht sich auf die Einwohner von Nicaragua: „Ihre Arme und Körper sind mit eingebrannten maurischen Zeichnungen geschmückt, die sie fremdartig erscheinen lassen; andere tragen Bilder von Löwen, anderen Tieren oder Burgen ... noch andere schwärzen ihre Augen. Sie glauben, so schön auszusehen, aber sie sehen wie Teufel aus.“*

80 ganz unten *Diese kannibalistische Szene zeigt die Tupinamba aus Brasilien. Die Spanier waren überzeugt, daß sich das karibische Volk der Caniba, woher der Begriff Kannibalismus stammt, von Menschenfleisch ernährte. Dr. Chanc, der Physiker auf Kolumbus' zweiter Reise, berichtet: „Sie sagen, daß Menschenfleisch besser als alles andere auf der Welt ist.“*

81 *Dieses Wandgemälde von Cesare Dell'Acqua (19. Jahrhundert) zeigt Kolumbus und die Entdeckung Amerikas. Auf der Karte im Hintergrund sind die Länder von Karl V. (1500–1558) in Amerika dargestellt.*

CALIFORNIA
MEXICO
TEXAS
LUISIANA
FLORIDA
CUBA
NOVA GRANADA
VENEZUELA
GUIANA
BRASILIA
PERU
CHILI
PATAGONIA

Ab Mitte des 14. Jahrhunderts schnitten der Verfall des mongolischen Reichs und das Vordringen des Islam die Europäer von den Routen in den Osten ab. Der europäische Einflußbereich beschränkte sich auf den Mittelmeerraum und die nördlichen Meere, und auch die geographischen Kenntnisse verkümmerten im Dunkel des Mittelalters. Währenddessen erstreckte sich der islamische Einflußbereich von Spanien bis Indonesien, und ein dichtes Netz von Handelsrouten durchzog den Indischen Ozean. Arabische Geographen und Reisende machten sich einen Namen: Ibn Battutah bereiste in 26 Jahren einen Großteil der bekannten Welt, er besuchte Afrika südlich der Sahara und die fernsten asiatischen Regionen. Weiter im Osten entwickelte das chinesische Reich seine Seefahrt und sandte Entdecker in alle Teile des Indischen Ozeans. Zwischen 1405 und 1433 erforschte die Ming-Flotte, die von Admiral Cheng Ho kommandiert wurde, die arabischen und afrikanischen Küsten und umrundete das Kap der Guten Hoffnung.

DER OSTEN: ARABER UND CHINESEN

82 *Arabischer Himmelsglobus aus dem 11. Jahrhundert, aufbewahrt im Museum für Wissenschaftsgeschichte in Florenz. Einige Konstellationen sind erkennbar; sie werden durch menschliche Figuren, Objekte und Tiere dargestellt. Astronomie und Astrologie wurden von den Arabern als zusammengehörig betrachtet: Das Horoskop, das in Europa seit dem Mittelalter populär ist, ist eine islamische Erfindung.*

83 oben *Von Ibn Battutah gibt es keine zeitgenössischen Porträts. Dieses neuzeitliche Aquarell zeigt ihn mit Bart und regelmäßigen Gesichtszügen. Auf seinen 26 Jahre dauernden Fahrten besuchte der „Reisende des Islam" 45 Länder.*

IBN BATTUTAH

„Ich komme gerade aus Almeria in Spanien. Euer marokkanischer Kollege in Fés schickte mir einen Goldbarren, der zweifellos aus dem Sudan stammt, um für Euch spanische Seide zu kaufen. Ich halte das allerdings für keine gute Idee und schicke Euch statt dessen das Gold. Ich erhielt von einem Freund Eures Kollegen auch grauen Bernstein, den ich gleich mitschicke. Er möchte dafür von Euch fünf Flaschen Moschus im gleichen Wert ..." Dies schrieb um das Jahr 1100 ein ägyptischer Händler an seinen Partner in Kairo über eine Routinetransaktion von Waren aus dem Fernen Osten, Europa und Afrika. Das riesige islamische Handelssystem jener Zeit reichte von Spanien bis Indonesien und verband so ferne Länder durch ein weit verzweigtes Netz. Innerhalb dieses Handelsnetzes begann mehr als 200 Jahre später Ibn Battutah, der größte Reisende der Welt, seine Fahrten. Sie dauerten 26 Jahre; wenn man sie auf einer modernen Weltkarte einzeichnete, würde ihre Gesamtlänge 120 000 Kilometer betragen, und sie würden durch 45 Länder führen.
Ibn Battutah bereiste fast die ganze islamische Welt und besuchte auch Länder, die von christlichen und buddhistischen Ungläubigen bewohnt waren: Konstantinopel, Sardinien und China. Er schrieb einen ausführlichen Bericht über das, was er sah, so daß man seine Reisen nachvollziehen kann.
Im Juni 1325 verließ er im Alter von 22 Jahren Tanger zu einer Pilgerreise nach Mekka. Hinter Kairo folgte er dem Nil und dem Roten Meer und versuchte, mit einem Schiff nach Dschidda zu gelangen. Doch in Arabien herrschte Krieg, und Ibn Battutah, „von einem dringenden und langgehegten Bedürfnis getrieben", entschloß sich, die Heilige Stadt auf dem Landweg zu erreichen. So kehrte er nach Kairo zurück und reiste durch Syrien und entlang der Küste des Roten Meeres nach Mekka. Anschließend begab er sich in Gesellschaft einer Handelskarawane zum Euphrat und besuchte Basra, Schiraz, Bagdad und Diyarbakir am Tigris. Er kehrte wieder nach Mekka zurück und studierte dort zwei Jahre lang Recht, einen Beruf, der ihm ein Ein-

83 unten *Diese arabische Karte des Mittelmeers stammt aus dem* Buch der Länder *des Geographen Al Istakhri (10. Jahrhundert). Die Kenntnis des Mittelmeers – hier noch sehr stilisiert – war Voraussetzung für die Ausbreitung des Islam. Der Norden liegt rechts. Links sind die Küsten von Nordafrika und dem Libanon dargestellt, dazwischen das Nil-Delta. Die drei Kreise in der Mitte bedeuten (von oben) Sizilien, Kreta und Zypern.*

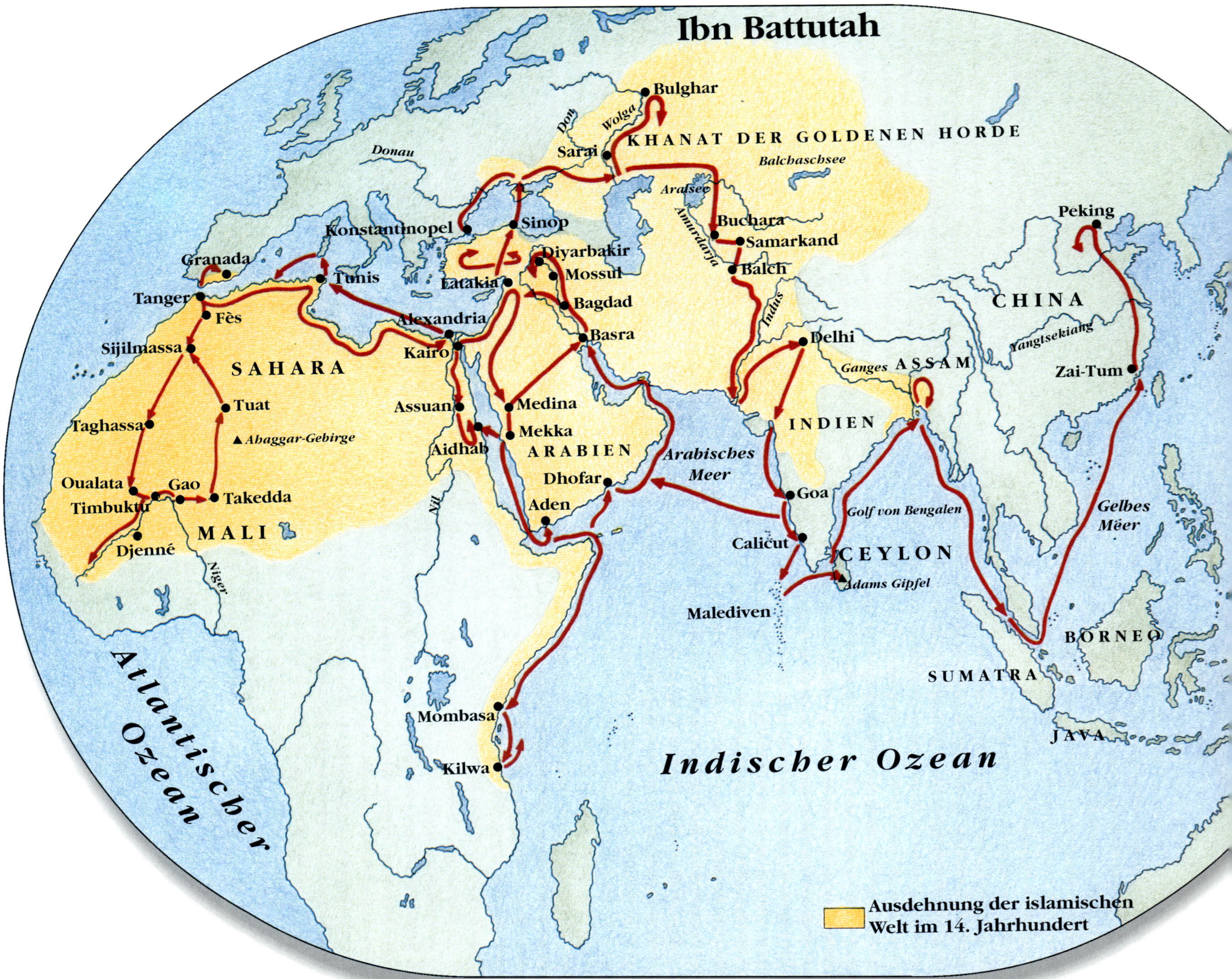

kommen auf seinen künftigen Reisen sicherte.
1330 segelte er mit einem großem Gefolge von Dienern und Konkubinen nach Aden, der berühmten Handelsstadt an der Meerenge zum Roten Meer. Er sah dort riesige Regenwasser-Zisternen, die es noch heute gibt, und staunte über die große Zahl der Händler. Mit Hilfe des Monsunwinds segelte er weiter nach Ostafrika, wo er in Mombasa und Kilwa die Architektur und die hübschen Holzhäuser bewunderte.
Nach einer dritten Pilgerfahrt nach Mekka entschloß sich Ibn Battutah, Indien zu bereisen. Er mochte keine langen Seefahrten, und so suchte er sich einen Landweg durch Syrien, „das Land der Türken" und Südrußland bis an die Wolga. Von Sarai, der Hauptstadt des mongolischen Khanats der Goldenen Horde, reiste er flußaufwärts bis Bulghar auf einer Breite von 54° Nord. Er wäre gern weitergereist, doch die bittere Kälte und Proviantmangel ließen ihn umkehren. Ibn Battutah wandte sich daher nach Osten, umrundete den Aralsee im Norden und besuchte Samarkand und Buchara. Bei Kundus in den afghanischen Bergen lagerte er 40 Tage lang, um die Schneeschmelze auf den hohen Pässen des Hindukusch abzuwarten. Auf der Reise wurde seine Karawane mehrmals von Banditen angegriffen, doch „durch die Gnade Gottes" und mit etwas Glück blieb er unversehrt.
Nachdem er schließlich den Indus überquert hatte, erreichte er Delhi, die bedeutendste islamische Stadt im Osten, deren allmächtiger Sultan gleichermaßen für seine Großzügigkeit wie für seine Grausamkeit bekannt war. Ibn Battutah wurde wohlwollend empfangen und erhielt eine Stellung als Richter.
Die Wunder von Delhi ergriffen ihn: Der Sultan hatte einen Hof von „zweihundert bewaffneten Soldaten, sechzig prächtig gesattelte Pferde und fünfzig Elefanten, die mit Seide und Gold geschmückt waren". Er sah die Magie der Fakire, die lebendig begraben werden konnten und wieder auferstanden. Eines Tages beschuldigte der Sultan Ibn Battutah plötzlich einer Verschwörung und ließ ihn festnehmen. Ibn Battutah kannte die blutrünstigen Gewohnheiten seines Herrn sehr wohl; das harmloseste wäre noch, von speziell hierfür abgerichteten Elefanten auseinandergerissen zu werden. Also fastete er fünf Tage und las im Koran. Die Geschichte besagt, daß dieser extreme Glaube sein Leben rettete und ihm wieder die Gunst des Sultans verschaffte.
Der Sultan schickte ihn nach China mit einer Delegation, die aus Hunderten von Dienern, Sängern und Tänzern bestand, sowie mit kostbaren Geschenken für den chinesischen Kaiser. Kurz hinter Delhi geriet die Karawane in einen Hinterhalt von Hindu-Rebellen, und Ibn Battutah mußte demütig zum Sultan zurückkehren.
Eine zweite Expedition, diesmal über das Meer, geriet kurz vor dem Hafen von Calicut in einen Sturm. Ibn Battutah überlebte als einziger. Diesmal kehrte er lieber nicht nach Delhi zurück. Statt dessen reiste er allein auf die Malediven weiter. Dort bemerkte er, daß aufgrund einer Diät „aus Honig, Kokosnußmilch und Fisch die Einheimischen hier über eine beachtliche und unübertroffene sexuelle Energie verfü-

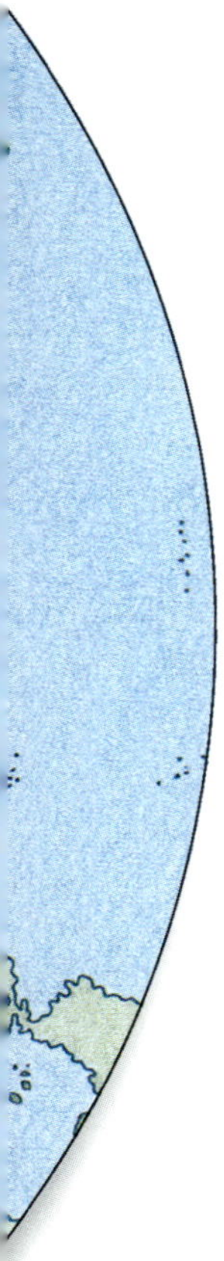

85 oben links *Islamische Mekka-Pilger (Istanbul, Bibliothek des Topkapi-Palastes). In der großen Al-Haram-Moschee befindet sich der schwarze Stein der Kaaba, der nach islamischer Auffassung Abraham vom Erzengel Gabriel übergeben wurde. Eine Pilgerfahrt zu den heiligen Stätten ist Pflicht für einen guten Moslem. Sie war auch der Beginn der Reisen von Ibn Battutah.*

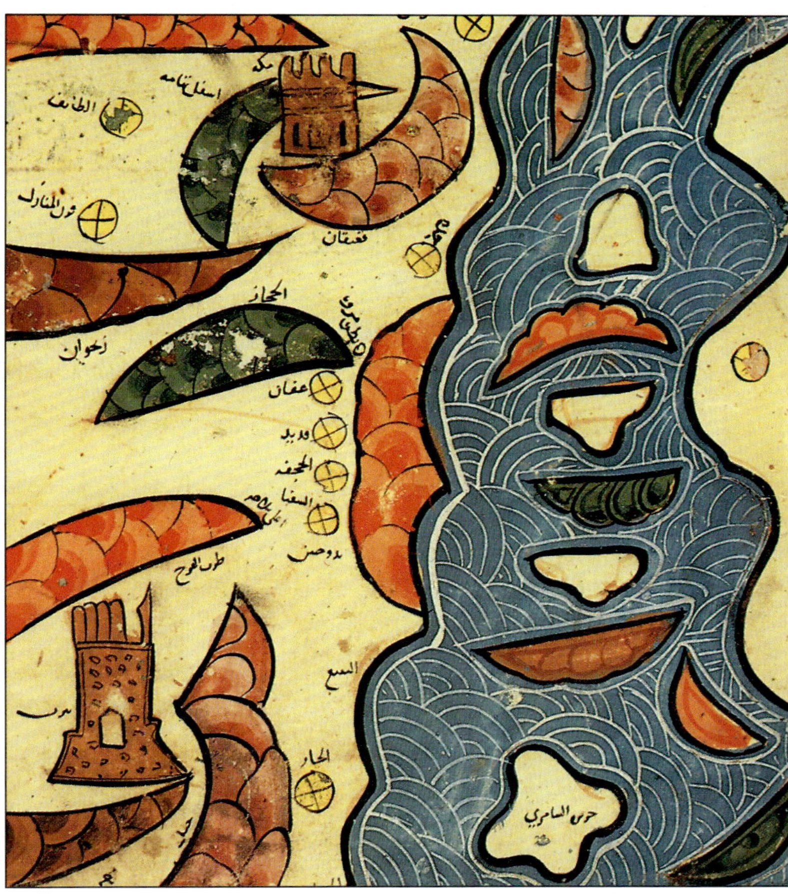

85 unten links *Diese Karte des Roten Meeres und der heiligen Städte wurde im 12. Jahrhundert von dem arabischen Geographen und Reisenden Al Idrisi für König Roger II. von Sizilien gezeichnet. Sie war Bestandteil einer Abhandlung, die Karten und Informationen über 70 bis dahin unbekannte Gegenden der Welt lieferte. Al Idrisi, der 1100 in Ceuta geboren wurde, fertigte auch ein Planiglob an, das auf einem Silberblatt eingraviert war.*

85 rechts *Arabisches Astrolabium aus dem 10. Jahrhundert. Es wird im Museum für Wissenschaftsgeschichte in Florenz aufbewahrt. Das Astrolabium oder ein vergleichbares Instrument war bereits im Altertum bekannt.*

gen". Ibn Battutah selbst hatte sechs Frauen, die er jede Nacht in einer festgelegten Reihenfolge befriedigte.
Nach einem Jahr reiste er weiter nach Ceylon, das er genauestens erforschte. Er bestieg den Peak of Adam, auf dessen Gipfel er einen riesigen Fußabdruck sah, der angeblich vom Vater der Menschheit stammte.
Entlang der Küsten segelte er nach Malaysia, Java und Sumatra, bis er schließlich China erreichte. Er bewunderte den Reichtum von Peking, konnte sich aber mit China nicht anfreunden: die dortige Küche und die Götzenverehrung ekelten ihn. 1349 kehrte er als 45jähriger in seine Heimat zurück, aber sein Wissensdurst war noch nicht gestillt.
Im folgenden Jahr machte er sich auf Befehl des Sultans von Fès auf die Suche nach den legendären Goldländern jenseits der Sahara, nach dem märchenhaften Königreich Mali. Als Ibn Battutah Timbuktu erreichte, war die Stadt gerade in ihrer Blüte: Das Land war reich, die Regierung weitsichtig und die Straßen sicher. Doch bemerkte Ibn Battutah verbittert, daß dieser Reichtum keine entsprechende Großzügigkeit kannte: Man schenkte ihm weder Gold noch Seide, statt dessen: „Man sollte es kaum glauben! Es gab drei Brötchen, ein Stück gebratenes Rindfleisch und einen Kürbis in saurer Milch."
Ibn Battutah bedauerte mehr als einmal, die Heimat verlassen zu haben, obgleich er in dieser Stadt am Fluß Niger sieben Monate blieb. In Gao schloß er sich einer Karawane nach Ahaggar mitten in der Sahara an. Dort sah er die geheimnisvollen verschleierten Menschen, die Tuareg, die er als eine Horde von Zeitverschwendern bezeichnete.
Im Dezember 1354 kehrte er während eines Schneesturms nach Sijilmassa in Südmarokko zurück. Seine Reisen waren beendet. Seinen Lebensabend wollte er in Marokko verbringen, „dem schönsten aller Länder, wo es Früchte, frisches Wasser und nahrhaftes Essen im Überfluß gibt".

86-87 *Ein islamischer Reisender in seinem Zelt. In der islamischen Gesellschaft waren Reisen aus religiösen, Forschungs- oder Handelsgründen eher die Regel als die Ausnahme. Das Reiseschriftstellertum wurde eine eigene Literaturgattung mit einer angenehmen Mischung aus Realität und Phantasie. Man kann daraus auch heute noch wertvolle geschichtliche, geographische und ethnographische Aufschlüsse gewinnen.*

87 oben *Islamische Astronomen und Geographen im Observatorium, das in Istanbul im 16. Jahrhundert unter Sultan Murad III. erbaut wurde (zeitgenössische Miniatur). Das astonomische Wissen der Araber, das für seine Zeit sehr fortgeschritten war, gelangte über Sizilien und Spanien auch nach Europa.*

87 unten links
Dieses Astrolabium stammt aus dem 13. Jahrhundert. Die Moslems verfeinerten das Astrolabium, so daß es ein vielseitiges und nützliches Instrument für die Berechnung der Positionen der verschiedenen Himmelskörper wurde, ohne komplizierte Operationen anstellen zu müssen.

87 unten rechts
Karawane auf einer Miniatur von Al Wasiti, Bagdad, 1237. Ein dichtes Netz von Karawanenwegen mit Rastpunkten und Karawansereien durchzog die islamischen Länder von der Sahara bis nach Zentralasien. Ibn Battutah, der lange Seereisen mied, schloß sich oft Karawanen entlang zuverlässiger Wege an.

DIE CHINESEN

Ten Lung, die Laterne, leuchtete am südlichen Himmel. Wie ein ausgestreckter Arm zeigte ein wildes Vorgebirge den Dschunken den Süden an, der Glück und Macht symbolisierte. Jenseits dieses namenlosen Kaps verlief die Küste nordwärts und grenzte an ein neues Meer. Die chinesischen Seefahrer kehrten um, um ihrem Kaiser über diese neue Grenze der bekannten Welt zu berichten.
Während in Europa Gerüchte über kochende Meere und Seeungeheuer kursierten, erfanden die Chinesen den Kompaß und entwickelten eine bemerkenswerte Seefahrtstechnik. Die kaiserlichen Kartographen kannten bereits seit einiger Zeit die Position des Kreuzes des Südens, dessen Umriß tatsächlich einer Laterne gleicht, und die Südküste Afrikas, die bereits 1320 auf ausgezeichneten Karten verzeichnet war. Es ist wahrscheinlich, daß chinesische Seefahrer das Kap der Guten Hoffnung bereits umrundet hatten, wobei sie den Portugiesen um mehr als ein Jahrhundert voraus waren.
Außer aus den offiziellen Gründen, politische Partner und Handelspartner zu suchen, erfolgten die chinesischen See-Expeditionen, um China in fernen Ländern bekannt zu machen und seinen Glanz und Reichtum der restlichen Welt vorzuführen.
Zwischen 1405 und 1433 wurden von chinesischen Häfen mindestens sieben bedeutende Expeditionen unternommen, die der Eunuch Cheng Ho (Zheng He) kommandierte. In dieser Zeit besaß die Mingdynastie eine der größten Flotten der Geschichte: 60 große, seetüchtige Dschunken mit 27000 Mann Besatzung. Außer der Besatzung befanden sich an Bord der Dschunken zivile und militärische Administratoren, Wissenschaftler, Ärzte und Dolmetscher, die von Arabisch bis Vietnamesisch alle bekannten Sprachen der Region des Indischen Ozeans kannten. Die Aufzeichnungen dieser Expeditionen, enthalten detaillierte Beschreibungen der Reisewege.
Während der ersten drei Expeditionen folgte Cheng Ho den Küsten von Indochina und Malaysia und erforschte den indonesischen Archipel sowie die Nikobaren. Ein Teil seiner Flotte kam bis Südindien und Ceylon (Sri Lanka), während ein anderer Teil zu den fernen Häfen der Arabischen Halbinsel geschickt wurde.
Während der vierten Reise zwischen 1416 und 1419 erreichten die chinesischen Schiffe den Persischen Golf und Aden. Von dort war es für Cheng Ho

88 oben *Die chinesische Kartographie hat frühe Ursprünge: Der erste geographische Atlas wurde 267 zusammengestellt und enthielt 18 verschiedene Karten der Regionen von China. Mit dem Aufkommen der mongolischen Dynastien entwickelten die Chinesen ein kompliziertes kartographisches System, das auf einem rechteckigen Netz basierte, das die richtige Wiedergabe von Entfernungen zwischen verschiedenen Punkten auf der Karte ermöglichte und ihre Lage zueinander verdeutlichte.*

88 unten *Antiker chinesischer Seefahrtskompaß. Das Phänomen des Erdmagnetismus war in China seit dem 8. Jahrhundert bekannt, und einfache Kompasse waren in Gebrauch. Ab dem Jahr 1000 wurde der Kompaß in der Seefahrt verwendet. In Europa fand er erst 300 Jahre später in einer weiterentwickelten Form Verbreitung.*

89 *Dieser Stich zeigt einen chinesischen Fluß und eine Reihe Dschunken, die für Reisen in ferne Gegenden Ostasiens vorbereitet werden. Unter der Mingdynastie und besonders in den ersten Jahrzehnten des 15. Jahrhunderts erfuhr China eine große wirtschaftliche und wissenschaftliche Ausdehnung. Die chinesischen Flotten kamen nach Indien, ins Rote Meer und an die afrikanische Ostküste bis ans Kap der Guten Hoffnung.*

vermutlich nicht mehr schwierig, entlang der ostafrikanischen Küste zu den Städten Mu-ku-tu-schu und Pu-la-wa, heute Mogadischu und Brava in Somalia, zu gelangen.
Für die Chinesen war Afrika kein märchenhaftes Land, das von phantastischen Wesen bevölkert wurde, wie man es in Europa glaubte. Mogadischu wurde realistisch und ohne Illusionen beschrieben: „Wenn man sich außerhalb der Stadt umschaut, die aus vier- und fünfstöckigen Steinhäusern mit streitlustigen Bewohnern besteht, sieht man nur noch Sand bis zum Horizont."
Cheng Ho fuhr weiter südwärts bis Ma-lin (Malindi), dessen Sultan einige Jahre zuvor eine lebende Giraffe als Geschenk zum Kaiser geschickt hatte. Der Bericht des Eunuchen endet an der kenianischen Küste, aber es kann davon ausgegangen werden, daß die

Chinesen ihre Reise fortsetzten und die Südspitze des Kontinents erreichten. Andere Expeditionen segelten durch den Pazifik zu den Philippinen, den Molukken und den Ryūkyū-Inseln südwestlich von Japan. Die letzte verließ den Hafen Nanjing 1431: Cheng Hos Dschunken kamen bis ins Rote Meer nach Dschidda und Mekka.
Der Admiral und viele seiner Mannschaft waren Moslems, und sie wollten die heiligen Stätten besuchen. Sie sahen in der Großen Moschee den „schwarzen Stein, der angeblich vom Himmel kommt“.
Cheng Ho starb auf der Rückreise.

90-91 *In dieser Planisphäre von Giulio Aleni, einem Schüler des Jesuiten Matteo Ricci, erscheint China mit chinesischen Schriftzeichen als Mittelpunkt der Welt. Die Jesuiten, die bereits seit dem 16. Jahrhundert in Asien waren, imitierten die chinesische Kartographie, die unter den mongolischen Dynastien ihren Höhepunkt erreichte.*

90 unten *Der Hafen Kanton in Südchina war jahrhundertelang der bevorzugte Endpunkt der Route vom Persischen Golf über den Indischen Ozean nach Südchina. Nach Cheng Hos letzter großer Expedition verboten die Mingkaiser Handelsreisen in den Westen und überließen so das Feld den Europäern.*

DIE CHINESISCHEN DSCHUNKEN

Europäische Reisende im Mittelalter, die die Gelegenheit zu einem Besuch Chinas hatten, berichteten beeindruckt von dem hohen Stand der Seefahrt und den hochseetauglichen Dschunken.

Während seines Aufenthaltes in den Häfen der Provinz Fukien sah Marco Polo große Schiffe mit überdachten Decks und luxuriös ausgestatteten Kajüten, die bis zu 300 Mann Besatzung und große Mengen Vorrat aufnehmen konnten. Mit dem Blick des erfahrenen venezianischen Seemanns stellte er fest, daß die Dschunken „bis zu dreizehn Schotten bzw. gegeneinander mit Planken abgeschottete Abteilungen" hatten. Ihre Funktion war es, das Schiff bei einem Unfall wie z. B. einem Zusammenstoß mit einem Riff, bei dem es leck schlagen konnte, zu schützen.

Den Chinesen war dieses System bereits seit dem Jahr 1200 bekannt; die Europäer übernahmen diese Technik, die das Risiko des Versinkens beträchtlich verringerte, erst 600 Jahre später.

Die seetauglichen Dschunken von Cheng Ho waren wahrscheinlich etwa 100 Meter lang und 40 Meter breit und konnten bis zu fünf Masten tragen, die mit großen Binsenmatten oder Segeltuch betakelt waren, die von Bambusstreben verstärkt wurden.

Die Schiffe hatten wenig Tiefgang und waren durch einen Längsbalken gehalten, der „Rückgrat des Drachens" genannt wurde. Achtern befand sich ein großes zentrales Ruder, so daß die Dschunken gut manövrierfähig waren. Neben den wasserdichten Schotten besaßen sie Abteile, die man fluten konnte, um dem Schiff Ballast zu geben und seine Stabilität bei unruhiger See zu erhöhen.

Chinesische nautische Abhandlungen zeigen außer den seetüchtigen Dschunken eine Reihe unterschiedlicher Modelle für die verschiedensten Einsatzgebiete von 300 Meter langen Kriegsschiffen mit Metallbeplankung („Schildkrötenschiffe") bis zu Bordell-Schiffen, den sogenannten „Blumenschiffen".

Andere Schiffe hatten bewegliche Masten und Takelagen, so daß sie schnell ihre Fahrtrichtung ändern und sogar rückwärts segeln konnten.

Im Vergleich zu den arabischen und europäischen Schiffen jener Zeit waren die Dschunken weitaus effizienter und sicherer. Sie konnten auf hoher See wie in Küstengewässern eingesetzt werden. Die chinesischen Seeleute konnten bereits im 11. Jahrhundert mit dem Kompaß umgehen und besaßen zuverlässige Karten. Die plötzliche Aufgabe der See-Expeditionen erfolgte also nicht mangels Kenntnissen oder Schiffen, sondern war eher eine politische Entscheidung.

1848 segelte eine chinesische Dschunke von Schanghai nach London. Trotz schwieriger See verlief die Reise wie geplant. Das Schiff wurde zwar mit moderner Technik navigiert, doch seine Bauweise unterschied sich nicht sehr von der der Schiffe Cheng Hos vor 400 Jahren.

91 *Die Schiffe, die Admiral Cheng Ho auf seinen Reisen benutzte, waren größer als die Dschunken auf diesen Abbildungen, die aus einer späteren Epoche stammen. Die vermutlich über 100 m langen Meeresdschunken von Fukien konnten bis zu fünf Masten tragen und besaßen ein zentrales Steuerruder und wasserdichte Abteile, die die Gefahr unterzugehen beträchtlich verringerten. Die über 20 m lange zeitgenössische portugiesische Karavelle war dagegen eine Nußschale.*

Am 20. September 1519 verließen fünf Schiffe den Hafen von Sevilla mit unbekanntem Ziel. Der Befehlshaber über die Schiffe, ein Portugiese namens Fernão de Magalhães (Ferdinand Magellan), war vermutlich der einzige an Bord, der eine klare Vorstellung von der bevorstehenden Expedition hatte. Sein Plan, den er in jahrelangem gründlichen Studium und unter Auswertung vertraulicher Informationen ausgearbeitet hatte, sah vor, die Gewürzinseln durch eine hypothetische Seepassage zum Süden des amerikanischen Kontinents zu erreichen. Meutereien, Schiffswracks und andere Komplikationen konnten ihn nicht beirren: Magellan entdeckte die Meeresstraße, die noch heute seinen Namen trägt. Er segelte in den gewaltigen Pazifischen Ozean und erreichte die asiatische Ostküste. Bei einer Schlacht mit Einheimischen auf der Philippineninsel Mactan kam er ums Leben. Nur ein Schiff mit 18 Mann Besatzung kehrte drei Jahre später nach Spanien zurück. Es war das erste Schiff, das die Welt umsegelt hatte.

MAGELLAN UND DIE ERSTE WELTUMSEGELUNG

92 *Die* Victoria *war das einzige Schiff der Flotte von Magellan, das im Mai 1522 nach Spanien zurückkehrte. Von den 250 Mann Besatzung überlebten nur 18 die Strapazen der langen Reise.*

93 oben *Der eigensinnige, mutige und ruhmsüchtige Magellan wurde um 1480 in Portugal geboren. Er kämpfte im Osten und in Marokko, emigrierte aber nach Spanien, als er Differenzen mit der portugiesischen Krone bekam. In Spanien fand er den nötigen Rückhalt für seine Unternehmungen.*

93 unten *Porträt von König Karl I., dem künftigen Kaiser Karl V. im Alter von 16 Jahren. Trotz seiner Jugend erkannte der spanische König die Chancen von Magellans Unternehmungen und unterstützte ihn. Er stellte ihm fünf Schiffe zur Verfügung und übernahm die Kosten der Expedition. Magellan erhielt den Rang eines Kapitäns zur See und ein Fünftel der Gewinne, die künftige Entdeckungen bringen könnten.*

In den Jahren nach der Expedition von Vasco da Gama bauten die Portugiesen ihre Vormachtstellung im Indischen Ozean aus. Hormus und Goa wurden schnell erobert, und 1511 griff eine von Alfonso de Albuquerque befehligte Flotte Malakka an. Nach langer Belagerung fiel die Stadt und eröffnete den Portugiesen neue Horizonte.
Malakka war nicht nur ein ideales Handelszentrum, sondern auch ein hervorragender Ausgangspunkt für die Erforschung des riesigen unbekannten, Gewürze liefernden Archipels.
Im selben Jahr machten sich Antonio de Abreu und Francisco Serrão auf eine Erkundungsreise in die östlichen Meere. Bei den Banda-Inseln sank ein Schiff während eines Sturms. Serrão konnte sich auf einem zusammengezimmerten Floß nach Ternate retten. Er war der erste Europäer, der auf den Molukken, den legendären Gewürzinseln, landete.
Der dortige Herrscher hieß Serrão willkommen, und Serrão entschloß sich, auf der Insel als Ratgeber des Herrschers zu bleiben, indem er alle Gelegenheiten, in die Heimat zurückzukehren, verstreichen ließ. Sein einziger Kontakt mit Portugal bestand in einem Briefwechsel mit seinem alten Freund Ferdinand Magellan, der ihm das Leben bei der Schlacht von Malakka gerettet hatte.
Der um 1480 in Sabrosa geborene Magellan entstammte einer vornehmen Familie aus Porto. Er hatte persönlich an allen entscheidenden Schlachten um die Kontrolle über den Indischen Ozean teilgenommen. Nachdem er nach Portugal zurückgekehrt war, beteiligte er sich 1513 am Sturm auf die maurische Festung Azamor in Marokko. Er erlitt dort Verletzungen, so daß er fortan hinkte. Da er seinem Land viele Jahre treu gedient hatte, erwartete er nun eine entsprechende Belohnung. Doch der König von Portugal schlug diese Bitte ab. Er verweigerte Magellan eine höhere Pension und wollte sich auch seine Pläne nicht anhören. Die Theorie von Magellan unterschied sich nicht so sehr von der von Christoph Kolumbus, der 21 Jahre zuvor Indien über den Weg nach Westen zu erreichen versucht hatte.
Die Reisen von Cabot und Vespucci hatten gezeigt, daß es einen riesigen Kontinent zwischen Europa und den Ländern des Ostens gab, obwohl man noch nicht wußte, ob die Neue Welt nur ein großes Anhängsel von Asien war. Balboa erblickte an der Westküste Panamas 1513 einen neuen Ozean, doch noch niemand hatte eine Vorstellung von seiner Ausdehnung. Magellan glaubte an die Existenz einer Südpassage, die den Atlantik mit der Südsee, wie der Pazifik damals genannt wurde, verbindet. Doch gab es diese Passage bislang nur in Magellans Vorstellung, und der portugiesische König wollte weder Schiffe noch Kapital für ein Unternehmen riskieren, das selbst bei einem Erfolg Portugal im Osten nur Probleme gebracht hätte.

94 oben *Karte aus dem 17. Jahrhundert, herausgegeben nach der Reise von Schouten und Le Maire. 1616, nachdem sie die Magellanstraße passiert hatten, segelten die Holländer um ein Vorgebirge, das „völlig aus hohen, schneebedeckten Bergen" bestand, das Kap Hoorn. Jenseits von Feuerland, dessen Inselcharakter bewiesen war, erstreckte sich das offene Meer – ein neuer praktischer Seeweg in den Pazifik.*

Der Weg nach Osten führte um das Kap der Guten Hoffnung, und Portugal wollte sein Monopol nicht gefährden.

Doch Magellan war nicht der Typ, der schnell aufgibt. Er betrachtete seine Pflichten gegenüber der portugiesischen Krone als erfüllt und wandte sich, wie auch schon Kolumbus, an Spanien. Dort schenkt man ihm mehr Gehör. Die Informationen, die er von Serrão erhalten hatte, ließen erwarten, daß die Gewürzinseln viel weiter im Osten lagen, als es tatsächlich der Fall war. Wenn man die im Vertrag von Tordesillas gezogene Einflußgrenze in die nördliche Hemisphäre verlängerte, wären die Molukken auf jeden Fall spanisches Einflußgebiet. So stieß Magellans Plan in Sevilla auf Interesse. Eine Reihe wichtiger politischer Persönlichkeiten und Geschäftsleute waren von der Idee der Südpassage und den Handelsperspektiven fasziniert. Unter Vermittlung von Juan de Fonseca, dem mächtigen Bischof von Burgos, erhielt Magellan eine Audienz beim jungen König Karl I. (dem späteren Kaiser Karl V.), der sich sehr interessiert zeigte. Man kam überein, daß die Krone die Schiffsausrüstung stellen und die deutsche Fuggerbank die Expedition finanzieren sollte. Die Schiffe sollten nicht die üblichen wertlosen Geschenke als Tauschwaren für Wilde mitnehmen, sondern wertvolle Güter für die Königreiche des Ostens. Sicherheitshalber sollte ein spanischer Kapitän, Juan de Cartagena, Magellan begleiten, um das Unternehmen zu überwachen.

Den Schiffen war es ausdrücklich verboten, portugiesisches Einflußgebiet zu befahren. Die Expedition bestand aus fünf Schiffen: *San Antonio, Trinidad, Concepción, Victoria* und *Santiago*, alles Schiffe in mäßigem Zustand. Die Mannschaft bestand aus 250 Seeleuten verschiedener Nationalitäten, darunter auch ein Engländer und einige Malaien. Außerdem fuhr ein italienischer Adliger mit, Antonio Pigafetta aus Vicenza. Falls er, wie einige annahmen, ein venezianischer Spion war, so verbarg er es gut. Für künftige Historiker war seine Anwesenheit jedenfalls ein Glücksfall, denn er hinterließ ein Tagebuch mit ausführlichen Beobachtungen – eine unerläßliche Quelle für die Rekonstruktion dieser Fahrt.

Magellan verließ Sevilla am 20. September 1519. Er folgte zunächst der afrikanischen Küste, wobei er dem „portugiesischen" Golf von Guinea gefährlich nahe kam, bevor er westlichen Kurs nahm. Am 29. November ankerten seine Schiffe vor der brasilia-

95 *Karte von 1536, gezeichnet von Battista Agnese. Die Erforschungen von Diaz, da Gama, Kolumbus, Vespucci und Magellan (dessen Reiseweg auf der Karte eingezeichnet ist) zeigten die gewaltige Ausdehnung der bekannten Welt, obwohl der Pazifik noch immer ein Geheimnis war und die Ausdehnung der Kontinente nur geschätzt werden konnte. Der Umriß von Nordamerika ist noch ungenau, und Australien fehlt völlig.*

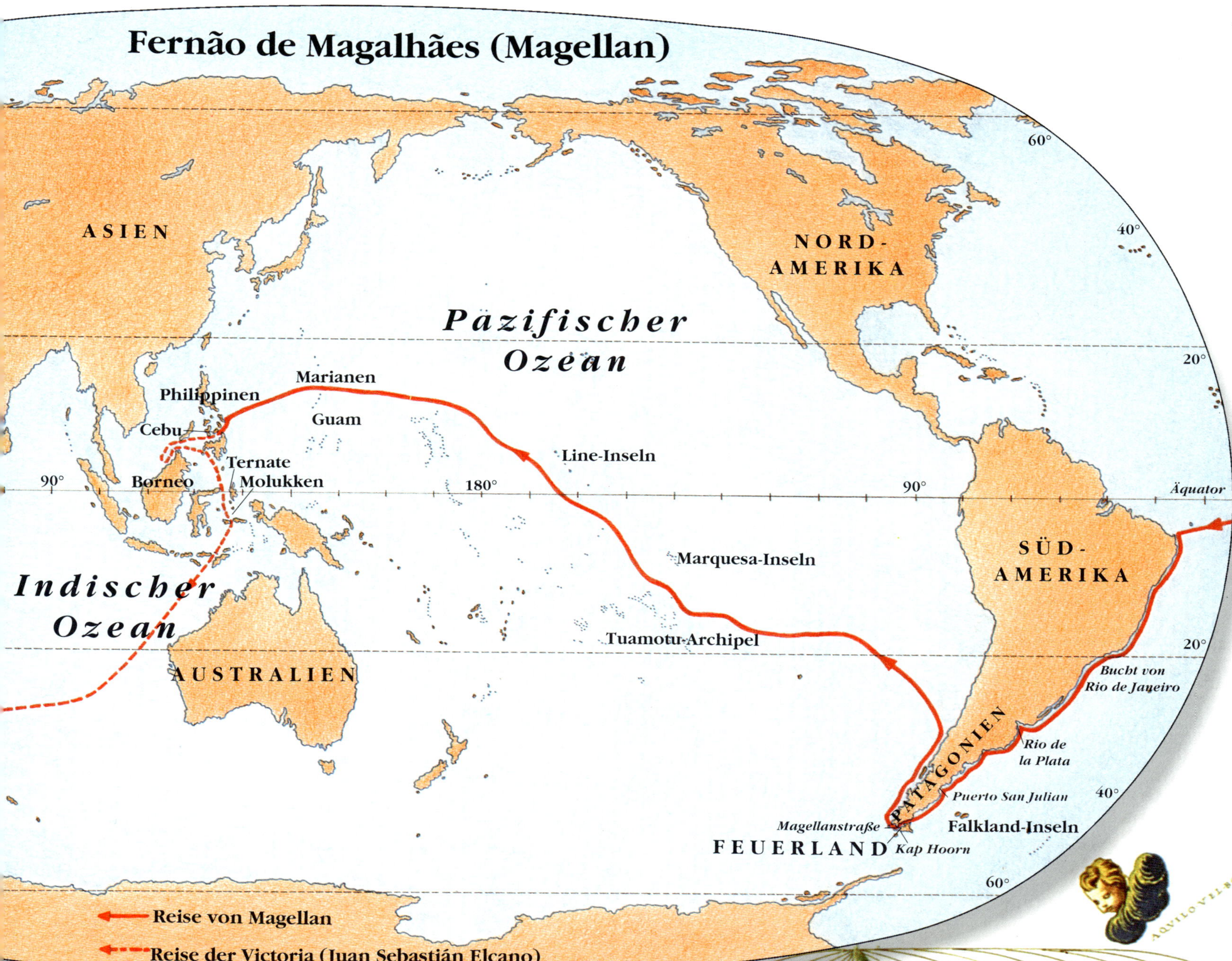

94 unten *Dieser Stich aus dem 16. Jahrhundert zeigt die Ankunft von Magellans Schiffen auf der Insel Ternate auf den Molukken, eine der letzten Etappen seiner Reise zu den Gewürzinseln. Die Illustration wurde ergänzt um die Küstenlinien von Java, Sumatra und Celebes, obwohl die geographische Lage nicht stimmt.*

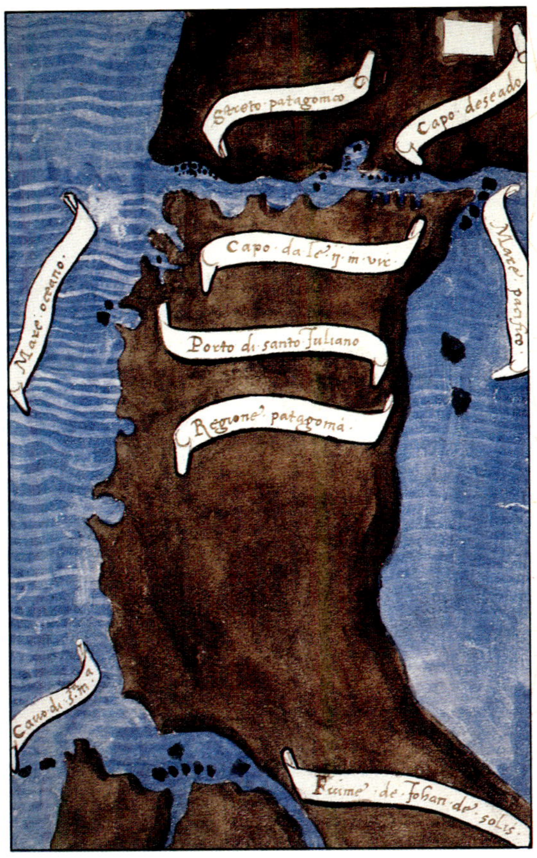

96 oben links
Die Magellanstraße aus dem Pigafetta-Codex. Der Italiener Pigafetta nahm an Magellans Expedition teil, wobei er ein genaues Tagebuch führte, das viele Angaben über die Inseln des Pazifiks und deren Bewohner enthält. Pigafetta und seine Funktion sind ziemlich mysteriös. Einige Autoren sind der Ansicht, daß er im Auftrag Venedigs handelte, das am Gewürzhandel offensichtlich sehr interessiert war.

96 oben rechts
Karte des äußersten Südens von Amerika und der Magellanstraße. Sie wurde nach Magellans und vor Drakes Expedition gezeichnet. Man vermutete, daß hinter Feuerland das offene Meer liege. Drake wurde durch einen Sturm vom Kurs abgetrieben. Er hatte das Gefühl, daß Feuerland nicht zu dem geheimnisvollen südlichen Kontinent gehörte, sondern eher eine Insel war.

96 unten Dieser Holzschnitt (1880) zeigt die Durchfahrt von Magellans Schiffen durch die nach ihm benannte Meeresenge.

97 oben *Magellan fährt durch die Magellanstraße zwischen Patagonien (rechts) und Feuerland (Stich von de Bry, spätes 16. Jahrhundert). Das allegorische Bild zeigt den Seefahrer bei der Positionsberechnung, unterstützt von Apollo und dem Gott der Winde. Aus unerklärlichen Gründen ist ein Riese von Patagonien beim Verschlucken eines Pfeiles dargestellt. Ein Monsterfisch, eine Seejungfrau und ein riesiger Raubvogel, der einen Elefanten in seinen Klauen hält, symbolisieren die Gefahren des unkartierten Meeres.*

nischen Küste nahe beim heutigen Rio de Janeiro. Die Guaraní-Indianer begrüßten die Besucher freundlich und versorgten sie mit Proviant und Holz, während Pigafetta seine Beobachtungen über die seltsamen Bräuche dieser Menschen niederschrieb.

Magellan setzte die Reise südwärts fort entlang der endlos scheinenden südamerikanischen Küste.

Am 10. Januar 1520 entdeckte er die Mündung des Rio de la Plata. Er nahm irrtümlich an, bereits die Passage gefunden zu haben. Ende März setzte der unerträgliche südliche Winter ein; die Mannschaft und einige Offiziere wurden unzufrieden. Magellan entschloß sich daher, den Winter in einer geschützten Bucht abzuwarten, die er Puerto San Julian nannte.

Die Meuterei brach unvermutet aus: Zwischen der Mannschaft und dem doppelten Kommando hatten seit Beginn der Reise Spannungen bestanden, die nun das gesamte Unternehmen gefährdeten. Am 1. April 1520 übernahmen Juan de Cartagena und eine Gruppe Meuterer gewaltsam drei Schiffe und forderten Magellan auf aufzugeben. Dieser reagierte schnell und raffiniert: Er begann Verhandlungen, um Zeit zu gewinnen, und besetzte nach einem vorher ausgeklügelten Plan die *Victoria*, wobei er ihren Kapitän tötete. Daraufhin blockierte er die Bucht mit seinen Schiffen. Nach schwacher Gegenwehr gaben die Meuterer, die durch Magellans brutale Reaktion demoralisiert waren, auf. Die Anführer der Meuterei wurden hingerichtet und ihre verstümmelten Leichen zur Abschreckung aufgehängt. Juan de Cartagena, der Rädelsführer, wurde auf einem einsamen Küstenabschnitt ausgesetzt.

Pigafettas Aufzeichnungen erwähnen dieses Ereignis nur am Rande; mehr Zeilen widmete er den einheimischen *Patagones* (den „großen Füßen"). Der Italiener war von diesen großen Gestalten sehr beeindruckt, was die Entstehung der Legende der patagonischen Riesen verursachte. Während einer Erkundungsfahrt entlang der Küste wurde die *Santiago* in rauher See gegen Felsen geworfen und sank. Es gelang den Überlebenden, auf dem Landweg zum Lager zurückzukehren.

Am 18. Oktober 1520 verließ Magellan Puerto San Julian. Einige Tage später schien Abwechslung in die monotone Küstenlinie zu kommen: Vor den Schiffen tauchte ein schmaler Meeresarm auf, der von Felsen und schneebedeckten Bergen umgeben war. Durch dieses sturmgepeitschte Wasser zu navigieren, erschien unmöglich. Gab es hier eine Passage oder war es nur eine Bucht? Die Fahrrinne konnte zur Falle werden, doch Magellan entschloß sich, eine Erforschung zu riskieren. Die *Trinidad* und die *Victoria* fuhren voran, und die beiden anderen Schiffe gingen vor der Felsenküste vor Anker, um auf ihre Rückkehr zu war-

97 unten *Astrolabium aus dem 13. Jahrhundert. Zu Beginn des 16. Jahrhunderts war die navigatorische Ausrüstung für Seefahrer noch immer recht primitiv. Außer aus Astrolabium und Quadrant bestand sie aus Kompaß, Stundenglas und Lot. Doch trotz ihrer Ungenauigkeit ermöglichten diese Instrumente die Bestimmung des Breitengrades, nicht jedoch des Längengrades, der nur geschätzt werden konnte – oft mit folgenschweren Fehlern.*

ten. Nach einer scheinbar endlosen Wartezeit kehrten die beiden Schiffe mit guter Nachricht zurück: Der Meeresarm führte zu einer weiteren Passage und in eine andere Bucht.
Magellan befahl, die Fahrt fortzusetzen. Vor seinen Augen schienen sich die Berge auf wundersame Weise zu öffnen. Einige Tage später teilte sich der Meeresarm. Magellan stieß in südwestlicher Richtung vor, während die *San Antonio* und die *Concepción* südostwärts segeln sollten. Ein Schiff allerdings kehrte um, um das negative Ende der Expedition zu berichten: Die *San Antonio* hatte sich aus dem Staub gemacht. Magellan setzte mit seinen drei Schiffen die Fahrt durch die Meerenge fort. Endlich, am 28. November 1520, fanden sie den Weg aus diesem Labyrinth heraus in die offene See. Nach 38 Tagen hatten die Spanier die legendäre Südsee erreicht. Der Endpunkt der Passage wurde Kap Deseado, das „herbeigewünschte Kap", genannt.
Magellan setzte seine Fahrt entlang der chilenischen Küste bis zum 30. Breitengrad und dann in nordwestlicher Richtung fort. Keine Stürme behinderten die Fahrt der Schiffe über das neue Meer, so daß es Pazifik, der Stille Ozean, genannt wurde. Doch kam auch nach Wochen noch kein Land in Sicht. Magellan konnte keine Vorstellung von der Ausdehnung des Pazifiks haben, dessen Fläche so groß ist wie die gesamte Landfläche der Erde, und er konnte oder wollte nicht mehr Proviant und Wasser an Bord nehmen, bevor er die Überquerung wagte.
In drei Monaten und zwanzig Tagen stieß man lediglich auf unbewohnte

98 oben und Mitte
Lange, primitive Flöße aus dicht zusammengebundenen Binsen wurden von den Bewohnern der Südseeinseln benutzt, auf die die Erforscher bei ihren Reisen trafen. Sie lieferten hierüber genaue Beschreibungen.

Felseilande, obwohl man nahe an den polynesischen Inseln Tahiti und Tuamotu vorbeisegelte. Nach Pigafettas Aufzeichnungen waren die Lebensbedingungen an Bord erschreckend: „Nachdem aller Zwieback aufgegessen war, aß man die Krümel, die schon verdorben waren, und trank Wasser, das nun eine ekelhafte gelbliche Brühe war. Man aß sogar die Häute, in die die Schiffstaue eingewickelt waren ..." Viele erkrankten an Skorbut und konnten sich kaum noch auf den Beinen halten.

Als die Männer am 6. März 1521 die Insel Guam bei den Marianen erreichten, waren sie so erschöpft, daß sie sich nicht mehr gegen die Einheimischen zur Wehr setzen konnten, die die Schiffe enterten und alles stahlen, was nicht niet- und nagelfest war. Magellan war davon so überrascht, daß er die Marianen die „Inseln der Diebe" nannte. Das Verschwinden eines Walfängers ärgerte den Expeditionsleiter so, daß er Vergeltungsmaßnahmen ergriff: Eine Gruppe bewaffneter Männer ging an Land und plünderte das nächstgelegene Dorf. Die erbeuteten Nahrungsmittel, Süßkartoffeln, Kokosnüsse und frisches Gemüse, gaben den Männern ihre Kräfte zurück.

Die *Victoria*, die *Trinidad* und die *Concepción* setzten ihren westlichen Kurs fort, bis sie eine Woche später die Insel Samar auf den Philippinen erreichten. Dort war der erste Kontakt mit den Einheimischen freundlicher. Magellan fühlte sich ermuntert, durch den Archipel zu segeln, und Ende März erreichten die von einheimischen Kanus begleiteten Schiffe die Insel Cebu. Einer der Malaien aus der

98 unten *Ein Paar Pinguine aus dem Reisebericht von Beauchesne, spätes 17. Jahrhundert. Magellan erreicht auf seiner Fahrt entlang der südamerikanischen Küste im Februar 1520 eine Bucht, in der seltsame Vögel lebten, die nicht fliegen konnten und einen krähenähnlichen Schnabel hatten. Für die hungrigen Männer waren die Pinguine eine leichte Beute. Ein halbes Jahrhundert später stellte Drake fest, daß ihr Fleisch ausgezeichnet schmeckt, „ähnlich dem einer fetten Gans".*

99 oben *Bewohner von Patagonien; Aquarell aus dem Bericht von Beauchesne, 17. Jahrhundert. Pigafetta beschrieb die Patagonier als so groß, „daß wir ihnen nur bis zur Taille reichten". Sie konnten einen Korb Zwieback in einem Augenblick verspeisen und einen halben Eimer in einem Zug austrinken. „Sie aßen sogar Ratten", stellte er fest, „ohne sie zu häuten."*

99 unten *Zusammentreffen mit einem Seelöwen; Bericht von Beauchesne, 17. Jahrhundert. Obwohl sich Magellan persönlich davon überzeugt hatte, daß genügend Vorräte für die lange Reise geladen wurden, gingen diese bald zur Neige, so daß die Mannschaften Nahrung suchen mußten. Während der langen Pazifiküberquerung dezimierten Hunger und Skorbut die Männer und gefährdeten den Erfolg des ganzen Unternehmens ernsthaft.*

Mannschaft verstand den dortigen Dialekt, was ein sicherer Beweis war, daß man Asien erreicht hatte.
Die Molukken konnten nun nicht mehr weit sein – aber auch nicht die portugiesischen Kriegsschiffe! Unter allen Umständen mußte man ein feindliches Zusammentreffen verhindern. Magellan war sich darüber im klaren, daß die Rückkehr nach Europa lang und schwierig würde, wenn sie hier nicht neuen Proviant aufnehmen könnten. Er entschied daher, so lange auf den Philippinen zu bleiben, bis sich seine Leute wieder erholt hatten, um die lange Reise riskieren zu können.
Er setzte auf freundliche Beziehungen zum dortigen Herrscher und nannte sich „Protektor" der Insel im Namen Spaniens. Die Kanonen und sonstigen Waffen beeindruckten den *Rajah* von Cebu, der bereitwillig den Schutz akzeptierte, den der fremde Verbündete ihm bot.
So geriet Magellan unversehens in den Streit zwischen Cebu und der Nachbarinsel Mactan, deren Häuptling sich nicht dem *Rajah* von Cebu unterwerfen wollte. Am 27. April besetzten 60 Spanier und einige hundert einheimische Krieger Mactan. Wegen der Untiefen der Bucht konnte Magellan seine Artillerie nicht einsetzen. Dem Häuptling von Mactan, Lapulapu, gelang es aufgrund der Überzahl seiner Krieger, die Invasion abzuwehren. Als die Spanier von einem Speer- und Steinhagel empfangen wurden, traten sie einen ungeordneten Rückzug an und ließen ihren Anführer mit ein paar Mann zurück. „Als seine Feinde das sahen, stürzten sie sich auf ihn. Einer von ihnen streckte den Kapitän mit einem Schwert durch einen Schlag ans Bein nieder." Magellan wurde von den Einheimischen getötet. Die Spanier waren durch dieses Unglück unfähig zu reagieren. Einige Tage später lockte der *Rajah* von Cebu 27 Mann an Land und tötete sie.
In den folgenden Monaten zogen die Überlebenden ziellos von einer Insel zur nächsten. Sie waren nicht genug Mann, um die drei Schiffe zu steuern, und beschlossen daher, die *Concepción* aufzugeben. Das Schiff wurde bei der Insel Bohol in Brand gesetzt. Die beiden übrigen Schiffe erreichten die Molukken am 8. November 1521. Man lud die größtmögliche Menge an Gewürznelken und machte sich Mitte Dezember auf den Rückweg nach Euro-

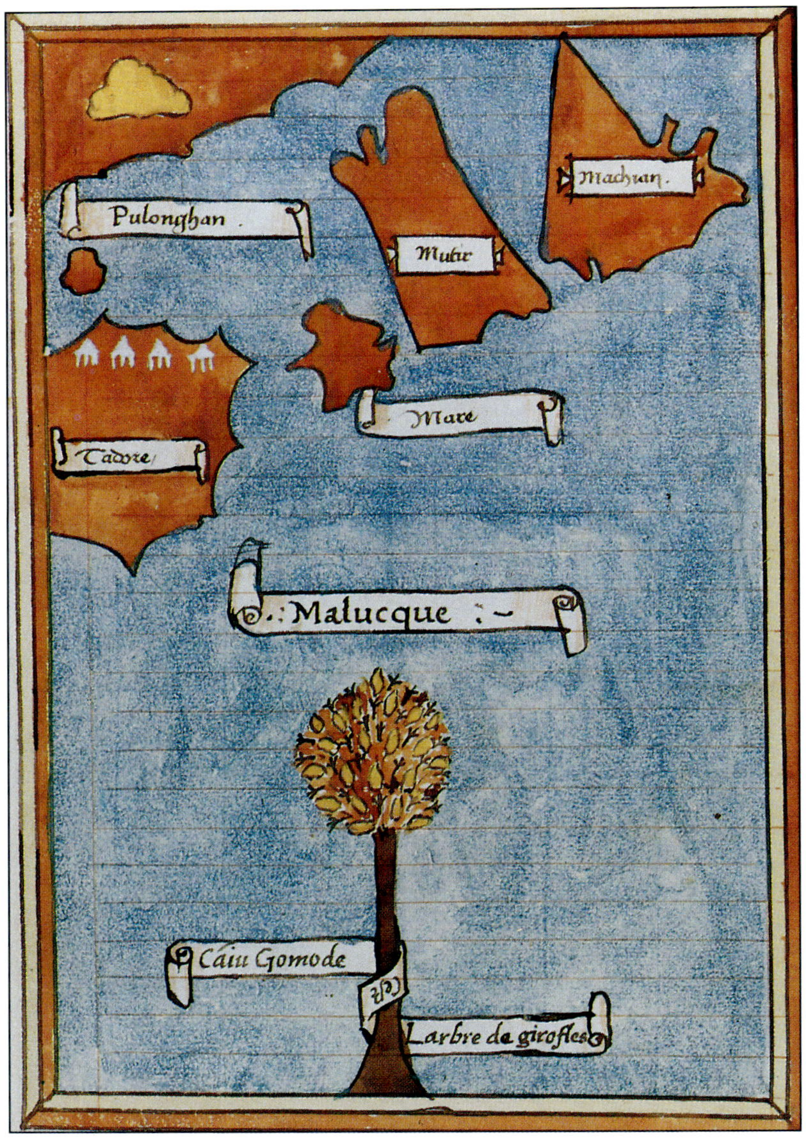

100 oben *Karte der Molukken, nach Pigafettas Angaben gezeichnet. Nur zwei der fünf Schiffe erreichten die berühmten Gewürzinseln im November 1521, und nur eines schaffte mit seiner wertvollen Fracht den Rückweg nach Spanien. Unten im Bild eine stilisierte Darstellung eines Gewürznelkenbaums.*

100 unten *Alte Version von Pigafettas Bericht auf Französisch mit herrlichen Illustrationen. Neben dem Text ist eine Karte der Marianen im Pazifik, damals als Ladronen bekannt, dargestellt. Die Wendigkeit und Seetüchtigkeit der Ausleger-Kanus beeindruckte die Spanier sehr. Die Marianen waren die ersten Inseln, auf die Magellan nach einer dreimonatigen Seereise stieß.*

101 oben links *Magellans Abenteuer auf den Philippinen. Der Druck zeigt den Augenblick, als Magellan ein Kreuz auf Cebu aufstellt, das letzte Mal, daß er das tun sollte. Er wurde von Untertanen von Lapulapu getötet, dem Herrscher von Mactan, den der Konquistador zur Verteidigung des* Rajah *von Cebu herausgefordert hatte.*

101 oben rechts *Diese Illustration aus den Tagebüchern von Pigafetta zeigt die Inseln Cebu und Mactan, wo Magellan getötet wurde. Lapulapu, der Herrscher von Mactan, ignorierte Magellans Ultimatum aufzugeben und setzte sich den mit Kanonen und Musketen bewaffneten Eindringlingen mutig zur Wehr. Heute ist der Filipino, der sich der europäischen Invasion erfolgreich entgegenstellte, ein gefeierter Nationalheld.*

101 unten *Magellans Tod. Als er sich in den Streit zwischen den Herrschern von Cebu und Mactan einmischte, kämpften die Spanier unter ungünstigen Bedingungen und wurden massakriert, als sie sich zurückziehen wollten. Nach Pigafettas Bericht fiel Magellan im Kampf, umgeben von Feinden.*

pa. Die *Trinidad* war in einem katastrophalen Zustand; sie würde die Fahrt über den Indischen Ozean und die Stürme am Kap der Guten Hoffnung nicht überstehen. Die Mannschaft setzte ihre Hoffnung daher darauf, Panama zu erreichen.

Die *Victoria*, die von Juan Sebastián Elcano kommandiert wurde, nahm hingegen westlichen Kurs und versuchte, die portugiesische Einflußsphäre südlich zu umfahren. Die Fahrt wurde zum Alptraum: Elcano weigerte sich, in Mosambik anzulegen, da er eine Inhaftierung befürchtete, und steuerte direkt auf das Kap zu, das er im Mai 1522 umrundete. Anfang September erreichte die *Victoria* Sevilla. Von ursprünglich 250 Mann kehrten ganze 18 lebend zurück.

In der Zwischenzeit wurde die *Trinidad* durch einen Sturm zur Rückkehr auf die Molukken gezwungen, wo sie von den Portugiesen gekapert und zerstört wurde.

So hatte man die erste Weltumsegelung geschafft, aber zu welchem Preis! Eine ganze Flotte war verloren, der Expeditionsleiter auf der Fahrt getötet. Die Westroute nach Indien war zu lang und unwirtschaftlich. Fünf Jahre später verzichtete Spanien daher auf alle Ansprüche auf die Molukken zugunsten Portugals gegen eine Entschädigung. Die Portugiesen blieben so die unumstrittenen Herrscher des Ostens, während die spanische Krone ihre habgierigen Gelüste den Schätzen Amerikas zuwandte.

Innerhalb nur eines halben Jahrhunderts nach Kolumbus' Tod erforschten und eroberten die Spanier riesige Gebiete der Neuen Welt – ihre Kolonie reichte von Colorado bis nach Chile. Die Eroberungen verliefen äußerst brutal und rasch. Ob Söldner oder kleine Grundbesitzer, Adlige oder Analphabeten, die Conquistadores *waren allesamt getrieben von der Gier nach Reichtum und von missionarischem Eifer. 1513 durchquerte Vasco Núñez de Balboa die Wälder von Panama, um den Pazifik zu erreichen; er gründete die erste europäische Kolonie auf dem amerikanischen Festland. Einige Jahre später plünderten Cortés und Pizarro mit einer Armee von einigen hundert Mann die Hauptstädte der Inka und Azteken. Andere wie z. B. Coronado marschierten nach Norden, um die legendären Sieben Städte von Cibola zu suchen. Als 1545 die Minen von Potosí entdeckt wurden, blieben von den großen indischen Zivilisationen nur noch Trümmer. Riesige Mengen amerikanisches Silber wurden nach Europa gebracht; sie destabilisierten die Weltwirtschaft und läuteten eine neue geschichtliche Epoche ein.*

DIE KONQUISTADOREN

VASCO NÚÑEZ DE BALBOA

Ende 1510 verließ ein Schiff mit dem Kapitän Fernando de Enciso die Insel Hispaniola mit Kurs auf den Golf von Urabá beim heutigen Kolumbien. Fernando de Encisos Aufgabe bestand darin, den Überlebenden einer früheren Expedition zu Hilfe zu kommen, die versucht hatte, eine Ausgangsbasis für die Kolonisierung des Kontinents zu errichten. An Bord gab es einen blinden Passagier, der sich der Legende nach mit seinem Hund in einem Faß versteckt hielt. Es war Vasco Núñez de Balboa, ein ehemaliger Schweinezüchter auf der Flucht vor seinen Gläubigern. De Enciso beschloß, dessen Leben zu schonen,

102 unten *Dieses Boot, das im Goldmuseum in Bogotà aufbewahrt wird, symbolisiert die Legende von El Dorado. Es ist ein Artefakt der Muiscakultur, eines indianischen Volkes, das zur Gruppe der Chibcha gehört.*

103 oben *Auf diesem Stich aus dem 16. Jahrhundert ist Vasco Núñez de Balboa dargestellt, als er die Südsee in Besitz nimmt. De Balboa war von einfacher Herkunft und kam als blinder Passagier nach Amerika. 1510 floh er von der Insel Hispaniola und versuchte sein Glück auf dem Festland. Drei Jahre später leitete er eine Expedition durch die undurchdringlichen Wälder Panamas und kam in Sichtweite des Pazifischen Ozeans, den er Südsee nannte. Er fiel jedoch in Ungnade und wurde 1519 in Acla enthauptet.*

104 oben *Dieser Stich von de Bry (1594) zeigt die Indianer von Darién, als sie de Balboa ihre Schätze darbieten. De Balboa schloß eine Reihe von Friedensverträgen mit den Häuptlingen der panamerikanischen Stämme, die ihm Bewegungsfreiheit verschafften. Ein Bericht lautet: „Vasco Núñez war so hoch angesehen, daß die Indianer ihm Gold und ihre Frauen und Töchter als Geliebte und Ehefrauen anboten."*

denn de Balboa kannte diesen Küstenabschnitt, und seine Erfahrung konnte von Nutzen sein.

Vermutlich aufgrund von de Balboas Empfehlung wurden die Überlebenden der Expedition in die Region Darién gebracht, wo die Einheimischen nicht so aggressiv waren. So entstand Santa Maria la Antigua, die erste spanische Kolonie auf dem amerikanischen Kontinent. De Balboas starke Persönlichkeit zeigte sich bald – de Enciso wurde nach Hispaniola zurückgeschickt. Als de Enciso wieder in Spanien war, nutzte er jede Gelegenheit, gegen de Balboa zu intrigieren.

Trotzdem gelang es de Balboa vorübergehend, den Titel des Gouverneurs von Darién zu erlangen. Es war ihm aber auch bewußt, daß es nur einen Weg gab, diese Stellung zu halten: Er mußte Gold finden, das die Krone so dringend brauchte. Die Kolonisten von Santa Maria erkannten de Balboas Qualitäten als kluger und umsichtiger Führer, der auf friedliche Beziehungen zu den Indianern setzte. Während einer Erkundungsfahrt ins Landesinnere stieß de Balboa auf ein Indianerdorf, das versteckt im Wald lag. Dessen Häuptling zeigte ihm eine Reihe von Goldornamenten. Er sagte, das Edelmetall stamme aus den Flüssen, die in ein anderes Meer jenseits der Berge mündeten.

Am 1. September 1513 machte sich de Balboa mit 190 Mann, Hunderten von Trägern und Kampfhunden auf die Suche nach diesem Meer. Die Regenzeit hatte gerade begonnen, doch de Balboa hatte keine Zeit zu verlieren: Er hatte erfahren, daß der König in Kürze einen Abgesandten schicken werde, der seine Erfolge begutachten sollte. Vor dessen Ankunft mußte also Gold gefunden werden. Die Expedition erreichte Acla, etwa 80 Kilometer nörd-

104 Mitte *Außer 190 spanischen Soldaten und Hunderten von Trägern umfaßte de Balboas Expedition auch gefährliche Kampfhunde, die er ohne Zögern gegen die Indianer einsetzte. Doch trotz einiger Exzesse waren de Balboas Beziehungen zu den Indianern eher diplomatisch und tolerant, verglichen mit der Brutalität seiner Zeitgenossen.*

104 unten *Das Goldmuseum in Bogotá enthält auch diese unschätzbare Brustplatte aus massivem Gold, die das große künstlerische Können des Calimavolkes demonstriert.*

lich von Santa Maria, und drang in den dichten Wald vor, der die Berge der Serrania de Darién bedeckte. Von ihren schweren Waffen behindert und von Insekten gepeinigt bahnten sich die Spanier mühsam ihren Weg durch den schier undurchdringlichen Wald. Nach einem Kampf mit Indianern erreichte de Balboa schließlich eine Lichtung. „Er kletterte voraus auf einen unbewaldeten Hügel, von dem aus er die Südsee erblickte."
Drei Tage später, am 29. September 1513, erreichte die Expedition den Pazifik. De Balboa nannte ihn „Südsee", weil das Meer sich in dieser Gegend, dem Golf von San Miguel, südlich erstreckt. De Balboa wartete die Flut ab, ging mit gezogenem Schwert ins Wasser und nahm formell Besitz von diesem Meer und allen Ländern, die von seinem Wasser umspült wurden. Mitte Januar 1514 tauchte die Expedition an ihrem Ausgangspunkt wieder aus dem Dschungel auf und kehrte nach Santa Maria zurück.
Im Juni dieses Jahres kam der neue Gouverneur, Pedrarias, nach Darién. Von Anfang an waren die Beziehungen zwischen den beiden Konquistadoren gespannt. Erst nach erheblichen Schwierigkeiten kehrte de Balboa an die Südseeküste zurück, wo er bis zu den Perlen-Inseln segelte. Seine Reisen hatten nicht nur die Existenz eines weiteren Ozeans bewiesen, sondern er hatte auch erneut zu der Hoffnung Anlaß gegeben, eine Passage nach Indien zu finden. Doch brachte die Expedition keine Schätze, und de Balboa verlor die Gunst des spanischen Hofes. Auch fand Pedrarias einen Vorwand, ihn zu inhaftieren und in Acla hinrichten zu lassen. Der Mann, der ihn gefangennahm, erfüllte seine Aufgabe mit Entschlossenheit: Sein Name war Francisco Pizarro.

105 oben links *Diese goldene Brustplatte wurde ebenfalls von einem Calima-Goldschmiedemeister gefertigt. Die Fülle der Details zeigt seine hervorragenden Fähigkeiten in der Metallbearbeitung.*

105 oben rechts *Diese herrliche Brustplatte zeigt ein Tierrelief in der Mitte; sie stammt aus der Tierradentrokultur in Mittelamerika.*

105 unten *Der Dominikanermönch Bartolomé de Las Casas kam 1502 nach Amerika. Er war die führende Figur der kirchlichen Opposition gegen die koloniale Unterdrückung. Er schrieb: „Ich glaube, daß Gott für diese gottlosen, bösen und unwürdigen Taten, die in so ungerechter, barbarischer und tyrannischer Weise vollbracht wurden, seinen Zorn über ganz Spanien bringen wird, denn ganz Spanien hat teil – ob im großen oder im kleinen – an dem blutigen Reichtum, der um den Preis von Ruin und vielen Massakern gewonnen wurde."*

__106 oben__ Dieses Porträt von Hernán Cortés wurde nach seinem Tod gemalt. Er wurde 1485 in der Estremadura geboren und begann als 34jähriger sein außergewöhnliches mexikanisches Abenteuer. Nach dem Sieg über das Reich der Azteken wurde er Gouverneur der Kolonie Neu-Spanien, der Drehscheibe der spanischen Macht in Mittelamerika. 1540 kehrte er nach Spanien zurück, als er die Gunst des spanischen Hofes verloren hatte, und starb wenige Jahre später.

HERNÁN CORTÉS

„Als wir die vielen Städte und Dörfer sahen, die über dem Wasser erbaut waren, sowie die Städte auf dem Festland und die große Straße über den Damm nach Mexiko, waren wir so verblüfft, denn alles war wie die Wunder, über die wir in der Legende von Amadigi gelesen hatten.
Es gab hohe Türme, Tempel und Gebäude, die sich aus dem Wasser erhoben – alles aus Stein, und unsere Soldaten fragten sich, ob das alles nicht ein Traum war.“ So beschrieb Bernal Diaz, wie die Truppen von Hernán Cortés Tenochtitlán erblickten, die sagenhafte Hauptstadt des Aztekenreichs, zu jener Zeit eine der größten Städte der Welt. Dies war am 8. November 1519.
Doch von da an wurde der Entdeckergeist durch brutale Eroberungen abgelöst. Neun Monate später fiel Tenochtitlán nach einem erbitterten Kampf.
Cortés, ein gescheiterter Jurastudent ohne militärische Erfahrung, hatte

__106 unten__ Das Oaxaca-Tal in Südmexiko war ein wichtiges Zentrum für die einheimischen Zivilisationen. Auf dem Alban-Berg, dem Hauptort, befand sich eine Nekropole mit Fresken und Urnen. Dieser große Brustschmuck, der eine Figur mit Feder-Kopfschmuck und einigen geheimnisvollen Symbolen zeigt, stammt von dort.

107 oben *Diese wertvolle Jademaske (heute im* Museo degli Argenti *in Florenz) zeigt das Geschick der aztekischen Juweliere. Jade, Pyrit, Bergkristall, Bernstein, Jadeit, Türkis, Obsidian und Perlmutt wurden traditionell verarbeitet.*

unter dem Kommando von Diego de Velázquez an der Eroberung Kubas teilgenommen. Er verließ die Insel Ende 1518 als Kommandant einer Flotte von elf Schiffen, die von de Velázquez ausgeschickt wurde, um die Küste der Halbinsel Yucatan zu erforschen. Während Cortés in dieser Gegend nach Gold und anderen Schätzen suchte, hörte er von einem großen Reich, das sich weit nach Westen ins Landesinnere erstreckte. Ein Zusammentreffen mit einem Landsmann, der einige Jahre zuvor dort gestrandet war, und mit einer Sklavin, die die Indianer von Tabasco ihm geschenkt hatten und die aus Mexiko stammte, bestätigte diese Gerüchte.
Aguilar und das Mädchen, das Doña Marina genannt wurde, wurden seine Führer und Dolmetscher. Sie erklärten ihm die komplizierte politische Lage in Mittelamerika. Cortés war nahe der heutigen Stadt Veracruz gelandet. Als erstes löste er seine Bindungen an Velázquez: Er versenkte die Schiffe und beanspruchte alle künftigen Entdeckungen im Namen des spanischen Königs. Er wollte kein Hindernis zu seinem Ruhm im Wege haben.
Am 16. August begann er, ins Landesinnere vorzustoßen. Mit 15 Reitern, 400 Soldaten und einigen hundert Trä-

107 unten *Montezuma, der aztekische Herrscher, trägt seine Rangsymbole. Nach dem Bericht von Bernal Diaz, einem Augenzeugen der Eroberung, „war der große Montezuma etwa vierzig Jahre alt, von wohlproportionierter Gestalt, mit schlanken Beinen ... Sein Haar war nicht lang und bedeckte gerade seine Ohren. Sein kleiner Bart war gut ausrasiert und dünn. Er hatte ein ziemlich längliches Gesicht mit einem energischen Ausdruck und gutmütige Augen, und seine Erscheinung und sein Benehmen zeugten sowohl von Sensibilität als auch, wenn nötig, von Ernst.“*

__108__ Ein aztekischer Wachposten beobachtet die Ankunft von Cortés' Schiffen an der mexikanischen Küste (aus Historia de las Indias *von Diego Duran, 1579). Montezumas Kundschafter beschrieben die Spanier als Halbgötter, die mit Eisen, langen Bärten und schrecklichen Waffen bedeckt sind, die Feuer spucken können und die Luft mit ekelhaftem Gestank erfüllen.*

109 oben *Diese Malerei auf Kupfer aus dem späten 18. Jahrhundert zeigt das erste Treffen zwischen Cortés und den Gesandten von Montezuma in Veracruz. Der Aztekenherrscher, der eine ungute Vorahnung hatte, versuchte alles Mögliche, um das Vordringen der mysteriösen Fremden, die über das Meer gekommen waren, zu stoppen. Doch seine reichen Geschenke – Goldplatten, Stoffe und Masken mit Türkisen – stachelten Cortés' Gier nur noch an.*

109 unten *Diego Velázquez, der Gouverneur von Kuba, übertrug Cortés das Kommando über eine Flotte, die nach Mexiko segeln sollte. Die Expedition – die größte von dieser Insel – sollte offiziell Yucatán erforschen. Doch Cortés ignorierte bei seiner Landung an der mexikanischen Küste diesen Befehl; er ließ seine Schiffe zerlegen und zwang die Mannschaft, ihm auf seinem Weg ins Zentrum des Aztekenreichs zu folgen.*

gern erklomm er das steile Hinterland der Küste. Dieser äußerst mühsame Weg wurde gewählt, weil man ein Zusammentreffen mit der Miliz der Azteken vermeiden wollte. Die gebirgige Gegend zwischen Cofre de Perote und Orizaba war unzugänglich und unbewohnt. Die lavabedeckten Hänge behinderten Menschen und Pferde, und durch die unbewohnten Täler pfiffen Hagelstürme.

Schließlich erreichten die Spanier Tlaxcala, die einzige Stadt, die nicht Moctezuma II. Xocoyotzin (Montezuma), dem aztekischen Herrscher, unterworfen war. Nach einem blutigen Scharmützel gelang es Cortés, die Rivalität zwischen Tlaxcala und Tenochtitlán für sich auszunutzen, indem er einen Pakt mit Tlaxcala schloß. Jetzt stand ihm eine reguläre Armee zur Verfügung, so daß er gegen das Zentrum der Azteken ziehen konnte. Zunächst griff er die Stadt Cholula an und massakrierte gnadenlos deren Einwohner, an deren Loyalität er zweifelte.

Westlich von Cholula erhob sich der schneebedeckte Gipfel des Popocaté-

110 oben *Diese Illustration aus der* Historia de las Indias *von Diego Duran zeigt Cortés, als er von den Häuptlingen von Tlaxcala empfangen wird. Nach einer blutigen Schlacht konnte Cortés mit Hilfe von Doña María, seiner Dolmetscherin und Beraterin, eine Allianz mit den Häuptlingen von Tlaxcala eingehen und machte sich die Rivalität zwischen dieser Stadt, der einzigen, die nicht von Montezuma regiert wurde, und Tenochtitlán zunutze.*

110 unten *Diese Malerei auf Kupfer aus dem späten 18. Jahrhundert zeigt die Spanier im Kampf mit der aztekischen Miliz. Deren Waffen konnten nicht mit spanischen Schußwaffen und der Kavallerie konkurrieren. Durch seine Waffen und sein strategisches Geschick überwand Cortés seine ihm zahlenmäßig überlegenen Gegner. In Tlaxcala besiegte er mit nur 400 Mann ein Heer von 40 000 einheimischen Soldaten.*

petl. Damals war dieser über 5000 Meter hohe Vulkan noch aktiv; aufgrund des von ihm aufsteigenden Rauchs galt er in den Augen der Indianer als heilig. Cortés sandte einige Mann aus, um den Berg zu erforschen. Technisch gesehen war die Besteigung des Popocatépetl nicht schwierig, doch mit unzureichender Ausrüstung und Kleidung war es eine großartige Leistung. Kurz vor dem Kraterrand mußten die Spanier anhalten. Unter ihren Füßen zitterte die Erde, und während sie zurückwichen, fiel ein Ascheregen auf sie.

Vom Gipfel hatten die Kundschafter einen anderen, wenig benutzten Weg in das Mexikanische Tal entdeckt. Von Anfang an hatten die Späher der Azteken trotz Cortés' Vorsichtsmaßnahmen dessen Vormarsch beobachtet, doch war es ihnen nicht gelungen, das Vordringen der Fremden zu verhindern. Montezuma hielt die Europäer sicherlich nicht für übernatürliche Wesen, doch fürchtete er sie und wurde von einer unguten Vorahnung geplagt. Bis dahin hatte er sie mit Geschenken und Diplomatie zu beeinflussen versucht, doch angesichts der Entschlossenheit von Cortés mußte er sich mit dem Eindringen der Spanier in seine Hauptstadt abfinden. Die Geschichte der Zerstörung des Aztekenreichs ist bekannt und ausführlich beschrieben. Was nach dem 8. November 1519 geschah, hatte nichts mehr mit Erforschung zu tun: Zunächst versuchte Cortés Montezuma zur Unterwerfung unter die spanische Krone zu veranlassen, doch dann nahm er ihn als Geisel, um sich abzusichern, und verlangte Gold als Lösegeld von dessen Untertanen.

Als Cortés erfuhr, daß der Gouverneur von Kuba eine bewaffnete Truppe ausgesandt hatte, um ihn festzunehmen, ließ er seinen Leutnant Alvarado

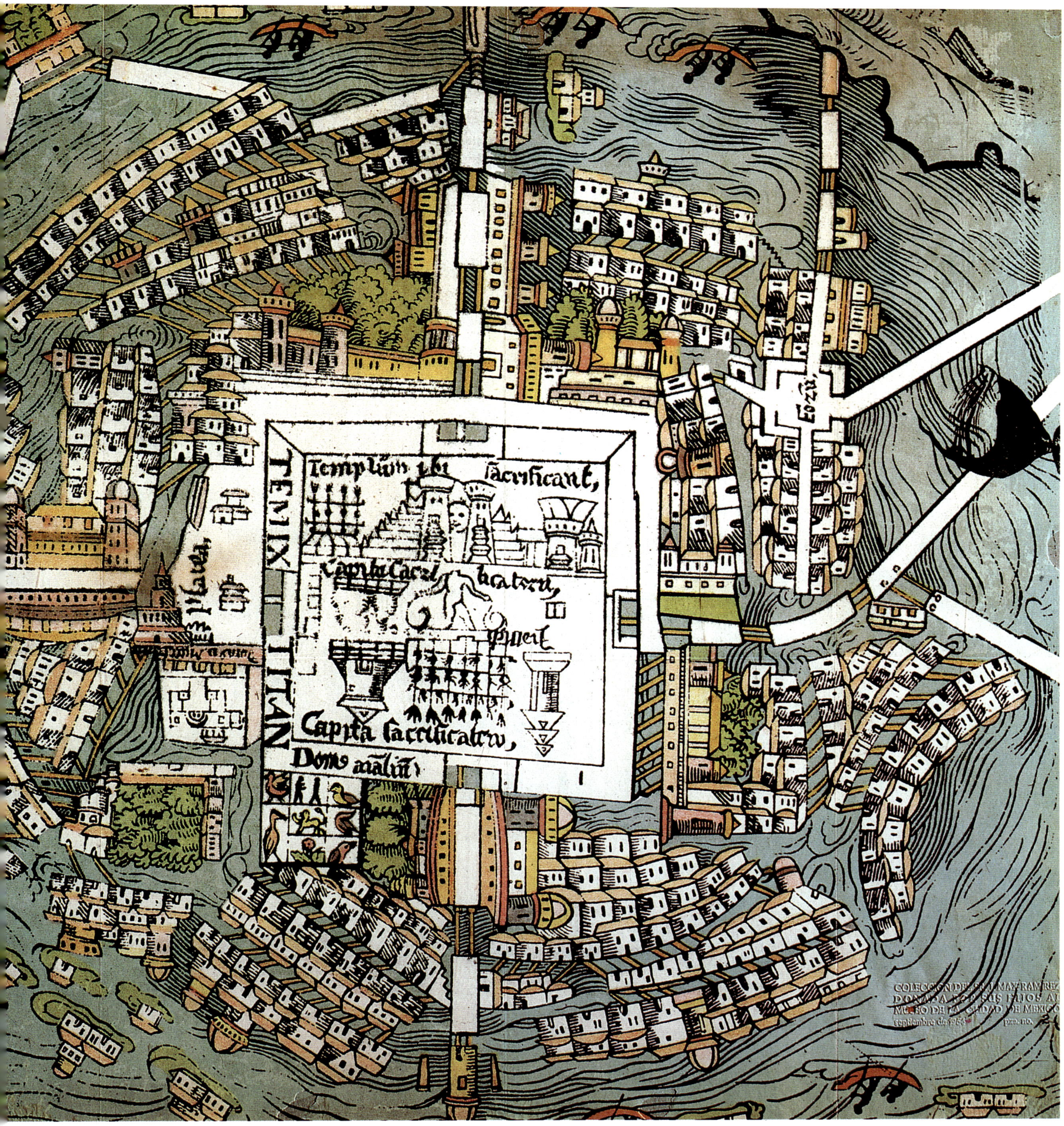

110-111 *Diese Illustrationen von Tenochtitlán und dem Texcocosee werden Cortés selbst zugeschrieben. Der Spanier und seine Männer waren sehr beeindruckt von der Größe der Seen-Stadt, die mit dem Festland durch ein System von Dämmen verbunden war.*

111 unten *Diese Abbildung von Tenochtitlán stammt aus einer deutschen Publikation von 1594. Im Jahr 1519 soll die Einwohnerzahl der Hauptstadt des Aztekenreichs zwischen 60 000 und 200 000 betragen haben.*

112 oben rechts *Der Schatz des Montezuma, zu dem dieser Federfächer mit einem Schmetterling in der Mitte gehörte, war so riesig und blendend, daß der Chronist Bernal Diaz, der zu Cortés' Begleitung gehörte, schrieb: „Es schien mir, der gesamte Reichtum der Erde befände sich in diesem Raum."*

112 Mitte *Die Azteken beschäftigten sogenannte „Feder-Arbeiter", die die prächtigen Dekorationen für hohe Würdenträger und militärische Führer herstellten. Man nimmt an, daß dieser Kopfschmuck Montezuma gehörte.*

112 unten *Am 8. November 1519 erreichten die spanischen Truppen Tenochtitlán. Sie wurden vom Herrscher und 200 Würdenträgern empfangen. Cortés schenkte Montezuma ein Perlenkollier und „Glasdiamanten" und erhielt als Gegengeschenk zwei Halsketten, an denen „acht Gold-Garnelen hingen, die mit großer Perfektion hergestellt und 23 cm lang waren".*

112 oben links *In der* Historia de las Indias *von Diego Duran ist dieser aztekische Prinz in feierlichem Gewand und mit einem großen Federfächer in seiner Hand dargestellt. Die Pracht der aztekischen Zivilisation verblüffte sogar Cortés, der sonst nicht leicht zu beeindrucken war: „... diese Menschen leben fast wie die Spanier, in Harmonie und Ordnung, und wenn man bedenkt, daß sie Barbaren sind, die von Gott nichts wissen und keinen Kontakt mit zivilisierten Völkern haben, ist es wirklich überraschend zu sehen, was sie alles erreicht haben."*

113 *Auf dieser Malerei auf Kupfer aus dem späten 18. Jahrhundert empfängt Cortés von Montezuma den im Namen des spanischen Königs geforderten Tribut. Montezumas Schätze – Leggins, Schilde, Armreife und schwere Halsketten aus massivem Gold von unschätzbarem Wert – wurden auf dem Hauptplatz in Tenochtitlán aufgehäuft, das Gold zu Barren geschmolzen. Nachdem er einen Teil für die spanische Krone beiseite getan hatte, teilte Cortés den Rest der Beute unter seinen Leuten auf.*

114. *Xochipilli war der aztekische Gott der Blumen, des Tanzes, der Liebe und Poesie. Diese Skulptur nimmt einen wichtigen Platz in der aztekischen Kunst ein: der feierliche Ausdruck eines Volkes, das darauf bedacht war, seine Macht in einem monumentalen, respekterweckenden Stil auszudrücken.*

in Tenochtitlán zurück und floh zur Küste, wo er viele Soldaten überreden konnte, zu desertieren und ihm zu folgen. Als er nach Tenochtitlán zurückkehrte, fand er eine schlimme Situation vor: Alvarado hatte ein sinnloses Massaker an Hunderten Indianern angeordnet, die sich zu einer religiösen Zeremonie versammelt hatten. Die Folge war eine Revolte. Dem Aztekenherrscher Montezuma gelang es nicht, die Lage in den Griff zu bekommen; er wurde getötet. Cortés wurde aus der Stadt gejagt; während seines Rückzugs verloren die Hälfte der Spanier und Tausende Indianer ihr Leben.

Doch der Konquistador wollte seine Pläne nicht aufgeben. Als er nach Tlaxcala zurückgekehrt war, organisierte er seine Armee neu und begann die Belagerung von Tenochtitlán. Nach verzweifeltem Widerstand mußte die Stadt aufgeben. Der Weg in Mexiko war für Cortés frei, und er wurde zum Statthalter dieses riesigen Gebietes – Neu-Spanien – ernannt. Die eroberte Aztekenhauptstadt wurde in den folgenden Jahren zum Ausgangspunkt für Unternehmungen in Honduras, Guatemala und an der Pazifikküste. Cortés nahm selbst an einer Expedition zum Kalifornischen Golf teil. 1540 verlor er die Gunst des spanischen Hofes und mußte nach Spanien zurückkehren, wo er sieben Jahre später starb.

CORTÉS' FELDZUG AUS DER SICHT DER INDIANER

Die Geschichte der Eroberung Mexikos ist aufgrund von zeitgenössischen Berichten von Augenzeugen und der Briefe von Cortés rekonstruiert worden. Solche Quellen sind zwar zuverlässig, jedoch nicht objektiv – sie sind durch persönliche Interessen und eine subjektive Ausdrucksweise geprägt. Die Überlieferung aztekischer Autoren, wie sie von spanischen Missionaren in den Jahren nach der Eroberung gesammelt und aufgezeichnet wurde, zeigt hingegen eine andere Sichtweise, die gekennzeichnet ist von Resignation und der durch die Niederlage verursachten Bitterkeit.

Die Landung der Spanier an der mexikanischen Küste hatte Montezuma nicht beunruhigt. Die

115 oben links *Hatlicue Coatlicue, „Die mit Schlangen Bekleidete", war die Göttin der Erde, die Mutter von Coyolxauqui, der Göttin des Mondes, und die Inkarnation der Dunkelheit und der Konstellationen, und die Mutter von Huitzilopochtli, dem Sonnengott. Sie war das Symbol der Herrschaft der Azteken über andere Völker – bis zur Ankunft der spanischen Konquistadoren.*

115 oben rechts *Das legendäre Tula, von wo die Steinstatue des Kriegers stammt, war die Hauptstadt der Tolteken, eines mexikanischen Volkes vom zentralen Hochland. Die toltekische Kunst war von einem kriegerischen Geist durchdrungen, was sich auch in der blutigen Religion äusserte, die die Nachfolger des wütenden Quetzalcoatl, „Die gefiederte Schlange", praktizierten.*

115 unten *Diese einfache, aber erschreckende Maske besteht aus einem menschlichen Schädel und einem Feuersteinmesser als Nase.*

***116** Bernadino de Sahagún, ein Missionar in Mexiko ab 1529, war Autor verschiedener Werke auf Spanisch und Nahuatl, einer einheimischen Sprache. Das bekannteste Werk ist die* Historia general de las cosas de la Nueva España, *dessen umfangreiches Bildmaterial viele Szenen aus dem Leben der Azteken zeigt. In diesem Werk scheint das Leben der Menschen völlig durch ihre Besessenheit von Göttern, Krieg und ständigen Opfern an den Sonnengott bestimmt zu sein, für dessen Nachkommen sich die Azteken hielten. Die Opfer waren nötig, damit die Gottheit den Fortbestand der Erde gegen die Dunkelheit gewährleistete. Seine Bemühungen wurden mit Menschenblut bezahlt.*

***117** Das Werk von Bernadino de Sahagún enthält auch eine genaue Übersicht über die aztekischen Gottheiten. Dazu gehörte auch die geheimnisvolle Figur des Quetzalcoatl („Die gefiederte Schlange“). Wie der Sonnengott dürsteten auch viele andere Götter nach Menschenblut, der kostbarsten Flüssigkeit. Um Opfer zu finden, organisierten die Azteken spezielle Heereszüge, an denen die Soldaten ohne Furcht teilnehmen konnten, denn der Tod hätte ihnen den sofortigen Eingang in den Himmel der Helden gesichert.*

Kundschafter, die er ausgeschickt hatte, beschrieben die Ankunft der Fremden ihrem Herrscher folgendermaßen: „Sie kleiden sich in Metall; sie bedecken ihre Köpfe mit Metall, ihre Schwerter sind aus Metall, ihre Bögen, ihre Schilde und ihre Lanzen. Die Tiere, die sie auf ihren Schultern tragen, scheinen so hoch wie unsere Hausterrassen zu sein. Sie verhüllen ihren ganzen Körper, und nur ihre kreideweißen, ungesunden Gesichter sieht man. Ihr Haar ist gelb und bei einigen schwarz; ihre Bärte sind lang und gelb ...“. Diese Beschreibung war genau und realistisch, und trotz Montezumas Glaube ist es unwahrscheinlich, daß die Azteken die Spanier für göttliche Wesen hielten.
Man glaubte, die Zeit und die Ereignisse wiederholten sich zyklisch, und konnte daher nicht die Einmaligkeit dieser Ereignisse erkennen.
Die weißen Fremden waren sicher ernstzunehmende Gegner, aber die Ereignisse von Tlaxcala zeigten, daß sie herausgefordert und besiegt werden konnten. Nicht einmal der Einmarsch von Cortés in Tenochtitlán wurde als die Ankunft eines legendären Helden gesehen (wie es viele europäische Gemälde glauben machen), sondern eher als zaghaftes Vordringen. Die Spanier, die von der Herrlichkeit der Hauptstadt und der Macht der Azteken beeindruckt waren, sahen, daß sie große Risiken eingingen, und gingen dementsprechend vorsichtig vor, als fürchteten sie einen Hinterhalt.
Für die Azteken war die Brutalität der Spanier, die sich an keinerlei Ritual hielten, unverständlich. Man hatte sie als Gäste willkommen geheißen, doch die bärtigen Fremden hatten nicht gezögert, grausame Massaker zu veranstalten, was zu einer Revolte der Indianer führte. Cortés' Rückzug wurde von den Azteken als ein Sieg verbucht. In ihrem chaotischen Rückzug

118 *Diese Malerei auf Kupfer aus dem späten 18. Jahrhundert zeigt Montezuma als Gefangenen in Fesseln. Die finsteren Details der Eroberung wurden in der* Historia general de las cosas de la Nueva España *des Franziskanermönchs Bernadino de Sahagún beschrieben, der acht Jahre nach dem Fall von Tenochtitlan nach Mexiko kam. Sein Werk, das Ergebnis intensiver Recherchen, stützte sich auf indianische Quellen und gab ein ganz anderes Bild als die offizielle Historiographie jener Zeit: Es gibt die Ereignisse aus der Sichtweise der Besiegten wieder.*

119 links *Aztekische Soldaten, die den von den Spaniern besetzten Palast von Montezuma angreifen; aus einem aztekischen Codex des 16. Jahrhunderts. Während der Schlacht verlor Montezuma sein Leben, und Cortés mußte die Stadt aufgeben. Bei diesem Rückzug, der „Noche triste", verloren 450 Spanier und Tausende Indianer ihr Leben.*

trampelten die Spanier über ihre Gefallenen, die in den Straßen von Tenochtitlán lagen. Die aztekischen Soldaten griffen sie ohne Gnade an.

Als die Weißen zurückkehrten, zerfiel das Reich in einer Folge von tragischen Ereignissen: die Schrecken einer Pockenepidemie, die Belagerung und der verzweifelte Widerstand, der Rückzug und die Massaker. Die aztekischen Darstellungen wurden zum Klagelied über eine endgültige Niederlage: „Wohin gehen wir? Oh Freunde, wir müssen die Stadt Mexiko aufgeben. Rauch steigt auf, Dunst verbreitet sich. Weint, Freunde, und wisset, daß wir nun die mexikanische Nation verloren haben."

119 rechts *Porträt von Don Pedro de Alvarado. Die grausamen Massaker, die Alvarado während Cortés' Abwesenheit beging, riefen bei den Azteken eine wütende Reaktion hervor; in einer blutigen Schlacht wurden die Spanier aus Tenochtitlan vertrieben.*

120 links *Francisco Pizarro wurde um 1478 in Trujillo (Provinz Cáceres) geboren. Er war ein erfahrener, aber ungebildeter und armer Abenteurer, der im Alter von etwa 50 Jahren mit der Erforschung der Pazifikküste von Amerika begann. Die Entdeckung des Inkareiches, das er schnell und brutal eroberte, brachte ihm den ersehnten Ruhm und Reichtum. Er wurde 1541 in Lima Opfer eines Attentats.*

Während Cortés die Verwaltung der neuen Provinz organisierte, erkundeten andere Abenteurer die Pazifikküste in südlicher Richtung auf der Suche nach ihrem Glück. Gab es noch andere Tenochtitláns in der Neuen Welt? Die Vorstellung eines legendären Königreichs Birú hatte die Phantasie der Spanier seit Jahren angestachelt. 1522 folgte Pascual de Andagoya der panamesischen Küste und der Küste des heutigen Kolumbien. Er fand zwar kein Gold, doch bestätigten seine Berichte die Existenz eines reichen und mächtigen Landes weit im Süden. Peru war jedoch nicht leicht zu erreichen; die Andenkette und der amazonische Urwald stellten eine natürliche Barriere dar. Der Seeweg erwies sich aufgrund starker Gegenströmungen als schwierig und die Küstenregionen waren unwirtlich.

Trotzdem wurde auch dieses Gebiet erforscht, wenn auch langsam. 1526 warteten dreizehn erschöpfte und halb verhungerte Männer auf der unbewohnten Isola del Gallo vor der kolumbianischen Küste auf Hilfe. Ihr Anführer, Francisco Pizarro, war entschlossen, weiter vorzudringen.

Pizarro war etwa 50 Jahre alt, Analphabet, doch ein erfahrener Soldat und geradezu todesmutig. Er wußte, daß dies seine letzte Chance auf Ruhm und Reichtum war; sein erster Erkundungsversuch war kläglich gescheitert, und wenn er noch einmal scheiterte, würden seine Gönner ihm die weiteren Mittel entziehen. Sein Waffenkamerad, Diego de Almagro, der genauso verwegen wie Pizarro war, hatte auch nichts zu verlieren.

De Almagro, der unterwegs war, um Vorräte und Männer zu Pizarro zu bringen, kehrte nach sieben Monaten mit frischen Vorräten und einigen Mann zu Pizarro zurück. Gemeinsam stießen sie weiter nach Süden vor, überquerten den breiten Golf von Guayaquil und ankerten bei Tumbes, einem Außenposten des Inkareichs, einer richtigen Stadt mit gepflasterten Straßen und Bewässerungskanälen. Man nahm die Spanier freundlich auf; eine so kleine

120 rechts *In der Chimúkultur kam die Metallbearbeitung zu einer Blüte. Schmuck, Kultgegenstände und Totenmasken wurden aus einer ungewöhnlichen Legierung aus Gold und Kupfer hergestellt, die Tumbaga genannt wurde. Auch Edelsteine wurden oft verwendet, wie z. B. in diesem rituellen Messer aus Gold und Smaragden.*

121 unten links Der „Pakt“ für die Entdeckung Perus, der am 10. März 1526 in Panama zwischen Pizarro, de Almagro und dem Priester Hernando de Luque, dem Geldgeber des Unternehmens, geschlossen wurde, ist auf diesem Stich von Théodore de Bry (1596) dargestellt. Im Lauf dieses Jahres erforschten Pizarro und de Almagro die Pazifikküste von Peru und erreichten die Inkastadt Tumbes. Die kleine Menge Gold und Silber, die sie nach Panama zurückbrachten, genügte, um die Aufmerksamkeit des spanischen Hofes zu erwecken und die Eroberung des Landes anzuordnen.

121 oben *Diese goldene Totenmaske der Chimúkultur zeigt einige polychrome Züge, und kleine Smaragde dienen als Augen.*

121 unten rechts *Kaiser Atahualpa, auf einer Sänfte sitzend, trifft die Spanier. Ein zeitgenössischer Autor beschrieb ihn als etwa „30 Jahre alt, attraktiv, robust, mit einem angenehmen Gesicht und einem stolzen Ausdruck“. Als Pizarro im November 1532 nach Cajamarca kam, machte Atahualpas Bruder Huáscar ihm die Macht streitig, und das Inkareich erlebte einen blutigen Bürgerkrieg zwischen den beiden Parteien.*

122 *Atahualpa wird von Pizarro gefangengenommen; Stich von de Bry, 1596. Der Inkaherrscher versuchte seine Freiheit zu erkaufen, indem er ein märchenhaftes Lösegeld anbot: 4500 kg Gold und 8800 kg Silber.*

123 oben *Pizarro gibt das Signal, Atahualpa auf dem zentralen Platz in Cajamarca anzugreifen. Der Hinterhalt war kaltblütig vorbereitet und erfolgreich.*

123 unten links *1535 verließ de Almagro auf der Suche nach Reichtümern Cuzco mit 500 Mann und 1000 Trägern und erreichte schließlich Chile. Die Überquerung der Anden war sehr mühsam. Viele Spanier, die schwer an ihren Waffen zu tragen hatten und für die Höhe nicht angemessen bekleidet waren, starben. De Almagro fand kein neues El Dorado und kehrte nach Peru zurück.*

123 unten rechts *Atahualpa war der Götzenanbetung, Verschwendung, des Ehebruchs und des Aufstands angeklagt. Obwohl die Anschuldigungen haltlos waren, wurde er schuldig gesprochen und zum Tod auf dem Scheiterhaufen verurteilt. Pater Valverde überredete den Herrscher, zum Christentum überzutreten; dann würde er „nur" erhängt. Am 29. August 1533 wurde Atahualpa erdrosselt.*

CONQVISTA
CORTÃLE·LACAVESA·A
ATAGVALPA·INGA·VMATACVCHIV
murio ataqualpa

124 oben Das indianische Mochicavolk lebte in einem Gebiet im Grenzgebiet des heutigen Ecuador und Peru. Ihre Hauptkenntnisse lagen in der Gold- und Silberverarbeitung sowie in Landwirtschaft und Kriegsführung. Der Ohranhänger auf dieser Abbildung besteht aus Gold und einem Türkismosaik und stellt einen bedrohlichen Krieger dar.

124 unten Diese Frauenfigur aus reinem Gold wurde von der Tolitakultur gefertigt. Durch den weit verbreiteten Gebrauch des Edelmetalls existieren noch heute einige prä-kolumbianische Artefakte, trotz der Konquistadoren, die zahlreiche Gräber plünderten, um Gold zum Einschmelzen zu erbeuten.

Gruppe konnte kaum den Argwohn der Indianer wecken. Pizarro tauschte Waren gegen Kleidung, Keramik, Gold und Silber. Was er erhalten hatte, reichte ihm zunächst. Die Bewohner von Tumbes bildeten eine fortschrittliche, reiche Gesellschaft.
Er kehrte nach Panama zurück und segelte von dort nach Spanien. Der spanische Hof in Toledo war noch immer geblendet von den Schätzen, die Cortés aus Mexiko mitgebracht hatte, und so erhielt Pizarro schnell den Auftrag für eine neue Expedition. Er war ausdrücklich zu Eroberungen ermächtigt und sollte Gouverneur des künftigen Peru werden.
Ende 1530 verließ er Panama mit drei Schiffen und 180 Mann. Einige Wochen später landete er an der Küste von Nord-Ecuador. Die Erkundung der sumpfigen, malariaverseuchten Küstenregion war eine zwei Monate dauernde ständige Qual. Als er den Golf von Guayaquil erreichte, traf eine Gruppe, die den Landweg genommen hatte, auf ihn, und man stieß zusammen nach Tumbes vor. Die Spanier fanden die Stadt infolge eines Kriegs zwischen Atahualpa und seinem Halbbruder Huáscar zerstört vor. Das Land schien verlassen, doch merkte Pizarro bald, daß Atahualpas Armee nicht weit war – in Cajamarca auf der anderen Seite der Berge. Die Überquerung der Anden war eine Herausforderung für die Spanier mit ihren schweren Waffen und der für die bittere Kälte in diesen Höhen ungeeigneten Kleidung. Doch überquerte man Anfang November den letzten Paß und erreichte die Stadt, die in einem groß-

125 oben *Goldene Porträt-Vase aus der Chimúkultur. Der gewaltige Reichtum Perus an Bodenschätzen ermutigte die Spanier zu blutigen Eroberungszügen, die 1532 in dem Massaker an der Inka-Aristokratie durch Pizarro ihren Höhepunkt fanden.*

125 unten *Diese fein gearbeitete goldene Krone stammt ebenfalls aus der Chimúkultur. Die Fülle von Gold gab den Spekulationen über die Stadt El Dorado Nahrung.*

artigen natürlichen Amphitheater lag und von Mais- und Tabakfeldern umgeben war. Auch Cajamarca schien verlassen zu sein. Kein Laut drang aus den Gebäuden, und die Plätze der Stadt waren menschenleer. Atahualpa hatte mit einer 30000 Mann starken Armee das Lager außerhalb der Stadt aufgeschlagen. Am nächsten Tag kamen der Herrscher und Pizarro überein, sich in der Stadt zu treffen. Die folgenden Ereignisse ähneln denen von Mexiko. Atahualpa wurde gefangengenommen und als Geisel behalten. Sobald Pizarro das gewaltige Lösegeld für Atahualpas Freilassung erhalten hatte, ließ er ihn töten. Die Eroberung des Inkareichs, das seinen Führer verloren hatte und durch den internen Krieg geschwächt war, war nur noch eine Frage der Zeit.
Ein Jahr später griffen einige hundert Spanier unter Führung von de Almagro und Pizarro Cuzco an. Die politische und religiöse Hauptstadt der Inkas fiel nach kurzer Belagerung. Das ausgedehnte Straßennetz des Reiches erleichterte die Besetzung dieser großen Andenregion, und 1535 gründeten die Spanier Lima, als Hauptstadt der neuen Kolonie.
De Almagro war mit der erhaltenen Belohnung nicht zufrieden und drang weiter nach Chile vor. Drei Jahre später forderte er Pizarro heraus und griff ihn vor der Stadtmauer von Cuzco an. Er verlor und büßte dabei sein Leben ein. Pizarro wurde von de Almagros Nachfolgern in Lima 1541 ermordet. Einige Jahre später begannen die spanischen Kolonisten, die Silberminen von Potosí auszubeuten. Ein wahrer Reichtum floß nach Spanien und verursachte dort eine Inflation, die die Wirtschaft von ganz Europa ins Wanken brachte. Eine neue Epoche war angebrochen.

126 oben *Auf diesem Stich von de Bry (1596) ist die Eroberung von Cuzco dargestellt. Tatsächlich bereitete der Widerstand der Inka-Heere den Spaniern mit wenigen Ausnahmen keine Probleme. Im Gegensatz zu dieser Abbildung nahmen Pizarros Truppen Cuzco am 15. November 1533 ohne Blutvergießen ein. Die Stadt wurde geplündert und die Beute unter den Soldaten aufgeteilt.*

126 unten *Diese goldene Katze ist ein Meisterstück der Chimúkultur. Sogar die skrupellosen Eroberer waren von diesen Beispielen der Goldschmiedekunst beeindruckt, aber nur wenige Stücke entgingen den Plünderungen.*

126-127 *Die vornehme Stadt Cuzco auf einem Stich von Théodore de Bry von 1592. Diese imaginäre Ansicht basiert auf den ungenauen Informationen, die Europa erreichten. Tatsächlich war Cuzco zwar in vier Stadtviertel geteilt, jedoch nicht von einer Mauer umgeben; auch war es viel unregelmäßiger. Die Hauptstadt der Inka am Rande des Reiches war durch ein dichtes befestigtes Straßennetz von Tausenden Kilometern Länge integriert.*

128-129 *Totenmaske der Chimú aus Gold und mit polychromen Zügen, heute im Goldmuseum in Lima. Die Chimú hatten einen mächtigen, theokratischen Staat, und die Qualität ihrer Manufakturen, die noch existieren, zeugt vom hohen Stand ihrer Zivilisation.*

IS
CO.
CVSCO, REGNI PERV
IN NOVO ORBE CAPVT.

FRANCISCO VÁZQUEZ DE CORONADO

130 oben *Francisco Vázquez de Coronado zeigte alle typischen Züge des kleinen spanischen Grundbesitzeradels: Furchtlosigkeit, Individualismus und einen grenzenlosen Glauben an seine eigenen Fähigkeiten. 1540 verließ de Coronado, unzufrieden mit seiner Laufbahn in der Kolonialverwaltung, Mexiko auf der Suche nach dem Reichtum von Cibola, dem sagenhaften Schatz, der in den unerforschten Gebieten des Nordens liegen sollte. Er fand niemals das Gold, doch war er der erste Europäer, der den Südwesten der heutigen USA bis zum Colorado und den Prärien von Kansas durchquerte.*

Francisco Vázquez de Coronado, der Gouverneur der nördlichen Provinzen von Neu-Spanien, kam 1535 nach Mexiko. Er hatte eine ausgezeichnete Laufbahn, war kastilischer Adliger, doch das war noch nicht genug: De Coronado wollte Ruhm und Gold – wie Cortés und Pizarro, der Eroberer des märchenhaften Peru. Die Schätze der Neuen Welt schienen unerschöpflich. Gerüchte kursierten seit einiger Zeit, daß es noch ein weiteres sagenhaftes, reiches Königreich nördlich der mexikanischen Grenze, jenseits der Wüste, gab: die legendären „sieben Städte" von Cibola.
1539 sandte der Vizekönig von Mexiko, Mendoza, den Franziskanermönch Marco von Nizza aus, um herauszufinden, wieviel Wahres an diesen Gerüchten war. Dieser fand Cibola zwar nicht, kehrte jedoch mit aufregenden Neuigkeiten zurück: Er berichtete von größeren und prächtigeren Städten als selbst Tenochtitlán, mit zehnstöckigen Steingebäuden und Tempeln mit türkisbedeckten Fassaden. Und natürlich gab es soviel Gold, daß die Schätze von Atahualpa dagegen verblaßten. Genau das war es, was Mendoza hören wollte, und er organisierte sofort eine aufwendige Expedition. De Coronado sollte sie anführen.
Im Februar 1540 war es soweit; 250 Reiter, 70 Fußsoldaten und 1000 Indianer sowie eine große Anzahl von Pack- und Schlachttieren zur Verpflegung brachen nach Cibola auf.
Marco von Nizza führte die Expedition mit dem Kreuz in der Hand an. Wenn de Coronado auf Schwierigkeiten stoßen sollte, konnte er zum Golf von Kalifornien vorstoßen, wo eine Hilfsflotte an der Mündung des Colorado, wartete.
Die Expedition kam langsam voran; nach 40 Tagen erreichte man Cualicán, die nördlichste Siedlung der spanischen Territorien. Von Tag zu Tag wurde die Gegend unwirtlicher. Menschen und Tiere litten Durst, der Marsch wurde zum Alptraum. Jenseits des Sonora-Tals hatte Marco von Nizza ein grünes Land und bewässerte Felder versprochen. Tatsächlich erreichte man erst eine unwirtliche Wüste, das heutige Arizona. Die Männer waren erschöpft, und allein der Autorität von de Coronado hatte es Marco von Nizza zu verdanken, daß sie ihn nicht lynchten.
Am 8. Juli erreichte die Expedition das Gebiet der Zuñi-Indianer, doch die Bewohner von Hawikuh, die ihre Terrassengebäude über Leitern betraten, waren nicht das, was die Spanier erwartet hatten. Vor ihren enttäuschten Augen lag keine Stadt aus Gold, sondern ein Dorf aus Lehmbauten. Wo waren die Schätze von Cibola, für die sie drei lange Monate Entbehrungen auf sich genommen hatten? Hinzu kam noch, daß die Indianer feindselig waren und die Expedition attackierten. Nach einer kurzen, aber blutigen Schlacht wurde „Cibola" erobert und besetzt.
Es war offensichtlich, daß Marco von Nizza gelogen hatte. „Die Reiche, von denen er berichtet hatte, wurden nicht gefunden, auch nicht die prächtigen Städte, Gold oder Edelsteine." Wenigstens konnten die Spanier sich einmal satt essen, als sie die Vorratskammern des *Pueblo* plünderten. Da sie erschöpft waren, beschloß de Coronado einige Monate in dem Dorf zu bleiben. Während dieser Zeit schickte er seine Offiziere aus, um die weiten unbekannten Gebiete zu erkunden. Diaz stieß dabei bis zur Mündung des Colorado vor, wo er feststellen mußte, daß die Hilfsflotte nach langem Warten nach Mexiko zurückgekehrt war.
Lopez de Cárdenas marschierte nach Westen und entdeckte den Grand Canyon: Ein mächtiger Fluß, der allgegenwärtige Colorado, floß durch eine der tiefsten Schluchten der Welt. Ein paar Männer versuchten ohne Erfolg, in die Schlucht hinabzusteigen.
Alvarado kehrte von seinem Erkundungsmarsch mit interessanteren Nach-

130 unten *Dieses Gemälde von Jan Mostaert, einem holländischen Maler des 16. Jahrhunderts, zeigt die Spanier beim Angriff auf ein Pueblo der Zuñi-Indianer. Das Indianerdorf ist mit einem gewissen Realismus dargestellt, der Rest jedoch reine Phantasie. Die Zuñi sind völlig nackt dargestellt, einige mit Bärten, während Bäume und Tiere eher nach Europa gehören.*

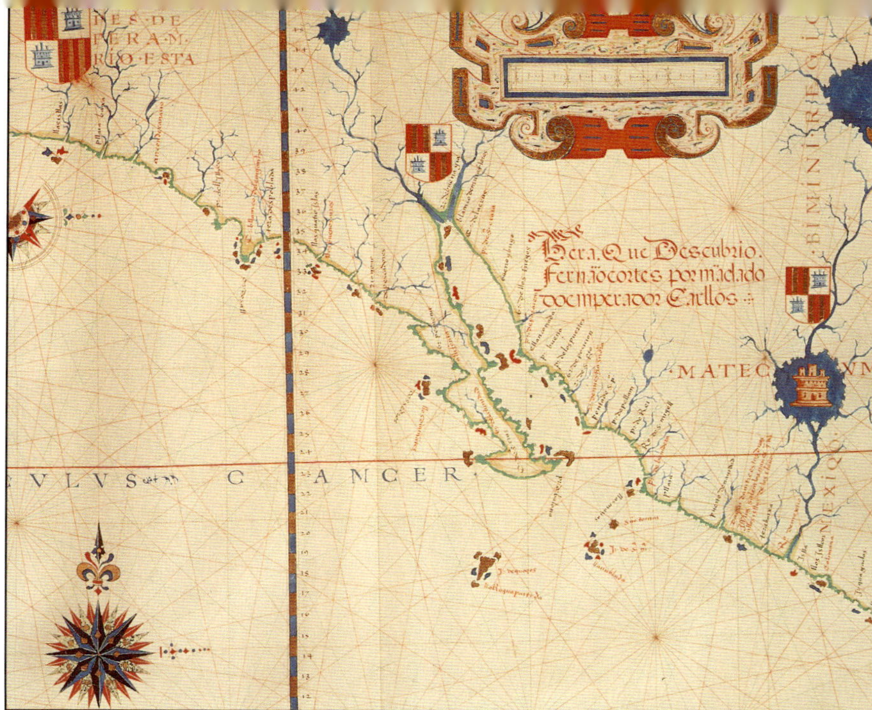

richten zurück: Er war dem Tal des Rio Grande gefolgt, hatte dabei weitere Dörfer gefunden und war bis zu den „Gebieten des Viehs" (der Büffel) in den Prärien des Mittleren Westens vorgedrungen. Er wurde von Führern begleitet, die ihm versicherten, daß im fernen Westen ein Reich namens Quivira liege. Dort würden die Spanier das begehrte Gold finden.
De Coronado entschied, den Winter am Rio Grande nahe bei den Pueblos von Tigeux zu verbringen, wo es mehr Nahrungsmittel gab. Im April 1541 begann die Expedition die Suche nach Quivira. Die Führer zeigten den Spaniern den Weg über die Sangre de Cristo Range und das Tal des Pecos bis zu den Prärien von Kansas. Die dort lebenden Indianer unterschieden sich sehr von den bisher bekannten. Sie lebten als Nomaden in Zelten und jagten Büffel.
De Coronado setzte seinen Weg bis zum Gebiet der Wichita-Indianer fort. Quivira existierte nicht, und die Expedition war ein Fehlschlag. Es blieb nichts übrig, als zurückzukehren. Nach einem weiteren Winter am Rio Grande kam die Expedition in Mexiko an. Es gab kein El Dorado im Norden, doch hatte de Coronado den Grundstein für eine künftige Kolonisierung des amerikanischen Südwestens gelegt, den die Spanier für die beiden nächsten Jahrhunderte beherrschen sollten.

131 oben *Diese Karte aus dem Hydrographischen Atlas von Fernan Vaz Dourado aus dem Jahr 1571 zeigt die Küsten von Südkalifornien und Mexiko am Stillen Ozean.*

131 unten *Diese Zeichnung von Charles M. Russell zeigt de Coronado, wie er mit seinen Männern die legendäre Stadt Cibola angreift, die in Wirklichkeit ein Pueblo im amerikanischen Südwesten war.*

Im 16. Jahrhundert begannen die Briten und die Niederländer, intensiv nach einem Seeweg in den Norden zu suchen, über den sie – unter Umgehung der spanischen und portugiesischen Einflußsphären – die östlichen Märkte erreichen konnten. Über vier Jahrhunderte lang versuchten Hunderte von Entdeckern in ihren zerbrechlichen Schiffen einen Weg durch die arktischen Eisschollen zu finden, einen Seeweg in den Pazifik. Viele mußten in der Überzeugung umkehren, daß sie ihr Ziel um ein Haar erreicht hätten, andere bezahlten für ihre Kühnheit mit dem Leben. Doch ein Versuch nach dem anderen scheiterte. Im Jahr 1878 fuhr der Schwede Adolf Erik Nordenskiöld die sibirische Küste entlang und erreichte schließlich die Beringstraße, die Meerenge zum Pazifik, womit er die Reisen in den Nordosten zu einem Abschluß brachte. Die Nordwest-Passage durch das Labyrinth zugefrorener Meeresarme im Norden Kanadas wurde 1905 von Roald Amundsen gefunden. Seine Reise war eines der längsten und abenteuerlichsten Seefahrtsunternehmen der Geschichte. Die Erforschung der Arktis, die anfänglich aus kommerziellen Gründen durchgeführt wurde, entwickelte sich zu einer wissenschaftlichen und sportlichen Herausforderung.

DIE SUCHE NACH DER NORDPASSAGE

133 oben Giovanni Caboto, ein Venezianer im Dienst der englischen Krone, war vermutlich der erste Europäer, der die nordamerikanische Küste erreichte. Trotz gründlicher Vorbereitungen und ausreichender Finanzen scheiterte seine zweite Expedition 1498.

132 Diese Karte von Mercator (1599) aus der dritten Auflage seines Atlas zeigt eine Übersicht über das Nordpolargebiet. Um den Nordpol erstrecken sich imaginäre Länder, und die Küste von Nordamerika zwischen der Davis- und der Anian-(Bering-)straße ist kaum eingezeichnet.

1495 besuchte ein ursprünglich aus Genua stammender Venezianer König Henry VII. von England. Er unterbreitete ihm Vorschläge für die Suche nach einer Westroute nach Indien. Erst einige Jahre zuvor hatte Henry VII. die Bitten eines anderen Genuesen, Christoph Kolumbus, abgeschlagen, was er nachträglich bitter bereute. Nun wollte er eine zweite Gelegenheit nicht mehr verstreichen lassen.
So machte sich Giovanni Caboto im Mai 1497 von Bristol aus auf die Reise nach Cathay. Nach etwa einem Monat erreichte Caboto die kanadische Küste, die er irrtümlich für Japan hielt. Er kehrte zurück, in der Überzeugung, Ostasien erreicht zu haben. Im folgenden Jahr startete er noch einmal, doch diesmal war das Ergebnis eine Enttäuschung. Er fand zwar die reichsten Fischgründe der Welt vor der neufundländischen Küste, doch keine Spur von dem sagenhaften Reichtum von Cathay.

1508 machte sich sein Sohn Sebastiano Caboto auf die Suche. Er segelte nordwärts und stieß dabei auf „große Eisberge, die im Meer schwimmen, und ständiges Tageslicht". Wie weit erstreckte sich das Land zum Norden hin? Gab es vielleicht einen Seeweg in den hohen Norden? Das war reine Spekulation, und niemand schenkte Caboto Aufmerksamkeit. Doch hatte er durch seine Reisen eines der längsten und wildesten Abenteuer in der Geschichte der Entdeckungen eingeleitet: die Suche nach einer Nordwest-Passage nach Asien. Während Portugal und Spanien ihre Suche auf die südliche Hemisphäre konzentrierten, wandten sich Frankreich und Britannien dem Norden zu.
1524 erforschte Giovanni da Verrazzano im Auftrag der französischen Krone einen weiten Küstenstreifen in Amerika, wobei er in einer Bucht, in der heute New York liegt, ankerte. Zehn Jahre später segelte Jacques Cartier in den St.-Lorenz-Golf in der Hoffnung, dort eine Passage in das von Magellan entdeckte Meer zu finden.

133 unten Sebastiano Caboto, der England 1508 verließ, um das geheimnisvolle Cathay von Marco Polo zu finden, geriet bald zwischen Treibeis und Eisberge. Es ist nicht bekannt, an welcher Stelle der Italiener die nordamerikanische Küste erreichte (vielleicht in der Hudsonstraße), doch markiert seine Reise den Anfang der langen Suche nach einer Nordwest-Passage nach Asien.

__134 oben__ Der 1491 in St. Malò geborene Jacques Cartier war der erste Europäer, der den Sankt-Lorenz-Strom hinauffuhr. Seine drei Reisen waren unter Forschungsaspekten zwar bedeutend, führten jedoch nicht nach Cathay oder zu den Schätzen des legendären Reiches von Saguenay. Nach dem Mißerfolg seiner letzten Expedition verlor Cartier die Gunst des Hofes; er starb 1557 vergessen in seiner Heimatstadt.

Nachdem die Bemühungen einige Jahre stagniert hatten, ergriffen britische Erforscher die Initiative; die reichen Londoner Kaufleute setzten sich für die Suche nach einem Seeweg in den Norden des amerikanischen Kontinents ein. Ihre Gründe hierfür waren die außerordentlichen Vorteile, die eine solche Entdeckung für die britische Wirtschaft brächten. Dieser Eifer konnte vom Hof kaum ignoriert werden; Königin Elisabeth stimmte daher schließlich einer neuen Expedition zu. Martin Frobisher war der Mann, dem man eine solche Sache zutraute; er war zwar Analphabet und stand im Verdacht, ein Pirat zu sein, doch er war auch ein erfahrener Seemann. Frobisher verließ England im Juni 1576. Eineinhalb Monate später hatte er Südgrönland umrundet und sichtete unbekanntes Land, die Baffin-Insel, deren Küste „eine weite Einfahrt, eine Bucht oder eine Passage besitzt, die zwei riesige Gebiete, wenn nicht sogar Kontinente, trennt“. Es war tatsächlich nur eine Bucht, aber Frobisher ging seiner Entdeckung nicht weiter nach,

__134 unten__ Diese Karte von Neu-Frankreich (der Süden liegt oben) zeigt Jacques Cartier mit einer Gruppe Kolonisten, die Kanada in Besitz nehmen. In Wirklichkeit waren die Versuche, dort eine Kolonie zu gründen, ein kläglicher Mißerfolg.

__134 Mitte__ Im September 1535 versuchte Cartier, den Sankt-Lorenz-Strom aufwärts zu segeln, in der Annahme, der breite Fluß sei der Schlüssel zur Nordwest-Passage in den Pazifik. Mit Hilfe indianischer Führer gelangte er weit flußaufwärts bis zu der Stelle, an der heute Montreal liegt. Aufgrund der unüberwindlichen Stromschnellen mußte er dort umkehren.

da nun seine ganze Aufmerksamkeit auf die Eskimo konzentriert war, deren mongolische Gesichtszüge ihn davon überzeugten, in einer entlegenen Ecke von Asien zu sein. Doch dann machte er eine viel wichtigere Entdeckung: Die Insel oder der Kontinent war voll von glitzernden Steinen. Gold – überall und in unvorstellbarer Menge! Frobisher eilte mit der ungeheuren Nachricht nach England zurück.
Im folgenden Jahr machte er sich wieder auf die Reise mit dem Auftrag, soviel von dem Edelmetall wie möglich mitzubringen. Als er nach England zurückkehrte mit 200 Tonnen goldhaltigen Gesteins, wie er glaubte, wurde er triumphal empfangen. Die Suche nach einer Passage geriet in den Hintergrund, und 1578 wurde Frobisher mit 15 Schiffen nach *Meta Incognita* geschickt, wie die Baffin-Insel geheimnisvoll genannt wurde. Diesmal fand er die Passage in die Hudsonbucht, doch die Unzufriedenheit der Mannschaften und widrige Wetterverhältnisse ließen ihn sich bald wieder seinem ursprünglichen Auftrag zuwenden. Vollbeladen mit Erz, kehrten die Schiffe nach England zurück. Dort jedoch hatte man in der Zwischenzeit eine bittere Erfahrung gemacht: Es handelte sich bei dem Erz nicht um goldhaltiges Gestein, sondern um einfachen Pyrit (Eisenkies), womit man höchstens Wege schottern konnte.
Frobisher erhielt natürlich keine weiteren Aufträge, was aber seinen Enthusiasmus für weitere Entdeckungen nicht dämpfte. Schließlich schien die Entdeckung der Nordwest-Passage unmittelbar bevorzustehen. Also ging die Suche weiter. Als Packeis die Weiterfahrt behinderte, glaubte man, erst recht weiter nach Norden segeln zu müssen, denn dort, wo die Sonne nicht unterging, konnte ja kein Eis mehr sein. Das zumindest war unter den damaligen Geographen die gängige Meinung.
Die nächsten Reisen schienen diese Theorie zu bestätigen: 1587 segelte John Davis entlang der westgrönländischen Küste und gelangte beim 73. Breitengrad in offenes Meer. Davis kehrte nach England zurück in der Überzeugung, auf der richtigen Spur zu sein: „Die Passage ist fast sicher, man kann dort leicht segeln."
Henry Hudson hätte ihn später eines Besseren belehren können, wenn er seine Reise überlebt hätte.
Hudson verfügte über große Erfahrung in arktischen Gewässern; 1610 wurde er beauftragt, die Erkundungen dort fortzusetzen, wo Frobisher aufgehört hatte. Der Meeresarm, der die Baffin-Insel von Labrador trennte,

135 oben *Martin Frobisher, ein Abenteurer und Pirat in Diensten der britischen Krone, unternahm zwischen 1576 und 1578 mehrere Reisen über den Nordatlantik, die ihn bis in die Hudsonstraße und zur Baffin-Insel brachten. Frobisher kehrte mit einer Ladung von 200 Tonnen Eisenkies nach England zurück, den er irrtümlich für Golderz hielt.*

135 unten *Die Beziehungen zu den Eskimo (hier als Phantasie-Darstellung) waren anfangs gut, verschlechterten sich jedoch, als Frobisher einige von ihnen gefangennehmen wollte, um sie als „Trophäen" mit nach Hause zu nehmen. Das Aussehen dieser Menschen, stellte er fest, glich dem der Tataren, „mit ihrem langen schwarzen Haar, dem runden Gesicht und der flachen Nase". Dies bestärkte die Briten in der Überzeugung, daß man an der asiatischen Küste gelandet war.*

136 oben **Der Engländer Henry Hudson steht hier auf dem Deck seines Schiffes** Half Moon. *1607 brach er auf, um eine kürzere Seeverbindung nach China zu finden. Dabei erforschte er Spitzbergen, das vor ihm bereits Barentsz besucht hatte, und erreichte die Gewässer um Nowaja Zemlja.*

schien vielversprechend zu sein. Im Juni 1610 besegelte er die Hudsonstraße, doch zwangen ihn starke Strömungen, in der Ungava Bay vor Anker zu gehen. Große Eisschollen versperrten den Weg, eine tödliche Gefahr für sein zerbrechliches Segelschiff. Doch trotz der Proteste seiner Mannschaft wollte Hudson sein Glück versuchen. Einen Monat später erreichte er die nach ihm benannte riesige Hudsonbai. Es war kein Land am Horizont zu sehen, und Hudson folgte der Küstenlinie südwärts in dem Glauben, bereits den Pazifik erreicht zu haben. 700 Meilen südlich fand seine Reise ein Ende in der kleineren James Bay. Doch statt umzukehren oder in einer anderen Richtung zu suchen, erforschte er monatelang die einsame Bucht, bis sein Schiff im Packeis des früh einsetzenden Polarwinters gefangen wurde. Man konnte jetzt nur das Essen rationieren und auf den Frühling warten. In diesen sieben Monaten, wo man im Eis festsaß, wurden Hudsons Beziehungen zur Mannschaft unerträglich. Die Leute starben vor Hunger oder an Skorbut. Als man im Frühsommer zur Abreise rüstete, brach eine Meuterei aus.

136 unten **Der Leidensausdruck auf Hudsons Gesicht drückt seine Resignation aus: Am 23. Juni 1611 meuterte seine Mannschaft und setzte den Kapitän mit seinem 16jährigen Sohn und sieben ihm ergebenen Männern auf einem kleinen Boot aus. Er blieb verschollen. Eine Untersuchung wurde eingeleitet, doch konnte die Schuld der Meuterer niemals völlig bewiesen werden.**

137 oben links *J. C. Ross war der Leiter zweier wichtiger Arktisexpeditionen. 1818 erforschte er genau die Westküste von Grönland und die Küste der Baffin-Insel, wobei er tief in den kanadischen Archipel vordrang. Von 1829 bis 1833 saß sein Schiff vier aufeinanderfolgende Winter im Packeis fest.*

Hudson, sieben Gefolgsleute und sein 16jähriger Sohn wurden in einem Beiboot ausgesetzt. Man hörte nie mehr etwas von ihnen.

Als die Überlebenden nach England zurückkehrten, wurden sie zwar vor Gericht gestellt, doch aus Mangel an Beweisen freigesprochen. Ein Zweifel war geblieben: Hatte Hudson nun die Nordwest-Passage gefunden?

In den folgenden Jahren setzte eine Reihe von Expeditionen Hudsons Suche fort, bis man endlich feststellte, daß die Bucht keinen Ausgang hatte. Weitere Reisen zur Baffin-Insel zeigten, daß weder die Hudsonstraße noch die große Bucht im Westen von Grönland ins offene Meer führten. Das Entdeckerfieber wurde abgelöst von Bestrebungen, die entdeckten Länder kommerziell auszubeuten. 1670 wurde die englische Hudson's Bay Company gegründet, die mit Handels- und Bergbauprivilegien sowie dem Rechtstitel auf alles Land im Einzugsbereich der Hudsonbai ausgestattet wurde.

Doch belebten die Nachrichten aus dem Pazifik 1725 wieder das Interesse an einer Suche nach einer nördlichen Passage. Der Däne Vitus Jonassen Bering, der in Diensten des Zars stand, hatte die sibirische Küste erforscht und die Meeresenge entdeckt, die Asien von Amerika trennte. 1768 segelte James Cook durch die nach Bering benannte Straße bis Cape Icy an der Nordostküste von Alaska. Seine Berichte bestätigten die Existenz eines schiffbaren Seewegs vom Pazifik ins Nordpolarmeer. Gleichzeitig bereitete er der Theorie ein Ende, die nicht untergehende Sonne lasse das Eis schmelzen. Im Gegenteil – es gab Eis in Massen, und es war das Haupthindernis für die Schiffe.

Währenddessen gingen auch die Landexpeditionen weiter. 1769 verließ Samuel Hearne die Hudsonbai und folgte später dem Coppermine River bis zu seiner Mündung. Zwanzig Jahre später erreichte Mackenzie die Beaufortsee. Gegen Ende des Jahrhunderts war die kanadische Küste weitgehend erforscht, und es wurde Zeit, die Arktis ausführlich zu erforschen.

Die Napoleonischen Kriege waren zu Ende, und die Suche nach der Nordwest-Passage wurde mit neuem Enthusiasmus aufgenommen. 1818 wurde die Baffinbai von J. C. Ross genau er-

137 oben rechts *Ein Eskimo von der Halbinsel Boothia im Westen der Baffin-Insel. Die Zeichnungen und Notizen in Ross' Logbuch dokumentieren alle Aspekte des Alltagslebens der Eskimo. Ihr Jagdgeschick und ihre Überlebensfähigkeit in dieser lebensfeindlichen Umgebung erweckten bei den britischen Seefahrern Bewunderung. „Keiner von uns", schrieb Ross, „wäre imstande, einen Seehund durch ein Loch im Eis zu harpunieren."*

137 Mitte *Die Beziehungen von Ross' Männern zu den arktischen Bewohnern basierten von Anfang an auf gegenseitigem Vertrauen. Um ihre Freundschaft zu bekräftigen, boten die Engländer den Eskimo, die niemals zuvor einen Europäer gesehen hatten, Messer, Spiegel und anderen Ramsch an. Die Spiegel schienen willkommen zu sein: Verblüfft darüber, ihr eigenes Gesicht zu sehen, schrieb Ross, „stießen die Eskimo einen plötzlichen Schrei aus und brachen dann in Gelächter aus, was mehr auf Freude als auf Überraschung deutete".*

137 unten *Diese Zeichnung von J. C. Ross zeigt ein seltenes Phänomen, das die Aufmerksamkeit der britischen Erforscher erregte: eine rötliche Färbung des arktischen Eises. Auf seiner Expedition von 1818 schickte Ross einige Seemänner an Land, um die Ursachen für diese Verfärbung herauszufinden, doch konnte das Geheimnis nicht gelüftet werden. Erst später fand man heraus, daß diese Färbung durch die einzellige Pflanze* Chlamydomonas nivalis *verursacht wird, die nur in feucht-kaltem Klima blüht.*

forscht. Er fand den Lancaster Sound, – den tatsächlichen Anfang der Passage, geriet wegen dichtem Nebel jedoch in eine Sackgasse.
William Parry hatte ein Jahr später mehr Glück: Er fuhr in den Sound und erreichte ohne Schwierigkeiten die Insel Melville auf dem 112. Längengrad, hinter der es wieder ins offene Meer ging. Doch vor dem Schiff erstreckte sich eine endlose Eisfläche, und Parry, der von der Polarnacht überrascht wurde, mußte in einer geschützten Bucht den Winter abwarten. Man hauste in einem großen Zelt an Deck des Schiffes. Mitte August war das Eis noch immer nicht getaut, und es schien, als ob das Packeis unüberwindlich war. Deshalb suchten sowohl Ross als auch Parry weiter südlich nach einer Passage, doch ohne Erfolg. Die arktischen Inseln schienen ein Labyrinth ohne Ausgang zu sein. Trotzdem ging es langsam voran: Die Festlandküste war nun fast vollständig kartographiert, und Seefahrer zeigten, daß es, wenn auch mit Schwierigkeiten, dort einen Seeweg gab. Das Problem war, wie man die bisherigen nördlichen Seewege mit dem Seeweg entlang der Küste verbinden konnte. 1844 nahm sich die königliche Flotte dieser Frage an, die nun den nationalen Ehrgeiz herausgefordert hatte. Eine bis ins kleinste vorbereitete Expedition sollte eine endgültige Lösung des Problems bringen. Die Expedition wurde von dem erfahrenen Kapitän Sir John Franklin befehligt, der die Küste westlich vom Coppermine und Mackenzie River kannte. Im Mai 1845 segelte man ab. Man erreichte den

138 oben *Parry bezweifelte Ross' Behauptung; für ihn war die Baffinbai eine Sackgasse. Er fuhr durch den Lancaster Sound und segelte noch 600 Meilen nach Westen, bis er die Küste der Banks-Insel erreichte, wobei er den 110. Längengrad überquerte. Nun schien der Erfolg nahe, doch im August 1820 bereitete das Packeis der Beaufortsee dem Vorankommen der Expedition ein Ende. Parrys zweite Expedition, die Suche nach einer Passage nördlich der Hudsonbai, war ebenfalls ein Mißerfolg.*

138 Mitte links *Unter den vielen ethnographischen Funden und Kuriositäten, die die Arktiserforscher nach Europa zurückbrachten, war auch diese primitive „Sonnenbrille" der Eskimo, die aus geformtem Weichholz mit zwei kleinen Schlitzen bestand. So konnten die Eskimo ihre Augen vor dem grellen Sonnenlicht, das vom Schnee reflektiert wird, schützen.*

138 Mitte rechts *Vitus Jonassen Bering, ein erfahrener dänischer Seefahrer in Diensten der russischen Marine, konnte als erster eine Passage zwischen Asien und Amerika nachweisen – die Beringstraße. Auf einer weiteren Expedition kam er bis an die Küste von Alaska und zu den Aléuten. Erschöpft und an Skorbut erkrankt, starb er auf einer Insel vor Kamtschatka.*

138 unten *Sir John Franklin machte sich ebenfalls auf die Suche nach der legendären Nordwest-Passage, und auch er fand wie Hudson ein tragisches Ende. 1845 brach er mit zwei Schiffen zur Baffin-Insel auf, doch nachdem er den Lancaster Sound erreicht hatte blieb er zunächst verschollen. Seine sterblichen Überreste wurden erst Jahre später gefunden.*

139 oben *Das Komitee, das die Admiralität organisiert hatte, um die Teilnehmer der Franklinexpedition zu retten, bestand aus den berühmtesten britischen Arktisbefahrern wie z. B. William Parry und George Back (links, mit dem Backenbart). James Clark Ross steht unter dem Porträt von Franklin (links).*

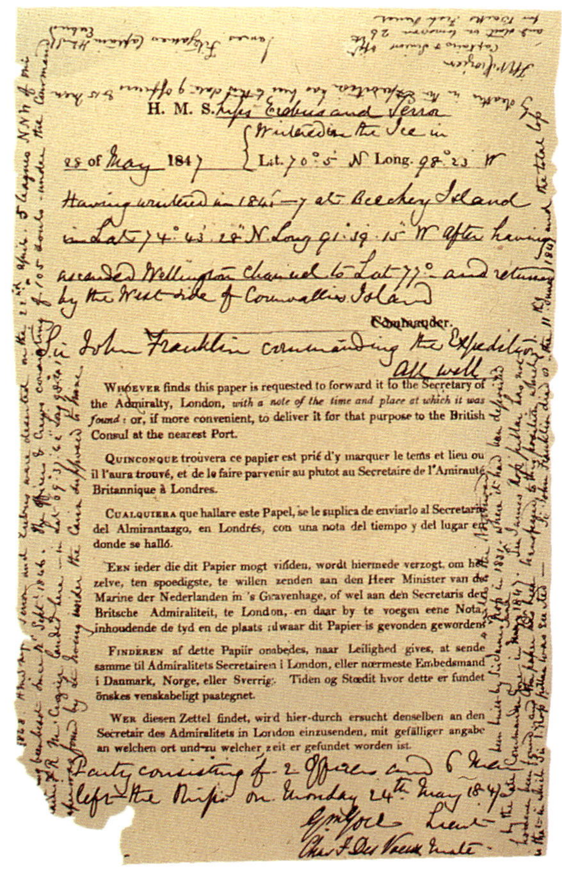

H. M. Ships Erebus and Terror
Wintered in the Ice in
28 of May 1847 Lat. 70°5' N Long. 98°23' W
Having wintered in 1846–7 at Beechey Island
in Lat 74°43'28" N Long 91°39'15" W After having
ascended Wellington Channel to Lat 77° and returned
by the West side of Cornwallis Island
Commander.
Sir John Franklin commanding the Expedition
All well

WHOEVER finds this paper is requested to forward it to the Secretary of the Admiralty, London, *with a note of the time and place at which it was found*: or, if more convenient, to deliver it for that purpose to the British Consul at the nearest Port.

QUINCONQUE trouvera ce papier est prié d'y marquer le tems et lieu ou il l'aura trouvé, et de le faire parvenir au plutot au Secretaire de l'Amirauté Britannique à Londres.

CUALQUIERA que hallare este Papel, se le suplica de enviarlo al Secretario del Almirantazgo, en Londrés, con una nota del tiempo y del lugar en donde se halló.

EEN ieder die dit Papier mogt vinden, wordt hiermede verzogt, om het zelve, ten spoedigste, te willen zenden aan den Heer Minister van de Marine der Nederlanden in 's Gravenhage, of wel aan den Secretaris der Britsche Admiraliteit, te London, en daar by te voegen eene Nota, inhoudende de tyd en de plaats alwaar dit Papier is gevonden geworden.

FINDEREN af dette Papiir ombedes, naar Leilighed gives, at sende samme til Admiralitets Secretairen i London, eller nærmeste Embedsmand i Danmark, Norge, eller Sverrig. Tiden og Stædit hvor dette er fundet önskes venskabeligt paategnet.

WER diesen Zettel findet, wird hier-durch ersucht denselben an den Secretair des Admiralitets in London einzusenden, mit gefälliger angabe an welchen ort und zu welcher zeit er gefundet worden ist.

Party consisting of 2 Officers and 6 Men
left the Ships on Monday 24th May 1847
Gm. Gore Lieut.
Chas. F. Des Voeux Mate

Lancaster Sound, und Franklin beschloß, auf jeden Fall weiter westwärts zu segeln. In der Barrow Strait stieß man auf Packeis. Franklin suchte einen Weg, um Melville Island nördlich zu umfahren, geriet dort jedoch in unüberwindliches Packeis. Jetzt blieb ihm nur noch der Weg nach Süden. Er erreichte offenes Fahrwasser, und wenn er an King William Island vorbeikam, würde er die bereits kartographierten Seewege erreichen. Der Erfolg schien nahe, doch tat sich erneut Packeis vor dem Schiff auf, und Franklin mußte den dritten Polarwinter abwarten. Das erwartete Tauwetter setzte jedoch nicht ein, und die Expeditionsmitglieder starben einer nach dem anderen. Erst fast ein Jahr später erreichte die tragische Nachricht England, und 1848 startete eine Suchexpedition.

Nach dem Verschwinden von Franklin durchkämmten mindestens vierzig Expeditionen die arktische Wildnis auf

139 Mitte links *Die Tragödie der Franklinexpedition, gemalt von W. Thomas Smith 1895. Die britische Regierung schrieb eine Belohnung von 20 000 Pfund für den aus, der Nachricht von Franklin bringen konnte. Ab 1848 durchkämmten etwa 40 Expeditionen die kanadische Arktis, doch konnte das Schickal von Franklin erst einige Jahre später geklärt werden.*

139 Mitte rechts *Die Expedition von MacClintock fand einen Blechzylinder mit einer doppelten Botschaft: ein Bericht aus dem Jahr 1847 und einige Passagen von 1848, die das Schicksal der Franklinexpedition klärten.*

139 unten *1859 fand die MacClintockexpedition auf ihrer Suche nach Franklin einen Steinhaufen an der Westküste von King William Island. Die Teilnehmer der Franklinexpedition hatten dort völlig erschöpft ihre Ausrüstung gelassen, damit sie schneller über Land nach Süden gelangen konnten.*

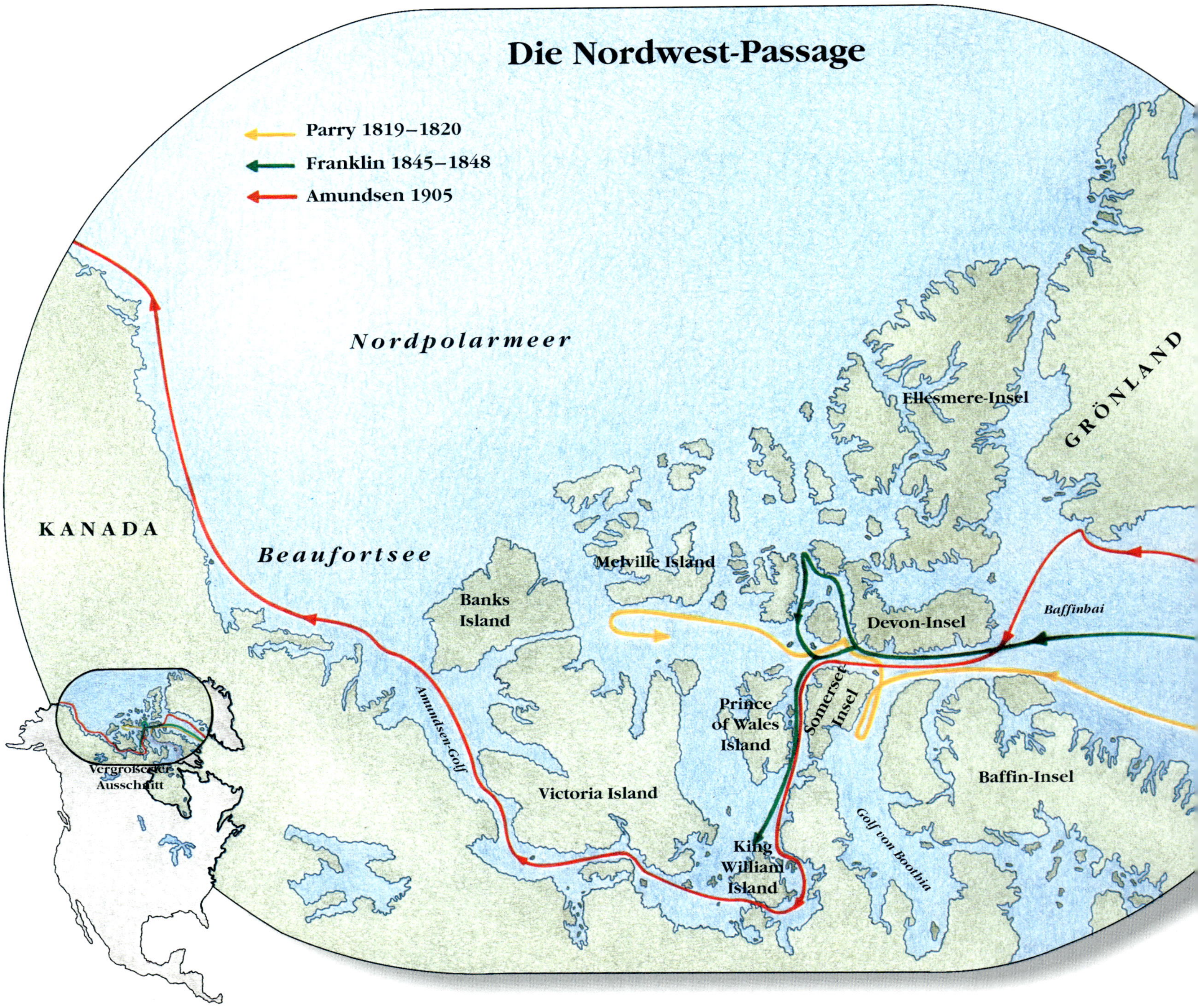

140 *Das tragische Verschwinden von Sir John Franklin rief große Bestürzung hervor. Viele Expeditionen durchkämmten die kanadische Arktis, ohne eine Spur zu finden. Auch der Ire McClure, machte sich mit seinem Schiff, der* Investigator, *auf die Suche. Er geriet ins Packeis und saß drei Winter lang fest.*

141 oben links *Kapitän Robert McClure, hier in typischer Arktisbekleidung, war auch auf der Suche nach Franklin. Doch war er mehr an der legendären Nordwest-Passage interessiert und mißachtete seine Befehle. Allein segelte er 1000 Meilen von der Beringstraße nach Osten. Durch diese Fahrlässigkeit wurde er drei Winter lang im Packeis vor Banks Island festgesetzt.*

141 oben rechts *Der Norweger Roald Amundsen war mehr an „sportlichem Ruhm" als an wissenschaftlicher Erforschung interessiert. Trotzdem muß er als einer der bedeutendsten Polarforscher bezeichnet werden.*

141 Mitte *Die Bezwingung der Nordwest-Passage nach jahrhundertelangen vergeblichen Versuchen brachte Amundsen (erster von links; Foto von seiner Ankunft in Alaska) öffentliches Interesse entgegen. Geschickt nutzte er die Publicity, um weitere Polarexpeditionen zu finanzieren.*

der Suche nach ihm. 1852 wurde der Ire McClure, der schon den dritten Winter an der Nordküste von Banks Island festsaß, von einer Expedition gerettet, die von Westen her kam. McClure und seine Männer gingen über das Eis zum Rettungsschiff – so waren sie die ersten, die die Arktis von Ost nach West durchquerten. Allerdings hatte trotz systematischer Erkundungen noch kein Schiff den Weg quer durch die Arktis geschafft, die inzwischen kartographiert war.

Erst 1906, nach jahrhundertelangen erfolglosen Versuchen, vollendete Roald Amundsen die erste Fahrt durch die Nordwest-Passage. Die Entdeckung hatte aber keine praktischen Konsequenzen, da sie wirtschaftlich uninteressant war. Amundsens Erfolg war ein Erfolg für die Wissenschaft und den Entdeckergeist.

In den vielen Monaten seiner Arktisexpedition studierte Amundsen die Bräuche, die Kleidung und den Einsatz von Schlittenhunden bei den Eskimo. Dies sollte für Amundsen noch sehr wichtig werden, denn er arbeitete bereits an neuen Projekten.

141 unten *Die Gjöa bei der Ankunft in Alaska im August 1906. Nach fast vier Jahrhunderte währenden Versuchen und Opfern war es Roald Amundsen, der künftige Erforscher der Antarktis, der zum ersten Mal durch die Nordwest-Passage segelte. Die Gjöa, ein modifiziertes Fischerboot, unterschied sich nicht sehr von den Schiffen früherer Arktisexpeditionen; sie war 21 m lang und hatte sechs Mann Besatzung sowie reichlich Vorräte an Bord.*

142 oben links
Der Schwede Adolf Erik Nordenskiöld war der erste, der die Beringstraße von Europa aus erreichte, als er eine Nordost-Passage zum Pazifik suchte. Trotz des Umstandes, daß sein Schiff, die Vega, mit einer 60-PS-Dampfmaschine ausgerüstet war, saß er im Packeis fest und mußte den Winter an der sibirischen Küste verbringen.

DIE NORDOST-PASSAGE

„Gegen 11 Uhr kamen wir in die Straße, die das Nordpolarmeer mit dem Pazifik verbindet, und wir grüßten die Alte und die Neue Welt von der *Vega*, indem wir die schwedische Flagge hißten und die Nationalhymne sangen. Wir hatten endlich das Ziel gefunden, nach dem viele Nationen gesucht hatten, seit Sir Hugh Willoughby … im Jahr 1553 die lange Serie der Nordost-Reisen eingeleitet hatte." Mit diesen Worten wurde beschrieben, wie das Schiff von Baron Adolf Erik Nordenskiöld am 19. Juli 1879 die Beringstraße erreichte, eineinhalb Jahre, nachdem man Schweden verlassen hatte. Die Suche nach der Nordost-Passage zum Pazifik hatte drei Jahrhunderte zuvor begonnen. Die Motive waren die gleichen wie bei den ersten Erforschern des kanadischen Polargebietes: eine Passage zu finden, die Zugang zu den Reichtümern des Ostens ermöglichte und die weit weg von spanischen und portugiesischen Einflußgebieten lag. Der Weg nach Osten schien mehr zu versprechen als der nach Westen, denn die sibirischen Küstengewässer waren weniger vereist als die vielen engen Sounde zwischen den kanadischen Inseln.
Als Willoughby England im Jahr 1553 verließ, war das Meer nördlich des Nordkaps völlig unerforscht. Seine Geldgeber waren jedoch optimistisch, und man rüstete die Schiffe mit Bleipanzern zum Schutz vor dem in indischen Gewässern drohenden Schädlingsbefall aus. Doch für Willoughby kam alles anders: Nördlich von Norwegen gerieten seine Schiffe in einen Sturm, und nur ein Schiff erreichte das Weiße Meer hinter Murmansk. Die Engländer wurden freundlich aufgenommen, und ihr Kommandeur reiste nach Moskau. Zar Iwan der Schreckliche akzeptierte dessen Gastgeschenke, mit denen Handelsbeziehungen zwischen den beiden Ländern eingeleitet werden sollten. Willoughby hingegen mußte auf der unbewohnten Halbinsel Kola überwintern, was er

142 unten *Die Besatzung der* Vega *(hier bei ihrer Ankunft im Hafen von Neapel am 14. Februar 1880) bestand aus 20 Mann. Außer Nordenskiöld und den anderen Offizieren und Seemännern waren Wissenschaftler an Bord, deren Untersuchungen zum ersten Mal ein Gesamtbild der Arktisregion ergaben. Bis dahin waren Polarexpeditionen eher ein Kampf gegen das Unbekannte gewesen. Nun begann ein neuer, faszinierender Abschnitt.*

142-143 *Am 19. August 1878 erreichten die* Vega *und die* Lena *die Halbinsel Tajmyr, die nördlichste Spitze des asiatischen Kontinents, eine lange Landzunge, die vom Eis umschlossen war. Für Nordenskiöld war es nicht mehr als „das eintönigste und einsamste Land, das ich jemals in Polarregionen gesehen habe". Die Schiffe feierten das Ereignis durch Hissen der Flaggen und Salutschüsse. Danach teilte sich die Expedition; die* Vega *fuhr allein zur Beringstraße weiter.*

und seine Mannschaft nicht überlebten. So war der einzige Erfolg der Expedition die Gründung der Moscow Company für den Pelzhandel mit Rußland, der profitabler war als Entdeckungsreisen. Auch die folgenden Expeditionen kamen nicht weiter als bis zur Westküste von Nowaja Semlja, so daß man bald die Idee aufgab.
Zu diesem Zeitpunkt ergriff Holland, das gerade von Spanien unabhängig geworden war, die Initiative. 1594 finanzierten holländische Kaufleute eine Expedition von Willem Barentsz. Ihr Ziel war es, einen Weg an Nowaja Semlja vorbei in die Karasee zu finden. Nach einer monatelangen Reise erreichte Barentsz diese Insel. Er folgte ihrer Westküste bis zum 77. Breitengrad, wo ihn Packeis zum Umkehren zwang.

143 unten links *Weihnachtsfeier an Bord der* Vega *inmitten des Packeises. Abgesehen von solchen besonderen Tagen verging die Winterzeit sehr langsam.*

143 unten rechts *In der warmen und hell erleuchteten Messe der* Vega *konnten die Männer lesen, spielen oder neu gewonnene Daten auswerten.*

144 oben Eine kurze Beobachtung des Vogellebens auf Nowaja Semlja brachte den Zoologen auf der Vega einige angenehme Überraschungen: Auf der Abbildung sind drei verschiedene Möwen zu sehen.

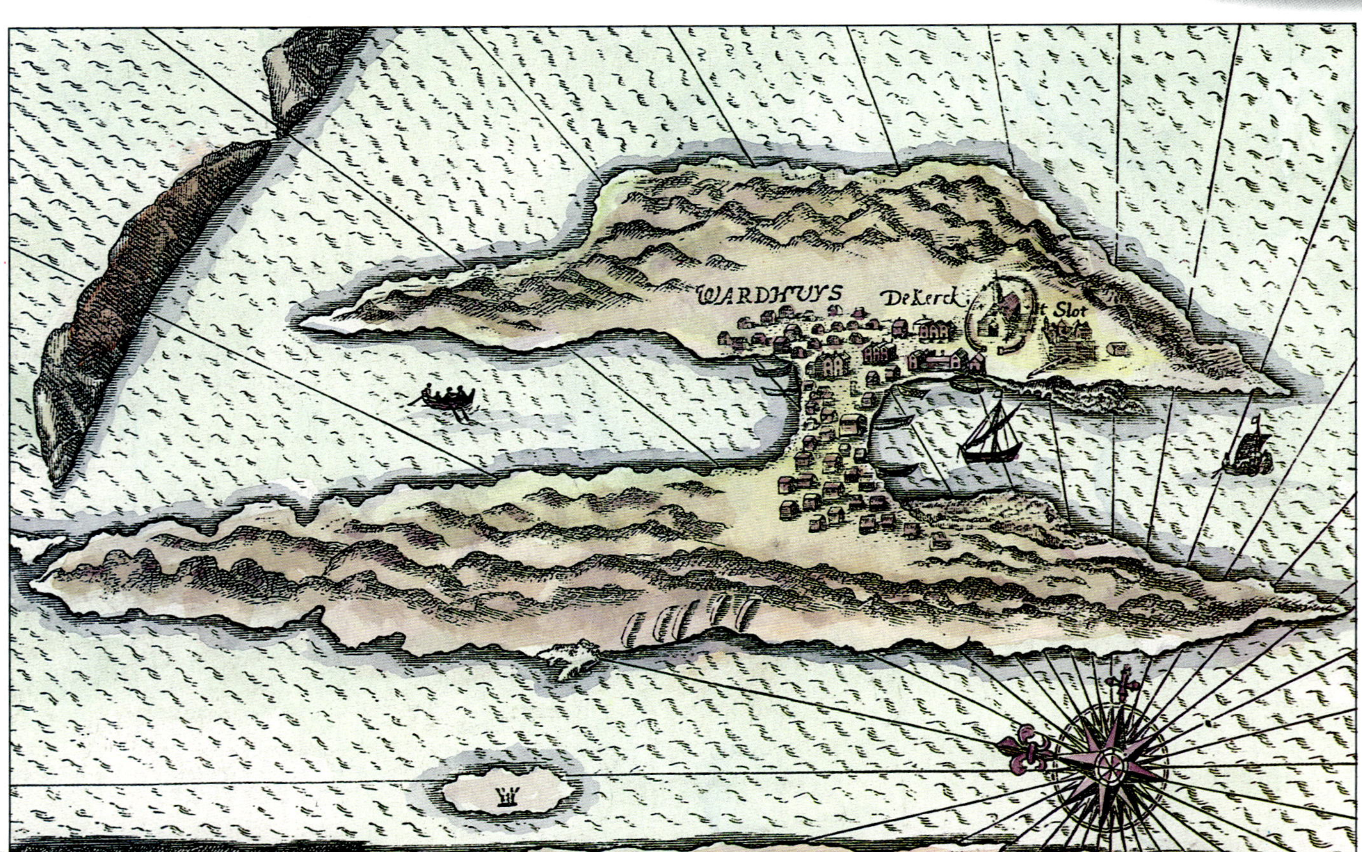

144 unten Im Winter 1878 befand sich die Vega kurz vor der Beringstraße. Der Erfolg war nahe. Das Schiff geriet in Packeis und drohte zermalmt zu werden. Deshalb ließ Nordenskiöld Vorräte und Ausrüstung auf das Packeis bringen, so daß bei einer Zerstörung des Schiffes eine Überlebenschance bestand. Doch zum Glück kam die Vega wieder frei und setzte im Juli 1879 ihre Reise in den Pazifik fort.

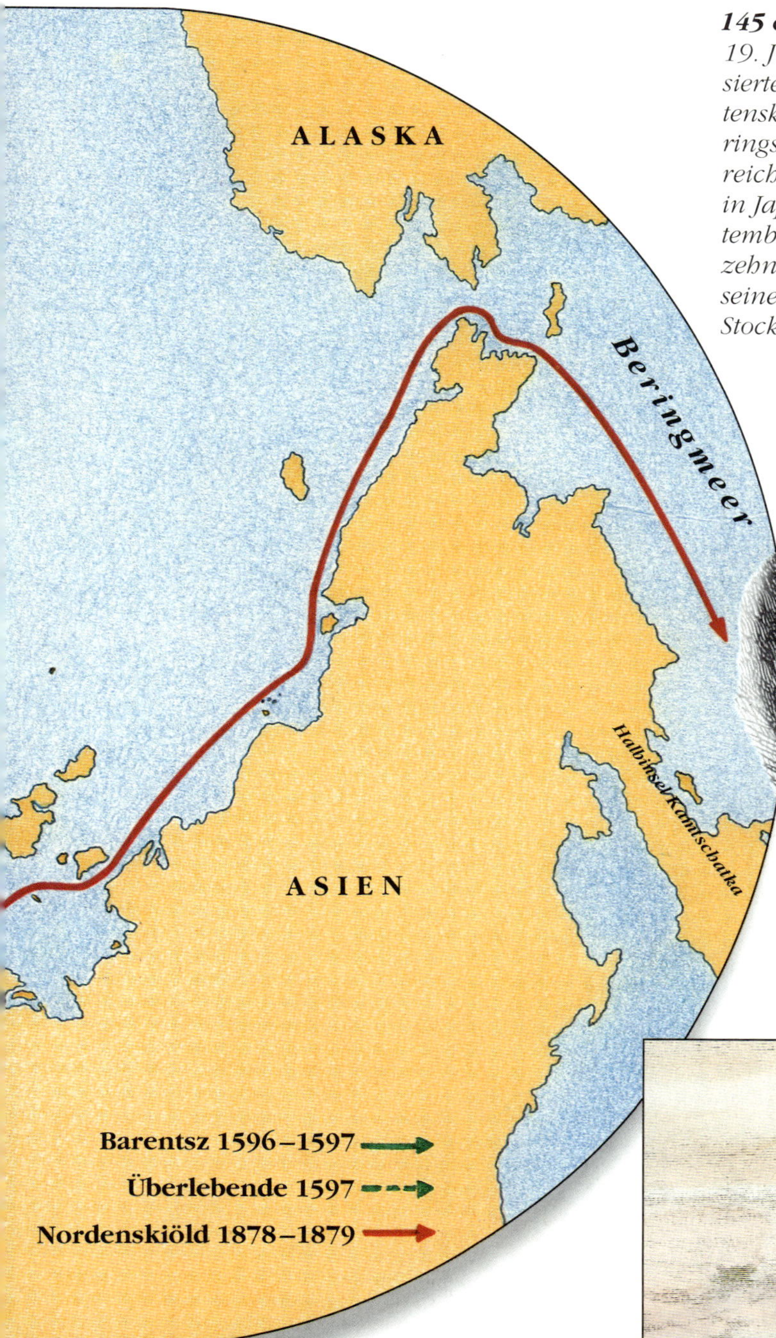

145 oben *Am 19. Juli 1879 passierte Adolf Erik Nortenskiöld die Beringstraße und erreichte Yokohama in Japan am 2. September 1879, dreizehn Monate nach seiner Abreise aus Stockholm.*

145 unten links *Die Bekleidung der Vega-Besatzung war speziell auf die arktischen Temperaturen von bis unter –40 °C zugeschnitten. Außer traditioneller Kleidung der Lappen trugen die Männer dicke Wollunterwäsche, eine windfeste Jacke, große Segeltuchstiefel, die mit trockenem Gras gefüllt wurden, eine Fellmütze und Handschuhe aus Robbenfell und nicht zu vergessen die unerläßliche Sonnenbrille.*

145 unten rechts *Nordenskiöld studierte sorgfältig die Geschichte der Suche nach der Nordost-Passage und führte ein ausführliches Tagebuch. Er lokalisierte in der Nähe der Dwina-Mündung ins Weiße Meer den Ankerplatz, wo der Engländer Willoughby und seine Mannschaft im Winter 1553 umgekommen waren.*

146 oben links *Neben Schwänen, Gänsen, Enten, Alken und Sturmvögeln wurden fünf Möwenarten beobachtet.* Larus rossii *und* Larus sabinii, *hier abgebildet, kommen selten vor und waren der Wissenschaft kaum bekannt.*

146 Mitte *Als Nordenskiöld die sibirische Küste entlangreiste, waren die großen Walroßherden, die über ein halbes Jahrhundert skrupellos bejagt worden waren, von der Küste von Nowaja Semlja praktisch verschwunden und nur noch selten in den anderen Gebieten der östlichen Arktis. Auf der Näreninsel, wo ein einziger Jäger einige Jahrzehnte zuvor in einer Woche tausend Tiere töten konnte, fand der Erforscher keine Spur von den Tieren.*

146 unten *Exemplare dieser Krabben* (Chionoecetus opilio) *wurden von den Wissenschaftlern auf der* Vega *nördlich der Beringstraße gesammelt. Am 8. Juli, gegen Ende des arktischen Winters, wurde ein Fischzug in eine Küstenlagune unternommen, „die noch ein Eisblock war, der weder angetaut noch gebrochen war und über dem eine ein bis zwei Meter dicke Wasserschicht war". Zu Nordenskiölds Überraschung, der nicht wußte, wie sie den Winter überleben sollten, wimmelte es dort von Fischen von bislang unbekannten Arten. Ein Teil des Fangs wurde für die Wissenschaft konserviert, der Rest diente als Verpflegung.*

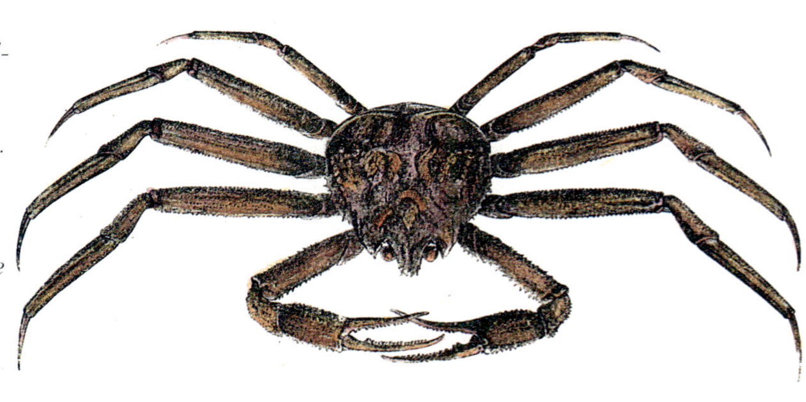

146 oben rechts und 147 oben
Nordenskiöld fotografierte die Ciukci an der sibirischen Küste, um einen „Standardtyp“ dieser „Rasse“ herauszufinden. In seinen Worten waren sie „mittelgroß, mit rauhem, kräftigem schwarzem Haar, einer schrägen Stirn, einer dünnen Nase und oft breiten, horizontalen und nicht gerade kleinen Augen ... Der Bart ist meist spärlich“. Die jungen Frauen, fügte er hinzu, „machen einen guten Eindruck, vorausgesetzt, man kann den natürlichen Ekel vor dem Dreck überwinden“.

147 Mitte links
Ciukci beim Fischen. Unter den vielen sibirischen Stämmen konnten die Ciukci („die an Rentieren reichen“) der russischen Expansion nach Osten am längsten standhalten. Sie waren ein Hirtenvolk, das das riesige Gebiet zwischen den Flüssen Anadyr und Kolyma bewohnte. Nordenskiöld widmete den Ciukci besondere Aufmerksamkeit; er studierte ihre Bräuche und erstellte ein kleines Wörterbuch ihrer Sprache.

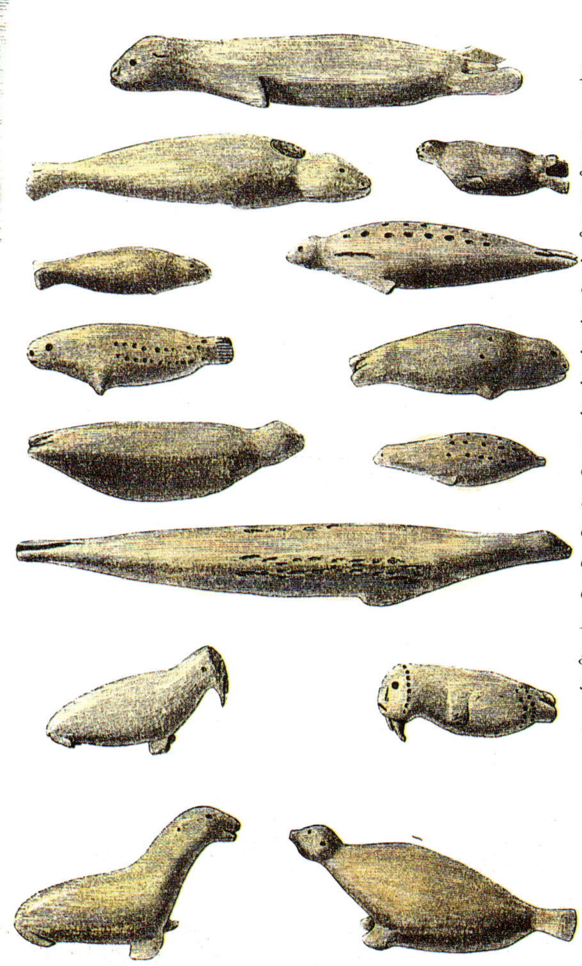

147 unten links
Walroßknochenfiguren und Elfenbeingravierungen, die von den Ciukci in großer Menge hergestellt wurden, zeigen Seehunde, Wale, Fische und sogar Insekten. „Worin besteht die künstlerische Sensibilität der Ciukci?“ fragte Nordenskiöld, der ihnen trotz der Primitivität dieser Gegenstände, die nach herrschender Meinung kaum Kunst waren, „einen gewissen Stil“ zugestand.

148 oben *Die Schiffe von Barentsz wurden vom früh hereinbrechenden Winter überrascht; sie versuchten vergeblich, eine Fahrrinne ins offene Meer östlich von Nowaja Semlja zu finden. Das Packeis schloß die Schiffe fest ein, und die Männer waren gezwungen, die lange arktische Nacht an Land zu verbringen. Die gelben Ringe auf dieser Abbildung zeigen eine Lichtbrechung, die in diesen Breitengraden häufig auftritt.*

Doch das dämpfte seinen Optimismus nicht. Er glaubte an einen Erfolg und segelte im folgenden Jahr mit einer Fracht von Luxusgütern für die Märkte des Ostens los. Dieses Mal suchte er einen Weg weiter südlich zwischen der Insel Vajgač und dem Festland. Er traf dort auf die Samojedi, harmlose „Wilde, die ihre Bögen mit der Geschicklichkeit von Elfen handhaben". Doch wieder zwang ihn das Packeis zur Umkehr.
1596, auf seiner dritten Fahrt, nahm Barentsz einen nördlicheren Kurs und entdeckte die Bäreninsel und Spitzbergen. Dort änderte er wegen des Packeises seinen Kurs Richtung Nowaja Semlja. Nördlich der Insel geriet Barentsz wieder ins Packeis, das ihn zur Küste hin abdrängte.
In solchen Breiten hatte noch niemand einen Winter erlebt: Barentsz verhungerte am 20. Juni 1597, als gerade die Eisschmelze einsetzte. Die Überlebenden konnten sich mit zwei kleinen Booten zur sibirischen Küste durchschlagen und wurden von russischen Fischern gerettet, deren Fischgründe in den Gewässern zwischen Archangelsk, dem Weißen Meer, der Karasee und der Mündung des Jenissej lagen. Ihre Boote, die *Kochi*, waren kleiner und wendiger als die europäischen Schiffe und konnten notfalls über das Eis gezogen werden.
Die Erforschung Sibiriens beschäftigte die Russen fast ein Jahrhundert lang. 1648 erreichten Kosaken den Fluß Kolyma. Semjon Deschnew gelangte bis über die Beringstraße.
Nach dem Tod von Barentsz gaben die Holländer die Suche nach einer Nordost-Passage zum Pazifik auf, da sie mit Portugal im Osten doch nicht konkurrieren konnten. Die arktischen Gewässer blieben Fischern und Walfängern überlassen, deren Schiffe auf der Suche nach neuen Fanggründen immer weiter vorstießen.
Die Russen und Skandinavier kamen bis zur Karasee, und als Nordenskiöld zu seiner Expedition aufbrach, war das Nordpolarmeer schon gut bekannt. Trotzdem geriet seine *Vega* kurz vor dem Ziel in Packeis, und Nordenskiöld mußte einen Winter an Bord auf die Eisschmelze warten. Seine gut ausgerüstete und sorgfältig vorbereitete Expedition bedeutete eine neue Methode der Arktisforschung. Zum ersten Mal brachten Wissenschaftler und Kartographen zuverlässige Informationen einer lebensfeindlichen, aber faszinierenden Welt nach Hause mit.

148 unten *Barentsz' Schiff im Packeis. Die Holländer wurden vom frühen Winter überrascht und versuchten vergeblich, einen Weg durch das Eis zu brechen, um das offene Meer östlich von Nowaja Semlja zu erreichen. Das Packeis schloß sich fest um den Schiffsrumpf und zerbrach das Ruder, so daß die Männer die arktische Nacht an Land verbringen mußten.*

148-149 *Erlegung eines Eisbären; Stich von Gerrit de Veer, 1609. Anfang Juni 1596 erreichte Barentsz eine unbekannte Insel nördlich von Norwegen, die er Bäreninsel nannte. Nach Angaben des Holländers überstiegen die Stärke und Wildheit der Eisbären bei weitem „alles, was man jemals über Löwen und wilde Tiere gehört hat“.*

148 Mitte *Porträt von Willem Barentsz. Er war ein geschickter Kartograph und guter Beobachter und einer der kühnsten Seefahrer seiner Zeit. Auf seinen drei Reisen zwischen 1594 und 1597 erforschte er Spitzbergen, die Nordküste von Nowaja Semlja und die Insel Vajgač. Die von ihm gefundenen Routen öffneten den Weg für die holländischen und britischen Fischer und Walfänger, die diese gewaltigen Ressourcen des Nordpolarmeers über anderthalb Jahrhunderte ausbeuteten.*

149 unten *Karte der Arktisregion von Willem Barentsz, 1588. Die Reisen der Holländer in den Nordosten, um eine Route nach Indien weit entfernt von der portugiesischen und spanischen Einflußsphäre zu finden, brachten nicht die erhofften Ergebnisse.*
Barentsz, der Spitzbergen entdeckt und umrundet hatte, starb 1597 gefangen im Packeis vor Nowaja Semlja.

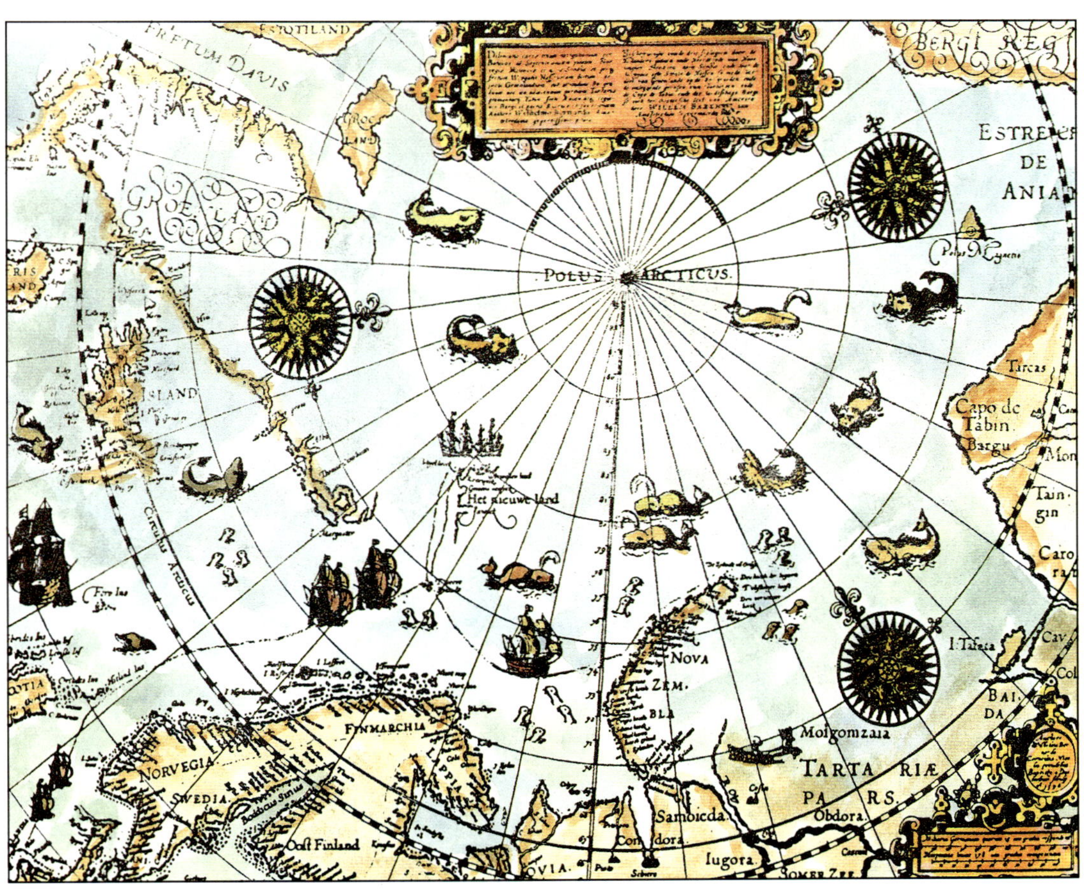

150-151 Dieser Stich zeigt einige Mitglieder von Barentsz' Mannschaft beim Sammeln von Holz für den Bau einer Hütte, in der sie überwintern konnten.

150 unten Die von Barentsz an der Nordküste von Nowaja Semlja errichtete Hütte war 10 m x 6 m groß und konnte 20 Personen in dem langen Winter von 1596 beherbergen. Das Bad bestand aus einem Faß (rechts), und der Kamin konnte auch als Notausgang dienen, falls die Hütte eingeschneit würde. Die Jagd auf die zum Glück zahlreichen Eisbären brachte den Holländern Pelze zum Herstellen geeigneter Kleidung und Tran für ihre Lampen.

151 oben *Dieser Stich zeigt eine andere Episode aus dem Alltagsleben der Holländer. Einige Männer häuten einen Eisbären, der 45 kg Fett für die Lampen und einen warmen Pelz lieferte. Im Hintergrund stellt ein Mann eine Fuchsfalle auf.*

151 Mitte *Als das Eis Ende Mai 1597 zu schmelzen begann, machten sich Barentsz' Männer für die Reise nach Süden bereit. Ihre Vorbereitungen wurden jedoch von Eisbären unterbrochen, die, so de Veer, „zu spüren schienen, daß wir bald abreisten, und vorher noch etwas von uns probieren wollten".*

151 unten *Auf dieser Abbildung sieht man Barentsz' Männer, die auf der Suche nach einem Weg durch das Packeis sind, um Schiffe und Ladung ins offene Meer zu bringen.*

DAS NORDPOLARMEER

Die ersten britischen und holländischen Seefahrer wußten über das Nordpolarmeer etwa soviel wie die iberischen Entdecker über ihre Fahrwasser. Die Karten des Nordatlantik beruhten auf reinen Vermutungen. Zenos Karte, die im 16. Jahrhundert in Venedig gezeichnet wurde, wies imaginäre Inseln auf, und Grönland war eine europäische Halbinsel. Eine erfolgreiche Fahrt in unbekannten Gewässern hing mehr von der Geschicklichkeit und Erfahrung der Seeleute ab als von astronomischen Berechnungen. Der Breitengrad wurde anhand der Höhe der Sterne über dem Horizont mit Hilfe mehr oder weniger zuverlässiger Astrolabien und Quadranten gemessen. Die ermittelten Zahlen waren aufgrund der Schiffsbewegungen äußerst ungenau.
Erst Ende des 16. Jahrhunderts entwickelte John Davis, einer der Pioniere der Nordwest-Passage, einen reflektierenden Quadranten, der zuverläs-

152 oben *Die Bekleidung der ersten Polarforscher war in diesem extremen Klima oft nicht ausreichend. Dem Beispiel von Nansen folgend, verwendete man deshalb statt Wollkleidung Eskimokleidung aus Bären-, Fuchs- und Rentierfellen, die einen guten Schutz gegen die Kälte bot.*

152 Mitte *Ein Team von Seemännern versucht, ein Boot über die Eisdecke der Ellesmere-Insel in Nordkanada zu ziehen. Nachdem sie vergeblich auf Hilfe gewartet hatten und die Vorräte zur Neige gingen, versuchten die im Packeis eingeschlossenen Männer alles Mögliche, offenes Meer oder irgendeine Siedlung zu erreichen – verzweifelte Versuche mit meist tragischem Ausgang.*

152 unten *Der kurze arktische Sommer machte den im Packeis eingeschlossenen Schiffsmannschaften – manchmal unbegründete – Hoffnung.*
Mit Sägen und Brecheisen machten sie sich daran, eine Rinne freizubekommen, durch die sie ihr Schiff ins offene Meer bringen konnten, wo wieder gesegelt werden konnte.

siger und einfacher zu handhaben war. Er blieb in verschiedenen Versionen bis zum Aufkommen der Sextanten und Oktanten 200 Jahre später in Gebrauch.
Die Zeit wurde mit zerbrechlichen Stundengläsern gemessen, die zur Ermittlung des Längengrades unbrauchbar waren. Erst Harrisons Erfindung des Schiffschronometers löste dieses schwierige Problem.
Abgesehen von Orientierungsschwierigkeiten durch das unerwartete Verhalten von Kompassen in der Nähe des magnetischen Nordpols hatten die Arktiserforscher mit extremen Umweltbedingungen zu kämpfen. Die Gebiete des hohen Nordens waren und sind unbewohnt und ohne Vegetation. Außer Fischen, Seevögeln und meist kaum genießbarem Bärenfleisch gab es praktisch keine Nahrungsquellen. Das Packeis konnte eine Expedition auf ungewisse Zeit in Gebieten ohne jegliche Nahrung einschließen, und die meist kleinen Schiffe mußten viel Proviant mitnehmen – Sir Franklin hatte Nahrung für fünf Jahre dabei!
Das Hauptproblem war jedoch das Eis, besonders auf der Nordwest-Passage. In dem Insellabyrinth jenseits der Baffinbai konnten die Entdecker unter schwierigen Bedingungen jahrelang festsitzen. Das frierende Wasser drohte die Schiffsrümpfe zusammenzudrücken, so daß man ständig ein Wasserloch um das Schiff herum freihalten mußte. Wenn die Eisschmelze einsetzte, mußte man so schnell wie möglich eine Fahrrinne zum offenen Meer schneiden – jeder Tag zählte, und eine verspätete Weiterreise konnte das Expeditionsziel gefährden. All diese Arbeiten mußten von Hand ausgeführt werden – man hatte nur Stemmeisen, Brechstangen, Haken und lange Sägen – für eine Polarexpedition unerläßliche Werkzeuge.
Die Mannschaft wartete sehnlichst auf den Befehl, das Schiff freizuschneiden. Der Gedanke an eine Abreise nach monatelangem Festsitzen war wie eine Erlösung.

153 oben *Im Packeis festzusitzen, konnte das Ende bedeuten. Die Eismassen übten einen riesigen Druck auf den Schiffsrumpf aus und konnten ihn leicht zermalmen. Die* Endurance *von Shackleton (hier abgebildet) war im zugefrorenen Weddellmeer im Winter 1915 eingeschlossen. Sie wurde von dem Eismeer zermalmt und mußte von der Mannschaft aufgegeben werden.*

153 unten *Dieses Foto zeigt Ernest Shackleton und Frank Hurley vor ihrem Zelt, neben einem improvisierten Kocher sitzend. 1915 verbrachten Shackleton und seine Männer sechs Monate auf einer Eisscholle, die im Weddellmeer vor der Antarktis driftete. Während die meisten Männer auf der öden Elefanten-Insel zurückblieben, erreichten Shackleton und fünf seiner Männer die 800 Seemeilen entfernten Walfängerstationen in Süd-Georgia und organisierten dort eine Rettungsaktion. Erst nach mehreren Versuchen konnten sie einen Weg durch das Eis bahnen und die anderen retten.*

Als Cook über 200 Jahre nach Magellan seine erste Reise in den Pazifik unternahm, war dieser riesige Ozean noch weitgehend unerforscht. Die Entdeckungen der Spanier und Holländer beschränkten sich auf einige isolierte Inseln und Küstenstriche, und die weißen Flecke auf der Karte überwogen. Durch die Erforschungen von Cook und La Pèrouse wurde der Pazifik aus dem Reich der Legende in den Blickpunkt der Wissenschaftler gerückt. Ihre Reisen schlossen die erste wichtige Phase der maritimen Erforschung ab: Mit dem Ende der Idee einer Terra Australis, *der Aufgabe der Suche nach einer nördlichen Passage und dem Ende des Mythos vom „vornehmen Wilden" wurde der Pazifik zum Schauplatz von kolonialen Streitigkeiten der europäischen Großmächte. Die ersten evangelischen Missionare reisten dorthin, und religiöser wie wirtschaftlicher Profit lösten den Wissensdurst ab, der die Epoche der Aufklärung gekennzeichnet hatte.*

DER PAZIFIK – PARADIES FÜR DIE WISSENSCHAFT

ABEL TASMAN

Seit Magellans Entdeckung und während des 16. Jahrhunderts war die Erforschung des Pazifiks fast völlig von den Spaniern dominiert. Im 17. Jahrhundert änderte sich die Situation allerdings plötzlich. Die abenteuerliche Reise von Quiros und Torres, die die Meeresenge zwischen Australien und Neuguinea entdeckten, markierte den Schlußpunkt für die iberischen Expeditionen und das Auftauchen einer neuen und völlig unerwarteten europäischen Macht in den weiten Gebieten der Südsee: der Niederlande. Holländische Seeleute, die von der mächtigen niederländischen Ostindien Kompanie (gegründet 1602) finanziert bzw. beauftragt waren, führten ihre Expeditionen in einem neuen Stil durch. Sie waren im Gegensatz zu den Spaniern überhaupt nicht am Missionieren und nur wenig an geographischer Erforschung interessiert, sondern waren im wesentlichen von kommerziellen Motiven geleitet.
Bereits 1605 verließ Willem Janzoon den Hafen von Batavia, dem heutigen Jakarta auf Java, zu einer Erkundungsfahrt entlang der Südküste von Neuguinea. Er war der erste Europäer, der die australische Küste im Bereich des Carpentariagolfs sah. Zehn Jahre später geriet der Holländer Dirk Hartog, der vom Kap der Guten Hoffnung auf dem Weg nach Indonesien war, aufgrund eines Navigationsfehlers in ein unbekanntes Gebiet. War das vielleicht der geheimnisvolle südliche Kontinent, der Traum und Fluch der berühmtesten Geographen jener Zeit? Den Berichten, die nach Batavia gelangten, nach zu urteilen, war diese dürre und unwirtliche Küste wohl kaum der Weg zu schnellem Reichtum, und ihre zufällige Entdeckung ließ die Mächte und Handelsgesellschaften ziemlich unbeeindruckt. Nicht einmal die Leistung von Le Maire, der einen neuen Seeweg über den Pazifik und das Kap Hoorn zur Südspitze Amerikas entdeckt hatte, fand die gebührende Würdigung. Auf der Suche nach schnellem Profit war die Handelsgesellschaft auf neue Märkte aus und nicht auf phantastische Länder, die nichts hergaben. Doch Australien war zu riesig, um lange ignoriert zu werden; in den folgenden Jahrzehnten wurden zahlreiche Entdeckungen gemacht, und 1640 entschied man sich trotz der ungünstigen Berichte zu weiteren Erkundungen. Ein gleichermaßen pragmatisches wie heroisches Ausbeutungskonzept wurde aufgestellt. Man wollte „alles, was noch unbekannt ist auf dem Globus", finden und die Augen nach jeglichen Schätzen offenhalten. Die Expeditionsleiter wurden zu ethisch würdigem Verhalten gegenüber der einheimischen Bevölkerung verpflichtet, was jedoch eine gewisse Schlitzohrigkeit nicht ausschloß: Wenn die Einheimischen Silber oder Gold hatten, sollten die Expeditionsleiter sich zurückhalten und völliges Desinteresse vortäuschen.
Doch damit nicht genug: Es sollte versucht werden, die Existenz eines direkten Seewegs durch den Südpazifik nach Chile zu beweisen, der den holländischen Schiffen erlaubt hätte, die spanischen Kolonien in Amerika

154 oben *Dieser hölzerne Oktant stammt aus England, um 1750. Wie der Quadrant, nur viel zuverlässiger, diente der Oktant zur Messung des Sonnenstandes über dem Horizont, womit der Breitengrad bestimmt werden konnte.*

154 unten *Diese Karte von 1622 zeigt eine Flotte von holländischen Schiffen auf dem Pazifik. Die Reisen der Spanier und Holländer bewiesen die Existenz neuer Länder, aber der Großteil des riesigen Ozeans war noch unerforscht.*

155 oben *Abel Janszoon Tasman, geboren um 1603 in Holland, verließ 1642 den Hafen von Batavia und reiste in den Osten, wo er in Diensten der niederländischen Ostindien Kompanie stand. Er war ein geschickter Seemann und wurde, nachdem er an einer Fahrt in den Nordpazifik teilgenommen hatte, auf die Suche nach dem südlichen Kontinent geschickt. Seine Reisen, auf denen er Tasmanien, die Tonga- und die Fiji-Inseln entdeckte, wurden als unproduktiv abgetan. Tasman starb 1659 in Batavia.*

155 unten *Die Bewohner von Tonga begrüßen Tasmans Flotte: Die* Heemskerk *und die* Zeehaen *waren sofort von einem Schwarm Boote aller Arten umringt, die mit Geschenken für die unerwarteten Gäste beladen waren. Die Geschenke bestanden aus „Schweinen, Hühnern, Kokosnüssen und Bananen, die in weiße Tücher eingewickelt waren". Der Holländer blieb einige Wochen auf Tonga; er war von der außergewöhnlichen Schönheit der Inseln und der Gastfreundschaft der Menschen entzückt.*

zu überrumpeln und „reiche Beute von den Kastiliern zu nehmen, die sich so etwas kaum vorstellen konnten". Der Mann, der als Leiter dieser ehrgeizigen Expedition ausgewählt wurde, war natürlich loyal gegenüber der Handelsgesellschaft und verfügte über entsprechende Erfahrung. Sein Name war Abel Janszoon Tasman. Man gab ihm zwei Schiffe, die *Heemskerk* und die *Zeehaen*, und 110 Mann Besatzung.
Da alle bisherigen Entdeckungen im Zusammenhang mit dem südlichen Kontinent auf der Fahrt von West nach Ost entlang des Seewegs vom Kap der Guten Hoffnung nach Indonesien gemacht worden waren, verließ Tasman Batavia am 14. August 1642 in Richtung Mauritius, das damals holländische Besitzung war. Er blieb dort über einen Monat lang, um seine Schiffe zu reparieren, bevor er südwärts weitersegelte. Die Holländer kamen bis jenseits des 49. Breitengrads, ohne Land zu sichten.
Deshalb änderte Tasman den Kurs, und nach drei Wochen langer schwieriger Fahrt ostwärts entlang des 40. Breitengrades erreichten die Entdecker am 24. November schließlich erschöpft und mit von zahlreichen Stürmen arg zugerichteten Schiffen eine unbekannte Insel. Man ankerte in einer geschützten Bucht und ging auf Erkundung. Die schroffen Berge von Tasmanien mit ihren undurchdringlichen Wäldern waren für die Holländer sicher nicht sehr einladend, und sie zogen es daher vor, an der Küste zu bleiben und nicht ins Inselinnere vorzudringen. Sie bemerkten allerdings, daß viele Bäume „Kerben in ihren Stämmen in einem Abstand von jeweils fünf Fuß" hatten. Darum lagen Haufen von leeren Muscheln, zweifellos die Überreste primitiver Mahlzeiten. Die Bewohner dieses Landes – ob Insel oder Kontinent – mußten einer geheimnisvollen Rasse von Riesen angehören.
Plötzlich „ertönte aus dem Wald ein Chor von schrillen Stimmen. Als wir sie hörten, kehrten wir nervös an Bord zurück; wir sahen Rauch aus den Baumwipfeln aufsteigen". Tasman war eine zweite Landung das Risiko nicht wert. Er war durch die rauher werdende See und undefinierbare Befürchtungen besorgt und ließ daher den Schiffszimmermann an Land schwimmen, um dort einen Pfosten mit dem Wappen des Hauses von Oranje aufzustellen. Mit dieser formalen Inbesitzname von Tasmanien war dieses Kapitel der Erforschung abgeschlossen, das nun zu Ehren des Direktors der Handelsgesellschaft Van Diemen's Land hieß. Für die Einheimischen von

156 oben *Die Karte des westlichen Pazifiks zeigt deutlich das Ausmaß des europäischen Wissens nach den Reisen von Tasman und Dampier.*

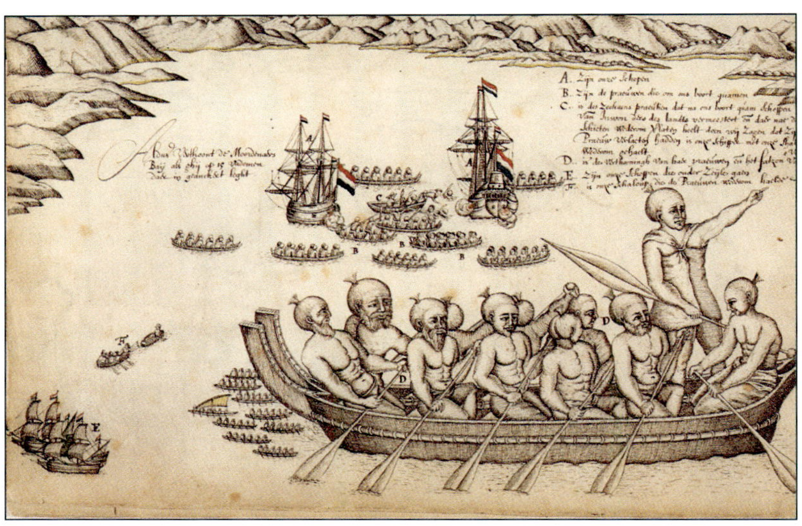

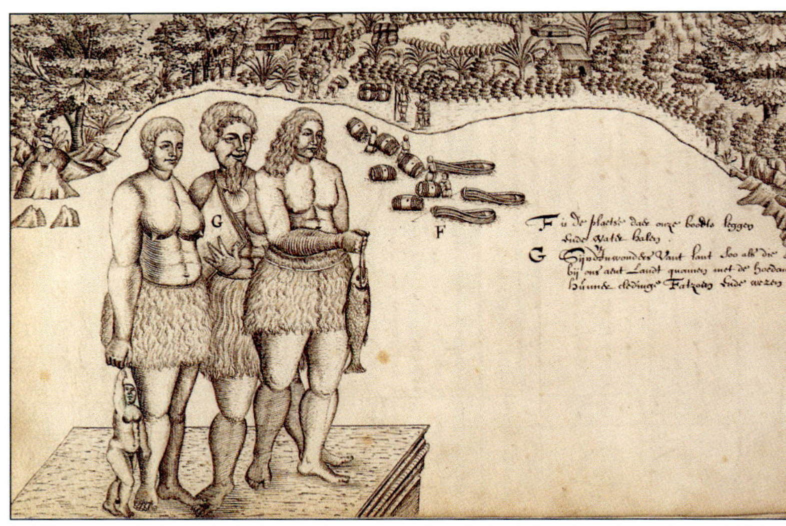

156 unten links *Das erste Zusammentreffen zwischen Europäern und Maori in Neuseeland hatte ein tragisches Ende: Am 18. Dezember 1642 überfielen die Maori ein Beiboot der* Heemskerk *und töteten vier Holländer. Dieses Bild aus Tasmans Tagebuch ist ein Diagramm der dramatischen Ereignisse bei Kap Farewell. Im Vordergrund ist eine Piroge mit einigen Maorikriegern dargestellt.*

156 unten rechts *Während seine Leute von einer nahegelegenen Quelle Wasser holten, empfing Tasman eine Delegation von Tonga-Adligen, darunter auch Frauen: „Unter ihnen waren zwei Riesinnen, von denen eine einen Bart hatte", schrieb er. „Sie verliebten sich sofort in unseren Arzt, umarmten ihn und wollten sinnliche Liebe."*

Tasmanien war die Unentschlossenheit der Holländer zunächst ein Glück – sie sollten „erst" einige Jahrhunderte später ausgelöscht werden.
Die *Heemskerk* und die *Zeehaen* setzten ihre Fahrt nach Osten fort und erreichten eine Woche später die neuseeländische Küste. Tasman war gebannt von der Erhabenheit der neuseeländischen Alpen, die er am Horizont in Wolken gehüllt erblickte. Vielleicht dachte er, daß „dieses große hohe Land" wirklich der sagenhafte Kontinent war. Er folgte der Küste in nördlicher Richtung bis Kap Farewell, der Nordspitze der Südinsel, wo er am 17. Dezember vor Anker ging.
Doch bot das verheißungsvolle Land dem Expeditionsleiter eine unwillkommene Überraschung. Die einheimischen Maori verhielten sich gegenüber den Eindringlingen sehr feindselig, und am nächsten Tag, nach einer spannungsreichen Nacht, griff eine Kanuflotte mit Kriegern plötzlich ein Beiboot der *Heemskerk* an, in dem sich sieben Mann befanden. Vier Holländer wurden zu Tode geprügelt, bevor ihnen die Seeleute von den Schiffen zu Hilfe kommen konnten. Tasman sah jedoch von einer Vergeltungsaktion ab und entschied, sofort die „Mörderbucht" zu verlassen.
Am 4. Januar 1643 erreichten die Erforscher die Nordspitze der Nordinsel, die auch heute noch Kap Maria van Diemen heißt. Die eilig und oberflächlich durchgeführte Suche nach einer Passage zwischen den beiden Inseln war ergebnislos, und die Cookstraße

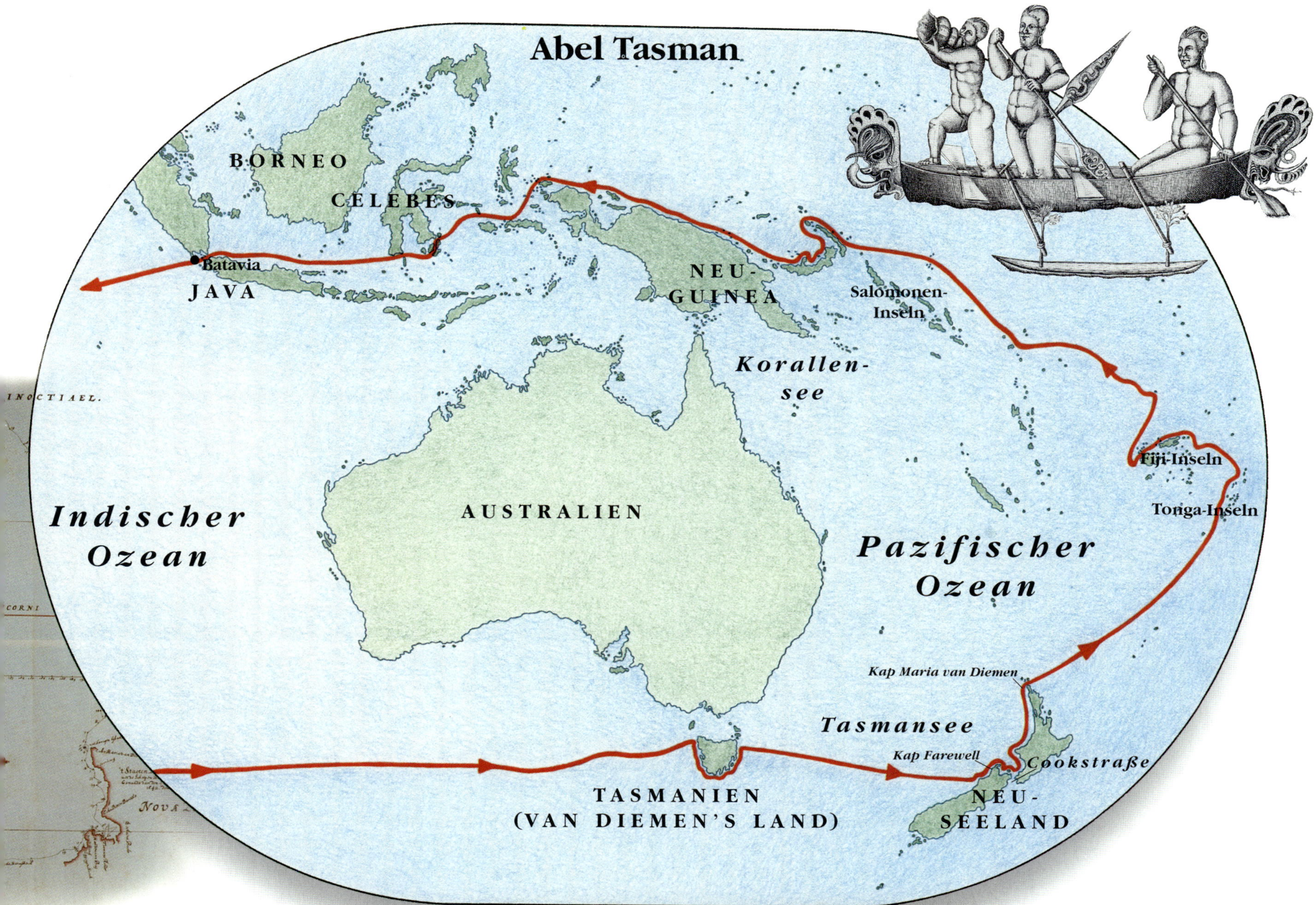

zwischen ihnen wurde irrtümlich für eine Bucht gehalten. Tasman schien dieses Gebiet nun schnellstens verlassen zu wollen. Die Holländer verließen die neuseeländische Küste, ohne einen Fuß auf eine der beiden Inseln gesetzt zu haben.
Nach zwei Wochen kam Land in Sicht, das „Frauenbrüsten" glich: Atu, die südlichste Insel der Tonga-Inseln. Dort feierten die Einheimischen die Ankunft der Fremden, und Tasman konnte endlich neue Lebensmittel und frisches Wasser an Bord nehmen. Die Tongaer waren nicht nur freigiebig und gastfreundlich – die Holländer konnten verblüfft mit ansehen, daß die einheimischen Frauen nicht die geringsten Hemmungen hatten, sich ganz auszuziehen. Die dreisteste von ihnen berührte nach einem Bericht des Schiffsarztes (der selbst besondere Aufmerksamkeit hervorrief) „schamlos die Seeleute, deutete auf deren Hosen und lud sie zum Geschlechtsverkehr ein, während die Männer die Mannschaft ermutigten, dieser Einladung nachzukommen". Der puritanische Tasman war schockiert. „Es sind gute Menschen", schrieb er, „aber äußerst lüstern und ungehemmt."
Die Holländer verließen Tonga Anfang Februar in westlicher Richtung zu den Fiji-Inseln, die den Europäern bis dahin unbekannt gewesen waren. Die Schiffe verirrten sich schnell in einem Labyrinth von Untiefen und Korallenriffen, und nur Tasmans großem Geschick als Seemann ist es zu verdanken, daß es nicht zu einer Katastrophe für die Expedition kam und man wieder ins offene Meer zurückfand.

157 unten *Im 17. Jahrhundert wurde Batavia die Hauptniederlassung der niederländischen Ostindien Kompanie und ein blühendes Zentrum für den Handel mit Gewürzen. Diese Abbildung zeigt den Hafen der Stadt, in dem ständig Betrieb herrschte.*

Von den Fiji-Inseln segelten die Holländer zu den nördlich gelegenen Salomonen-Inseln, in die Bismarcksee und zur bereits kartographierten Küste von Neuguinea. Sie erreichten Batavia am 15. Mai 1643, neun Monate nach Expeditionsbeginn. Obwohl diese schwierige Expedition unbestreitbar ein Erfolg war, war die niederländische Ostindien Kompanie mit den Ergebnissen nicht zufrieden; Tasman hatte nichts entdeckt, was die Existenz des südlichen Kontinents bestätigte, und er hatte auch keinen sicheren Seeweg nach Chile gefunden. Van Diemen kritisierte scharf: „Wer zu erforschen hat, was die Länder bieten, muß überall hinfahren." Tasman hingegen hatte sich, sei es aus Vorsicht oder aus Mangel an Entdeckergeist, mehr oder weniger darauf beschränkt, die neuen Länder vom Meer aus zu betrachten. Der Direktor fuhr unerbittlich fort: „Sie haben also nichts Gewinnversprechendes gefunden, gerade ein paar verkümmerte Pflanzen ohne jegliche Früchte von Wert und an einigen Orten gottlose Menschen." Mit diesem Urteil war Tasmans Karriere beendet. Er unternahm noch eine letzte Erkundungsfahrt entlang der australischen Nordküste und blieb bei der Kompanie bis zu seinem Tod im Jahr 1659.

JAMES COOK

„Es war jetzt fünf Uhr nachmittags, die Flut hatte eingesetzt, und immer mehr Wasser lief ins Schiff; wir setzten daher die dritte Pumpe in Gang und hätten auch die vierte gebrauchen können, wenn sie nur funktioniert hätte. Um neun Uhr richtete das Schiff sich wieder auf, und die Pumpen wurden mit dem durch das Leck eindringenden Wasser nicht mehr fertig. Das war ein gefährlicher, um nicht zu sagen schrecklicher Augenblick, denn wir drohten zu versinken ..."

So lautete der Eintrag von James Cook ins Schiffstagebuch an jenem tragischen Dienstag, dem 12. Juni 1770, als die *Endeavour* in den Untiefen des Großen Barrier-Riffs aufgelaufen war, einem Labyrinth von Untiefen und Korallenriffs, das sich über 2000 Kilometer weit an der Nordostküste Australiens erstreckt.

Nachdem man den Rumpf mit Segeltuch, Werg, Wolle und Teer geflickt hatte, konnte man so gerade noch die australische Küste erreichen, um den Schaden beheben zu lassen. Nach sieben Wochen konnte die *Endeavour* wieder in diese gefährlichen Gewässer auslaufen, vor denen auch heute noch die erfahrensten Seeleute Respekt haben.

Am 20. August umrundete Cook Kap York und erreichte die Torresstraße, die Australien und Neuguinea trennt. Von nun an ging es problemlos. Er nahm Kurs auf Holländisch-Ostindien, durchquerte den Indischen Ozean und

158 oben *Kapitän James Cook im Alter von 47 Jahren, porträtiert von Nathaniel Dance. Er war leistungsfähig, entschieden und systematisch; auf seinen drei langen Reisen zeichnete Cook Karten vom gesamten Pazifik von der Antarktisküste bis zur Beringstraße und widerlegte damit das Bild vom „Schreibtisch-Geographen", der sich auf Mutmaßungen und seine Phantasie stützt.*

158 unten *Trotz seines ausgeprägten Pflichtgefühls, das ihn verpflichtete, von allen neu entdeckten Ländern im Namen Großbritanniens Besitz zu ergreifen, zeigte Cook gegenüber den Völkern des Pazifiks immer größten Respekt. Er sagte ihre unausweichliche Vereinnahmung durch den westlichen Lebensstil voraus (Gemälde von Philip Fox).*

159 oben links
Diese Karte der „neuen Entdeckungen in der Südsee zwischen 1765/67 und 1779" stammt aus dem Zatta-Atlas (Venedig, 1776). Cook leistete den größten Beitrag zum geographischen und sonstigen Wissen über den Pazifik: Auf seiner ersten Reise (1768–1771) umrundete er Neuseeland und zeichnete exakte Karten der Ostküste Australiens.

159 oben rechts
Mit Harrisons Chronometer konnte Cook den Längengrad bestimmen, indem er einfach den Unterschied zwischen der an einem bestimmten Punkt angezeigten Zeit und der Zeit an einem Referenz-Längengrad ausrechnete.

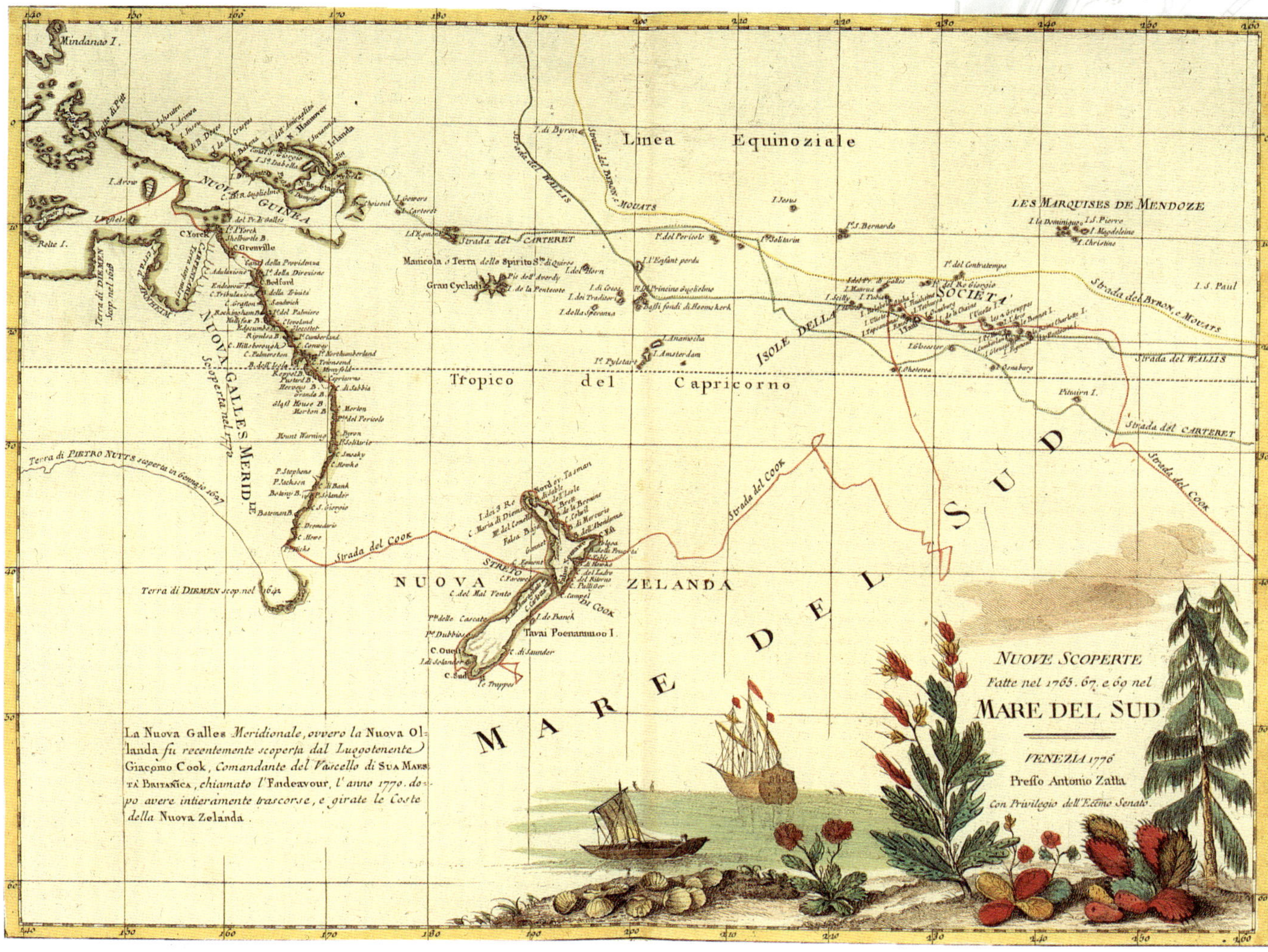

umrundete das Kap der Guten Hoffnung. Dieser Seeweg war bereits eine befahrene Handelsroute. Glück und Kompetenz kennzeichneten Cooks Fahrten; wäre die *Endeavour* beim Großen Barrier-Riff gesunken, so wäre Cooks Leben sicher anders verlaufen, denn Schiffsbruch war das Schlimmste, was einem Seemann passieren konnte. Doch beschrieb Cook diese Augenblicke ruhig, fast leidenschaftslos, und man sucht in seinen Aufzeichnungen vergebens nach Anzeichen von Verzweiflung oder Panik. Cook war sich selbst gegenüber immer ehrlich, Rhetorik war nicht seine Sache. Man kann ihm kaum Fehlentscheidungen vorwerfen: Kapitän James Cook schien in allen Situationen das Richtige zu tun. Die Berichte von Historikern und Zeitgenossen stimmen darin überein: Cook war der größte Entdecker aller Zeiten. Seine drei Pazifikreisen trennten ein für alle Mal Tatsachen von geographischen Phantastereien. Hunderte von neuen Inseln wurden von ihm kartographiert, alle in ihrer genauen geographischen Lage, wohingegen die Phantasieländer der „Schreibtisch-Geogra-

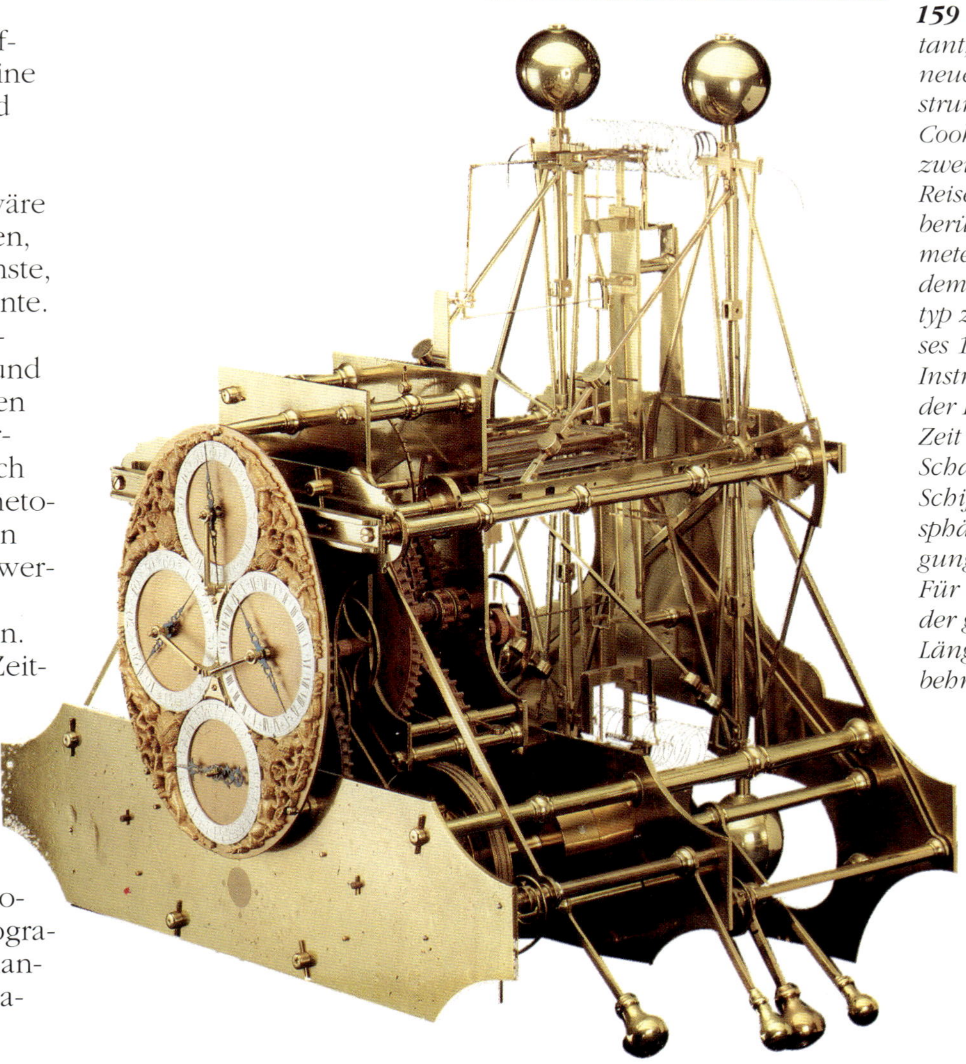

159 unten *Wie Oktant, Kompaß und neue Präzisionsinstrumente benutzte Cook auf seiner zweiten und dritten Reise Harrisons berühmten Chronometer Nr. 4, von dem hier ein Prototyp zu sehen ist. Dieses 1759 entwickelte Instrument war in der Lage, die genaue Zeit ungeachtet des Schaukelns des Schiffes und atmosphärischer Bedingungen anzuzeigen. Für die Berechnung der geographischen Länge war es unentbehrlich.*

160 oben *Diese Abbildung aus einer Enzyklopädie zeigt die Herstellung eines Ankers. Alle von Cook auf seinen Expeditionen benutzten Schiffe wurden in der Werft in Whitby/Yorkshire gebaut, einer lebhaften Handelsstadt an der Nordsee.*
Die Endeavour, *die* Resolution *und die* Adventure *waren Kohlenschiffe mit wenig Tiefgang, die sogenannten „Whitby Cats". Cook war auf diesen robusten und wendigen Schiffen viele Jahre gefahren und hatte großes Vertrauen in sie.*

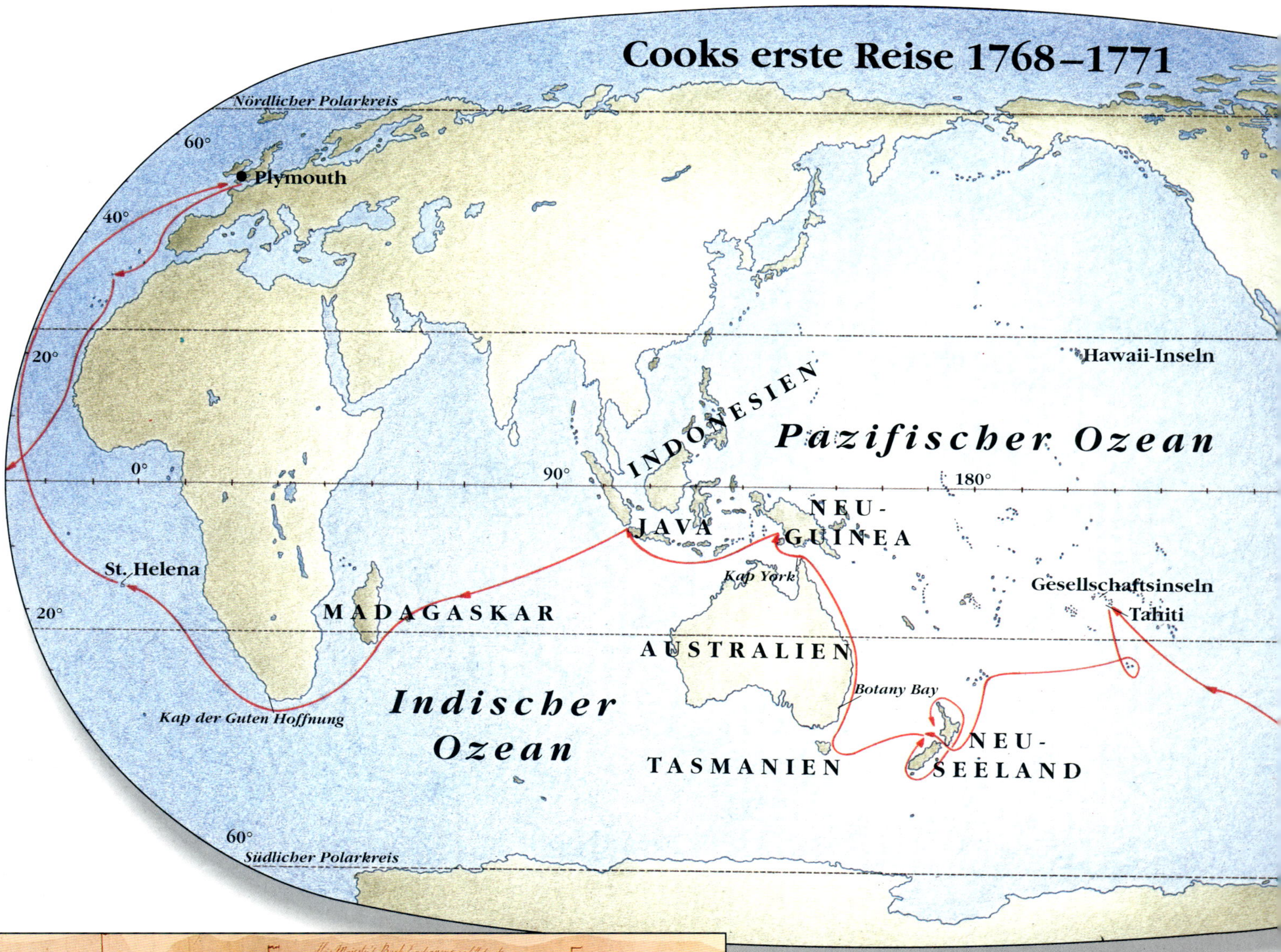

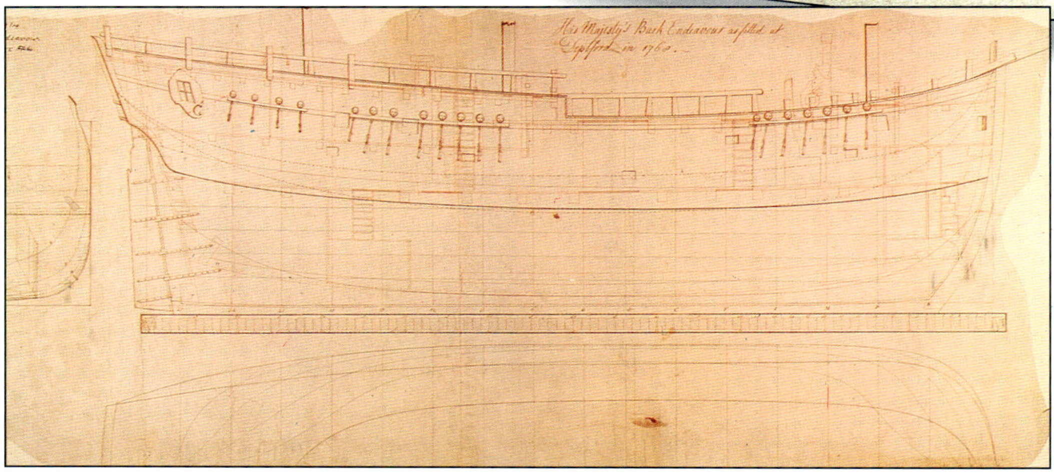

160 unten *Konstruktionspläne für die* Endeavour, *das Schiff auf Cooks erster Reise. Das ursprüngliche Frachtschiff wurde unter Aufsicht des Kapitäns umgebaut und für lange Seereisen ausgerüstet. Das 32 m lange und 8 m breite Schiff konnte 100 Mann und viele Vorräte mitnehmen. Unter der Wasserlinie war die Hülle mit Kiefernholz und zahlreichen großen Nägeln beplankt. Dieser „Panzer" sollte vor Wurmbefall in tropischen Gewässern schützen.*

phen" höflich, aber bestimmt von dem nüchternen Cook ins Reich der Legende verwiesen wurden.
Nicht nur das geographische Profil des Pazifik wurde durch Cooks Reisen ins allgemeine Interesse gerückt. Die riesige Südsee zeigte Europa endlich ihr wahres Gesicht – eine Welt exotischer Pflanzen und Tiere, ein Paradies mit zufriedenen Menschen, die ein einfaches Leben im Einklang mit der Natur führten. Cook respektierte diese Menschen, doch sagte er verbittert ihren Untergang voraus, wenn sie mit Europa in Kontakt kämen.
Cooks Schiffe brachten nicht nur Tausende Pflanzen und Tiere mit nach Europa, sondern auch eine große Menge Zeichnungen von Naturforschern, die auf seinen Expeditionen dabei waren. Cook führte es ein, auf allen Reisen diese Wissenschaftler mitzunehmen. Darwin war vielleicht die markanteste Persönlichkeit unter ihnen. Seine Reise an Bord der *Beagle* beendete eine Epoche und änderte unsere Sicht der Erde.
Cooks Lebenslauf ist wie eine Parabel. Es ist die Geschichte eines „Selfmade"-Mannes, dem der Ruhm nicht zu Kopf stieg und der sich selbst genaue Ziele setzte.
James Cook wurde 1728 in einem kleinen Dorf in Yorkshire geboren. Sein Vater führte den Bauernhof eines örtlichen Grundbesitzers. Doch James war nicht zum Bauern geboren: Im Alter von 16 Jahren, nachdem er eine Grundschulbildung erhalten hatte, zog er nach Staithes, einem Fischerdorf an der nebligen Nordseeküste. Er fand dort in einem Lebensmittelgeschäft Arbeit und blieb eineinhalb Jahre. Man kann sich sein Leben dort leicht vorstellen: Außer Biertrinken war das Beobachten der großen grauen Wellen, die unaufhörlich gegen die Küste brandeten, sicher noch am aufregendsten. Vielleicht packte Cook an einem dieser nassen Abende, wenn dichter Nebel aufzieht das Verlangen, zur See zu fahren.
Er gab seinen Job auf und zog nach Whitby um, das damals ein lebhafter Handelshafen war und viele Reedereien hatte. Eine davon, die der Brüder Walker, stellte ihn als Schiffsjungen ein, und so kam Cook auf eines der schweren Kohlenschiffe, die damals zwischen Newcastle und London verkehrten.
Das war eine schwierige und gefährliche Strecke, doch für ihn eine ausgezeichnete Übung. Er machte wertvolle Erfahrungen und lernte alle Macken und Vorzüge der „Whitby Cats" kennen, robuster Schiffe, die speziell für flache, stürmische Gewässer konstruiert waren.
Cook beeinruckte die Reederei und er wurde zum Kapitän ernannt; er war bereits so erfahren, daß er allein ein Schiff befehligen konnte.
Doch der Handel war nicht Cooks Sache, und 1749 entschloß er sich überraschend, in die Königliche Marine einzutreten. Das bedeutete natürlich schlechte Bezahlung, rauhe Lebensbedinungen und keine Chance auf eine schnelle Karriere, denn der 21jährige verfügte nicht über die dafür nötigen Beziehungen. Doch dann geschah etwas, das diese rigide Struktur der Marine umwarf und Begabten wie Unbegabten Chancen bot: der vermutlich erste weltweite Krieg in der Geschichte.
1756 mündeten die ständigen politischen Querelen zwischen England und Frankreich in einen siebenjährigen Krieg. Cook wurde nach Kanada geschickt, nahm an den Kämpfen auf dem Sankt-Lorenz-Strom teil und machte sich dort als Kartograph einen Namen. Seine Karten über 3000 Kilometer der neufundländischen Küste waren Meisterwerke. Bei der Admiralität wurde man auf die Fähigkeiten des jungen Seemanns aufmerksam. Die Karten wurden gedruckt und waren so für über ein Jahrhundert ein unverzichtbares Hilfsmittel für die Küstenschiffahrt in dieser Region.
Cook war inzwischen ein Experte in mathematischen und astronomischen Berechnungen und beherrschte alle damaligen Navigationsinstrumente. Er schloß viele Freundschaften, was ihn weiterbrachte: Bald wurde er mit besonderen Aufgaben in Meeren weit jenseits von England und Nordamerika betraut.
Die Königliche Gesellschaft und die Admiralität hatten bereits seit einiger Zeit die Möglichkeit einer Expedition in die Südsee erwogen, wo es nach den Vorhersagen des Astronomen Edmund Halley möglich sein sollte, den Durchgang der Venus vor der Sonne zu beobachten. Die dabei durchgeführten Messungen würden es den Astronomen in Kombination mit anderen Daten ermöglichen, die genauen Entfernungen zwischen verschiedenen Himmelskörpern zu berechnen.

161 *Dieses Gemälde zeigt die* Endeavour *bei der Einfahrt in die Tafel-Bucht. Nach Passieren des Kaps der Guten Hoffnung im März 1771 legte Cook in Kapstadt an, um Frischwasser und Proviant aufzunehmen. Bei seinem Aufenthalt in der damals holländischen Stadt stellte er fest, daß die Einwohner „im allgemeinen gebildet und Fremden gegenüber sehr höflich sind. ... Das ist in ihrem eigenen Interesse, denn die ganze Stadt kann als ein großes Hotel für alle Reisenden gesehen werden".*

162 oben links
Sidney Parkinson fuhr im Alter von 23 Jahren auf der Endeavour *als botanischer Illustrator mit. Der akribische Beobachter schloß sich jeden Tag in der Kapitänskabine ein, um mit großer Präzision die Muster von Pflanzen und Tieren zu zeichnen, die auf der Reise entdeckt wurden. Leider starb der junge Parkinson auf der Rückreise.*

In jener Zeit war es durchaus denkbar, Menschen und Schiffe nur für wissenschaftliche Zwecke einzusetzen und große Geldsummen auszugeben.
Natürlich sollte eine solche Expedition auch andere Aufgaben bekommen, die allerdings ein militärisches Geheimnis waren: die Suche – und eventuelle Inbesitznahme – der legendären *Terra Australis Incognita.*
Die Legende eines unbekannten südlichen Kontinents ging bis auf Ptolemäus zurück. Die damaligen Geographen akzeptierten den antiken Lehrsatz, daß die Kontinente in der nördlichen Hemisphäre ein Land-Gegengewicht im Süden haben mußten. Das Gleichgewicht des ganzen Globus sollte hiervon abhängen. Erst einige Jahre vor Cooks Expedition hatte ein bekannter Geograph aus dieser Legende eine Serie von Daten „ermittelt", die nicht nur die Lage des Kontinents, sondern sogar seine Größe und Bevölkerungszahl angeben sollten. Wenn es die *Terra Australis* gab, so sollte sie britisch werden – darin

162 oben rechts
Sidney Parkinson zeichnete mit großer Sorgfalt Farbe, Form, Maße, Blätter und Früchte unzähliger Pflanzen, die unterwegs entdeckt wurden. Diese Illustration zeigt eine Cicholospermum gilliurali, *daneben einen auf Tahiti beobachteten Papagei.*

162 unten *Dieses Aquarell von T. Gosse (1770) zeigt das Lager, das Cooks Wissenschaftler in Port Jackson an der Botany Bay aufschlugen. Die Forscher konnten trotz der Feindseligkeit der Einheimischen eine große Anzahl neuer Pflanzen sammeln.*

stimmten Befürworter wie Gegner dieser Theorie überein.
Die Rückkehr von Kapitän Wallis aus dem Pazifik zerstreute die letzten Zweifel, eine weitere Expedition auszusenden, denn hinter Tahiti hatte Wallis am Horizont eine gewaltige Gebirgskette gesehen. In Wirklichkeit hatten Wolken ihn getäuscht, die im Sonnenlicht wie Gebirge aussahen, doch wurde sein Bericht überall beachtet. Nun mußte nur noch entschieden werden, wer die neue Expedition leiten sollte.
Im Vergleich zu den anderen Kandidaten hatte James Cook nur einen Nachteil: die fehlende aristokratische Abstammung. Aufgrund seiner Verdienste, seiner kartographischen Fähigkeiten und der Fürsprache einiger einflußreicher Persönlichkeiten, die ihn während der Operation in Kanada schätzen gelernt hatten, fiel die Wahl auf ihn. Pragmatismus hatte über Standesdenken gesiegt, die Admiralität betraute ihn mit der Mission und erhob ihn in den Rang eines Leutnants.
Cook kümmerte sich persönlich um die Vorbereitungen. Das für diese schwierige Aufgabe ausgewählte Schiff war eines der Kohlenschiffe, mit denen er an der englischen Küste gefahren war. Am 2. April 1768 kam die „Whitby Cat“ *Earl of Pembroke* in Deptford ins Trockendock, um für die Fahrt umgerüstet zu werden. Einige Monate später verließ ein hervorragendes Expeditionsschiff das Dock und wurde auf den angemesseneren Namen *Endeavour* („Anstrengung“) umgetauft. Außer der Mannschaft – Männer unter 30 Jahren – fuhren der Astronom Charles Green, die beiden Zeichner Sidney Parkinson und Alexander Buchan sowie Joseph Banks und Daniel Carl Solander auf der *Endeavour* mit. Banks war ein junger Naturforscher, dessen Jahreseinkommen von 6000 £ (die *Endeavour* hatte 2800 £ gekostet) es ihm erlaubte, sich ganz der Wissenschaft, besonders der Botanik, zu widmen. Banks nahm an der Expedition als Mitglied der Königlichen Gesellschaft teil, deren Präsident er später werden sollte.

163 oben *Dieser Vogel mit den scharlachroten Schwanzfedern wurde an der neuseeländischen Küste gefangen. Sobald Parkinson seine Arbeit beendet hatte, wurden die Vögel für die weitere Forschung in England in Alkohol konserviert.*

163 Mitte *Diese Zeichnung stammt aus der Sammlung von 1300 Zeichnungen, die Parkinson im Auftrag des britischen Naturkundlers Joseph Banks anfertigte.*

163 unten links *Dieses Aquarell zeigt einen neuseeländischen Skorpionfisch.*

163 unten Mitte *Dieser Barsch* (Variola louti) *wurde, vermutlich von Parkinson selbst,* Perca loutis *genannt.*

163 unten rechts *Sobald frisch gefangene Fische auf die* Endeavour *gebracht wurden, notierte Parkinson akribisch ihre Eigenschaften, bevor die Verwesung in dem schwülen Tropenklima einsetzte. Hier ist ein Skorpionfisch abgebildet.*

Der Schwede Solander hatte bei dem berühmten Carl von Linné studiert. Wenn auch Banks die wissenschaftliche Leitung hatte, so war Solander doch die größere wissenschaftliche Autorität.
Besondere Aufmerksamkeit widmete Cook dem Proviant. Es ging nicht nur darum, eine ausreichende Menge für hundert Mann und zwei Jahre an Bord zu nehmen, sondern auch eine gesunde, abwechslungsreiche Kost zu bieten, die die Leute vor Skorbut, dem Fluch langer Seereisen, bewahren sollte. So waren unter den Nahrungsmitteln, die die *Endeavour* mitnahm, große Mengen Gemüse. Cook achtete streng auf Hygiene an Bord und richtige Ernährungsweise. Dank dieser Bevorratung, ständiger Neuproviantierung mit frischem Gemüse und dem überall zu findenden Löffelkraut *(Lepidium oleracum)* erkrankte niemand an Skorbut. Dabei hatte Cook nichts Neues entdeckt; er hatte diesem Problem nur die nötige Aufmerksamkeit geschenkt und es mit den damaligen Kenntnissen gelöst.
Am Nachmittag des 2. August 1768 machte die *Endeavour* vom Kai in Plymouth los und nahm Kurs auf Madeira und die Einsamkeit des Atlantik. Nach einem heiklen Zwischenstop in Rio de Janeiro, wo ein britisches Schiff zwangsläufig den Verdacht der portugiesischen Behörden weckte, erreichte die *Endeavour* ohne weiteren Verzug den Pazifik. Nun begann die eigentliche Expedition. Cook steuerte die Küste von Feuerland an, um frisches Wasser und Feuerholz an Bord zu nehmen. Er wollte auf jeden Fall dort festmachen und ging mit Solander auf die Suche nach Pflanzen. Die Leute wurden von einem Schneesturm überrascht, und zwei schwarze Diener von Banks, die vermutlich betrunken im Freien schliefen, erfroren.
Bei der Weiterfahrt erleichterten günstige Winde die Umsegelung von Kap Hoorn und den weiteren Kurs nach Nordwesten. Cook hielt diesen Kurs bei, um die Existenz des südlichen Kontinents zu bestätigen, der nach den Karten ganz in der Nähe liegen sollte. Die Länge der Wellen und das Fehlen von Strömungen führten Cook jedoch zu der Annahme, daß es in weitem Umkreis kein Land gab, und er nahm deshalb Kurs auf Tahiti. Die charakteristischen Berge der Insel kamen am 11. April in Sicht. Zwei Tage später ankerte die *Endeavour* in der großartigen Matavai-Bucht. Die Tahitianer empfingen die Besucher und brachten Waren und Nahrung zum Tauschen. Sie waren auf alles aus Metall an Bord so begierig, daß Cook Wachen aufstellen

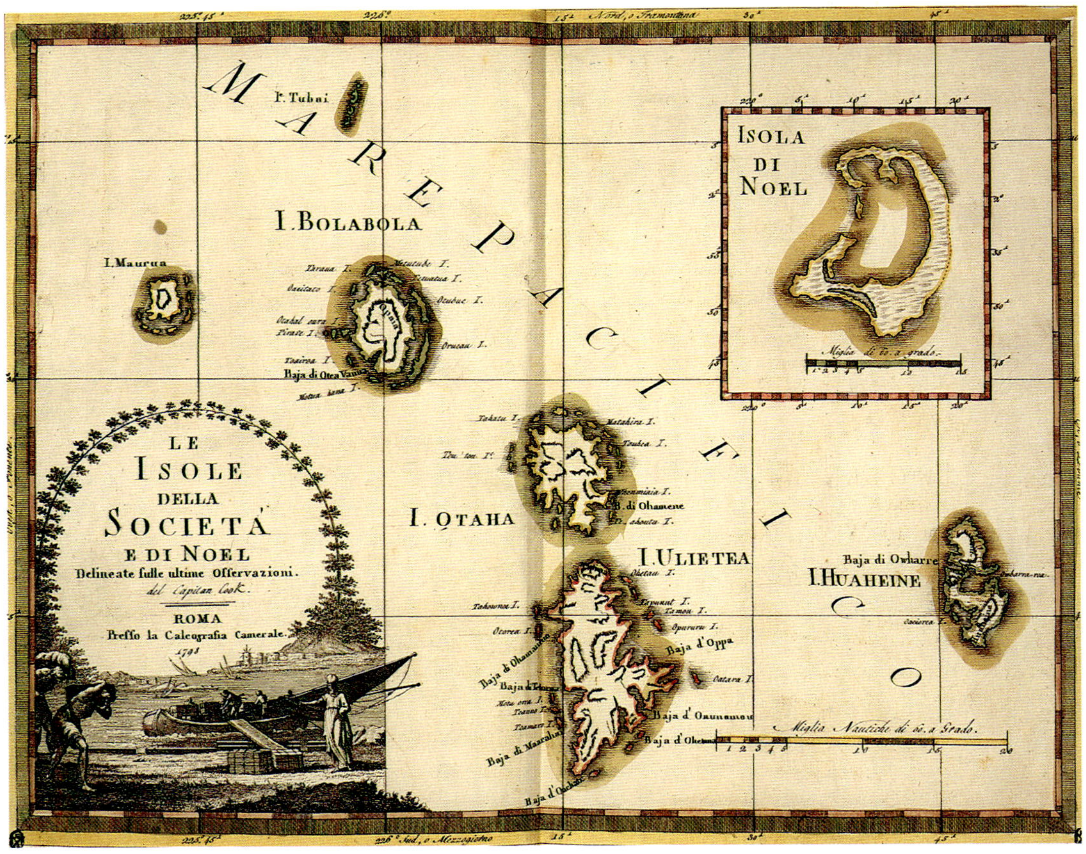

164 oben *Diese Karte der Gesellschaftsinseln stammt aus dem Universal-Atlas, Rom 1798. Mit dem kompetenten einheimischen Führer Tupaia verließ Cook Tahiti in westlicher Richtung und erreichte eine unbekannte Inselgruppe, die er Gesellschaftsinseln nannte, weil „sie innerhalb einer Korallenriffkette so eng beieinander liegen".*

164-165 *„Die Insel O-Taiti wurde von Kapitän Cook entdeckt." Doch tatsächlich erreichte der Engländer Samuel Wallis 1767 als erster Europäer Tahiti. Cook landete erst einige Jahre später auf der Insel; er wollte dort eine der seltenen Venuspassagen vor der Sonne beobachten.*

mußte, damit nicht alles gestohlen wurde, was nicht niet- und nagelfest war. Die tahitischen Frauen waren den Fremden gegenüber nicht abgeneigt – für einen Eisennagel konnte man sich eine Nacht voller Freude kaufen.
Das Paradies der Südsee betörte die besten Männer, aber nicht James Cook: Nach dem ersten Diebstahl ließ er das Schiff befestigen und einen Beobachtungsposten aufstellen. So, schrieb er in seinem Tagebuch, seien sie „vollkommen sicher vor allem, was diese Menschen anstellen wollen". Doch waren seine Vorsichtsmaßnahmen vergeblich, Palisaden und Kanonen konnten die Diebe nicht abhalten. Sie stahlen Pistolen, eine bestickte Jacke von Banks, ein Fernrohr von Solander, den Tabakbeutel des Schiffsarztes und sogar die Strümpfe von Cook.
Eines Abends verschwand der wertvolle Quadrant der Expedition, der für die Beobachtung der Venus unentbehrlich war. Nun hatte Cook genug, und er beschloß, einen der Führer der Insel

165 oben *Diese Zeichnung von Sidney Parkinson zeigt eine Brotfrucht von Tahiti. Der Brotfruchtbaum* (Artocarpus altilis), *eine in Indien und Ozeanien vorkommende Spezies, produziert Früchte, die bis zu 12 kg schwer sein können; man kann daraus ein genießbares Mehl herstellen.*

165 unten *Die Bewohner von Tahiti waren überaus gastfreundlich und erwiesen ihren Gästen große Aufmerksamkeit. Leider kam es mehrmals zu Spannungen, als sie ihre Neigung zu Stehlereien auslebten und Cooks Geduld überstrapazierten.*

als Geisel zu nehmen, bis das Instrument wieder auftauchte. Die Lage drohte in offene Feindseligkeit umzuschlagen, doch Banks fand den Quadranten, und die Sache ging noch einmal gut aus. Der prominente Gefangene war überzeugt, dem Tod nur durch ein Wunder entronnen zu sein, und schenkte dem Kapitän zwei Schweine. Cook war über die tahitianischen Sitten völlig perplex.
Am 3. Juni 1769 waren alle Vorbereitungen zur Beobachtung des langer-

warteten Durchgangs der Venus getroffen. Trotz sengender Hitze und einem auftretenden Halo konnten die Messungen erfolgreich durchgeführt werden. Später erwiesen sich die Berechnungen zwar als ungenau, doch hatte Cook damit den ersten Teil der Mission abgeschlossen.
Während arbeitsintensiver Reparaturen am Schiff kartographierte Cook die Insel, und die Zeichner und die Naturforscher setzten ihre Arbeit fort. (Buchan war allerdings einige Tage nach der Ankunft auf Tahiti gestorben.) Parkinson zeichnete hervorragende Aquarelle der Inselflora- und fauna. Die Erforscher waren erstaunt über riesige Steinfiguren, die *Marae*, die religiösen Zwecken dienten; eine davon war 80 Meter lang und 21 Meter breit. Cook beschrieb in seinem Tagebuch alle Aspekte des Lebens und der Gesellschaft der Tahitianer und bewunderte ihre großen seetüchtigen Kanus und ihre aus Pflanzenfasern gewobene Kleidung. Das Essen war ausgezeichnet, und Cook entdeckte, daß Hundefleisch richtig zubereitet „fast so gut wie englisches Lamm" schmeckt.
Das Leben auf Tahiti mit seinen vielen Feiern und Festessen war sehr angenehm, und die Mannschaft war über die Weiterreise überhaupt nicht glücklich. Cook mußte nach zwei Seeleuten suchen, die sich ins Inselinnere davongemacht hatten, um bei ihren Geliebten auf der Insel bleiben zu können. Cook war über die sexuelle Leidenschaft seiner Leute beunruhigt, da Geschlechtskrankheiten übertragen wurden. Vielleicht hing die Ansteckung nicht direkt damit zusammen, doch er vermerkte verbittert, daß „dies für die vielen, die an einer solchen Krankheit leiden, kaum ein Trost ist. Wenn sich die Krankheit über die Südseeinseln ausbreitet, ist das eine ewige Schande für diejenigen, die sie eingeschleppt haben."
Am 13. Juli 1796 verließ die *Endeavour* die Matavai-Bucht mit einem zusätzlichen Passagier: Tupaia war einer der Inselhäuptlinge, und seine profunde Kenntnis der See würde eine große Hilfe für den Expeditionsführer sein. Tupaia leitete die *Endeavour* zu Inseln, die den Europäern noch nicht bekannt waren, von Bora Bora nach Rurutu auf den Gesellschaftsinseln. Cook fuhr noch weiter südwärts, bis er den 40. Breitengrad erreichte. Doch dort war keine Spur des südlichen Kontinents festzustellen, nicht einmal eine Insel unterbrach das endlose Blau des Meeres.
Die *Endeavour* ging auf Westkurs. 1642 hatte der Holländer Abel Tasman ein neues Land entdeckt, eine große

166 *Hier wird eine tahitische Tänzerin in idealisierter Form dargestellt. Die Insel Tahiti wurde für alle Pazifikfahrer zum Klischee für eine paradiesische Welt. Dieses Bild wurde bei Cook allerdings zerstört, als er ohnmächtig mitansehen mußte, wie seine Leute dort Geschlechtskrankheiten verbreiteten.*

167 oben *Diese Zeichnung von John Weber, dem Künstler auf der* Resolution, *zeigt die Vorbereitungen für ein Menschenopfer auf Tahiti. Cook hatte bei seinem dritten Aufenthalt auf Tahiti die Gelegenheit, solche Zeremonien zu sehen. 49 Schädel waren auf einem Sockel angeordnet. Diese Riten waren für ihn unverständlich, doch waren „die Mysterien fast aller Religionen sehr obskur und kaum verständlich – sogar für diejenigen, die sie praktizieren".*

Insel, deren Westküste er erforscht hatte: Neuseeland erschien auf den Karten mit einer vagen Form, eigentlich nur eine Linie, die im Nichts begann und aufhörte. Cook erforschte sechs Monate lang genauestens die zergliederte Küste über eine Länge von fast 4000 Kilometern. Dies war eine Meisterleistung von Cook. Trotz beträchtlicher logistischer Schwierigkeiten umsegelte er die Nordinsel und gelangte in die Cookstraße, die noch heute seinen Namen trägt, wandte sich südwärts, umsegelte das Südkap und folgte der Küste in die Tasmansee. Die *Endeavour* segelte eine Strecke, die einer Acht glich, rund um Neuseeland und zeigte dabei, daß es aus zwei und nicht aus einer Insel bestand und keineswegs ein neuer Kontinent war.
Die einheimischen Maori unterschieden sich sehr von den friedlichen Tahitianern, und Cooks Zusammentreffen mit ihnen verliefen nie ohne Probleme. Sobald sich die *Endeavour* der Küste näherte, war sie sofort von einer Flotte umzingelt, deren Boote bis zu hundert Krieger aufnehmen konnten. Ihre Buge waren verziert mit „einer seltsamen Figur eines Mannes mit angsteinflößendem Gesicht, dessen riesige Zunge

aus dem Mund hing und dessen große weiße Augen aus Muscheln bestanden". Der Kriegstanz der Maori, eine Art Pantomime mit seitlichen Sprüngen, Grimassen und bedrohlichen Gesängen, sowie die Zurschaustellung von Waffen und Tätowierungen waren deutliche Zeichen für ihre Feindseligkeit den Fremden gegenüber.
Mehr als einmal mußte Cook Gewalt anwenden, und viele Maori verloren ihr Leben. Trotzdem finden sich keine Andeutungen von Verbitterung im Schiffstagebuch. Für Cook waren die Maori ein stolzes Volk, das nicht betrog, leider aber kannibalistisch veranlagt war. Neuseeland war ein Land von außergewöhnlicher Schönheit, und Cook mußte den Forscherdrang von Banks zügeln, der unbedingt das Inselinnere erforschen wollte. Denn der Expeditionsleiter hatte andere Vorstellungen, und sein Pflichtgefühl ließ ihn wieder auf Westkurs in Richtung der unbekannten Ostküste Australiens gehen.
Ende März 1770 verließ die *Endeavour* Neuseeland, durchquerte die Tasmansee und erreichte die australische Küste. Banks hatte sicher noch die üppigen Wälder Neuseelands im Kopf, denn seine ersten Eindrücke des neuen Landes waren nicht sehr positiv: „Dieses Gebiet erinnert mich an den Rücken einer dürren Kuh ... bei der die mageren Knochen an den Flanken weit herausstehen."
Ein paar Tage später ging die *Endeavour* in einer Bucht vor Anker, an der heute die Vororte von Sydney liegen. Endlich konnte Banks seinen Forscherdrang zufriedenstellen; er sammelte und preßte Musterpflanzen der hier so variantenreichen Flora. Wegen des großen Pflanzenreichtums wurde die

167 Mitte links *Ataongo – Cook nannte ihn Otaga – war ein Tongatapu-Adliger. Cook war von der Vegetation auf Tonga begeistert und bewunderte die Menschen: „Es schien mir, als ob ich auf dem fruchtbarsten Boden Europas wäre", schrieb er. „Kein Quadratmeter blieb unbestellt. Keine Einzäunung beanspruchte mehr als zehn Zentimeter, und selbst diese Fläche wurde noch mit Obstbäumen und Baumwolle bepflanzt."*

167 Mitte rechts *Otoo, ein bedeutender tahitischer Führer, hier von William Hodges porträtiert. Cook kam auf seiner zweiten Reise (1772–1775) wieder nach Tahiti und schloß bei dieser Gelegenheit Freundschaft mit Otoo, der für ihn ein ehrenwerter Mann war. Um die Gastfreundschaft zu erwidern, veranstaltete Cook Feuerwerke, die Otoo mit „großer Befriedigung" betrachtete.*

167 unten *Cooks Tagebuch, Tahiti, Donnerstag, 26. Mai 1774: „Mr. F. sah auf einer seiner botanischen Expeditionen eine Stelle, wo Hunde begraben wurden und die die Einheimischen ‚Marai no to ore' nennen. Aber ich glaube nicht, daß dies Sitte ist, denn wenige Hunde sterben hier einen natürlichen Tod, da sie gegessen werden. Trotzdem sehe ich nicht ein, daß der Lieblingshund einer Lady nicht wie in England ein angemessenes Begräbnis bekommen sollte."*

168 links *Karte von Neuseeland aus dem Universal-Atlas, Rom 1798. Die Aufnahme der komplizierten Küstenlinie war für Cook eine sechsmonatige harte Arbeit – sein Meisterstück. Cook fuhr mit der* Endeavour *gewissermaßen in einer Acht um die Inseln und zeigte so, daß der vermutete südliche Kontinent nicht existierte.*

168 oben und rechts *Einwohner von Neuseeland in einer zeitgenössischen Porträtreihe. Trotz der Feindseligkeit der Maori gegenüber der* Endeavour *hielt Cook sie nicht für schlecht, sondern für ein stolzes Volk. Er beobachtete genau ihre Sitten und Bräuche, insbesondere ihre Tätowierungen, die sehr kunstfertig waren.*

Bucht Botany Bay (Botanikbucht) genannt. Cook traf hier zum ersten Mal Aborigines, die er als „schüchterne, friedliche Menschen" einschätzte.
Die Weiterreise an der Küste verlief ohne Zwischenfall bis Kap Capricorn, wo die Untiefen des Großen Barrier-Riffs beginnen. Dort, nördlich des Vorgebirges, das Cook „Kap Drangsal" (Cape Tribulation) nannte, lief die *Endeavour* Gefahr zu sinken. Doch dies war der einzige gefährliche Augenblick auf der gesamten dreijährigen Reise. Während der langwierigen Reparatur des Schiffes setzten die Erforscher ihre Arbeit fort. Sie sammelten Tausende von wissenschaftlichen Mustern; 1300 davon waren bisher unbekannte Arten. Anfang Oktober erreichte die *Endeavour* mit ihrer wertvollen Fracht Batavia, das heutige Jakarta. Das Schiff war in einem schlechten Zustand und die Mannschaft am Ende ihrer Kräfte. Cook war gezwungen, zwei Monate in Batavia zu bleiben. Das ungesunde Klima dieser Insel, Malaria und Dysenterie machten den Leuten schwer zu schaffen. Sechs Mann starben in dieser Zeit, und einige überlebten die Atlantikdurchquerung nicht mehr.
Am 10. Juli 1770 kam endlich die englische Küste in Sicht. Bevor er sich Ruhe gönnte, übergab Cook das Schiffstagebuch und seine Karten der Admiralität; in einer Fußnote war angemerkt, wie man das Wissen über den Pazifik künftig erweitern könne: „So werden dann die Entdeckungen in der Südsee abgeschlossen." In London empfing man die Erforscher wie Helden. Banks nutzte die Gunst der Stunde zu seinem Ruhm: Zwischen Empfängen und Konferenzen gab er seiner Verlobten den Laufpaß und setzte sich als der große Erforscher ins Rampenlicht. Der Ruhm war ihm zu Kopf gestiegen. Cook wurde in den Kapitänsrang versetzt und erhielt eine Audienz am Hof. Die Admiralität wollte ihm so zeigen, daß er seine Aufgabe nicht besser hätte erfüllen können und daß man seine Vorschläge bezüglich neuer Entdeckungen im Pazifik aufgreifen wollte.
Einige Monate später wurde ihm das Kommando über eine neue Expedition übertragen, bei der er uneingeschränkte Vollmacht hatte. Die geheimen Aufträge bezogen sich auch diesmal auf den sagenhaften südlichen Kontinent. Cook sollte ein für alle Mal seine Exi-

169 oben *Diese Maori-Festung lag an der neuseeländischen Küste. Cook bewunderte die effiziente Verteidigung der Maori-Dörfer, die auf hohen Küstenfelsen lagen und von Gräben und Palisaden umgeben waren. „Was die Natur nicht tat, haben die Menschen getan", schrieb er.*

169 unten *Cook versuchte immer, Konflikten mit den Bewohnern des Pazifiks aus dem Weg zu gehen, indem er deren Rechte achtete. Für seine Zeit waren seine einsichtigen Worte bemerkenswert: „Wir wollen versuchen, bei ihnen friedlich zu landen. Wenn das möglich ist, wird alles gut gehen. Andernfalls landen wir unter Einsatz unserer Waffen. Doch wie können diese Menschen uns dann anders denn als Invasoren ihres Landes sehen?"*

170 oben *Karte von Neu-Holland und Neuguinea aus dem Universal-Atlas, Rom 1798. Während der Fahrt entlang der australischen Küste lief die* Endeavour *in dem Labyrinth von Kanälen und Korallen des großen Barrier-Riffs (auf der Karte „il Laberinto") auf Grund. Nur durch Cooks Geschick und Geistesgegenwart konnte das Schiff gerettet werden.*

171 oben *Dieses Bild zeigt einige Tiere aus Neu-Holland. Das erste Känguruh* (Macropus canguru) *wurde von den Wissenschaftlern der* Endeavour *im Juli 1770 an der australischen Ostküste gefangen. Cook beschrieb das Tier: „Mit Ausnahme des Kopfes und der Ohren, die denen eines Hasen gleichen, hat es keinerlei Ähnlichkeit mit anderen europäischen Tieren, die ich kenne." Das Känguruh-Fleisch schmeckte „exzellent".*

170 unten *Cooks erstes Zusammentreffen mit den Bewohnern Australiens fand im April 1770 in der Botany Bay nahe der heutigen Stadt Sidney statt, die ihren Namen von der Pflanzenvielfalt hat. Die Aborigines warfen Speere auf die Eindringlinge und zogen sich in den Busch zurück. Das war alles. Cook schloß daraus, daß die Australier nicht feindlich gesonnen waren, sondern nur in Ruhe gelassen werden wollten.*

stenz beweisen, indem er zu den extremsten Breiten der südlichen Hemisphäre segelte. Das Gerede über eine *Terra Australis* sollte beendet werden, indem Cook die Antarktis umrundete. Für dieses Unternehmen erhielt er zwei Schiffe, die wie die *Endeavour* in der Werft von Whitby gebaut worden waren. Man scheute keine Kosten bei der Ausrüstung der *Adventure* und der *Resolution.* Unter den wissenschaftlichen Geräten der Expedition war eine wichtige Neuerung, ein Exemplar des berühmten Chronometers Nr. 4 von Harrison. Hiermit würde das Problem der Berechnung des Längengrads endgültig gelöst werden. Mit diesem hochentwickelten Gerät ließ sich die Zeit exakt messen, auch wenn die Temperatur schwankte und das Schiff stark schaukelte. Um den Längengrad zu

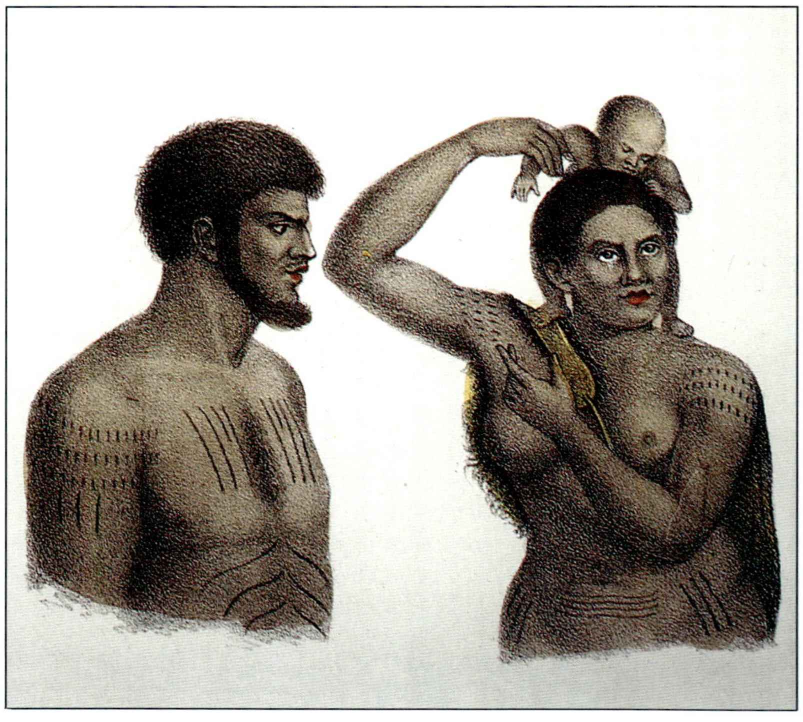

171 Mitte *Kriegs- und Jagdwaffen der australischen Aborigines. In seinem Tagebuch beschrieb Cook verschiedene Speer- und Lanzenarten, die mit Holzspitzen, Dornen und Haifischzähnen versehen waren. Die Speere konnten, mit großer Kraft geworfen, „ein Ziel in 40 bis 50 m Entfernung fast genauso genau treffen wie wir mit einer Flinte".*

messen, mußte man nur die Ortszeit mit der Zeit von Greenwich vergleichen. Cook wurde auf dieser Fahrt begleitet von dem Maler William Hodges und zwei deutschstämmigen Naturforschern, Reinhold und Georg Forster. Banks mußte in England bleiben, da seine Forderungen mit Cooks Organisationsplan nicht auf einen Nenner zu bringen waren.
Die *Resolution* und die *Adventure* verließen England am 13. Juli 1772 mit Kurs auf Kapstadt. Weiter im Süden kamen die beiden Schiffe bald in die Nähe des Packeises. Es war bitterkalt, „fast konstant 15° unter Null", wie Cook vermerkte, so daß das Manövrieren unmöglich wurde. Segel und Taue froren fest, die Decks waren schneebedeckt. Von Land keine Spur: Riesige Eisberge trieben unheilvoll um die Schiffe, Vorboten gewaltiger Eismassen. Cook querte den südlichen Polarkreis, entschied sich dann aber zur Umkehr. Er nahm östlichen Kurs, soweit die Klimabedingungen es zuließen, und steuerte dann auf Neuseeland zu. In einer dichten Nebelbank verloren die beiden Schiffe den Kontakt, doch als Cook die Königin-Charlotte-Straße erreichte, fand er zu seiner Erleichterung die *Adventure* in geschützten Wassern, wo sie den Winter abwarten wollte.
Cook hatte jedoch andere Pläne: Er beschloß, alle Gegenden des Meeres zu durchkämmen, in denen möglicherweise der südliche Kontinent liegen könnte. Er segelte in einem kreisförmigen Kurs los, zunächst südwärts, dann nordwärts auf dem Kurs, den die *Endeavour* 1769 eingeschlagen hatte. Schließlich erreichte er Tahiti. Dort hatte sich inzwischen vieles geändert: Die alten Häuptlinge waren abgesetzt, und Nahrungsmittel waren knapp. Die beiden Schiffe konnten erst auf Tonga neuen Proviant an Bord nehmen. Am 3. November suchte Cook Schutz in Ship Cove, seiner Basis in Neuseeland, nachdem ein Sturm die beiden Schiffe wieder getrennt hatte. Die Zeit wurde knapp, der kurze südliche Sommer erlaubte keine Verzögerung.
Cook entschied sich daher, nicht auf die *Adventure* zu warten, und segelte südwärts. Unter beängstigenden Bedingungen, ohne ausreichende Kleidung und Ausrüstung segelte er entschlossen über den Polarkreis und erreichte 71° 10' südlicher Breite. Niemals zuvor war jemand ins antarktische Eis vorgedrungen, und niemand sollte es in den nächsten fünfzig Jahren riskieren. Vor dem Bug der *Resolution* trieben Eisberge, soweit das Auge reichte. Das blendende Weiß und die weiße Bewölkung erweckten den Eindruck, als ob sich das Packeis bis zum Südpol erstreckte. „Ich will nicht sagen, daß es unmöglich ist, irgendwo noch weiter nach Süden zu kommen, doch wäre ein Versuch ein gefährliches und tollkühnes Unternehmen ... Ich habe zwar den Ehrgeiz, weiter als alle anderen vor mir und soweit es menschenmöglich ist zu kommen, doch kam mir dieses Hindernis nicht ungelegen, so daß wir in gewissem Sinne gar nicht weiterkonnten."
In den folgenden Monaten fand Cook Dutzende von Inseln und verzeichnete ihre genaue Lage auf seinen Karten. Von der Oster-Insel segelte er wieder nach Tahiti und Tonga. Im Juli 1774 sichtete er die Neuen Hebriden, eine Inselgruppe vulkanischen Ursprungs, die bereits bekannt war, aber so gut

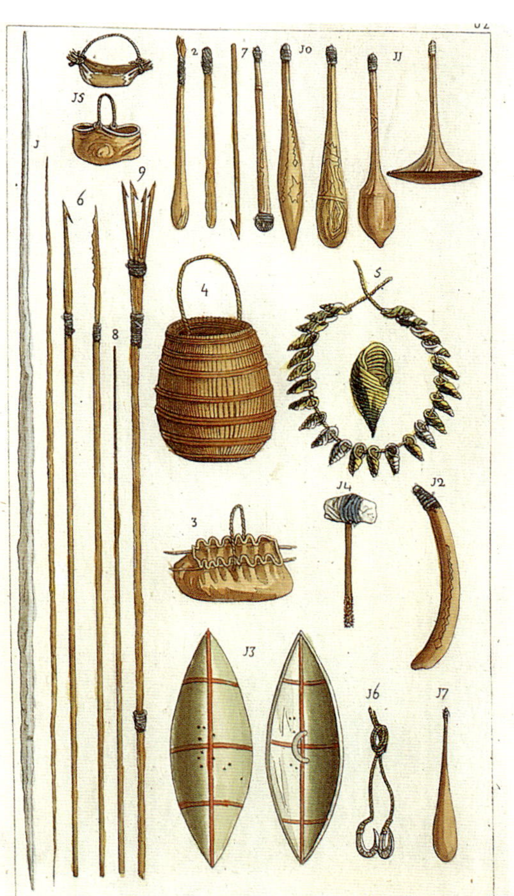

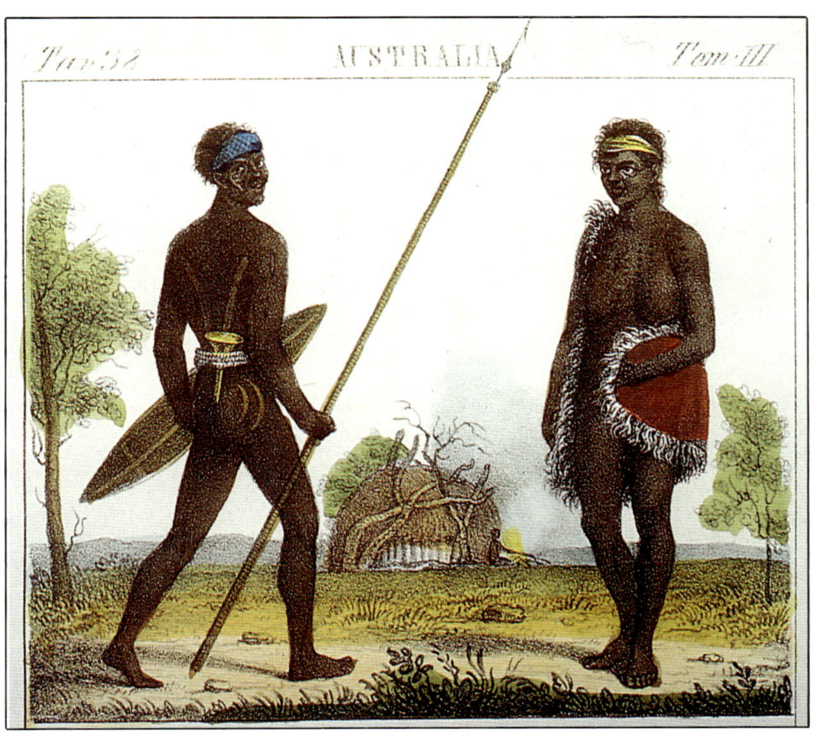

171 unten *„Die Eingeborenen von Neu-Holland mögen als das unglücklichste Volk der Welt erscheinen; in Wirklichkeit sind sie aber weitaus zufriedener als wir Europäer. Sie kennen keinen Überfluß ... Alles, was wir ihnen gaben, schien für sie wertlos, und sie wollten für die Dinge, die wir ihnen anboten, nichts von ihren Dingen hergeben."*

wie unerforscht. Die Inselbewohner verhielten sich der britischen Expedition gegenüber feindselig. Man hielt Cook und seine Leute für übernatürliche Wesen, die weißen Geister der Vorfahren der Inselbewohner, die man unter allen Umständen abwehren sollte. Cook mußte Schußwaffen einsetzen, um den Angriff zu erwidern; vier Einheimische verloren dabei ihr Leben. Hier traf Cook zum ersten Mal auf mythischen Glauben – das zweite Mal auf Hawaii sollte tödlich enden. Am 19. Oktober kehrte die *Resolution* wieder zu ihrer Basis Ship Cove zurück. Fünf Wochen, nachdem Cook von Neuseeland abgesegelt war, kam Kap Hoorn in Sicht. Cook unternahm eine letzte, erfolglose Suche und kam zu dem Schluß, daß, falls die *Terra Australis* überhaupt existierte, sie unbewohnbar und, soweit es ihn betraf, unzugänglich war.

Kurz bevor er Kapstadt erreichte, erfuhr Cook von einem holländischen Schiff, daß die *Adventure* schon vor einem Jahr zurückgekehrt war, nachdem die Maori viele getötet hatten. Am 30. Juli 1775 kehrte auch die *Resolution* nach England zurück. Cook wurde eine Berühmtheit. Er war am Hof gern gesehen; man gab ihm eine stattliche Pension und verlieh ihm einige Ehrentitel. Er war nun 47 Jahre alt, und 30 Jahre davon hatte er auf See verbracht. Er hätte mit dieser Karriere zufrieden sein können. Doch begann er sich zu langweilen und in der englischen Gesellschaft eingeengt zu fühlen. Als er gefragt wurde, ob er an einer neuen Expedition teilnehmen wolle, war die Antwort klar. Dieses Mal ging es um die berühmte Nordwest-Passage, die einen neuen Seeweg zwischen dem Pazifik und dem Atlantik ermöglichen würde, einen direkten Zugang zu den Reichtümern des Ostens. Wo so viele gescheitert waren, würde Cook sicherlich Erfolg haben. Das Unmögliche zu versuchen, war genau das richtige für ihn.

Cook steuerte seine Schiffe, die *Resolution* und die *Discovery*, entlang bewährter Routen nach Neuseeland, Tonga und Tahiti. Als er feststellte, daß

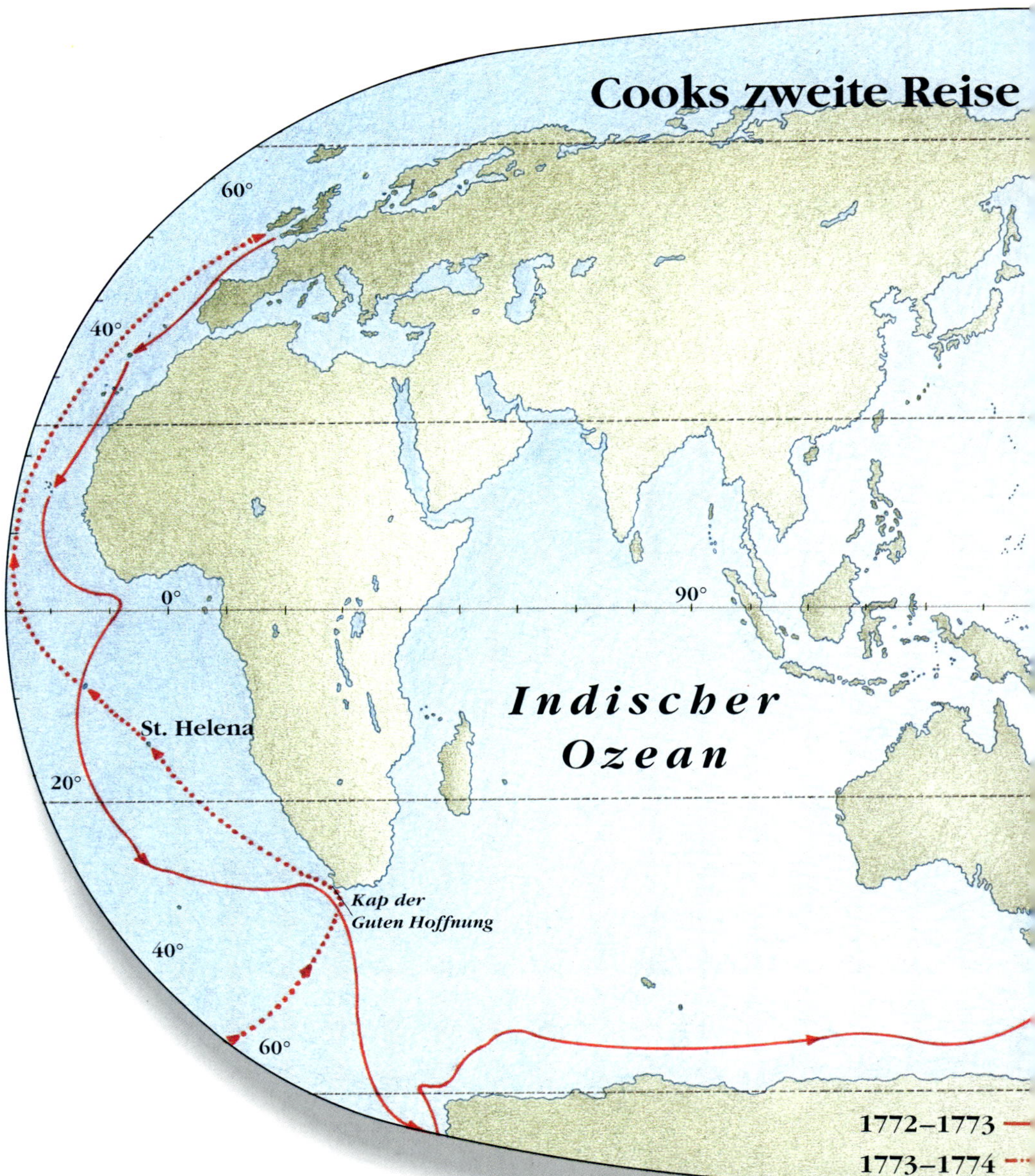

172 oben *Januar 1773: Cooks Schiffe sind nahe der Antarktis und nehmen Eis als Süßwasserquelle auf. Das Eis wurde mit Äxten zerkleinert, um den Transport zu erleichtern. In wenigen Stunden bunkerte man 24 Tonnen. „Das Eis schmilzt nur sehr langsam", beobachtete Cook. „Sonst wäre das die schnellste Art, neues Frischwasser an Bord zu nehmen."*

172 unten *Die* Adventure *und die* Resolution, *gemalt von William Hodges, liegen in der Matavai-Bucht vor Tahiti vor Anker. Die Bucht war von Wallis, dem Entdecker von Tahiti, Port Royal genannt worden, doch bevorzugte Cook, als er sie als Ankerplatz wählte, den auch heute gebräuchlichen einheimischen Namen.*

er vor dem Polarwinter nicht mehr genug Zeit hatte, beschloß er, im günstigen Tropenklima abzuwarten. Zum ersten Mal wurde Cook bequem, er war nicht mehr der eiserne Kapitän von früher. Auch war er gesundheitlich angeschlagen; offensichtlich litt er an einer nicht diagnostizierten Krankheit. Wie auch immer – die Expedition verließ die Gesellschaftsinseln erst im Dezember 1777, fast ein Jahr, nachdem man von Plymouth losgesegelt war. Zum ersten Mal passierte Cook den Äquator im Pazifik und gelangte in unbekannte Regionen. Er nahm Kurs auf Nordamerika und war überrascht, unterwegs eine unbekannte Inselgruppe zu entdecken: Er hatte die Hawaii-Inseln gefunden, die er Sandwich-Inseln nannte.

Die Einheimischen empfingen ihn überaus freundlich. „Alle warfen sich auf den Boden und blieben in dieser demütigen Stellung, bis ich sie aufstehen hieß." Von Hawaii aus erreichten die *Resolution* und die *Discovery* die amerikanische Küste beim heutigen Staat Oregon, der sie nach Norden nach Alaska und in die Beringstraße folgten. Bei 70° nördlicher Breite machte den Schiffen das Eis zu schaffen, und nach einer erfolglosen Erkundung eines Fjords beschloß Cook, auf den Hawaii-Inseln den Winter abzuwarten.

Am Morgen des 26. November 1778 tauchten die Berge der Insel Maui am Horizont auf. Aus unbekannten Gründen wollte Cook dort jedoch nicht vor Anker gehen, sondern segelte zwei Monate lang durch die Inselgruppe. Die Mannschaft war erschöpft, und Cooks Sturheit hätte fast eine Meuterei provoziert. Doch mußten die Schiffe dringend repariert werden, und so ging man in Begleitung von Hunderten von Kanus in der Kelakekua-Bucht vor Anker.

Cook war in schlechter Stimmung. Doch die Hawaiianer behandelten ihren Gast wie einen Gott: Sie veranstalteten Zeremonien zu seinen Ehren. Cook verschenkte wertlose Dinge und erhielt großzügige Geschenke – zu viele: Er bemerkte, daß er den lokalen

173 *Eine Flotte von Kriegskanus vor Tahiti, gemalt von William Hodges. Als Cook im April 1774 auf Tahiti landete, war er überrascht, daß er von einer großen Kriegsflotte empfangen wurde. Die über 300 Kanus waren „mit Flaggen und Bannern geschmückt", einige davon waren so lang wie die* Endeavour. *Cook schätzte, daß nicht weniger als 7700 Soldaten an Bord waren, die mit Speeren und Keulen bewaffnet und in voller Kriegstracht waren.*

Handel durcheinander brachte, und deshalb sowie möglicherweise aus uns unbekannten Gründen beschloß er, die Insel zu verlassen.

Drei Tage später mußte die *Resolution* mit einem gebrochenen Mast in die Kelakekua-Bucht zurückkehren. Dieses Mal waren die Einheimischen feindselig: Sie bestahlen die Expedition, und schließlich verschwand ein Walfangboot. Cook war darüber so verärgert, daß er mit einer Gruppe bewaffneter Männer an Land ging, um den Stammeshäuptling festzunehmen, bis das Boot zurückgegeben würde.

Die Situation geriet außer Kontrolle, als Tausende bewaffneter Hawaiianer sich dem Engländer in den Weg stellten. Cooks Leute eröffneten daraufhin das Feuer. Die Befehle des Kapitäns gingen unter in einem Großangriff, bei dem vier Seeleute und einige Hawaiianer getötet wurden. Cook selbst wurde während des Gemetzels erschlagen. Dies geschah am 14. Februar 1779. Um Cooks Leiche von bösen Geistern zu befreien, zerstückelten die Einheimischen die Leiche und verbrannten sie. Die Reste wurden Cooks Stellvertreter, Charles Clerke, übergeben, der sie auf See bestattete. Clerke steuerte die Schiffe durch die Beringstraße, starb auf der Rückreise nach England aber an Schwindsucht.

174 oben *Die Freundschaftsinseln aus dem Universal-Atlas, Rom 1798. Auf seiner dritten Reise erforschte Cook ausführlich das Gebiet um Tonga, bevor er Kurs auf den Nordpazifik nahm, um die Nordwest-Passage zu finden. Viele interpretierten dieses scheinbar nutzlose Zwischenspiel als ein frühes Symptom für die nachlassenden physischen und geistigen Kräfte des Entdeckers.*

174 unten *Cook landet auf der Insel Tonga, die schon Tasman 1643 besuchte. Cook war von der Liebenswürdigkeit der Tongaer überwältigt. Am 2. Oktober 1773 schrieb er in sein Tagebuch: „Wir wurden von den Schreien einer großen Menge von Männern und Frauen begrüßt. Keiner hielt einen Stock in der Hand; sie wollten uns Kleidung und Matten im Tausch gegen Nägel anbieten, und wir brauchten einige Zeit, bis wir überhaupt an Land konnten."*

COOKS TOD

Cooks Ankunft in der Kelakekua-Bucht Ende Dezember/Anfang Januar fiel zusammen mit *Makahiki*, dem feierlichen Neujahrsfest. In dieser Zeit erwarteten die Hawaiianer die Rückkehr des Gottkönigs Lono, dessen Erscheinen den Inseln Frieden und Wohlstand bringen würde. Cooks Schiffe segelten in der prophezeiten Richtung, gegen den Uhrzeigersinn, in die Bucht; die Bucht selbst war ein heiliger Ort. Außerdem war das Bildnis von Lono, eine Art verhülltes Kreuz, dem Aussehen der Schiffe mit ihren Masten und Segeln ähnlich. Es herrschte eine Idylle, und der Austausch der Geschenke unterstrich die rituelle Autorität des Gottkönigs. Cook war ein Gott, und wohin er auch immer ging, wurde sein Name von Herolden vorausgetragen. Cooks Abfahrt von der Kelakekua-Bucht erfolgte genau im richtigen Augenblick: Es war Zeit, daß Lono abreiste und die Obermacht über die Priester wieder vom Häuptling übernommen wurde.
In diesem Moment kam ein unerwarteter Faktor ins Spiel: Der Fockmast der *Resolution* brach, und Cook mußte umkehren. Das plötzlich Wiederauftauchen von Lono paßte nicht in das traditionelle Ritual; der Kriegsgott war wieder maßgebend. Lono war nicht mehr der Friedensstifter, und seine Anwesenheit droh-

175 oben *Karte der Neuen Hebriden und Neukaledoniens aus dem Universal-Atlas, Rom 1798. Die Neuen Hebriden an der kulturellen und ethnischen Grenze zwischen Polynesien und Melanesien waren von Menschen mit dunklerer Haut und ausgeprägteren Gesichtszügen als die Polynesier bewohnt. Neukaledonien war zu jener Zeit völlig unbekannt. Cook erforschte die Region genau und fertigte sehr genaue Karten von den größeren Inseln an.*

175 unten *Die Bewohner von Erromanga auf den Neuen Hebriden setzten sich gewaltsam gegen die Landung der britischen Forscher zur Wehr. Nachdem sie zur Aufnahme von Frischwasser und Nahrung hatten landen müssen, mußte Cook zu seinem Bedauern Schüsse abgeben, bei denen vier Menschen den Tod fanden.*

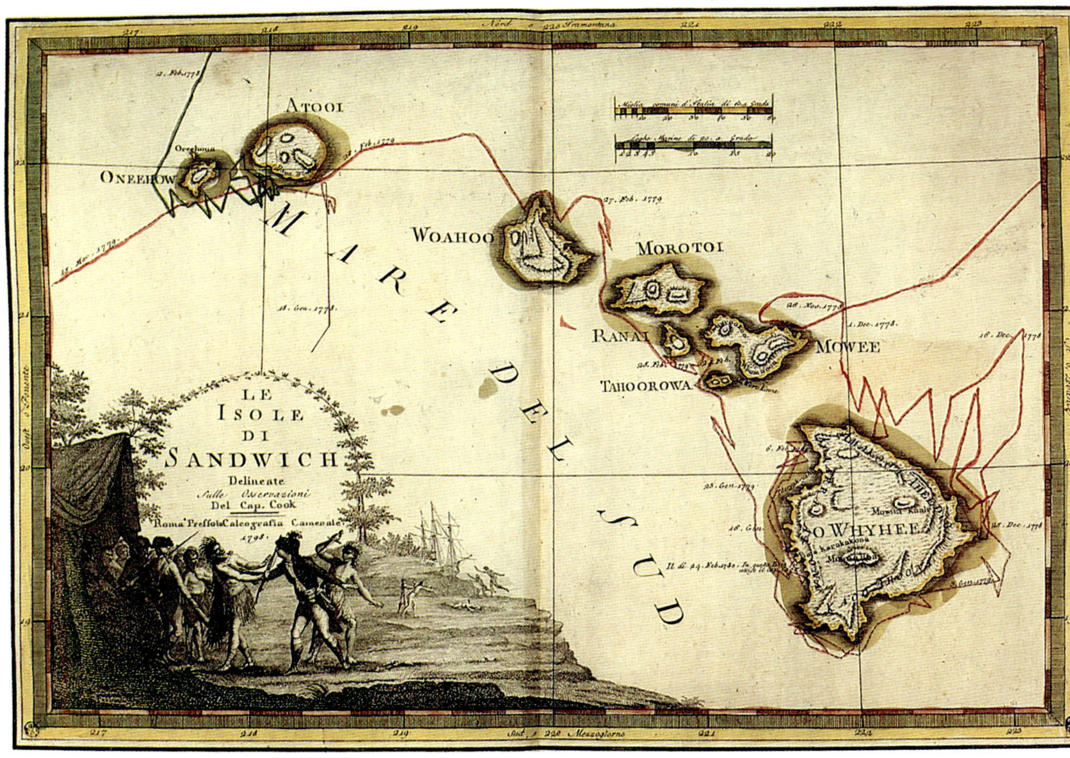

176 *Die Sandwich-Inseln, heute Hawaii, aus dem Universal-Atlas, Rom 1798. Die Hawaii-Inseln waren Cooks letztes Ziel. Er wurde bei einer Schlacht gegen die Hawaiianer am 14. Februar 1779 getötet. Am Ufer der Kelakekua-Bucht, wo sich das ereignete, steht ein Bronzedenkmal zum Gedenken an den Mann, der „weiter als jeder andere" vor ihm kommen wollte.*

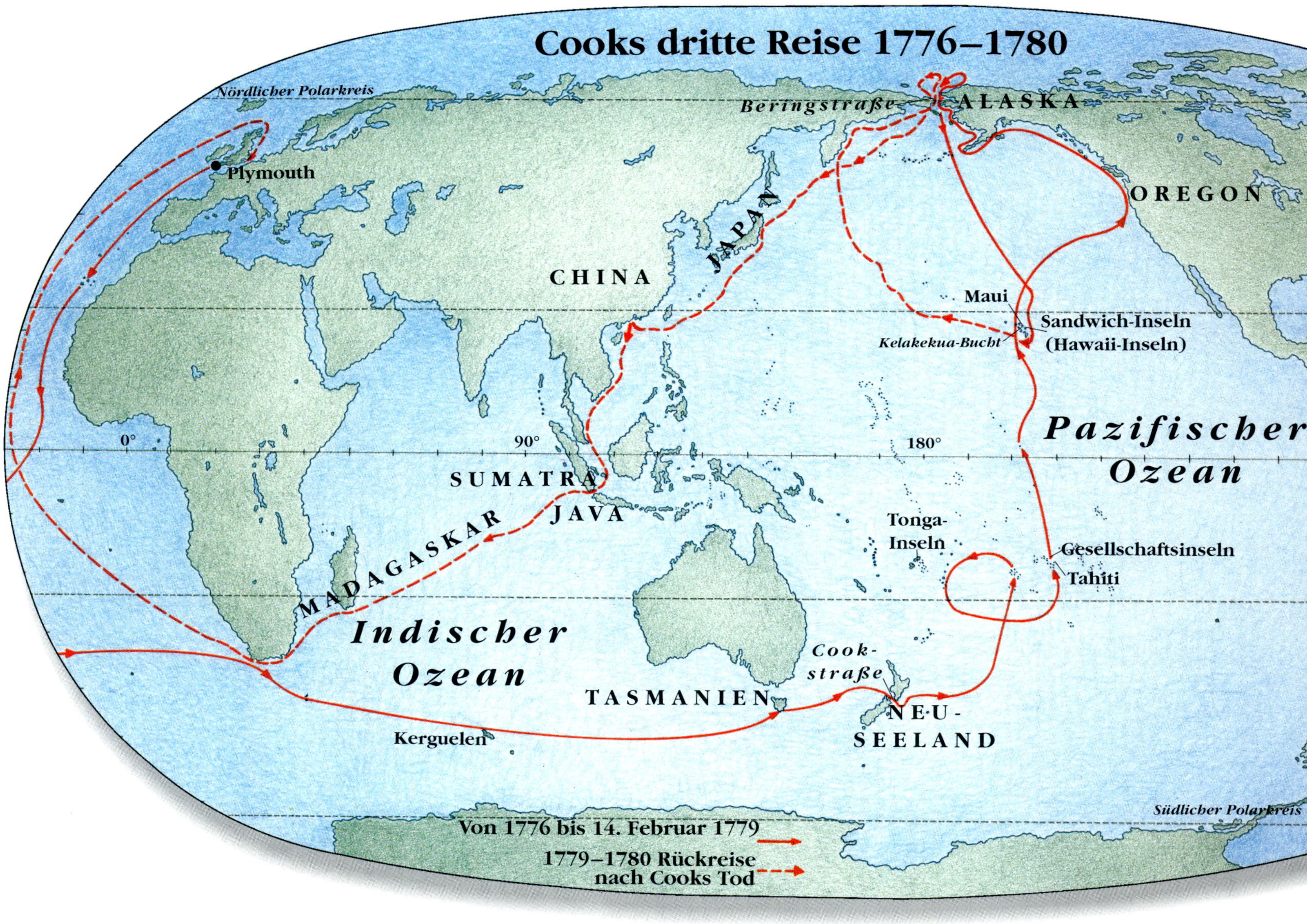

177 oben *Die Figur von Lono, dem Gott des Friedens und des Überflusses, überragt Cook, als er mit einigen hawaiischen Führern spricht. Die Einheimischen hielten seine Ankunft für die lang erwartete Ankunft von Lono und empfingen die Briten daher mit großer Freude. Cook kam während der Makahiki-Zeit, als das neue Jahr gefeiert wurde, aus der richtigen Richtung in der Kelakekua-Bucht an. Auch ähnelte die Takelage seiner Schiffe den Symbolen für den Gott. Damit nahmen die Ereignisse ihren fatalen Lauf.*

177 Mitte *Dieser Hawaiianer trägt eine rituelle Helm-Maske aus einem Kürbis, geschmückt mit Blättern und Zweigen der Korkeiche. Diese Aufmachung wurde vermutlich während der Feiern zu Ehren Lonos, des Gottes des Friedens und des Überflusses, verwendet.*

178-179 *In der „Tafel der Entdekkungen", die sich auf die Reisen von Cook und La Pérouse bezieht, sind die verschiedenen ethnischen Gruppen des Pazifikraumes eher frei nach der Phantasie dargestellt.*

te soziale Spannungen auszulösen. Sein ritueller Tod wurde daher unerläßlich. (Tatsächlich glaubten die Häuptlinge nach seiner Ermordung, Cook – also der Gottkönig Lono – werde im nächsten Jahr wieder zurückkehren.)

Hätte Cook nicht beschlossen, das gestohlene Walfangboot um jeden Preis zurückzuholen, so wäre vielleicht alles anders verlaufen. Doch hätten die ständigen Provokationen und die feindselige Haltung den Europäern gegenüber vermutlich in jedem Fall einen Krieg ausgelöst. Es war ein unglückliches Zusammentreffen von Ereignissen, das die Tötung eines Gottes erforderlich machte.

177 unten *Eine der vielen Versionen von Cooks Tod in der Kelakekua-Bucht, gemalt von John Webber. Im Januar 1779 kam Cook auf der Rückreise von der Beringstraße zum zweiten Mal zu den Hawaii-Inseln. Diesmal war das Klima ganz anders, und die Einheimischen zeigten offene Feindseligkeit. Plötzlich fand sich Cook in einen Kampf verwickelt. Er wurde, während er den Rückzug zu organisieren versuchte verletzt, fiel zu Boden und wurde erschlagen.*

Tableau des Decouvertes du C

p.ne Cook, & de la Pérouse

JEAN FRANÇOIS DE GALAUP LA PÉROUSE

Graf Jean François de Galaup La Pérouse wurde in Le Guo bei Albi geboren. Er trat früh als Kadett in die französische Marine ein, und mit 18 Jahren nahm er bereits am Siebenjährigen Krieg teil. Er wurde verwundet und von den Briten gefangengenommen, doch sollte dies seiner spektakulären Karriere nicht schaden. 1773 wurde er zum Kommandanten eines Schiffes ernannt. Der ausgedehnte Kriegsschauplatz des Siebenjährigen Kriegs von Indien bis Nordamerika ermöglichte es ihm, Erfahrungen zu sammeln, die ihm noch zugute kommen sollten. La Pérouse gehörte zu einer Gruppe von jungen Offizieren, auf die die besiegte französische Marine ihre Hoffnungen setzte.

Cooks Expeditionen wurden in Frankreich aufmerksam verfolgt, und König Ludwig XVI. drängte die Marine, hier ebenfalls aktiv zu werden. In den vornehmen politischen und kulturellen Kreisen von Paris glaubte man, daß eine große Expedition in den Pazifik politische und kommerzielle Vorteile sowie nationalen Ruhm bringen würde. Großer Wert wurde auf die wissenschaftlichen Aspekte gelegt. Man sollte nicht nur die geographischen Lücken füllen, die Cook gelassen hatte, sondern auch die Völker des Pazifik, Flora und Fauna, und Umweltbedingungen genau studieren.

Ein solches Unternehmen erforderte natürlich einen großen Einsatz an Menschen und Material. In den fünfhundert Seiten umfassenden Anweisungen des Königs und verschiedener wissenschaftlicher Akademien wurde nichts dem Zufall überlassen: Hygiene, Medizin, Chemie, Physik, Experimente mit Saatgut, die Einführung neuer Tierarten, Methoden der Trinkwassergewinnung, Konservierungstechniken für wissenschaftliche Objekte – alles wurde beschrieben. (Die *Encyclopedie* von Diderot und D'Alembert war im Jahr 1751 erschienen.)

Der Reiseweg war bereits festgelegt und sogar der Zeitraum für die Rückreise: in der dritten Juliwoche 1789. Die Expeditionsleitung wurde La Pérouse übertragen. Adlige Abstammung und Bildung spielten hier eine Rolle, aber seine bisherige Karriere

180 oben *Jean François de Galaup La Pérouse wurde 1741 in Le Guo (Frankreich) geboren. Sehr früh trat er in die französische Marine ein. Nach der Teilnahme an zahlreichen Militärkampagnen von Indien bis Kanada wurde er als Leiter einer größeren Expedition in den weitgehend unbekannten Nordpazifik ausgewählt. Seine Flotte ging 1788 unter noch heute ungeklärten Umständen beim Vanikoro-Atoll auf den Salomonen verschollen.*

180 unten *Dieses Gemälde, „Das Empire und die Wissenschaft" von N. A. Mansiaux im Museum von Versailles, zeigt Jean François de Galaup La Pérouse (links, stehend), als er die Order für seine Pazifikreise vom französischen König Ludwig XVI. erhält. Unter anderem sollte er nach allen Ländern suchen, die „Cooks Aufmerksamkeit entgangen" waren.*

180-181 oben *Die Schiffe von La Pérouse, die* Astrolabium *und die* Boussole, *liegen vor der Insel Maui (Hawaii) vor Anker, umgeben von den Kanus der Hawaiianer. La Pérouse war von der Schönheit der Inseln und „trotz meiner Vorurteile ihnen gegenüber wegen des Todes von Kapitän Cook“ von der Ehrlichkeit und Freundlichkeit der Bewohner beeindruckt.*

181 unten *Zahlreiche Geographen, Physiker, Ärzte und Zeichner fuhren auf der* Astrolabium *und der* Boussole *mit. Sie hatten die Aufgabe, alles, was sie auf ihrer Reise endeckten, genau aufzuzeichnen und zu studieren. Diese Abbildung zeigt eine Amselart an der Nordwestküste von Amerika, gezeichnet von dem talentierten Illustrator Duché de Vancy.*

war wichtiger. Die französische Regierung erwartete signifikante Ergebnisse von der Expedition, und nur ein resoluter und pragmatischer Charakter würde sie zu einem erfolgreichen Abschluß bringen.

La Pérouse hatte in der Zwischenzeit ein kreolisches Mädchen geheiratet, das er auf Mauritius kennengelernt hatte, was in der konformen Gesellschaft jener Zeit sehr unüblich war.

Die vom Marineministerium ausgewählten Schiffe wurden für die Expedition in *Astrolabium* und *Boussole* („Kompaß“) umgetauft; sie waren geräumig und robust. La Pérouse zog sie den schnelleren Schiffen vor, wobei er Cooks Beispiel folgte. Eine Pazifikreise erforderte eher großen Laderaum und Wendigkeit als Schnelligkeit. Auf La Pérouses Rat hin wurde Paul Antoine de Langle, einer seiner alten Kameraden von den Schlachten vor Kanada, zum Kapitän der *Boussole* ernannt.

Am 1. August 1785 verließen die Schiffe den Hafen von Brest. Es war die am besten organisierte (und teuerste) Expedition überhaupt. Die mitgeführten wissenschaftlichen Instrumente waren auf dem neuesten Stand der Technik: Schiffschronometer, die in der Schweiz hergestellt und ausgiebig getestet waren, ermöglichten die Zeitmessung mit einer Genauigkeit von eineinhalb Sekunden pro Jahr. Banks sorgte als Wissenschaftler trotz der Rivalität zwischen Frankreich und England dafür,

182 Diese beiden Drucke von Duché de Vancy zeigen die Tracht von Menschen, mit denen La Pérouse auf seiner langen Reise in Kontakt kam: die Bewohner von Concepción (oben) und von Manila (unten). Concepción in Chile wurde 1550 von dem spanischen Gouverneur Pedro de Valdivia gegründet. Es hatte im Verlauf der Geschichte unter vielen Erdbeben zu leiden. Manila, die heutige Hauptstadt der Philippinen, die von Miguel Lopez de Legazpi gegründet wurde, hatte ein ähnliches Schicksal: Mehr als einmal wurde es von Naturkatastrophen heimgesucht.

183 Titelbild eines Atlas, der in vier Bänden 1798 veröffentlicht wurde. Er enthält nautische Karten und Reproduktionen von Zeichnungen der Künstler und Wissenschaftler der Expedition. Dieses wertvolle Material entging der Katastrophe, da La Pérouse bei der Landung auf Kamtschatka entschied, die wichtigsten Dokumente mit einem Boten durch Sibirien und Rußland nach Frankreich bringen zu lassen.

ATLAS
DU
VOYAGE
DE
LA PÉROUSE

daß La Pérouse mit den gleichen zuverlässigen Kompassen ausgerüstet wurde wie Cook.
Unter der großen Gruppe der für die Reise ausgewählten Wissenschaftler waren Berühmtheiten aller Wissensgebiete: der Mathematiker und Astronom Dagelet, der Botaniker La Martinière und der Geologe Lamanon, weiterhin Geographen, Physiker und Illustratoren wie Duché de Vancy und die beiden Prévosts (Onkel und Neffe). Unter den riesigen Vorräten waren 200 Hennen, mehrere Dutzend Ziegen, Papier, Säcke mit Saatgut und den üblichen wertlosen Gegenständen, die zum Tauschhandel mit Einheimischen dienen sollten, wie z. B. Federhüte und Nadeln in allen Größen.
Ludwig XVI. trug La Pérouse auf, dafür zu sorgen, daß die Mannschaft „keine Gewalt gegenüber den Einheimischen anwendet, um Dinge zu bekommen, die man nicht aus freien Stücken erhält". In der paradiesischen Südsee sollte sich die Expedition diskret verhalten – so wollten es der König und die Philosophen eines „Naturstaates". Die Fahrt ging gut voran; im Januar 1786 umrundeten die *Astrolabium* und die *Boussole* bei gutem Wetter Kap

184 Das Skelett dieser Piroge besteht aus abgelagertem und in Form gebrachtem Holz. Unten ist eine Decke aus zusammengenähten Fellen zu sehen, die die Schiffshaut bilden soll. Das Bild bezieht sich auf die Reise von La Pérouse nach Port des Français an der kanadischen Westküste.

185 *Diese Abbildungen aus dem Atlas von La Pérouse zeigen die akribische Arbeit der Wissenschaftler an Bord der* Astrolabium *und der* Boussole. *Sie zeichneten jede Einzelheit – in diesem Fall die Schiffe –, die sie in den bereisten Ländern, insbesondere in Japan (oben und Mitte) und Manila (unten), sahen.*

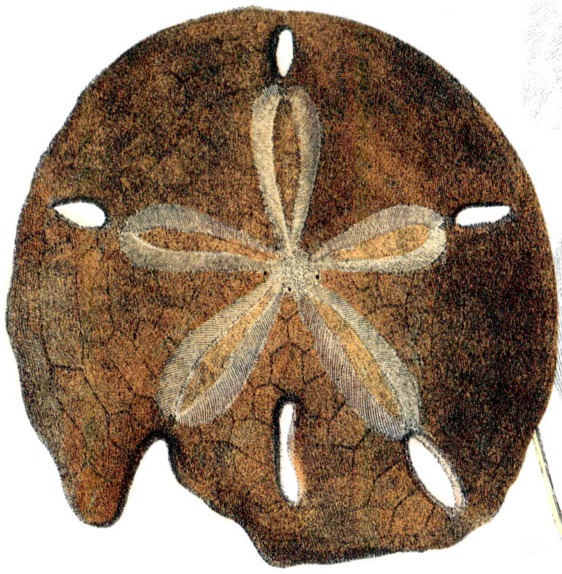

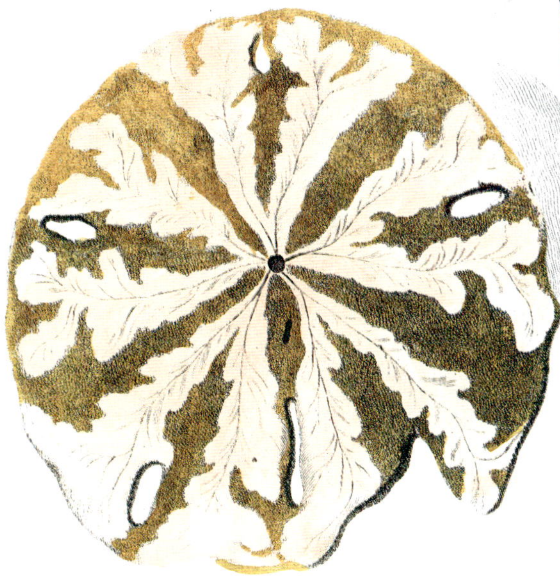

Hoorn. Nach einem Zwischenstop an der chilenischen Küste nahm La Pérouse Kurs auf die Oster-Insel, die etwa 20 Jahre zuvor von dem Holländer Roggeveen entdeckt worden war und die auch Cook schon besucht hatte. La Pérouse vermaß sorgfältig die großen Steinfiguren, die die kahle Landschaft beherrschten. Er sah nichts Rätselhaftes darin, sondern hielt sie für erst kürzlich hergestellte rohe Klötze. Er sah auch in ihrer Aufrichtung nichts Besonderes, da sie „aus einem sehr leichten Vulkangestein bestehen, und mit Hilfe von Hebeln, die unter den Stein gelegt werden, können, wie bereits Kapitän Cook beschrieb, viel größere Gewichte angehoben werden". Angesichts ständiger Diebstähle bekam La Pérouse allerdings seine Zweifel, ob die „Wilden" tatsächlich so edel seien, wie man in Europa annahm.

Nachdem La Pérouse seinen gestohlenen Hut wiedergefunden hatte, verließ er die Insel nach zwei Tagen. Nach einem kurzen Aufenthalt auf den Hawaii-Inseln, deren genaue Lage er errechnete, segelten die beiden Schiffe nordwärts. Mitte Juni erreichten sie im Nebel die Küste von Alaska mit den Gletschern des Mount St. Elias. La Pérouse wollte diesen Küstenabschnitt, den Cook übergangen hatte, erforschen und dabei bis nach Kalifornien segeln. Auf der Suche nach einem sicheren Ankerplatz erreichten die Schiffe eine tiefe Bucht, die sie „Port des Français" nannten (die heutige Lituya-Bucht) und für französischen Besitz erklärten. Dies war die einzige Besitzergreifung der ganzen Reise, da La Pérouse diesen Akt sinnlos und lächerlich fand.

Am 13. Juli 1786 geschah etwas Unerwartetes: Während sie bei ihren Abreisevorbereitungen waren, erhielt eine Gruppe Offiziere und Seeleute Erlaubnis, zum Jagen an Land zu gehen. Doch nur eines der drei Beiboote kehrte zu den Schiffen zurück. Die beiden anderen waren von einer sehr starken Ebbeströmung versenkt wor-

186 oben *Botanische Muster, die von den Prévosts, zwei Naturwissenschaftlern an Bord der* Astrolabium *und der* Boussole, *akribisch gezeichnet wurden. Außer genauen politischen Zielen hatte die Expedition von La Pérouse zum Ziel, möglichst viele Informationen über die Menschen sowie über Fauna und Flora der Pazifikinseln zu sammeln.*

187 oben *Dieser von Prévost gezeichnete herrliche Vogel aus Nordkalifornien gehört zu dem umfangreichen Material, das von den Biologen, Botanikern und anderen Wissenschaftlern, die mit La Pérouse reisten, gesammelt wurde.*

den. Niemand konnte den Vorfall erklären. Etwa zwanzig Mann waren verschwunden, was La Pérouse sehr deprimierte. Er schob die Abreise zwei Wochen lang auf in der Hoffnung, noch Überlebende zu finden. Doch dann segelte man weiter nach Süden, wobei man den Plan aufgab, die unregelmäßige Küstenlinie zu kartographieren.

Am 14. September 1786 erreichte man das verschlafene Städtchen Monterey in Kalifornien. Nach zehn Tagen ging es weiter in Richtung Asien. Man segelte 100 Tage entlang des nördlichen Wendekreises und erreichte schließlich Macao. Außer einigen Felseilanden hatten die Seeleute keine nennenswerte Insel entdeckt. La Pérouse konnte damit die letzten weißen Flecke von der Karte des Pazifik tilgen. Die französischen Schiffe blieben einige Monate in Macao und Manila, da sie repariert werden mußten; außerdem versprach der Handel mit den in Nordamerika gekauften Pelzen Gewinne, obwohl La Pérouse gerade diesen Handel für eher unprofitabel hielt.

Am 9. April 1787 ging es weiter Richtung Japan; man segelte durch die Tsushima-Straße nahe der koreanischen Küste und nahm Kurs auf die letzte unbekannte Region, die auch Cook nicht erforscht hatte: die sibirische Küste. Damals wußte man nicht, ob Hokkaido eine Insel oder eine

187 unten *Dieses Pärchen Kalifornischer Rebhühner wurde von einem der Prévosts (Onkel und Neffe) gezeichnet, einem Fachmann für botanische und zoologische Illustrationen. Die* Astrolabium *und die* Boussole *erreichten am 14. September 1786 die Bucht von Monterey in Kalifornien. Die dortigen Behörden hießen sie willkommen, und La Pérouse erlaubte seinen Mannschaften zehn Tage Landgang, bevor die lange Reise über den Pazifik nach Asien begann.*

PLAN DE L'ÎLE DE PÂQUE

Levé en Avril 1786.

à bord des Frégates Françaises la Boussole *et* l'Astrolabe.

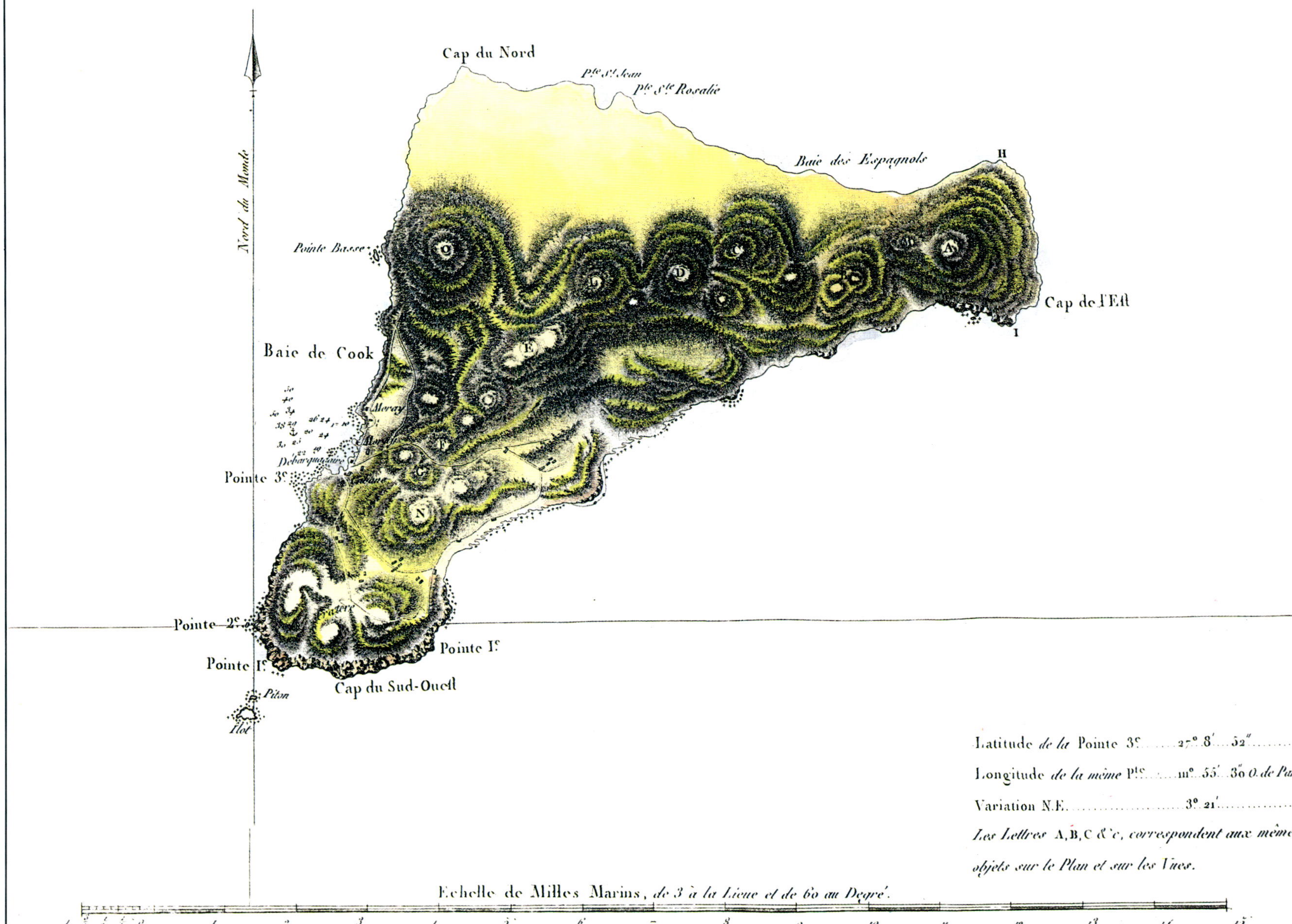

VUES DE L'ÎLE DE PÂQUE.

proportionelles entr'elles et sur une Echelle de 2 pouces par lieue, comme le Plan ci dessus.

Ie Vue; A *restant à O 4° S. distance 4 Lieues; la Pointe* I *à O ¼ S O 1° O, et le Cap le plus Nord à O, 1° 30' N. du Compas.*

2e Vue, *le Cap de l'Est, restant au N. distance de 2 Lieues, et le Cap du Sud-Ouest à l'O. 5° N.*

3e Vue; *le Cap de l'Est restant au N. 54° 30' E; la Pointe Basse au N. 18° 30' E; l'Ilot et Piton au N. 30° dist. 1 Lieue.*

4e Vue; *le Cap du Nord restant au S. 15° E, distance 13 Lieues; le sommet* A *au S. 25° E; et le Cap du Sud-Ouest au S. 9° E.*

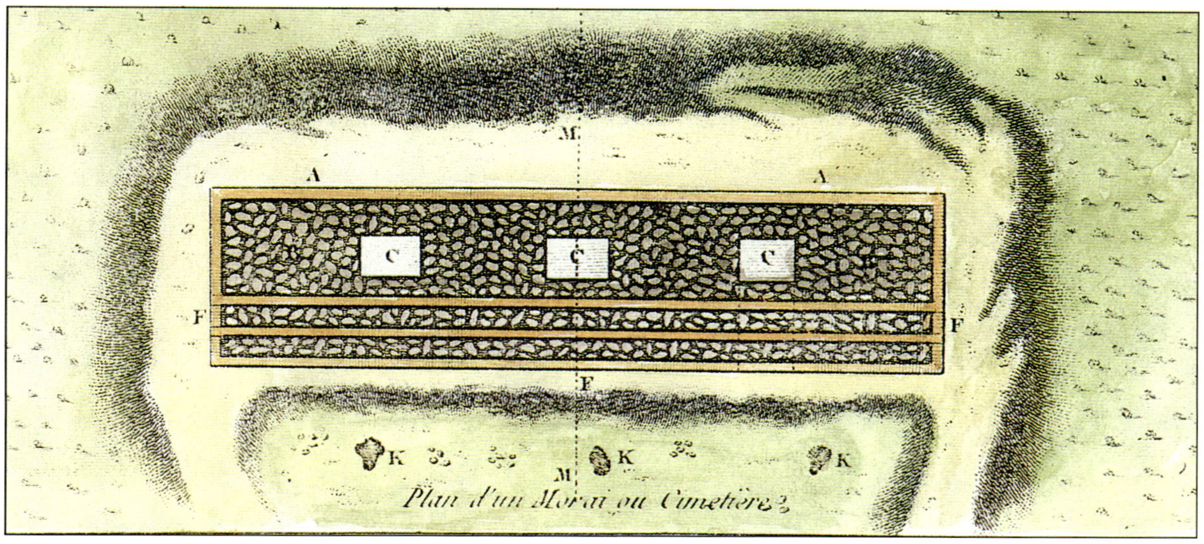

188 und 189 oben und Mitte *Am 9. April 1786 erreichten La Pérouses Schiffe die Oster-Insel. Der Admiral zeichnete ein ausführliches Bild der Lebensart und der dortigen Bevölkerung und untersuchte die Riesenfiguren aus Stein, die Moais.*

189 unten *Die Moais von Rapanui sind entlang der Küste und am Rande des Ranu-Ranaku-Vulkans aufgestellt. Alle sind nach Westen gewandt. Alfred Matraux, der die Monolithe ausführlich studierte, bezeichnete sie als „das ästhetische Wunder der Oster-Insel".*

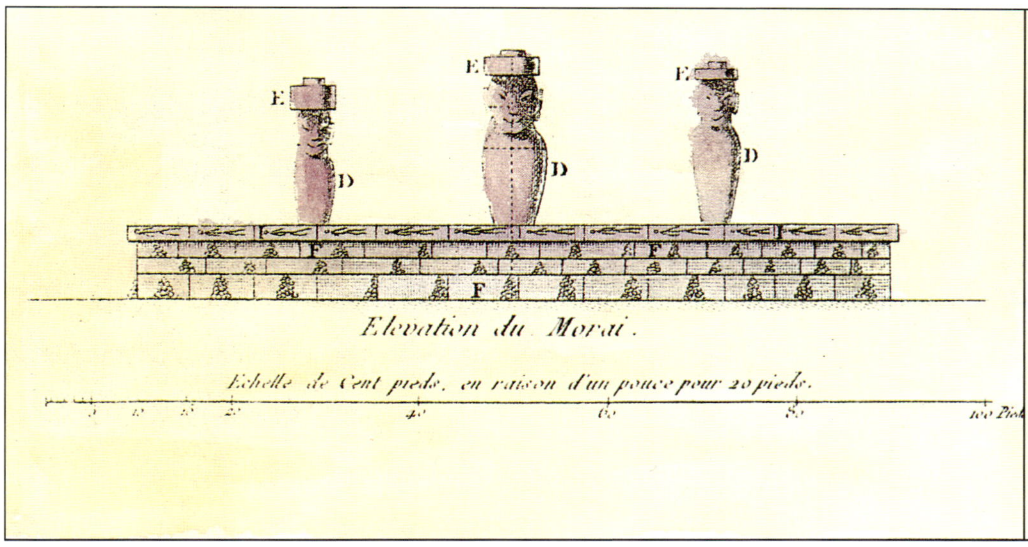

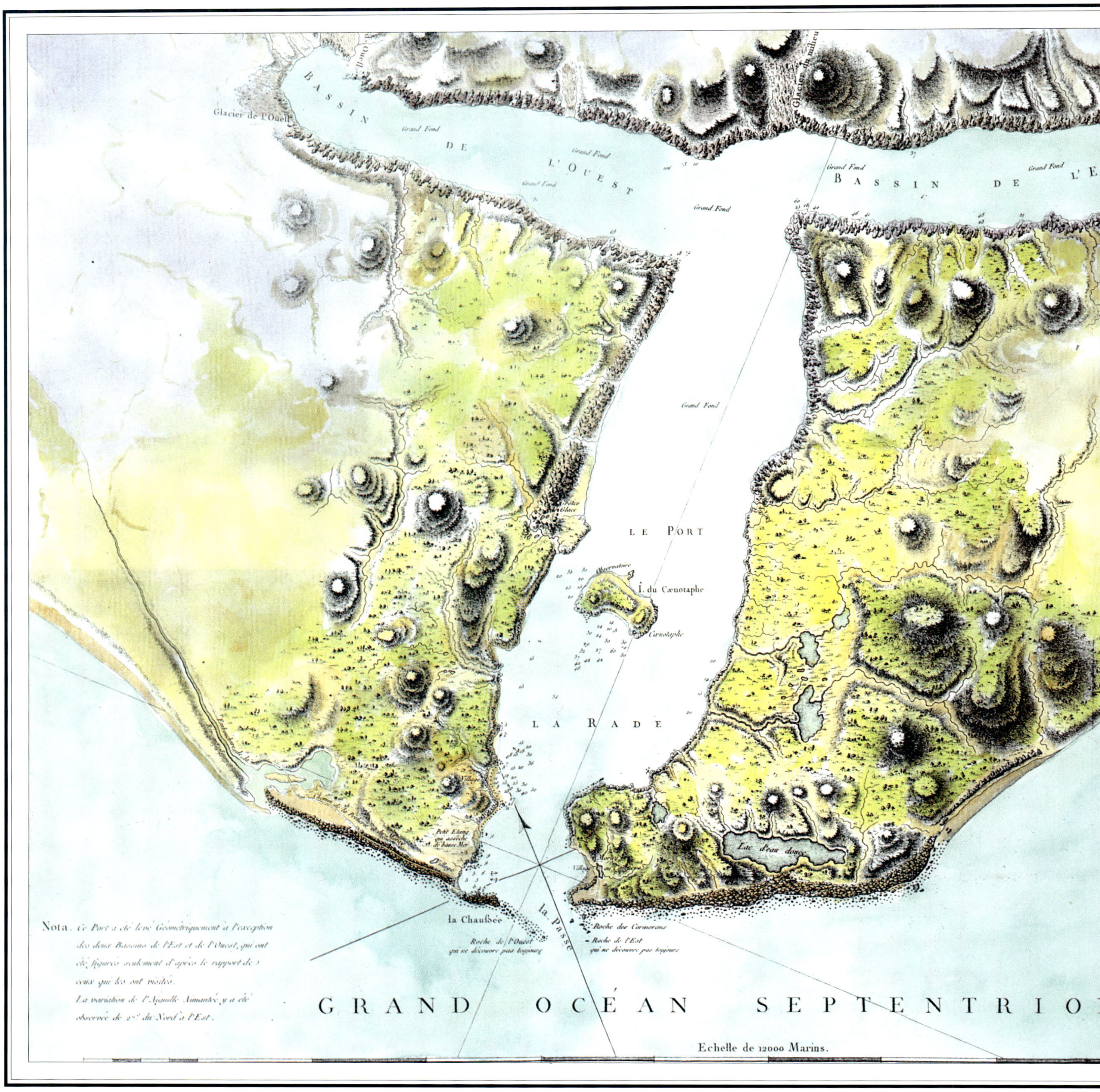

190-191 *Diese Karte des „Port des Français", der heutigen Lituya-Bucht an der Westküste Kanadas, wurde aufgrund der Untersuchungen gezeichnet, die die* Boussole *und die* Astrolabium *durchgeführt hatten. Die Schiffe von La Pérouse kamen Ende Juni 1786 bis in Sichtweite des Mount St. Elias. Einige Tage später ankerten sie in einer herrlichen Bucht, die La Pérouse „Port des Français" nannte und im Namen des Königs förmlich in Besitz nahm.*

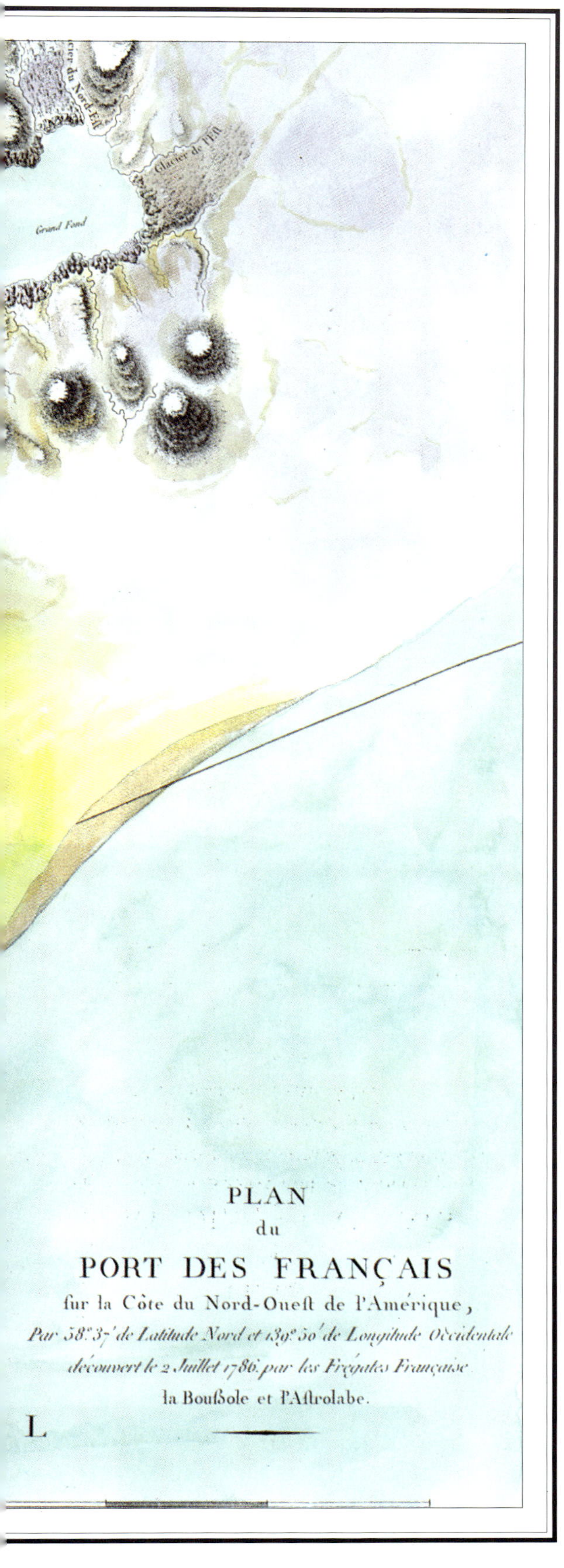

***191** „Dieses Desaster ist tausendmal schlimmer als jede Krankheit oder jedes andere Ereignis, das auf einer langen Reise eintreten kann", beschrieb La Pérouse bitter den Umstand, daß etwa zwanzig französische Seemänner und Offiziere in der Lituya-Bucht ums Leben kamen, als zwei Landungsboote durch eine plötzliche und unerwartete Flutwelle versanken.*

Halbinsel war, und auch Sachalin war noch unbekannt. La Pérouse segelte weiter nordwärts und gelangte in die Meerenge, die Sachalin vom Festland trennte. Die einheimischen Ainu informierten La Pérouse, daß ein Sound einen Fahrweg nach Norden und in das Ochotskische Meer ermöglichte. Also setzten die französischen Schiffe ihre Fahrt im guten Glauben auf eine Durchfahrt fort, auch wenn Nebel und ungünstige Winde eine Rückkehr im Notfall fast unmöglich machten. Am 26. Juli war das Wasser nur noch sechs Faden tief. La Pérouse erkannte, daß er in einer Sackgasse und gleichzeitig in einer schwierigen Lage war. Man errechnete die Position mit 51° 44' nördlicher Breite, knapp südlich der Mündung des Amur und der offenen See. Am 2. August kehrten die *Astrolabium* und die *Boussole* um. Als man die Südspitze von Sachalin umrundete, stellte La Pérouse fest, daß hier eine weitere, bis dahin unbekannte Meerenge verlief, die Sachalin von Hokkaido trennte. Am 7. September erreichte die Expedition die Küste von Kamtschatka. Die russischen Behörden in Petropavlovsk empfingen die Franzosen freundlich. Mit russischer Unterstützung machten sich die Wissenschaftler an die Arbeit. Das Hinterland der Bucht wurde erforscht, während La Pérouse die Gezeiten und die Winde studierte. Anfang Oktober 1787 verließ man Petropavlovsk wieder mit südlichem Kurs. Man hatte einen Offizier zurückgelassen, der auf dem Landweg die Schiffstagebücher und Karten nach Frankreich bringen sollte. La Pérouse war ein umsichtiger Mensch, doch hatte er sicher nicht damit gerechnet, daß dieser Bote der einzige Überlebende der Expedition sein sollte.
Am 6. Dezember ankerten die Schiffe bei den Salomonen, nachdem sie den Äquator zum dritten Mal passiert hatten. Die Einheimischen dort waren sehr feindselig, aber man brauchte frisches Wasser.
Der Kapitän der *Boussole* bestand gegen La Pérouses Willen auf Neuproviantierung. Ein Trupp, der nach Süßwasser suchen sollte, wurde auf dem Rückweg angegriffen, und 12 Mann wurden getötet, unter ihnen de Langle, Lamanon und ein weiterer Offizier. 20 Mann wurden ernsthaft verletzt. Das Bild vom „guten Wilden" war endgültig zerstört. La Pérouse nahm jedoch keine Rache. Seine Verbitterung kommt in seinen Berichten zum Ausdruck: „Ich bin jedoch viel verärgerter über die Philosophen, die die Wilden verklären, als über die Wilden selbst. Der unglückliche Lamanon, der getötet wurde, erzählte mir am Vorabend seines Todes, daß diese Menschen mehr wert seien als wir. Gemäß meinen Befehlen habe ich sie äußerst moderat behandelt. Doch muß ich zugeben, daß ich andere Befehle erwarten würde, wenn ich eine neue Expedition übernähme."
Doch sollte La Pérouse keine weitere

Expedition durchführen. Nachdem er Tonga erreicht hatte, nahm er Kurs auf Australien. In der Botany Bay übergab er seine Karten dem Kapitän des britischen Schiffes *Sirius*, der gerade die erste Kolonie in Australien begründete. Danach waren die *Astrolabium* und die *Boussole* verschwunden. Der letzte Brief von La Pérouse stammt vom 7. Februar 1788. 40 Jahre später fand der Franzose Dumont d'Urville die Reste eines Wracks auf einem Korallenriff beim Vanikoro-Atoll auf den Salomonen. Offensichtlich handelte es sich um die *Astrolabium*.
In La Pérouses Tod liegt etwas Prophetisches. Laut den Anordnungen des Königs wäre er gerade in dem Moment zurückgekehrt, um Zeuge des Sturms auf die Bastille zu werden – und Zeuge des Endes einer Ära.

192 oben *La Pérouse erreichte Macao im Januar 1787 nach einer über drei Monate langen Überfahrt von Kalifornien. Er mochte weder die Stadt noch die Chinesen. „Diese Bevölkerung", schrieb er, „deren Gesetze in Europa so oft zitiert werden, ist vielleicht die unglücklichste, bedrückteste und am willkürlichsten beherrschte der Erde." Was den Handel betraf, stellte er fest, könne China Europa nichts außer Tee, Seide, etwas Malabar-Pfeffer, Opium und nutzlosem Porzellan bieten – „für Schiffe nur Ballast".*

192 unten *Auf der Reise von Macao zu den Philippinen und weiter nach Korea und Japan begegneten La Pérouses Schiffe einer Vielzahl von chinesischen und japanischen Handelsschiffen, die zwischen den verschiedenen Häfen des östlichen Pazifiks verkehrten. Sie hatten nur einen Mast, und ihr zerbrechliches Aussehen, so die französischen Offiziere, deutete nicht auf Seetüchtigkeit hin.*

193 oben Karte der „Massaker-Bucht“ (eigentlich Tutuila) auf den Salomonen. Die Position der französischen Schiffe zu Beginn des Angriffs ist markiert. La Pérouse verglich die Bucht voll Schmerz und Ärger mit „einer Falle, tödlicher als eine Löwen- oder Tigerhöhle“.

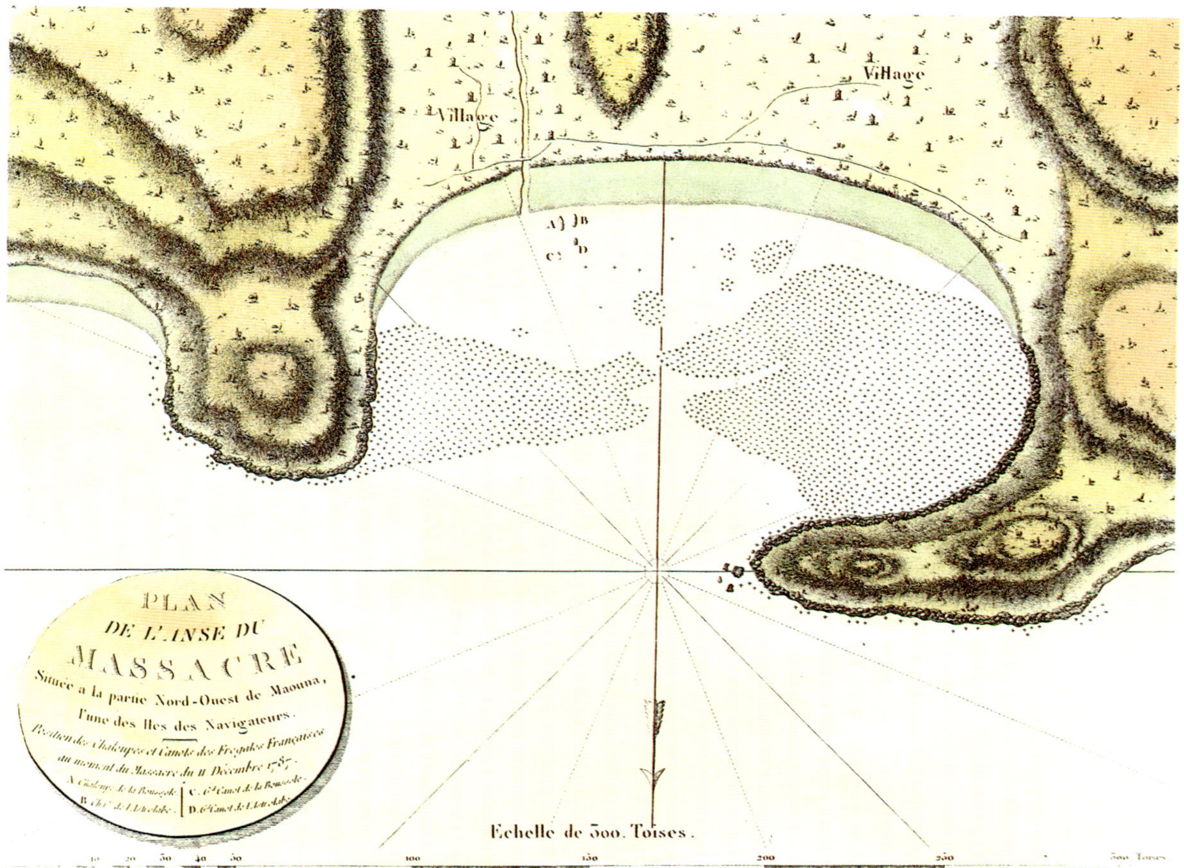

193 unten *Die französischen Landungsboote wurden von der Bevölkerung von Ost-Samoa, wo La Pérouse wegen Frischwasser und neuen Vorräten Anfang Dezember 1787 vor Anker ging, angegriffen. Zwölf Männer wurden getötet und zwanzig schwer verletzt. La Pérouse wollte keine Vergeltung, da dies nicht seiner Order entsprochen hätte. Er schrieb: „Wenn ich noch einmal eine derartige Expedition unternehmen sollte, werde ich um eine andere Order bitten.“ Mit diesen Seeleuten von der* Astrolabium *und der* Boussole *ging der Mythos vom „guten Wilden“ für immer unter.*

Durch einen ständigen Forschergeist und den Wunsch angetrieben, die Existenz einer Verbindung zwischen den beiden großen Flußsystemen Südamerikas, des Amazonas und des Orinoco, zu bestätigen, verließen zwei junge Wissenschaftler Europa zu einer der bedeutendsten privaten Expeditionen der Geschichte. Auf ihren fünf Jahre, von 1799 bis 1804, dauernden Wanderungen, die sie von den Wäldern des oberen Orinoco zu den Vulkanen der Anden und Mexikos führten, sammelten Alexander von Humboldt und Aimé Bonpland beachtliche Mengen von wissenschaftlichen Daten und Mustern, die Europa zum ersten Mal die Naturwunder der Neuen Welt vor Augen führten.

ALEXANDER VON HUMBOLDT

194 *Über diesem Porträt von Alexander von Humboldt sind einige Zeichnungen zu sehen, die der deutsche Forscher auf seiner langen Reise durch Südamerika anfertigte.*

194 *Als von Humboldt 1850 im Alter von 81 Jahren für dieses Porträt posierte, steckte die Fotografie noch in den Kinderschuhen. Das Porträt ist ein angemessener Tribut für einen Mann, der in allen Bereichen ein Pionier war und den Goethe mit einer vielstrahligen Fontäne verglich: Man müsse nur Gefäße darunter aufstellen, und sie würden alle mit seinem frischen und unversiegbaren Wissen gefüllt.*

ALEXANDER VON HUMBOLDT

„Welch herrliche Vegetation! Und der Glanz des Vogelgefieders und die Farbe der Fische! Sogar die Krabben sind blau und golden! Bis jetzt sind wir hier nur wie Verrückte herumgerannt und konnten in den ersten drei Tagen nichts Vernünftiges tun – so sehr waren wir begeistert, wenn wir von einer Sache zur nächsten gingen. Bonpland sagt, er werde verrückt, wenn diese Wunder nicht bald aufhören ..."
Im Alter von 30 Jahren konnte Freiherr Alexander von Humboldt endlich seinen großen Traum verwirklichen: Er war gerade an der karibischen Küste von Venezuela gelandet und wollte eine lange Reise durch die Neue Welt machen. In diesem Augenblick gab es nichts Wichtigeres oder Herrlicheres auf der Welt als die staubige Stadt Cumanà am Ufer des Manzanares. Diese fünf Jahre dauernde Wanderung von Bonpland und Alexander von Humboldt, von den Amazonaswäldern bis zu den mexikanischen Vulkanen, sollte sie berühmt machen.
Von Humboldt, dessen Werk auch heute noch berühmt ist, war einer der führenden Intellektuellen seiner Zeit. Er war befreundet mit berühmten wissenschaftlichen und politischen Persönlichkeiten jener Zeit, für die er großen Respekt empfand: Jefferson, Gay-Lussac, Banks, Cuvier und Laplace, um nur einige zu nennen.

195 oben *Dieses Porträt von 1803 entstand, als von Humboldt 34 Jahre alt war, bei seiner Rückkehr aus den südamerikanischen Tropen. Damals waren die spanischen Kolonien in der Neuen Welt für Ausländer nicht zugänglich, und nur durch ein glückliches Zusammentreffen mit dem spanischen Premierminister, einem mächtigen Mann, erhielt von Humboldt das begehrte Visum und konnte seinen Traum erfüllen.*

195 Mitte *Diese Unterschrift des deutschen Wissenschaftlers steht unter einem Brief vom 18. April 1824 an Professor Loder in Moskau.*

Goethe hielt ihn für einen „außergewöhnlichen Mann".
Von Humboldt wurde fast 90 Jahre alt; er war ein aufgeklärter und gebildeter Zeitzeuge der Ereignisse, die Europa aufrüttelten – von der Französischen Revolution bis zur Geburt des Marxismus.
Er war ein Pionier in allen Bereichen, die moderne Wissenschaftsdisziplinen wurden, von der Anthropologie bis zur Ökologie, und er hatte eine alles umfassende Philosophie: Die Natur war in ihrer Ganzheit zu studieren, die verschiedenen Phänomene sollten in einer organischen Sichtweise verbunden werden. In diesem komplexen System von Wechselwirkungen war die Entdeckung neuer Pflanzenarten genauso wichtig wie die Vermes-

195 unten *Von Humboldt in seinem Studierzimmer in Berlin, wo er die letzten Jahre seines Lebens mit der Niederschrift seines Werkes* Kosmos. Entwurf einer physischen Weltbeschreibung *verbrachte. In diesem Werk gibt er eine ganzheitliche Sicht der verschiedenen Naturphänomene wieder. Obwohl er zu den brillantesten Intellektuellen und Wissenschaftlern seiner Zeit Kontakt hatte, führte er bis zu seinem Tod 1859 im Alter von 89 Jahren ein zurückgezogenes Leben.*

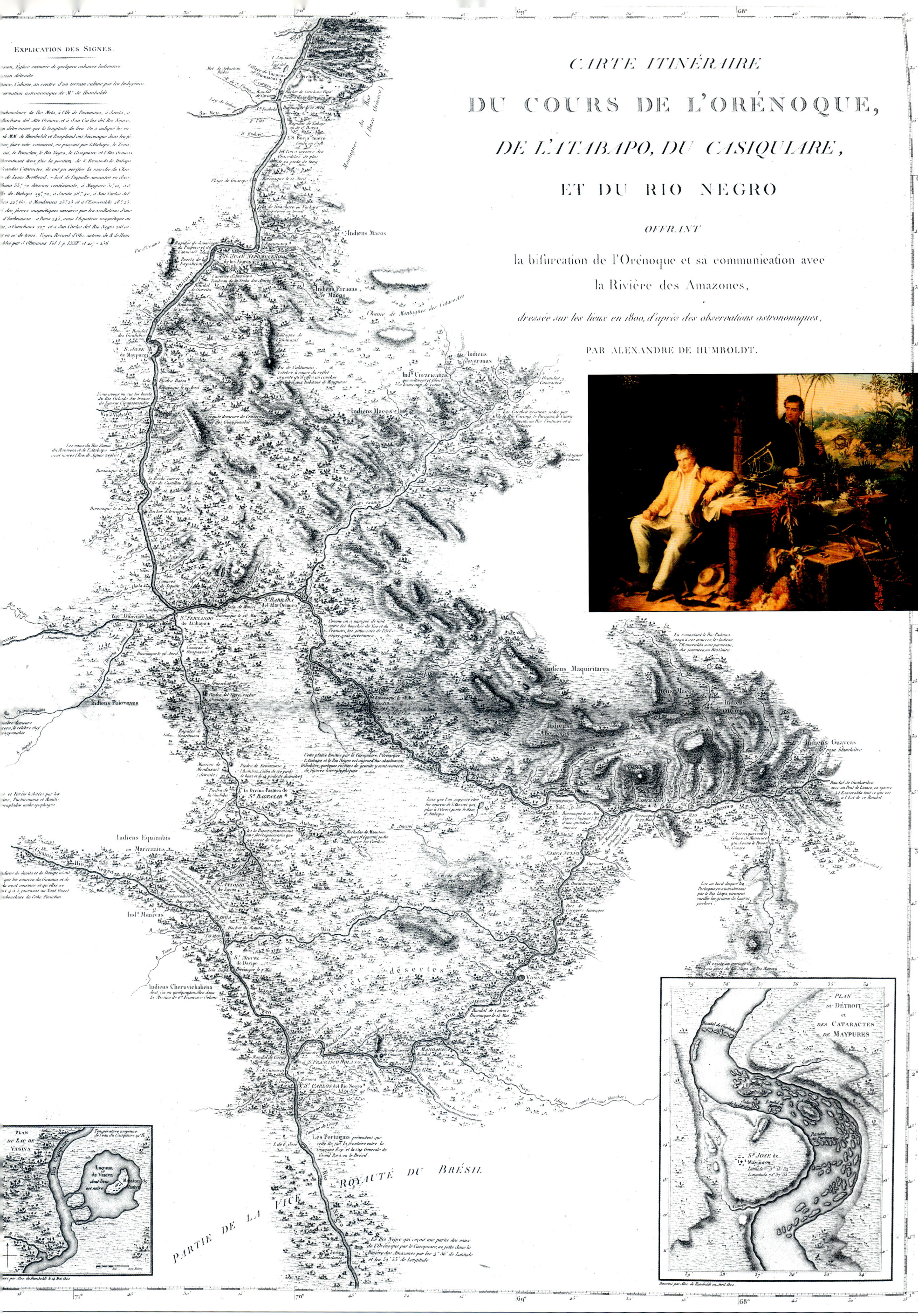
CARTE ITINÉRAIRE
DU COURS DE L'ORÉNOQUE,
DE L'ATABAPO, DU CASIQUIARE,
ET DU RIO NEGRO
OFFRANT
la bifurcation de l'Orénoque et sa communication avec
la Rivière des Amazones,
dressée sur les lieux en 1800, d'après des observations astronomiques,
PAR ALEXANDRE DE HUMBOLDT.
EXPLICATION DES SIGNES.
Indiens Macos
Indiens Piraoas Macos
Indiens Maquiritares
Indiens Guaycas
Indiens Poignaves
Indiens Equinabis ou Marivitains
Indiens Cheruvichahena
Forêts désertes
S. JOSE de Maypures
S. FERNANDO de Atabapo
S. CARLOS del Rio Negro
Vasiva
Rio Meta
Rio Guaviare
Rio Negro
ROYAUTÉ DU BRÉSIL
PARTIE DE LA VICE
PLAN DU LAC DE VASIVA
PLAN DU DÉTROIT et DES CATARACTES DE MAYPURES

196 Karte des Flußsystems von Orinoco, Casiquiare und Rio Negro, basierend auf einer Originalzeichnung von Humboldt, die er 1802 in Quito anfertigte; aus dem Atlas géographique et physique du Nouveau Continent. *Die kursiven Anmerkungen erklären die Reiseroute der Forscher und geben Informationen über die Umgebung und die Menschen, die sie auf der Reise trafen. Unten links ist ein Ausschnitt des Casiquiare-Laufs, unten rechts der Maypures-Fälle am Orinoco.*

196 Mitte rechts
Alexander von Humboldt und Aimé Bonpland in einem improvisierten Labor mit wissenschaftlichen Instrumenten und auf der Reise gesammelten Mustern im venezolanischen Urwald. Die Wirklichkeit war allerdings weniger idyllisch, als es hier aussieht: Das feuchte, ungesunde Klima und vor allem die Insekten plagten die beiden Wissenschaftler erheblich.

197 Die Navigation auf dem Amazonas war laut Humboldt der mühsamste und schwierigste Teil der Expedition. Der dichte Dschungel machte sich auf allen Seiten breit, und oft mußten die Wissenschaftler auf ihren Booten übernachten. Wenn ihnen das Essen ausging, kauten von Humboldt und Bonpland Kakaobohnen.

sung eines Inka-Tempels oder die Erforschung der Sozialstruktur eines Indianerstammes. Für von Humboldt war eine einzelne Tatsache nur von Wert, wenn sie in einen Zusammenhang gebracht werden konnte.

Von Humboldt war ein Universalgenie. Viele Orte auf der ganzen Welt tragen seinen Namen: Städte, Dörfer, Wälder und Flüsse. Die kalte Meeresströmung vor der peruanischen Küste ist als Humboldtstrom bekannt. Sogar die Mondtopographie kennt seinen Namen – ein Mondmeer ist nach ihm benannt. Alexander von Humboldt wurde 1769 in Berlin als Sohn aristokratischer Eltern geboren. Seine kalte, autoritäre Mutter wollte, daß er Beamter würde, und kümmerte sich persönlich um seine Bildung. Im Alter von 22 Jahren schien seine Zukunft festzustehen: Von Humboldt wurde Bergwerksinspektor; seine Leistungen waren untadelig. Doch er hatte andere Ambitionen. Während seines Studiums in Göttingen lernte er J. G. Forster kennen, einen Naturwissenschaftler, der mit Cook im Pazifik gewesen war. Von Humboldt war von dessen Erzählungen hingerissen, da er selbst seit einigen Jahren naturkundliche Studien betrieb.

Der Tod seiner Mutter im Jahr 1797 änderte sein Leben radikal: Von Humboldt war plötzlich reich und unabhängig. Eines war klar: Er wollte Reisen unternehmen.

Im folgenden Jahr reiste er nach Paris, dem intellektuellen und wissenschaftlichen Zentrum jener Zeit. Sein Treffen mit dem 25jährigen Aimé Bonpland war entscheidend. Bonpland war Arzt, doch hatte er eine Leidenschaft für die Botanik. Aufgrund gemeinsamer Interessen und Wünsche entstand zwischen den beiden eine enge Freundschaft, und sie beschlossen, zusammen auf Reisen zu gehen.

Zunächst wandten von Humboldt und Bonpland ihre Aufmerksamkeit Ägypten zu. Sie reisten nach Marseille, um dort eine Gruppe Wissenschaftler zu treffen, die mit Napoleon reisten. Doch sie konnten ihre Reisepläne nicht verwirklichen: Von Humboldt hatte

198 oben *„Diese Zeichnung ... zeigt ein großes Balsafloß, ein typisches Schiff für die peruanische Küste und den Guayaquil. Das Floß ist mit tropischen Früchten, Ananas und Avocados,* Theophrasta longifolia*-Beeren, Bananenstauden und Kokosnuß-Blüten beladen." Nachdem sie Venezuela 1801 verlassen hatten, besuchten von Humboldt und Bonpland Kuba, Kolumbien, Ecuador und erreichten schließlich die Pazifikküste von Peru.*

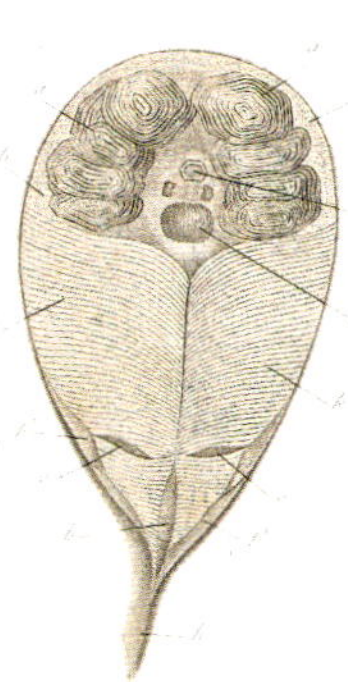

198 unten *Diese Abbildungen zeigen einen* Gymnotus electricus, *einen Zitteraal, den von Humboldt sezierte, um sein elektrisches Organ zu finden.*

zwar die nötigen Visa, aber das Schicksal schien ihn aus Europa nicht fortzulassen.

Also reisten sie nach Spanien. Das war zwar nicht gerade ein exotisches Land, aber sie würden für ihre künftigen Reisen wertvolle Erfahrungen sammeln.

In Madrid hatten sie mehr Glück: Eine einflußreiche Persönlichkeit nahm sich der beiden enthusiastischen Wissenschaftler an und führte sie am Hof ein. Der spanische König erteilte von Humboldt die Erlaubnis, die spanischen Überseebesitzungen zu erforschen. Amerika rief! Nach mehr als 300 Jahren war dies die erste Erlaubnis für Ausländer, die hispano-amerikanischen Länder zu besuchen.

Von Humboldt stürzte sich in die Vorbereitungen, und am 5. Juni 1779 nahm er ein Schiff von La Coruña in die Neue Welt.

„Friedrich Heinrich Alexander, Freiherr von Humboldt, geboren zu Berlin, Alter 28 Jahre, 1,70 m groß, hellbraunes Haar, graue Augen, große Nase, breite Stirn mit Pockennarben. Auf Reisen, um Wissen zu sammeln." Dies stand in dem französischen Paß, den von Humboldt zwei Jahre zuvor in Paris erhalten hatte.

Von Humboldt und Bonpland verbrachten über vier Monate in Cumanà, wo sie Pflanzen sammelten und ihre Ausrüstung ergänzten. Für die reichen Familien der Stadt, deren Hauptzeitvertreib der Klatsch über die neueste Mode von Havanna und Caracas war, waren die jungen Ausländer ein willkommenes Gesprächsthema. Mehr als eine junge Dame sah sich durch ihr Mikroskop entsetzt eine Laus an. Von Humboldt tröstete sie damit, daß es nicht weniger als 37 Arten von diesen Parasiten gebe, die jedoch nicht unbedingt alle die dienenden Klassen befielen, und daß die Läuse der Reichen „die Aristokraten unter den Läusen" seien.

In der Gegend von Cumanà besuchte von Humboldt die riesige Caripe-Höhle, die von Tausenden von nachtaktiven Vögeln bewohnt war. Die Indianer gewannen ein Öl aus den *Guacharos (Streatornis caripensis)*, das sie zum Kochen und Konservieren benutzten. Bonpland schoß ein Exemplar, und von Humboldt sezierte es, wobei er feststellte, daß „das Bauchfell eine Fettschicht besitzt, und eine weitere Fettschicht verläuft vom Unterleib zum Anus, wobei sie eine Art Kissen zwischen den Beinen des Vogels bildet". Der Name der Höhle, „Fettmine", war also angemessen.

Nach einem weiteren Aufenthalt in Caracas machten sich die Wissenschaftler auf die anstrengende Reise zum Quellgebiet des Orinoco. Sie ritten auf Pferden, begleitet von Maultieren, in die Llanos, die weiten alluvialen Ebenen zwischen dem Orinoco und der Ostkette der Anden. Die Reise durch die Savanne bei sengender Hitze war eine erschöpfende Erfahrung. Oft war es heißer als 50°C, und sie waren so durstig, daß sie selbst das trübe stinkende Wasser in den wenigen Wasserlöchern tranken. Hier gelang es von Humboldt, eines der ungewöhnlichsten Tiere der Welt zu beobachten, den südamerikanischen Zitteraal. Um ein paar Tiere lebendig zu fangen, trieben die Indianer einige Pferde ins Wasser, um dort Unruhe zu erzeugen. Wegen der elektrischen Schocks wollten die Pferde aus dem Wasser, wurden von den Indianern aber mit Schreien und Stöcken daran gehindert. Allmählich erschöpfte die Kraft der Aale, so daß man fünf große Exemplare fangen konnte. Von Humboldt machte sich sofort an die Arbeit. Wie produzierten diese Aale

199 oben *Von Humboldt hatte die Angewohnheit, akribisch alles festzuhalten, was sein Interesse erweckte. Während seiner Expeditionen fertigte er Tausende Zeichnungen von Pflanzen und Tieren an, von denen viele der europäischen Wissenschaft bis dahin unbekannt waren. Diese Tafel zeigt ein Exemplar des* Simia leonina *(Löwenaffe), der seinen Namen seiner dichten Mähne verdankt und den von Humboldt an den östlichen Andenhängen beobachtete. Der Maiskolben verdeutlicht die Winzigkeit dieses Tieres.*

199 Mitte *Die bekanntesten Kupferstecher und Künstler jener Zeit fertigten herrliche Abbildungen von Zehntausenden von botanischen Zeichnungen und Mustern an, die von Humboldt mitgebracht hatte. Sie sollten seine Reiseberichte illustrieren. Diese Abbildung aus den* Observations de Zoologie et d'Anatomie Comparée *von 1811 zeigt einen Löwenaffen.*

199 unten *Diese Zeichnung eines* Proteus *(Olm) zeigt die Sorgfalt, mit der der Wissenschaftler Anatomie, Form und Proportionen dieser unglaublich vielfältigen Fauna wiedergab.*

Stromstöße mit einer Spannung von 600 Volt? Waren sie selbst dagegen immun? Von Humboldt konnte auf diese Fragen keine befriedigenden Antworten finden, aber der Zitteraal wurde zum ersten Mal seziert und beschrieben.

Am 27. März 1800 erreichten von Humboldt und Bonpland San Fernando, eine kleine Handelssiedlung am Rio Apure, einem Nebenfluß des Orinoco. Die staubigen Ebenen der Llanos gingen plötzlich in Wälder über. Während der ersten Tage auf dem Fluß entdeckten die jungen Wissenschaftler eine ganz neue Welt: Zum Sonnenuntergang wurde der Wald mit geheimnisvollen Lauten erfüllt. „Gelegentlich war nach längerer Stille das Brüllen eines Jaguars zu hören, das von oben kam, von den Bäumen; ihm folgte ein schrilles, langes Geschrei der Affen, die offensichtlich vor der Gefahr flohen."

Von Humboldt mußte auch mit der wahren Plage des Urwalds Bekanntschaft machen: mit den Insekten. Die ständigen Stiche während der Flußfahrt waren allerdings noch gar nichts verglichen mit den Bissen der *Zancudo*-Moskitos, deren Freßwerkzeuge groß und kräftig genug waren, um das Tuch von Hängematten und die festeste Bekleidung zu durchdringen. Die Bißstellen infizierten sich und schmerzten wochenlang.

Am 5. April verließ die Expedition den Rio Apure und wandte sich dem Orinoco an einer Stelle zu, wo er schon vier Kilometer breit war. Der großartige Fluß hatte auf beiden Seiten riesige „Vegetationswälle", und der Eindruck dieses grandiosen Bildes war der einer

200 oben *Im Alter von 34 Jahren erfüllte von Humboldt sich einen langgehegten Traum: Er begann, die üppige Vegetation der Neuen Welt zu studieren. Die intensiven Farben der tropischen Flora und Fauna machten auf von Humboldt großen Eindruck. Dieses Bild zeigt einige Schmetterlinge, Illustrationen des Entdeckers.*

200 Mitte *Dieses romantische Ölgemälde von Georg Friedrich Weitsch von 1809 zeigt von Humboldt bei seinen Arbeiten während der Expedition, dem Arrangieren der Pflanzen, die er unterwegs in speziellen Behältern gesammelt hatte, um sie zu pressen und zu trocknen. Die Arbeit des Forschers war bedeutend; er sammelte über 60000 botanische Muster, viele davon unbekannte Spezies.*

Natur in ihrem Urzustand. Ein Franziskanermönch, Pater Bernardo Zea, führte die beiden Wissenschaftler an einen der wenigen Uferabschnitte, wo sich die großen Arrauschildkröten zum Eierlegen sammelten. Hunderte von Indianern, die von den abgelegensten Gegenden im Landesinneren kamen, bereiteten sich für die „Ernte" der Eier vor, aus denen sie ein Speiseöl herstellten. Von Humboldt schätzte, daß sich über 330 000 Schildkröten jedes Jahr auf diesem Uferabschnitt einfanden.

Unter der Führung des kompetenten Paters Zea fuhr die Expedition den Orinoco aufwärts bis zu den großen Wasserfällen Atures und Maypures. Um die vierzig Kilometer langen Stromschnellen überwinden zu können, wurde ein kleineres und wendigeres Boot gebaut und mit der gesamten wissenschaftlichen Ausrüstung der Expedition beladen: mit Gepäck, Vorräten, der Pflanzensammlung und Bambuskäfigen mit lebenden Tieren und Vögeln, die man auf der Reise gefangen hatte. Das Boot war völlig überladen und äußerst unbequem. Selbst der unermüdliche von Humboldt mußte seine wissenschaftlichen Aktivitäten unterbrechen, da er mit dem reinen Überleben zu kämpfen hatte.

Jenseits dieses Flußlabyrinths erstreckte sich ein noch völlig unbekanntes Gebiet, das „Land der Fabeln und phantastischen Visionen". Die Legende sagte, daß auf der anderen Seite des Berges *El Dorado* und der See *Parima*

200 unten und 201 oben *Von Humboldts wissenschaftlicher Enthusiasmus und sein Wissensdurst waren grenzenlos. Auf seinen Reisen ließ er praktisch nichts aus und widmete sein Interesse gleichermaßen Flora, Fauna, den Menschen und der Geologie der bereisten Gebiete. Diese Abbildungen zeigen einige Exemplare seiner Studien –* Melastoma coccinea, Rhexia stricta, Rhexia grandiflora *und* Melastoma racemosa.

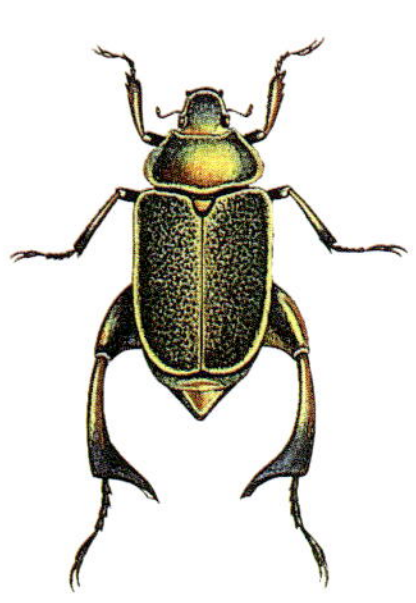

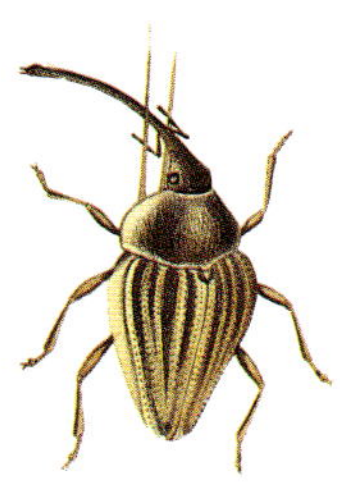

201 unten links *Diese Abbildung verschiedener Käfer stammt von einer Tafel aus den* Observations de Zoologie et d'Anatomie Comparée, *dem Ergebnis einer Katalogisierung, die von Humboldt nach seiner Rückkehr nach Europa vornahm.*

201 unten rechts *Von Humboldt beobachtete diese außergewöhnliche Orchidee* (Angulea superba) *im Grenzgebiet von Ecuador und Peru. Das Aquarell wurde von Pierre Jean François Turpin gemalt, der die Vorgaben des Forschers genau umsetzte.*

202 links *Dieses Ölgemälde von Georg Friedrich Weitsch (1810) zeigt eine Episode während der Reise von Alexander von Humboldt und Bonpland (rechts), als sie am Fuß des Chimborazo-Vulkans kampierten.*

202-203 *Geographie der Tropenpflanzen. Von Humboldt studierte die Vulkane in Ecuador und analysierte die Verbreitung verschiedener botanischer Arten in Bezug auf die Höhe über dem Meer. Er verglich die Daten mit Angaben über Geologie, Fauna, Luftdruck und Temperatur und kam zu dem Schluß, daß die Natur selbst in ihrer extremen Mannigfaltigkeit als ein geschlossenes System gesehen werden muß. Der Wissenschaftler stellte als erster ein komplexes Beziehungssystem auf, das Organismen im Zusammenhang mit ihrer Umgebung betrachtete, und legte damit den Grundstein für die heutige Ökologie.*

lagen. Die Indianer glaubten, daß die Sterne nichts anderes seien als die Reflexionen der silbernen Steine. Von Humboldt jedoch war an Reichtümern nicht interessiert, für die Generationen von Abenteurern in dem riesigen Wald ihr Leben lassen mußten. Sein Plan war es festzustellen, ob es tatsächlich eine Verbindung zwischen dem Orinocobecken und dem des Amazonas gab. Die Reise von La Condamine vor etwa 60 Jahren war der Usprung dieser Diskussion: Der Casiquiare verband angeblich den Rio Negro mit dem Orinoco – doch an welcher Stelle des Flußlaufs?

Von Humboldt war entschlossen, diese Frage endgültig zu klären. Man folgte einem Seitenfluß des Orinoco, dem Tuamini, und kam dem Rio Negro auf einige Dutzend Kilometer nahe. Von dort wurden das Boot und das gesamte Gepäck zu dem großen Fluß getragen, dessen Wasser angenehm kühl und klar war. In wenigen Tagen war man den Rio Negro bis zur Mündung des Casiquiare flußabwärts gefahren, wo es dann den Casiquiare aufwärts ging. Die zehn Tage, die die Gruppe auf dem Fluß fuhr, waren die schlimmsten der ganzen Reise. Der Himmel war ständig wolkenverhangen. Der gewaltige, undurchdringliche Wald hielt den Casiquiare in seinem eisernen Griff. Es war unmöglich, an seinem Ufer ein Camp einzurichten, und von Humboldt und Bonpland waren gezwungen, die Nächte auf dem Boot zu verbringen. Als die Vorräte zur Neige gingen, versuchten sie, ihren Hunger mit rohen Kakaobohnen zu stillen.

Der Verlauf des Casiquiare wurde zum ersten Mal kartographiert. Am 21. Mai erreichte die Expedition den Orinoco nahe bei der Mission La Esmeralda. „Ein schrecklicher, abgelegener Ort", schrieb von Humboldt, „der einem Reisenden den Eindruck vermittelt, er habe das Ende der Welt erreicht." La Esmeralda, ein halbverlassenes Dorf, war die einzige bewohnte Siedlung in diesem riesigen Gebiet. Die Weiterreise wäre zu gefährlich gewesen. Der Ruf der Indianer am oberen Orinoco reichte, um von Humboldt zur Umkehr zu veranlassen.

203 unten links *Im September 1801 brachen von Humboldt und Bonpland vom Rio Magdalena in Kolumbien zu den Anden auf. Einige Monate später versuchten sie den Chimborazo zu besteigen, der als der höchste Berg der Welt galt. Doch mußten sie einige hundert Meter vor dem Gipfel umkehren.*

203 unten rechts *Gasauslässe von Turbaco bei Cartagena in Kolumbien. Von Humboldt war an allen Formen vulkanischer Aktivität interessiert und von den Turbaco-Vulkanen sehr beeindruckt. In einer Ebene erhoben sich 18 oder 20 Kegel von nicht mehr als 7 oder 8 m Höhe, Kegel aus einem schwärzlichen Lehm, deren Öffnung oben mit Wasser gefüllt war. Wenn man sich diesen kleinen Kratern nähere, schrieb er, könne man in regelmäßigen Intervallen ein dumpfes, relativ lautes Geräusch hören, wonach für 15 bis 18 Sekunden eine große Menge Gas austrete, was häufig auch von Schlammauswürfen begleitet sei.*

204 *Diese Aquatinta nach einer Zeichnung von Humboldts und einigen Anmerkungen in seinem Tagebuch zeigt eine romantische Seilbrücke bei Penipe.*

204-205 *Anfang 1802 kamen von Humboldt und Bonpland nach Quito, wo sie fünf Monate lang blieben. Die beiden Wissenschaftler (hier am Fuß des Cajambé-Vulkans) unternahmen zahlreiche Exkursionen in die Umgebung, um die ecuadorianischen Vulkane zu studieren. Von Humboldts Beobachtungen zeigten den vulkanischen Ursprung der ältesten Felsen der Erde, revolutionierten so die herrschenden Theorien und begründeten die moderne Vulkanologie.*

Bevor die Wissenschaftler La Esmeralda verließen, hatten sie Gelegenheit zu sehen, wie die Indianer Kurare herstellten, das tödliche Pfeilgift, das aus der Rinde der Liane gewonnen wird. Der Meister des Gifts forderte von Humboldt auf, diese tödliche Substanz zu schmecken. „Tatsächlich läßt sich nur anhand des mehr oder weniger bitteren Geschmacks feststellen, ob die Konzentration ausreichend ist. Das ist nicht gefährlich, denn Kurare wirkt nur, wenn es in direkten Kontakt mit dem Blut kommt."
Anfang Juni hatte die Expedition die großen Stromschnellen zum zweiten Mal überwunden und fuhr durch ruhige Wasser in Richtung Angostura (heute Ciudad Bolivar). Im August 1880 kehrten von Humboldt und Bonpland nach Cumanà zurück.
In den folgenden Jahren besuchten von Humboldt und Bonpland Kuba und kehrten nach Südamerika zurück. Von Cartagena fuhren sie den Rio Magdalena flußaufwärts bis Bogotà, überquerten die Anden und wandten sich nach Süden der peruanischen Wüstenregion an der Küste zu. Von Humboldt arbeitete an einer genauen Übersicht über die ecuadorianischen Vulkane und konnte den vulkanischen Ursprung der ältesten Felsen ermitteln, womit er die geologischen Theorien seiner Zeit umwarf.
Von Lima aus reisten sie nach Mexiko und kehrten nach einem Zwischenstop in Washington im Sommer 1804 nach Europa zurück. Die botanische Sammlung, die sie mitbrachten, enthielt über 60000 Exemplare, viele davon bislang unbekannte Arten. Die Informationen, die die beiden zusammengetragen hatten, waren beachtlich.
Von Humboldt ließ sich 1807 in Paris nieder und begann, einen Reisebericht zu schreiben.
Bonpland wollte sich jedoch einem solchen Projekt nicht widmen. Ihn zog es mehr zu den Königlichen Gärten, deren Leiter er bis 1814 war. Nach einer zerbrochenen Ehe ging er wieder nach Amerika. Der Diktator von Paraguay inhaftierte ihn zehn Jahre lang. Er kehrte nicht mehr nach Europa zurück und starb in einer Lehmhütte an der Grenze zwischen Uruguay und Brasilien im Alter von 85 Jahren inmitten der Wälder, die er liebte.
Von Humboldt blieb 20 Jahre in Paris und verließ die Stadt nur noch zu kurzen Reisen nach Italien und in die Schweiz. Später kehrte er nach Berlin zurück, wo er in preußische Dienste trat. Im Auftrag des Zaren reiste er 1829 durch Rußland und Sibirien und erreichte die abgelegenen Gebiete von China. Den Rest seines Lebens verbrachte er mit seinen Schriften zurückgezogen in einer bescheidenen Wohnung in Berlin, umgeben von Büchern und wissenschaftlichen Mustern. „Ich suche für meinen immer noch ungebändigten Geist in meiner Arbeit nach Nahrung", schrieb er 1837 an Gay-Lussac.
Alexander von Humboldt starb im Alter von 89 Jahren, als er gerade den 5. Band des *Kosmos* schrieb.

205 oben *Im Oktober 1801 überquerten von Humboldt und Bonpland die Anden über den Quindeo-Paß und erreichten das Cauca- und das Popayan-Tal. Von Humboldt beschrieb diesen Weg als den schwersten Andenpaß. Einen Teil der Strecke, etwa zwölf Tage lang, legten die Forscher auf Behelfssitzen aus Bambus zurück, die Träger auf ihren Schultern trugen.*

205 rechts *Der Kondor,* Vultur gryphus, *faszinierte von Humboldt. In fast 6000 m Höhe sah der Wissenschaftler diesen majestätischen Vogel gleiten. Der Kondor ist der größte existierende Raubvogel; er erreicht eine Flügelspannweite von bis zu drei Metern und lebt im gesamten Andengebiet.*

EINE FEINDLICHE UMGEBUNG

Keine andere Umgebung erweckt bei einem modernen Menschen so viele Gefühle von Unzulänglichkeit und Einsamkeit wie die Regenwälder. Für die Erforscher des letzten Jahrhunderts war der Regenwald eine „grüne Hölle" und weitaus schlimmer als die Wüsten, in denen der Mensch wirklich ein biologischer Außenseiter ist. Für Amateure ist der Regenwald etwas Lebensfeindliches: Das Klima ist bedrückend, die Insekten sind besonders zahlreich und aggressiv, und die ganze Umgebung ist so feucht, daß man oft nicht einmal ein Feuer entfachen kann. Die Kleider vermodern, und Wunden heilen nicht. Man schwitzt fürchterlich, doch durch die fehlende Verdunstung bleibt die Körpertemperatur ständig hoch. Doch all diese Gefahren und Widrigkeiten reichen nicht aus, um das „Feindliche-Umgebung-Syndrom" zu erklären, das in den Tagebüchern der Regenwald-Forscher vage beschrieben ist. Teilweise ist es ein psychologisches Problem. Die europäischen Entdecker waren an offenes oder halboffenes Land gewöhnt. Man hat dort einen guten Überblick. In einem Regenwald muß man jedoch genau hinschauen: Man muß einen Baum von einem anderen unterscheiden können und Figuren vor dem Hintergrund erkennen können. Wer einen weiten Überblick gewohnt ist, zieht eine offene Ebene der geschlossenen Welt des Waldes vor, wo man nur einige Meter weit sehen kann. Der Urwald hat keinen Horizont und scheint keine räumliche Tiefe zu besitzen, während die Sinne gleichzeitig von einer Menge kaum zu verarbeitender Reize überflutet werden. Alles scheint bedrohlich: Die Umgebung nimmt den Menschen nicht auf und wird so zum „Feind".

Bei einem Regenwaldbewohner, sei es ein Amazonasindianer oder ein Pygmäe aus dem Kongobecken, ist es genau umgekehrt. Kenge war der berühmteste Pygmäe der Welt, und sein Name taucht in vielen psychologischen Publikationen auf, die sich mit der Wahrnehmung befassen. Als man ihn aus dem Wald in die offene Savanne von Virunga brachte, sah Kenge eine Herde Büffel in einiger Entfernung, für einen Jäger eine Riesenmenge Fleisch. Kenge fragte den Anthropologen, der ihn begleitete, nach dem Namen für diese Insekten. Alle Versuche, Kenge davon zu überzeugen, daß diese schwarzen Schatten auf der Ebene Tiere waren, die doppelt so groß wie der Waldbüffel waren, scheiterten. In Kenges Wahrnehmungsbereich war kein Platz für eine Panoramasicht. Er war nicht imstande, das Verhältnis zwischen der Größe eines Gegenstandes und seiner Stellung im Raum zu beurteilen, wie wir es automatisch tun.

Im Urwald gab es für ihn dazu auch keine Notwendigkeit. Für Kenge war das „trockene, schmutzige Land" jenseits seiner Wälder eine unverständliche und feindliche Umgebung.

__206 oben__ Einen Weg durch den Dschungel zu bahnen (hier in Afrika) ist auch heute noch eine kräftezehrende Sache – trotz technischer Fortschritte bei Ausrüstung und Bekleidung. Kurioserweise muß man im Regenwald mehr als in der Wüste trinken, was mit der geringen Verdunstung zusammenhängt, die die Körpertemperatur hochhält.

__206 unten__ Dieser Stich (19. Jahrhundert) zeigt die außergewöhnliche Natur des Amazonaswaldes, die Itarnaraty-Wasserfälle bei Serra Estrella in Brasilien.

207 *Ein Forscher dringt in Begleitung seiner Träger im Dämmerlicht durch den Tropenwald. Die Abbildung zeigt, wie dicht der unberührte Urwald an der Quelle des Dos Patos-Sees ist. Die Erforschung des Amazonasbeckens fand fast ausschließlich entlang der Flußläufe statt.*

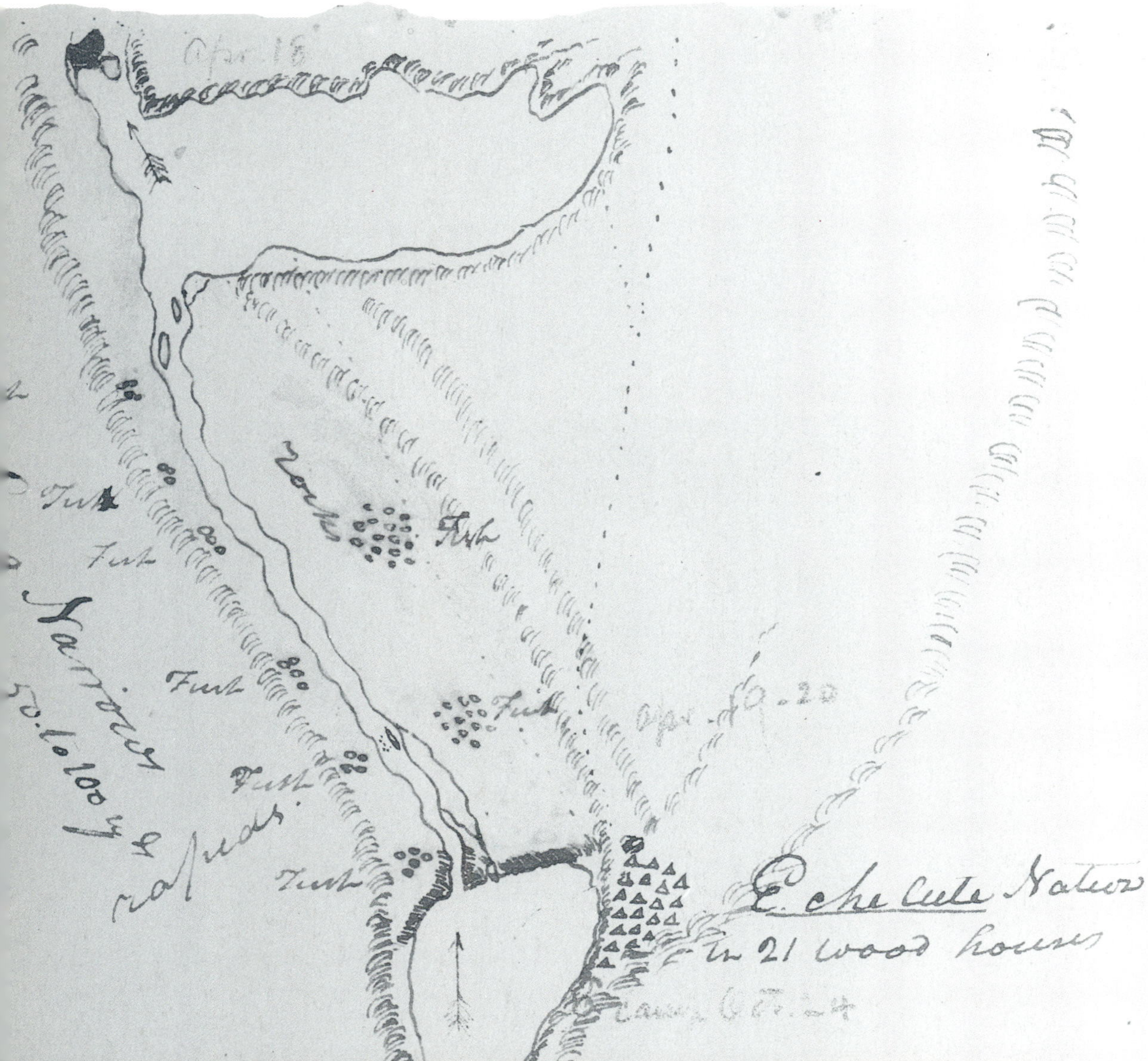

1803 erhielten die Vereinigten Staaten durch den Erwerb von Louisiana eine neue Grenze. Präsident Jefferson, der die politischen und kommerziellen Vorteile einer Expansion nach Westen ausnutzen wollte, sandte zwei junge Offiziere aus, um die weiten Gebiete jenseits des Mississippi zu erkunden. Auf ihrer zwei Jahre und vier Monate dauernden Reise kamen Lewis und Clark durch Prärien, fuhren den Missouri stromaufwärts und erreichten die Pazifikküste, nachdem sie die Rocky Mountains durchquert hatten. Die Legenden um den amerikanischen Westen waren damit beendet, die Gebiete erschienen nun auf den Landkarten. Bald folgten Pioniere und Siedler den Erforschern und schlugen den Widerstand der Indianerstämme nieder. Das Zeitalter des Wilden Westens hatte begonnen.

EXPEDITION DURCH NORDAMERIKA

208 oben Sacajawea zeigt den beiden amerikanischen Forschern bei Three Forks den Weg. Sacajawea, spielte als Führerin bei der Expedition von Lewis und Clark eine wichtige Rolle. Sie fungierte als Dolmetscherin und Unterhändlerin mit den Indianerstämmen und rettete durch ihre Kenntnisse des Landes die Mitglieder der Expedition vor dem Hungertod.

208 unten Dieses Gemälde von George Catlin zeigt einen Indianer bei der Büffeljagd.

MERIWETHER LEWIS UND WILLIAM CLARK

„Das Ziel eurer Mission ist es, den Missouri und die Nebenflüsse zu erkunden, die durch ihren Verlauf und eventuelle Mündung in den Pazifik einen direkten und schiffbaren Weg durch dieses Land zu Handelszwecken ermöglichen." Der Auftrag von Thomas Jefferson an die Leiter dieser großen Expedition in den Westen war eindeutig. Die alte Suche einer nördlichen Passage in den Pazifik und den Fernen Osten wurde noch einmal lebendig, jedoch auf pragmatischere Weise.
1790 war die Mündung des Columbia entdeckt worden, die von Cook und La Pérouse übersehen worden war. Einige Jahre später durchquerte der Schotte Mackenzie Kanada und erreichte den Pazifik bei Vancouver Island. Jefferson, der im Jahr 1801 zum

209 oben Porträt von William Clark. Da Lewis sich über die Schwierigkeiten im klaren war, bat er darum, die Expeditionsleitung mit seinem alten Kameraden William Clark teilen zu dürfen. Der praktisch denkende und verträgliche Clark hatte große Erfahrungen in der Wildnis. Seine und Lewis' Persönlichkeiten ergänzten sich perfekt, und die beiden kamen hervorragend miteinander aus.

209 unten links Porträt von Lewis. Lewis war Freund und Privatsekretär von Präsident Jefferson. Im Alter von 29 Jahren wurde er beauftragt, eine große Expedition in den Westen zu organisieren. Seine Qualitäten als Diplomat und Koordinator waren für den Erfolg des Unternehmens ausschlaggebend.

Präsidenten der Vereinigten Staaten gewählt worden war, hatte den Bericht von Mackenzie gelesen und erwog, eine Expedition in die Gebiete westlich des Mississippi zu entsenden. Der Erwerb Louisianas von Frankreich hatte die letzten Hindernisse beseitigt. Plötzlich besaßen die Vereinigten Staaten ein weites Gebiet von etwa zwei Dritteln der Größe Indiens, das fast völlig unerforscht war. (Für diese Fläche von über zwei Millionen Quadratkilometern wurden 27 Millionen Dollar bezahlt, eines der größten Geschäfte der Geschichte.) Louisiana umfaßte den gesamten Mississippi-Lauf und die Rocky Mountains. Die Erforschung der neuen Staatsgrenze wurde politisch notwendig.
Jefferson handelte schnell und entschlossen: Der Kongreß bewilligte ihm 2500 US-Dollar, und er beauftragte seinen Sekretär Lewis, sich um die Angelegenheit zu kümmern. Lewis sollte die Leitung einer Expedition übernehmen, deren Ziele bereits festgelegt waren. Außer der geographischen Erkundung sollte Lewis sich im Namen des „Weißen Vaters" in Washington um friedliche Kontakte zu den Indianerstämmen bemühen und über Flora, Fauna, Klimaverhältnisse und Bodenschätze in den weiten westlichen Gebieten so viele Informationen wie möglich sammeln. Die Erforscher sollten hierüber ein detailliertes Tagebuch führen und möglichst exakte Karten zeichnen. Lewis erhielt bei den

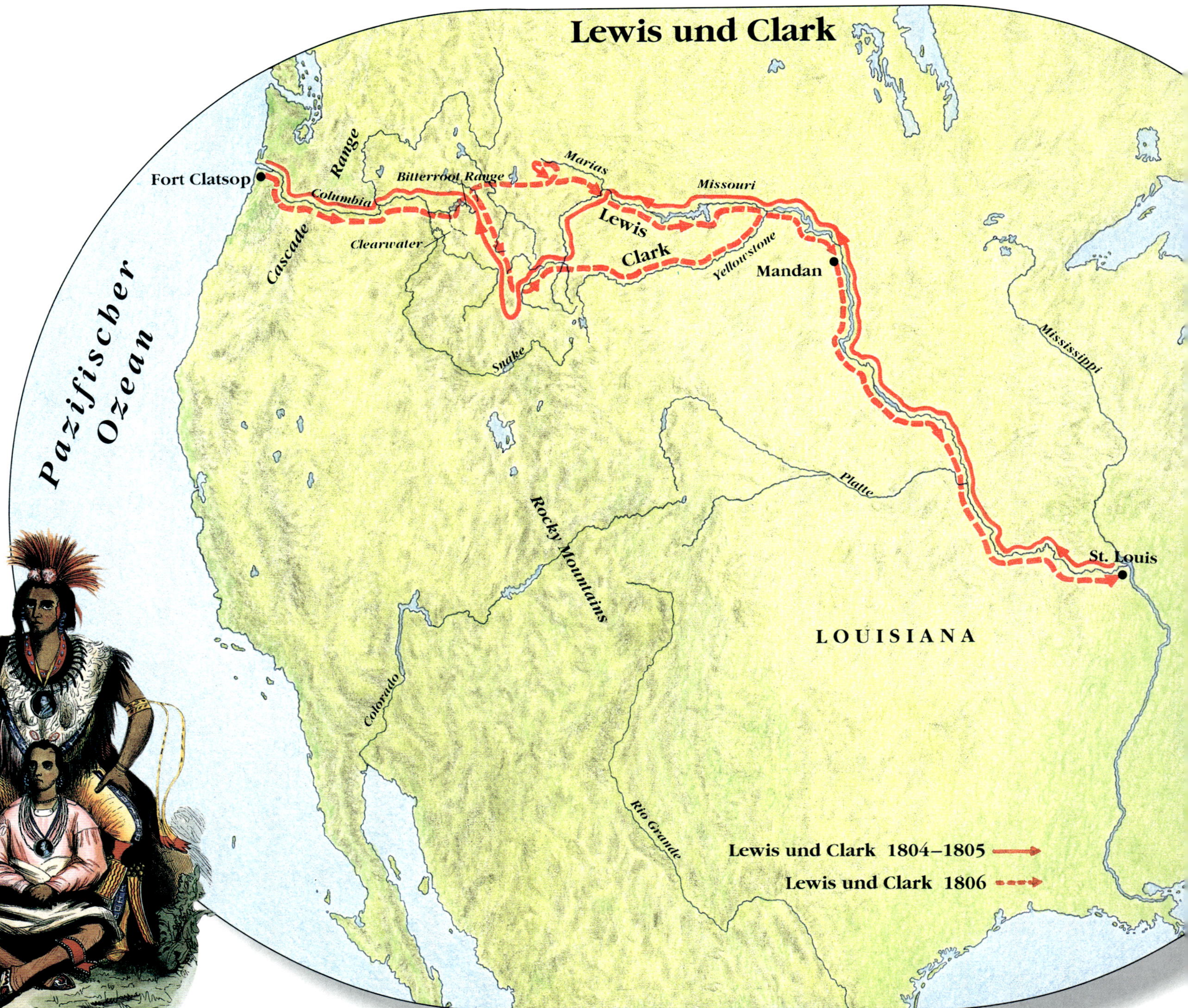

besten Kartographen und Wissenschaftlern der USA Unterricht im Gebrauch wissenschaftlicher Instrumente und wurde in Botanik, Zoologie und Naturgeschichte unterwiesen. Jefferson versprach sich wichtige Resultate von dieser Expedition; er wollte nichts dem Zufall überlassen. Lewis war sich der Schwierigkeiten dieser von ihm übernommenen Aufgabe bewußt und wollte daher die Leitung mit seinem Kollegen William Clark gemeinsam übernehmen. Lewis war 29 und Clark 33 Jahre alt, beide verfügten über umfangreiche Erfahrungen in der Wildnis. Lewis bestand darauf, daß Clark die gleiche Verantwortung und Entscheidungsbefugnis wie er selbst hatte. Die beiden Männer ergänzten sich gut: Clark war extrovertiert und erweckte Vertrauen, Lewis hingegen war ein ruhiger und vorsichtiger Typ und ein guter Organisator. In der Geschichte der Erkundungen stellten die beiden ein sehr erfolgreiches Paar dar. Sie hatten keine ernsthaften Meinungsverschiedenheiten und führten die lange und schwierige Expedition erfolgreich und entschlossen durch. Im Herbst 1803 schlug die Expedition ihr Hauptquartier in St. Louis am Mississippi auf. Das künftige Tor zum Westen war damals kaum mehr als ein Dorf. Lewis und Clark verbrachten den Winter damit, Ausrüstung und Vorräte zu komplettieren. Ihre Vorräte waren nicht gerade umfangreich: Mehl, Salz, Trockenfleisch und einige Notrationen. Lewis ging davon aus, unterwegs Nahrung zu finden, denn er vertraute den Berufsjägern, die er angeheuert hatte. Die wissenschaftlichen Instrumente, Werkzeuge, Waffen und Schießpulver wurden in acht große Packs geteilt. Eine Kiste enthielt Medikamente und chirurgische Instrumente. Die Handelswaren für die Indianer umfaßten fünfzehn große Säcke und Kisten; sie bestanden aus wertlosen Dingen, Uniformen mit Tressen, Messern, Kleidungsstücken und Spiegeln – den teuersten Gegenständen. Außerdem führte Lewis ein Faltboot mit sich, das aus einem Metallrahmen bestand, der mit Häuten oder Rindenstücken bedeckt werden konnte. Das Boot war auf den wirklich zutreffenden Namen „Experiment" getauft. Während der langen Vorbereitungsphase wurden die Zivilisten und Soldaten ausgebildet, so daß die Gruppenteilnehmer während der Reise gut zusammenarbeiteten. Lewis und Clark wußten, wie wichtig Disziplin sein würde, um den Erfolg der Expedition zu gewährleisten.

Am 14. Mai 1804 machten sich die 45 ausgewählten Männer mit zwei Booten und einem Lastenkahn, die alle mit Segeln und Rudern ausgestattet waren, auf die Reise. Zunächst sollte es den Missouri aufwärts bis zu seiner Quelle gehen, die man Tausende von Kilometern Fußweg entfernt vermutete. Ende Oktober erreichten die Schiffe das Gebiet der Mandans am Zusammenfluß von Knife River und Heart River im heutigen Norddakota. Bis dahin war der Missouri bekannt und wurde von Händlern und Trappern befahren.

Die Schiffsreise war gefährlich wegen der Sandbänke und Baumstümpfe im Wasser, doch es ging alles glatt. Die berüchtigten Sioux erwiesen sich als weniger feindselig als befürchtet. Doch erwarteten die Expedition – außer den Moskitos – noch manche ernste Probleme, und man beschloß, in den Dörfern der Mandans zu über-

wintern. Die Indianer waren freundlich und beobachteten den Bau der Hütten und die seltsamen Sitten ihrer Gäste mit Neugier. Besondere Aufmerksamkeit erweckte Clarks schwarzer Diener York, und man bat ihn, an Tänzen und Schaukämpfen teilzunehmen – ganz mutige Zuschauer versuchten sogar, das Schwarz seiner Haut abzuschrubben.
Lewis und Clark heuerten Dolmetscher und Führer an, die für die Expedition unerläßlich waren. Einer von ihnen, ein Francokanadier namens Toussaint Charbonneau, kam in das Camp in Begleitung seiner Frau Sacajawea, einer Schoschonen-Squaw, die als Kind ihrem Stamm geraubt worden war. Die Schoschonen lebten in den Rocky Mountains in dem Gebiet, wo man die Quelle des Missouri vermutete. Soweit bekannt war, benutzten die Schoschonen Pferde, was für die Überquerung des Gebirges zwischen dem Missouri und dem Columbia sehr wichtig war. Lewis und Clark sahen, daß von dieser Frau der Erfolg ihrer Mission abhängen konnte. Im Winter bekam Sacajawea ein Baby, und man beschloß, es mitzunehmen.

209 unten rechts *Dieses Bild zeigt das Camp von Lewis und Clark bei den Quellen des Columbia.*

210 *Dieses Gemälde von A. Wahlen (1843) zeigt einen Indianerhäuptling in voller Tracht. Lewis und Clark hatten strikte Anweisungen, was das Verhalten den Indianern gegenüber betraf: Verhandlungen sollten der Gewalt vorgezogen werden, selbst wenn der Erfolg der Expedition dadurch in Frage gestellt würde. Im wesentlichen dank der Hilfe von Sacajawea gewannen sie das Vertrauen der Schoschonen und erhielten Pferde, Proviant und Ratschläge, wie sie die Schwierigkeiten der Reise überwinden könnten.*

211 oben *Dieses Gemälde, das auf Informationen von George Catlin basiert, zeigt zwei Indianer, die mit Wolfsfellen getarnt sind, bei der Pirsch auf eine Büffelherde. Als Catlin 1830 seine Reise in das Gebiet der Indianer unternahm, waren die Prärien voll von Büffelherden. Doch Mitte des 19. Jahrhunderts begann das Abschlachten: Millionen Büffel wurden wegen ihrer Häute und zur Gewinnung neuen Weidelandes getötet. Dies war auch der Beginn der Ausrottung der Indianer. Durch diesen Völkermord wurde eine ganze Kultur und Lebensart zerstört.*

211 unten *Dieses Gemälde entstand ebenfalls aufgrund von Catlins Informationen. Es zeigt einen dramatischen Augenblick während der Bärenjagd. Die Bären waren nur eines der Probleme, mit denen Lewis und Clark auf ihrer Expedition zu kämpfen hatten – neben Klapperschlangen, Hagel und Nahrungsmangel.*

Am 7. April 1805 verließ die Gruppe ihr Camp. Nun begann unbekanntes Gebiet. Lewis machte aus seiner Begeisterung keinen Hehl: „Ich glaube, der Augenblick des Aufbruchs ist einer der glücklichsten Momente in meinem Leben", schrieb er in sein Tagebuch. „Wir kommen jetzt in ein riesiges Gebiet, das sich mindestens 2000 Meilen weit erstreckt, wo kein zivilisierter Mensch jemals seinen Fuß hingesetzt hat." Eine Gruppe von zwölf Mann wurde nach St. Louis zurückgeschickt, um Jefferson einen ersten Bericht, Karten, wissenschaftliche Objekte einschließlich eines Präriehundes und Vögeln zu überbringen. 33 Mann zogen mit sechs Kanus und zwei großen Booten weiter; abwechselnd fuhr man über den Fluß oder folgte seinem Ufer. Es gab reichlich Wild, und alles ging reibungslos voran bis zum 14. Mai, als eine plötzliche Sturmbö eines der Boote erfaßte, das samt seiner Ladung zu versinken drohte. Die Expeditionsleiter mußten vom Ufer tatenlos zusehen. Zum Glück reagierte Sacajawea geistesgegenwärtig und rettete einen großen Teil des Gepäcks. Lewis stellte erleichtert fest, daß die wissenschaftlichen Instrumente noch funktionstüchtig waren. Ohne Kompaß, Chronometer und Sextanten wäre es unmöglich gewesen, die von Jefferson gewünschten Karten zu zeichnen.

Dieser Zwischenfall schien eine Pechsträhne für die Gruppe einzuläuten. Einer nach dem anderen erkrankte, und um ein Haar hätte ein verwundeter Bär die Jäger getötet. Lewis entkam nur knapp einer Klapperschlange.

Am 3. Juni erreichte die Gruppe eine Flußgabelung; man beschloß, dort zu kampieren. Alle brauchten die Pause, sie waren erschöpft, und es mußte entschieden werden, welchem Flußlauf sie weiter folgten. Ein Entscheidungsfehler könnte den Erfolg der Mission in Frage stellen. Welches war nun der Hauptlauf des Missouri? Spähtrupps wurden losgeschickt, doch diese kamen mit irritierenden Informationen zurück. Zwar sprach alles dafür, daß der nördliche Flußlauf der richtige war, doch Lewis war skeptisch. Die Indianer hatten von großen Wasserfällen und unpassierbaren Stromschnellen gesprochen.

Einige Tage später ging Lewis mit vier Mann auf Erkundung des südlichen Flußlaufs. Am 13. Juni erblickte er „das größte Schauspiel" seines Lebens, nachdem er einen Hügel erklettert hatte. Der Missouri, der an dieser Stelle fast 300 Meter breit war, stürzte in einer Serie von Stromschnellen auf einer Länge von 16 Kilometern in die Tiefe. Die Expedition benötigte zwölf endlose Tage, um diesen Abschnitt in einer nackten Felsenlandschaft zu umgehen. Man befestig-

212 oben links *Dieses Gemälde der Schule von George Catlin zeigt eine Gruppe Prärie-Indianer. Die Ausdehnung der großen Prärien und die Möglichkeit der grenzenlosen Expansion jenseits des Mississippi ermutigten Präsident Jefferson, zwei junge Offiziere auf Kundschaft zu schicken. Vor ihrer Abreise rief Jefferson führende Wissenschaftler in die Vereinigten Staaten, um Lewis und Clark die Grundlagen der Botanik, Naturgeschichte, Mineralogie und Astronomie vermitteln zu lassen.*

212 oben rechts und 213 oben *Diese Zeichnungen von Karl Bodmer zeigen die feierliche Tracht der Hidatsa.*

212 unten *Dieses Ölgemälde von Charles M. Russell (1912) zeigt Lewis und Clark mit Indianern bei Ross' Hole.*

te Achsen und Räder an den Kanus und zog sie über die Hügel. Stürme richteten die Expedition übel zu, und an einer Stelle drohte eine unerwartete Überschwemmung Menschen und Gepäck mit sich zu reißen. Nach dem Unwetter sammelte Lewis einige Hagelkörner, deren größtes einen Durchmesser von 18 Zentimetern hatte – genug, um einen Menschen zu töten.
Doch bald erreichte man wieder ruhiges Fahrwasser. Der Missouri floß nun nach Süden, parallel zum Fuß der Rocky Mountains. Es wurde klar, daß die Expedition bald in die Berge mußte, doch dazu benötigte man Pferde. Man befand sich bereits auf dem Gebiet der Schoschonen, obwohl die Gegend unbewohnt schien.
Am 25. Juli erreichte die Expedition die Stelle, wo der Missouri drei Zweigflüsse bildet. Gemäß Sacajaweas Rat folgten sie dem westlichen Lauf, den sie Jefferson River tauften. Lewis stellte fest, daß sie die kontinentale Wasserscheide erreicht hatten. Von dort an flossen alle Flüsse nach Westen in den Pazifik. Dies war ein kritischer Moment, und Lewis begann sich zu sorgen: Die Indianer schienen verschwunden zu sein, und ohne Lasttiere hatte die Expedition keine Chance, die schneebedeckten Berge zu passieren, die sich über den ganzen Horizont erstreckten.
Das erste Zusammentreffen mit den Schoschonen erfolgte Mitte August. Die Indianer waren zurückhaltend, und Lewis konnte den Häuptling Cameahwait von ihren friedlichen Absichten nur mit Mühe überzeugen. Die Schoschonen bestätigten die Befürchtungen der Expeditionsleiter: Es gab keinen schiffbaren Fluß nach Westen. Auch hatten die Indianer nicht die Absicht, der Expedition Pferde zu überlassen. Hier waren Jeffersons Befehle eindeutig: eher das Expeditionsziel aufgeben als Gewalt anwenden. Die Situation war verfahren, nur etwas Unerwartetes konnte hier helfen. Das Unerwartete geschah: Sacajawea, die als Dolmetscherin fungierte, „betrat das Zelt und setzte sich; als sie anfing zu übersetzen, erkannte sie in Cameahwait ihren Bruder“. So erhielten Lewis und Clark 29 Pferde und einen Führer.
Die Überquerung der Bitterroot Range war äußerst mühsam. Anfang September fiel der erste Schnee, und es wurde kalt. Menschen und Tiere kamen in dem steilen und scheinbar endlosen Gelände nur langsam voran. Die Expeditionstagebücher enthalten nur das Wichtigste: „Wir töteten einen Wolf und aßen ihn“; „Eins unserer Pferde trat fehl und stürzte einen Abhang hinunter.“
Am 20. September erreichte die Expedition das Tal des Clearwater River. Die Ebene war vom Stamm der „Durchstochenen Nasen“ bewohnt, und die erschöpfte Gruppe konnte sich hier von den Strapazen erholen. Die Indianer kümmerten sich um die Pferde, die Lewis auf der Rückreise wieder benötigte. Fünf neue Kanus wurden gebaut, und Anfang Oktober ging es auf dem Wasserweg weiter in Richtung des Columbia. Der Clearwater floß in den Snake und dieser in den Columbia: Das Expeditionsziel schien nun nahe zu sein – zumindest glaubte man das. Kurz nach der

213 unten *Dieses Gemälde von Charles M. Russell zeigt Lewis und Clark am Unterlauf des Columbia. Bevor sie den Pazifik erreichten, mußten sie etliche Wasserfälle und Stromschnellen passieren, da der Fluß durch ein Felsental floß. Die Chinook waren zwar freundlich, wollten den Weißen aber keinen Trockenfisch verkaufen, so daß die Forscher auf das wenige Wild angewiesen waren, das sie erlegen konnten.*

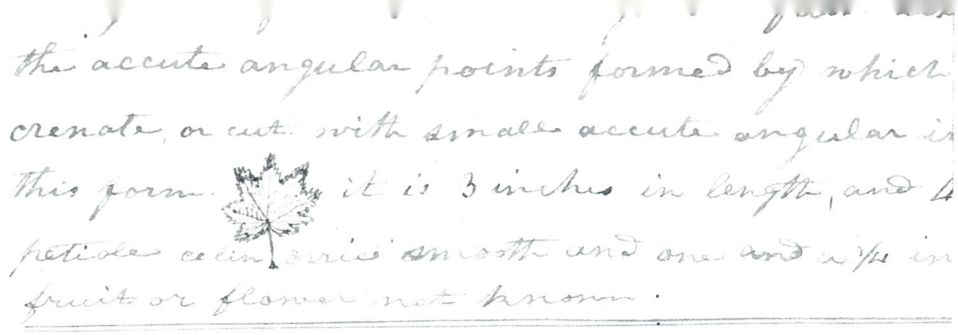

Abfahrt tauchten die ersten Stromschnellen und Probleme auf.
Am 14. Oktober wurden drei Kanus von der Strömung fortgetrieben und gegen Felsen geschleudert. Ein Teil der Ladung ging dabei verloren, und die Besatzung drohte unterzugehen. Der Columbia, der an der Mündung des Snake beinahe einen Kilometer breit war, verengte sich stellenweise auf bis zu 40 Meter. Fast jeden Tag mußte die Expedition Stromschnellen und Wasserfälle überwinden, was die Kräfte der Leute bis zum Äußersten forderte. Der Fluß floß durch eine Felsschlucht; es war schwierig am Ufer anzulegen, und man konnte kaum Stellen zum Kampieren finden.
Die dort lebenden Indianer waren friedlich und freundlich. Der Lachsfang war ihre Hauptbeschäftigung; in einem Lager sahen Lewis und Clark Trockenfischvorräte, die mindestens fünf Tonnen wiegen mußten. Doch ohne geeignete Tauschwaren mußten sich die Erforscher mit dem Wild zufriedengeben, das sie erlegen konnten.
Am 8. November erreichte die Expedition bei strömendem Regen die Mündung in den Pazifik. In einiger Entfernung, hinter einer dichten Nebelwand, konnte Clark die Meeresbrandung hören. „Welche Freude!" schrieb er in sein Tagebuch, doch es klang nicht sehr überzeugend. Die Expedition hatte ihr Ziel erreicht, aber es gab wenig zu lachen. Das ganze Jahr über ist die Mündung des Columbia ein teuflischer Ort mit eiskalten Winden und ständigem Regen. Triefend naß und starr vor Kälte wanderten die Leute wochenlang die Küste entlang, um einen geeigneten Ort zu finden, wo sie den Winter abwarten konnten. Lewis wußte, daß sie wegen des dichten Nebels nicht von einem vorbeifahrenden Schiff entdeckt und mitgenommen werden würden.
Ende November begannen sie mit dem Bau eines Winterquartiers am Südufer des Flusses und warteten auf den Frühling. Die Wintermonate waren lang und eintönig. Lebensmittel waren knapp, und Lewis stellte verbittert fest, daß nur an sechs Tagen während der ganzen Zeit das Wetter schön war.
Am 23. März 1806 machte sich die Expedition auf den Rückweg nach Osten. Zunächst gingen Lewis und Clark den alten Weg zurück, bis sie das Gebirge überquert hatten. Dort trennten sie sich. Lewis reiste auf dem Landweg in das Gebiet nördlich des Missouri, während Clark dem Yellowstone River folgte. Mitte August trafen sich die beiden Gruppen im Gebiet der Mandans, in ihrem ersten Camp. Schließlich, am 23. September 1806, erreichten sie St. Louis. Die 38000 Dollar, die das ganze Unternehmen am Ende gekostet hatte, hatten sich gelohnt: Lewis und Clark hatten zwar keinen Wasserweg zum Pazifik gefunden, doch hatten sie fünf Pässe über die Rocky Mountains entdeckt und die ersten zuverlässigen Karten von diesen weiten Gebieten gezeichnet. Ihre Tagebücher enthielten nicht nur Beschreibungen der Flußsysteme, Berge, Tiere und Pflanzen (122 der Wissenschaft bisher unbekannte Arten und Sorten), Menschen und Landschaften, sondern gaben Amerika eine neue Grenze.
So wurde die besessene Idee vom Westen geboren, die das Denken und die Politik einer Nation über ein Jahrhundert lang bestimmen sollte. Die Eroberung des Wilden Westens hatte begonnen.

214 links *Dieses Gemälde zeigt eine Rast während der Fahrt auf dem Columbia. Im Vordergrund sind Lewis und Clark zu sehen, hinter ihnen stehen Sacajawea und ihr Mann Toussaint Charbonneau. Die indianische Führerin spielte aufgrund ihrer Kenntnisse der Gegend und als Dolmetscherin eine wichtige Rolle bei der Expedition, die sie bis zur Rückkehr nach St. Louis führte.*

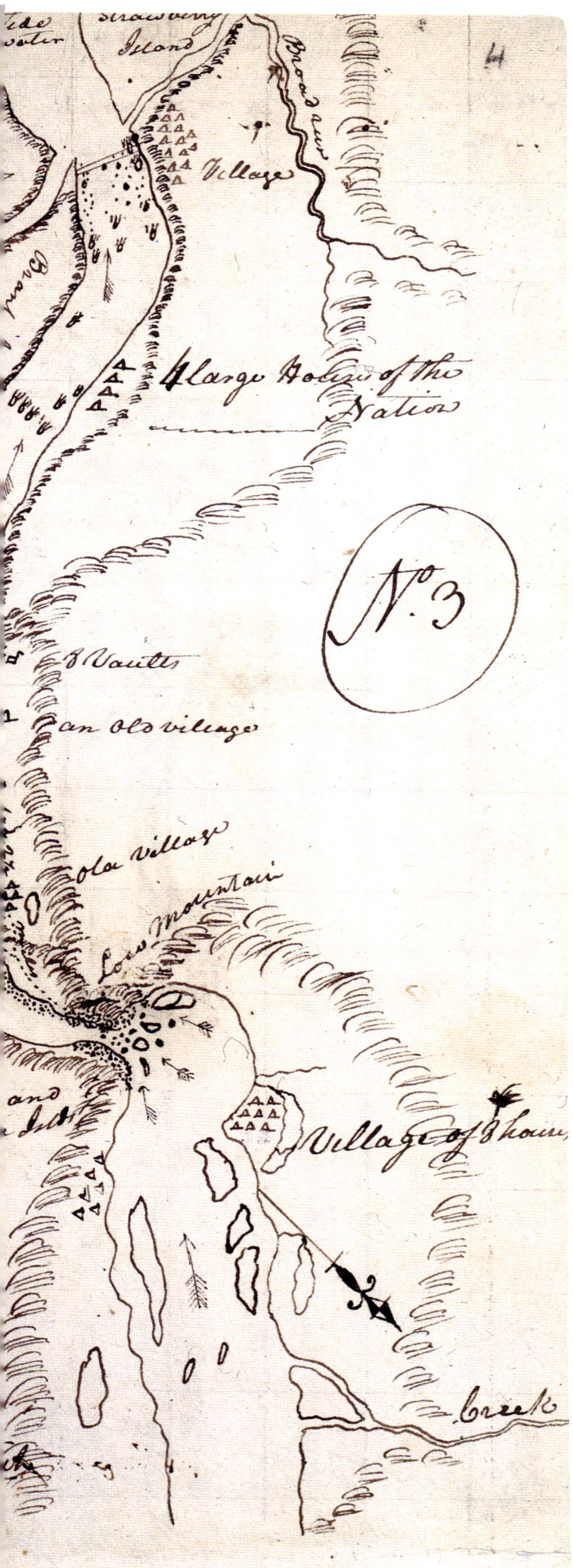

EXPEDITIONSTAGEBÜCHER

Ab dem Jahr 1700 kann man zwei Typen von Entdeckern nach der Art unterscheiden, wie sie ihre Tagebücher führten. In die erste Kategorie fallen solche Entdecker, die im Auftrag anderer arbeiten, die ein politisches oder wissenschaftliches Interesse haben, z. B. eine Regierung oder eine wissenschaftliche Gesellschaft.

Die anderen werden durch den direkten Kontakt mit der Öffentlichkeit motiviert.

Im ersten Fall wurden die Entdecker (z. B. Lewis und Clark) nicht nur um eine chronologische Darstellung der Ereignisse gebeten, sondern auch um Antworten auf Fragen zu Klima, Menschen, Bodenbeschaffenheit, geographische Bestimmung, Flora und Fauna etc. ihrer Expeditionsgebiete. Seit der Renaissance gab es Abhandlungen, die die verschiedenen Forschungsgebiete definierten: Ein deutscher Autor beschrieb 1789 37 Wissenschaftsgebiete, unterteilt in 2443 Einzelfragen. In diesem Fall wurde das Expeditionstagebuch eine Datensammlung. Der geforderte Stil war trocken und präzise, ohne persönliche Anmerkungen.

Der Erforscher der zweiten Kategorie schrieb einfach seine Erlebnisse in Form einer Reportage nieder. Bis zum Aufkommen der Massenmedien – Zeitung, Radio und Fernsehen – waren die Expeditionstagebücher das einzige Medium, um Informationen über ferne Länder zu verbreiten, die für die Allgemeinheit unerreichbar waren.

Es war kein Zufall, daß viele Entdecker gleichzeitig Journalisten waren – Stanley ist hierfür das klassische Beispiel. Die Geschichten eines Reisenden mußten dem Geschmack der Leser entsprechen: merkwürdige Sitten, mehr oder weniger abstoßende Bräuche, Kannibalismus und feindliche Stämme. Die Autoren wußten, daß man den Wahrheitsgehalt ihrer Berichte nicht überprüfen konnte – die Tagebücher waren sehr subjektiv und basierten auf dem Vergleich zwischen „Wilden“ und „Zivilisierten“, Freund und Feind, Gut und Böse, Schön und Häßlich.

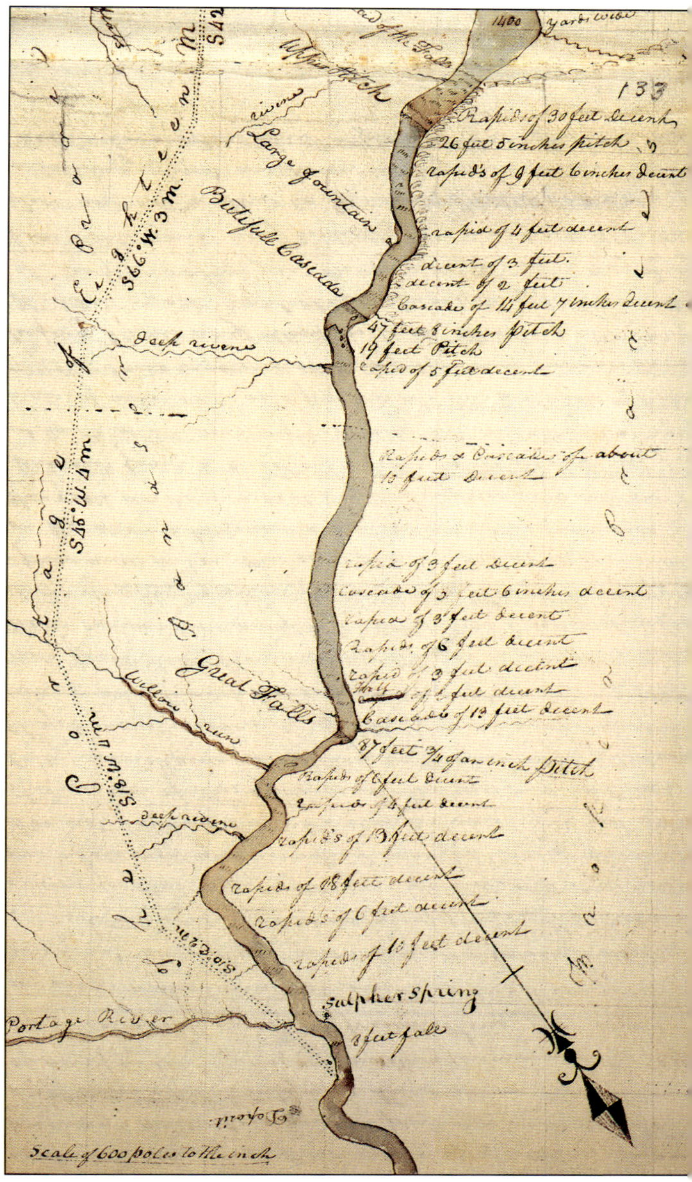

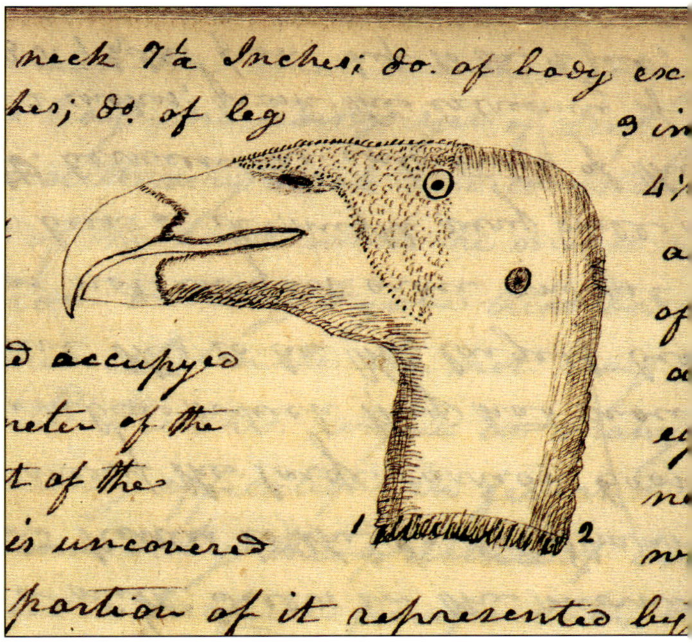

214-215 *Diese mit zahlreichen Anmerkungen versehene Zeichnung stammt aus den Tagebüchern von Lewis und Clark und zeigt die gefährlichen Stromschnellen des Columbia. Präsident Jefferson hatte Anweisung gegeben, daß jedes Expeditionsmitglied ein ausführliches Tagebuch zu führen habe, in dem alles von Bedeutung verzeichnet werden sollte. Außer Lewis und Clark führten mindestens sieben Personen Tagebuch.*

215 rechts *Das Expeditionstagebuch der beiden Leiter war auf speziellem wasserfesten Birkenpapier geschrieben. Die Abbildung oben zeigt eine Seite daraus, vermutlich vom 4. Juli 1805, mit einer Übersicht über den Verlauf des Missouri, insbesondere der Wasserfälle. Unten ist ein Geierkopf dargestellt; der Eintrag vom 17. Februar 1806.*

Mitte des 19. Jahrhunderts war das Innere von Australien noch völlig unerforscht. Die wenigen Pioniere und Entdecker, die sich ins Outback wagten, kehrten alle niedergeschlagen zurück. In ihren Berichten war die Rede von Steinzeitmenschen, endlosen Wüsten sowie merkwürdigen Pflanzen und Tieren. Die Aufgabe, diese Geheimnisse zu erkunden, fiel schließlich zwei jungen Immigranten von der Kolonie Victoria zu. 1860 verließen Burke und Wills Melbourne in nördlicher Richtung mit dem ehrgeizigen Ziel, den Carpentariagolf zu erreichen. Aufgrund fehlender Erfahrung, ungenügender Vorbereitung und Pech erreichten die beiden zwar die Nordküste, doch sie starben auf ihrer Rückreise, und die ganze Expedition endete in einem Disaster. Die erste Durchquerung Australiens von Süden nach Norden war eher eine Tragikomödie.

DER LEERE KONTINENT

ROBERT O'HARA BURKE UND WILLIAM JOHN WILLS

217 oben *Porträt von William John Wills, dem Topographen der Expedition. Der zurückhaltende und stille Wills war gerade 26 Jahre alt, als er an der Expedition teilnahm. Seine Persönlichkeit war sehr verschieden von Burke, aber die Beziehungen zwischen den beiden waren immer ausgezeichnet; vielleicht war Wills der einzige, der Burkes leichtsinnige Entscheidungen nicht anzweifelte.*

Traumzeit. Die sagenhaften Vorfahren verließen ihre unterirdische Welt und schufen in ihrem mythischen Gesang die Gegenwart. Die in der Traumzeit erschaffene Welt war das Ur-Land, eine endlose Sand- und Felswüste, die gelegentlich von glühend heißen Bergen unterbrochen wurde. Hier hatten die Aborigines Tausende und Tausende von Jahren gelebt, und für ihre Begriffe ist das trockene Herz Australiens keineswegs leer. Es ist durchzogen von einem dichten Netz von mythischen Linien und Symbolen, eine heilige Topographie, die für sie beruhigend und freundlich ist.

Für die nur an der Küste lebenden ersten Europäer war das Innere des neuen Kontinents nichts als ein ödes Land, das man tunlichst meiden sollte. Es war unzugänglich und unbekannt wie ein fremder Planet.

1851 änderte sich diese Haltung mit der Entdeckung von Gold schlagartig. In wenigen Monaten strömten Zehntausende auf der Suche nach Gold nach Victoria. Melbourne wandelte sich von einem verschlafenen Kolonialdorf zu einer quirligen Stadt mit Straßenbeleuchtung, Banken und Theatern. Ein zeitgenössischer Reporter beschrieb es als Ort voller „Verbrecher, Spieler und Trinker", mit berüchtigten Bars und Prostituierten.

Pioniere und Goldgräber folgten den Flüssen Murray und Darling einige hundert Meilen landeinwärts, doch drang niemand über Menindee hinaus, den letzten Vorposten der Zivilisation. Charles Sturt kam bis zur Simpson-Wüste, und ein Deutscher namens Leichhardt folgte der Nordwest-Küste von Brisbane bis zum Carpentariagolf. Leichhardt unternahm 1848 eine weitere Reise, um das Land von Ost nach West zu durchqueren, doch verschwand seine Expedition spurlos. Das australische Landesinnere schien unbezwingbar, und Berichte von Überlebenden sprachen von unvorstellbarem Horror – Hitze, Durst, feindliche Eingeborene. Gleichzeitig verbreitete sich das Gerücht, im Landesinnern liege ein Meer – eine typische fixe Idee jener Zeit. Einige glaubten, das Landesinnere biete gutes Weideland für Schafe und vielleicht sogar andere Schätze. Eine Nord-Süd-Verbindung zum Carpentariagolf würde es ermöglichen, eine direkte Telegraphenverbindung zwischen Melbourne und Südostasien herzustellen, wodurch die Isolation der Kolonie durchbrochen würde.

Eine solche Mischung aus Pragmatismus und Neugier veranlaßte das neugegründete *Victoria Philosophical Institute* zu einer Erforschung des Kontinents. Bei einer Sammlung wurde durch die Welle des Enthusiasmus die beachtliche Summe von 9000 Pfund eingenommen; zumindest auf dem Papier machte man sich nun an die Organisierung. Man mußte nur einen geeigneten Expeditionsleiter finden. Mehrere Bewerber wurden interviewt, und schließlich fiel die Wahl aus schwer nachvollziehbaren Gründen auf den Polizei-Superintendent Robert O'Hara Burke. Er war 39 Jahre alt, rühmte sich einer steilen Polizeikarriere, hatte aber keinerlei Erfahrung mit Expeditionen. Im Gegensatz zu Burkes öffentlichem Image war sein Privatleben eher unstetig: Liebesaffären, Spielschulden und extravagante Manieren. Das Institut glaubte, eine eiserne Hand, Selbstaufopferung und etwas Romantik seien unerläßlich, um im australischen Busch Erfolg zu haben. Tatsächlich stellte sich der Busch als ein weitaus tückischerer Gegner heraus als erwartet.

Die Euphorie hatte nun alle erfaßt, und die Dringlichkeit der Vorbereitungen überwog bald die letzten Zweifel. Burke wählte 15 Männer aus: Naturkundler, den Topographen John Wills, eine Gruppe Assistenten (darunter John King und William Brahe) mit verschiedenen Begabungen und einen zwielichtigen Typen namens James Landells, der in der schlecht zusammengestellten Gruppe der zweite Leiter sein sollte. Das einzige, was von Landells bekannt war, war seine Liebe zum Geld; er schaffte es, einen höheren Lohn auszuhandeln als der Leiter, und wurde in das ferne Afghanistan geschickt, um dort 25 Kamele zu kaufen. Rechnet man die Reise- und Transportkosten hierfür hinzu, so kosteten diese Tiere den halben Etat der Expedition.

Landells brachte auch drei Inder mit zurück, die sich um die Kamele kümmerten. Schließlich gehörten zur Karawane noch 27 Pferde und zwei Wagen. Es war wie ein Volksfest, als Landells seinen Einzug in Melbourne hielt.

Die Ausrüstung und Vorräte der Expedition bestanden aus Zelten, Klappbetten, Hufschmiedwerkzeug, Kleidung für verschiedene Zwecke, einer klei-

216 oben *Diese Zeichnung von Ludwig Bekler, dem Naturkundler der Expedition, zeigt die Karawane mit Burke zwischen den beiden Reihen auf seinem Lieblingspferd.*

216 unten *Dieses Basrelief von Charles Rudd zeigt die Karawane beim Aufbruch zur Bezwingung der australischen Wüste.*

217 unten *Porträt von Robert O'Hara Burke. Er wurde von der* Royal Society of Victoria *dazu ausgewählt, eine große Expedition ins Innere des Kontinents zu leiten. Burke war ehemaliger Polizist irischer Abstammung, ohne jede Erfahrung im Busch. Sein jähzorniger Charakter trug viel zu den Meinungsverschiedenheiten der Expeditionsteilnehmer bei.*

nen Bibliothek, chirurgischen Instrumenten, Waffen und Nahrungsmitteln für 18 Monate. Trockenfleisch, Kekse, Marmelade, Mehl, etliche Flaschen Zitronensaft zum Schutz vor Skorbut sowie 20 Liter Schnaps. Man hatte sogar an die mutmaßlichen Vorlieben der Kamele gedacht: Landells behauptete, ein krankes Kamel könne am besten mit Rum kuriert werden, und folglich nahm man 270 Liter mit.
Die Befehle für die Expedition waren eher vage. Man schlug zwar einen Reiseweg vor, doch wenn er ungünstig war, stand es der Expedition frei, sich nach Westen oder Osten zu wenden. Man muß dabei natürlich bedenken, daß das Landesinnere unbekannt war, mit Ausnahme des Flusses Cooper Creek. Man beschloß, dort ein Basiscamp einzurichten und von dort weiter vorzustoßen.
Am 20. August 1860 brach die Expedition vom Royal Park in Melbourne auf, an der Spitze Burke zu Pferd, begleitet von einer riesigen Menge. Die ersten Probleme tauchten sofort auf: Der frühe Regen hatte die Straßen in Schlammlöcher verwandelt, welche die Wagen kaum passieren konnten, und die Kamele waren zu schwer beladen. Burke merkte bald, daß sie so nicht weit kämen. Am 6. September erreichte die Expedition Swan Hill, ein kleines Dorf am Fluß Murray. Hier beschloß Burke, einen Teil der Vorräte zu versteigern, auch den Zitronensaft und Zucker. Der Grund für diese Entscheidung ist schwer nachzuvollziehen, aber es war sicher der erste in einer langen Reihe von Fehlentscheidungen. Cook hatte ein Jahrhundert zuvor gezeigt, daß Zitronensaft ein unentbehrliches Mittel gegen Skorbut war; außerdem mußte jedem Entdecker klar sein, wie wichtig Zucker als Kalorienlieferant im Notfall war. Burke jedoch meinte diese Dinge entbehren zu können.
Inzwischen verschlechterten sich die Beziehungen zwischen den Mitgliedern der Gruppe. Sechs Männer setzten sich ab, und Burke stellte dafür zwei andere ein, darunter den völlig unerfahrenen Seemann Charles Gray. Anfang Oktober erreichte die Expedition Menindee, die letzte Siedlung vor der großen Leere des Kontinents. Dort kam es zu einem offenen Konflikt zwischen Burke und Landells: Burke beschuldigte ihn, inkompetent zu sein und zu lügen, während Burke für Landells schlicht verrückt war. Sie hatten sich nichts mehr zu sagen, und so kehrte Landells nach Melbourne zurück. Mittlerweile war die Karawane in einem erbärmlichen Zustand, viele Tiere waren krank, die Männer zerstritten. Durch die schweren Wagen kam es zu Verzögerungen, die Kosten gerieten außer Kontrolle. Doch die Nachricht, daß eine andere Expedition, die von Sturt geleitet wurde, den Kontinent durchqueren wollte, gab neue Motivation. Nun war Burke unter Zeitdruck, und er beschloß, seine Karawane in zwei Gruppen zu teilen.
Am 19. Oktober brachen Burke, Wills, Gray, Brahe, King und drei weitere Männer, 16 Kamele und die 15 besten Pferde von Menindee in Richtung des 600 Kilometer nördlich liegenden Cooper Creek auf. Die andere Gruppe soll-

218 oben *James Landells, eine zwielichtige Persönlichkeit war der zweite Leiter der Expedition. Er kaufte in Afghanistan Kamele und Pferde. Der Preis für die Tiere plus Reise- und Transportkosten verschlang die Hälfte des Expeditionsetats.*

218 unten *Charles Gray, ein arbeitsloser Seemann, wurde von Burke für die Expedition eingestellt.*

219 oben *Diese Zeichnung von Charles Summers zeigt den triumphalen Aufbruch der Expedition durch den australischen Kontinent. In Wirklichkeit stieß die Expedition schon kurz hinter dem Royal Park in Melbourne auf Schwierigkeiten.*

219 Mitte *Dieses Aquarell von Strutt (1862) zeigt die Karawane von Burke und Wills in den ersten Tagen. Die Kamele wurden für die Reise durch die Wüste für unentbehrlich gehalten. Obwohl keiner der Expeditionsteilnehmer wußte, wie man sie behandelt, paßten sich die Tiere dieser Umgebung gut an.*

219 unten *Dieser Holzschnitt von Edgar Roy erschien in der* Australian Mail *am 25. Juni 1862 und zeigt die Karawane von Burke und Wills beim Durchqueren der Steinwüste. Wills fand nicht, daß die Steinwüste dem verbreiteten finsteren Bild gerecht wurde, und beurteilte sie als „alles andere als unpassierbar“.*

te im Camp bleiben, bis die erschöpften Tiere wieder einsatzfähig waren, und dann nachkommen.
Die Leitung der zweiten Gruppe übernahm William Wright, ein ehemaliger Schaffarmer, den Burke unterwegs eingestellt hatte. Wright kannte die Gegend, und obwohl er etwas verwegen aussah, traute Burke ihm instinktiv. Er sollte, ohne es zu wissen, noch eine entscheidende Rolle im Schicksal der Expedition spielen.
Die nur mit leichtem Gepäck ausgestattete erste Gruppe durchquerte schnell die monotone Ebene hinter dem Fluß Darling. Wright, der mit der zweiten Gruppe nachkam, kannte sich in dieser Gegend gut aus, und bald erreichte man die Mootwingee-Schluchten, einen heiligen Ort für die Wilyakali-Aborigines. Wills war von der Feierlichkeit dieses Ortes sehr beeindruckt, aber niemand beachtete die Höhlenmalereien an den Bergen. Für die Entdecker waren die Aborigines kaum menschlich: Von diesen „schmutzigen und verachtenswerten Wilden“ konnte man wohl kaum etwas lernen, und man mußte nur darauf achten, das Nachtlager vor Angriffen zu schützen.
Wright kehrte am 29. Oktober nach Menindee zurück, während die anderen durch immer ödere Wüsten vorstießen. Am 11. November erreichte die Expedition den Cooper Creek. Der erste Teil der Reise war ohne größere Zwischenfälle verlaufen, es war kaum mehr als eine „einfache Wanderung“, wie Wills schrieb. Sie hatten die 600 Kilometer von Menindee bis zum Cooper Creek in weniger als 25 Tagen zurückgelegt. Die organisatorischen Probleme schienen gelöst zu sein, und sie schienen dem Ziel nahe. In diesem an Wasser und Weideland reichen Landstrich sollte ein permanentes Camp eingerichtet werden.
Burke beschloß, hier die Gruppe noch einmal zu teilen und mit wenigen Männern und leichtem Gepäck zum Carpentariagolf vorzustoßen. Wright wurde in Kürze erwartet, doch man mußte ja nicht auf ihn warten. William Brahe sollte mit drei Mann und den Vorräten im Camp bleiben – dem 65. Camp seit Melbourne. Burke, Wills, Gray und King brachen mit sechs Kamelen und einem Pferd nach Norden auf. Burke war optimistisch, und nach all den Problemen war er zuversichtlich, daß diese kleine, entschlossene Gruppe es schaffen würde. Nach seinen Berechnungen sollten zwölf Wochen mehr als genug sein, die Küste zu erreichen und zum Camp zurückzukehren. Die Vorräte für die vier Männer, die in einer psychisch und physisch schwierigen Lage waren, waren erstaunlich knapp: 170 kg Mehl, 90 kg Trockenfleisch, 23 kg Reis, einige Kilogramm Kekse, gut 2 kg Salz, 5 kg Tee, einige Dosen Gemüse und die lächerliche Menge von knapp 23 kg Zucker – nicht einmal 70 Gramm pro Person und Tag! Zelte hielt Burke für überflüssig. Seine Absprache mit Brahe war ziemlich unbestimmt: Dieser sollte drei Monate lang auf die Gruppe warten und konnte danach selbst entscheiden, was zu tun war. Auf jeden Fall ließ Burke keine schriftlichen Anweisungen zurück.
Am Morgen des 16. Dezember verschwand die Gruppe hinter dem Horizont. Vor ihnen lagen 1200 Kilometer

220 links *Rückkehr von Burke, Wills und King zum Ausgangslager am Cooper Creek, gemalt von John Longstaff. Am Ende ihrer letzten Wanderung fanden die Entdecker das Lager leer vor: Brahe und seine Männer waren einige Stunden zuvor aufgebrochen. Wills fand die Worte „GRABE 3 FUSS W AP 21“ in einen Baum geritzt. Er folgte dieser Anweisung und entdeckte Vorräte für einige Tage und eine Nachricht von Brahe, die deren Gründe für den Aufbruch erklärte.*

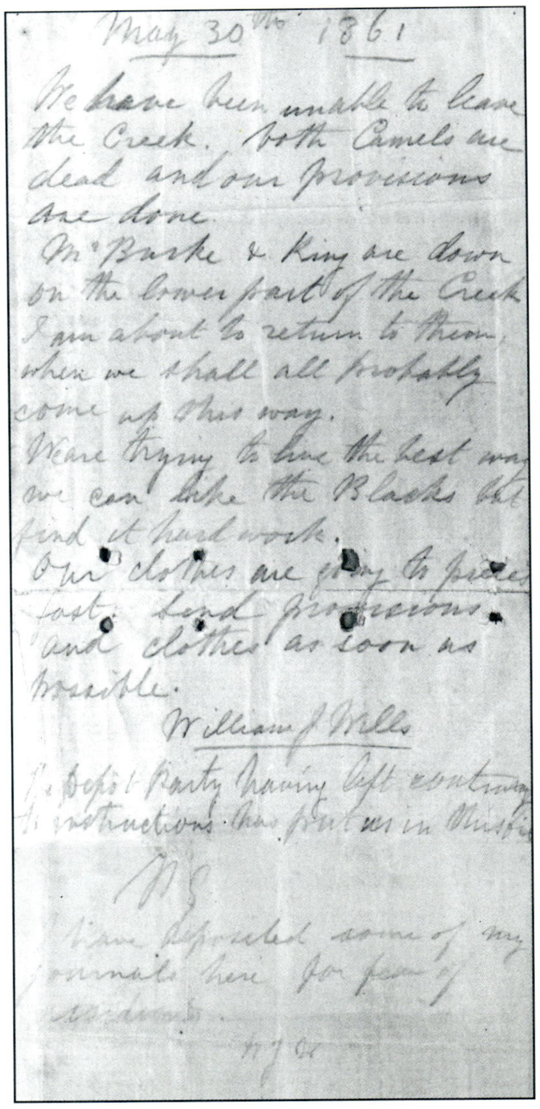

May 30th 1861
We have been unable to leave the Creek. both Camels are dead and our provisions are done.
Mr Burke & King are down on the lower part of the Creek I am about to return to them, when we shall all probably come up this way.
We are trying to live the best way we can like the Blacks but find it hard work.
Our clothes are going to pieces fast. Send provisions and clothes as soon as possible.
William J Wills
The Depot Party having left contrary to instructions has put us in this fix
WJW
I have deposited some of my journals here for fear of accidents.
WJW

220 rechts *In dem Brief, den Wills am Cooper Creek am 30. Mai 1861 zurückließ, heißt es: „Es war nicht möglich, den Creek zu verlassen. Beide Kamele sind tot, und unsere Vorräte sind verbraucht … Wir versuchen, so gut es geht zu überleben, wie die Eingeborenen, aber es ist schwer. Unsere Kleider zerfallen zu Fetzen. Schickt sobald wie möglich Essen und Kleidung.“ – Einen Monat später starb Wills.*

unbekanntes Gebiet. Es war Hochsommer. Den dürftigen Tagebucheintragungen von Burke nach zu schließen, beschleunigte man das Tempo und erreichte Weihnachten die Grenzen der Steinwüste, die sie ohne Schwierigkeiten durchquerten. Am 1. Januar schrieb Burke nur ein Wort in sein Tagebuch: „Wasser.“ Am 2. Januar: „Neuneinhalb Stunden marschiert. Wüste.“ Am 4. Januar: „Zwölf Stunden unterwegs gewesen.“

Jeden Morgen mußte King die Kamele suchen, die auf der Suche nach Weideland umherstreiften – eine erschöpfende Arbeit, die stundenlang dauern konnte. Burke schonte weder Mensch noch Tier und vermied jeglichen Kontakt mit den Aborigines. Ende Januar 1861 erreichte die Expedition die tropischen Gebiete von Queensland. Der Busch wurde dichter und die Hitze drückend. Als der Regen einsetzte, verwandelte sich der Staub in Schlamm, und der Marsch wurde zum Alptraum. Die Kamele sanken ständig ein, so daß man schließlich auf sie verzichtete. Burke und Wills gingen allein weiter, während sich King und Gray um die Tiere kümmern sollten. Bis zur Küste waren es ja nur noch 50 Kilometer.

Bei strömendem Regen und von Moskitos gepeinigt bahnten sich Burke und Wills einen Weg durch das Labyrinth von Seen und Flüssen. Nach einer Woche erreichten sie völlig erschöpft die Mangrovensümpfe. Der Carpentariagolf war nicht mehr weit, doch dieses letzte Hindernis versperrte ihnen den Weg. Nur aufgrund der Gezeiten konnten sie erkennen, daß sie in der Nähe der Küste waren.

Man hatte das Ziel zwar erreicht, aber beim Überprüfen der Vorräte mußte Wills feststellen, daß sie in einer schlimmen Lage waren. Er schrieb nüchtern: „Wir haben zwei Monate für den Weg vom Cooper Creek bis hierher gebraucht, aber nun haben wir nur noch für einen Monat Vorräte. Keine schöne Lage …“ Sie hatten große Entbehrungen auf sich nehmen müssen, Australien zu durchqueren und hatten dabei wegen der Mangrovensümpfe nicht einmal das Meer gesehen. Vermutlich hatte Wills schon länger seine Zweifel bezüglich des Erfolgs der Expedition, aber er hatte sicher nicht die drohende Katastrophe voraussehen können.

Burke und Will kehrten zu King und Grey zurück, und gemeinsam machte man sich auf den Rückweg. Der Regen fiel unerbittlich, und von Tag zu Tag wurde das Vorwärtskommen schwerer, die Nächte im Freien zur Qual. Erschöpft und halbverhungert gingen die vier Männer nach Süden – ihre einzige Hoffnung war es, den Cooper Creek zu erreichen.

Über die Rückreise ist wenig bekannt. Die Tagebücher von Burke und Wills enthalten nur wenige Informationen, die Eintragungen werden von Tag zu Tag kürzer. Anfang März verschlechterte sich der Zustand von Gray; er konnte sich nur noch mühsam vorwärtsschleppen. Seine Begleiter ignorierten seine Beschwerden, und Gray begann, systematisch aus den Vorräten der Gruppe zu stehlen. Burke war wütend, als er ihn ertappte, und verprügelte ihn brutal. Dies geschah am 25. März – 40 Tage, nachdem sie den Carpentariagolf verlassen hatten. Sie hatten erst die halbe Strecke zum Cooper Creek zurückgelegt, und die Rationen wurden noch kleiner. Am 10. April waren alle Tiere außer zwei Kamelen verendet, und eine Woche später starb Gray.

Auch Brahe hatte im Camp Probleme. Mehr als drei Monate lang hatte er den Horizont nach der anderen Gruppe abgesucht und wußte nun nicht mehr, was er tun sollte. Wright hätte kurz nach Burkes Fortgang im Camp eintreffen müssen, doch es gab keine Spur von ihm. Was taugten die ganzen Pläne, wenn sie sich nicht verwirklichen ließen? Wie lang und auf wen sollte er noch warten? Die Tage vergingen nur langsam. Die Männer verrohten zusehends, einige wurden krank. Die Regenzeit hatte begonnen, und im Camp hatte man mit Ratten und Moskitos zu kämpfen.

Nach viermonatiger Wartezeit war es am Cooper Creek nicht mehr auszuhalten, und Brahe beschloß am 21. April aufzubrechen. Um 10.30 Uhr morgens machte sich die Karawane in Richtung Menindee auf den Weg.

Während Brahe mit den Aufbruchsvorbereitungen beschäftigt war, kampierten Burke, Wills und King nur 50 Kilometer weit entfernt. Sie aßen ihre letzten Rationen und richteten sich auf eine weitere kalte Nacht im Freien ein. Nur noch ein Tag, und sie hätten es geschafft. In einer fast übermenschlichen Kraftanstrengung erreichten sie am Abend das Camp. Kein Licht, keine Bewegung. Vielleicht hatte Brahe das Camp etwas verlegt? Erst langsam kam ihnen die schreckliche Wahrheit zu Bewußtsein. Hier war niemand mehr, und es würde auch niemand mehr zum Cooper Creek zurückkommen. Sie waren verloren.

Wills bemerkte eine Inschrift in der Rinde eines Eukalyptusbaumes; im Mondlicht konnte er lesen: „Drei Fuß westlich graben. 21. April 1861.“ Sie fanden vergrabene Vorräte und eine Botschaft von Brahe.

Tödliche Stille herrschte im Camp. Nach viermonatiger Reise hatten Burke und seine Begleiter das Treffen um ein paar Stunden verpaßt! Die fürchterliche Ironie ihrer Situation lähmte sie; sie aßen ein bißchen und fielen in einen tiefen, traumlosen Schlaf. Am nächsten Tag war die Realität nur um so schlimmer. Sie waren allein im Tal des Cooper Creek. Ihre Vorräte reichten für ein paar Tage; vielleicht konnten sie es noch schaffen. Doch in welche Richtung sollten sie gehen? Sollten sie versuchen, Brahe einzuholen oder sich direkt zu den 250 Kilometer entfernten Siedlungen beim Mount Hopeless durchschlagen? Burke entschied sich für das letztere. Er konnte sich kaum vorstellen, daß Brahe zum Camp zurückkehren würde, um nach ihnen zu suchen.

Wrights Geschichte war eher eine Farce. Er war drei Monate ohne Geld in Menindee geblieben. Als er endlich Geld aus Melbourne erhielt, versuchte er eine Hilfsexpedition zu organisieren, verstrickte sich aber in Schwierigkeiten, da ihm eine solche Aufgabe über den Kopf wuchs. Niemand wurde mit den Kamelen fertig, die Hälfte der Männer litt an Skorbut. Man kam nur langsam voran, die Expeditionsmitglieder wurden immer apathischer.

Als Wright mit Brahe, den Wright auf seinem Weg zum Cooper Creek getroffen hatte, ins Camp am Cooper Creek zurückkehrten, waren Burke und seine Begleiter bereits in die Gegenrichtung aufgebrochen – wieder verfehlten sie sich knapp. Hätten sie auch an dem Eukalyptusbaum gegraben, so hätten sie eine Nachricht von Wills gefunden. Der Rest der Geschichte ist eine Tragödie: Burke und seine Begleiter waren im Tal des Cooper Creek gefangen, ohne Nahrung und Kamele. Aborigines halfen ihnen zu überleben. Sie lernten Kleefarnsamen *(Marsilea quadrifolia)* zu sammeln und daraus Mehl zu machen. Doch es war bereits zu spät: Sie hatten nicht mehr die Kraft und den klaren Verstand, um mit dieser Lage fertigzuwerden. Alle Wege vom Fluß weg verloren sich in der Wüste.

Am 30. Mai hinterließ Wills eine letzte Nachricht am Camp: „Alle Kamele sind tot und die Vorräte erschöpft. Wir versuchen zu überleben, so gut es geht, …, aber es ist schwer. Unsere Kleider sind zerfetzt. Schickt so schnell wie möglich Vorräte und Kleidung."

Burke starb am 30. Juni, Wills einige Tage später. King, der sterbend von den Aborigines gefunden wurde, wurde am 15. September von einer Hilfsaktion gerettet.

DAS GESCHÄFT DER ERKUNDUNG

Die Tragödie am Cooper Creek wurde ausgelöst durch eine Folge von Zwischenfällen, die fast alle hätten vermieden werden können. Nur ein paar Wochen nach der Abreise von Melbourne zerfiel die Organisation der Expedition, und es war schon zu diesem Zeitpunkt offensichtlich, daß ein schlimmes Ende drohte. Burke hatte keine Erfahrung als Entdecker, und niemand der an der Expedition Beteiligten (einschließlich der Auftraggeber) hatte die geringste Vorstellung, wie man vorzugehen hatte.

Zu einer Erforschung gehört mehr, als nur ein Ziel zu erreichen. Man muß auch lebend zurückkehren – Überlebenstechniken sind eine Grundvoraussetzung für den Erfolg einer Expedition. Eine Karawane ist eine Art Mikrokosmos, der es dem Entdecker ermöglicht, Gebiete zu durchqueren, in denen er ein Fremdkörper ist.

Burke hatte nicht nur Pech. 1860 war ein günstiges Jahr, die Expedition fand überall Wasser. Er hatte alle erforderlichen Mittel, um die Expedition erfolgreich durchzuführen. Seine Fehler beruhten auf mangelnder Erfahrung und schlechter Organisation. Burke wählte die falschen Leute aus – zunächst Landells und dann Wright –, Gepäck und Vorräte waren nicht adäquat; er führte kein brauchbares Tagebuch und hinterließ bei Brahe keine schriftlichen Anweisungen. Keiner kannte sich mit Kamelen aus, die Tiere waren zu schwer beladen und wurden falsch behandelt. Der größte Fehler Burkes und seiner Begleiter war aber ihre Einstellung zu den Aborigines – ihre Weigerung, mit ihnen in Kontakt zu kommen. Mit Hilfe der Einheimischen hätte die Gruppe lernen können, in der fremden Umgebung zu überleben. Als den Expeditionsmitgliedern klar wurde, daß die Aborigines ihre einzige Hoffnung waren, war es bereits zu spät – die Tragödie nahm ihren Lauf.

221 oben *Dieses Ölgemälde von Strutt (1911) zeigt Burkes Begräbnis. Der Tod von Burke und Wills rief einen großen Skandal hervor. Eine Untersuchungskommission wurde aufgestellt, um die Verantwortung von Brahe und Wright zu klären, doch letztendlich wurde Burke die Schuld zugewiesen.*

221 unten *Das tragische Schicksal von Burke und Wills gab bei der Bevölkerung und der Presse zu Spekulationen Anlaß. Dieser Stich aus der Melbourne Post vom 1. Januar 1863 zeigt die Beerdigungsprozession.*

Obwohl die Europäer inzwischen fast die ganze Welt erforscht hatten, blieb Afrika, gerade mal jenseits des Mittelmeers, ein unzugängliches Geheimnis. Küsten ohne Häfen, Flüsse mit Stromschnellen, zerklüftete Küstengebirge – die Topographie dieses Kontinents schien ein Durchqueren unmöglich zu machen. Von Timbuktu bis zum Fluß Oranje erstreckte sich eine weite Terra incognita, *wohin niemals ein Weißer seinen Fuß gesetzt hatte.*
Anfang des 19. Jahrhunderts war Afrika ein einziges riesiges geographisches Geheimnis. Selbst die Quelle des Nil, der die Hauptstütze der ägyptischen Zivilisation war, war noch nicht entdeckt worden. Mit dieser Situation waren die ersten Entdecker konfrontiert. In den folgenden Jahrzehnten sollten sie diesen riesigen weißen Fleck auf der Landkarte mit Namen von Bergen, Ebenen und Flüssen ausfüllen. Ein neuer Kontinent und neue Völker tauchten in der europäischen Geschichte auf. Ende des 19. Jahrhunderts war die Erforschung abgeschlossen mit der Entdeckung des Turkanasees, des letzten der legendären Seen im Inneren Afrikas. Damit ging die heroische Phase der Erforschung Afrikas zu Ende.

AFRIKA: DAS LETZTE GROSSE GEHEIMNIS

RENÉ CAILLIÉ

222 Der Nil bei den Kabelega Falls in Uganda, die von Samuel Baker nach dem Präsidenten der Royal Geographical Society *benannt worden waren. Baker war einer der zahlreichen viktorianischen Erforscher, die in der zweiten Hälfte des 19. Jahrhunderts nach der Quelle des Nil suchten. Das jahrtausendealte Geheimnis wurde schließlich 1875 von Stanley durch die Umrundung des Victoriasees gelüftet.*

223 René Caillié auf einem Porträt von 1830. „Nicht einen Augenblick gab ich die Idee auf, das unbekannte Afrika zu erforschen. Vor allem die Stadt Timbuktu war das Ziel meiner Pläne, der Grund für alle meine Entbehrungen. Es war mein Ziel, es zu erreichen oder auf dem Wege dorthin zu sterben."

„In keiner Richtung ist etwas anderes zu sehen als Sand von weißgelblicher Farbe – und es herrscht extreme Trockenheit. Der Himmel ist am Horizont rötlich. Über allem liegt eine unendliche Traurigkeit. Totale Stille – nicht einmal ein Vogel singt. Trotzdem ist es beeindruckend, diese große Stadt mitten im Sand zu sehen, und man muß die Kühnheit ihrer Erbauer bewundern." So beschrieb René Caillié seine Ankunft am 20. April 1828 in Timbuktu, der geheimnisvollen Stadt am Niger, dem Ziel seiner Träume, für das er ein Jahr lang die größten Strapazen auf sich genommen hatte.
Caillié war der Prototyp des „Selfmademan". Er stammte aus einfachen Kreisen (sein Vater starb im Gefängnis, als er sieben Jahre alt war), hatte keine einflußreichen Freunde, keine höhere Bildung und auch kein Geld. Trotzdem kämpfte der Schuhmacher für seine Ziele mit bemerkenswerter Ausdauer und erreichte etwas, an dem viele vor ihm gescheitert waren.
Wahrscheinlich begann sein Traum von Afrika in dem verschlafenen Dorf Mauzé in der französischen Provinz Poitou nahe der Atlantikküste. Er verschlang Reiseerzählungen, doch bald genügte ihm das nicht mehr: Er war wie besessen von Afrika, und so ergriff er die erste Gelegenheit, auf einem Schiff in den Senegal als Matrose anzuheuern. Er war 16 Jahre alt, sein Kapital betrug 60 Francs. Seine ersten Versuche, in den Kontinent vorzudringen, scheiterten mangels Erfahrung, doch davon ließ er sich nicht entmutigen. 1826 reiste Caillié zum dritten Mal in den Senegal – diesmal mit einem genauen Ziel: Er wollte Timbuktu um jeden Preis erreichen.
Die Schicksale der bisherigen Expeditionen waren nicht gerade motivierend: Außer mit einem unangenehmen Klima und geographischen Hindernissen wurde man mit der Feindseligkeit der Einheimischen konfrontiert, die größtenteils Muslime waren. Hier war kein Christ willkommen, erst recht nicht in Timbuktu, dem Zentrum des Wissens und des Reichtums. Was man über diese geheimnisvolle Stadt in Europa wußte, basierte auf Berichten arabischer Reisender der Antike und den wenigen bruchstückhaften und zweifelhaften Informationen von Händler-Abenteurern. Die Europäer kannten nicht einmal die genaue Lage von Timbuktu, und es gab hierüber zahlreiche Mutmaßungen.
Im Sommer 1826 hatte der britische Erforscher Alexander Gordon Laing tatsächlich die Stadt betreten können, nachdem er die Sahara entlang der seit Urzeiten bestehenden Karawanenwege durchquert hatte. Doch kehrte Laing niemals nach Europa zurück; auf der Rückreise wurde er von Mitgliedern seiner Karawane ermordet. Sein tragisches Ende überzeugte Caillié, daß es nur eine Möglichkeit gab, ein derartiges Unternehmen zu überleben: Er mußte seine Identität verbergen und sich als mohammedanischer Ägypter verkleiden. Doch das allein hätte nicht genügt – Caillié mußte sich eine neue Persönlichkeit zulegen, die Koranverse und die arabische Sprache lernen.
Im September 1824 machte er sich auf den Weg von Saint-Louis an der Mündung des Senegal zu den maurischen Stämmen, die am linken Flußufer lebten. Dort blieb er über ein Jahr lang, lernte Arabisch und machte sich mit Sitten und Bräuchen des Islam vertraut. Der erste Schritt war getan. Jetzt brauchte er Geld. Er richtete ein Gesuch an den Gouverneur von Saint-Louis, doch ohne Erfolg. Also suchte er sich Arbeit als Wächter. Er mußte allerdings sehr schnell feststellen, daß er mit dem bescheidenen Lohn niemals sein Projekt würde finanzieren können.
Daher ging er nach Sierra Leone in der Hoffnung, die britische Verwaltung dort würde sich freigebiger zeigen – doch wieder ohne Erfolg.
In Freetown, der Hauptstadt der Kolonie, fand er Arbeit bei der Verwaltung, die ihn ganz gut entlohnte. Caillié sorgte auch dafür, daß seine erfundene Geschichte schnell die Runde unter den einheimischen Händlern machte, die Berichte über ihn auch im Inneren des Kontinents verbreiteten: Er nannte sich Abd-Allahi, der aus Ägypten stammte und als Kind von französischen Soldaten unter Napoleon in den Senegal entführt worden war. Sein einziger Wunsch sei es, ins Land seiner Väter zurückzukehren, um nach seiner Familie zu forschen.
Ende März 1827 tauschte Caillié seine Ersparnisse von 2000 Francs in Gold, Silber und Handelswaren, verkleidete sich als mohammedanischer Ägypter und fuhr mit dem Schiff zur Mündung des Rio Nuñez in der Nähe des heutigen Boké in Guinea. Endlich hatte sein großes Abenteuer begonnen. Er schloß sich einer Karawane von Salzhändlern vom Volk der Mandingo an,

die zu den Bergen von Fouta Djallon und den Märkten des oberen Niger zogen. Die ersten Wochen der Reise waren anstrengend, aber erfreulich: Das Land war reich, und die Menschen waren freundlich. Obwohl Caillié seine merkwürdig klingende Geschichte viele Male wiederholen mußte, wurde er überall willkommen geheißen. Jeden Abend zog er sich nach Sonnenuntergang zurück, um sein Tagebuch zu führen.

Wie es oft in Afrika mit merkwürdigen Fremden geschieht, wurden ihm bald Heilerkräfte zugesprochen. Er hatte zwar keinerlei medizinische Kenntnisse, doch war er erfindungsreich und verstand es, bei seinen Patienten Vertrauen zu erwecken. Am 11. Juni erreichte die Karawane Kouroussa am Niger, von wo es nach Kankan weiterging, zu jener Zeit eine wichtige Handelsstadt und ein „Verkehrsknotenpunkt" zwischen der Küste am Golf von Guinea und den Binnenländern. Gerade vier Tagesmärsche nach Nordwesten, schrieb Caillié in sein Tagebuch, liege das geheimnisvolle Land Bouré, von wo das Gold der großen sudanesischen Reiche der Vergangenheit stamme und das die Achse des Trans-Sahara-Handels sei.

Die Minen von Bouré hatten die Städte am Niger und auch Timbuktu reich gemacht. Irgendwo hier mußte diese mysteriöse Hauptstadt liegen – doch wo? Wie viele Wochen oder Monate dauerte die Reise dorthin noch? Caillié hatte keine Ahnung und erhielt auch keine zuverlässigen Auskünfte.

In den vergangenen Wochen war die Hitze immer unerträglicher geworden, ein untrügliches Anzeichen der bevorstehenden Regenzeit. Am 3. August erreichte Caillié krank und geschwächt das Dorf Tiémé im Grenzgebiet der heutigen Staaten Mali und Elfenbeinküste. Von hier starteten die Karawanen nach Djenné, einer Marktstadt am Flußsystem des Niger und wichtige Zwischenstation auf der Strecke nach Timbuktu. Caillié spürte, daß er nicht weiterreisen durfte: Er litt unter ständigen Fieberanfällen und war durch eine Infektion eines Beines gelähmt. Es ging ihm sehr schlecht.

Anfang November peinigten ihn hartnäckige Schmerzen im Kiefer, ein untrügliches Anzeichen von Skorbut. „Ich wartete auf den Schrecken dieser

Krankheit", schrieb er. „Von meinem Gaumen lösten sich das Fleisch und Knochenpartikel, und meine Zähne drohten auszufallen ... Bald war ich nur noch ein Skelett ... Ich dachte nur noch an den Tod. Ich sehnte mich nach ihm und bat Gott, mich nicht lange leiden zu lassen."

Ende Dezember wurde das Wetter besser, und Caillié begann wieder zu hoffen. Fünf lange Monate hatte er auf dem feuchten Boden einer Hütte dahinvegetiert, allein und isoliert inmitten eines unbekannten Landes, nur von der Familie versorgt, die ihm Obdach gewährt hatte. Er war oft der Verzweiflung und dem Verrücktwerden nahe, doch er war zäh.

Als er allmählich zu Kräften kam, dachte er wieder an seine Reise. Schließlich verließ er am 9. Januar 1828 Tiémé mit einer Karawane nach Djenné, wo er nach zwei Monaten ankam. Der dortige Sultan glaubte seine Geschichte und gewährte ihm seine Protektion. Am 23. März verließ Caillié das quirlige Djenné an Bord eines Frachtbootes, versehen mit einem Empfehlungsschreiben an die Adligen von Timbuktu.

Die Fahrt auf dem Niger durch die eintönigen Ebenen des Flußsystems war langweilig und ermüdend. Nach drei Wochen wurden die Dörfer spärlicher, und die ersten Sanddünen tauchten am linken Ufer auf. Hinter dem Debo-See nahm der Niger einen nordwestlichen Verlauf in die Wüste, das Gebiet der Tuareg-Nomaden. Caillié mußte sich nun tagsüber in einer engen Kabine unter Deck verstecken, denn wenn die Tuareg einen Ägypter an Bord entdeckt hätten, hätten sie vom Boot größere „Schutzzölle" gefordert. Erst am 19. April, als das Schiff *Kabara*, den Flußhafen von Timbuktu, erreichte, konnte Caillié sein unbequemes Versteck wieder verlassen. Bis in die Stadt waren es nur wenige Stunden. Timbuktu tauchte im Dämmerlicht auf; die Minarette der Moscheen bildeten eine eigentümliche Silhouette gegen den Wüstenhimmel. War das nun die Stadt, für die er soviel erduldet hatte? Die Enttäuschung war größer als seine Entdeckerfreude: Timbuktu bestand aus einem Haufen Lehmhäuser. Auf den Straßen und Plätzen machte sich eine Atmosphäre von Öde und Trägheit breit. Es gab

225 *Ansicht von Timbuktu aus den Tagebüchern von René Caillié, dem ersten Europäer, der die geheimnisvolle Stadt besuchen konnte. Er beschrieb sie als verwahrlost. 25 Jahre danach gab Barth eine andere Beschreibung: Timbuktu entsprach zwar nicht dem mittelalterlichen Glanz, war jedoch eine lebhafte und bevölkerte Marktstadt, deren Reichtum auf dem Handel mit Gold, Salz und Kokanüssen* (Cola acuminata), *einer schwachen Droge, basierte. Cailliés Bericht, so betonte er, sei äußerst ungenau.*

226 Der Niger, wie ihn René Caillié am 11. Juni 1827 sah. Der über 4000 km lange und seit antiken Zeiten als Verkehrsweg dienende Niger wurde von dem Briten Mungo Park 1805 zum ersten Mal befahren. Bei dem Versuch, die Flußmündung in der Bucht von Bonny zu erreichen, wurde er verletzt. Zu Cailliés Zeit war der Flußverlauf zwar genauer bekannt, doch lag über dem großen Fluß noch immer ein Schleier des Geheimnisses.

kein Gold und keinen Reichtum, und sogar Brennholz war knapp.
Am nächsten Tag wurde Caillié vom örtlichen Scheich empfangen. Er bekam ein Haus zugewiesen neben dem, in dem zwei Jahre zuvor der unglückliche Laing gewohnt hatte, und durfte sich in der Stadt frei bewegen. Caillié schätzte die Einwohnerzahl auf 12000 Menschen, die ausschließlich vom Handel lebten und ständig von den Tuareg bedroht waren, weil diese jederzeit die Handelswege blockieren konnten.
Caillié hatte genug gesehen. Die Stadt seiner Träume war für ihn nicht mehr interessant. Nun beschäftigten ihn andere Fragen. Wie lange würde er noch unerkannt bleiben? Wenn man hier seine wahre Identität entdeckte, bedeutete das das gleiche Schicksal wie bei Laing – im günstigsten Fall die Versklavung.
Zögerlich stimmte der Scheich seiner Abreise am 4. Mai in Begleitung einer Kamelkarawane zu den südlichen Oasen von Marokko zu. Die Durchquerung war eine einzige Strapaze. Drei Monate lang zog die aus 1400 Tieren bestehende Karawane, die Elfenbein, Gold, Straußenfedern, Textilien und Luxusgüter aus dem Sudan transportierte, durch die endlose Ebene von Tānīzroft, die Caillié wie ein „trockener Meeresboden" erschien. Die Hitze war mörderisch, der Durst kaum zu ertragen. Zwischen den Brunnen lagen mehrere hundert Kilometer, und der kleinste Orientierungsfehler oder Fehleinschätzung der Vorräte konnten tödlich sein. „Ich dachte nur noch an Wasser – Flüsse, Bäche und Quellen gingen mir in diesem Delirium durch den Kopf", schrieb Caillié.
Hinter den Salzpfannen von Taoudenni, einer unbewohnbaren Hölle im Herzen der Sahara, wurden die Wasserstellen häufiger und der Marsch leichter. Ende der dritten Juliwoche tauchten die Oasen des Tafilālt im Süden Marokkos am Horizont auf. Die große Wüste war bezwungen, und der schreckliche Durst Vergangenheit. Doch waren die Probleme für Caillié noch nicht vorbei.
Als er am 12. August Fès erreichte, stellte er fest, daß seine falsche Identität gefährdet war. In dieser großen Stadt voller Händler und Reisender war es schwierig, unerkannt zu bleiben.
Mit äußerster Vorsicht machte Caillié sich in Richtung Atlantikküste auf den Weg, wo er sich bei der französischen Verwaltung zu erkennen geben wollte. In Rabat wies man ihn ab, und so reiste er weiter nach Tanger, wo es ihm nach mehreren Versuchen gelang, den Konsul zu überzeugen, der ihn zunächst für einen Bettler gehalten hatte. Am 27. September nahm Caillié ein Schiff nach Toulon.
Der einsame Erforscher wurde bald eine gefeierte Persönlichkeit in Frankreich: Er wurde in die französische Ehrenlegion aufgenommen und erhielt eine großzügige Pension. Doch nicht alle glaubten ihm; einige hielten ihn für einen Hochstapler, der niemals in Timbuktu war, sondern in den Besitz der Tagebücher von Laing gekommen war und sie für seine Zwecke mißbrauchte. Angesichts der Rivalität zwischen Frankreich und England bekam diese Diskussion neue Nahrung. Sie wurde zu einer politischen und diplomatischen Angelegenheit. Verärgert über die Zweifel an seiner Integrität zog sich Caillié nach La Baderre (bei Paris) zurück, wo er am 17. Mai 1838, von der Öffentlichkeit vergessen, starb.

227 *Caillié reiste, als mohammedanischer Ägypter verkleidet nach Timbuktu. Jeden Abend zog sich Caillié mit der Ausrede, Koranverse studieren zu wollen, von seinen mißtrauischen Begleitern zurück und schrieb in sein Tagebuch. Trotz der ständigen Gefahr der Enttarnung verzeichnete der Entdecker seine Abenteuer sehr genau.*

HEINRICH BARTH

Seit 1828, als René Caillié das legendäre Timbuktu erblickte, machten sich Dutzende von europäischen Entdeckern auf die Reise durch die Wüste. Viele von ihnen kehrten nie zurück; sie wurden von den Tuareg getötet, verunglückten oder fielen Krankheiten zum Opfer. Die Berichte der Überlebenden – weniger als ein Drittel – vertieften das Wissen der Europäer über die Sahara nicht wesentlich, und die südlichen Regionen waren noch immer ein Geheimnis. 1846 durchquerte der Engländer Richardson die Libysche Wüste mit einer Sklavenkarawane. Seine Berichte über die Greueltaten, deren Zeuge er wurde, veranlaßten Großbritannien, eine Expedition zu organisieren, deren Ziele humanitärer, wissenschaftlicher und wirtschaftlicher Art waren. Richardson wollte die Sahara bis zum Tschadsee durchqueren, um dann ostwärts bis nach Sansibar vorzustoßen. Durch Intervention der preußischen Botschaft in London durften zwei deutsche Wissenschaftler an der Expedition teilnehmen: der Geologe Overweg sowie der Historiker und Geograph Heinrich Barth.
Barth hatte eine humanistische Schulbildung und sprach Französisch, Spanisch, Italienisch, Englisch und Arabisch. Auf eigene Kosten hatte er eine mehrmonatige Expedition im Mittelmeerraum unternommen. Barth hatte kürzlich seine Stellung aufgegeben und wartete nun ungeduldig auf den Expeditionsbeginn. Er studierte viele Texte über Westafrika und unterzog sich einem rigorosen Training.
Ende 1849 machten sich die drei Entdecker von London nach Tripolis auf den Weg, den Ausgangspunkt des Karawanenwegs zum Tschadsee. Man

228 oben *Porträt von Barth. Der 1821 in Hamburg geborene Heinrich Barth war ein kultivierter Mann mit außergewöhnlicher Beobachtungsgabe. Der Historiker, Geograph, Archäologe und Ethnologe unternahm eine lange und schwierige Reise, die ihn bis Timbuktu und an den Tschadsee führte. Seine mit großer Akribie geführten Tagebücher sind noch heute eine wertvolle Informationsquelle für Reisende und Wissenschaftler, die sich mit der Sahara und dem sudanesischen Afrika beschäftigen.*

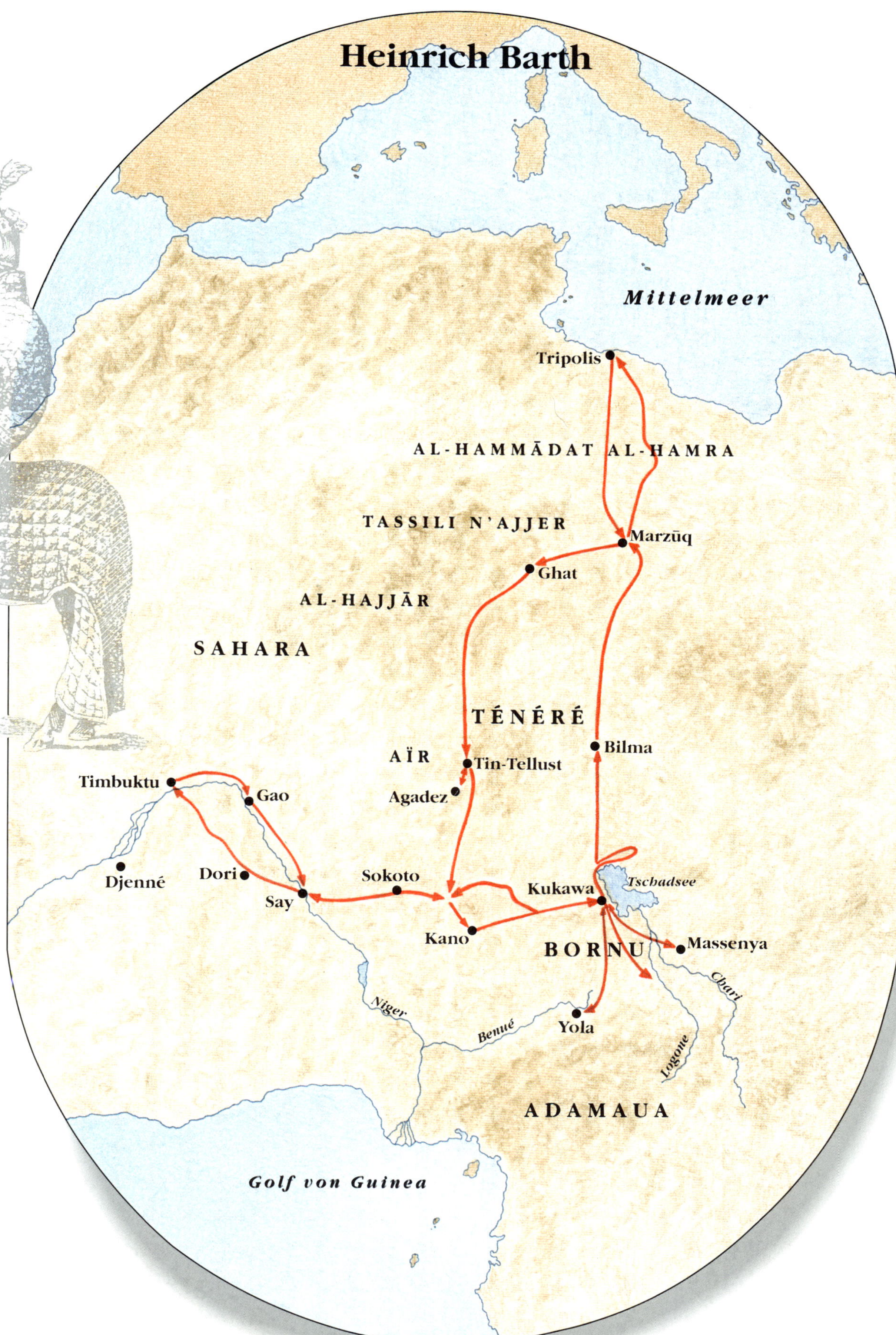

228 unten *Diese Karte von West- und Zentralafrika (1854) zeigt den Verlauf der Expeditionen von Barth. Die Zeichnungen illustrieren gemäß den ikonographischen Konventionen jener Zeit die Landschaft, Menschen und Tiere, die die Forscher auf ihren Reisen sahen.*

hatte keine Kosten gescheut, und die Organisation funktionierte. Man kaufte 20 Kamele, die die Vorräte und die Ausrüstung tragen sollten – Zelte, Handelsware, Nahrungsmittel und ein Faltboot, das man auf dem Tschadsee benutzen wollte.
Im März 1850 startete die Expedition. Das erste Ziel war die Oase Marzūq jenseits der Steinwüste Al-Hammādat al-Hamra, wohin noch kein Europäer seinen Fuß gesetzt hatte. Die Beziehung zwischen Richardson und Barth verschlechterte sich bald, und unterwegs teilte sich die Karawane in zwei Gruppen: Richardson und der englische Seemann, der sich um das Boot kümmerte, in einer Gruppe und Barth sowie Overweg in der anderen. Abends schlug man getrennte Lager auf.
Nach einem Monat erreichten sie die Oase. Um das Niemandsland zwischen Marzūq und Ghat zu durchqueren, taten sich die Gruppen wieder zusammen, eskortiert von einer Gruppe Tuareg. Nicht weit entfernt erhob sich der Iniden, von dem die Nomaden glaubten, er sei von Geistern bewohnt. Barth beschloß, die Gegend zu erkunden, obwohl keiner von den Einheimischen mitkommen wollte. Die vielen Schluchten versprachen einen leichten Zugang zu diesem Bergmassiv, doch nach wenigen Stunden mußte Barth feststellen, daß er sich verlaufen hatte und in ernste Schwierigkeiten geraten war: Sein Wasser war aufgebraucht, und Durst begann ihn zu quälen. Er gab mehrmals Schüsse ab, um die anderen auf sich aufmerksam zu machen, doch außer dem Echo seiner Schüsse kam keine Antwort.
Er war bereits im Delirium; er öffnete eine Vene und trank sein eigenes Blut. Im Schatten einer Akazie brach er zusammen. Er gab noch einige Schüsse ab, bevor er in den halbwachen

Zustand geriet, der den Tod ankündigt. Am nächsten Morgen fand ihn zufällig ein Nomade, der ihm zu trinken gab, ihn auf sein Kamel lud und zum Camp zurückbrachte. Barth hatte seine Lektion gelernt – er würde die Sahara nie wieder herausfordern.

Die Expedition setzte ihren Weg zu den östlichen Ausläufern des Al-Hajjär fort. Die Felsen dort waren mit Malereien und Einkerbungen bedeckt, die der Erforscher sorgfältig in sein Tagebuch übertrug. (Erst in diesem Jahrhundert sollten die Felsmalereien von Tassili n'Ajjer wiederentdeckt werden.) Bald kam das Massiv außer Sicht, und die Karawane erreichte die endlose Geröllebene von Ténéré, eine Wüste, deren Durchquerung noch heute ein Wagnis ist.

Anfang September tauchte das Aïr-Gebirge im heutigen Niger auf. Nach anfänglichen Problemen akzeptierten die Kel-Oui Tuareg die Fremden, und der Sultan von Tin-Tellust bot seine Gastfreundschaft an.

Während sich seine Begleiter erholten, machte sich Barth nach Agadez, dem Handels- und Karawanenzentrum dieser Region, auf den Weg. Die Stadt hatte einmal fast 50000 Einwohner gehabt, war nun aber dem Untergang geweiht. „An den verfallenden Mauern hockten ausgehungerte Geier, die nur auf eine Gelegenheit warteten, sich auf Abfälle zu stürzen", schrieb Barth in sein Tagebuch, bevor er zu der Gruppe zurückkehrte.

In Tin-Tellust spaltete sich die Karawane endgültig; jeder nahm seinen Weg nach Kukawa, der Hauptstadt des Königreichs Bornu.

Am 2. April 1851 erreichte Barth den Tschadsee. Niemand erwartete ihn dort: Richardson war unterwegs an Fieber gestorben, und Overweg kam erst einen Monat später krank dort an. Barth jedoch fühlte sich gesund und machte sich an die Erkundung der Gegend um den Tschadsee und den Oberlauf des Flusses Benué, nachdem er seinen Begleiter in Kukawa zurückgelassen hatte. 15 Monate verbrachten die beiden in dieser Region.

Overweg starb im September 1852 im Alter von 29 Jahren. Barth mußte nun allein zurechtkommen; er beschloß, die Reise fortzusetzen, doch mit einem neuen Ziel: Timbuktu am Niger. Er verließ Bornu Ende November und erreichte nach zehn Monaten die Mauern der geheimnisvollen Stadt. Timbuktu hatte einen schlechten Ruf: Von

230 oben *Aus Barths Reisen. Die Karawane erreichte Timbuktu am Niger im September 1853. Sechs Monate lang blieb der Forscher in der Stadt. Trotz seiner Verkleidung hatte man ihn schnell entlarvt, und er verdankte sein Leben nur dem Umstand, daß er mehr oder weniger als Gefangener bei einem lokalen Adligen zu „Gast" war.*

230 unten *Tuaregkrieger auf einer Abbildung von 1843 aus einer Abhandlung über Sitten und Bräuche afrikanischer Völker. Barth und seine Begleiter hatten, wie auch ihre Nachfolger, häufig mit der Feindseligkeit der Wüstenbewohner zu kämpfen, für die Raub lediglich das Ausüben natürlicher Rechte bedeutete.*

allen Europäern, die versuchten, dorthin zu gelangen, war nur Caillié zurückgekehrt.
Barth verkleidete sich als Araber, merkte aber bald, daß er diese Verkleidung nicht lang würde aufrechterhalten können. Als er feststellte, daß sein Leben in Gefahr war, beschloß er, sich Scheich El Bakay zu erkennen zu geben. Er bat um Schutz und erhielt ihn auch, verlor dafür aber zum Teil seine Freiheit.
Die folgenden sechs Monate waren ein Alptraum. Erst Mitte Mai 1854 entschied der Scheich, daß Barth weiterreisen durfte. Mit einer Eskorte fuhr er auf dem Niger abwärts bis Say und setzte dann seinen Weg nach Kukawa fort. Er wollte nach Europa zurück. Nach einem kurzen Aufenthalt in Bornu reiste er nach Marzūq weiter. Ende August 1855 erreichte er Tripolis. Barths fünfeinhalb Jahre dauernde Reise ergab das erste zuverlässige Bild von Westafrika. Sein Bericht umfaßte fünf dicke Bände und informierte über Geschichte, Sprachen und Völker dieses riesigen Gebietes. Barth gab einen umfassenden Überblick über die afrikanische Zivilisation mit Verständnis und Respekt für eine gänzlich verschiedene Kultur.
Als er wieder in Europa war, blieb der Erfolg aus. Er machte sich mit seinem eigenwilligen Charakter das Leben schwer.
Barth sollte nicht mehr nach Afrika zurückkehren, womit er sich nicht abfinden konnte. „Ich bin an die Wüste gewöhnt", schrieb er, „an die unendliche Weite, wo ich mich nicht um die trivialen Sorgen der Menschen kümmern muß. Es schmerzt mich, daß ich hier angebunden bin." Heinrich Barth, der den Afrikanern als Abd El Karim, der „Mitfühlende", bekannt war, starb am 25. November 1865 zehn Jahre nach seiner Rückkehr – mißverstanden und vergessen.

231 oben *Diese Tafel aus Barths Bericht zeigt eine Panoramasicht der Ashenoumma-Region. Der vielsprachige Barth – Geograph, Historiker und begeisterter Forscher – erstellte einen präzisen Bericht über seine lange Reise durch Westafrika, in dem zum ersten Mal verläßliche Informationen über diesen Kontinent gegeben wurden.*

231 unten *Diese Tafel stammt aus den Reisen und Entdeckungen von Heinrich Barth und zeigt eine große Herde Elefanten am Ufer des Tschadsees. Der deutsche Forscher erreichte den See 1851; während seiner Reise studierte er die Geschichte und die Sprachen der Völker, auf die er traf.*

JOHN HANNING SPEKE UND R. F. BURTON

232 oben *John Hanning Speke auf einem Porträt von James W. Wilson (1871). Auf seiner zweiten Reise erreichte Speke in Begleitung von James A. Grant die Nilquelle beim Victoriasee, konnte für seine Entdeckung aber keinen wissenschaftlichen Beweis liefern. Er starb bei einem mysteriösen Jagdunfall (bzw. beging Selbstmord), kurz bevor er sich einer öffentlichen Diskussion mit Burton bei der* Royal Geographical Society *stellen sollte.*

„Endlich war ich am Nilufer; es war ein herrliches, einzigartiges Schauspiel! Es war das perfekte Beispiel dessen, was man sich in einem phantastischen Park erhofft: ein großartiger Fluß, 600 oder 700 Meter breit, darin kleine Inseln und Felsen ...“ Speke war in Hochstimmung – er war der erste Europäer seit der Zeit Herodots, der die Quelle des Nil mit eigenen Augen sah. Auf einer Expedition einige Jahre zuvor hatte Speke den Victoriasee gesehen, und seitdem war er sicher, daß hier die Nilquelle lag. Nun hatte er den Beweis. Auf seiner Rückreise entlang des Nil nach Ägypten konnte Speke ein Telegramm nach England senden. Es endete mit dem Satz „die Quelle des Nil ist gefunden“. Doch sah die Wirklichkeit anders aus: Die Frage nach der Quelle des Nil war alles andere als geklärt; doch würde diese Diskussion nicht im Herzen Afrikas, sondern in Europa geführt werden.

Der Nil ist der längste Fluß der Welt und sicher auch der berühmteste. Kaum ein anderer Ort auf der Erde blieb so lange ein Geheimnis oder erweckte soviel Interesse wie der Nil. Rational gesehen ist er einfach ein Fluß, der das Wasser des tropischen Regens durch die größte Wüste der Welt zum Mittelmeer trägt. Jahrtausende waren die periodischen Überschwemmungen des Nil in Ägypten ein unerklärliches Phänomen gewesen. Wo kam all das Wasser her? Herodot und die griechischen Geographen behaupteten, daß der Nil den Mondbergen entspringe, deren Gipfel hoch in den Himmel ragten, mit ewigem Schnee bedeckt seien, in einem

Fabelland, das von phantastischen Geschöpfen belebt sei.
Anfang des letzten Jahrhunderts war das Innere Afrikas etwa so bekannt wie die Tiefen eines Meeres oder der interplanetare Raum. 1848 gelangten unglaubliche Neuigkeiten nach Europa: Ein deutscher Missionar behauptete, auf einer Reise ins Innere einen gewaltigen Berg mit einer Eiskuppe gesehen zu haben. Er wurde ausgelacht, sollte aber schließlich recht behalten (es handelte sich um den Kilimandscharo). Immerhin entfachten diese Gerüchte neues Interesse an der Erforschung Afrikas.
Das Hauptziel dieses Forscherdrangs war Zentralafrika, vor allem die Quelle des Nil. 1856 beschloß die *Royal Geographical Society* in London, zwei Männer nach Afrika zu schicken mit der Mission, das Geheimnis des Nil zu lüften. Beide hatten schon Expeditionen durchgeführt; sie verfügten über große Erfahrung und hatten eine hervorragende Kondition. E. R. Burton hatte als Pilger verkleidet die verbotenen Städte Harer und Mekka besucht; er beherrschte mehrere Sprachen und war ein guter Schauspieler.
Sein Begleiter, John Hanning Speke, war eher ein einfacher Sportsmann.

232 links *Porträt von R. F. Burton in östlicher Tracht. 1853 erreichte Burton als Pilger verkleidet die verbotene Stadt Mekka. Als er sich mit Speke auf die Suche nach der Nilquelle machte, war er 36 Jahre alt und hatte bereits eine abenteuerliche Vergangenheit. Er war intelligent und extrovertiert, aber auch jähzornig. Er beherrschte mehrere Sprachen.*

232 unten *Karte Afrikas aus dem 15. Jahrhundert, basierend auf der ptolemäischen Geographie. Ptolemäus, ein ägyptischer Kosmograph des 2. Jahrhunderts, vermutete die Nilquelle hoch im ewigen Schnee der Mondberge, von denen er eine genaue geographische Lage angab.*

233 oben *Afrika auf einer nautischen Karte von 1561. Der Nil, der Kongo und der Sambesi bilden ein riesiges Flußsystem, das durch den Kontinent von Südafrika ins Mittelmeer fließt. Die verschlungene Hydrographie von Zentralafrika blieb bis Mitte des 19. Jahrhunderts ein Geheimnis. Die Wasserscheide zwischen den Einzugsgebieten von Nil und Kongo wird von den Virunga-Bergen gebildet, die Speke als die legendären Mondberge identifizierte.*

233 unten *Karte Ostafrikas von 1581. Der Nil, der den Mondbergen entspringt, fließt in einen großen Binnensee, den Zaflan-See, umgeben von Gebirgen und Phantasie-Reichen. Die Suaheli-Städte Malindi, Mombasa und Mosambik sind an der Ostküste relativ genau eingezeichnet, da sie den arabischen Händlern und Forschern schon lange bekannt waren.*

234 *James Grant, ehemaliger Waffenkamerad in Indien und ein guter Freund von Speke, erwies sich als der ideale Reisebegleiter. Er war ruhig und zurückhaltend und mit einer Nebenfunktion bei der Expedition zufrieden. Er gönnte dem extrovertierten Speke den Entdeckerruhm – „nicht eine Spur von Neid, Mißtrauen oder Irritation war jemals zwischen uns".*

234-235 *Der Nilabfluß aus dem Victoriasee, wie Speke ihn am 28. Juli 1862 sah. „Ein Schauspiel, das stundenlang entzückte ... Das Wasser donnerte, Tausende von Fischen kämpften gegen den Strom ... Nilpferde und Krokodile lagen träge im Wasser ..." Speke benannte die Wasserfälle nach Ripon, dem Präsidenten der* Royal Geographical Society.

Er war sechs Jahre jünger als Burton, hatte jedoch ebenfalls an Reisen und Jagdexpeditionen nach Indien und Tibet teilgenommen.
Die Karawane verließ Sansibar am 16. Juni 1857 westwärts entlang der unsicheren arabischen Handelsroute zum Außenposten Kazeh (dem heutigen Tabora in Tansania). Schon am Anfang wurde Burton und Speke klar, daß die Durchführung einer Expedition im tropischen Afrika weitaus komplizierter war als erwartet: Das Klima war ungesund, die Insekten blutgierig, die Träger machten sich samt ihrem Gepäck aus dem Staub, und die Lasttiere starben an der Schlafkrankheit. „Jeder Morgen", schrieb Burton, „bringt neue Qualen, jeden Tag denke ich, daß der nächste noch schlimmer wird." Stürme behinderten die Karawane, und die Entdecker litten unter Malariaanfällen. Erst nach 134 qualvollen Tagen erreichten sie Kazeh.
Die arabischen Händler in der Stadt empfingen sie gastfreundlich. Für Burton, der Arabisch sprach und die Muslime respektierte, war dieser Halt ein Hauch von Zivilisation inmitten einer feindlichen Umgebung. Einen Monat darauf, als Speke sich wieder erholt hatte, brachen sie zum Tanganyikasee auf. Am 13. Februar erreichten sie Ujiji. Burton litt unter einem ernsten Abszeß und konnte kaum sprechen, während Speke durch eine Infektion der Augen fast blind war. Die Expedition drohte auseinanderzufallen, aber das erste Ziel war erreicht. Kein Europäer hatte zuvor den großen See gesehen. Burton war überzeugt, daß der Nil aus dem Tanganyikasee entsprang, doch er stellte enttäuscht fest, daß nach Norden kein Fluß abfloß.
Nach ihrer Rückkehr nach Kazeh trennten sich die beiden: Burton blieb im Camp, um die Karawane neu zu organisieren. Speke beschloß, nach Norden weiterzumarschieren, wo es vagen Gerüchten zufolge einen anderen großen See geben sollte. Am 3. August erblickte er eine riesige Wasserfläche. Er war überzeugt, die Quelle des Nil gefunden zu haben. Er taufte den See auf den Namen Victoria und kehrte drei Tage später nach Kazeh zurück. Burton reagierte auf Spekes Entdeckung zurückhaltend und bezeichnete seine Hypothese als „schwach und widersprüchlich".
Auf der Rückreise zur Küste verschlechterte sich die Beziehung zwischen den beiden. Speke kehrte als erster nach England zurück und berichtete, ohne auf Burton zu warten, der *Royal Geographical Society* von seiner Entdeckung. Man bewilligte ihm weitere Mittel für eine neue Expedition. Als Burton ankam, war alles entschieden: Speke sollte mit einem neuen Begleiter, Kapitän James Grant, aufbrechen.

235 oben *Die Karawane von Speke und Grant beim Aufbruch aus Bagamoyo an der Küste des heutigen Tansania vor der Insel Sansibar. Die typische Afrikaexpedition der viktorianischen Ära war eine große und langsame Angelegenheit. Träger – oft Hunderte – wurden auf Sansibar und in Bagamoyo angeheuert und Tauschwaren eingekauft. Mit diesem Ramsch wurde dann an die Stammeshäuptlinge im Landesinneren Wegezoll bezahlt.*

Speke und Grant erreichten im Jahr 1862 den Victoriasee. Vor ihren Augen strömte der Nil in einem schäumenden Wasserfall aus dem See. Doch freute sich Speke zu früh. In England wurde er von Burton erwartet. Kühl und unversöhnlich fragte er ihn nach dem Beweis dafür, daß der Fluß tatsächlich der Nil war. War es überhaupt derselbe See, den Speke vom Süden her gesehen hatte? Speke hatte ihn nicht umrundet und konnte nicht sicher sein. Die *Royal Geographical Society* beschloß, den Streit zwischen Speke und Burton mit einer öffentlichen Diskussion zu beenden. Speke sollte jedoch nicht mehr in der Lage sein, seinen Standpunkt zu verteidigen; er starb bei einem mysteriösen Jagdunfall wenige Stunden vor dem Beginn der Debatte. Man vermutete, er habe Selbstmord begangen, doch konnten die genauen Todesumstände nie geklärt werden. Einige Jahre später wurde an der Stelle des Sees, die Speke für die Nilquelle gehalten hatte, eine Gedenktafel errichtet. Die Suche nach der tatsächlichen Nilquelle ging ohne Erfolg weiter. Eine Karte von 1873 zeigt fünf Seen an der Position des Victoriasees. Erst Stanley konnte die Frage endgültig klären. 1875 umrundete er den See und identifizierte den Kagera, den größten Fluß, der in den See mündet. Spekes Hypothese war damit bewiesen: Der Nil entsprang dem Victoriasee.

Grant voyageant du Karagoué à l'Ouganda.

235 Mitte *Grant verläßt auf einer Trage das Westufer des Victoriasees. Er litt an einer ernsten Infektion am Bein und konnte daher nicht mit seinem Freund auf dem Weg zur Nilquelle mithalten. Speke wollte unbedingt sein Ziel erreichen und übertrug Grant daher eher nebensächliche Aufgaben.*

235 unten *Oft hing Versorgung mit Proviant vom Jagdglück des Expeditionsleiters ab. Damals gab es im Busch und der Savanne von Ostafrika noch viel Großwild, ein wahres Paradies für Speke, der im Gegensatz zu Burton ein begeisterter Jäger war.*

DAVID LIVINGSTONE

„Ich hörte ein Brüllen. Ich drehte mich erschrocken um und sah einen Löwen, der sich auf mich stürzte. Ich befand mich auf einem kleinen Damm; die Bestie erwischte mich an der Schulter, und wir fielen beide zu Boden. Der Löwe brüllte fürchterlich und schüttelte mich, wie ein Terrier eine Ratte angeht. Durch den Schock verfiel ich in eine Art Starre ... Ich fühlte weder Schmerz noch Angst, und doch war mir völlig bewußt, was geschah." Einer seiner Begleiter erschoß den Löwen, und Livingstone wurde gerettet, blieb aber nach diesem Vorfall Invalide.
David Livingstone wurde 1813 in Blantyre/Schottland geboren. Seine Familie war nicht gerade reich; der junge Livingstone bekam bald die Misere der industriellen Revolution zu spüren. Mit zehn Jahren mußte er von sechs Uhr morgens bis acht Uhr abends in einer Baumwollspinnerei arbeiten. Vermutlich wurde in dieser Zeit der Charakter von Livingstone geprägt: Hartnäckigkeit, Ausdauer und ein selbstbewußter Individualismus. Mit 25 Jahren hatte er sein Medizinstudium beendet und wurde Mitglied der *London Missionary Society*, die ihn nach Südafrika schickte. Mit Ausnahme einiger Küstensiedlungen war der Kontinent wild und unbekannt, ein einziges Geheimnis vom Mittelmeer bis zum Kap.
Livingstone kam 1841 in der Missionsstation Kuruman am Rande der Kalahari an. Die Evangelisationsarbeit ging langsam voran, hatte aber ein Ergebnis: Livingstone merkte, daß er nicht zum Missionar geboren war.
Hinter Kuruman erstreckte sich ein unerforschtes Gebiet, ideal zum Missionieren, besonders aber für seine unersättliche Neugier. – So begann Livingstones unglaubliche Karriere mit einer Folge von Reisen durch das öde Buschland der Kalahari.
1849 erreichte er den Ngamisee im heutigen Botswana. Jenseits der Wüste lag weiteres unbekanntes Land. Die Einheimischen sprachen von einem großen Fluß, der fruchtbares Land im fernen Norden bewässere.
In der Zwischenzeit hatte Livingstone geheiratet. Trotz aller Strapazen nahm er seine Familie zwei Jahre später mit auf eine Reise zum Sambesi nahe beim Zusammenfluß mit dem Linyanti.
Dies war seine erste Entdeckung, der Schlüssel zu seinem Erfolg. Ein großer schiffbarer Fluß würde eine direkte

236 Titelbild einer zeitgenössischen Biographie von David Livingstone. Er stammte aus einer armen schottischen Familie und kam 1841 als Gesandter der London Missionary Society *nach Südafrika. 30 Jahre später, als seine außergewöhnliche Forscher-Karriere zu Ende ging, hatte er mehrere Tausend Kilometer zu Fuß durch den Kontinent zurückgelegt.*

237 Livingstone bei seinen Aufzeichnungen in seinem Quartier in Ujiji am Tanganyikasee. Wohl kein anderer Forscher verfaßte so detaillierte Berichte über seine Reisen, mit ausführlichen Angaben über Flora, Fauna, Geographie und die Sitten der Bewohner in den bereisten Gebieten. Livingstone schrieb jeden Tag, selbst unter ungünstigen Umständen, wobei er selbstgemachtes Papier und Tinte verwendete. Sein Werk umfaßt drei dicke Bände mit fast einer Million Wörter und beschreibt seine Expeditionen durch Afrika.

Verbindung in das Innere Afrikas ermöglichen, die Ausbreitung von Glauben und Handel, die Entwicklung der Zivilisation. Die Erforschung des Sambesi sollte ihn in den nächsten zwölf Jahren beschäftigen.
Er brachte seine Familie zurück zur Missionsstation und machte sich noch einmal auf den Weg zum Sambesi. Er hatte seine Verbindungen mit der Welt abgebrochen, und nichts und niemand würde ihn bei seinen Plänen behindern.
1853 folgte er ohne Ausrüstung und mit nur 27 eilig angeheuerten Trägern dem Sambesi flußaufwärts bis zur Quelle und durchquerte dann Angola bis Luanda an der Atlantikküste. Während der Reise waren fast alle seine Begleiter an Fieber gestorben, und Livingstone war schwerkrank. Er erholte sich in Luanda und organisierte eine Karawane, bevor er sich auf den Rückweg zum Sambesi machte, dem er nun bis zu seiner Mündung in den Indischen Ozean folgen wollte.
Am 17. November 1855 entdeckte er die großartigen Wasserfälle, die er nach Königin Victoria benannte. Die Einheimischen nannten sie einfach „den brüllenden Rauch“ wegen dem weit sichtbaren Wasserdunst über den Fällen.
Der weitere Verlauf des Sambesi durch eine tief eingeschnittene Schlucht hätte Livingstone eigentlich zeigen müssen, daß der Fluß hier nicht mehr schiffbar war. Doch Livingstone hielt hartnäckig an seiner Theorie fest.
1858 folgte er dem Sambesi zu den Cabora-Bassa-Fällen – fünfzig Kilometer voller unüberwindlicher Katarakte. Hier versuchte Livingstone, dem Nebenfluß Shire zu folgen, doch ohne Erfolg. Das

238 oben *1843 wurde Livingstone im westlichen Transvaal von einem großen Löwen angefallen. Einer seiner Begleiter erschoß das Tier gerade noch rechtzeitig. „Ich fühlte weder Schmerz noch Furcht“, schrieb er später in seinem Tagebuch, „nur ein seltsames Gefühl von Starre, ähnlich wie das von Patienten mit örtlicher Betäubung, die alle Einzelheiten der Operation mitbekommen, ohne das Skalpell zu spüren.“*

238 unten *Im August 1849 erreichten Livingstone und seine Familie den Ngamisee in der nördlichen Kalahari. Da die Tsetse-Fliege hier nicht vorkam, konnte man mit Ochsenkarren reisen. Livingstone stellte fest, daß „das Reisen mit Karren in Afrika wie ein langer Spaziergang ist – sehr gut für die Gesundheit und angenehm in der frischen Luft“.*

239 oben 1858 versuchte Livingstone, den großen Fluß mit einem dampfgetriebenen Boot hinaufzufahren, das er zerlegt von England mitgebracht hatte. Das Schiff kam jedoch nicht über die Cabora-Bassa-Fälle. Das einzige Ergebnis der Expedition, die schon nicht vielversprechend begonnen hatte und schlecht organisiert war, war die Wiederentdeckung des Nyassasees, den schon die Portugiesen entdeckt hatten, der aber wieder in Vergessenheit geraten war.

einzige positive Ergebnis seiner Expedition war die Entdeckung des Nyassasees, den zwar auch schon die Portugiesen beschrieben hatten, der aber wieder in Vergessenheit geraten war. Die Gegend war von Malaria verseucht und von Sklavenjägern verwüstet. Trotzdem wurde Livingstone berühmt, und die *Royal Geographical Society* gab sich mangels konkreter Ergebnisse mit einem leidenschaftlichen Bericht über den Fluch der Sklaverei zufrieden.
In jener Zeit war das Hauptthema die „Nilfrage". Die Berichte von Speke und Burton hatten zusammen mit einer Dissertation von Baker über dieses Thema eine kontroverse Diskussion ausgelöst. Wer sollte dieses alte Rätsel nun lösen, wenn nicht Doktor Livingstone?! Der Vorschlag einer neuen Expedition nach Afrika überraschte den Entdecker. Ihn interessierten nicht so sehr geographische Rätsel, er wollte sich lieber für die Abschaffung des Sklavenhandels einsetzen. Man handelte einen Kompromiß aus, und Livingstone reiste am 13. August 1865 nach Sansibar ab. Nun wurde ein anderer Fluß, der Vater aller Flüsse, sein Schicksal.
Zunächst wollte man dem Rovuma folgen, der heute die Grenze zwischen Tansania und Mosambik bildet, und über den Nyassasee in die Gegend südlich des Tanganyikasees vordringen. Dort hoffte Livingstone erste Hinweise auf die Nilquelle zu finden. Drei Jahre lang durchkämmte er das Gebiet und erforschte dabei eines der komplexesten Wassersysteme der Region: Der Mweru-, Bangweulu- und Tanganyikasee hingen nicht mit dem Nil zusammen. Livingstone suchte nach einem

239 Mitte Livingstone entdeckte die Victoriafälle 1855 bei seiner Rückkehr von Angola. Der Forscher kam an Bord eines Kanus auf die Insel Kazeruka direkt bei den Fällen. Er schaute in den Abgrund und sah „eine tiefe Schlucht zwischen den beiden Sambesiufern. Ein tausend Meter breiter Fall stürzte 33 m tief in ein Loch von sieben mal zehn Metern Größe. Es war das herrlichste Schauspiel, das ich bisher in Afrika gesehen hatte".

239 unten Eine Sklavenkarawane zieht zur Küste. Der von den arabischen „Kriegshunden" betriebene Sklavenhandel empörte Livingstone sehr. Seine wütenden Berichte über die Grausamkeiten und Massaker durch die Sklaventreiber erweckten in Europa große Entrüstung. 1873 wurde der Sultan von Sansibar gezwungen, einen Vertrag zu schließen, der ihn zur Aufgabe des Sklavenhandels und zur Schließung der Sklavenmärkte auf der Insel zwang.

Fluß, den es dort nicht gab. Seine Träger verschwanden, seine Lasttiere wurden durch die Tsetse-Fliege dezimiert, und nur mit Hilfe der verhaßten Sklavenhändler konnte Livingstone Ujiji erreichen, den Handelsposten am Tanganyikasee. Er war ein geschlagener Mann. „Ich bin so schwach, daß ich kaum sprechen kann", schrieb er in sein Tagebuch.
Trotzdem machte er sich erneut auf die Suche nach dem Nil. Er durchquerte das Lualaba-Gebiet am oberen Kongo bis zu den Grenzen des Regenwalds. 20 Tage nach seiner Rückkehr nach Ujiji berichtete man ihm, daß eine große Karawane, die von einem Weißen geführt wurde, in Kürze am Tanganyikasee eintreffe. Sein „Retter" hieß Henry Morton Stanley und war Korrespondent einer amerikanischen Zeitung. Dieses historische Zusammentreffen („Doktor Livingstone, nehme ich an?") war für Stanley Anfang einer berühmten Karriere. Für Livingstone, der gar nicht „gerettet" werden wollte, waren die Vorräte des Amerikaners natürlich hochwillkommen. Jetzt konnte er sich wieder auf die Reise machen und seine Idee zu einem Abschluß bringen.

240 oben „Doctor Livingstone, I presume?" Eine der zahlreichen Darstellungen dieses historischen Treffens zwischen Stanley und Livingstone am 30. Oktober 1871 in Ujiji am Ufer des Tanganyikasees. Stanley war als Korrespondent einer amerikanischen Zeitung nach Afrika gekommen und lieferte hier die Story seines Lebens. Livingstone, der von den jahrelangen Entbehrungen erschöpft war, wollte gar nicht „gerettet" werden und wollte seine Suche nach der Nilquelle fortsetzen, wovon er mittlerweile förmlich besessen war. Die von Stanley mitgebrachten Vorräte ermöglichten ihm eine letzte Expedition.

Livingstone und Stanley erforschten gemeinsam weite Gebiete an diesem See, dann trennten sie sich. Im April 1873 überraschte die Regenzeit Livingstone beim Bangweulusee. Der Boden saugte sich wie ein Schwamm voll, und das Land verwandelte sich in einen endlosen Sumpf. Livingstone wußte, daß er hier nicht lebend hinaus käme. Am 13. April schrieb er in sein Tagebuch: „Der Fischadler schreit

240 unten *Die einzige gemeinsame Reise von Stanley und Livingstone führte zum Nordufer des Tanganyikasees. Bei dieser Gelegenheit entdeckte Livingstone, daß der Fluß Rusizi in den See floß (und nicht hinaus, wie Burton annahm). Dies verstärkte Livingstones Überzeugung, daß der Lualaba der Nil war. Der Tanganyikasee ist tatsächlich aber Teil des Kongobeckens und der Lualaba der Oberlauf des Kongo.*

mit einer Fistelstimme, als ob er jemanden in einer anderen Welt rufen wollte. Wenn man ihn hört, scheint sein Schrei nicht von hier zu sein. Man kann ihn sein Leben lang nicht mehr vergessen." Diese Worte sind wie eine Vorahnung. Am 1. Mai 1873 stirbt Livingstone. Die Legende berichtet, man habe ihn kniend wie bei einem Gebet gefunden. Seine engsten Vertrauten brachten seine Leiche nach Sansibar. Es ist schwer zu sagen, welche Einstellung Livingstone Afrika gegenüber tatsächlich hatte. War er ein Philanthrop, auf der Suche nach Ruhm oder einfach ein rastloser Mensch? Seine Reisen lösten keine bedeutenden geographischen Fragen, und er konnte auch keinen nennenswerten Beitrag zur Abschaffung der Sklaverei oder zur Erschließung neuer Handelswege leisten. Vielleicht hätte sich Doktor Livingstone in den Worten seines Landsmanns und Erforschers Joseph Thomson wiedererkannt: „Mein Schicksal ist es, Nomade zu sein. Ich gründe keine Reiche, bin weder Missionar noch echter Wissenschaftler. Ich will einfach nur zurück nach Afrika und meine Wanderungen fortsetzen."

241 oben *Die Tembe in Kwihara bei Tabora im heutigen Tansania, die Livingstone in der ersten Hälfte von 1872 als Haus diente. Tabora war damals wichtiger Rastpunkt für Reisende, die auf dem arabischen Handelsweg vom Indischen Ozean zu den großen Seen unterwegs waren. Die Tembe war ein einfaches, flaches Gebäude mit einem Erdboden, einem großen Hof und einigen Zimmern für Gäste und Diener – für damalige Verhältnisse in Afrika ein Luxus.*

241 Mitte *Ende April 1873 wurde Livingstone von der Regenzeit überrascht, die das Gebiet um den Bangweulusee in einen Sumpf verwandelte.*

241 unten *„Die letzte Meile" von Livingstone, aus seinem Tagebucheintrag vom 10. April: „Es ist mittlerweile unmöglich zu erkennen, wo das Land endet und der See beginnt: Alles ist Wasser, Wasser überall …" Tagebucheintrag 2. April: „Ich schleppte mich etwa zwei Stunden umher und brach dann erschöpft zusammen … Ich wollte nicht getragen werden, aber völlig entkräftet mußte ich schließlich den Männern erlauben mich zu tragen." Tagebucheintrag 17. April: „Ich kann den Bleistift kaum noch halten." Danach folgen nur noch Datumeinträge über die Dauer des Marsches. Livingstone starb am 1. Mai 1873.*

Anfang 1808 wanderte ein junger Wissenschaftler über die Pfade der Insel St. Helena, um Pflanzen und Gräser zu klassifizieren. Zu dieser Zeit war William Burchell ein talentierter Student, der seine Arbeit im Gelände tat. Einige Jahre zuvor war ihm die Aufgabe übertragen worden, eine botanische Bestandsaufnahme auf dieser isolierten Atlantikinsel durchzuführen, die auf der Route von Europa nach Kapstadt lag.
Auf St. Helena lernte er auf einem der Schiffe, die hier einen Zwischenstop einlegten, eine Gruppe Naturkundler kennen, die sich auf der Rückreise vom fernen Südafrika befanden. Er wollte auch gern diese Region besuchen, deren Beschreibungen ihn so faszinierten, aber zunächst war das nur ein Traum. Er erwartete erst einmal die Ankunft seiner Verlobten aus England. Er hätte sich kaum vorstellen können, daß das Mädchen sich inzwischen in den Kapitän des Schiffes, mit dem sie reiste, verliebt hatte. Für Burchell war das Scheitern einer Ehe, bevor sie überhaupt geschlossen wurde, genug: Er blieb für den Rest seines Lebens Junggeselle.
Zwei Jahre später reiste Burchell nach Kapstadt, wo er im November 1810 ankam. Er war zwar schmächtig aber ungewöhnlich ausdauernd und zäh. Obwohl er auf diesem wilden Kontinent keine Reiseerfahrung hatte, war er entschlossen, ins Innere vorzudringen. Zu Beginn des 19. Jahrhunderts war ein Großteil von Südafrika noch unerforscht, und die Hochebenen hinter dem Küstengebirge waren nicht leicht zu überwinden. Die letzte Expedition war gerade bis hinter den Fluß Oranje gekommen und dort spurlos verschwunden.
In den vier Monaten, die Burchell in Kapstadt verbrachte, organisierte er seine Expedition. Er kaufte einen robusten Planwagen, Werkzeuge, Vorräte, Medikamente und Waffen. Die richtigen Begleiter zu finden, erwies sich als schwieriger: Die Hottentotten und die Mischlinge der Kapregion fürchteten, wie ihre Kollegen, die bei früheren Expeditionen teilgenommen hatten, spurlos zu verschwinden. Doch waren ihre Kenntnisse des Gebiets und ihre

__242__ Der 1782 in London geborene William Burchell war einer der ersten Naturwissenschaftler, die die unbekannten Gebiete im Norden der Kap-Kolonie besuchten. Trotz seiner schwachen Konstitution ertrug Burchell die Entbehrungen, die er auf seiner Reise zu erdulden hatte, tapfer und widmete sich begeistert seiner wissenschaftlichen Arbeit. Zwischen 1811 und 1815 sammelte und katalogisierte er über 63 000 Muster aus allen Bereichen der Naturkunde. Darunter waren 40 000 botanische Muster, 120 Häute von Vierfüßern und 265 Vogelarten, wovon die meisten bislang unbekannt waren.

__243 oben__ Bei der Überquerung des Roggeveldt, einer Bergkette, die damals die Grenze der Kap-Kolonie bildete, brach die Hinterachse eines Karrens, und das Gefährt drohte umzukippen. Burchell und seine Männer mußten es vollständig entladen, reparieren und wieder beladen. Sie schafften das in wenigen Stunden.

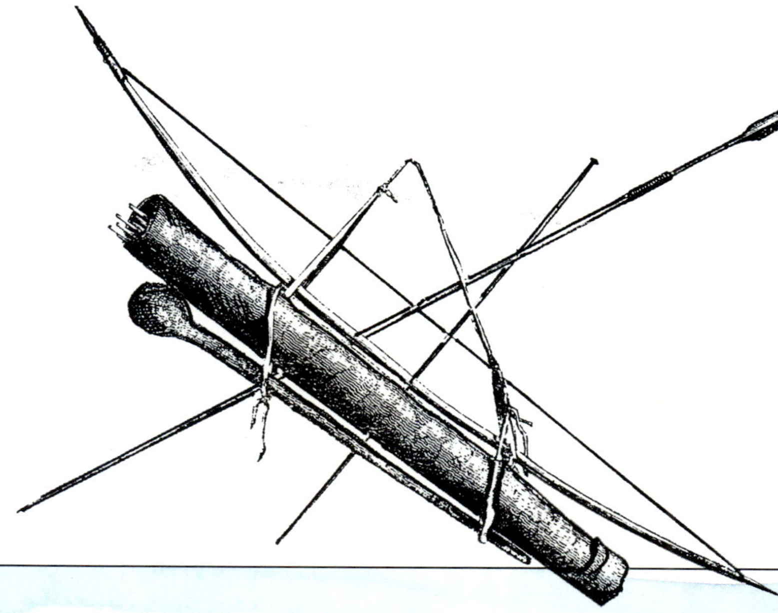

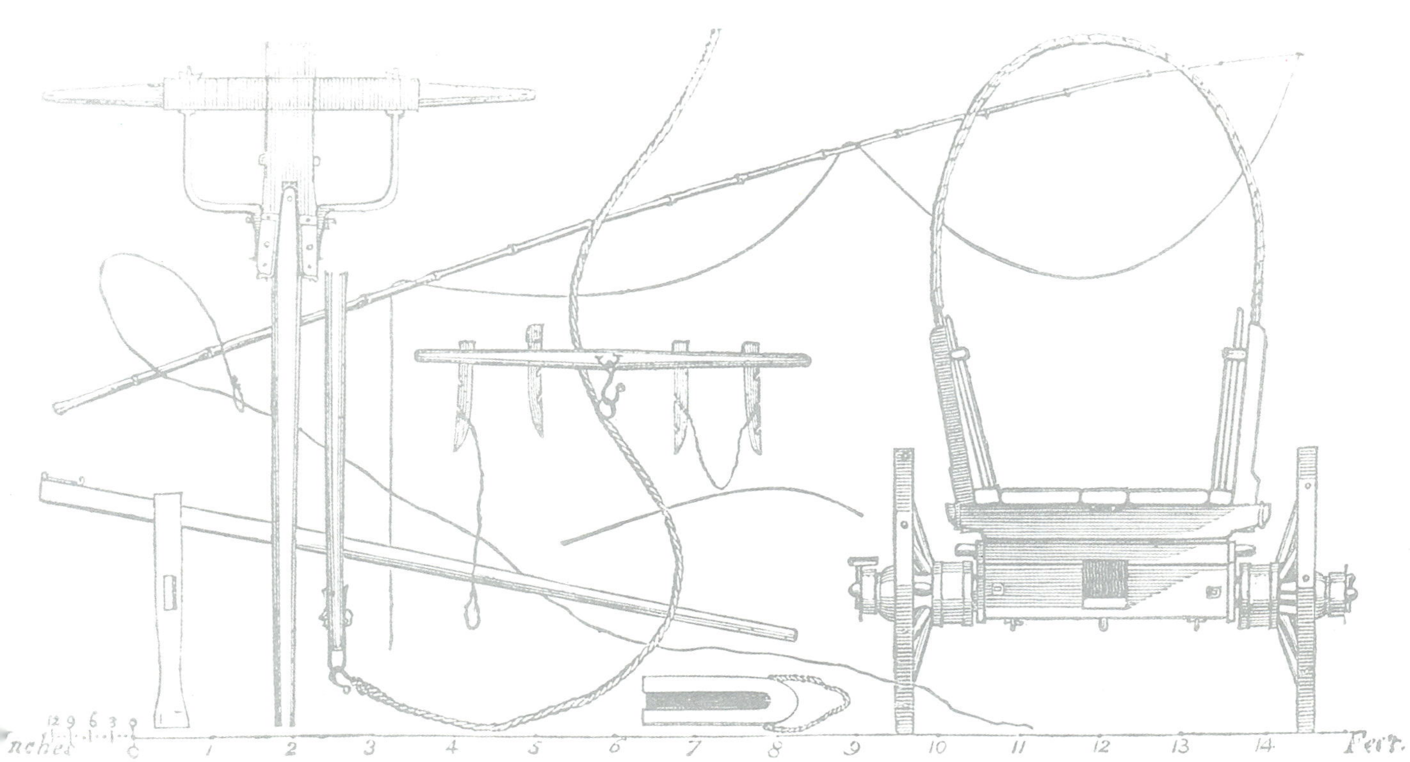

__243 unten__ Der Planwagen, das Haupttransportmittel der Forscher und Pioniere in Südafrika, war wegen seiner Robustheit, Wendigkeit und großen Ladekapazität beliebt. Die 4 bis 5 m langen Karren wurden von einem Dutzend oder mehr Ochsen gezogen, die paarweise eingespannt waren. Die Wagen konnten sogar als Behelfsfloß dienen. Burchell zeichnete die Konstruktionsprinzipien mit erstaunlicher technischer Präzision.

244 oben *Auf seiner Reise nach Graaff-Reinet, wo er neue Männer für seine Expedition suchte, durchquerte Burchell eine dürre und kaum besiedelte Gegend, in der Räuber ihr Unwesen trieben. Erleichtert erreichte er Mitte März 1812 wieder das Territorium der Kolonie bei einem Berg mit einer flachen Kuppe ähnlich dem Tafelberg bei Kapstadt, wie in dieser Zeichnung dargestellt.*

244 Mitte *Am 23. Juni 1811, kurze Zeit nach dem Aufbruch aus Kapstadt, erreichte die Expedition den Berg River, einen der Ströme aus den Bergen ins Kap-Hinterland. Der von acht Ochsen gezogene Karren und die sieben Männer einschließlich Burchell konnten ohne Probleme übersetzen.*

Erfahrung im Busch Voraussetzung für den Erfolg des Unternehmens.
Nachdem Burchell alle Spelunken der Stadt abgeklappert hatte, hatte er eine kleine Gruppe zusammen.
Die Expedition verließ Kapstadt am 18. Juni 1811. Nach acht Tagen mußte Burchell einen zweiten Wagen kaufen, da die Last zu schwer war. Die Durchquerung der Großen Karru war äußerst mühsam. Zwei Wochen lang machten Regen, Stürme und Schnee das Vorwärtskommen fast unmöglich. Der Weg verschwand immer wieder im Schlamm oder führte über Geröllfelder. Trotz Müdigkeit, Kälte und mit von dem holpernden Wagen schmerzenden Knochen führte Burchell seine Arbeit methodisch weiter. Seltene oder unbekannte Pflanzen, Insekten, Vögel und Säugetiere füllten bald die für eine solche Sammlung mitgebrachten Kisten.
Je weiter sie nach Norden kamen, desto trockener wurde die Landschaft. Wasser war nun das größte Problem. Am 15. September erreichten sie den Oranje. Einige Tagesmärsche hinter dem Fluß lag das Dorf Klaarwater (heute Griquatown) – ein paar Hütten und eine protestantische Missionsstation. Burchell wollte so schnell wie möglich weiter nach Norden in die Kalahari und nach Angola, doch wieder konnte er keine geeigneten Begleiter finden. In der Gegend trieben sich Räuber herum, und die Missionare hatten kein Interesse an dem Projekt.
Nach zwei Monaten erzwungenem Nichtstun faßte der Entdecker einen riskanten Entschluß: Wenn er in

244 unten und 245 oben *Burchell wollte sich nicht aufs Beobachten, Katalogisieren und Sammeln von südafrikanischen Pflanzen beschränken, sondern erforschte auch den Gebrauch der Pflanzen bei den Einheimischen und den damit verbundenen Glauben.*

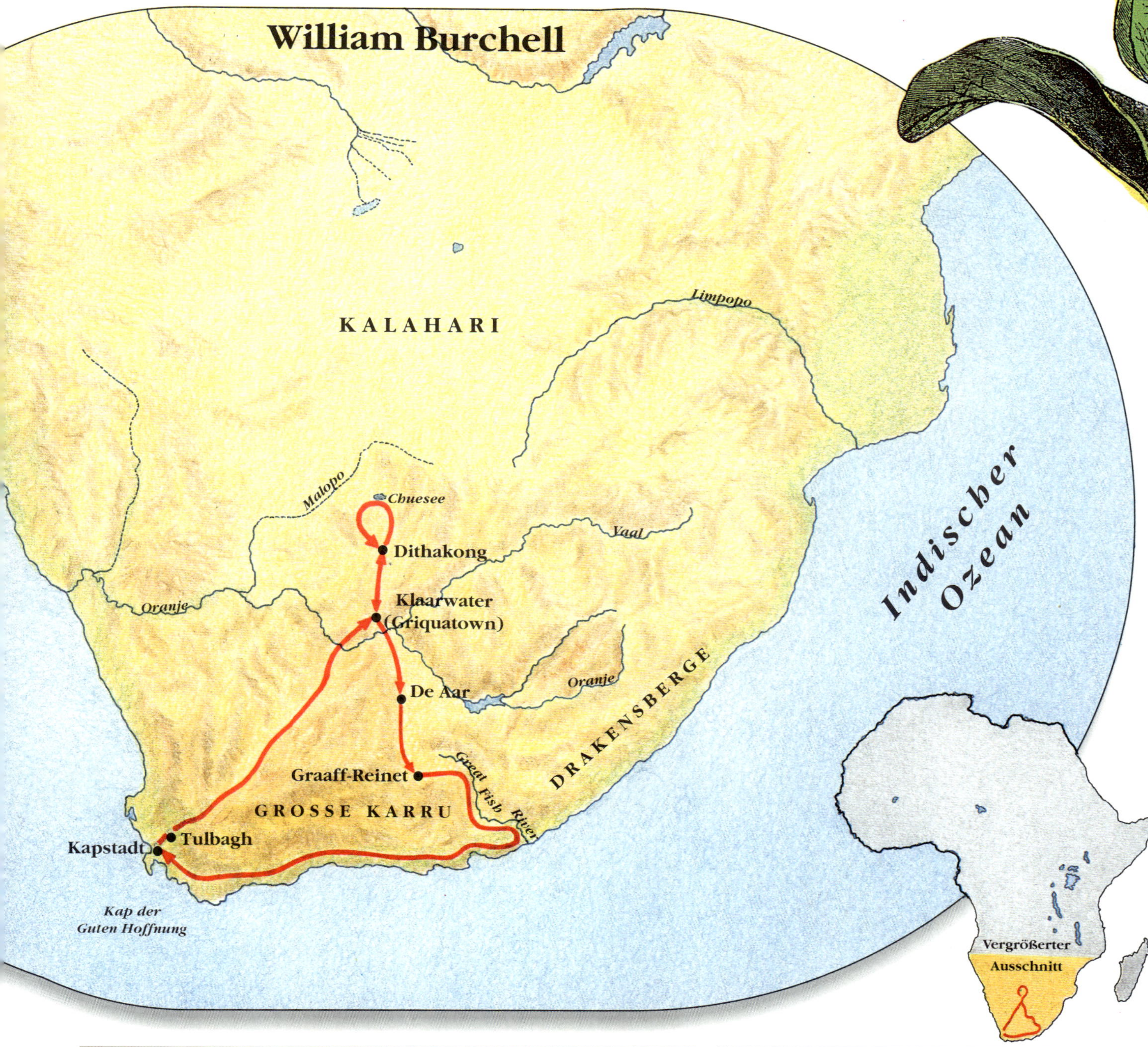

245 unten links
Dithakong (oder Litakun), der Hauptort der Tlhaping, wie ihn Burchell Anfang Juli 1812 sah. Seine Beziehungen zu den Tlhaping waren anfangs gut, verschlechterten sich jedoch, als Burchell ihre Bitte um Schußwaffen ablehnte.

245 unten rechts
Burchell war von der Erhabenheit der Schneeberge beeindruckt, die die Graaff-Reinet-Region im Norden begrenzen. „Das rauhe und mächtige Erscheinungsbild der wilden Natur und die Schönheit der Landschaft“, schrieb er in sein Tagebuch, „zeigten keine Spur menschlicher Eingriffe. Nur der Weg unter unseren Füßen zeigte dem Reisenden, daß hier gelegentlich Menschen waren.“

Klaarwater keine Leute finden konnte, würde er in Graaff-Reinet, 800 Kilometer südlich, sein Glück versuchen. Anfang Januar 1812 machte er sich mit Tieren und Wagen auf die zwei Monate lange Reise, während der er auch seine Erforschung der Gegend zu Ende bringen konnte. Unterwegs machte er eine der größten zoologischen Entdeckungen des Jahrhunderts: das Weiße Rhinozeros, das er als *Rhinoceros simum* (später *Ceratotherium simum*) klassifizierte. Mangels Tinte nahm er sein Blut, um das Tier beschreiben zu können.
In Graaff-Reinet fand er sieben neue Begleiter, und einige Monate später war er wieder in Klaarwater. Die Missionare sahen ihn nicht gern und waren froh, als er wieder fort ging. Die Karawane gab ein lächerliches Bild ab. Zwei Wagen fuhren voran, dahinter eine Herde Ochsen und eine lärmende Gruppe von Hottentotten. Kläffende Hunde bildeten die Nachhut. Am 10. Juli erreichte die Expedition Dithakong, den Hauptort der Tlhaping, eines Stammes, über den man fast nichts wußte. Anfangs waren die Beziehungen zu den Tlhaping ausgezeichnet – bis der Häuptling ein Geschenk in Form von Schußwaffen verlangte. Burchell weigerte sich, und die Stimmung schlug um. Sie mußten sogar um ihr Leben fürchten, und Burchell mußte eine Meuterei seiner Leute mit Waffengewalt unterbinden. Schließlich bekam der Häuptling ein Gewehr, und die Expedition zog weiter nordwärts.
Von Tag zu Tag wurde die Gegend trockener, die ersten roten Dünen der Kalahari tauchten auf. Keine Spur von Wasser. Nach einem Monat erreichten sie die Chue-Salzpfanne. Die Gruppe war erschöpft, und die Wüste schien endlos. Anfang August erkannte Burchell, daß sie in diesem Zustand niemals Angola erreichen würden und umkehren müßten. Die Rückreise dauerte zweieinhalb Jahre. Burchells botanische und zoologische Studien erforderten lange Zwischenstops.
Als Burchell am 13. April 1815 nach Kapstadt zurückkehrte, hatte er einen unbezahlbaren Schatz dabei: über 60000 wissenschaftliche Muster, viele davon der europäischen Wissenschaft bisher unbekannt.
Außer einer Zeit in Brasilien verbrachte Burchell den Rest seines Lebens mit der Katalogisierung und Klassifizierung der gewaltigen Menge Material, das er auf seinen Reisen gesammelt hatte. Im Alter von 82 Jahren beging er Selbstmord.

246 links *Mitte September 1811 erreichte Burchell auf seiner Reise nach Norden das Ufer des Oranje, wo er ein Hottentotten-Dorf besuchte. „Die Bautechniken ihrer Hütten entsprechen perfekt den Anforderungen eines nomadischen Lebensstils: Sie können in weniger als einer Stunde auf- oder abgebaut und auf ein Paar Ochsen geladen werden."*

246 rechts *Burchell zeichnete dieses Porträt eines Tlhaping-Mädchens, „einer lokalen Schönheit", Ende Juli 1812. Das Mädchen trug den typischen Schmuck ihres Stammes: einen Umhang aus den Fellen kleiner Säugetiere, ein Halsband aus Akazienrinde und ein Paar Ohranhänger aus Kupfer.*

247 unten links *„Porträt von Speelman, einem Hottentotten", einem vertrauenswürdigen Begleiter von Burchell. „Ich zeichnete dieses Porträt im September 1814, als er mich verließ", schrieb der Forscher.*

247 Mitte *Der Stamm der Tlhaping hatte nach Burchells Meinung im allgemeinen einen guten Charakter. Bei seinem Aufenthalt in Dithakong schrieb er: „Höflichkeit und Freundlichkeit sind natürliche Qualitäten und nicht anerzogen."*

247 oben rechts *Burchell sah sich selbst als einen der Reisenden, die durch das Studium der verschiedenen Völker versuchten, „sich selbst besser zu verstehen und durch den Vergleich zu lernen, einen objektiven Begriff der Gesellschaft, in der man lebt und zu der man gehört, zu bekommen". Die Abbildung zeigt eine Tlhaping-Frau.*

247 Mitte rechts *Am 8. September 1811 kampierte Burchell auf seiner Suche nach Wasser und in Begleitung von Buschmännern an einer der wenigen Quellen der Region, die auf diesem Aquarell dargestellt ist.*

247 unten rechts *Als Burchell seine Reise unternahm, bewohnten die Buschmänner den größten Teil des südafrikanischen Landesinneren. Heute leben nur noch einige hundert in den zugänglichen Gebieten der Kalahari als Jäger und Sammler.*

PÁL TELEKI VON SZÉK

Auf einer luxuriösen Yacht bei einer dalmatinischen Insel wurde gerade diskutiert. Graf Teleki von Szék erläuterte Rudolf, dem österreichisch-ungarischen Kronprinzen, sein neuestes Projekt, eine Jagdexpedition nach Afrika. Teleki von Szék wollte in das Gebiet des Tanganyikasees. Ein Dritter, der Marineoffizier Ludwig von Höhnel, hörte ihrer Diskussion interessiert zu. Eine Reise nach Afrika war sein größter Traum – doch hierfür fehlte ihm das Geld. Der Graf hingegen war unermeßlich reich. Vielleicht würde Prinz Rudolf ein gutes Wort für ihn einlegen? Von Höhnel war Geograph und weitgereist. Dank der Bemühungen von Prinz Rudolf konnte er nicht nur an diesem Unternehmen teilnehmen, sondern es gelang ihm auch, den Grafen mehr für die Erforschung als für das Jagen zu interessieren. Im Süden der äthiopischen Berge gab es noch genug weiße Flecken auf der Landkarte Afrikas, wo bisher kein Europäer hingekommen war. Die Karawanen, die von dort kamen, brachten phantastische Berichte mit: Außer dem Baringosee, den der Schotte Thomson einige Jahre zuvor entdeckt hatte, sollte es einen großen See geben, den die Einheimischen *Basso Narok* („Schwarzes Wasser" in der Maa-Sprache) nannten. Teleki von Szék finanzierte seine Expedition durch den Verkauf eines Landguts und eines berühmten Diamanten aus dem Familienerbe. Von Höhnel reiste vorab nach Sansibar, um die Expedition zu organisieren und Führer und Träger anzuheuern. Ihre Vorräte, Ausrüstung und Handelsgüter waren so reichlich, daß sie 650 Männer einstellen mußten. Die Expedition, die am 2. Januar 1887 Sansibar verließ, war eine der teuersten und am besten ausgerüsteten Afrika-Expeditionen. Ende März erreichte sie den Außenposten Taveta am Fuß des Kilimanjaro, und nach einem längeren Zwischenstop ging es weiter zu den Aberdare Mountains und zum Mount Kenya.

Nach zehn Monaten erreichten sie den Baringosee. Die Gegend war bekannt für ihre Fruchtbarkeit, und vielleicht war hier auch die letzte Gelegenheit, die Vorräte zu ergänzen, bevor die eigentliche Erforschung begann. Der Graf konnte kaum gewußt haben, daß zu dieser Zeit in der Gegend eine

248 oben *Porträt von Pál Teleki von Szék aus der englischen Ausgabe des Expeditionstagebuchs von Ludwig von Höhnel. Ursprünglich wollte Teleki von Szék eine Jagdsafari ins tropische Afrika unternehmen. Von Höhnel konnte ihn jedoch zu ehrgeizigeren Expeditionszielen motivieren.*

248 unten *Der beleibte Teleki von Szék – er wurde von den Einheimischen „Bwana tumbo" oder „Mr. Dickbauch" genannt – hatte mit einigen Problemen der Karawane zu kämpfen: der Versorgung von einigen hundert Männern und der ständigen „Desertion" von Trägern. Die Entdeckung des Turkanasees kostete den unternehmungslustigen Habsburger ein Jahr Arbeit und 32 kg Gewicht.*

249 oben *Das Camp am Südufer des Turkanasees, von einem Sattel am Teleki-Vulkan aus gesehen. „Es gab ein wenig Vegetation, doch war das Chaos aus Sand und Geröll, entwurzelten Bäumen und Büschen in dieser Landschaft etwas erschreckend“, schrieb von Höhnel. Das Wasser des Sees war nicht trinkbar, da es bitter schmeckte und abführend wirkte, und der ständige Ostwind machte es schwierig zu schlafen, Feuer zu entfachen und zu kochen.*

Pál Teleki von Szék

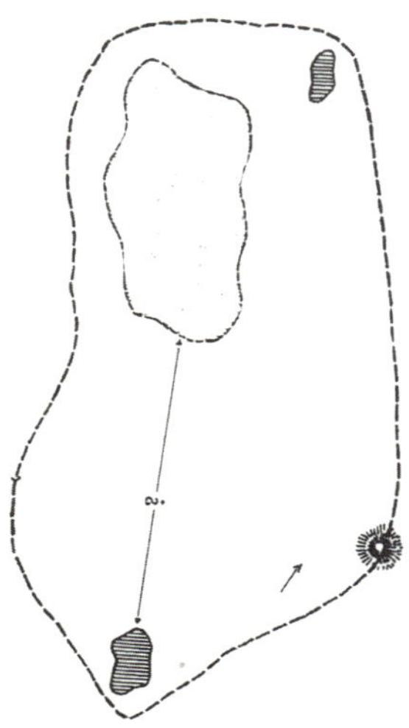

249 Mitte *Diese Skizze aus Teleki von Széks Tagebuch zeigt den Umriß des Turkanasees. Damals war das die einzige Karte von dieser Gegend. Sie entstand einige Jahre vor Teleki von Széks Expedition nach den Angaben von Thomson, einem Forscher, der zum Baringosee gereist war.*

Hungersnot herrschte und daß die Einheimischen keine Lebensmittel zu verkaufen hatten. Teleki von Szék und von Höhnel mußten eine bewaffnete Gruppe zu den feindlich gesonnenen Kikuyu schicken, um einige Vorräte zu kaufen. Obwohl sie nur für etwa zwei Wochen reichen würden, beschlossen die beiden, ihr Glück zu versuchen. Man stieß weiter nach Norden vor, und die Landschaft wurde immer karger und trockener. Allmählich wich das Buschland der Wüste. Auch heute noch ist die Gegend um den Turkanasee ein öder, abgelegener Landstrich. Bald wurde die Suche nach Wasser am wichtigsten, und die Karawane mußte dafür lange Umwege in Kauf nehmen. Es gab keine Wege oder menschliche Siedlungen, und die Umgebung war feindlich und bedrückend. Die Karawane mußte sich ihren Weg durch riesige Lavablöcke, Geröll und tiefe, mit weichem Sand gefüllte Gräben suchen. Eine unwirkliche Stille lag über der Gegend.
Der See tauchte schließlich wie in einer Vision hinter dem letzten schwarzen Geröllhügel auf. „Plötzlich füllte sich die Leere vor uns wie durch Magie; pittoreske Reliefs bildeten einen perfekten Rahmen für das schillernde Dunkelgrün des Sees, der sich vor unseren Augen bis zum Horizont

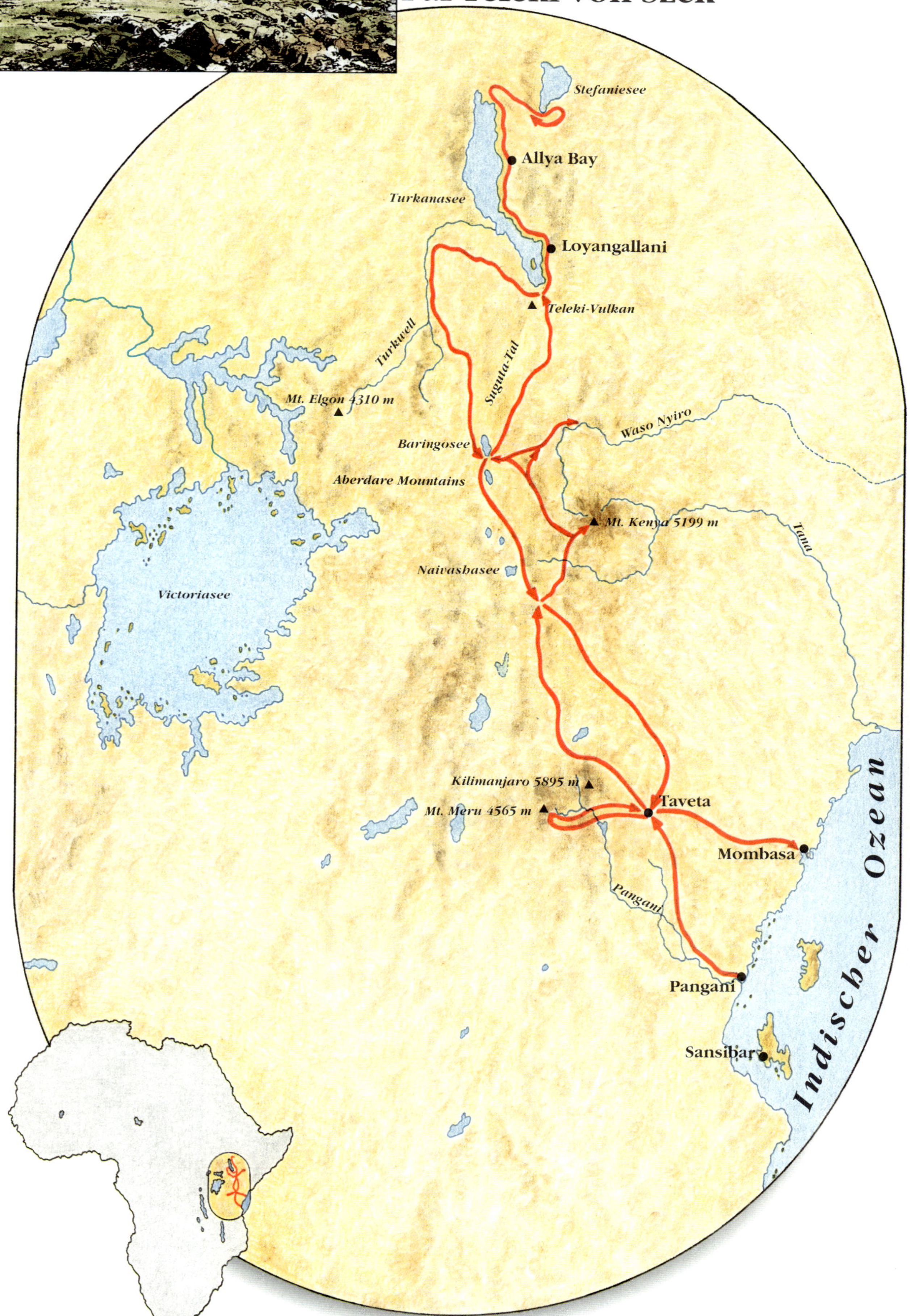

erstreckte." Es war eine unglaubliche Entdeckung, eine gewaltige Wasserfläche inmitten einer nackten Wüste. Der Graf taufte den See am 6. März 1888 feierlich in Rudolf-See zu Ehren des K.u.K.-Kronprinzen.
Auf dem langen Weg hierher war der Durst ein ständiges Problem gewesen. Eine so große Expedition war nicht geeignet, durch trockene Gebiete mit wenigen Wasserstellen zu reisen. Nun war man jedoch kurz vor dem See, und die Qual schien ein Ende zu haben. Doch sie wurden bitter enttäuscht: Das kühle, klare Wasser enthielt soviel Natriumkarbonat (Soda), daß es ungenießbar war. Nicht ein Grashalm wuchs am Ufer, kein Tier war zu sehen. Ein ständiger starker Gegenwind drohte die Last von den Köpfen der Träger zu wehen. Feuer zu machen und zu kochen war schwierig, alles war eine Qual. Die Vorräte gingen zur Neige, und obwohl Fische in dem See schwammen, konnten sie keinen einzigen fangen.

Teleki von Szék sah sich als Opfer eines Fluches. Die Aufzeichnungen von Höhnels geben die Verzweiflung in diesen Tagen gut wieder. In diesem desolaten Szenarium kam sogar sein pragmatischer Geist ins Wanken. Der Bericht hört sich stockend an, eine Fülle topographischer Anmerkungen erweckt den Eindruck, er wolle ein Vakuum mit beruhigenden Symbolen füllen: der Name eines Hügels, eine Anhöhe, ein Stück Ufer.
Wohin sollten sie nun weiter? Es waren Tage voller Zweifel und Unsicherheit, bis Teleki von Szék beschloß, am Ostufer entlang weiterzugehen – und endlich hatten sie Glück: Vier Tage darauf konnten sie ihren Durst an den Loyangallani-Quellen löschen.
Als die Karawane nordwärts weiterzog, verbesserten sich die Bedingungen allmählich. Die Wüste ging in eine Savanne über, in der Tiere lebten. Das Fleisch der Elefanten und Antilopen bildete eine willkommene Abwechs-

250 oben Balearica pavonina, *eine Kranichart. Die naturkundlichen und ethnographischen Sammlungen von Höhnels während der Expedition, die Tausende von Exemplaren umfaßten, wurden den Museen von Budapest und Wien übergeben. Teleki von Szék, der die Expedition finanzierte, zog die Jagd der Forschung vor und überließ den Forscherruhm seinem Leutnant.*

250 unten *Überquerung eines Hochwasser führenden Flusses im Gebiet des Naivashasees. Die Karawane aus 200 Trägern, 55 Eseln, 25 Ochsen sowie 300 Schafen und Ziegen brauchte trotz der starken Strömung weniger als eine Stunde, um das andere Ufer zu erreichen. „Normalerweise", stellte Teleki von Szék fest, „hätte das den ganzen Tag gedauert, aber wir kehrten von einer langen und strapaziösen Reise zurück, und die Männer, die nach Hause zu ihren Frauen und Kindern wollten, arbeiteten mit Eifer und Begeisterung."*

lung ihrer Diät, die bisher auf Fisch basiert hatte, den sie von den El Molo-Fischern nach zähem Handeln gekauft hatten.
Erfrischt und voller Tatendrang erreichten die Erforscher das Nordende des Sees im heutigen Grenzgebiet zwischen Äthiopien und Kenia, wo sie sich nach Osten zu einem weiteren See wandten, den sie Stefaniesee tauften.
Die Rückreise war weniger zermürbend. Sie kannten jetzt die Wasserstellen und hatten den Weg markiert. Am 26. Oktober 1888 erreichten Teleki von Szék und von Höhnel nach einer 21 Monate dauernden Reise Mombasa am Indischen Ozean. Der Graf, der bei der Abreise recht dick gewesen war und den die Träger daher *Bwana tumbo* („Mr. Dickbauch") nannten, hatte 32 Kilogramm abgenommen. Doch das hatte sich gelohnt: Die Expedition Teleki von Széks erschloß das letzte geographische Geheimnis und schloß damit die klassische Phase der Erforschung Afrikas ab.

251 oben *Mitte März 1888 erreichte die Karawane Allya Bay (heute ein wichtiger anthropologischer Park, die „Wiege" der Menschheit). Die Gegend war nicht so trocken, und durch die Savannenvegetation konnten sich Pflanzenfresser dort halten. Teleki von Szék wollte natürlich sofort seinem Hobby, der Jagd, frönen. Er versuchte, einen verwundeten Elefanten zu erschießen, der sich versteckt hatte, und schickte einige Jäger aus, um dem Tier den Gnadenschuß zu geben. Doch plötzlich griff der Elefant seine Verfolger an, wobei er das wertvolle Boot zerstörte. Dann verschwand er langsam, „als ob meine Kugeln in seinem Körper ihm nichts ausmachten".*

251 unten *Die Expedition mußte unter anderem dichte, sumpfige Bambuswälder durchqueren, wobei sich die Männer mit Macheten einen Weg bahnen mußten. Nach Meinung des Grafen „die denkbar mühsamste und erschöpfendste Arbeit".*

252 oben *Ende August 1888 kampierten Teleki von Szék und von Höhnel auf ihrer Rückreise am Ufer des Naivashasees, etwa 100 km vom heutigen Nairobi entfernt. Der See unterhalb des erloschenen Longonot-Kraters ist eine der wenigen Frischwasserquellen des Great Rift Valley. Nach den Schrecken am Turkanasee war für von Höhnel das Wasser des Naivashasees von „leichtem und angenehmem Geschmack“.*

252 unten *Auf seiner Wanderung durch den Busch und während der Jagd auf Perlhühner stand der Graf plötzlich einem Leoparden gegenüber – schon eine schwierigere Beute. Er schoß zweimal, verfehlte aber das Tier, das im Busch verschwand. „Dieser Zwischenfall“, schrieb Teleki von Szék, „machte mir wieder klar, daß ich in Afrika war.“*

253 oben „Ein zweifacher Angriff". Als Teleki von Szék Jagd auf einen verwundeten Elefanten machte, wurde er selbst von einem angreifenden Nashorn überrascht. Das „unerfreuliche Dilemma" endete mit dem Tod beider Tiere.

253 unten Ein Konflikt mit den Kikuyu. Ende August 1887 drang Teleki von Széks Karawane in das Territorium der Kikuyu ein, eines Bantu-Volkes, das in der fruchtbaren Region zwischen dem Mount Kenya und den Aberdare Mountains in Kenia lebt.

Der 24. April 1879 war ein Feiertag in Stockholm: Nordenskiöld war von seiner triumphalen Expedition in das arktische Meer zurückgekehrt und wurde von einer begeisterten Menge empfangen. Ein 14jähriger Junge beobachtete die Szene. Sein Name war Sven Hedin, und seit diesem Tag wußte er: Er wollte reisen und berühmt werden. Zwischen 1893 und 1935 reiste der schwedische Erforscher Zehntausende Kilometer durch die Gebirge und Wüsten Zentralasiens, die zum größten Teil noch unerforscht waren. Zur Jahrhundertwende machte Hedin die bedeutendste Reise seines Lebens. Lhasa war für Europäer nicht nur eine verbotene Stadt, sondern auch ein magisches Ziel. Seine Erforschung war die letzte romantische Legende, und Hedin, der letzte romantische Erforscher, verfehlte es um ein Haar. Einige Jahre später marschierten britische Truppen in die Stadt ein. Der Dalai-Lama und Tibet tauchten aus der Legende auf und nahmen ihren Platz in der Weltgeschichte ein.

DIE HEILIGE STADT – DIE LETZTE LEGENDE

254 *Porträt von Hedin. Sven Hedin, eine komplizierte und widersprüchliche Persönlichkeit, wird zu Recht als einer der größten Erforscher von Zentralasien angesehen.*

255 oben *„Derjenige, der von Kind auf seine Berufung kennt, kann sich glücklich schätzen. Im Alter von 20 Jahren war mein Ziel schon klar. Meine besten Freunde waren Fennimore Cooper, Jules Verne, Livingstone, Stanley, Franklin, Payer und Nordenskiöld, und ganz besonders die große Zahl der Helden und Märtyrer der Polarforschung." So beschrieb Hedin – hier in tibetischer Tracht – in seiner Autobiographie seine Motivation für die Erforschung. Der Schwede kam selbst niemals in die Arktis. Seine großen Ziele waren die verbotene Stadt Lhasa und der Lop Nor, der mysteriöse „wandernde" See.*

„Ein Jahr lang habe ich nicht gelächelt wegen dir / denn du hast mich angelogen / ich habe nie Freude durch dich gehabt / meine Tränen sind wie ein Bach geströmt / Gott wollte nicht, daß wir Freunde sind / wie wunderschön sind deine Augen und deine langen Wimpern ..." Seit mehr als hundert Jahren wird diese monotone Melodie, nur begleitet von dem Klingen der *Dutar*, einem Saiteninstrument, gesungen von den Menschen am Lop Nor, einem geheimnisvollen, wandernden See im Herzen Asiens. Sven Hedin – oder He-Dani, wie die Nomaden von Sinkiang ihn nannten – beschrieb diesen See genau in seinem Tagebucheintrag vom 11. Juni 1900, als der kurze kontinentale Sommer für warme Nächte und klaren Himmel sorgte.

Hedin war ein Jahr zuvor von Schweden zu seiner zweiten Expedition nach Zentralasien aufgebrochen. Jetzt war er soweit, um nach den letzten Geheimnissen des Kontinents zu forschen. Wo viele aufgeben mußten, glaubte er, werde er Erfolg haben. Sein Ziel war Tibet und die verbotene Stadt Lhasa. Hedin, geboren am 19. Februar 1865 in Stockholm, war Sohn einer wohlhabenden Familie, was ihm eine unbeschwerte Kindheit ermöglichte. Seine Mutter und seine älteren Schwestern unterstützten seine Ambitionen und gaben ihm die nötigen Mittel für seine Reisen. Sie halfen ihm, wenn er deprimiert war – er hatte einen etwas labilen Charakter. Hedin heiratete nicht und hatte auch keine wirklichen Freunde. Er war jedoch äußerst zielstrebig; alle seine Handlungen waren darauf ausgerichtet, für seine Berufung als professioneller Entdecker fit zu werden. Schon in jungen Jahren übte er, Kälte und Entbehrungen auszuhalten. Er lernte, Karten zu zeichnen, Russisch, Persisch und zentralasiatische Sprachen und studierte bei berühmten deutschen Geographen. Hedins erste Reisen durch Rußland und den Nahen Osten zeigten seine Vorliebe für verwegene Taten, die schon an Verrücktheit grenzten: Als er mit einer schwedischen Delegation durch Persien reiste, stahl er, um den schlechten Geschmack eines Kollegen zu befriedigen, einige Schädel von den Türmen des Schweigens, wo die Parsen ihre Toten den Geiern aussetzten. Es hätte ihn das Leben kosten können.

Für Hedin war das Reisen eine Herausforderung, eine Willensübung, jedes im Weg liegende Hindernis zu überwinden. Dieser Herausforderung mußte, koste es was es wolle, Genüge getan werden – Ruhm wäre die Belohnung.

255 unten *Sven Hedin (hier auf einem Foto von 1905, als er auf einem Kamel nach Belutschistan reitet) unternahm seine erste Asienreise im Alter von 21 Jahren. 1886 brach er von Baku über das Kaspische Meer zum Persischen Golf auf. Von dort reiste er nach Basra, Bagdad und in die Tigris-Region und schließlich nach Teheran.*

256 oben *Der Linguist, Kartograph und Maler Hedin verbrachte einen Großteil seiner Zeit mit Reisen in die entlegensten Gebiete von Tibet und Chinesisch-Turkestan. Seine Gutheißung des Nationalsozialismus wurde aufs äußerste verurteilt. Er starb 1952 allein und vergessen in Stockholm.*

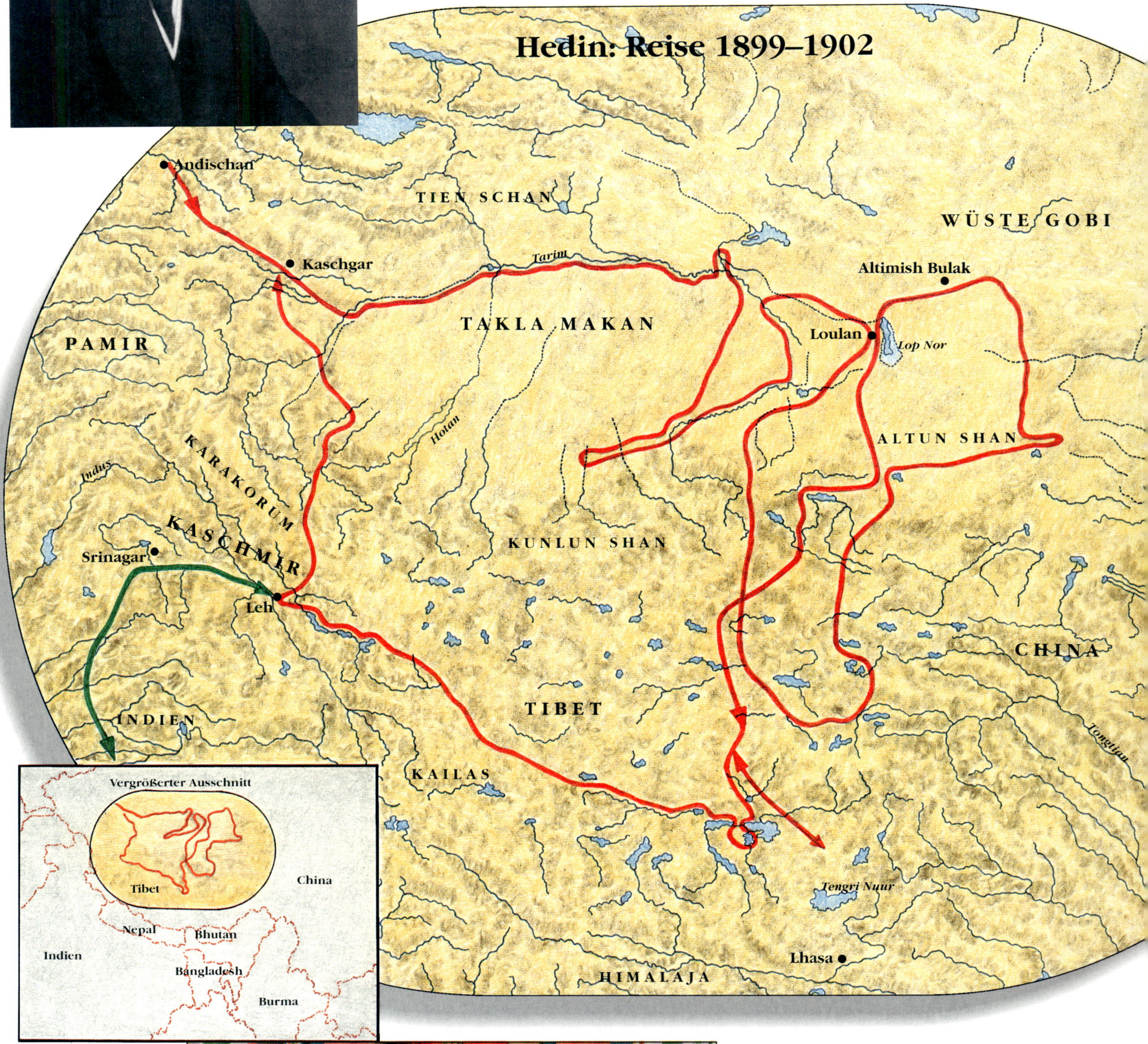

256 unten *Hedin, der schon in jungen Jahren ein talentierter Zeichner war, malte dieses Aquarell, das den Eingang zum Grab des 5. Dalai-Lama in Tashi-Lunpo zeigt.*

257 oben *Hedin war von der feierlichen Würde der Gräber der Hohenpriester beeindruckt. In Tashi-Lunpo malte er eine Reihe von Aquarellen. Dieses zeigt den Namgjal-Lhakang, der dem Tsongkapa ähnelt.*

Zwischen 1893 und 1897 folgte der schwedische Entdecker den alten Seidenstraßen nach China. Gegen alle Vernunft ging er das Tien-Schan-Gebirge mitten im Winter an, und im Frühsommer verschlug es ihn in die Takla Makan, eine riesige Sandwüste, die sich über tausend Kilometer vom Fluß Tarim ins tibetische Hochland erstreckt. Ihre Durchquerung war die schrecklichste Erfahrung für Hedin: Fast alle seine Leute und Kamele verdursteten, Hedin überlebte nur wie durch ein Wunder, als er schon im Delirium einen Brunnen fand. Er blieb noch ein Jahr in dieser Region, erforschte das Tarimbecken und den Nordrand der Wüste. Dann folgte er den Karawanenwegen nach China. Im Mai 1897 kehrte er nach einer langen Rückreise mit der Transsibirischen Eisenbahn nach Stockholm zurück.
Zu seiner Enttäuschung erwartete ihn keine begeisterte Menge, sondern nur seine Familie.
In Großbritannien jedoch wurden seine Verdienste als Entdecker gewürdigt. Er wurde am Hof empfangen, wo er Stanley nach seiner Rückreise vom Kongo traf. Die *Royal Geographical Society* zeichnete Hedin aus. Das war zwar nicht der Ruhm, den er anstrebte, doch wenigstens begann man in Europa Notiz von ihm zu nehmen. Wenn er von Lhasa zurückkehren würde, würde er der größte Reisende aller Zeiten genannt werden.
Angesichts des schlimmen Endes der letzten Expedition konzentrierte Hedin alle Energie auf die Vorbereitung seiner wichtigsten Unternehmung. „Für diese Reise war meine Ausrüstung weitaus umfangreicher als für alle vorherigen. Sie wog nicht weniger als eine Tonne und füllte zwei Dutzend Kisten, wovon viele extra zum Transport auf Pferden konstruiert waren."
Seine Ausrüstung umfaßte wissenschaftliche Instrumente, Waffen und Munition, ein Faltboot, Geschenke, Bücher, Lebensmittelkonserven und 58 Paar Schneebrillen; weiterhin Kameras, Objektive und eine Ausrüstung zum Entwickeln und Vergrößern seiner Aufnahmen. Die russische Regierung wollte den Transport bis zum letzten Posten in Ost-Turkestan übernehmen. Hedin verließ Schweden im Sommer 1899, und einige Monate später war er bereits am Tarim mit Ziel Lop Nor. Nachdem er über ein Jahr in dem riesigen Gebiet zwischen Tibet und der

257 Mitte und unten *Der von seiner Berufung zum Reisenden überzeugte Sven Hedin war ein aufmerksamer und neugieriger Beobachter. Präzise Bildkommentare, Anmerkungen und originalgetreue Farben spiegeln den Geist des modernen Forschers wider. Diese Bilder zeigen die kunstvolle Kopftracht und den wertvollen Schmuck von drei tibetischen Frauen in Kjangrang im Himalaja.*

258 *Hedin arbeitet im Herbst 1899 an einem improvisierten Tisch auf seinem Floß am Ufer des Tarim. Das Boot mit wenig Tiefgang, das speziell für die seichten Gewässer konstruiert war, maß 11 m Länge und 2,5 m Breite. Die Schiffahrt auf dem Tarim war eine angenehme Abwechslung, bevor es in die Wüste Takla Makan ging.*

259 unten links
Hedin verkleidete sich mit großer Sorgfalt. Alle seine Gegenstände stammten aus China oder der Mongolei mit Ausnahme eines Kompasses, einiger Notizbücher, in denen er sein Tagebuch führte, einer Karte von Tibet und einiger Kleinigkeiten. Seine Kleidung stammte aus der Mongolei; sie bestand aus einem langen, dunkelroten Mantel, einer Mütze mit Ohrenschützern und weichen Lederstiefeln. Um seine wahre Identität zu erkennen, mußte er „lange und genau in den Spiegel schauen".

Takla Makan herumgezogen war, erreichte Sven Hedin die noch unerforschte Wüste Gobi. In den vergangenen Tagen hatte ein Sandsturm den Karawanenweg unkenntlich gemacht. Die Männer waren erschöpft und suchten nach einer Quelle in diesem tödlichen Sandmeer. In ein oder zwei Tagen würden die Kamele sterben. Hedin mußte an die Tragödie einige Jahre zuvor in der Takla Makan denken. Damals hatte er noch einmal Glück gehabt. Und dieses Mal? Um ihn herum waren nur endlose, nackte Dünen. Doch dann tauchten wieder Kamelspuren auf. Wasser konnte nicht mehr fern sein, aber die geringste Bodenwelle, eine nur etwas höhere Düne als die anderen konnte es verbergen. Plötzlich lag die Quelle vor ihnen: ein zugefrorenes Loch von einigen Metern Durchmesser. Dies war am 19. Februar 1901, und es gab wohl kein schöneres Geburtstagsgeschenk für Hedin.
Sie waren endlich in Sicherheit, tranken und verteilten Eisbrocken an die Kamele. Dann gruben sie große Löcher, die sie mit glühenden Kohlen füllten und mit Sand bedeckten. So konnten sie in einer Frostnacht, wo es bis zu –20 °C kalt werden konnte, bequem schlafen.
Die Oase Altimish Bulak lag nur wenige Kilometer entfernt, doch Hedin beschloß, nach Süden zum alten, trockenen Becken des Lop Nor weiterzumarschieren. Vor einigen Monaten hatte er in dieser Gegend Ruinen einer alten Siedlung entdeckt. Vermutlich war Marco Polo 600 Jahre vorher derselben Karawanenstraße gefolgt. Früher mußte die Gegend um den Lop Nor einmal ein blühendes Handelszentrum gewesen sein, und die Fragmente von Holzfiguren und Kupfermünzen, die Hedin entdeckt hatte, bezeugten vielleicht die Existenz einer Stadt, des antiken Loulan am früheren Seeufer. Seine Ausgrabungen förderten einige verzierte Säulen, Stoffstücke und Terrakotta-Vasen zutage – nichts von Bedeutung.
Hartnäckig beschloß Hedin weiterzusuchen, und am 8. März 1901 entdeckte er über 200 Manuskripte und 42 Holztafeln, die mit chinesischen Schriftzeichen beschrieben und in einem Tongefäß in einer Tiefe von 60 Zentimetern versteckt waren. Damit war nicht nur die Existenz des Handelszentrums Loulan bewiesen, sondern auch das Geheimnis des Lop Nor gelüftet. Die Ruinen von Loulan waren von Wüste umgeben, doch hatte die Stadt einmal am Seeufer gelegen. Die archäologischen Überreste bestätigten Hedins Theorie, daß der Lop Nor im Lauf der Zeit „wanderte". Hedin untersuchte die Gegend genau und stellte fest, daß sie völlig flach war: Über 32 Kilometer betrug die Erhebung gerade 11 Zentimeter.
Als die Erkundung fortschritt, fand sich die Expedition bald in einem Wasserlabyrinth. In nur einer Woche hatte sich durch Einsickern vor den Augen der Leute ein großer See gebildet. An einigen Stellen spritzte das Wasser bis zu einem Meter hoch. Hedin stellte fest, daß das Wasser langsam nordwärts wanderte: An einer Seite war das Ufer schlammig und enthielt organische Bestandteile, an der anderen formte der Wind das trockene Land und schuf so ein neues Bett für den See.

259 unten rechts
Hedin und seine Begleiter reisten als Pilger verkleidet nach Lhasa. Sie wollten um jeden Preis die verbotene Stadt erreichen und tarnten sich, indem sie ihre Schnauzbärte und ihr Kopfhaar abrasierten sowie ihre Haut mit einer Mischung aus Fett und Erde dunkel färbten. Doch hatte diese Verkleidung nicht den gewünschten Effekt. Hedin wurde als Europäer erkannt und von der tibetischen Miliz des Landes verwiesen.

Das mußte schon immer so gewesen sein. Menschen, Tiere und Pflanzen folgten dem Lop Nor auf seinen periodischen Wanderungen. „In Zukunft", schrieb Hedin, „wird es möglich sein, die Länge dieser Perioden zu bestimmen. Jetzt wissen wir nur, daß im Jahr 256, dem letzten Regierungsjahr von Kaiser Yuan Tis, der Lop Nor im Norden der Wüste lag."
Der wandernde See bescherte ihnen einen starken Sandsturm, so daß Hedin gezwungen war, in seiner Jurte zu bleiben, einem bequemen mongolischen Zelt, das zwei Tage lang sein „Wohnzimmer" bildete. Im flackernden Licht einer Lampe führte er sein Tagebuch fort und plante seine Weiterreise nach Tibet und Lhasa. Der Dalai-Lama hatte Fremden das Betreten der heiligen Stadt verboten. In den letzten fünfzig Jahren hatten wenigstens ein Dutzend Reisende versucht, dieses Tabu zu verletzen, doch ohne Erfolg. Hedin plante, die tibetischen Grenzposten zu überlisten, indem er sich als mongolischer Pilger verkleidete. Sobald sich eine Gelegenheit bot, wollte er seine Karawane verlassen und nach Lhasa reiten. Vielleicht könnte er das tibetische Kundschaftersystem austricksen. Heimlich begann er mit den Vorbereitungen. Sheber, ein echter Lama aus Urga, war bereit mitzumachen und Hedin etwas Mongolisch beizubringen.
Am 17. Mai 1901 verließ die aus 30 Männern und 150 Lasttieren bestehende Karawane den Lop Nor. Sie durchquerte die Nordausläufer des Altin Tagh und machte Station am See Kum-Kol in 4000 Metern Höhe. Das Vorwärtskommen war mühsam. Ostwestlich verlaufende Bergketten zwangen die Expedition, abwechselnd Pässe und Täler zu überqueren. Das Gebiet war unbewohnt, und ständiger Regen machte den Marsch noch unbequemer. Ende Juli war Hedin nur noch 300 Kilometer von Lhasa entfernt. Nun war es nicht mehr ratsam, so weiterzureisen, und er setzte seinen Plan um. Er rasierte sich kahl, schwärzte sein Gesicht mit einer Mischung aus Fett und Erde und verkleidete sich als Pilger.
Mit zwei Begleitern, fünf Maultieren und vier Pferden machte er sich in Richtung Lhasa auf, das nur 15 Tagesmärsche entfernt lag. Nach drei Tagen tauchte eine Streife von drei Reitern an einem Hügel auf. Sie beobachteten

die Fremden einige Minuten und ritten wieder fort. Hedin wußte nun, daß die Grenzposten über ihn Bescheid wußten. Am nächsten Tag trafen die falschen Pilger auf eine Nomadenkarawane mit Hunderten von Yaks, die Tee in das Tal des Brahmaputra transportierten. Während Sheber mit ihrem Anführer Höflichkeiten austauschte und Informationen über den Zustand des Weges in die Hauptstadt erhielt, zeigte ein alter Mann auf Hedin und identifizierte ihn als „Peling", einen Europäer. Nun war seine wahre Identität bekannt. Wie war das geschehen? Hatte jemand sein Geheimnis verraten? Er hatte jede erdenkliche Vorsichtsmaßnahme ergriffen, um seine Anonymität aufrechtzuerhalten. Vielleicht hatte Sheber recht gehabt: Der Dalai-Lama war allwissend und wußte alles über sie, wohin sie gingen und worüber sie sprachen. Es war nicht mehr zu ändern.

Am 8. August wurde Hedin von tibetischen Soldaten angehalten. Ihre Anweisungen waren klar: „Nicht einen Schritt weiter nach Lhasa!" Die Fremden wurden zu ihrem Camp zurückeskortiert. Hedin mußte zugeben, daß sein Plan fehlgeschlagen war. Tibet und sein höllisches Klima reichten ihm. Er wollte sich mit seiner Karawane in den Westen nach Ladakh zurückziehen.

Der Rückweg war lang und schwierig. Viele Männer und die meisten Tiere starben unterwegs. Der erschöpfte Rest verließ vier Monate später die ungastlichen Berge von Tibet und erreichte die Stadt Leh, wo sie willkommen waren.

Selbst für den tapferen Schweden, der alle Arten von Entbehrungen aushielt, war die Überquerung des Hochlandes eine zermürbende Erfahrung. Hedin war nicht der Typ, der etwas bedauerte. Doch schrieb er in sein Tagebuch: „Wenn gegen Sonnenuntergang der Himmel im Osten dunkel wird, scheint es mir, als ob die Nacht ihren Schleier über das Land des Dalai-Lama ziehen und seine Geheimnisse mit ihren Schatten schützen will."

Tibet sollte nicht mehr lange isoliert bleiben: 1904 marschierten britische Truppen in Lhasa ein und vertrieben den Dalai-Lama. Für Hedin wurde die eingenommene Heilige Stadt uninteressant, und er beschloß, seine nächste

260-261 *Zwischen 1906 und 1908, als sein Interesse an Lhasa aufgrund der einige Jahre zuvor erfolgten britischen Besetzung erloschen war, konzentrierte Hedin seine Energie auf die Erforschung der entlegenen Gegenden des Tibetischen Hochlandes. Seine Karten und Skizzen (diese Abbildung zeigt Ter-Namtso und Poru-tso, zwei Seen im Norden des Himalaja) leisteten einen wichtigen Beitrag zur geographischen Kenntnis dieser Region.*

260 unten *Dieses Aquarell von Hedin zeigt einen Lama von Tsoktuschu.*

261 *Die Spiritualität des tibetischen Volkes beeindruckte Hedin tief. Er fertigte zahlreiche Skizzen und Aquarelle der Pilger an, die er auf seiner Reise nach Lhasa traf. Auf dem rechten Bild sind zwei Mönche aus Mendong zu sehen, das Bild unten zeigt tibetische Soldaten.*

__262 oben__ Diese Zeichnung von Sven Hedin zeigt Tikse-Gumpa, ein Kloster in den Bergen von Ladakh.

__262 unten__ Diese Zeichnung ist ein Beispiel für das künstlerische Talent des schwedischen Forschers. Sie zeigt einen religiösen Disput im Innenhof von Tashi-Lunpo.

__262-263__ Karte des Himalaja, Quellgebiet des Indus, Brahmaputra und des Satletsch, 1909 nach den Beobachtungen von Sven Hedin gezeichnet. Nachdem er das Interesse an dem inzwischen von den Briten okkupierten Lhasa verloren hatte, widmete Hedin seine dritte Expedition (1906–1908) der Erforschung des westlichen Tibetischen Hochlandes.

Reise der Erforschung des westlichen Teils des Hochlandes zu widmen, wo er nach einem anderen Geheimnis suchen wollte: dem heiligen Berg Kailas und der Quelle des Indus.
Nachdem Hedin Indien besucht hatte, kehrte er nach Leh zurück und führte seine Karawane über die hohen Pässe des Karakorum bis nach Kaschgar, der Hauptstadt von Ost-Turkestan. Im Juni 1902 kehrte er nach Schweden zurück. In drei Jahren und drei Tagen hatte er die Wüsten und Gebirge von Zentralasien mehrfach durchquert in einer Reise, die nach seinen Worten „kein Rosenbett“ war.

263 unten *Mount Kailas auf einer Zeichnung von Hedin. Der schwedische Forscher war der erste Europäer, der in die Kailas-Region gelangte, zum heiligen Berg und Mittelpunkt der Welt für die buddhistische und hinduistische Mythologie. Hedin, der sich dort einige Zeit aufhielt, war sehr beeindruckt von dem tiefen Glauben der Tibeter, die jedes Jahr zu Tausenden zu ihrer Pilgerfahrt um den Berg dorthin kamen.*

1884 wurde ein sibirisches Schiffswrack vor der grönländischen Küste gefunden, auf der anderen Seite des Nordpolarmeeres. Auf welchem Weg war es über 5000 Kilometer weit dorthin gedriftet? Was war unter dem Packeis – Meer oder Festland? Über diese arktische Region wußte man nichts. Zehn Jahre später ließ Fridtjof Nansen, ein norwegischer Entdecker, sein Schiff absichtlich durch das Packeis driften, um die Strömungen und die unbekannten Polarregionen zu erforschen. Es gelang ihm nicht, den Nordpol zu erreichen, doch nun hatte das Rennen begonnen. Der Nordpol, ein imaginärer geographischer Punkt, wurde das Hauptziel globaler Erforschung – fast schon wie ein Wettbewerb. 1909 erreichte der Amerikaner Robert Peary endlich dieses Ziel. Sein Ruhm war jedoch von kurzer Dauer, denn ein anderer, Frederick Cook, behauptete, vorher dort gewesen zu sein. Ihre Leistungen wurden so von einer endlosen kleinlichen Streiterei überschattet: Wer war nun der wirkliche Entdecker des Nordpols?

DER NORDPOL

FRIDTJOF NANSEN

264 oben *Der 1861 in Norwegen geborene Nansen studierte in Oslo. Er hatte eine sichere akademische Zukunft vor sich, doch „schlug mir eines Tages mein unverantwortliches Wesen vor, eine Fahrt ins Nordpolarmeer zu machen unter dem Vorwand, das Tierleben in der Polarregion zu studieren. Ich war 21 Jahre alt, und los ging es! Das war der erste verhängnisvolle Schritt aus dem ruhigen Leben des Wissenschaftlers".*

264 unten *Die* Fram, *hier auf einem Foto beim Auslaufen aus dem Hafen von Bergen, war speziell für den riesigen Druck des Packeises konstruiert. Sie war 40 m lang und 12 m breit und hatte 13 Mann Besatzung. Die Kabinen waren isoliert und wohnlich eingerichtet, so daß die Besatzung eine angenehme Umgebung hatte.*

Im November 1884 wurde vor der Südküste Grönlands ein Schiffswrack gefunden. Das allein war nichts Besonderes – viele Schiffe sanken in der Arktis. Doch dies war das Wrack der *Jeanette*, eines Schiffs, das drei Jahre zuvor an der sibirischen Küste, über 5000 Kilometer entfernt, verschwunden war – ein geheimnisvoller Fall. Fridtjof Nansen hatte keine Zweifel: Nur eine starke Meeresströmung konnte das Wrack auf die andere Seite des Nordpolarmeers treiben, eine Strömung, die nach seinen Berechnungen mit einer Geschwindigkeit von 2,6 Seemeilen pro Tag nahe am Nordpol vorbeiführte.
1889 war Nansen von einer Expedition nach Grönland zurückgekehrt, das er auf Skiern von Küste zu Küste durchquert hatte. Dadurch war er in seinem Heimatland Norwegen berühmt und zum Nationalhelden geworden. Damals war Nansen 28 Jahre alt und verfügte bereits über große Erfahrungen und einen soliden wissenschaftlichen Hintergrund. Nun war der richtige Zeitpunkt, diesen Erfolg auszunutzen und die Mittel für ein neues Forschungsprojekt zu beantragen.
1890 legte er seine Pläne der Geographischen Gesellschaft in Oslo vor. Er beabsichtigte, sich mit seinem Schiff vom Packeis einschließen und mit ihm zum Nordpol driften zu lassen – genau wie die *Jeanette*. Sein Schiff würde vom Packeis allerdings nicht zerquetscht werden. Das Geheimnis, so Nansen, lag nicht so sehr in der Stärke des Schiffsrumpfes, denn kein Schiff würde diesen gewaltigen Druck aushalten, den sich bewegende Eisplatten ausüben. Das Schiff müsse in der Lage sein, dem Griff des Packeises zu entkommen, indem es angehoben werde und „wie ein Aal" aus dieser tödlichen Umklammerung rutsche. Nansen entwarf persönlich jedes kleine Detail seines Schiffes: „Bug, Heck und Kiel; alles ist rund, so daß das Eis keinen Angriffspunkt findet."
Zwei Jahre später war die *Fram* („Vorwärts") mit Hilfe eines erfahrenen Schiffsbauers fertiggestellt. Sie war 40 Meter lang, 12 Meter breit und konnte 13 Mann aufnehmen. Ihre Kabinen waren mit Kork, Filz und Linoleum

265 oben *Nansen hatte das Schiff, das den Nordpol erreichen sollte, persönlich entworfen. Er erreichte dieses Ziel zwar nicht, doch machte er andere bedeutende wissenschaftliche Entdeckungen.*

265 unten *Im Sommer 1888 durchquerte Nansen (hier auf einem Porträt in einer imaginären Polarlandschaft in Begleitung seiner Hunde) Grönland auf Skiern. Er war mit der erhältlichen Ausrüstung nicht zufrieden und entwarf für dieses Unternehmen neue Schlafsäcke, Kocher und leichte Schlitten, womit er die Technik der Polarforschung revolutionierte.*

266 oben *Während die* Fram *durch das Treibeis driftete, beschäftigte sich die Mannschaft mit den verschiedensten Dingen. Im Sommer, wenn das Klima milder war, wurde das Schiffsdeck zur Werkstatt: Verschlissene Ausrüstung wurde repariert, und Seile, Schuhe und verschiedene Werkzeuge wurden hergestellt. „Unsere Tage", schrieb Nansen, „waren immer sehr arbeitsreich."*

ausgelegt, um das Innere so gut wie möglich gegen Kälte und Feuchtigkeit zu isolieren. Nansen sagte voraus, daß seine Reise lange dauern würde – zwei bis fünf Jahre –, weshalb es wichtig war, daß das Schiff bequem war. Er ignorierte die Skeptiker, die sein Projekt für einen „unlogischen Plan der Selbstzerstörung" hielten, und verließ Norwegen am 24. Juni 1893.
Die *Fram* folgte Nordenskiölds Route entlang der sibirischen Küste und drehte nach Norden, als sie die Neusibirischen Inseln erreichte. Anfang September bildeten sich die ersten Eisschollen. Der Polarwinter würde in Kürze beginnen, und Nansen würde bald erfahren, ob seine Theorie stimmte. Nach einigen Tagen war das Meer zugefroren und hatte das Schiff gefangen. Während der Wartezeit wurden wissenschaftliche Analysen vorgenommen: Jeden Tag wurden die Temperatur des Wassers, sein Salzgehalt und die Strömung gemessen, von der die Expedition abhing. Sie entnahmen Meeresbodenproben, wobei Nansen überrascht feststellte, daß das Meer hier 1440 Meter tief war – eine Entdeckung, die endgültig die Theorie widerlegte, das Nordpolarmeer sei flach.
Am 9. Oktober mußte die *Fram* den ersten Packeisangriffen standhalten: Plötzlich ertönte ein ohrenbetäubendes Krachen, und riesige Eisplatten preßten sich gegen die Schiffsseiten, wobei das Schiff einige Meter angehoben wurde. Es war, schrieb Nansen, ein unvorstellbarer Krach, als ob „alle Pfeifen

266 unten *Am Abend des 20. November 1894 rief Nansen die Mannschaft zusammen, um seine Pläne zu erläutern. „Es gab keinen Grund, nicht zu einer Polarexpedition aufzubrechen, und der wissenschaftliche Nutzen einer solchen Expedition verpflichtete uns, es zu versuchen", schrieb er in seinem Tagebuch. Kapitän Sverdrup, dessen Aufgabe es war, die* Fram *sicher nach Norwegen zurückzubringen, wurde zurückgelassen; die Wahl für einen Begleiter fiel auf Johansen.*

267 links *Eine Schachtel Streichhölzer die Nansen auf seiner Expedition dabei hatte.*

267 Mitte und rechts *Die 13 Mitglieder der* Fram*-Besatzung hatten große Erfahrung in der Navigation im Nordpolarmeer. Otto Sverdrup (links), der Kapitän, war 33 Jahre alt und bereits mit Nansen nach Grönland gefahren. Frederik Hjamar Johansen, Reserveoffizier der Armee, war der Heizer; er begleitete Nansen bei seinem Versuch, den Nordpol mit dem Schlitten zu erreichen. Die übrigen elf Mitglieder, ehemalige Walfänger, Wissenschaftler und Seemänner, hatten alle ihre Fähigkeiten bereits unter Beweis gestellt. „Nach dem unzweifelhaften Erfolg der Expedition", schrieb Nansen, „hat der alte Aberglaube im Zusammenhang mit der Zahl 13 keine Existenzberechtigung mehr."*

268 oben *Nansens Plan war es, die* Fram *absichtlich im Eis einfrieren zu lassen und dann mit der Strömung zum Nordpol driften zu lassen. Doch waren seine Berechnungen falsch, und er merkte bald, daß der Kurs der* Fram *über 600 km vom berechneten Kurs abwich. Am 14. März beschloß er, das Schiff zu verlassen und den Pol mit Hundeschlitten zu erreichen.*

einer Orgel gleichzeitig bliesen". Die *Fram* blieb unbeschädigt, und allmählich ließ die Besorgnis der Mannschaft nach, für die dies nun zur täglichen Routine wurde.
Die Tage vergingen langsam, die Stille war unheimlich. Nansen stellte fest, daß das Packeis nicht so gleichmäßig driftete, wie er gehofft hatte. Die *Fram* nahm einen völlig unregelmäßigen Kurs, erst nach Norden, dann nach Süden. Ein Sommer und ein Winter vergingen, ohne daß etwas geschah. Nansen wurde ungeduldig, da er keinen Einfluß auf den Fortgang der Dinge hatte. „Ah! Die Seele selbst wird zu Eis", schrieb er. „Was würde ich für einen einzigen Tag des Kampfes, für einen Moment Gefahr geben!" Seine Wünsche sollten sich bald erfüllen. Sein Verlangen, das Schiff zu verlassen und mit Schlitten zum Pol vorzudringen, wurde immer stärker. Es war inzwischen klar, daß, soweit es sich berechnen ließ, die Winde und die Strömung die *Fram* nach Westen treiben würden, weg von ihrem Ziel. Der Winter wurde sehr hart, die Temperatur fiel bis auf –58 °C. Am 14. März, als der Frühling nahe war, machte sich Nansen mit seinem Begleiter Frederick Johansen, drei Hundeschlitten und der erforderlichen Ausrüstung auf den Weg zum Nordpol. Er hatte Verpflegung für drei Monate dabei – Trockenfleisch und -fisch, 39 Kilogramm Butter, einen Ölofen, Gewehre und Munition, zwei Kajaks aus Bambus und Segeltuch. Von nun an waren die beiden Männer auf sich allein gestellt. Kämen sie in Schwierigkeiten, so hätten sie keine Verbindung zur *Fram*, die weiter westwärts driftete. Nansen hoffte, die 650 Kilometer zum Nordpol und zurück zum Franz-Joseph-Land schnell zurückzulegen. Doch bald trat an die Stelle des flachen Packeises ein Labyrinth von Eisgraten und -spitzen, die man kaum überwinden konnte. Menschen und Hunde kamen durch diese

268 Mitte *„Es begann mit einem leichten Knarren, fast ein Quietschen, um das Schiff herum. Dann wurde das Geräusch allmählich lauter. Schließlich wurde es zu einem Rumpeln und einem Dröhnen. Der Lärm hörte sich an, als ob „alle Pfeifen einer Orgel gleichzeitig bliesen". So beschrieb Nansen den ersten „ernsthaften Angriff" des Packeises, in das die* Fram *Mitte Oktober eingeschlossen wurde. Das Schiff überstand diese Probe unbeschädigt.*

268 unten *Während des arktischen Sommers taten sich breite Kanäle um den Rumpf der* Fram *auf; sie zeigten eine erstaunliche Konzentration von Algen und Kieselalgen. Nansen wandte etliche Tage auf, um diese Mikroorganismen aus dem gefrorenen Wasser des Nordpolarmeeres zu sammeln und zu studieren. Für ihn war das eine „extrem interessante und erfolgreiche" Tätigkeit. Das Windrad auf dem Deck der* Fram *trieb einen Generator an, so daß immer Elektrizität vorhanden war.*

268-269 *Beobachtung einer Sonnenfinsternis. Anfang Oktober 1893 war die* Fram *im Packeis eingeschlossen und begann ihre unbestimmbare Drift nach Nordwesten. Jedes Ereignis, das die monotone Alltagsroutine unterbrach, wurde von der Mannschaft freudig begrüßt. Die vorhergesagte Sonnenfinsternis vom 6. April 1894 wurde von Nansen in seinem Tagebuch als „großes Ereignis" bezeichnet und bot eine ausgezeichnete Gelegenheit, die Brauchbarkeit der wissenschaftlichen Instrumente zu testen.*

269 unten links *Die Ablesung der Tiefwasserthermometer an fünf aufeinanderfolgenden Tagen im August 1894 zeigte die unerwartete Existenz einer Schicht von relativ warmem Wasser in 80 bis 450 m Tiefe zwischen zwei kalten Schichten. Nansen stellte fest, daß diese Temperaturunterschiede zu den verschiedenen Jahreszeiten konstant blieben.*

269 unten rechts *Die Bestimmung der Position zeigte die launenhafte Natur des Packeises. Es wurde von Wind und Stürmen in eine langsame Rotation um den Nordpol versetzt. Am 8. September 1894 stellte Nansen fest, daß die* Fram *sich bei 78° 35' nördlicher Breite befand, „ein halbes Grad zu wenig in nur neun Tagen".*

Landschaft äußerst langsam voran, die schweren Schlitten mußten über die Eisspitzen gehievt und geschleppt werden. Erschöpft und mit erstarrter Kleidung, die einen Eispanzer um sie bildete, sahen Nansen und Johansen ein, daß sie es nicht schaffen würden.
Am 8. April lautete Nansens Tagebucheintrag: „Breite 86° 10', Länge 95° östlich von Greenwich. Temperatur um 8 Uhr morgens –32 °C." Vor ihnen lag ein Durcheinander von Eisstücken. Bis zum Pol waren es noch 400 Kilometer, und sie würden nicht mehr die Kraft haben, diese Entfernung zurückzulegen. Sie mußten umkehren, bevor es zu spät war.
Der lange Rückweg war fürchterlich. Das Tauwetter hatte breite Risse im Eis geöffnet, die die beiden Männer umgehen mußten. Sie hatten kaum noch Vorräte, sie mußten die Hunde erschießen und essen. Am 24. Juli, als sie keine Hoffnung mehr hatten, sahen sie am Horizont eine dunkle Linie: die nördlichste Insel von Franz-Joseph-Land. Doch dauerte es noch 15 Tage, in denen den beiden Männern die letzten Kräfte abverlangt wurden, bis sie offenes Meer erreichten und ihre Kajaks einsetzen konnten. Sie durchstreiften die verlassenen Inseln bis September, als die ersten Zugvögel am Himmel auftauchten. Sie mußten sich nun auf einen langen arktischen Winter einstellen, den dritten seit ihrer Abreise aus Norwegen.
Sie bauten sich aus Steinen, Knochen und Walroßhäuten eine Schutzhütte und lagerten Bärenfleisch ein. Am 19. Mai 1896 setzten sie ihre Kajakfahrt fort; mit etwas Glück könnten sie vielleicht Spitzbergen erreichen und auf eines der Robbenfängerschiffe stoßen, die dort kreuzten.
Am 17. Juni geschah etwas völlig Unerwartetes: Als das Wetter gerade einmal gut war, erkletterte Nansen einen Hügel in der Nähe ihres Camps. Ringsum monotone Landschaft. Doch mitten in dieser Einsamkeit schien plötzlich ein Hund zu bellen. Das war unmöglich! Vielleicht litt er schon an Halluzinationen. Er ging dem Geräusch nach, hörte weiteres Bellen und dann – eine

270 oben links
Amundsen, Hendriksen, Mogstad, Blessing und Sverdrup posieren für dieses Foto auf ihrer Expedition zum Nordpol (September 1894).

270 oben rechts
Im Juni 1896 erreichten Nansen und Johansen in ausgezeichneter Verfassung die britische Basis bei Kap Flora auf Franz-Joseph-Land. Während ihres dritten und letzten arktischen Winters hatten sie wie Eskimo gelebt, in Hütten aus Steinen, Knochen und Fellen, von Bären- und Walroßfleisch und in selbstgenähten Kleidungsstücken.

270 Mitte *Am 14. März 1895 verließen Nansen und Johansen die* Fram *und machten sich mit drei Schlitten und Vorräten für drei Monate auf den Weg zum Nordpol. Das schlechte Wetter und das treibende Packeis ließen die Fahrt zur Qual werden. Vier Wochen später stellten die Forscher völlig erschöpft fest, daß sie den Pol nicht erreichen würden, und beschlossen umzukehren.*

270 unten *Während der monotonen Tage im Packeis auf der langsamen Drift der* Fram *unternahmen Nansen und seine Männer systematische wissenschaftliche Beobachtungen. Nansen lotete die Meerestiefe mit 3300 bis 3900 m aus und entkräftete damit die Theorie eines flachen Nordpolarmeers.*

menschliche Stimme. In der Entfernung erkannte er die Umrisse eines Schlittens und eines Mannes, der in seine Richtung kam. Dieser Mann war sauber rasiert, roch nach Seife und stellte sich als Frederick Jackson vor, Mitglied einer britischen Expedition nach Franz-Joseph-Land. Das Camp war ganz in der Nähe. Ein Versorgungsschiff, so Jackson, werde in wenigen Wochen eintreffen. Sie waren in Sicherheit! Am 7. August reisten Nansen und Johansen zurück nach Norwegen.

In der Zwischenzeit war die *Fram*, nachdem sie Spitzbergen erreicht hatte, wieder ins offene Meer gekommen und ohne Probleme zurückgekehrt. Sie hatten den Nordpol nicht erreicht, doch war die Expedition trotzdem ein Erfolg. Für lange Monate hatten Nansen und sein Begleiter wie Eskimo gelebt; sie hatten sich von Bären- und Walroßfleisch ernährt und die Häute zum Warmhalten benutzt.

Aus wissenschaftlicher Sicht war die Expedition sehr nützlich gewesen. Der Rest war nicht so wichtig: „Das einzige Ziel meiner Fahrt", schrieb Nansen in seinem Bericht, „war das Studium dieser Einöde. Meiner Meinung nach ist die Suche nach einem mathematischen Punkt, der den Nordpol identifiziert, ohne Bedeutung."

Robert Edwin Peary, ehemaliger Offizier der US-Marine, dachte da allerdings anders.

271 oben *Die Navigation in den zerbrechlichen Kajaks war durch die gefährlichen Walrosse noch schwieriger. Wenn die Forscher bedroht wurden, suchten sie normalerweise Schutz auf einer der vielen Eisschollen und warteten ab, bis die Tiere wieder fort waren. Doch am 15. Juni 1896 versenkte ein altes Tier Nansens Kajak, wobei er Kajak, Ausrüstung und Vorräte zu verlieren drohte.*

271 Mitte *Nansens Ankunft im Hafen von Oslo an Bord der* Christiana *am 9. September 1896.*

271 unten *Foto von 1928 von Fridtjof Nansen. „Das einzige Ziel meiner Fahrt war das Studium dieser Einöde", schrieb er auf seiner Rückreise von der Polarexpedition.*

ROBERT EDWIN PEARY

Am 1. April 1909 verließ die letzte Gruppe ihr Camp in 87° 47' nördlicher Breite und kehrte zur Basis nach Ellesmere Island zurück. Peary blieb mit seinem schwarzen Freund und Assistenten Matthew Henson und vier Eskimo zurück. Am nächsten Tag wollten sie mit fünf Hundeschlitten aufbrechen. Ihr Ziel, der Nordpol, war nur noch 250 Kilometer entfernt.

Peary war 52 Jahre alt und hatte einige Arktiserfahrung. Seine Karriere als Polarforscher hatte vor 23 Jahren in Grönland begonnen. Zehn Jahre lang hatte er die Insel Tausende von Kilometern durchstreift, wobei er bis zur äußersten Nordküste im Packeis vordrang. Er kam in Kontakt mit den Eskimo und studierte ihre uralten Methoden des Überlebens in der Arktis. Von da an wollte er den Nordpol erreichen. Seinen letzten Versuch im Jahr 1906 hatte er 320 Kilometer vor seinem Ziel abbrechen müssen. Aus diesem Scheitern hatte Peary allerdings gelernt. Der günstigste Zeitraum für solch ein Unternehmen war sehr kurz, und der Schlüssel für den Erfolg einer Expedition war daher Schnelligkeit. Um schnell vorwärtszukommen und vor dem Tauwetter zurück zu sein, mußte man mit leichtem Gepäck reisen und mit dem Aufstellen von Camps so wenig Zeit wie möglich verbringen. Also keine Zelte, denn sie waren sperrig und froren steif, sondern an Ort und Stelle gebaute Iglus, wo die Vorräte vor hungrigen Bären geschützt waren.

Allmählich entwickelte Peary ein System. Spezielle Teams sollten eine Piste suchen und vor der Rückkehr zur Basis Vorratslager anlegen. Nur wenige trainierte Männer sollten dann bis zum Nordpol vorstoßen. Die Arbeit von vielen ermöglichte so den Erfolg von wenigen. Peary war überzeugt, daß es ihm gelingen werde, die amerikanische Flagge am Nordpol aufzustellen.

Im April 1908 ging die *Roosevelt*, ein speziell für das Packeis konstruiertes Schiff, bei Kap Sheridan in der Meer-

272 rechts *Peary kümmerte sich persönlich um jeden Aspekt der Expeditionsorganisation, besonders um die Bekleidung. Seine auf früheren Reisen nach Grönland gesammelten Erfahrungen hatten ihn davon überzeugt, lieber Eskimokleidung als Wollkleidung zu benutzen, da die Eskimo zweifellos besser an die harten arktischen Bedingungen angepaßt waren: Hosen und Parkas aus Bären- und Fuchsfell, Pelzhandschuhe und Stiefel aus warmem, wasserdichtem Seehundfell.*

272 links *Als Peary am 6. April 1909 in die unmittelbare Nähe des Pols kam, war er 52 Jahre alt. Seine physische Kondition war ausgezeichnet, aber er wußte, daß dies seine letzte Chance gewesen war, sein Ziel zu erreichen. Auf seinem Rückweg schrieb er zufrieden in sein Tagebuch: „Meine Aufgabe ist erfüllt. Wozu ich aufgebrochen war und was ich glaubte, tun zu können, habe ich getan. Der Nordpol gehört mir nach 23 Jahren Anstrengungen, harter Arbeit, Enttäuschungen, Entbehrungen, großen und kleinen Leiden sowie einem gewissen Risiko."*

273 oben Die außergewöhnliche Überlebensfähigkeit in einer feindlichen Umgebung, wie sie die arktischen Bewohner zeigten, hatte schon immer die Bewunderung und das Interesse der Nordpolarforscher erweckt. Diese Abbildung aus Otto von Kotzebues Beschreibung einer Weltreise zeigt die Bewohner der Halbinsel Kamtschatka.

enge zwischen Grönland und den kanadischen Inseln vor Anker. Peary entlud Vorräte und Ausrüstung und organisierte ihren Transport mit dem Schlitten bis Kap Columbia, die Nordspitze von Ellesmere Island. Dort wollte er die lange arktische Nacht abwarten und die letzten Einzelheiten der Expedition vorbereiten.

Im zeitigen Frühjahr, als es etwas wärmer wurde, startete die Expedition: Am 1. März 1909 machte sich ein Zug von 19 Schlitten, 133 Hunden, 24 Männern, darunter 18 Eskimo aus Grönland, auf den Weg. Genau einen Monat später war die erste Phase von Pearys Projekt abgeschlossen. Permanente Camps waren auf zwei Dritteln des Wegs entlang des 70. Längengrades zum Pol errichtet. Trotz Verzögerungen und Schwierigkeiten aufgrund von Eiskämmen und Rissen durch die ständige Bewegung des Eises funktionierte alles. Jetzt, wo die Hilfsgruppe ihre Arbeit beendet hatte, war Peary auf sich allein gestellt.

Männer und Hunde waren ausgeruht und in guter Verfassung, die Ausrüstung war perfekt. Der Erfolg schien nahe. Wenn alles wie geplant lief, wäre der Weg zum Pol eine Sache von wenigen Tagen.

Am 2. April 1909 gab Peary das Zeichen zum Aufbruch. Die Schlitten kamen auf dem flachen Eis schnell voran; es gab keine Zwischenfälle, und der Weg wurde nicht durch die sich plötzlich auftuenden Risse im Eis behindert. Sie legten durchschnittlich 48 Kilometer am Tag zurück.

Am 6. April berechnete Peary ihre Position mit 89° 57' nördlicher Breite, fünfeinhalb Kilometer vom Nordpol entfernt. Sie hatten es geschafft! Um ganz sicher zu gehen, setzten sie den Weg noch einige Kilometer über den errechneten Punkt hinaus fort. Sie wollten keinesfalls den Nordpol verpaßt haben, diesen imaginären Punkt, an dem alle Längengrade zusammenlaufen. Doch hier verloren geographische Koordinaten ihren Sinn. „Ost, West und Nord sind verschwunden", schrieb Peary, „nur noch eine Richtung bleibt übrig: Süd."

273 unten Im September 1909 widmete das italienische Sonntagsblatt Domenica del Corriere seine Titelseite einem Porträt von Frederick Cook, der gerade die amerikanische Flagge am Nordpol aufstellt. Die Kontroverse zwischen Peary und Cook wer als Erster den Nordpol erreicht habe, erregte das Interesse der Öffentlichkeit. Für die Presse war das ein gefundenes Fressen, und die Polemik hielt noch jahrelang an, ohne daß einer gewonnen hätte. Wahrscheinlich erreichten beide Kontrahenten ihr Ziel, doch konnte keiner einen überzeugenden Beweis liefern.

274 oben *Die Peary zur Verfügung stehenden Instrumente (hier auf einem Foto beim Absuchen des Horizonts mit einem Teleskop zu sehen), waren im wesentlichen ein Kompaß, einige Chronometer und ein sogenannter „künstlicher Horizont" (ein Behälter gefüllt mit Quecksilber, der die Feststellung des tatsächlichen Horizonts ermöglichte, wenn dieser hinter dem Eis verborgen lag). Die angestellten Messungen des Forschers waren jedoch nicht ausreichend, um seinen Erfolg zu belegen. Erst vor kurzem haben Nachforschungen der* American National Geographical Society *ergeben, daß Peary tatsächlich den Pol erreicht hatte.*

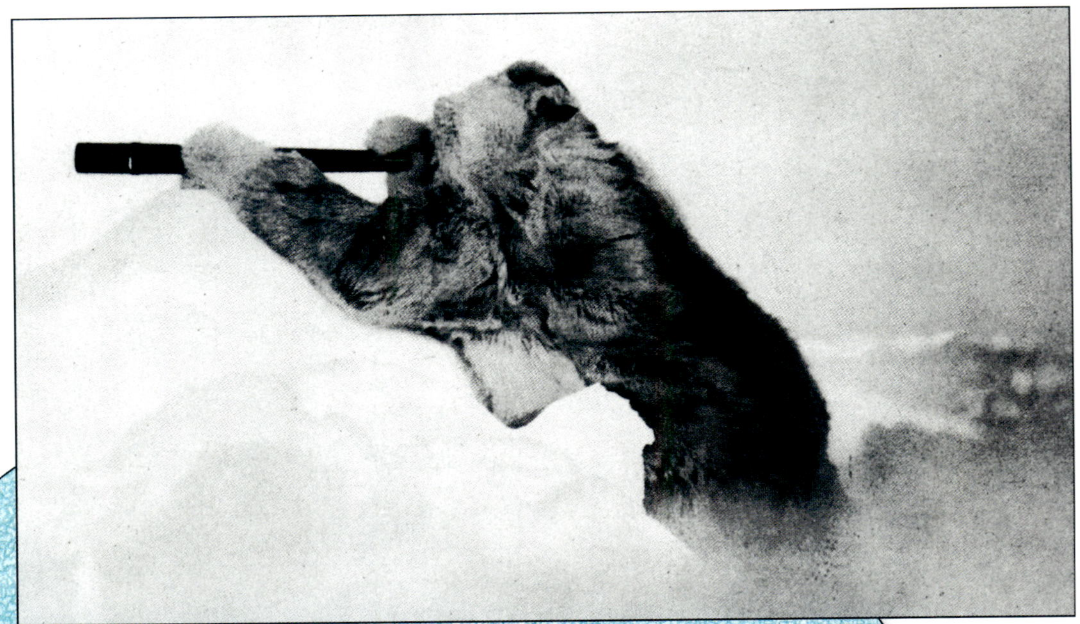

274 Mitte *Oft verdankten die Arktisforscher ihren Erfolg und ihr Überleben der Hilfe der Eskimo (diese Abbildung zeigt einen Einwohner der St.-Lorenz-Insel aus Kotzebues Reisebeschreibung). Heute ist die traditionelle Kultur der Eskimo von der westlichen Kultur bedroht.*

274 unten *Das arktische Packeis ist eine riesige Treibeismasse, die aufgrund von Winden und Meeresströmungen ständig in Bewegung ist. Pearys Expedition mußte einen Weg durch diese Eismassen und Druckzonen finden, die durch die zufällige Kollision von treibenden Eismassen entstehen.*

275 oben *Pearys Erfolg basierte im wesentlichen auf seinen sorgfältigen logistischen Vorbereitungen und seinem System der vorgezogenen Lager. Spezielle Teams bereiteten den Weg vor und richteten eine Reihe von Vorrats- und Ausrüstungslagern ein, bevor sie zurückkehrten. Nur eine kleine Gruppe gut ausgeruhter Männer legte dann mit den besten Hunden das letzte Stück zum Pol zurück. Die Gruppe von Kapitän Bartlett (Foto) kehrte als letzte am 1. April 1909 zur Ellesmere-Insel zurück. Von da an mußte Peary auf seine eigenen Kräfte vertrauen.*

Die Expedition hielt sich 30 Stunden lang am Pol auf, um die erforderlichen Berechnungen durchzuführen und einen ganzen Wald von Flaggen zu errichten, wobei die der USA natürlich die größte war. Der Rückweg verlief glatt, und nach zwei Wochen, am 23. April, kamen sie beim Basislager auf der Ellesmere-Insel an.

Sobald die *Roosevelt* die erste Siedlung erreichte, eilte Peary zum Postamt, um seine Neuigkeiten der Welt mitzuteilen. Er war der erste Mensch, der vom Nordende der Welt zurückgekehrt war. Enthusiastisch schrieb er: „Der Pol – endlich! Die Belohnung für drei Jahrhunderte lange Anstrengungen, mein Traum und mein Ziel seit zwanzig Jahren!" Doch dauerte seine Freude nicht lange. Als er zu Hause ankam, mußte er erfahren, daß Frederick Cook, sein früherer Begleiter in Grönland, ihm zuvorgekommen sein wollte. Cook behauptete, er habe den Pol ein Jahr früher, am 21. April 1908, erreicht. Auf seinem Rückweg sei er gezwungen gewesen, den Winter auf einer unbewohnten Insel abzuwarten, wodurch sein Bericht verspätet kam.

Tatsächlich konnten weder Peary noch Cook beweisen, wer der Erste war. Die Aussagen der Eskimo zählten nicht. Auch nicht die von Henson – er war ein Schwarzer.

Ein verbitterter Streit brach aus. Die Öffentlichkeit stürzte sich auf die Story und machte eine nationale Angelegenheit daraus. Wem sollte der Ruhm gebühren? Die beiden Gegner taten alles, sich gegenseitig zu diskreditieren, und der Streit zog sich ohne Ergebnis über Jahre hin. Schließlich wurde die Aufmerksamkeit der Öffentlichkeit auf ein tragisches Abenteuer gelenkt, das sich im Polargebiet abspielte.

275 unten *Robert Edwin Peary, hier auf einem Porträt ein Jahr nach seiner Rückkehr vom Pol, wurde 1856 in Cresson Springs geboren. Im Alter von 30 Jahren entdeckte er seine Berufung für die Arktisforschung. Er organisierte zahlreiche Expeditionen nach Grönland und unternahm 1893 seinen ersten Versuch, den Nordpol, „das letzte große geographische Ziel" (wobei er allerdings die Antarktis „vergaß") und damit das Ziel seines Lebens, zu erreichen. Er starb am 20. Februar 1920 in Washington.*

UMBERTO NOBILE

276 oben *Umberto Nobile, geboren am 21. Januar 1885 in der italienischen Provinz Avellino, war Konstrukteur von halbstarren Luftschiffen und ein Pionier des Luftfahrt-Ingenieurwesens. Die* Italia-*Expedition, schrieb er, „war die erste wissenschaftliche Luftexpedition in die Arktis". Auf seinem Rückweg wurde er Opfer einer Verleumdungskampagne und mußte sich gegen die Beschuldigung verteidigen, er habe die Mannschaft der* Italia *im Stich gelassen, um sich selbst zu retten. Er starb 1978 in Rom.*

Ingenieur Umberto Nobile war sich sicher: Seine Luftschiffe waren sicherer und zuverlässiger als Flugzeuge. Sein Abenteuer mit der *Norge* hatte es bewiesen. Nobile, Amundsen und Ellsworth hatten Spitzbergen am 10. Mai 1926 verlassen und den Atlantik über den Pol nach Alaska in 72 Stunden trotz widrigem Wetter überquert. Zwei Jahre später wollte Nobile auf eine neue Fahrt gehen. Diesmal sollte es eine wissenschaftliche Expedition werden, und der Ruhm würde Italien gehören.
Das neue Luftschiff, die *Italia*, war mit leistungsstarken Motoren ausgerüstet, die eine Höchstgeschwindigkeit von 100 km/h ermöglichten.
Die *Italia* verließ Spitzbergen und erreichte den Pol ohne Zwischenfälle am 23. Mai 1928. Auf dem Rückflug hatte das Luftschiff mit starkem Gegenwind und Schneestürmen zu kämpfen. Aus heute noch unbekannten Gründen verlor es an Höhe und stürzte auf das Packeis. Der Aufprall war so stark, daß neun Männer aus der Kabine geschleudert wurden. Die anderen waren im Luftschiff gefangen und kamen um, als die *Italia* fortgeweht wurde. Viele Überlebende waren verletzt, Nobile hatte sich einen Arm und ein Bein gebrochen. Zum Glück hatten sie genug Material aus dem Luftschiff retten können, um zunächst überleben zu können: einige Kisten Lebensmittel, ein Zelt, Decken, wissenschaftliche Instrumente und – am wichtigsten – ein Funkgerät, mit dem sie ihre Position bekanntgeben und um Hilfe rufen konnten.
Doch empfing merkwürdigerweise niemand ihre Notrufe. Am 1. Juni beschlossen drei Männer in Panik, einen Marsch zum nächsten Festland in etwa 100 Kilometern Entfernung zu wagen. Nach zehn Tagen empfing ein Funk-

276 Mitte *Die* Norge *benötigte nur 16 Stunden und 40 Minuten, um den geographischen Pol zu erreichen. Das Luftschiff ging bis auf 200 m über der Packeisoberfläche nieder, so daß Nobile und Amundsen die italienische und norwegische Flagge genau positionieren konnten. Trotz ihres gegenseitigen Respekts waren die Beziehungen zwischen den beiden niemals gut, was allerdings Amundsen nicht davon abhielt, nach den Überlebenden der* Italia-*Katastrophe zu suchen.*

276 unten *Roald Amundsen war fast 53 Jahre alt, als er an Bord der* Norge *zum ersten Flug über den Nordpol startete. Im Jahr davor hatte der norwegische Forscher versucht, sein Ziel mit einem Wasserflugzeug zu erreichen, mußte jedoch 140 Meilen vor dem Pol wegen eines Maschinenschadens notlanden.*

277 oben *Die Mannschaft der* Norge*: In der ersten Reihe (sitzend) von links die Hauptpersonen Roald Amundsen, Lincoln Ellsworth und Umberto Nobile. Ellsworth, ein amerikanischer Millionär, der an der Polarforschung interessiert war, stellte 75 000 US-Dollar zur Verfügung, um das Luftschiff von der italienischen Regierung zu kaufen.*

277 unten *Die* Norge *verließ die Kingsbay auf Spitzbergen am 10. Mai 1926 und erreichte die 4000 km entfernte Küste von Alaska 72 Stunden später. Dieses Ereignis bahnte den Weg für die Erforschung der Arktis aus der Luft.*

amateur endlich ihr schwaches Notsignal. Sofort wurden Hilfsmaßnahmen eingeleitet. Verschiedene internationale Expeditionen von insgesamt 1500 Mann – 18 Schiffe und 22 Flugzeuge – machten sich nach Nobile und seinen Begleitern auf die Suche. Am 24. Juni konnte ein schwedisches Flugzeug auf dem Eis landen – nahe bei dem Zelt, das die Überlebenden rot angestrichen hatten, um es kenntlicher zu machen. An Bord gab es allerdings nur für einen Passagier Platz, und der Pilot bestand entgegen Nobiles Protesten darauf, ihn mitzunehmen. Die folgenden Rettungsversuche verliefen erfolglos.

Inzwischen verschlechterte sich das Wetter, und die Lage der fünf Überlebenden wurde immer kritischer. Erst am 10. Juli konnte der russische Eisbrecher *Krassyn* das Zelt erreichen und die Überlebenden der *Italia* ber-

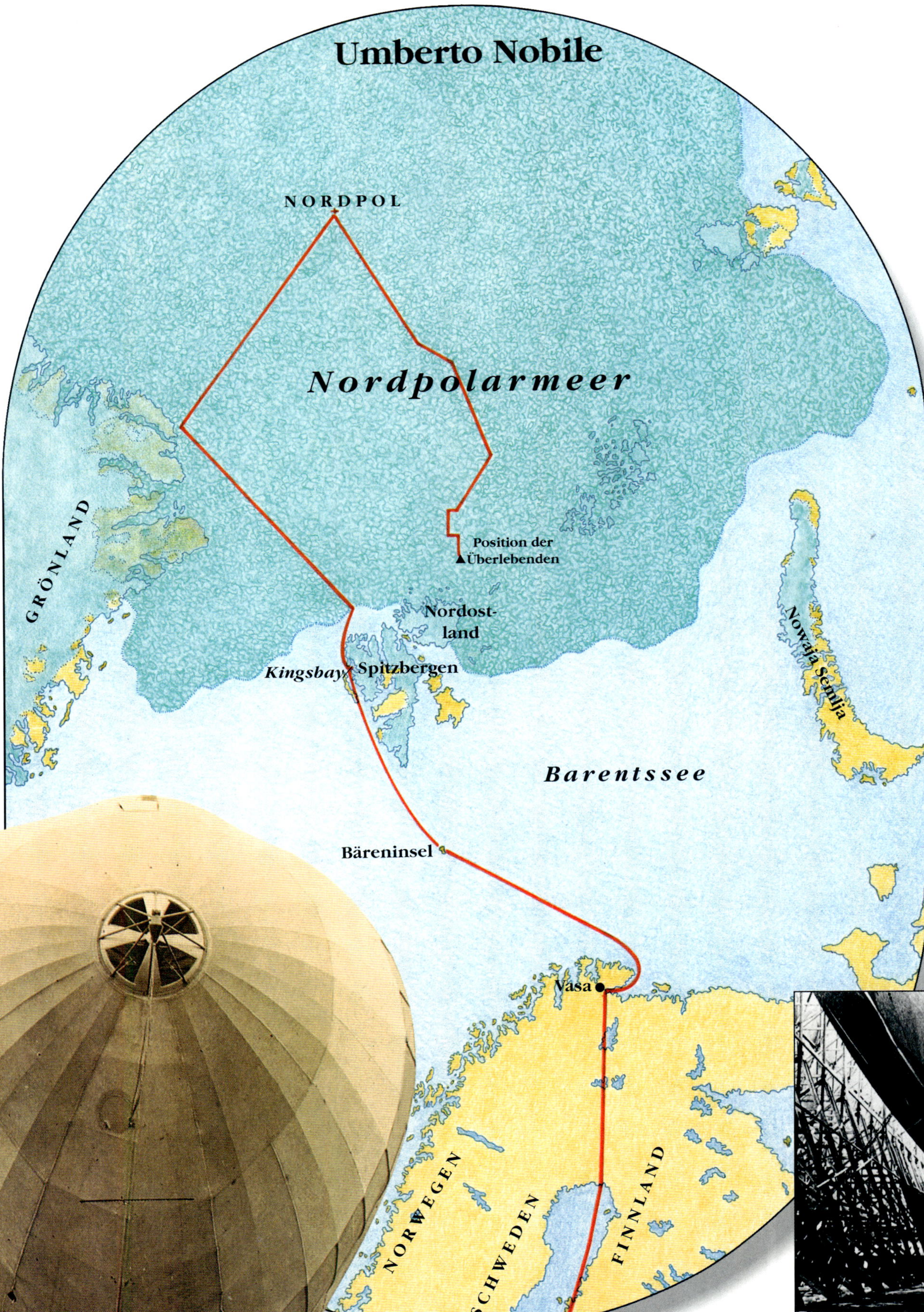

__278 links__ Das Luftschiff Italia, *hier vom Bug aus fotografiert, mit zwei der drei starken Motoren und Propeller am Heck und der Gondel, von der aus die Motoren über einen Laufsteg in der Mitte erreicht werden konnten, dessen Metallaufbau die Struktur des Luftschiffes verstärkte.*

__278 oben rechts__ Dieses Foto zeigt die Italia *in der Kingsbay auf Spitzbergen in dem großen Hangar, der auch schon die* Norge *aufgenommen hatte. Dieser aus Holz und Leinwand bestehende Hangar hatte kein Dach und bot keinen Schutz vor dem Schnee. Vor dem zweiten Start zerstörte ein schwerer Schneesturm das Luftschiff.*

__278 unten rechts__ Die Italia *flog mit 16 Männern an Bord über Festland bis nach Nordsibirien und dann zum Pol, wo sie am 23. Mai 1928 ankam. Auf dem Rückflug ereignete sich aufgrund von schlechtem Wetter eine der schlimmsten Katastrophen in der Geschichte der Forschung.*

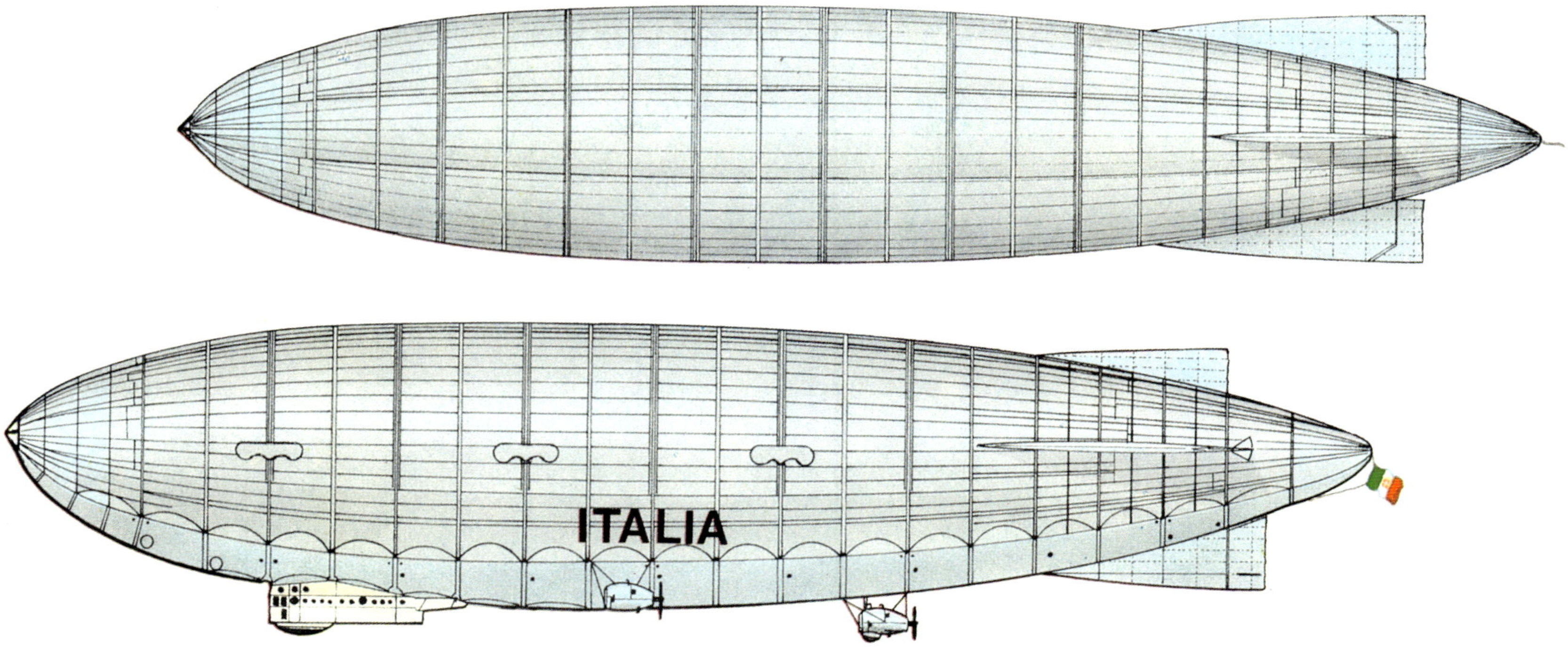

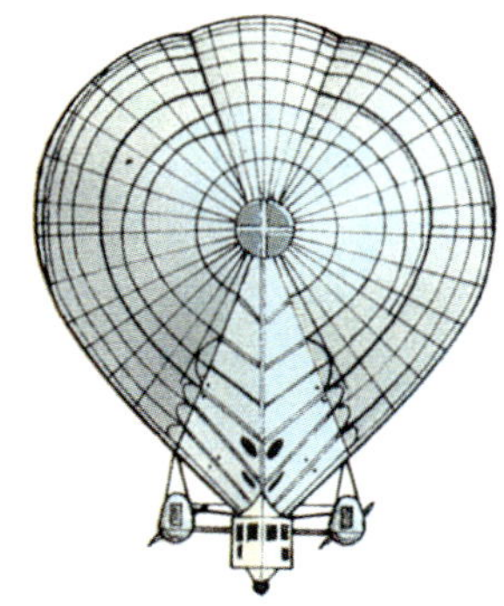

__279 oben__ Die Italia bestand aus einer konischen Hülle, die 20 000 Kubikmeter Gas enthielt, und war durch ein längs verlaufendes Metallskelett verstärkt. Die 16 Mann starke Besatzung, darunter auch Wissenschaftler, war in einer geräumigen Gondel untergebracht, die unter der Hülle befestigt war. Das Luftschiff wurde von drei Motoren mit Propellern und einem Steuerruder vorwärtsgetrieben und konnte eine Geschwindigkeit von 100 km/h erreichen.

__279 Mitte__ Dieses Foto zeigt einige Besatzungsmitglieder in ihrer Freizeit. Alle Teilnehmer waren Italiener mit Ausnahme des schwedischen Meteorologen Malgren und eines tschechischen Physikprofessors der Universität Prag. Bei dem Unglück starben acht Männer.

gen. Wenige Stunden zuvor hatten die Russen zwei der Männer, die das Zelt vor 40 Tagen verlassen hatten, von einer Eisscholle gerettet. Sie waren in einer schlimmen Verfassung, und einer von ihnen wurde sogar des Kannibalismus bezichtigt.

Nobile warf man vor, seine Leute im Stich gelassen zu haben – zu Hause und im Ausland erwartete ihn harte Kritik.

Unter den Rettern war ein berühmtes Opfer: Roald Amundsen stürzte mit seinem Flugzeug in die Barentssee, als er versuchte, die Überlebenden der *Italia*-Katastrophe zu retten.

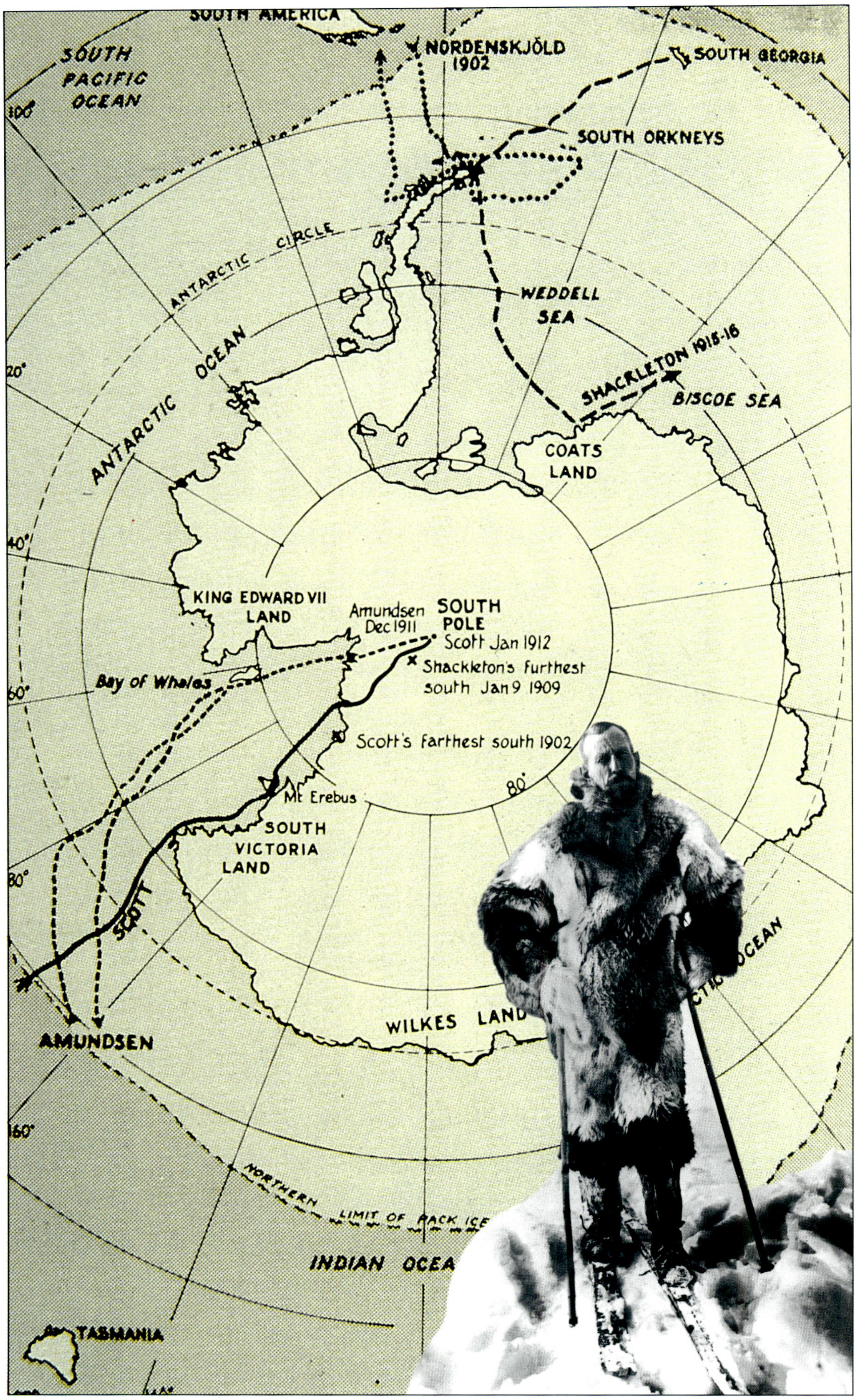

Anfang 1910 begegneten sich zwei Expeditionen am Ross-Schelfeis, dem großen zugefrorenen Meer, über das man ins Zentrum der Antarktis vordringen kann. Die beiden Expeditionsleiter waren ungewöhnliche Charaktere, die das gleiche Ziel hatten: ihre Nationalflagge am Südpol, der letzten großen Herausforderung der Welterforschung, aufzustellen. Beide hatten eine ähnliche Erfahrung, doch die Methoden, mit denen sie ihr Ziel erreichen wollten, waren völlig verschieden. Roald Amundsen setzte auf Schlittenhunde und ihre große Ausdauer, Robert Falcon Scott auf Sibirische Ponys und die menschliche Willensstärke.

Gegen ihren Willen wetteiferten nun beide Erforscher miteinander in einem Rennen gegen die Zeit. Wer würde der erste sein? Vor ihnen erstreckte sich die gefährlichste gefrorene Wüste der Erde, unvorstellbar kalt und von Stürmen gepeitscht. Amundsen erreichte den Südpol am 15. Dezember 1911, während Scott erst am 18. Januar 1912 eintraf und mit seinen Begleitern auf dem Rückweg verscholl. Mit dieser Tragödie ging die heroische Phase der Polarexpeditionen endgültig zu Ende.

DER SÜDPOL

ROBERT FALCON SCOTT UND ROALD AMUNDSEN

280 oben Amundsen (hier in voller Polarausrüstung) zog Kleidung im Eskimostil der Wollkleidung vor, da diese schnell steif fror. Sorgfältiges Studium der Lebensweise der Arktisbewohner, technische Neuerungen und vor allem die Wahl von Schlittenhunden als „Antriebsmaschinen" waren die entscheidenden Faktoren für seinen erstaunlichen Erfolg.

280 unten Bei seiner Rückkehr vom Südpol wurde Amundsen von dem König und der Königin von Norwegen persönlich empfangen. Der Ruhm, den der Forscher durch seine triumphale Antarktisexpedition erlangte, ermöglichte ihm, seine Schulden zu bezahlen und eine neue Arktisexpedition vorzubereiten. Er plante, Nansens Versuch, den Pol zu erreichen, zu wiederholen, doch das Projekt kam nicht zustande.

„Verehrter Kapitän Scott, Sie sind wahrscheinlich der erste, der diese Worte liest ..." Amundsens Brief datierte vom 16. Dezember 1911. Der Wind peitschte über die öde antarktische Ebene, und die Gesichter von Scott und seinen vier Begleitern zeigten Anzeichen von Müdigkeit und Enttäuschung. Das war am 18. Januar 1912. Nach zweieinhalb Monaten voller Anstrengungen und Entbehrungen hatten die Briten endlich den Südpol erreicht – um festzustellen, daß ihnen Amundsen zuvorgekommen war. Überall um das Zelt mit der norwegischen Flagge waren Menschen- und Hundespuren. Es war eindeutig, daß Amundsen die Gegend durchkämmt hatte, um eine geeignete Stelle zu finden und alle Berechnungen für die genaue Lage des Südpols durchführen zu können. An seinem Sieg war nicht zu rütteln – anders als bei dem Streit zwischen Peary und Cook. Die Briten hatten das Wettrennen, um die „Eroberung" des Südpols verloren. Mehr gab es dazu nicht zu sagen.
Scott hißte die britische Flagge und machte ein Foto. Nun mußte die Gruppe zu ihrem fast 1300 Kilometer entfernten Basiscamp zurückkehren. Angesichts ihrer physischen Verfassung würde das eine mörderische Tour werden. Das Wetter würde ihnen nicht gewogen sein, doch mit etwas Glück, so hoffte Scott, würden sie es schaffen.
Die Sache hatte viele Jahre zuvor angefangen. Scott hatte als erster 1903 seinen Fuß auf antarktischen Boden gesetzt. Damals war er ein 35jähriger Leutnant der Royal Navy, voll Enthusiasmus. Seine Expedition stieß mit ihren Schlitten bis zum 82. Breitengrad vor. Das war gerade erst ein Vorgeschmack dessen, was noch kommen sollte; doch reichte es aus, um die extrem schwierigen Umweltbedingungen zu erfahren. Die Antarktis war ein

281 oben Nachdem sie den Pol erreicht und in der Nähe des von Amundsen verlassenen Zeltes kampiert hatten, standen Scott und seine Begleiter vor einer schwierigen Rückreise. „Nun kehren wir dem Ziel unserer Ambitionen den Rücken und haben 1280 Kilometer vor uns, über die wir unsere schwere Last zurückschleppen müssen. Unser größter Traum – Lebe wohl!"

281 unten Pech und eine Reihe von falschen logistischen Entscheidungen spielten eine entscheidende Rolle bei dem tragischen Fehlschlag von Scotts Expedition. Hier ist Scott in Polarausrüstung von dem Fotografen Herbert Ponting aufgenommen.

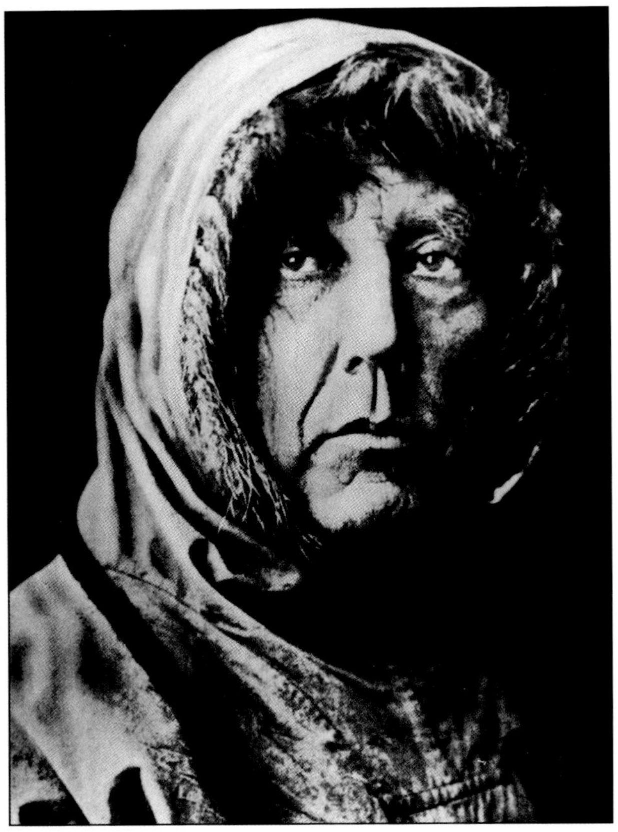

höllischer Ort: unzugänglich, unvorstellbar kalt und unaufhörlich von gewaltigen Stürmen und Schneestürmen mit Geschwindigkeiten von über 300 km/h gepeitscht. Trotzdem hatte 1909 ein anderer Brite, Sir Ernest Shackleton, bewiesen, daß der Südpol zu bezwingen war, als er bis auf eine Entfernung von 200 Kilometern herankam.

Scotts neue Expedition, die bei Ross Island im Juni 1910 landete, war erfolgversprechend ausgerüstet. Ihre akribische Organisation basierte auf dem Einsatz von Sibirischen Ponys, die Scott Hunden vorzog. Er hatte auch einige Motorschlitten, doch diese versagten sofort.

Alles ging gut voran, und es schien, das Erreichen des Südpols, die letzte große Herausforderung der Welterforschung, würde Großbritannien zukommen. Doch plötzlich erschien Amundsen wie aus dem Nichts. Der Norweger hatte eigentlich eine Expedition zum Nordpol vorbereiten wollen, doch nach Pearys Erfolg war sein Interesse daran verflogen. Also wandte er sich dem gegenüberliegenden Pol zu. Er hielt seine Pläne streng geheim, und

282 oben links *Roald Amundsen auf einem Foto, aufgenommen bei seiner Rückkehr vom Südpol in der Wal-Bucht. Amundsens Name ist verbunden mit einigen der kühnsten Episoden der Polarforschung: Zwischen 1903 und 1906 fuhr er durch die Nordwest-Passage, und 1926 flog er in einem Luftschiff über den Nordpol. Er starb 1928 bei einem Flugzeugunglück, als er der Nobile-Expedition zu Hilfe kommen wollte.*

282 oben rechts *Die norwegische Flagge am Südpol. Amundsen blieb dort vier Tage lang; er führte alle notwendigen Berechnungen durch und legte eine Runde um den Pol mit einem Schlitten zurück, um sicherzustellen, daß niemand nachträglich seinen Expeditionserfolg bestreiten konnte.*

282 unten *Diese Abbildung zeigt die Sibirischen Ponys, die Scott bei seiner Polarexpedition einsetzte.*

283 oben *Robert Falcon Scott trat in jungen Jahren in die Marine ein. Seine Karriere war steil, aber nicht ungewöhnlich, bis die* Royal Geographical Society *ihn 1899 als Leiter einer Expedition in die Antarktis auswählte. Scott erreichte den Südpol zwar nicht, wurde bei seiner Rückkehr 1904 aber als Nationalheld gefeiert. Von da an war sein Ziel „die Ehre für dieses Unternehmen für das Britische Empire sicherzustellen“.*

283 Mitte *Mitglieder der Scott-Expedition ziehen einen Schlitten über das Antarktis Plateau. „Keine Expedition mit Hunden kann das wunderbare Gefühl der Männer vermitteln, die die Schwierigkeiten, Entbehrungen und Gefahren mit ihren eigenen Kräften angehen.“ Für Scott waren also von Menschen gezogene Schlitten ein heroischer Aspekt einer Polarexpedition. In Wirklichkeit jedoch verschwendete das englische Team seine Kräfte, die es auf seiner Rückreise noch dringend brauchen sollte.*

283 unten *Gruppenfoto der Männer, die an Scotts Expedition zum Südpol teilnahmen, vor ihrem Winterquartier.*

Scott/Amundsen

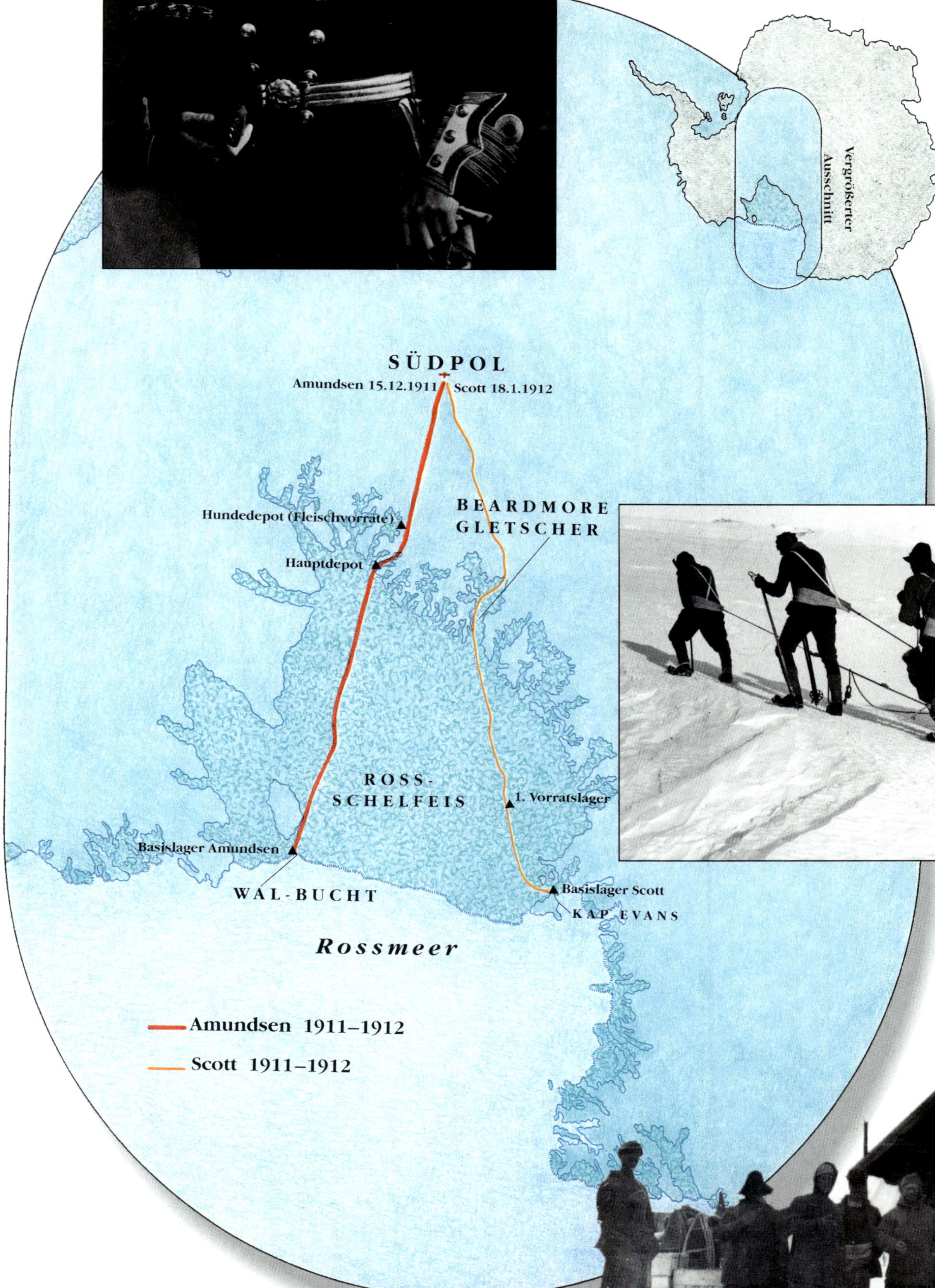

284 oben links *Amundsens Basislager in der Nähe der Wal-Bucht auf dem Ross-Schelfeis war von einer Reihe von Tunneln umgeben, die in den Schnee gegraben worden waren. Dort wurden die Ausrüstung und die großen Vorräte für die Expedition gelagert (auf dem Foto die Treibstoffvorräte). Amundsen maß den Vorräten große Bedeutung zu, und der Speiseplan für Menschen und Hunde war abwechslungsreich und reichlich bemessen.*

284 unten *Framheim, das Winterquartier von Amundsen auf dem Ross-Schelfeis bei der Wal-Bucht, wurde in nur einer Woche errichtet. Es beherbergte acht Männer und über hundert Hunde.*

erst in Madeira, als die Expedition begonnen hatte, informierte er Scott in einem knappen Telegramm.
Die beiden Expeditionen erreichten das Ross-Schelfeis fast gleichzeitig – es mußte zu einem Wettrennen kommen. In der Wal-Bucht machte Amundsen sein Schiff fest, die berühmte *Fram*, mit der auch schon Nansen gefahren war. Vor Wintereinbruch würde er schon eine Reihe Vorratsdepots angelegt und den Weg zum Südpol markiert haben. Die Wal-Bucht war zwar etwa hundert Kilometer näher am Pol, als Scotts Ausgangspunkt, doch hatten es die Norweger mit unbekanntem Gelände zu tun. Scott hingegen würde dem Weg folgen, der schon von Shakleton kartographiert worden war. Vor- und Nachteile waren so in etwa gleich verteilt. Der Polarwinter brach über die beiden Camps herein, und die Herausforderung würde erst im nächsten Frühjahr – also etwa im Oktober/November, da man sich auf der südlichen Halbkugel befand – angenommen werden können.
Am 19. Oktober 1911, als die Temperatur wieder erträglich wurde, machte sich Amundsen mit vier Männern und 52 seiner besten Hunde auf den Weg. Die Schlitten waren nur mit dem Nötigsten beladen, und man kam gut durch das Schelfeis bis zu den Hängen der Transantarktischen Berge.
Am 21. November erreichte die Expedition das Antarktis-Plateau in 3000 Metern Höhe. Hier tötete Amundsen viele seiner Hunde, da sie nicht mehr gebraucht wurden, und begrub sie im Schnee; so waren sie ein wertvoller Fleischvorrat auf der Rückkehr.
Nun war das Schlimmste geschafft. Vor den Norwegern erstreckte sich ein leicht ansteigendes Feld. Der Pol wurde ohne Schwierigkeiten am 15. Dezember erreicht.
Etwas über einen Monat später war Amundsen im Basiscamp zurück. Menschen und Hunde waren in guter Verfassung. Sein System der Zwischenlager hatte perfekt funktioniert, sie hatten sich sogar den Luxus leisten können, an einigen Vorratsdepots auf ihrer Rückreise vorbeizumarschieren. Bei günstigen Wetterbedingungen hatte die Gruppe in 99 Tagen 2980 Kilometer zurückgelegt. Amundsens Vertrauen in seine Hunde war also durchaus gerechtfertigt.
Während die norwegische Gruppe den Pol verließ, kämpfte sich die britische Expedition über die gefährlichen Spalten des Beardmore Gletschers. Ihre Ponys hatten sie einige Tage vorher töten müssen, da sie für den Weitermarsch zu schwach waren; so mußten die Männer die schweren Schlitten selbst ziehen. Am 22. Dezember schrieb Scott in sein Tagebuch: „43.

284-285 *Das erste Depot von Amundsen auf dem Ross-Schelfeis bei 80° südlicher Breite (fast eine Tonne, die Hälfte der Vorräte, wurde hier gelagert). Die Norweger waren in guter Verfassung und hatten Glück mit dem Wetter; sie benötigten nur etwa einen Monat, um vom Pol zum Basislager zurückzukehren, wobei sie sich sogar den Luxus leisten konnten, einige Zwischendepots zu übergeben.*

285 unten links
Amundsen und sein Team am Südpol vor dem Zelt, auf dem die norwegische Flagge gehißt war. „Die arktischen Regionen", schrieb der Forscher, „und auch der Nordpol selbst hatten mich schon seit meiner Jugend angezogen, und nun war ich am Südpol. Kann man sich einen größeren Kontrast vorstellen?"

285 unten rechts
Amundsen erreichte den Südpol bei gutem Wetter am 15. Dezember 1911 mit elf Hunden und vier Begleitern. Auf diesem Foto posiert einer der Männer neben der norwegischen Flagge. Männer und Hunde waren zwar erschöpft, aber bei guter Gesundheit. Anfang März 1912 widmete ihnen die internationale Presse große Aufmerksamkeit. In derselben Zeit waren Scott und sein tapferes Team durch das Ross-Schelfeis unterwegs, um mit letzten Kräften das Basislager zu erreichen.

Camp. Höhe etwa 2130 m. Temperatur –18,3 °C. Dritter Teil der Reise vielversprechend."
Die letzte Hilfsgruppe kehrte einige Wochen später zum Basiscamp zurück. Der Pol war nur noch 240 Kilometer entfernt. Die von Scott für den Endspurt ausgewählten Männer – Wilson, Oates, Bowers und Evans – waren kräftig und gut vorbereitet, und das Ziel schien zum Greifen nahe. Auf dem Weg waren Depots angelegt, die die Schlittenladungen verringerten. Trotzdem wurden die fünf Männer von Tag zu Tag erschöpfter. Am 15. Januar fiel die Temperatur auf –15 °C. „Nur noch etwa zwei Tagesmärsche trennen uns vom Pol", schrieb Scott. „Der Erfolg ist uns nun sicher, und wir haben nur eine Befürchtung: daß die Norweger uns zuvorgekommen sind." Am 18. Januar entdeckte Bowers einen dunklen Fleck in einiger Entfernung. Ein Eishügel? Nein, das wäre undenkbar. Der Verdacht der Briten bestätigte sich, als sie eine Stunde später ein verlassenes Camp fanden. Amundsen! All ihre Anstrengungen waren vergeblich gewesen. Für einen Augenblick wurde Scott von der unmenschlichen Mono-

286 Mitte *Scott bei der Arbeit im Winterquartier am Kap Evans im Oktober 1911, aufgenommen von Herbert Ponting. Die Hütte des britischen Teams am Fuß des Mount Erebus war 15 m lang und 7,5 m breit. Für Scott war es das „bequemste Haus, das man sich vorstellen kann."*

286 oben links *Das Segelschiff* Terra Nova *brachte den britischen Forscher Robert Falcon Scott in die Antarktis, wo er im Wettlauf mit dem Norweger Roald Amundsen den Südpol erreichen wollte. Nachdem er das Eis erreicht hatte, beabsichtigte Scott, mit von Sibirischen Ponys gezogenen Schlitten weiterzukommen.*

286-287 *Die Eintönigkeit des Winterlebens am Kap Evans wurde gelegentlich von Partys unterbrochen.*
Scotts Geburtstagsmenü am 6. Juni 1911 bestand aus Suppe, gebratenem Hammelfleisch, Spargel, Schokolade und einem „Riesenkuchen", dazu Cidre und Likör. Scott sitzt am Kopf der Tafel.

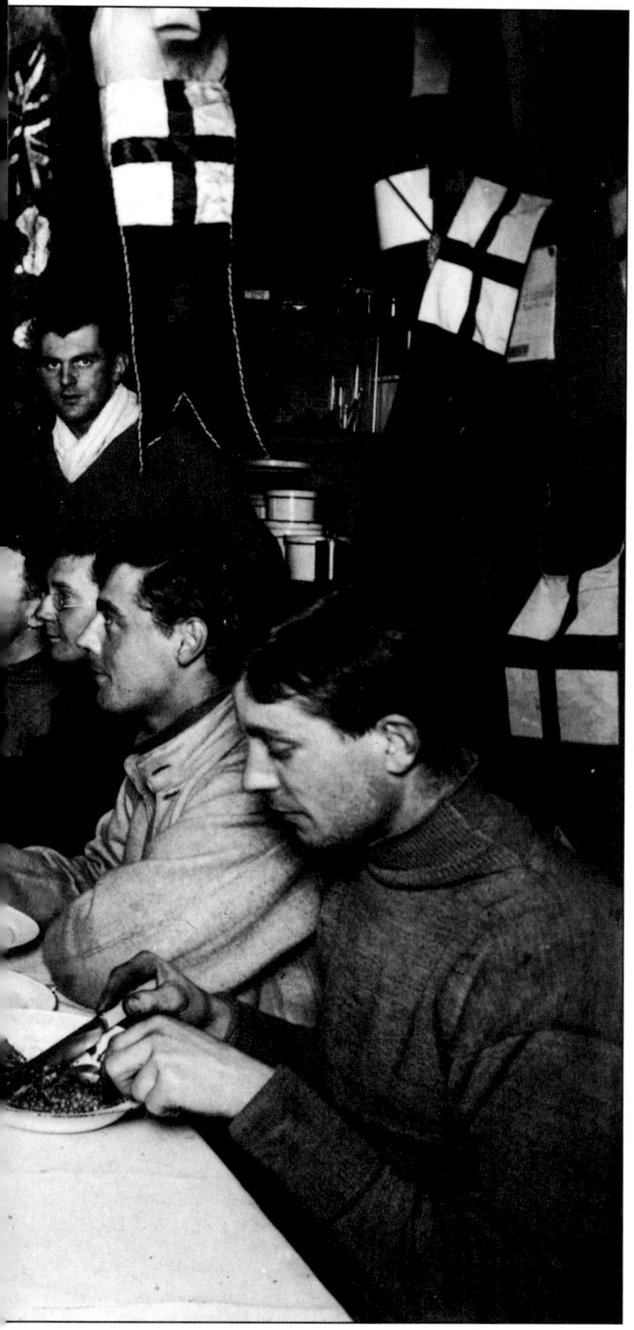

286 unten *Dieses Foto wurde von Ponting am 26. November 1910 an Bord der* Terra Nova *aufgenommen und zeigt Kapitän Lawrence Oates bei der Inspektion der Ponys. Die in engen Ställen untergebrachten Tiere waren der Seereise kaum gewachsen. Der an Erfrierungen leidende Oates ging absichtlich in einen tödlichen Schneesturm hinaus, um seinen Kameraden auf dem Rückweg nicht mehr zur Last fallen zu müssen.*

287 oben *Auf diesem Foto an Bord des Segelschiffs* Terra Nova *sind einige Expeditionsteilnehmer beim Bewegen der Sibirischen Ponys zu sehen. Die Ponys mußten in engen Ställen stehen und litten unter dem Schaukeln des Schiffes und den Unbequemlichkeiten der langen Seereise. Als sie die Antarktis erreichten, waren sie bereits in schlechter Verfassung.*

287 unten *Eine Höhle in einem Eisberg, im Hintergrund die Umrisse von Scotts Schiff* Terra Nova *vor Anker im gefrorenen Meer, aufgenommen von Ponting im Januar 1911. Ponting, ein Profifotograf und Reisender, verbrachte nur einen Sommer in der Antarktis. Bei den extremen Bedingungen, unter denen er zu arbeiten hatte, lieferte er technisch und ästhetisch hervorragende Fotos. Er drehte auch einen hervorragenden Dokumentarfilm über die Antarktis.*

tonie dieser Gegend überwältigt. Der Pol war nichts als „ein schrecklicher Ort, und der Gedanke, soviel gekämpft zu haben, um ihn zu erreichen, und nun der Zweite zu sein, ist erschreckend!“ Wenn Scott von Amundsens Erfolg vorher gewußt hätte, hätte er sicher nicht sein Leben und das seiner Begleiter riskiert.
In ihrer Deprimiertheit begannen die Männer die Schwäche zu fühlen, die sich in den langen Wochen angesammelt hatte. Sie mußten sich nun beeilen: der kurze Sommer würde bald vorbei sein.
Die ersten Tage des Rückmarsches waren relativ einfach. Sie hatten Rückenwind, so daß ihre Schlitten durch improvisierte Segel vorwärtsgetrieben wurden. Doch plötzlich schlug das Wetter um, ein gewaltiger Sturm kam auf. Scott beschloß, ein Lager aufzuschlagen. Oates und Evans hatten die ersten Anzeichen von Erfrierungen. Scotts Tagebuch verzeichnet immer kürzere Märsche. Die eingeschränkte Sicht zwang die Männer zu längeren Pausen. Die Depots wurden immer schwieriger erreichbar.
Es wurde jeden Tag kälter, die Vorräte wurden knapp. Die mageren Rationen konnten nicht mehr den Wärmeverlust durch den eiskalten Wind ausgleichen, und die Wollkleidung der Männer erwies sich als ungeeignet, da sie steif fror.
Ende Januar erlitt Wilson bei einem Sturz eine Sehnenzerrung, und einige Tage später rutschte Scott auf dem Eis aus und verletzte sich am Rücken. „Wenn wir lebend zurückkommen, werden wir darüber lachen“, schrieb er. „Wilsons Bein geht es besser, aber die leichteste Dehnung kann seine Genesung gefährden.“
Schließlich erreichte die Gruppe den Beardmore Gletscher. Nach sieben schrecklichen Wochen verließen sie das Hochplateau, und Scott schöpfte wieder Hoffnung. Die Kälte war nun weniger beißend, und Wilson konnte einige Fossilien sammeln.
Die Erleichterung sollte jedoch nicht lange anhalten. Sonntag, der 11. Februar, war eine Katastrophe. Scott verirrte sich in dem Gewirr von Gletscherspalten wegen der grellen Schneereflexionen und konnte nur mit Mühe wieder herausfinden. Eine Woche später verfiel Evans in einen Dämmerzustand. Er wurde auf dem Eis kniend gefunden, mit trüben

Augen und erfrorenen Händen. Einige Stunden später starb er.
Die Überlebenden setzten ihren Marsch durch das Schelfeis fort; sie waren der völligen Entkräftung nahe. Am 17. Februar verließ Oates das Zelt während eines Schneesturms, um frische Luft zu schnappen. Er kam nicht mehr zurück. Anfang März fiel die Temperatur auf –40 °C: der antarktische Winter hatte begonnen.
Wilson, Bowers und Scott versuchten es noch einmal. Ihr nächstes Depot lag nur einige Kilometer entfernt. Am 21. März zwang ein Sturm sie zum Anhalten. Der Weitermarsch war nicht mehr möglich, und es bestand keine Hoffnung auf besseres Wetter. Die Männer legten sich in ihrem kleinen Zelt ohne Brennstoff in ihre Schlafsäcke und warteten auf den Tod.
Acht Monate später wurden sie von einer Suchexpedition gefunden. Der letzte Eintrag in Scotts Tagebuch war vom 29. März: „Der Sturm wird schlimmer ... Jeden Tag hoffen wir zu dem Depot kommen zu können, das nur elf Meilen entfernt ist, aber außerhalb des Zeltes ist es fürchterlich. Wir haben keine Hoffnung mehr; wir werden bis zum Schluß ausharren, aber ich merke, daß wir jeden Tag schwächer werden und der Tod nicht mehr weit sein kann. Es schmerzt mich, aber ich glaube nicht, daß ich noch mehr schreiben kann.“

288 oben links
Scott und seine Begleiter bei einer Pause. Auf diesem von Oates aufgenommenen Foto sind Evans, Bowers, Wilson und Scott (von links) zu erkennen.

288 unten links
Die Vorhut der Expedition vor einem der drei Motorschlitten, die die britischen Forscher benutzen wollten. Scott fotografierte diese Szene am 22. Oktober 1911. Nach ein paar Tagen versagten die Motorschlitten, obwohl sie vorher in den Alpen getestet worden waren.

288-289 *Scott beschrieb das Winterquartier der britischen Expedition mit enthusiastischen Worten. Außer Privaträumen und einem Aufenthaltsraum gab es eine gut ausgestattete Dunkelkammer, eine Wetterstation sowie Physik- und Biologie-Labors. Die restaurierte Hütte ist heute ein historisches Denkmal.*

289 Mitte *Für Scotts Leute war Musik ein beliebter Zeitvertreib während der Wartezeit im Camp. Dem Schlittenhund scheint die Sache allerdings nicht geheuer zu sein.*

289 unten *Eine vertraute Szene einer Polarexpedition: Die erschöpften Schlittenhunde ruhen in einem Zwischenlager aus. Die britische Expedition nahm 30 Hunde und 17 Sibirische Ponys mit.*

290 oben *Die Feststellung, daß Amundsen sie bei dem Wettlauf zum Südpol besiegt hatte, war ein schwerer Schlag für Scott und sein Team, hier auf einem Foto am Pol am 18. Januar 1912.*
Die Rückreise war für die erschöpften Briten eine Qual. Als erster starb Evans, darauf Oates. Scott, Wilson und Bowers starben vermutlich am 29. März, da dies der letzte Tag war, an dem Scott etwas in sein Tagebuch schrieb. Nur wenige Marschstunden von einem Vorratsdepot entfernt fand ein Rettungsteam acht Monate später die Leichen von Scott und seinen Begleitern.

290 Mitte *Scotts Team beim Ziehen eines mit Ausrüstung und Proviant beladenen Schlittens durch die trostlose antarktische Landschaft; jeder der Männer mußte etwa 80 kg ziehen. Diese Überanstrengung bei extrem schlechtem Wetter erwies sich am Ende als tödlich.*

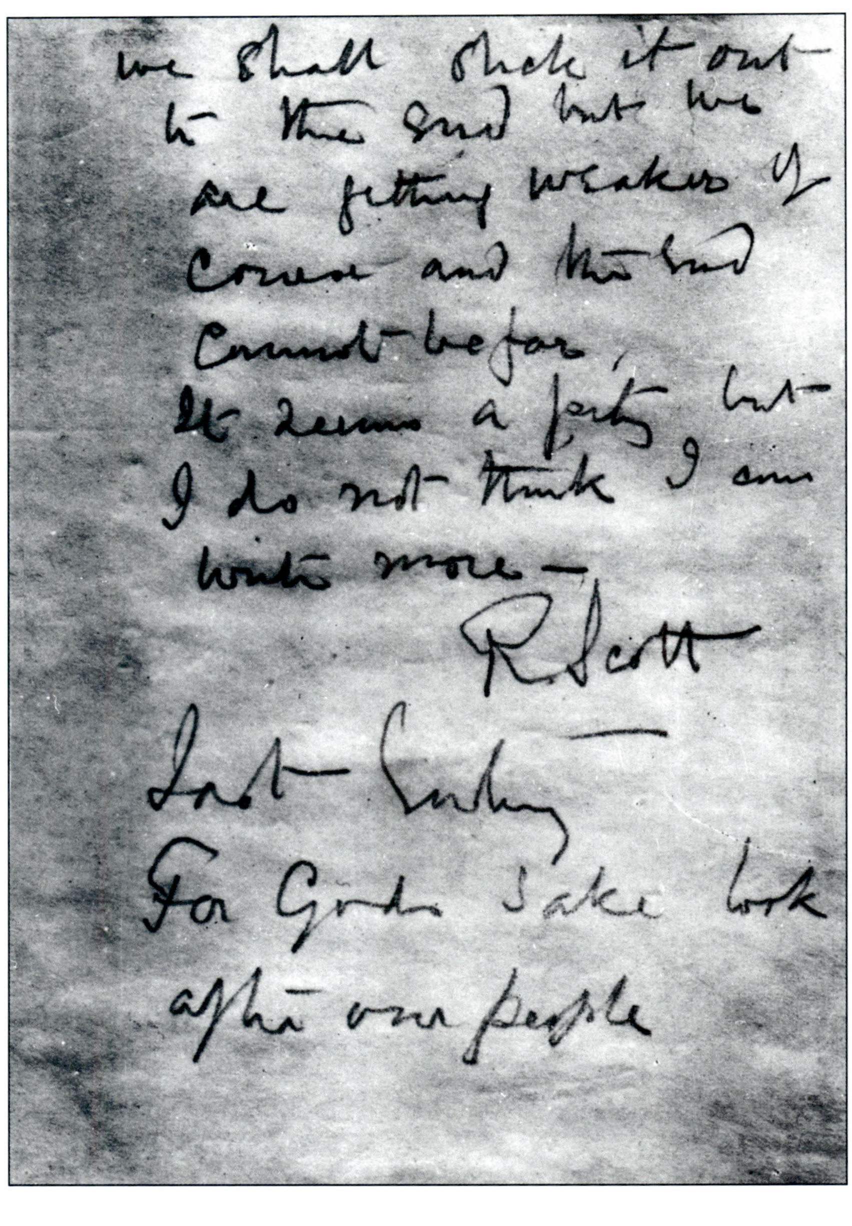

We shall stick it out
to the end but we
are getting weaker of
course and the end
cannot be far.
It seems a pity but
I do not think I can
write more —
R. Scott
Last entry
For God's sake look
after our people

290 unten links *Dieses Foto zeigt die spezielle Polarkleidung, die von Scotts Team benutzt wurde; hier Scott selbst.*

290 unten rechts *„Wenn wir überlebt hätten“, schrieb Scott kurz vor seinem Tod, „hätte die Geschichte des Leidens, der Energie und des Mutes meiner Kameraden das Herz jeden Engländers erwärmt. Diese Aufzeichnungen und unsere Überreste werden für uns sprechen, und eine große und reiche Nation wie die unsere wird sich derer annehmen, die uns lieb waren, und für sie sorgen.“*

HUNDE UND PFERDE

Die britische Expedition hatte viel Pech gehabt. Sowohl auf dem Hin- als auch auf dem Rückweg wurde Scott von extrem schlechtem Wetter behindert. Die beißende Kälte und die Schneestürme verlangsamten das Marschtempo erheblich, bis sie kurz vor dem Depot, das sie vielleicht gerettet hätte, nicht mehr weiter kamen. Doch das allein erklärt nicht Amundsens Triumph. Tatsächlich war der Hauptfaktor, der über Erfolg oder Mißerfolg entschied, die Wahl der Transportmittel. Amundsen vertraute auf seine Hunde, während Scott auf Sibirische Ponys setzte, obwohl sie sich auf früheren Expeditionen als untauglich erwiesen hatten. Die Ponys konnten die eisigen antarktischen Temperaturen und die Schneestürme nicht aushalten. Schon bevor die Expedition das Antarktis-Plateau erreicht hatte, noch auf dem Ross-Schelfeis, starb ein Pony nach dem anderen. Die überlebenden Tiere wurden 700 Kilometer hinter dem Ausgangspunkt getötet, um sie nicht weiter leiden zu lassen. Von da an mußten Scott und seine Begleiter die Schlitten selbst ziehen, was sie wertvolle Energie kostete, die sie später so verzweifelt brauchten. Außerdem mußten die Ponys mit Heu gefüttert werden, was sehr umständlich war, während die Hunde das Fleisch ihrer Kollegen zu fressen bekamen, die unterwegs getötet wurden. Schließlich ist ein Pony weitaus schwerer als ein Hund, weshalb es viel leichter in den Schnee einsinkt. Der Druck eines Ponyhufs pro Flächeneinheit ist viermal größer als der einer Hundepfote. Es gab Situationen, in denen Scott den Ponys die Schneeschuhe der Männer unterschnallen mußte, damit sie über das Schelfeis kamen.

Die Briten hätten die grausame Methode, die Hunde zu schlachten, sobald sie nicht mehr benötigt wurden, abgelehnt, doch mußten sie schließlich auch ihre Ponys töten.

Ein weiterer Faktor kam hinzu. Scott glaubte an die menschliche Willensstärke. Er betrachtete den Umstand, daß sie selbst die Schlitten zogen, als etwas Heroisches, das die moralische Qualität der Expedition heben würde: „Der Einsatz von Hunden kann niemals das wunderbare Gefühl vermitteln, wenn die Männer die Schwierigkeiten, Entbehrungen und Gefahren durch ihre eigene Stärke überwinden.“ Diese Philosophie taugte nichts für die Antarktis – sie kostete ihn das Leben.

Amundsen war kein Romantiker. Die Fahrten von Nansen und Peary hatten gezeigt, daß eine erfolgreiche Polarexpedition auf zwei grundlegenden Faktoren basierte: Kenntnis von Überlebenstechniken und Schlittenhunden. Vor seiner Abreise kaufte er etwa hundert der besten Schlittenhunde in Grönland, um die er sich persönlich kümmerte. Spezielle Hundezwinger auf der *Fram* boten den Tieren Schutz vor der tropischen Hitze, an die sie nicht gewöhnt waren. Er bestand darauf, daß sie das beste Futter bekamen. Dank dieser Umsicht erreichten die Tiere die Wal-Bucht in ausgezeichneter Verfassung, und Amundsen konnte in kurzer Zeit eine lückenlose Reihe von Depots einrichten. Während des Marsches zum Pol erreichte die Gruppe dank der Hunde eine sehr hohe Reisegeschwindigkeit – über 30 Kilometer pro Tag, so daß sie gesund zum Basislager zurückkehren konnte, bevor das schlechte Wetter einsetzte. Dies alles sicherte Amundsen den Erfolg.

291 oben *Trotz der Tatsache, daß Hunde sich für über ein halbes Jahrhundert beim Ziehen der Schlitten bewährt hatten, vertraute Scott nicht in sie. Das britische Team brachte nur wenige Hunde in die Antarktis mit, die es nur für Nebenaufgaben und kurze Erkundungen um das Basislager brauchte.*

291 unten *Die Sibirischen Ponys erwiesen sich bei den tiefen antarktischen Temperaturen und dem schwierigen Gelände als ungeeignet. 700 km hinter dem Ausgangspunkt wurden die letzten erschöpften Tiere getötet.*

Der höchste Berg der Erde, der gewaltige Mount Everest, erhebt sich im tibetisch-nepalesischen Grenzgebiet. In den Jahren nach dem Ersten Weltkrieg versuchten nicht weniger als 13 Expeditionen, den Gipfel von der tibetischen Seite aus zu erklimmen, doch ohne Erfolg. Der Everest wurde für die britischen Bergsteiger zum magischen Ziel und seine Bezwingung eine Frage des Nationalstolzes. 1949 öffnete Nepal seine Grenzen für Europäer; im folgenden Jahr erreichte eine französische Gruppe den noch nicht bestiegenen Annapurna-Gipfel und durchbrach damit die 8000-Meter-Grenze. 1953 schlug eine größere britische Expedition, die von John Hunt geleitet wurde, ein Lager am Fuß des Everest auf. Mit Hilfe von Sauerstoffflaschen und einer umfangreichen Logistik erreichten Edmund Hillary und der Sherpa Shri Tenzing Norgay schließlich den Gipfel – die Krönung für 32 Jahre lange vergebliche Versuche. Einige Monate später stellte ein deutsches Team eine Flagge auf dem Gipfel des Nanga Parbat auf, und 1954 wurde der K2 von Italienern bezwungen. Innerhalb von wenigen Jahren waren alle größeren Himalajagipfel bestiegen.

AUF DEM DACH DER ERDE: HILLARY UND DER MOUNT EVEREST

292 oben *Dieses Bild zeigt die „Everest-Gruppe". Von links: John Hunt, der Organisator der Expedition Edmund Hillary; die Sherpas Shri Tenzing Norgay und Ang Nyima; Alfred Gregory und George Lowe.*

Am 2. Juni 1953 verkündete die britische Presse Hillarys und Norgays Triumph zeitgleich mit der Krönung von Elisabeth II. Hillary wurde als Muster-Brite dargestellt und war Held des Tages.

292 unten *Der Sherpa Shri Tenzing Norgay bereitet sich auf den Aufstieg vor. Außer der üblichen Bergsteigerausrüstung, Sauerstoffmasken und Reserveflaschen nahm man Aluminiumleitern mit, mit denen die bis zu 7 m breiten Gletscherspalten überquert werden konnten, Funkgeräte, eigens neu konstruierte Zelte und sogar einen 5-mm-Mörser, um vorsichtshalber Lawinen absichtlich auslösen zu können. Das Gepäck wog insgesamt 7,5 Tonnen.*

Edmund Percival Hillary

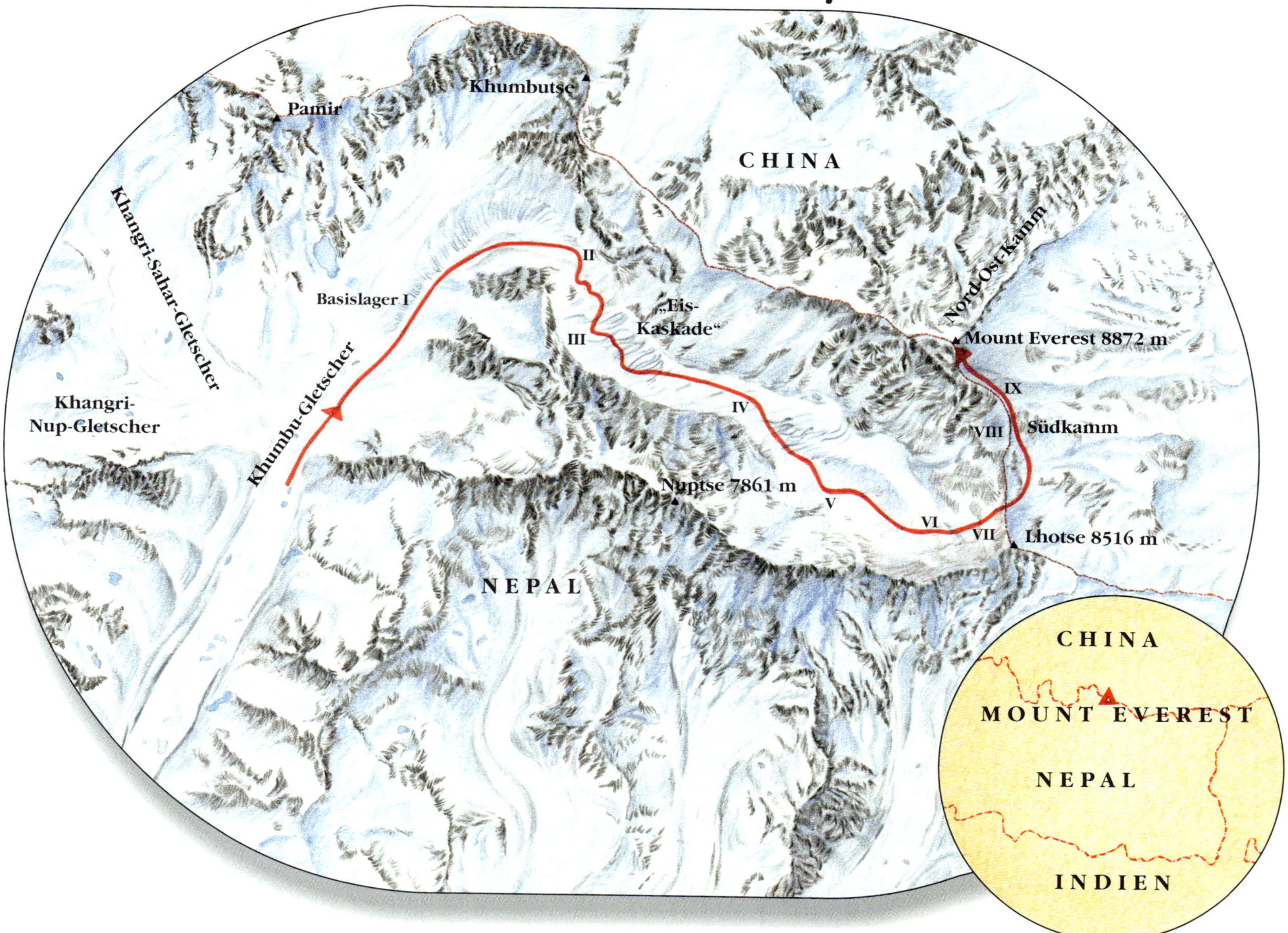

EDMUND PERCIVAL HILLARY

„Sir, ich habe den höchsten Berg der Erde entdeckt!" Der aufgeregte bengalische Angestellte konnte mit diesem Satz Andrew Waugh, den Direktor des indischen Vermessungsamtes, nicht aus der Ruhe bringen. Die Vermessung hatte schon einige Jahre vorher begonnen, trotz logistischer Schwierigkeiten und der Entfernung zur abgelegenen Nordgrenze von Nepal.

1852 war die Höhe des Gipfels IV, wie er im topographischen Verzeichnis genannt wurde, relativ genau mit 8840 Metern ermittelt worden. Waugh wollte den Berg nach Sir George Everest, seinem berühmten Vorgänger, benennen; der einheimische Name *Chomolunga* („Göttinnen-Mutter des Landes") bezog sich eher auf die ganze Bergkette als auf einen bestimmten Gipfel.

1904 marschierten britische Truppen in Tibet ein; der Everest begann die *Royal Geographical Society* und den Alpenverein zu interessieren. Bergsteigen zu wissenschaftlichen Zwecken war auch eine Art Erforschung, eine Aktivität, die öffentliche Unterstützung verdiente.

1919 wurde das Everest-Komitee gebildet; unter seiner Schirmherrschaft gab es in den folgenden 30 Jahren elf Expeditionen, die – ohne Erfolg – den Berg von der tibetischen Seite her besteigen wollten. Der Everest erwies sich als harte Nuß. Der Gipfel schien unbezwingbar und der Berg selbst etwas Infernalisches an sich zu haben – von göttlich keine Spur: unendliche Eiswälle, steile Abhänge; Schneestürme waren an der Tagesordnung. Ab einer bestimmten Höhe erforderte jeder Schritt eine gewaltige Anstrengung, und die Klarheit der Gedanken ließ nach – ein ständiges Risiko.

1924 forderte der Berg seine ersten Opfer: Mallory und Irvine kamen bis auf über 8500 Meter, als sie von einem gewaltigen Sturm überrascht wurden. Sie tauchten nie wieder auf – auch ihre Leichen nicht. Doch schreckte dies die britischen Bergsteiger nicht ab, die hartnäckig weitere Versuche unternahmen.

Als Nepal im Jahr 1949 seine Grenzen für Europäer öffnete, machte man sich neue Hoffnungen. Der Anstieg von Süden erschien aussichtsreicher – weniger windig und vor allem ab dem frühen Morgen dem Sonnenlicht zugewandt. Dies erlaubte einen sehr frühen Aufbruch von den Lagern.

Im folgenden Jahr bezwang eine französische Expedition den Gipfel des Annapurna und durchbrach die magische 8000-Meter-Marke.

Das Everest-Komitee machte neue Pläne, und 1951 fand Eric Shipton eine mögliche Route über einen tiefen Einschnitt zwischen dem Khumbu-Gletscher und der Lhotse-Wand. Shipton glaubte, daß es von dort relativ einfach war, den Col zu erreichen, der den Lhotse vom Everest trennt. Alles hing davon ab, daß man die 600 Meter hohe „Eis-Kaskade" überwand, ein

Labyrinth von Zacken und Spalten. Die 1953 organisierte Expedition hatte nur ein einziges Ziel: Wenigstens zwei Männer sollten um jeden Preis den Gipfel des Everest erreichen. Die Leitung wurde John Hunt übertragen, einem Offizier, der die Bezwingung des Gipfels wie ein militärisches Manöver anging.
Alles war bis ins kleinste organisiert, Tonnen von Nahrungsmitteln und Ausrüstung würden etappenweise bis zum höchsten Lager am Südkamm in 8500 Metern Höhe transportiert. Die Ausrüstung bestand aus speziell dafür hergestellten Stiefeln, zwei Arten von Zelten, ausziehbaren Aluminiumleitern, warmer, aber leichter Kleidung, Funkgeräten und sogar einem 50-mm-Mörser, um die Hänge von möglichen Lawinen zu befreien.
Insbesondere beschloß Hunt, Sauerstoffgeräte einzusetzen „in viel größerem Umfang als bisher", eine Entscheidung, die einen der Gründe für den Erfolg der Expedition ausmachte.
Die Auswahl der Bergsteiger hing hauptsächlich von ihrer Nationalität ab – außer der nötigen Erfahrung mußten sie einen britischen Paß besitzen. Erst später beschloß man, die Teilnahme auch Bergsteigern aus den Commonwealth-Ländern und dem Nepalesen Shri Tenzing Norgay zu ermöglichen, der in den Jahren davor eine Schweizer Expedition bis auf 300 Meter an den Gipfel geführt hatte. Norgay war ein Sherpa, ein Angehöriger des kräftigen Bergvolkes, das in den Tälern im Süden des Everest-Massivs lebt. Er war an große Höhen gewöhnt und ein ausgezeichneter Bergsteiger. Weiterhin bestand die Gruppe aus den Neuseeländern George Lowe und Edmund Hillary. Hillary hatte bereits Eric Shipton begleitet und dabei seine „dämonische Energie" und große technische Erfahrung bewiesen. Über ihn hieß es lakonisch: „Ein langer, hagerer professioneller Imker aus Auckland."
Bis auf zwei Personen hatten bereits alle Expeditionsmitglieder Himalaja-Erfahrung.
Am 10. März 1953 verließ die Expedition mit 350 Trägern Kathmandu. Der Anstieg durch die sanften nepalesischen Hügel im Frühjahr ging langsam, aber stetig voran. Nach 15 Tagen erreichte die Expedition das buddhistische Kloster Thyangboche, das in 3600 Metern Höhe auf einem Felsen lag, der das Dudh-Kosi-Tal beherrschte, den „Milchfluß", der das Everestmassiv entwässert.
Nach einer kurzen Akklimatisierungspause errichtete man ein Basislager auf dem Khumbu-Gletscher in 5500 Metern Höhe. Das drei Tonnen schwere Gepäck mußte über die „Eis-Kaskade" transportiert werden, das hieß, daß eine Route durch dieses Gebiet gefunden und gesichert werden mußte.
In Schichten schleppten 34 Sherpas das notwendige Material bis zum Lager IV in über 6000 Metern Höhe. Nach drei Wochen harter Arbeit war die erste Phase von Hunts Plan abgeschlossen – trotz täglicher Schneefälle und technischer Schwierigkeiten, die das Terrain bereitete. Inzwischen wurden andere Gruppen ausgeschickt, um die 1200 Meter hohe und extrem steile Lhotse-Wand zu erkunden.
Die große Höhe machte sich nun bemerkbar: Jede Bewegung wurde zur Anstrengung. Viele Männer erkrankten, und die gesunden mußten auf viele Ruhepausen verzichten. Die Zeit drängte, denn Hunt wollte Mitte Mai lossteigen, um die kurze Schönwetterperiode zwischen dem Winterende und dem Beginn des Monsunregens Anfang Juni auszunutzen.
Lowe verbrachte ohne zusätzlichen Sauerstoff zehn Tage an der Lhotse-Wand, schnitt Stufen ins Eis und machte Seile fest, um einen sicheren Zugang zum Südkamm zu ermöglichen. Dank seiner bemerkenswerten Ausdauer war genau nach Plan alles am 20. Mai fertig. Zwei Gruppen sollten vom Lager VIII den endgültigen Angriff auf den öden Eissattel zwischen dem Lhotse und dem Everest beginnen. Die erste, die aus Evans und Bourdillon bestand, sollte mehr auf Erkundung gehen; nur bei besonders günstigen Wetterbedingungen sollten sie den Gipfel ersteigen. Wenn das nicht klappte, würden Hillary und Norgay ein Zwischenlager einrichten und einen zweiten Versuch unternehmen.
Am 22. Mai erreichte die letzte Sherpagruppe mit 300 Kilogramm Ausrüstung – meist Sauerstoffflaschen – den Südkamm. Drei Tage später gingen Evans und Bourdillon los. Am ersten Tag erreichten sie den 8750 Meter hohen Südgipfel des Everest. Vor ihnen

294 links *Dieses Foto zeigt Hillary und Norgay bei einer Rast. Die Vorbereitungen und der Anmarsch zum Gipfel waren äußerst anstrengend. In drei Wochen ununterbrochener Arbeit bei fast täglichem Schneefall brachten 34 Sherpas drei Tonnen Material vom Basislager bis in eine Höhe von über 6000 m.*

294 rechts *Norgay und Hillary prüfen die Ausrüstung, bevor sie den Südgipfel von 7980 m Höhe angehen. Der 1919 in Auckland (Neuseeland) geborene Hillary war 34 Jahre alt, als er den Gipfel des Mount Everest erreichte. 1958 durchquerte er die Antarktis von der McMurdo-Straße beim Ross-Schelfeis zum Weddellmeer. Er kehrte in den 70er Jahren nach Nepal zurück, um an einem Umweltschutzprogramm in Zusammenarbeit mit der einheimischen Bevölkerung teilzunehmen.*

erstreckte sich die Rippe, die zum Gipfel führte – drei Stunden schweren Kletterns in Eis und Fels. Die beiden Männer waren erschöpft, und sie hatten nicht mehr genug Sauerstoff. Sie wußten, daß sie den Gipfel nicht mehr erreichen würden und beschlossen umzukehren. Hunt hörte sich ihren Bericht mit Besorgnis an. Die Route schien extrem schwierig zu sein, und der Gipfel war vielleicht gar nicht so nahe, wie sie gehofft hatten.
An diesem Tag umpeitschte ein schwerer Sturm das Lager, als ob der Berg so seine letzten Geheimnisse schützen wollte. Hillary und Norgay mußten in ihrem Zelt bleiben und den Start um 24 Stunden aufschieben. Am 28. Mai wurde das Wetter endlich besser, und die beiden machten sich mit einer Gruppe Sherpas auf den Weg zum Südgipfel. In 8540 Metern Höhe kehrten die Sherpas um, und Norgay und Hillary schlugen ihr Zelt auf einem schmalen Felsvorsprung auf.
Als sie um 6.30 Uhr am nächsten Morgen aufbrachen, war der Himmel klar, und der starke Nachtwind hatte sich gelegt. Durch den zusätzlichen Sauerstoff fühlten sich die beiden Männer fit. Schweigend kletterten sie über den gefährlichen Eisgrat. 4900 Meter tiefer sahen sie in der glasklaren Luft ganz klein das Kloster Thyangboche und die tieferen Täler. Der Schnee war sehr locker; die beiden sanken knietief ein. Hillary wußte, daß ihr Leben an einem seidenen Faden hing – ein unglücklicher Sturz, ein kleiner Ausrutscher, und alles wäre in einer Sekunde vorbei. Einmal fragte er seinen Begleiter ob es wert sei, unter diesen Bedingungen weiterzumachen. Gegen neun Uhr erreichten sie den Südgipfel, wo Evans und Bourdillon umgekehrt waren. Der Kamm hatte zu beiden Seiten steile Abhänge. Nun hing alles von den Schneeverhältnissen ab. War hier auch Pulverschnee, so gab es wenig Hoffnung auf Erfolg.

Hillary schnitt die erste Stufe und stellte erleichtert fest, daß der Schnee kompakt war. Langsam, aber sicher kamen sie voran, und auch das Wetter blieb stabil. Das letzte große Hindernis, ein Felspfeiler von etwa zehn Metern Höhe, wurde problemlos genommen, und von da an hatten sie nur noch die mühsame Aufgabe, Trittstufen zu schneiden.
Plötzlich bemerkte Hillary, daß der Kamm jäh in einer Schneekappe endete. Vor ihnen erstreckten sich am Horizont die unerforschten Berge von Nepal und Tibet. Sie hatten den Gipfel erreicht. „Meine erste Reaktion war Erleichterung", schrieb Hillary, „Erleichterung, daß wir nicht noch mehr Stufen schneiden, Kämme und steile Hänge überwinden mußten ..." Das Gefühl dieses Augenblicks wäre wohl in keinem Foto einzufangen gewesen. Hillary und Norgay waren die ersten Menschen, die über diese unwirkliche Landschaft blickten, die einzigen Menschen, die bisher die höchste Stelle der Erde erreicht hatten.
Am 29. Mai 1953 um 11.30 Uhr grub Norgay ein Loch in den Schnee und vergrub darin seine Opfergaben für den gütigen Geist des „Chomolunga". Vielleicht mochte die Göttinnen-Mutter die Schokolade. Niemals hatte ihr jemand ein Opfer in dieser Höhe dargebracht.
Die Bergsteiger blieben eine Viertelstunde auf dem Gipfel und begannen dann den Abstieg. Der Mount Everest war zwar bezwungen, aber die Expedition hatte kein geographisches Problem gelöst und auch keine wissenschaftlichen Forschungen durchgeführt. Warum also hatte es die britische Gruppe zum Gipfel des höchsten Berges der Welt getrieben? Hunts Antwort glich Mallorys lakonischem Kommentar 30 Jahre zuvor: „Weil er hier ist."

__295 links__ Hillary und Norgay beim Aufbruch auf den Südgipfel, wo sie das Lager IX in 8540 m Höhe aufschlagen wollen. Von dort ging es zum Endspurt auf den Gipfel. Auf dem letzten Stück trugen die beiden Männer eine 13 kg schwere Sauerstoffausrüstung.

__295 rechts__ Der Sherpa Shri Tenzing Norgay posiert auf dem Gipfel des Everest für das obligatorische Foto mit den Flaggen Großbritanniens, der Vereinten Nationen, Nepals und Indiens. Norgay verfügte über große Klettererfahrung in extremen Höhen. Im Jahr davor war er mit einer Schweizer Expedition bis ca. 200 m unter den Gipfel des Everest gekommen.

Die Erforschung des Nord- und des Südpols Anfang dieses Jahrhunderts war gewissermaßen der Abschluß der Erforschung der Erde. Europa hatte seine Zivilisation der gesamten Welt von den abgelegensten Pazifikinseln bis zu den riesigen Gebieten Afrikas und Amerikas übergestülpt. Ganz isolierte und unbesiedelte Gebiete waren vielleicht noch zu erforschen, doch völlig unbekannt war keines mehr. Die Erde schien ihre letzten Geheimnisse preisgegeben zu haben.
Doch die modernen Technologien haben neue Horizonte eröffnet. Immer kompliziertere Maschinen ermöglichen es in Bereiche vorzudringen, die bisher als unerreichbare Träume galten: die Erde unter dem Meeresspiegel, der Weltraum und das Erdinnere.

MODERNE FORSCHUNGSPROJEKTE

__296__ Kapitän Nemo, die Hauptfigur von Jules Vernes Roman „20000 Meilen unterm Meer“.

__297__ Die Illustrationen von Pannemaker zu Jules Vernes „Von der Erde zum Mond“ zeigen den Vorläufer der heutigen Raumschiffe. Die Novelle ist Teil einer größeren Serie phantastischer Reiseberichte, die praktisch hundert Jahre früher die Errungenschaften von Wissenschaft und Technologie vorwegnahmen.

Als William Beebe und Otis Barton 1930 eine Tiefseetaucherkugel konstruierten, war von der unterseeischen Welt noch nichts bekannt. Über eine bestimmte Tiefe hinaus zu tauchen, war damals aufgrund der Sauerstoffkapazitäten und des gewaltigen, für Menschen tödlichen Druckunterschieds unmöglich. Die Tiefseetaucherkugel, eine Metallmuschel von 1,5 Metern Durchmesser, hatte 38 Zentimeter dicke Außenwände und konnte an einem Stahlseil von einem Schiff ins Meer gelassen werden. 1934 tauchten Beebe und Barton bei den Bermudainseln bis in eine Tiefe von 906 Metern. Ihr Unternehmen markierte den Beginn der systematischen Tiefseeforschung.

1953 konstruierte der Schweizer Auguste Piccard das Bathyskaph, das auf einem ausgeklügelten System von Tauchzellen und Ballastkörpern basierte, wodurch sich das Gerät frei bewegen konnte. Sieben Jahre später

298 oben *In über 60 Bänden erzählte Jules Verne seine Geschichten, in denen er seine technischen Utopien entwickelte. Er schuf damit eine Literaturgattung, die sich heute großer Beliebtheit erfreut: Science Fiction. Diese Abbildung stammt aus einer zeitgenössischen Ausgabe der* Reise um den Mond.

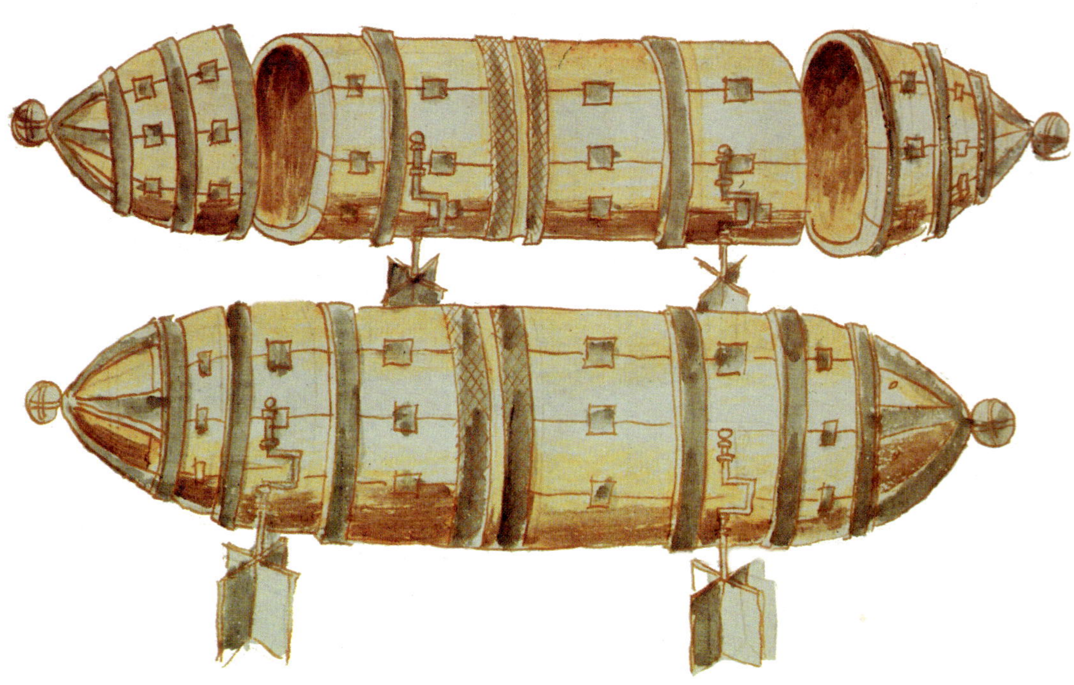

298 Mitte *Dieser kolorierte Stich von 1784 zeigt einige Männer, die die Erfindung von M. Fréminet testen, die „hydrostatergatische Maschine", die „völlig wasserdicht ist und dazu dient, unter Wasser zu arbeiten". Es war ein Vorläufer der modernen Taucherpumpen. Wissenschaft und Technologie öffneten im schnellebigen 18. Jahrhundert neue Horizonte für die Forschung.*

298 unten *Die ersten, während der italienischen Renaissance erdachten, Tauchboote bestanden aus Holz und waren mit primitiven, handgetriebenen Propellern ausgerüstet, wie auf dieser Abbildung zu sehen ist.*
Erst im 18. Jahrhundert bekamen diese Entwürfe eine praktische militärische Bedeutung. Das 1776 von dem Amerikaner David Bushnell konstruierte U-Boot Turtle *konnte Minen unter dem Kiel feindlicher Schiffe befestigen.*

299 oben links *Im Zusammenhang mit seinen Studien über kosmische Strahlen und ionisierte Schichten der Atmosphäre entwarf Auguste Piccard einen Ballon mit einer Druckkabine, die ein Labor für die Beobachtung der Stratosphäre enthielt. Foto von einem Flug im August 1932.*

299 unten links *Das Bild zeigt den kritischen Augenblick, als das Bathyskaph* Trieste *ins Wasser gelassen wird. 1960 erreichte dieses Tieftauchgerät den Boden des Marianengrabens in 10 916 m Tiefe.*

299 oben rechts *Nach der Stratosphäre in große Meerestiefen: Auguste und Jacques Piccard auf dem Bathyskaph* Trieste *bei Castellammare di Stabia, Italien.*

299 unten rechts *Foto aus dem Inneren des U-Bootes: Jacques Piccard und Don Walsh kurz vor ihrer historischen Tauchfahrt, die nur durch ein System von flutbaren Tanks und Ballast möglich wurde.*

erreichte das Bathyskaph *Trieste* den Meeresboden im Marianengraben im Pazifik in 10 916 Metern Tiefe.
Von diesem Zeitpunkt an wurde die Tiefseeforschung immer komplexer dank einer hochentwickelten Technologie. Moderne Forschungs-U-Boote sind mit Greifarmen ausgestattet, die Meeresbodenproben entnehmen können, mit elektronischen Analysesystemen und starken Suchscheinwerfern. Die neueste Technologie trug auch zur archäologischen Forschung bei und erhärtete die Theorie der Plattentektonik, wobei die Kontinentaldrift wissenschaftlich nachgewiesen werden konnte.
Viele Geheimnisse der Meere wurden gelüftet; Unterwasserlabors dienen dem Studium der Geologie, Flora und Fauna in großen Tiefen. Es gibt jedoch noch bedeutende Hindernisse, und ihre Überwindung erfordert die Entwicklung noch komplizierterer Technologien.
Doch die wichtigste Erforschung in diesem Jahrhundert ist die Erforschung des Weltraums. Am 20. Juli 1969 betrat ein amerikanischer Astronaut als erster Mensch den Mond und verwirklichte so eine der wildesten Phantasien des Schriftstellers Jules Verne, der über hundert Jahre zuvor eine derartige Reise mit bemerkenswerter Präzision beschrieben hatte.
Das amerikanische Raumprogramm begann Ende der 50er Jahre, kurz nach dem der Russen. Bereits 1957 hatten sowjetische Wissenschaftler einen

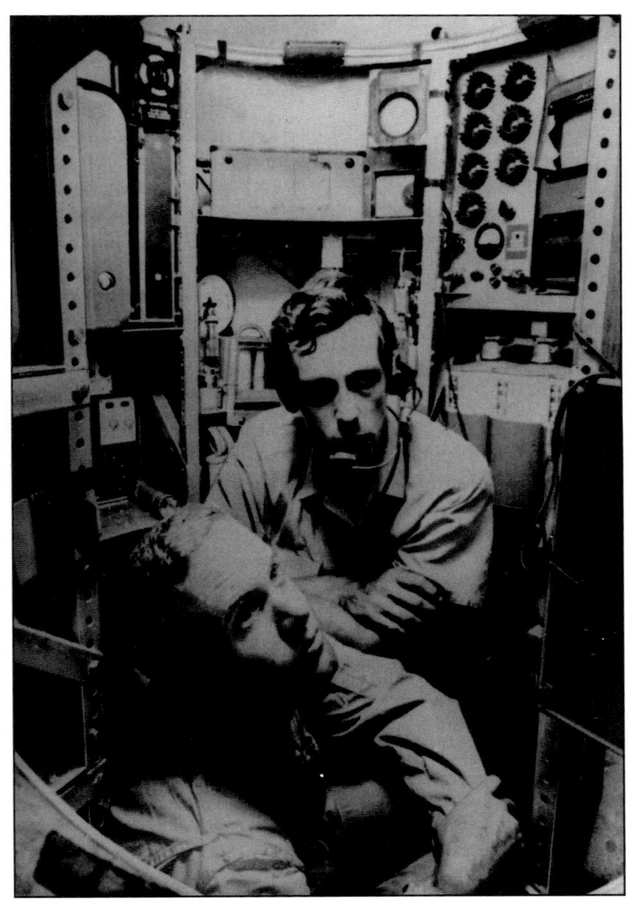

300 oben Der Schweizer Physiker und Ingenieur Auguste Piccard kontrolliert mit seinem Sohn Jacques die Baupläne für das Bathyskaph Trieste.

300 Mitte Dieses Foto zeigt die Trieste mit der US-Flagge und der Schweizer Flagge bei der Einfahrt in den Hafen von San Diego in Kalifornien nach einer Tauchfahrt. Die ozeanographische Forschung von Piccard führte zu einer Reihe von Entdeckungen, die die moderne Wissenschaft revolutionierten.

300 unten Dieses Foto, das 1972 in London entstand, zeigt ein Treffen der wichtigsten Persönlichkeiten der modernen Forschung. Der zweite von links ist Jacques Piccard, Konstrukteur der Trieste, die im Marianengraben eine Tiefe von 10916 m erreichte; links der Norweger Thor Heyerdahl, der 1947 mit seinem Floß Kon-Tiki von Peru über den Pazifik nach Polynesien segelte. 1970 segelte er an Bord der Ra II, einem Boot aus Papyrusschilf, von Marokko ab und kam zwei Monate später an der amerikanischen Küste an. Seine Reisen zeigen, daß über die antiken Zivilisationen noch großer Forschungsbedarf besteht und interessante Hypothesen auf ihre Bestätigung warten. Rechts ist der Astronaut Neil Armstrong zu sehen, der als erster Mensch im Juli 1969 den Mond betrat.

301 oben *Das U-Boot* Ben Franklin, *das von Jacques Piccard 1968 für die* Grumman Aerospace Corporation *entworfen wurde, ermöglichte die Durchführung zahlreicher ozeanographischer Forschungsprojekte. Es kann sechs Personen sechs Wochen lang aufnehmen. Auf dem Foto eine triumphale Ankunft in New York.*

301 unten *Jacques Piccard an Bord des kleinen U-Boots* F. A. Forel. *Das am 8. Januar 1979 vom Stapel gelassene U-Boot ist mit elektronisch gesteuerten Greifarmen für die Entnahme von Proben und zur Handhabung verschiedener Werkzeuge ausgerüstet. Drei Personen können drei Tage damit tauchen.*

künstlichen Satelliten gestartet, und vier Jahre später umrundete Juri Gagarin an Bord des Raumschiffes *Wostok* erfolgreich die Erde. Dieses Unternehmen beeindruckte die Welt und brachte der Sowjetunion hohes Ansehen ein. Stimuliert durch den Kalten Krieg, hatte das Wettrennen im Weltraum begonnen. 1962 schickte die NASA auch einen Mann in den Weltraum, John Glenn. Während die Russen Satelliten für die Mondforschung konstruierten, starteten die Amerikaner ihr Apolloprogramm.
Nach etlichen Missionen startete am 16. Juli 1969 die 85 Meter hohe und 3000 Tonnen schwere Saturn-5-Rakete in Cape Kennedy in Florida zum Mond. Das Raumschiff *Apollo 11,* in dem sich Neil Armstrong, Edwin Aldrin und Michael Collins befanden, alle erfahrene Astronauten, führte eine Mondfähre mit sich. Die *Saturn 5* brachte sie programmgemäß zum Mond, und am Samstag, den 19. Juli, trat die *Apollo* in eine Mondumlaufbahn ein. Einige Stunden später verließ die Mondfähre mit zwei Astronauten die *Apollo,* um auf dem „Meer der Stille" zu landen. Die Mondfähre setzte sanft auf der staubigen Mondoberfläche auf. Früher

302 *Dank der Fernsehübertragung konnte die ganze Welt am Flug von* Apollo 11 *teilnehmen, der ersten von sechs Mondmissionen. Die Flüge zum Mond ermöglichten zahlreiche wissenschaftliche Experimente. Die Astronauten sammelten geologische Muster, machten Fotos und führten Feldversuche durch. Heute wird kritisiert, daß die Forschungsergebnisse in keinem Verhältnis zu den entstandenen Kosten stehen. Das ändert allerdings nichts daran, daß auch fast dreißig Jahre später die Mondlandung noch immer ein Meilenstein in der Forschung ist.*

als geplant begab sich Armstrong nach draußen; er stieg die Leiter bis zur tiefsten Sprosse hinab und machte eine kurze Pause – der letzte kleine Schritt war „ein gigantischer Schritt für die Menschheit".
Der 38jährige Neil Armstrong war der erste Mensch, der einen anderen Himmelskörper betrat. Das Ereignis wurde weltweit im Fernsehen übertragen und erweckte großes Interesse.
Die Amerikaner schickten noch fünf Raumschiffe zum Mond, wobei sie eine große Menge Daten über die geologische Struktur und die physikalischen Eigenschaften des Erdtrabanten sammelten.
Die Erforschung des Weltraums geht mit immer ehrgeizigeren Projekten weiter: 1982 verbrachten zwei russische Kosmonauten 211 Tage an Bord der Raumfähre *Saljut 7*.
Inzwischen sind Raumflüge Routine geworden. 1977 schickte die NASA die Raumsonden *Voyager 1* und *Voyager 2* in die äußeren Regionen des Sonnensystems.
Zwei Jahre später kam *Voyager 1* dem Jupiter bis auf 780 000 Kilometer nahe. Die zur Erde gesendeten Daten bestätigten die Existenz einer dichten Gasatmosphäre und gaben Aufschluß

303 oben *Die Amerikanische Flagge „weht" über dem „Meer der Stille". Auf der Mission der* Apollo 11 *wurde eine Mondlandefähre eingesetzt (links im Bild); der von Neil Armstrong fotografierte Astronaut ist Edwin Aldrin. Unter der Flagge (oben) sind die Fußabdrücke der ersten Menschen auf dem Mond deutlich sichtbar.*

303 unten *Was am Mondhorizont zu sehen ist, ist unsere Erde. Im Vordergrund schwebt die Mondlandefähre von* Apollo 11 *mit Aldrin und Armstrong an Bord.*

304 oben *Am 3. November 1994 startete die Raumfähre* Atlantis *mit fünf amerikanischen Astronauten und dem europäischen Wissenschaftler Jean-François Clarvoy. Die Fähre enthielt ein komplettes Labor für wissenschaftliche Experimente.*

304 unten links *Die Raumfähren revolutionierten die Raumfahrttechnologie. Zum ersten Mal konnte ein Raumschiff ins All starten und anschließend eine normale Landung ausführen, so daß es für weitere Missionen gebraucht werden konnte. Dieses Foto zeigt die* Challenger *im Juli 1983 mit geöffneten Ladeklappen.*

304 unten rechts *Dieses Foto zeigt ein Manöver während der Mission der* Challenger *am 19. Juni 1983: Auf diesem Flug wurden mehrere Satelliten in eine Umlaufbahn gebracht.*

über die Natur seiner geheimnisvollen Satelliten.
Voyager 2 näherte sich dem Saturnring, der aus Milliarden von Eisfragmenten besteht, bevor sie zum Uranus und zum Neptun weiterflog. Über diese beiden Planeten ist fast noch nichts bekannt, und die Sonde sammelte überraschende Daten: Einer der Uranus-Satelliten, *Miranda*, hat tiefe Täler, hohe Gebirge und kuriose zickzackförmige Einschnitte, was auf geologische Phänomene hindeutet, für die es noch keine Erklärung gibt. Die neuen Raumprogramme sind in den Bereich der Science-fiction eingetreten, und einiges spricht dafür, daß wir erst am Anfang interplanetarischer Flüge stehen.

305 oben *Dieses spektakuläre Foto zeigt den Astronauten Bruce McCandless Jr. auf der Mission 41-B im schwerelosen Raum bei Arbeiten an der Raumfähre. Er ist mit der Raumfähre durch einen mechanischen Arm verbunden.*

305 unten *Die Astronauten Bruce McCandless Jr. (links) und Robert L. Stewart arbeiten an der Ladung der Raumfähre* Challenger *bei der Erdumkreisung während der Mission 41-B.*

BILDNACHWEIS

Alle Karten, auf denen die Reiserouten der Entdecker verzeichnet sind, stammen von Giancarlo Gellona.

1 Giovanni Sacrobosco C.P.
2 oben links Christoph Kolumbus, Seefahrtsmuseum Madrid. © Giovanni Dagli Orti
2 oben Mitte Details der Südamerika-Karte im Hydrographischen Atlas von Fernan Vaz Dourado, 1571, Torre de Tombo-Archiv, Lissabon. © G. Dagli Orti
2 oben rechts, oben Rotschwänziger Papagei, Sidney Parkinson. © N.H.M
2 oben rechts, Mitte *Cicholospermum gilliurali*, Sidney Parkinson. © N.H.M.
2 oben rechts, darunter *Simia ursina* in *Observations de Zoologie et d'Anatomie Comparée* von Alexander von Humboldt. © R.G.S.
2 Mitte links Eine von Kolumbus' Karavellen, Castello di Albertia, Genua. P.C.
2 Mitte rechts Naturalistische Zeichnungen im *Atlas du Voyage de La Pérouse*. P.C.
2 unten links James Cook, Porträt von Nathaniel Dance. © N.M.M.
2 unten rechts Treffen zwischen Cooks Männern und den Einwohnern von Tahiti, Bibliothek des Kunstgewerbes, Paris. © G. Dagli Orti
3 oben links Boot im *Atlas du Voyage de La Pérouse*. P.C.
3 oben rechts Marco Polo, Stich von 1857. © F.S.N.
3 unten links Erforscher im Wald, Stich von J.B. Debret, 1834, Museum der afrikanischen und ozeanischen Künste, Paris. © G. Dagli Orti
3 unten rechts Magellano, Stadtmuseum Sevilla. © Giancarlo Costa/Agenzia Stradella
5 Portugiesischer Seefahrer, Seefahrtsmuseum Lissabon. © G. Dagli Orti
7 oben links Omphalos von Delphi, Museum von Delphi. © Agenzia Ricciarini
7 oben rechts Fußspuren von Laetoli, Tansania. © John Reader/Science Photo Library/Grazia Neri
7 unten Fußabdruck auf dem Mond. © NASA
8 oben Ansicht der Erde von Giovanni Sacrobosco. P.C.
8 unten Weltkarte aus *Geographia* von Claudius Ptolemäus, Marciana-Bibliothek, Venedig. © G. Dagli Orti
9 Titelbild aus Gerhard Mercators *Atlas*, Biblioteca Alessandrina, Rom. © A. Ricciarini
10 *Antorcha de la mer* von Nicolas Jansz Voogt, Amsterdam 1700, N.M.M. © A. Ricciarini
10-11 Universale Hydrographische Karte von Waldseemüller in *Geographia*. P.C.
11 unten Nashorn in *Storia degli animali* von Ulisse Alorovandi. © Agenzia Ricciarini
12 Cranium Knm-er 1470. © Rim Campell/Bruce Coleman
13 Cranium Knm-er 3733. © Camerapix
15 oben Pfeil, El Fayum. © A. Ricciarini
15 Mitte Fußspuren von Laetoli, Tansania. © John Reader/Science Photo Library/Grazia Neri
16 Wikingerschiff, Oslo. © G. Veggi/A. White Star
17 Hatschepsut, Museum Kairo. © Jürgen Liepe
18 oben Die Königin von Punt, Museum Kairo. © G. Degli Orti
18 unten Hatschepsut, Deir el-Bahari. © Alberto Siliotti
19 oben Relief aus dem Tempel der Hatschepsut, Deir el-Bahari. © M. Bertinetti/A. White Star
19 Mitte links Relief aus dem Tempel der Hatschepsut, Deir el-Bahari. © Giulio Veggi/A. White Star

19 Mitte rechts Relief aus dem Tempel der Hatschepsut, Deir el-Bahari. © M. Bertinetti/A. White Star
19 unten Relief aus dem Tempel der Hatschepsut, Deir el-Bahari. © Idem
20 oben Tarso-Boot, Archäologisches Museum Beirut. © G. Dagli Orti
20 unten Phönizische Halskette, Archäologisches Museum Cagliari. © A. Scala
21 Punische Tonmaske, Bardo-Museum, Tunis. © A. Ricciarini
22 Schiffe laufen in den Hafen von Santorin ein, Archäologisches Nationalmuseum, Athen. © G. Dagli Orti
23 Karte des Nordatlantik, 15. Jahrhundert, C. Ptolemäus, Plut. 30.3. © Biblioteca Medicea Laurenziana, Florenz. Wir danken dem Kultur- und Umweltministerium für die Repro-Erlaubnis.
24 oben Büste von Alexander dem Großen, Akropolis-Museum Athen. © Archiv Scala
24 unten Mosaik der Schlacht von Issus, Nationalmuseum Neapel. © Araldo De Luca
25 oben Die Flotte von Alexander dem Großen auf dem Indus, Stadtbibliothek Reims. © A. Ricciarini
25 unten Alexander der Große auf einem Elefanten, Emaille, 16. Jahrhundert, Galdiano-Museum Madrid. © A. Ricciarini
26 oben links Alexander der Große und sein Pferd Bucephalos, in der *Cosmographia* von Julius Solinus. © G. Costa/Agentur Stradella
26 oben rechts Monster. Idem
26 unten Alexander der Große kämpft gegen Schildkröten, in der Hagiographie Alexanders des Großen, Königliche Bibliothek Brüssel. © Idem
27 Alexander der Große kämpft gegen sechsarmige Menschen. Idem
27 unten Alexander der Große kämpft gegen Menschen mit Tierköpfen. Idem
28 oben Alexander der Große passiert den Euphrat und Tigris, in *De Rebus Gestis Alexandri Magni* von Curzio Rufo Quinto. Stadtbibliothek Reims. © A. Ricciarini
28 unten Alexander in der Oase Siwa, in *De Rebus Gestis Alexandri Magni*, B.N.P. © F.S.N.
28-29 Die Flotte Alexanders des Großen nach der Flut. Fr. 22547 Fol. 242. © B.N.P.
29 unten links Alexander der Große erforscht die unterseeische Welt, Fr. 9342 Fol. 182. © B.N.P.
29 unten rechts Alexander kämpft gegen König Poros, Fr. 22547 Fol. 219. © B.N.P.
30 oben Wikingerschiff, Seefahrtsmuseum Oslo. © Giulio Veggi/Archiv White Star
30 Mitte Wikingerschiff, Seefahrtsmuseum Madrid. © G. Dagli Orti
30 unten Basrelief mit einem Wikingerschiff, Historisches Museum Stockholm. © Idem
31 Miniatur mit Wikingerschiff. © F.S.N.
32 Weltkarte von Fra Mauro Camaldolese, Biblioteca Marciana, Venedig. © A. Ricciarini
32 Mitte Weltkarte aus dem Buch der Psalmen, Ms-Add 28681. © B.L.
33 oben Prester John und sein Hof. © F.S.N.
33 unten Der Tod von Prester John, Fr. 2810 Fol. 27. © B.N.P.
34 links Giovanni de Piano Carpini, Stich. © Jean Loup Charmet
34 rechts Die Cynophalusen im *Livre des Merveilles*, Fr. 2810 Fol. 188V°. © B.N.P.
35 links Wilhelm von Rubruk. © Jean Loup Charmet
35 rechts Franziskanermönche beim Kräutersammeln, Biblioteca Augustea, Perusa. © G. Dagli Orti
36 oben Marco Polo, Stich, 1857. © F.S.N.
36 unten rechts Markusplatz in Venedig, Miniatur, 15. Jahrhundert, Museum Condé, Chantilly. © A. Ricciarini
36 unten rechts Karte von Asien und Nordamerika, Dogenpalast, Kartensaal, Venedig. © AKG Photo
37 oben Marco Polos Abreise aus Venedig, in *Roman d'Alexandre*, Ms. Bodl. 264 Fol. 218r. © Bodleian Library Oxford
37 unten links Zuckerhändler, in *Tractus de Erbis*, Biblioteca Estense, Modena. © G. Dagli Orti
37 unten rechts Weihrauchhändler. © Idem
38 oben Katalanische Karte, 1375. © B.N.P.
38 unten Die Polo-Brüder empfangen die Goldtafeln vom Kublai-Khan, in *Livre des Merveilles*, Fr. 2810 Fol. 3V°. © B.N.P.
39 unten links Marco Polo in tatarischer Tracht, Museum Correr, Venedig. © G. Dagli Orti
40 unten Die Chinsai-Straße, in *Livre des Merveilles*, Fr. 2810 Fol. 67. © B.N.P.
40-41 Schiff mit exotischen Waren, in *Livre des Merveilles*, Fr. 2810 Fol. 4. © B.N.P.
41 unten links Die Soldaten des Kublai-Khan erobern Cipangu. © Jean Loup Charmet
41 unten rechts Der Großkhan bei einer Handels-Transaktion, in *Livre des Merveilles*, Fr. 2810 Fol. 29. © B.N.P.
42 oben Fuchsjäger, B.N.P. © F.S.N.
42 Mitte Bewohner der Länder des Ostens, in *Livre des Merveilles*, Fr. 2810 Fol. 14. © B.N.P.
42 unten Pfefferernte, in Livre des Merveilles, Fr. 2810 Fol. 84. © B.N.P.
43 oben Marco Polo bricht nach China auf, in *Livre des Merveilles*, Fr. 2810 Fol. 86V°. © B.N.P.
43 unten Abreise von Marco Polo, *in Livre des Merveilles*, Fr. 2810 Fol. 76V°. © B.N.P.
44 oben Frontispiz aus *Il Milione*, spanische Ausgabe, 1503, Biblioteca Braidense, Mailand. © G. Costa/Agentur Stradella
44 unten Frontispiz aus der Erstausgabe von *Il Milione*, Nationalbibliothek Paris. © F.S.N.
45 oben links Marco Polo auf einem Pferd, Miniatur, 15. Jahrhundert, B.N.P. © A. Ricciarini
45 rechts Älteste portugiesische Ausgabe von *Il Milione*, B.N.P. © G. Costa/Agentur Stradella
46 Mitte Die portugiesische Flotte, Miniatur, 1513, Archivio della Torre de Tombo. © G. Dagli Orti
47 oben Detail aus der Cantino-Karte, Biblioteca Estense, Modena. © Archiv Scala
47 unten Heinrich der Seefahrer, Nationalmuseum für Alte Kunst, Lissabon. © G. Dagli Orti
48 oben Portugiesisches Schiff, Seefahrtsmuseum Lissabon. © Idem
48 unten Portugiesische Gesandte werden vom König von Kongo empfangen. © Jean Loup Charmet
49 oben Karte der afrikanischen Küste, Archivio della Torre de Tombo. © G. Dagli Orti
49 unten Cantino-Karte, B.M. © AKG Photo
50 oben Portugiesische Händler, indische Miniatur, 16.-17. Jahrhundert. © Jean Loup Charmet
50 unten Hafen von Lissabon, Stich von Théodore de Bry. © AKG Photo
51 Bartolomeo Diaz, Seefahrtsmuseum Lissabon. © G. Dagli Orti
52 unten Seeschlange, in *Icones animalium aquatilium* von Konrad von Gesner. © AKG Photo
52-53 Kap der Guten Hoffnung, in *Description de l'Afrique* von Olfert Dapper. © AKG Photo
54 oben links Abreise von Vasco da Gama, Akademie der Wissenschaften, Lissabon. © G. Dagli Orti
54 oben rechts Vasco da Gama, Nationalmuseum für Alte Kunst, Lissabon. © G. Dagli Orti
55 links Eines von Vasco da Gamas Schiffen, Stich, 1800. © AKG Photo
55 rechts Vasco da Gama. © Agentur Ricciarini
56 Vasco da Gamas Ankunft in Calicut, Museum für flämische Wandteppiche, Tournai. © G. Dagli Orti
57 oben Ansicht von Goa. © Portugiesisches nationales Fotografiearchiv, Lissabon
57 unten Vasco da Gama mit Geschenken für den König von Calicut, Stich, 1800. © AKG Photo
58 oben Ansicht von Macao, Stich von Théodore de Bry. © New York Public Library
58 oben rechts Hafen von Aden, Archiv Torre de Tombo. © G. Dagli Orti
59 oben Cabral in Porto Seguro, Historisches Nationalmuseum, Rio de Janeiro. © G. Dagli Orti
59 unten Cabral in Brasilien, in *Livro das Armadas*, Akademie der Wissenschaften, Lissabon. © Idem
60 oben Portolan von B. Agnese. © Fotoflash
60 Mitte Karte von Afrika *Tabula Terra Novae*. P.C.
60 Die Eroberung Brasiliens durch die Portugiesen, Stich von Théodore de Bry. © G. Dagli Orti
61 Die Portugiesen in China, in *Travels of Fernao Andrae in China*. © Jean Loup Charmet
61 unten Hafen von Bantam. © Idem
62 Portugiesische Handelsschiffe in Japan, Museum Port Soares dos Reis. © A. Ricciarini
63 oben Apotheke, Castello d'Issogne, Aosta-Tal. © G. Dagli Orti
63 Mitte Muskatnuß-Verkäufer, Biblioteca Estense, Modena. © Idem
63 unten Zimt-Verkäufer, Biblioteca Estense, Modena, © Idem
64-65 Fliegende Fische auf dem Meer, in *America Pars Quarta* von Théodore de Bry. © AKG Photo
66 unten links Christoph Kolumbus. © Civica Raccolta Stampe A. Bertarelli, Castello Sforzesco, Mailand
66 unten rechts Christoph Kolumbus. © Idem
67 oben Christoph Kolumbus, von Ghirlandaio, Seefahrtsmuseum Genua. © G. Costa/A. Stradella
67 Mitte Ersuchen um Finanzmittel, unterschrieben von Christoph Kolumbus. © Civica Raccolta Stampe A. Bertarelli, Castello Sforzesco, Mailand
67 unten Christoph Kolumbus, Stadtmuseum Como. © F.S.N.
68 oben Kolumbus' Karavellen, Seefahrtsmuseum Madrid. © G. Dagli Orti
68 unten Christoph Kolumbus mit Garcia Fernandez, Kloster L aRabida, Palos. © Idem
69 oben Christoph Kolumbus mit Franziskanermönchen in Granada. © Idem
69 Mitte Goldmünze mit den spanischen Monarchen, Archäologisches Nationalmuseum, Neapel. © BIP Agenzia Ricciarini
69 unten Stundenglas, Seefahrtsmuseum Madrid. © A. Ricciarini
70 oben Kolumbus' Karavellen, Castello di Albertia, Genua. P.C.
70 unten Kolumbus' Abreise, Stich von Théodore de Bry. © AKG Photo
70-71 Verlauf von Kolumbus' erster Reise, Kloster La Rabida, Palos. © G. Dagli Orti
71 rechts Meuterei auf der *Santa Maria*, Stich von Amati, 1890. © AKG Photo
71 unten Abreise der Karavellen, Kloster La Rabida, Palos. © G. Dagli Orti
72 oben Kolumbus' Ankunft auf Hispaniola, in *De Insulis Indie Inventis*, 1493. © AKG Photo
72 unten Kolumbus' Ankunft auf den Bahamas, Stich von Théodore de Bry. © Idem
73 oben Kolumbus' Landung bei Guahani, Stich von Dioscoro T. de la Puebla Tolin. © Idem
73 unten Die erste Messe in Amerika wird gehalten, Blanchard, Museum der Schönen Künste, Dijon. © G. Dagli Orti
74 oben Küstenverlauf von Hispaniola, gezeichnet von Kolumbus. © AKG Photo
74 Mitte Toscanellis Planisphäre, Nationalbibliothek, Florenz. © F.S.N.
74 unten Die Siedlung Navidad auf Hispaniola, in *De Insulis Indie Inventis*, 1493, P.C.
75 oben Karte von Hispaniola, in von B. Bordone, 1528. © G. Costa/Agentur Stradella
75 unten Weltkarte, Seefahrtsmuseum Madrid. © F.S.N.
76 oben Kolumbus' Wappen, im Privilegien-Kodex, Indisches Archiv, Sevilla. © G. Dagli Orti
76 rechts Titelbild des Privilegien-Kodex, Seefahrtsmuseum, Pegli. © Idem
77 oben Christoph Kolumbus vor den spanischen Monarchen, Gemälde von R. Balaca, 1874, Historisches Nationalmuseum, Buenos Aires. © Idem
77 unten links Die *Santa Maria*, in *De Insulis Indie Inventis*, 1493, © AKG Photo
77 unten rechts Eine von Kolumbus' Karavellen, in *De Insulis Indie Inventis*, P.C.
78 oben links Kolumbus' Verhaftung, von Théodore de Bry. © G. Costa/A. Stradella
78-79 oben Kolumbus' Tod, von B. Rementeira, Kolumbus-Museum, Valladolid. © G. Dagli Orti
78-79 unten Karte, gezeichnet von Bartolomeo Colombo, 1505. © Civica Raccolta Stampe A. Bertarelli, Castello Sforzesco, Mailand
79 oben Brief von Kolumbus an seinen Sohn, Indisches Archiv, Sevilla. © G. Dagli Orti
80 oben Erstes Zusammentreffen von Kolumbus und Indianern, von D. K. Bonatti. © AKG Photo
80 Mitte oben Karibische Krieger, in *De Insulis Indie Inventis*. © Idem
80 Mitte unten Tupinamba-Kannibalismus, von Théodore de Bry. © Idem
80 unten Tupinamba-Kannibalismus, Stich von Théodore de Bry. © Idem
81 Die Entdeckung Amerikas, von Cesare dell'Acqua, Castello di Miramare, Triest. © G. Dagli Orti
82 Arabischer Globus, Museum für Wissenschaftsgeschichte, Florenz. © Emilio F. Simion/A. Ricciarini
83 oben Ibn Battutah. P.C.
83 unten Karte des Mittelmeers von Al-Istakhri, Nationalbibliothek Kairo. © G. Dagli Orti
85 links oben Osmanische Pilger auf dem Weg nach Mekka, Miniatur aus einer osmanischen Handschrift, Topkapi-Palastbibliothek, Istanbul. © Idem
85 unten Karte des Roten Meeres und der heiligen Städte von Al Idrisi, Nationalbibliothek Kairo. © Idem
85 rechts Arabisches Astrolabium, Museum für Wissenschaftsgeschichte, Florenz. © Emilio F. Simion/A. Ricciarini
86-87 Islamischer Reisender, osmanische Miniatur, Topkapi-Bibliothek, Istanbul. © G. Dagli Orti
87 oben Astronomen im Galata-Turm, 15. Jahrhundert, Universitätsbibliothek Istanbul. © Idem
87 unten links Arabisches Astrolabium, Museum für Wissenschaftsgeschichte, Florenz. © A. Ricciarini
87 unten rechts Karawane von arabischen Händlern, von Al Idrisi, 1237, Arabe 5847 Fol. 31. © B.N.P.
88 oben Chinesischer Kartograph, Stich, 1660. © Bettmann-Archiv
88 unten Chinesische Kompasse. © Jean Loup Charmet
89 Chinesische Dschunken, 13. Jahrhundert. © Bettman-Archiv
90-91 Planisphäre von Giulio Alemi. P.C.
90 unten Kanton, K Top 116.23. © B.L.
91 oben Chinesische Dschunke. © B.N.P.
91 Mitte oben Chinesische Dschunke. © G. Costa/Agenzia Stradella
91 Mitte unten Chinesisches Boot. © A. Ricciarini
91 unten Große Dschunke, B.M. © F.S.N.
92 Die *Victoria*. © AKG Photo
93 oben Magellan, Stadtmuseum Sevilla. © G. Costa/Agenzia Stradella
93 unten Karl V., von Bernard Van Orley, Musée de l'Ain, Bourg-en-Bresse. © G. Dagli Orti
94 oben Tabula Magellanica, 17. Jahrhundert. © Civica Raccolta Stampe A. Bertarelli, Castello Sforzesco, Mailand
94 unten Magellans Flotte vor den Gewürzinseln, B.M. © F.S.N.
95 unten Weltkarte von B. Agnese, 1538. P.C.
96 oben links Die Magellanstraße aus den Tagebüchern von Pigafetta. © G. Costa/A. Stradella
96 oben rechts Karte von Südamerika, in *Atlante Idrografico* von Fernan Vaz Dourado, Fol 13, Archivio Torre de Tombo, Lissabon. © G. Dagli Orti
96 unten Magellans Passage durch die Meerenge, von Jan van der Straet. © AKG Photo

97 oben Magellan segelt durch die Meerenge, Stich von 1880. © Idem
97 unten Astrolabium von Alfons dem Weisen, 13. Jahrhundert, Seefahrtsmuseum Madrid. © A. Ricciarini
98 und 99 Aquarelle von Debeauchense, Museum für Seefahrtsgeschichte, Vincennes. © G. Dagli Orti
100 oben Die Molukken, aus Pigafettas Tagebüchern, Fr. 5650 Fol. 8210. © B.N.P.
100 unten Die Ladronen, aus Pigafettas Tagebüchern. © G. Costa/A. Stradella
101 oben links Magellan stellt auf den Philippinen ein Kreuz auf. © Bettman-Archiv
101 oben rechts Die Inseln Cebu und Maclan, aus Pigafettas Tagebüchern. © G. Costa/A. Stradella
101 unten Magellans Tod, Stich aus dem 19. Jahrhundert. © F.S.N.
102 unten Schiff aus Gold, Muiscakultur, Goldmuseum Bogotà. © G. Dagli Orti
103 oben Vasco Nuñez de Balboa, Stich aus dem 16. Jahrhundert. © G. Costa/A. Stradella
104 oben Die Indianer von Darién übergeben Balboa Gold, von Théodore de Bry. © AKG Photo
104 Mitte Die Hunde der Expedition von Balboa, von Théodore de Bry. © Idem
104 unten Goldene Brustplatte, Goldmuseum Bogotà. © G. Dagli Orti
105 oben links Goldene Brustplatte, Calimakultur. Idem
105 oben rechts Goldene Brustplatte, Tierradentrokultur. Idem
105 unten Bartolomeo de Las Casas, Indienarchiv, Sevilla. © Idem
106 oben Hernan Cortés, Nationalbibliothek Madrid. © A. Ricciarini
106 unten Goldene Brustplatte, Regionalmuseum, Oaxaca. © G. Dagli Orti
107 oben Aztekische Maske aus Jade, Silbermuseum, Florenz. © Archiv Scala
107 unten Montezuma, Silbermuseum, Florenz. © Nimatallah/A. Ricciarini
108 unten Die Ankunft von Cortés' Schiffen in Yucatan, in *Historia de las Indias* von Diego Duran, Nationalbibliothek Madrid. © G. Dagli Orti
109 oben Treffen zwischen Cortés und Montezuma, Gemälde auf Kupfer von A. Solis, 16. Jahrhundert, Amerika-Museum, Madrid. © Idem
109 unten Cortés und Diego Velazquez. © Idem
110 oben Cortés trifft die Tlaxcala-Indianer, in *Historia de las Indias*, Nationalbibliothek Madrid. © Idem
110 unten Schlacht von Tepeaca, Gemälde auf Kupfer von A. Solis, Amerika-Museum, Madrid. © Idem
110-111 Karte von Tenochtitlán, zweiter Brief von Cortés an Karl V., Stadtmuseum, Mexico-City. © Idem
111 unten Karte von Tenochtitlán, in *Civitates Orbis Terrarum* von Georgius Braun, 1594, Nationalbibliothek Madrid. © Idem
112 oben links Aztekischer Prinz, in *Historia de las Indias* von Diego Duran, Nationalbibliothek Madrid. © Idem
112 oben rechts Federfächer aus dem Schatz von Montezuma, Museum für Völkerkunde, Wien. © Idem
112 Mitte Feder-Kopfschmuck. © Idem
112 unten Austausch von Juwelen zwischen Cortés und Montezuma, Gemälde auf Kupfer von A. Solis, 16. Jahrhundert, Nationalbibliothek Madrid. © Idem
113 Cortés empfängt den Tribut von Montezuma. © Idem
114 Statue von Xochipilli, Anthropologisches Nationalmuseum, Mexico-City. © Idem
115 oben links Statue von Coatlicue. © Idem
115 oben rechts Statue eines Kriegers. © Idem
115 unten Aztekische Maske, Tempio di Mayor, Mexico. © Idem
116-117 Aztekische Gottheiten und Lebensszenen, in *Historia de las Cosas de Nueva España* von Bernardino de Shagun, Biblioteca Medicea Laurenziana
118 Montenzuma wird gefangengenommen, Gemälde von A. Solis, Amerika-Museum, Madrid. © G. Dagli Orti
119 links Die Azteken greifen Montezumas Palast an, Amerika-Museum, Madrid. © F.S.N.
119 rechts Don Pedro Alvarado, Kolonialmuseum von Antigua. © G. Dagli Orti
120 oben links Francisco Pizarro, Versailles. © Idem
120 oben rechts Rituelles Messer, Chimùkultur, Goldmuseum Lima. © Idem
121 oben Begräbnismaske. © Idem
121 unten links Der „Pakt" für die Entdeckung Perus, Stich von Théodore de Bry, 1596. © G. Costa/Agenzia Stradella
121 unten rechts Atahualpa. © G. Dagli Orti
122 Atahualpa wird von Pizarro gefangengenommen, Stich von Théodore de Bry, 1596. © Idem
123 oben Atahualpa wird von Pizarro gefangengenommen, in *Atlante dell'America del Sud* von G. Ferrario, 1827, Bibliothek Ajuda, Lissabon. © Bibliothek Ajuda
123 unten links Diego de Almagro sucht sein Glück, von Théodore de Bry. © G. Costa/A. Stradella
123 unten rechts Die Tötung von Atahualpa, in *The History of the Spanish Conquests* von G. Poma de Ayala. © G. Dagli Orti
124 oben Gold- und Türkisohrring, Mochicakultur, Mujica Gallo-Stiftung. © Idem
124 unten Weibliche Figur aus Gold, Tolitakultur, Museum Bruning-Lambaeyque, Peru. © Idem
125 oben Goldvase, Chimùkultur, Goldmuseum Lima. © Idem
125 unten Goldkrone. © Idem
126 oben Die Eroberung von Cuzco, Stich von Théodore de Bry, 1596. © Idem
126 unten Katze aus Gold, Chimùkultur, Museum Bruning-Lambaeyque. © Idem
126-127 Ansicht von Cuzco, Stich von Braun-et-Hogenberg, Biblioteca Marciana, Venedig. © Idem
128-129 Begräbnismaske, Chimùkultur, Goldmuseum Lima. © Idem
130 oben Francisco Vasquez de Coronado, von Peter Hurd. © Roswell Museum and Art Center
130 unten Die Spanier greifen ein Zuñi-Pueblo an, von Jan Mostaert, 16. Jahrhundert. © Tom Haartsen - Frans Hals Museum
131 oben Karte von Südamerika, in *Atlante Idrografico*. A. Torre de Tombo. © G. Dagli Orti
131 unten De Coronado an der Spitze seiner Armada, von Charles M. Russell. © Amon Carter Museum
132 *Septentrionalum Terrarum*, in Mercators *Atlas*, 1599. P.C.
133 oben Giovanni Caboto, Porträt von Manescardi, Palazzo Ducale, Venedig. © G. Dagli Orti
133 unten Sebastiano Caboto. © AKG Photo
134 oben Jacques Cartier. © G. Costa/A. Stradella
134 Mitte Cartier auf dem Sankt Lorenz Strom, Bibliothek der Schönen Künste, Paris. © G. Dagli Orti
134 unten Cartier und seine Männer in Kanada, Karte von Pierre Descaliers, B.M. © AKG Photo
135 oben Martin Frobisher, von Cornelius Ketel. © P.C.
135 unten Frobishers Expedition in die Hudsonstraße. © Bettman-Archiv
136 oben Henry Hudson auf der *Half Moon*, 19. Jahrhundert. © AKG Photo
136 unten Henry Hudson mit dem Sohn von Collier. © The Tate Gallery Publications
137 oben links John Ross. © R.G.S.
137 oben rechts Eskimos, von David Havell, in *The voyage of Sir John Ross*, Seefahrtsmuseum, Vincennes. © G. Dagli Orti
137 Mitte Das Team von Ross mit Bewohnern der Arktis, von John Sackhouse. © Idem
137 unten Rosa Eis, Gemälde von John Ross. © AKG Photo
138 oben William Parry, von S. Reynolds. © R.G.S.
138 Mitte links Von Parry benutzte Eskimo-Sonnenbrille. © Idem
138 Mitte rechts Vitus Bering. © Bettman-Archiv
138 unten John Franklin, Porträt von William Derby, N.M.M. © AKG Photo
139 oben Der arktische Rat, von Stephen Pearce. © National Portrait Gallery, London
139 Mitte links Die Tragödie der Franklin-Expedition, von W.T. Smith, N.M.M. © AKG Photo
139 Mitte rechts Franklins letzte Botschaft. © A. Ricciarini
139 unten Die MacClintock-Expedition findet Franklins Grabhügel. © F.S.N.
140 McClures Schiff im Packeis, von Creswell. © R.G.S.
141 oben links McClure in Polarausrüstung, Foto von Captain Inglefiel. © G. Costa/A. Stradella
141 oben rechts Roald Amundsen. © Canterbury Museum, Christchurch
141 Mitte Amundsen mit einigen seiner Männer. © Norwegisches Polarinstitut
141 unten Die Mannschaft der *Vega*, in *The Vega, Journey of Discovery of the Northeast passage between Asia and Europe*. P.C.
142-143 Die *Vega* und die *Lena*. © Idem
143 unten links Unter Deck auf der *Vega*. © Idem
143 unten rechts Offiziersmesse auf der Vega. © Idem
144 links Ansicht von Vardö von 1594. © Idem
144 rechts Winterbekleidung der *Vega*-Besatzung.© Idem
145 links Die Vega. © Idem
145 rechts Porträt von Adolf Erik Nordenskiöld. © P.C.
146 Mitte Walrosse, in *The Vega, Journey of Discovery of the Northeast passage between Asia and Europe*. P.C.
146 unten Krabbe. © Idem
146-147 Porträts von Ciuktci. © Idem
147 unten links Ciuktci beim Fischen. © Idem
147 unten rechts Gravierter Knochen. © Idem
148 oben Barentsz und Rijp, in *Die dritte Reise der Holländer* von Gerrit de Veer. P.C.
148 Mitte Willem Barentsz. P.C.
149 Polarkarte von Barentsz, in *Waerachtighe Beschrijvinghe van die Seylagien*. © AKG Photo
150-151 Barentsz' Männer schleppen Holz. © Idem
150 unten Unterschlupf von Barentsz. © Idem
151 oben Barentsz' Männer häuten einen Bären. © Idem
151 Mitte Abreisevorbereitungen. © Idem
151 unten Barentsz' Männer schneiden einen Weg durchs Eis. © Idem
152 oben Die Kleidung der ersten Polarforscher. © Freddie Markham/R.G.S.
152 Mitte Seemänner schleppen ein Schiff über das Polareis. © A.H. Markham/R.G.S.
152 unten Ein Schiff wird durch einen Kanal im Eis gezogen. © Agenzia Ricciarini
153 oben Eine anglo-amerikanische Expedition auf dem Eis, 19. Jahrhundert. © Frank Hurley/R.G.S.
153 unten Ernst Shakleton und Frank Hurley vor ihrem Zelt. © R.G.S.
154 oben Hölzerner Oktant, 1750 in Britannien hergestellt, Marine-Antiquariat, Paris. © G. Dagli Orti
154 unten Holländische Schiffe im Pazifik, Karte von 1622 von H. Gerritsz, B.N.P. © A. IGDA
155 oben Abel Tasman mit seiner Familie, Gemälde von Jacob Gerritsz Cuyp, Rex Nan Kivell-Sammlung NK. © Australische Nationalbibliothek
155 unten Tasmans Flotte auf Tonga. © Algemeen Rijksarchief, Den Haag
156 oben Karte des östlichen Pazifik. © A. IGDA
156 unten links Treffen mit den Maori, aus Tasmans Tagebuch. © Algemeen Rijksarchief
156 unten rechts Tasman empfängt Adlige von Tonga. © Idem
157 unten Hafen von Batavia, Tropen-Museum, Amsterdam. © L. Lange/Koninklijk Instituut voor de Tropen
158 oben James Cook, N. Dance. © N.M.M.
158 unten James Cook mit Bewohnern des Pazifik, von E. Philips Fox, N.M.M. © A. Ricciarini
159 oben links Karte der neuen Entdeckungen, in *Atlante Zatta*, 1776, Venedig. © M. Bertinetti/Archiv White Star
159 oben rechts Harrisons Chronometer Nr. 4. © N.M.M.
159 unten Navigationsinstrument von Harrison. © N.M.M.
160 oben Schmieden eines Ankers, Tafel aus der Encyclopédie. P.C.
160 unten Pläne der *Endeavour*. © G. Costa/A. Stradella
161 Die *Endeavour* in der Tafel-Bucht. © G. Costa/A. Stradella
162 oben links Sidney Parkinson. © N.H.M.
162 oben rechts *Cicholospermum gilliurali*, von Sidney Parkinson. © Idem
162 unten Camp in der Botany Bay, Aquarell von T. Gosse, 1770. © N.M.M.
163 oben Rotschwänziger Papagei, von Parkinson. © N.H.M.
163 Mitte Karte von Neuseeland von Sidney Parkinson. © Idem
163 unten links Skorpionsfisch. © Idem
163 unten Mitte Barsch. © Idem
163 unten rechts Skorpionsfisch. © Idem
164 oben Die Gesellschaftsinseln, in *Atlante Universale*. © Civica Raccolta Stampe A. Bertarelli, Castelle Sforzesco, Mailand
164-165 Die Insel Tahiti. © Idem
165 oben Brotfruchtbaum, von Parkinson. © N.H.M.
165 unten Bewohner von Tahiti, Bibliothek der Schönen Künste, Paris. © G. Dagli Orti
166 Tahitische Tänzer, in *A Voyage to the Pacific Ocean* von James Cook. © G. Costa/A. Stradella
167 oben Vorbereitungen für ein Menschenopfer, aus einer Skizze von John Webber. © A. Stradella
167 Mitte links Ataongo. © Idem
167 Mitte rechts Otoo, von W. Hoolges. © Idem
167 unten Ein Moai von Oreihi, in *Galleria Universale di Tutti i Popoli del Mondo*, 1841, Venedig. © F.S.N.
168 Karte von Neuseeland, in *Atlante Universale*. © Civica Raccolta Stampe A. Bertarelli, Castello Sforzesco, Mailand
168 oben rechts Bewohner von Neuseeland in alter und moderner Tracht, von Giulio Ferrario. © M. Bertinetti/Archiv White Star
169 oben Maori-Festung. © Idem
169 unten Konflikt zwischen den Einheimischen und Cooks Männern, Zeichnung von Bernati. © Idem
170 Karte von Neu-Holland, in *Atlante Universale*. © Civica Raccolta Stampe A. Bertarelli, Castello Sforzesco, Mailand
170 unten Aborigines, in *Galleria Universale di Tutti i Popoli del Mondo*. © F.S.N.
171 oben Von Cook beobachtete Tiere, von Biasioli. © M. Bertinetti/Archiv White Star
171 Mitte Militärische und Jagdwaffen. © Idem
171 unten Ein Krieger und eine Frau aus Neuseeland, in *Galleria Universale di Tutti i Popoli del Mondo*. © F.S.N.
172 oben Cooks Schiffe laufen aus. © G. Costa/A. Stradella
172 unten Die *Resolution* und die *Adventure* in der Matavai-Bucht, Gemälde von William Hodges, N.M.M. © G. Costa/A. Stradella
173 Kriegskanus bei Tahiti, Gemälde von William Hodges. © M. Bertinetti/Archiv White Star
174 oben Karte der Freundschafts-Inseln, in *Atlante Universale*. © Civica Raccolta Stampe A. Bertarelli, Castello Sforzesco, Mailand
174 unten Cooks Landung bei Middleburg Eua, Bibliothek der Schönen Künste, Paris. © G. Dagli Orti
175 oben Karte der Neuen Hebriden und von Neu-Kaledonien, in *Atlante Universale*. © Civica Raccolta Stampe A. Bertarelli, Castello Sforzesco, Mailand
175 unten Konflikt mit den Bewohnern von

naga, N.M.M. © G. Costa/A. Stradella
Karte der Sandwich-Inseln, in *Atlante*
ersale. © Civica Raccolta Stampe A.
rrelli, Castello Sforzesco, Mailand
oben Cook führt Konversation mit den
eimischen Häuptlingen. © M. Berti-
/Archiv White Star
Mitte Maskierter Einheimischer, in
yage to the Pacific Ocean.
. Costa/A. Stradella
unten Cooks Tod, von John Webber.
Dagli Orti
179 Tafel der Entdeckungen von Cook
La Pérouse, Stich von Grasset De St.
ur. © Idem
oben Jean François de Galaup de La
use, in *Atlas du Voyage de La Pérouse,*
. © P.C.
unten La Pérouse erhält Befehle von
wig XVI., von Nicolas Mansiaux,
eum von Versailles. © G. Dagli Orti
-181 Astrolabium und Schiffskompaß, in
s du Voyage de La Pérouse. © P.C.
unten Amsel in French Port, von
hé de Vancy. © Idem
oben Bewohner von Concepción.
lem
unten Einwohner von Manila. © Idem
Titelbild eines Atlas. © Idem
Piroge in French Port. © Idem
oben Japanisches Schiff. © Idem
Mitte Fischerboot in Manila. © Idem
unten Japanisches Schiff. © Idem
und 187 oben links Botanische
ter, von den Prévosts gezeichnet.
lem
oben Vogel aus Nordkalifornien,
eichnet von den Prévosts. © Idem
unten Kalifornische Rebhühner.
lem
Karte der Oster-Insel. © Idem
oben und Mitte Die Moai. © Idem
unten Ein Moai wird gemessen.
lem
-191 Karte von French Port. © Idem
Überflutete Boote in French Port.
lem
oben La Pérouses Ankunft in Macao.
lem
unten Chinesisches Fährschiff. © Idem
oben Karte der „Massaker-Bucht" auf
nsel Manoua. © Idem
unten Angriff auf die Boote durch die
ohner von West-Samoa. © Idem
oben Alexander von Humboldt im Alter
31 Jahren. © AKG Photo
Mitte *Rhexia speciosa in Voyage aux*
ns Equinoxiales von Humboldt.
H.M.
Mitte rechts und links Schmetterlinge,
servations de Zoologie et d'Anatomie
parée von Humboldt. © N.H.M.
nten *Simia melanocephala.* © Idem
ben Von Humboldt im Alter von 34
, Stadtmuseum, Mexico-City.
Dagli Orti
itte Von Humboldts Unterschrift auf
Brief an Professor Loper.
Photo
nten Von Humboldt in seinem
r Studio, von Eduard Hildebrandt,
R.G.S.
rte des Orinoco, Casiquiare und Rio
im *Atlas Géographique et Physique du*
u Continent, 1814. © N.H.M.
tte Von Humboldt und Aimé Bon-
m Urwald von Venezuela, von
r, Akademie der Wissenschaften,
© AKG Photo
n Humboldt und Bonpland fahren
noco aufwärts, von Ferdinand Keller,
AKG Photo
en Floß auf dem Guayaquil, von
ichnung von Humboldts, in *Vue des*
res. © AKG Photo
en *Gymnotus electricus,* gezeichnet
nboldts, in *Receuil d'Observations de*
1911. © AKG Photo
n *Simia leonina* in *Observations de*
et d'Anatomie Comparée von
lt. © N.H.M.
e *Simia ursina.*© Idem
n Mexikanischer Salamander.

Schmetterlinge. © Idem

200 Mitte Von Humboldt auf einem Gemälde von Georg Friedrich Weitsch, 1809
200 unten links Käfer, in *Observations de Zoologie et d'Anatomie Comparée.* © N.H.M.
200 unten und 201 oben *Melastoma coccinea, Rhexia stricta, Rhexia grandiflora, Melastoma racemosa.* © Idem
201 unten rechts *Augulea superba,* Aquarell von Pierre Jean François Turpin, in *Voyage aux Régions Equinoxiales* von Humboldt. © AKG Photo
202 links Von Humboldt und Bonpland am Fuß des Chimborazo, von Friedrich Georg, 1810, Staatliche Schlösser und Gärten, Berlin. © Idem
202-203 Topographische Karte der Anden, in Géographie des Plantes Equinoxiales, Paris. © Idem
203 unten links Der Chimborazo, vom Riobamba aus gesehen. © G. Costa/A. Stradella
203 unten rechts Die Vulkane von Turbaco, gesehen von Cartagena, Museum für Seefahrtsgeschichte, Vincennes. © G. Dagli Orti
204 oben Seilbrücke bei Penipe, Aquatinta von Marquois Bouquet, in Vue des Cordilliéres, Paris. © AKG Photo
204-205 Von Humboldt und Bonpland am Cajambé-Vulkan, Museum für Seefahrtsgeschichte, Vincennes. © G. Dagli Orti
205 oben Von Humboldt überquert die Andenkette. © G. Costa/A. Stradella
205 rechts *Vultur gryphus,* von Humboldt. © R.G.S.
206 oben Im afrikanischen Urwald, Aquarell, 19. Jahrhundert, Museum für afrikanische und ozeanische Kunst, Paris. © G. Dagli Orti
206 unten Die Itarnaraty-Wasserfälle in Brasilien, Stich von William Gore Ouseley, Nationalbibliothek, Rio de Janeiro. © Idem
207 Erforscher im afrikanischen Urwald, Stich von J.B. Debret, 1834, Museum für afrikanische und ozeanische Kunst, Paris. © G. Dagli Orti
208 oben Sacajaewa führt Lewis und Clark nach Three Forks,,Gemälde von E.S. Paxson. © Montana Historical Society
208 unten Ein Indianer jagt einen Bison, Gemälde von George Catlin. © AKG Photo
209 oben William Clark. © Independence National Historical Park
209 unten links Meriwether Lewis. © Idem
209 unten rechts Lewis und Clarks Lager bei der Quelle des Columbia. © Denver Public Library
210 Indianerhäuptling, Gemälde von A. Wahlen, 1843, Geographische Gesellschaft, Paris. © G. Dagli Orti
211 oben Indianische Jäger mit Wolfsfellen, Gemälde von George Catlin. © AKG Photo
211 unten Bärenjagd. © Idem
212 oben links Prärie-Indianer, Gemälde von George Catlin, Museum der Neuen Welt, La Rochelle. © G. Dagli Orti
212 oben rechts Hidatsa-Indianer, von Karl Bodmer, Kunstmuseum, Omaha. © A. Ricciarini
212 unten Lewis' und Clarks Treffen mit Indianern bei Ross' Hole, Gemälde von Charles M. Russel. © John Smart/Montana Historical Society
213 oben Hidatsa-Indianer, Zeichnung von Karl Bodmer, Kunstmuseum, Omaha. © A. Ricciarini
213 unten Lewis und Clark auf dem Columbia, von Charles M. Russel. © Amon Carter Museum
214 links Rast während der Schiffsreise über den Columbia. © Denver Public Library
214-215 Die Stromschnellen des Columbia, aus dem Tagebuch von Lewis und Clark. © American Philosophical Society
215 oben Seite aus Lewis' Tagebuch. © Idem
215 unten Geier, aus Lewis' Tagebuch. © Idem
216 oben Burkes Karawane, Zeichnung von Ludwig Beck. © Staatliche Bibliothek von Victoria
216 unten Basrelief der Karawane auf dem Weg in die australische Wüste. © Idem
217 oben William John Wills. © Idem
217 unten Robert O'Hara Burke. © G. Costa/A. Stradella
218 oben John King. © Staatliche Bibliothek von Victoria
218 unten Charles Grey. © Idem
219 oben Aufbruch von Burkes Expedition, Lithographie von Charles Summer. © Idem
219 Mitte Die Karawane auf dem ersten Tagesabschnitt, Aquarell von William Strutt, 1862. © Idem
219 unten Die Karawane bei der Durchquerung der Steinwüste, Stich von Edgar Ray. © Idem
220 links Rückkehr von Burke, Wills und King nach Cooper's Creek. © Nationalgalerie von Victoria
220 rechts Wills letzte Worte in Cooper's Creek. © Staatliche Bibliothek von Victoria
221 oben Burkes Begräbnis, von Strutt. © Idem
221 unten Begräbnis von Burke und Wills. © Idem
222 Die Murchison-Fälle am Nil, in *The Life and the Explorations of David Livingstone.* © P.C.
223 René Caillé, Porträt von Alice Grand de St. Aubin, Museum für afrikanische und ozeanische Kunst, Paris. © G. Dagli Orti
225 Ansicht von Timbuktu, aus Caillés Tagebuch. © Idem
226 Der Niger, wie ihn Caillé sah. © B.N.P.
227 Caillé in arabischer Verkleidung. © Jean Loup Charmet
228 oben Heinrich Barth, Bibliothek des Seefahrtsmuseums, Paris. © G. Dagli Orti
228 unten Karte von Afrika, 1854. © R.G.S.
230 oben Ankunft von Barths Karawane in Timbuktu, in *Reisen und Entdeckungen in Afrika* von H. Barth. © G. Dagli Orti
230 unten Tuareg-Krieger, in *Habits and Customs of the African People,* 1843 von A. Wahlen. © Idem
231 oben Die Region Ashenauma, in Reisen und Entdeckungen in Afrika von H. Barth. © Idem
231 unten Elefanten am Tschadsee. © Idem
232 oben John Hanning Speke, von J.W. Wilson, Bibliothek des Seefahrtmuseums, Paris. © Idem
232 links R. F. Burton als afghanischer Pilger verkleidet. © R.G.S.
232 unten Karte von Afrika aus dem 15. Jahrhundert auf der Grundlage der ptolemäischen Geographie. P.C.
233 oben Nautische Karte von Afrika, 1561. © A. Ricciarini
233 unten Karte von Ostafrika, 1581. © Nimatallah/A. Ricciarini
234 Augustus Grant, Porträt im *Journal of the Discovery of the Sources of the Nile* von John H. Speke, 1887. P.C.
234-235 Nil-Abfluß aus dem Victoriasee. © Idem
235 oben Speke und Grants Karawane bricht von Bagamayo auf. © Idem
235 Mitte Grant auf einer Bahre, idem. © G. Dagli Orti
235 unten Burton pirscht sich an einen Bison heran, idem. P.C.
236 Titelbild aus *The Life and the Explorations of David Livingstone.* P.C.
237 Livingstone schreibt sein Tagebuch, in *How I Found Livingstone* von Henry Stanley. P.C.
238 oben Livingstone wird von einem Löwen angegriffen, in *Journal of the Discovery of the Sources of the Nile* von Speke. P.C.
238 unten Livingstone am Ngamisee, in *The Life and the Explorations of David Livingstone.* P.C.
239 oben Die *Ma-Robert* auf dem Sambesi. © Idem
239 Mitte Die Victoria Falls. © Idem
239 unten Abhandlung über die Sklaverei, in *Journal of the Discovery of the Sources of the Nile* von Speke. P.C.
240 oben Treffen zwischen Stanley und Livingstone, in *The Life and the Explorations of David Livingstone.* P.C.
240 unten Stanley auf dem Tanganyikasee. © Idem
241 oben Die Tembé von Khiwara, in *How I Found Livingstone* von Henry Stanley. P.C.
241 Mitte Livingstones Karawane im Tiefland um den Bangwelusee. © American Museum of Natural History, New York
241 unten „Livingstones letzte Meile", in *The Life and the Explorations of David Livingstone.* P.C.
242 William Burchell, Porträt in *Voyages autour du Monde,* 1853. © Museum Africa, Johannesburg
243 oben Burchells Karawane, in Travels in *The Interior of Southern Africa,* 1822. © Idem
243 unten Wagenteil. © Idem
244 oben Burchells Karawane auf dem Weg nach Graaff-Reinet. © Idem
244 Mitte Burchells Expedition erreicht den Berg River. © Idem
244 unten und 245 oben Botanische Muster, gezeichnet von Burchell, idem. P.C.
245 unten links Dithagong, der Hauptort der Tlhaping, Zeichnung von Burchell. © Museum Africa
245 unten rechts Die Schneeberge. © Idem
246 links Hottentotten-Dorf. © Idem
246 rechts Tlhaping-Mädchen, idem. P.C.
247 links Porträt von Speelman. © Idem
247 Mitte links Tlhaping-Mann. © Idem
247 oben rechts Tlhaping-Frau. © Idem
247 Mitte rechts Burchells Lager bei einer Quelle, idem. © Museum Africa
247 unten rechts Buschmann-Lager in der Kalahari, idem © Museum Africa
248 oben Pal Teleki von Szék, Porträt von L. von Höhnel. P.C.
248 unten Von Szék am Anfang der Expedition. © Idem
249 oben Der Turkanasee. © Idem
249 unten Karte des Turkanasees, gezeichnet nach Thompsons Angaben. © Idem
250 oben Kronenkranich. © Idem
250 unten Die Karawane von Széks im Gebiet des Naivashasees. © Idem
251 oben Von Szék auf der Elefantenjagd. © Idem
251 unten Von Szék am Fuß des Mount Kenya. © Idem
252 oben Von Szék und von Höhnel in ihrem Lager am Naivashasee. © Idem
252 unten Von Szék auf der Leopardenjagd. © Idem
253 oben Von Szék wird von einem Nashorn angegriffen. © Idem
253 unten Von Szék verteidigt sich gegen die Kikuyu. © Idem
254 Sven Hedin, Porträt in *From Persia to India,* 1912. P.C.
255 oben Hedin in tibetischer Tracht. © Idem
255 unten Hedin auf einem Kamel unterwegs nach Belutschistan. © Idem
256 oben Sven Hedin. © Idem
256 unten Eingang zum Grab des 5. Dalai-Lama in Tashilunpo, Aquarell von Hedin, in *Trans-Himalaja* von Hedin, 1910. P.C.
257 oben Namgjal-Lhakang, Aquarell von Hedin. © Idem
257 Mitte und unten Tibetische Frau aus Kjangrang. © Idem
258 Hedin auf einem Floß am Ufer des Tarim, in *Abenteuer in Tibet* von Hedin, 1909. P.C.
259 unten links Hedin in mongolischer Tracht. © Idem
259 unten rechts Hedin und seine Reisegefährten als Pilger verkleidet. © Idem
260-261 oben Karte von Ter-Namtso, Aquarell von Hedin, in *Trans-Himalaya.* P.C.
260-261 unten Karte von Porutso, Aquarell von Hedin. © Idem
261 Tibetische Mönche und Soldaten, Aquarelle von Hedin. © Idem
262 oben Das Kloster Tikse Gumpa, Zeichnung von Hedin. © Idem
262 unten Religiöse Zeremonie im Kloster Tashi Lunpo, Zeichnung von Hedin. © Idem
263 oben Karte des Himalaja, von Hedin. © MacMillian LTD
263 unten Mount Kailas, Zeichnung von Hedin in *Trans-Himalaya.* P.C.
264 oben Fridtjof Nansen. © AKG Photo
264 unten Abreise der *Fram* aus Bergen, Stich, 1894. © G. Dagli Orti
265 oben Die Mannschaft der *Fram,* Foto von van der Weyde, 1897. © AKG Photo
265 unten Nansen in der Arktis, Stich in

Petit Journal. © G. Dagli Orti
266 oben Die Mannschaft der *Fram* bei Reparaturarbeiten, 1893. © AKG Photo
266 unten Nansen spricht mit der Mannschaft, in *Nansen's Norwegian Polar Expedtion.* P.C.
267 links Nansens Streichhölzer. © R.G.S.
267 Mitte Otto Sverdrup, Kapitän der *Fram*, in *Nansen's Norwegian Polar Expedtion.* P.C.
267 rechts Fredrik Hjalmar Johansen, Mannschaftsmitglied der *Fram.* © Idem
268 oben Die *Fram* im Eis eingeschlossen, Foto, 1896. © AKG Photo
268 Mitte Die *Fram* im Packeis, Foto, 1895. © Idem
268-269 Beobachtung einer Sonnenfinsternis. © G. Costa/A. Stradella
269 unten links Ablesen der Tiefenthermometer, Foto, 1894. © AKG Photo
269 unten rechts Nansen berechnet die geographische Breite, in *Nansen's Norwegian Polar Expedition.* P.C.
270 oben links Amundsen, Hendriksen, Magstad, Blessing und Sverdrup, 1894. © AKG Photo
270 oben rechts Nansen und Johansen am Basislager. © G. Dagli Orti
270 Mitte Nansen und Johansen verlassen die *Fram*, in *Nansen's Norwegian Polar Expedition.* P.C.
270 unten Nansen und die Mannschaft bei wissenschaftlichen Beobachtungen. © Idem
271 oben Angriff eines Walrosses. © Idem
271 Mitte Nansens Ankunft in Oslo, Foto von Worm-Petersen. © AKG Photo
271 unten Nansen, Foto, 1928. © Idem
272 links Robert Peary. © R.G.S.
272 rechts Peary in Eskimokleidung. © R.G.S.
273 oben Bewohner von Kamtschatka, in *Voyage Pittoresque Autour du Monde* von Otto von Kotzebue, 1822, Museum für Seefahrtsgeschichte, Vincennes. © G. Dagli Orti
273 unten F. Cook hißt die amerikanische Flagge am Nordpol, in *La Domenica del Corriere*, Stich von Achille Beltrame, 1909. © Idem
274 oben Peary sucht den Horizont ab. © R.G.S.
274 Mitte Bewohner von St. Lorenz, in *Voyage Pittoresque Autour du Monde.* © G. Dagli Orti
274 unten Die Peary-Expedition erklettert eine Eiswand. © R.G.S.
275 oben Kapitän Bartletts Gruppe. © Idem
275 unten Robert Peary. © G. Costa/A. Stradella
276 oben Umberto Nobile, Porträt. © Dr. Gertrude Nobile
276 Mitte Das Luftschiff *Norge.* © Idem
276 unten Roald Amundsen. © AKG Photo
277 oben Die Besatzung der *Norge.* © Dr. Gertrude Nobile
277 unten Die *Norge* verläßt Kingsbay. © Idem
278 links Das Luftschiff *Italia.* © Idem
278 rechts oben Die *Italia* in Kingsbay. © Idem
278 rechts unten Die *Italia* in Kingsbay nach dem Flug über den Pol. © Idem
279 oben Zeichnungen der *Italia.* © Idem
279 Mitte Besatzungsmitglieder der *Italia* bei einer Ruhepause. © Idem
279 unten Besatzungsmitglieder der *Italia* auf dem Packeis. © G. Costa/A. Stradella
280 oben Roald Amundsen in Eskimokleidung. © AKG Photo
280 unten Amundsen trifft das norwegische Königspaar nach seiner Rückkehr vom Südpol. © Norwegisches Polarinstitut
281 oben Scott und seine Begleiter vor Amundsens Zelt am Südpol. © R.G.S.
281 Scott in Polarausrüstung. © Herbert Ponting/R.G.S.
282 oben links Amundsen bei seiner Rückkehr vom Südpol. © Canterbury Museum, Christchurch
282 oben rechts Die norwegische Flagge am Südpol. © R.G.S.
282 unten Scotts Ponys. © R.G.S.
283 oben Scott in seiner Marineuniform. © AKG Photo
283 Mitte Day, Nelson und Lashley ziehen einen Schlitten. © R.G.S.
283 unten Scotts Männer vor ihrem Winterquartier, Sammlung Kinsey, Ref. 245/1. © Canterbury Museum
284 oben links Amundsens Lager, Ref. 14793. © Idem
284 unten Amundsens Winterquartier, Sammlung Quartermain, Ref. 13990. © Idem
284-285 Amundsens erstes Depot, Ref. 14788. © Idem
285 unten links Amundsen neben der norwegischen Flagge am Südpol, Ref. 2569. © Idem
285 unten rechts Einer von Amundsens Männern am Südpol. © R.G.S.
286 oben links Die *Terra Nova*, Cambridge Scott Polar Research, © AKG Photo
286 Mitte Scott bei der Arbeit in einer Hütte zu Füßen des Mount Erebus. © Ponting/R.G.S.
286 unten Titus Oates checkt die Ponys an Bord der *Terra Nova.* © Idem
286-287 Scotts Geburtstag. © Idem
287 oben Scotts Männer checken die Ponys an Bord der *Terra Nova*, Ref. 3543. © Canterbury Museum
287 unten Höhle in einem Eisberg. © Ponting/R.G.S.
288 oben links Scott, Evans, Bowers und Wilson bei einer Ruhepause, Foto von L.E. Oates, Ref. 9228. © Canterbury Museum
288 unten links Vorhut von Scotts Expedition vor drei Schlitten, Foto von R.F. Scott, Ref. 4000. © Canterbury Museum
288-289 Winterquartier der britischen Expedition. © Ponting/R.G.S.
289 Mitte Einer von Scotts Schlittenhunden neben dem Grammophon, Ref. 11692. © Canterbury Museum
289 unten Lager der Hunde, Sammlung Angelo, Ref. 14789. © Idem
290 oben Scott am Südpol, Ref. 5806. © Idem
290 Mitte Scotts Team zieht einen Schlitten, Foto von Bowers, Ref. 13991. © Idem
290 unten links Scott in Polarausrüstung. © Ponting/R.G.S.
290 unten rechts Scotts letzte Worte, B.M. © AKG Photo
291 oben Schlittenhund. © Ponting/R.G.S.
291 unten Die Ponys der Scott-Expedition, Ref. 2870. © Canterbury Museum
292 oben Hunt, Hillary, Norgay, Nyima, Gregory und Lowe. © Alfred Gregory/R.G.S.
292 unten Shri Tenzing Norgay. © Idem
294 links Hillary und Norgay bei einer Pause. © R.G.S.
294 rechts Norgays und Hillarys Aufbruch zum Mount Everest-Gipfel. © George Baud/R.G.S.
295 links Aufbruch vom Südgipfel. © Alfred Gregory/R.G.S.
295 rechts Norgay auf dem Mount Everest-Gipfel. © Edmund Hillary/R.G.S.
296 Kapitän Nemo aus Jules Vernes *20 000 Meilen unterm Meer*, von A. de Neuville. © AKG Photo
297 oben links Das „Projektil" in *Die Reise zum Mond* von Jules Verne, 1865, von A.F. Pannemaker. © Idem
297 oben rechts Das Innere des „Projektils", idem. © G. Costa/A. Stradella
297 unten Das Mondmodul, idem. © Bettman-Archiv
298 oben Taucher testen die „hydrostatergatische" Maschine. © Jean Loup Charmet
298 unten Die ersten Tauchboote, in *De Re Militari* von Valturio, Padua. © G. Dagli Orti
299 links Auguste Piccards Aerostat. © Jacques Piccard Fondation pour l'étude de la protection de la mer et des lacs
299 oben rechts Auguste und Jacques Piccard an Bord eines Bathyskaphs. © Idem
299 unten rechts Jacques Piccard und Don Walsh im Bathyskaph *Trieste.* © Idem
299 unten links Das Bathyskaph *Trieste* taucht ins Meer. © Idem
300 oben Auguste und Jacques Piccard kontrollieren das Bathyskaph *Trieste.* © Idem
300 Mitte Rückkehr des Bathyskaphs *Trieste.* © Idem
300 unten Jacques Piccard, Thor Heyerdahl, Neil Armstrong. © Idem
301 oben Die *Ben Franklin.* © Idem
301 unten Jacques Piccard an Bord eines U-Boots. © F.A. Forel Keystone-Leyono/Fondation pour l'étude et la protection de la mer et des lacs
302 *Apollo 11.* © NASA
303 oben Edwin Aldrin bei der US-Flagge auf dem Mond. © Idem
303 unten Das Mondmodul der *Apollo 11.* © Idem
304 oben links Die Raumfähre *Atlantis.* © Idem
304 unten links Die *Challenger.* © Idem
304 unten rechts Frachtraum der *Challenger.* © Idem
305 oben Der Astronaut Bruce McCandless Jr. bei Arbeiten außerhalb der Raumfähre. © Idem
305 unten Bruce McCandless Jr. und Robert L. Steward im Frachtraum der Challenger. © Idem

ABKÜRZUNGEN

B.L.	**British Library**
B.M.	**British Museum**
B.N.P.	**Nationalbibliothek, Paris**
P.C.	**Privatsammlung**
F.S.N.	**Historische Nationalphototek**
N.H.M.	**Natural History Museum**
N.M.M.	**National Maritime Museum**
R.G.S.	**Royal Geographical Society**

MAR DEL NORT
DE COSTARICA
AUDIENCIA
DE
GUATIMALA
Caravara
Quemados
R. Veragua
Cartago
Aranxues
VERAGUA
Carlos
Tabaraba
Sierras
de Urraca
Trinidad
La Concception
S.ta Fe
Venta de Cruzes
Limanet
Panama
Pto Buenaventura
TIERRA
FIRMA
Sierras de Capira
R. de Chagre
Pocurosa, S.x
Comagre
Acla
Careta
Coyba
Po de Mi
Darien
R. Chiepo
R. Pacora
R. de Tubanama
R. delabalsa
Po Perico
La Pacheque
Pta de Chame
Chim
Guanate
Nata
Escoria
Parita
Tubraua
Golfo de Parita
Ias de Perlas
Pta de Garachina
G. de S. Miguel
Pta de Guera
C. de S.ta Maria
La Montuosa
Colnya
Islas del
Zebaco
Quicaro
Quareca
Tumaco
Chiapes
R. de Corbari
R. dela Trepadero
R. de Congos
Biru
Tatabe
pop
Po de Pinas
Las Anegadesos
Po Quemado
Las Salinas
R. de las Balsas
C. de Corrientes
MAR
DEL
ZVR
Malpelo
I. de Palmas
B. de Bonaventura
Gorgona
I. del Gallo
R. de S. Iuan
R. S. Lucar
R. Nicardo
R. de Cedros
Pta d. Manglares
Ancon de Sardinas
Agreda
Los Pastos
Barba
coas
Los
Tim
bas
Chapan
chita
Sierra d. Cuesta
GOVERNACION
R. S. Iuan, Rio grande del Darien
Montanas de Abibe
S. Sebastian de
buena vista
Vraba
R. Verde
R. delos Anade
R. Grand
R. delas Rede
Tortuga
I. Fuerte
Pta de Caribana
Golfo de Vraba

Der große illustrierte Weltraum-Atlas

*D*er große illustrierte Weltraum-Atlas

http://www.tessloff.com
ISBN 3-7886-0394-1

Autor: *Robert Burnham*
Wissenschaftlicher Berater: *Bryan Bunch*
Leitung der Redaktion: *Jenni Bruce*
Redaktionsassistentin: *Tracey Jackson*
Design Concept: *John Bull*
Art Director: *Clare Forte*
Umschlag: *John Bull*
Bildrecherche: *Jenny Mills*

Illustratoren: *Wildlife Art Ltd:*
David A. Hardy
Tom Connell
Luigi Gallant
Lee Gibbons
Sandra Pond
Sternkarten: *Wil Tirion*

Produktionsleitung: *Helen Creeke, Caroline Webber*
Produktionsassistentin: *Kylie Lawson*

Aus dem Englischen übertragen von: *Birgit Reß-Bohusch*
Lektorat der deutschen Ausgabe: *Sabine Tessloff*

Color Reproduction by Colourscan Co Pte Ltd
Printed by Toppan Printing Co, (H.K.) Ltd
Printed in China

A WELDON OWEN PRODUCTION

Der große illustrierte Weltraum-Atlas

von Robert Burnham

Tessloff Verlag

INHALT

UNSER SONNENSYTEM

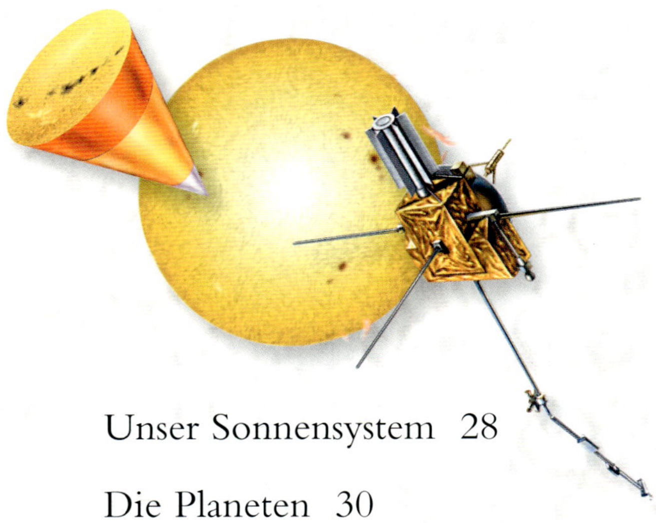

Die Tiefen des Alls

Himmelsbeobachtung

Hinweise zur Benutzung

DER GROSSE ILLUSTRIERTE WELTRAUM-ATLAS lädt euch zu einer faszinierenden Reise durch den Weltraum ein. Ehe ihr jedoch startet, solltet ihr euch die Einführung (S. 8–27) ansehen. Darin erfahrt ihr zunächst, wie das Universum aufgebaut ist und welchen Platz die Erde darin einnimmt. Die übrigen Seiten behandeln die Geschichte der Astronomie von frühgeschichtlichen Zeiten bis in die jüngste Gegenwart mit ihren hochmodernen Satelliten-Teleskopen und Raumsonden.

Der Teil über unser Sonnensystem (S. 28–63) macht euch mit den Nachbarn der Erde bekannt. Anschauliche Karten und eine Fülle großartiger Aufnahmen zeigen euch die Sonne und die Himmelskörper, die sie umkreisen – neun Planeten, 68 Monde sowie zahllose Asteroiden und Kometen.

Danach begeben wir uns ins Reich der Sterne und Galaxien (S. 64–87). Dort, im interstellaren Raum, lernt ihr Sternhaufen, Supernova-Explosionen und Schwarze Löcher und die Entstehungsgeschichte des Universums kennen.

Das Kapitel zur Himmelskunde (S. 88–109) enthält 16 Sternkarten, mit deren Hilfe ihr die bekanntesten Sterne und Sternbilder mit bloßem Auge, durch ein Fernglas oder durch ein Teleskop ausfindig machen könnt.

Ein Lexikonteil mit Fakten und Zahlen (S. 110–121) enthält alles Wissenswerte über Planeten, Monde, Asteroiden, Kometen, Meteore, Sonnen- und Mondfinsternisse, Sterne und Galaxien. Ganz am Ende des Bandes findet ihr noch ein Glossar (S. 122–125), das die im Text verwendeten Fachbegriffe erklärt, und ein umfassendes Register (S. 126–128).

Unser Sonnensystem (Seite 28–63)

Abschnittssymbol Jeder Atlasteil ist mit einem eigenen Symbol gekennzeichnet.

Fotografien Der Atlas verwendet neueste Fotos von Raumsonden.

Steckbriefe Hier steht alles Wesentliche über ein Himmelsobjekt, z.B. seine Größe, sein Abstand von der Sonne oder die Länge seines Tages.

Mach mit Diese Kästchen enthalten Versuche und Experimente. Sie helfen euch, das Thema besser zu verstehen.

Himmelskunde (Seite 88–109)

Sterne im Jahreslauf Die Überschrift zeigt, für welche Jahreszeit und für welchen Standort auf der Erde die Sternkarten gelten.

Wissenswertes Dieses illustrierte Kästchen bietet eine interessante Zusatzinformation zum jeweiligen Thema.

Sternkarten Jede Karte zeigt die Himmelshälfte, die ihr seht, wenn ihr nach Norden bzw. nach Süden blickt.

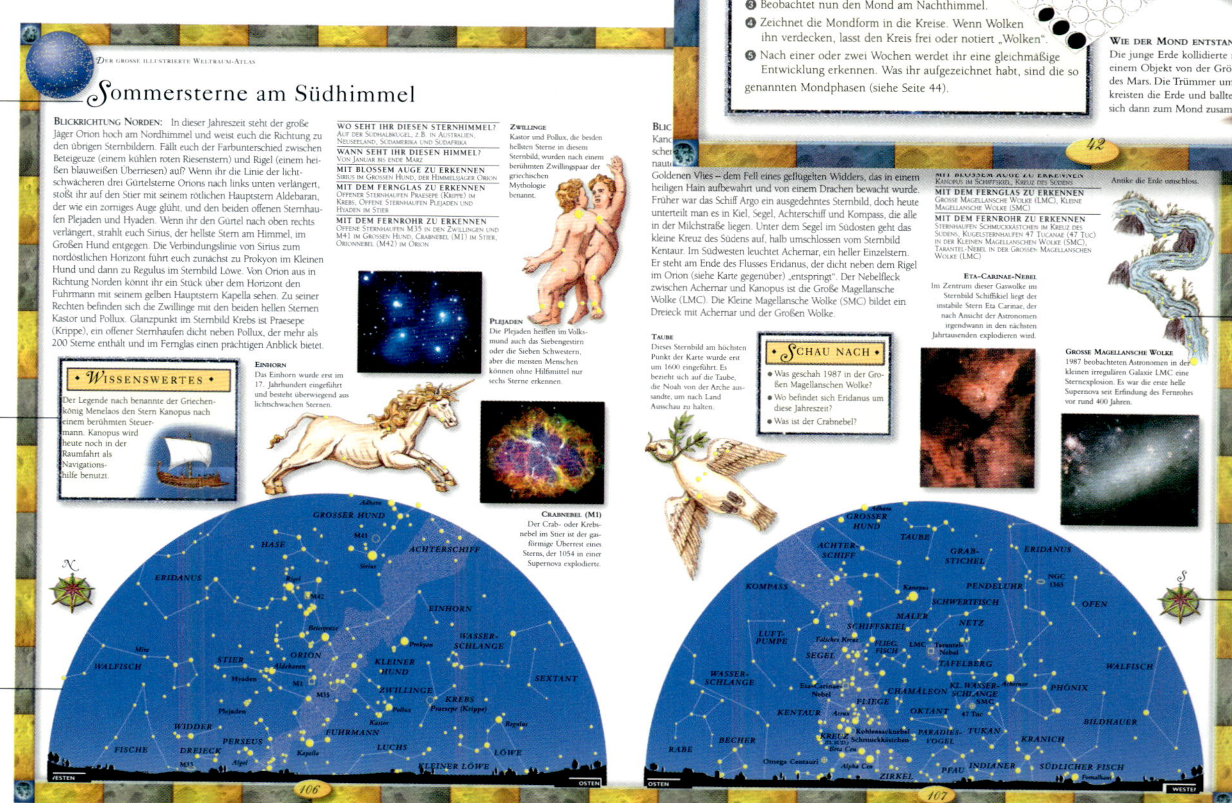

Die Tiefen des Alls (S. 64 – 87)

Hauptbild Ein beherrschendes Hauptbild hebt das Thema hervor. Auf der Doppelseite über Sternhaufen zeigt das Hauptbild die Sterne in einem offenen Sternhaufen.

Schnittkegel Solche Kegel zeigen den inneren Aufbau eines Himmelskörpers.

Raumsonde Raumsonden, die den Himmelskörper besucht haben, sind in der Ecke oben rechts abgebildet.

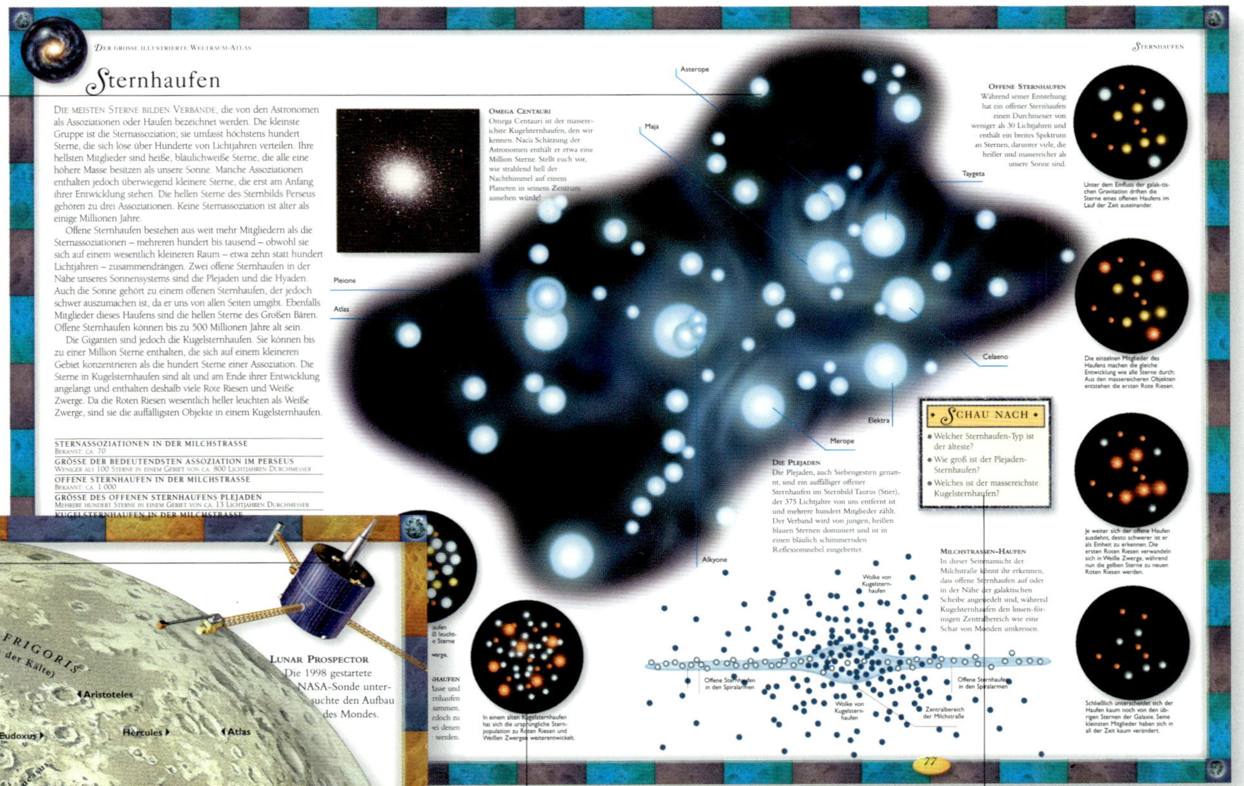

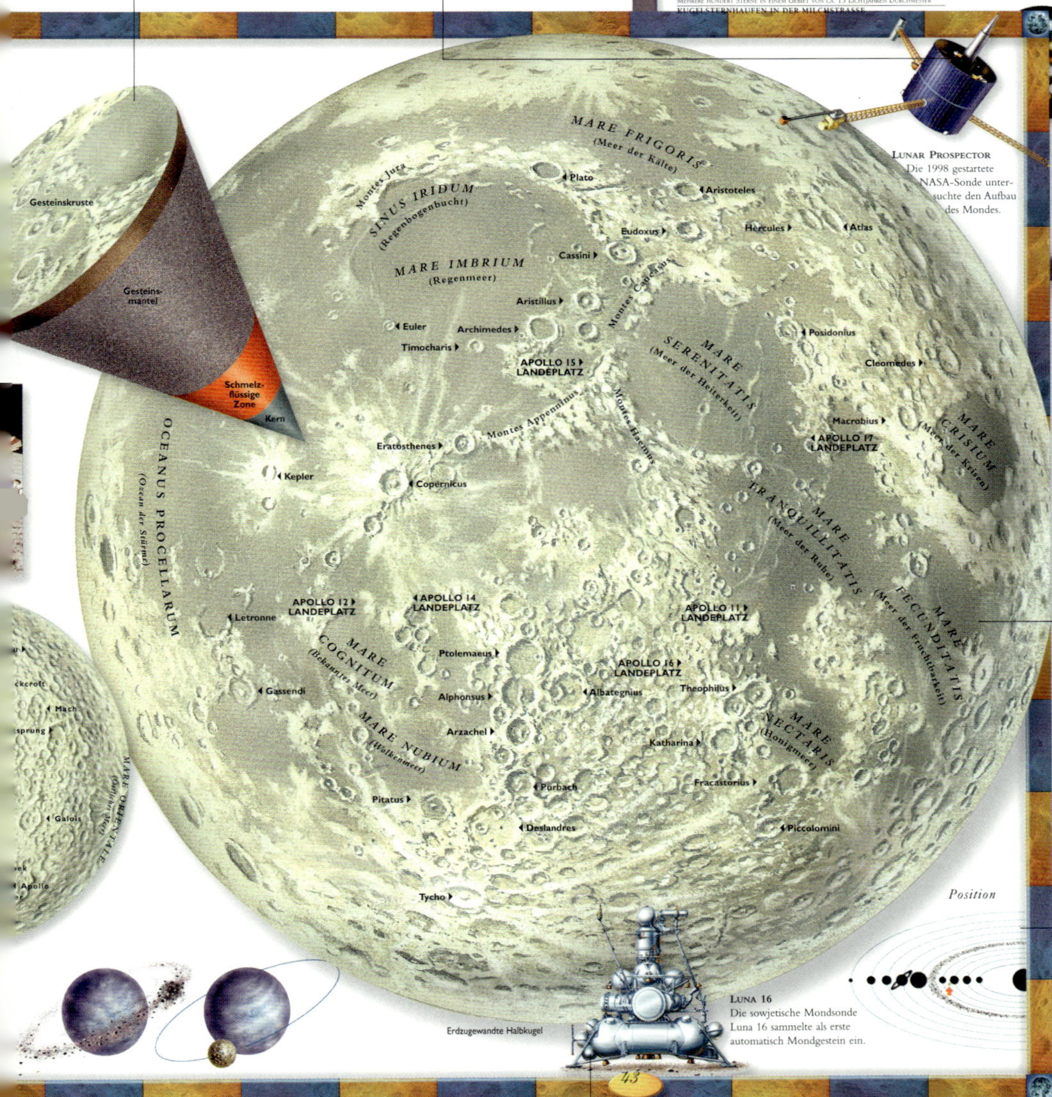

Grafiken Gut verständliche, farbige Grafiken helfen euch, die oft schwierigen Zusammenhänge kosmischer Phänomene zu verstehen.

Schau nach Damit ihr die hier gestellten Fragen beantworten könnt, müsst ihr euch Texte und Bilder auf den Seiten genau ansehen.

Karte Sie bezeichnet und benennt die Oberflächenmerkmale eines Himmelskörpers.

Position Die Stellung des Himmelskörpers im Sonnensystem ist farbig markiert.

Fakten, Zahlen und Glossar 110 – 125

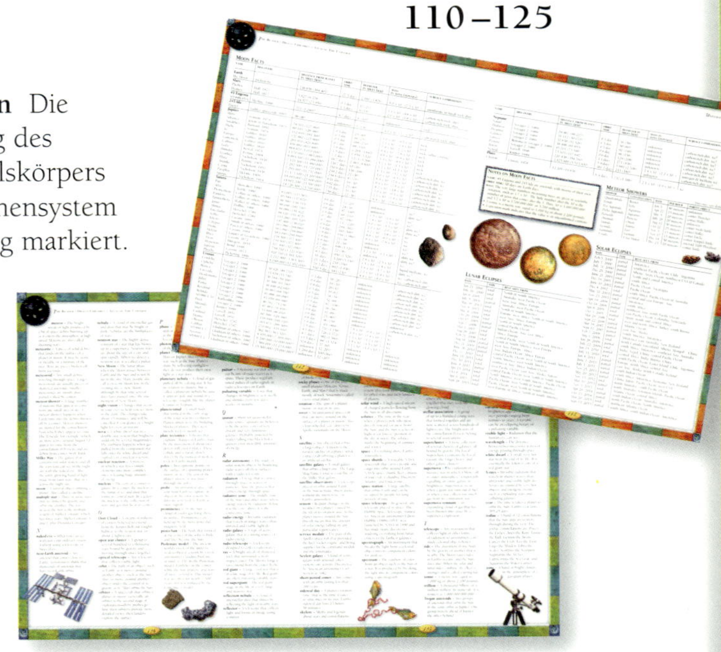

Figuren in Sternbildern Sie helfen euch, mythologische Gestalten in Sternbildern zu erkennen.

Rand-Illustrationen Sie liefern zusätzliche Informationen zum Hauptthema.

Farbiger Rand Jeder Atlasteil ist mit einer anderen Farbe umrandet.

Symbolkode

Kompass Der Kompass zeigt euch an, ob ihr zum Lesen dieser Karte nach Norden oder nach Süden blicken müsst.

Einführung | Unser Sonnensystem | Die Tiefen des Alls | Himmelsbeobachtung | Fakten und Zahlen/Glossar

Unsere Nachbarn im All

DEN MEISTEN MENSCHEN erscheint die Erde riesengroß: Viele verbringen ihr ganzes Leben in den engen Grenzen der näheren Heimat. Die Himmelskunde oder Astronomie führt weit über diese vertraute Welt hinaus. Sie legt neue Maßstäbe an und versucht herauszufinden, welchen Platz die Erde im Universum einnimmt.

Wie Späher, die das Land von einer Hügelkuppe aus überblicken, haben Astronomen ihre Teleskope auf die Welten jenseits der Erde gerichtet. Sie haben herausgefunden, dass die Sonne ein Stern ist, der in etwa die 330000-fache Masse der Erde besitzt. Sie wissen, dass die Erde und die übrigen Planeten in festen Bahnen um die Sonne kreisen und zu einer Familie – dem Sonnensystem – gehören. Die meisten Planeten haben ebenfalls ihre „Familien". Während die Erde nur einen Mond als Begleiter aufweist, ist Mars von zwei Monden und Saturn sogar von 18 Monden und von Ringen umgeben. Auch kleinere Himmelskörper wie Asteroiden und Kometen ziehen ihre Bahnen um die Sonne. Asteroiden sind felsige oder metallhaltige Kleinplaneten, die mitunter bis zu 500 km Durchmesser erreichen. Kometen haben oft nur einen Durchmesser von wenigen Kilometern, können jedoch spektakuläre Schweife entwickeln, die sich über Millionen von Kilometern erstrecken.

Bis zur Mitte des 20. Jahrhunderts waren die Astronomen auf die Physik und Teleskop-Beobachtungen angewiesen, wenn sie die Größe der Sonne und ihrer Planeten oder ihre Abstände bestimmen wollten. So ermittelten sie, dass die Erde knapp 150 Millionen km von der Sonne entfernt ist, setzten diese Zahl als Astronomische Einheit (oder AE) fest und benutzten sie als Vergleichswert für die übrigen Planetenabstände im Sonnensystem. Heute liefern Radarmessungen und Raumsonden wesentlich genauere Zahlen – doch auch sie zeugen von der unermesslichen Weite des Sonnensystems.

1 Großstadt
Die meisten Aktivitäten der Menschen brauchen relativ wenig Platz. Die Nord-Süd-Ausdehnung der Stadt Chicago beträgt zum Beispiel nicht einmal 100 km.

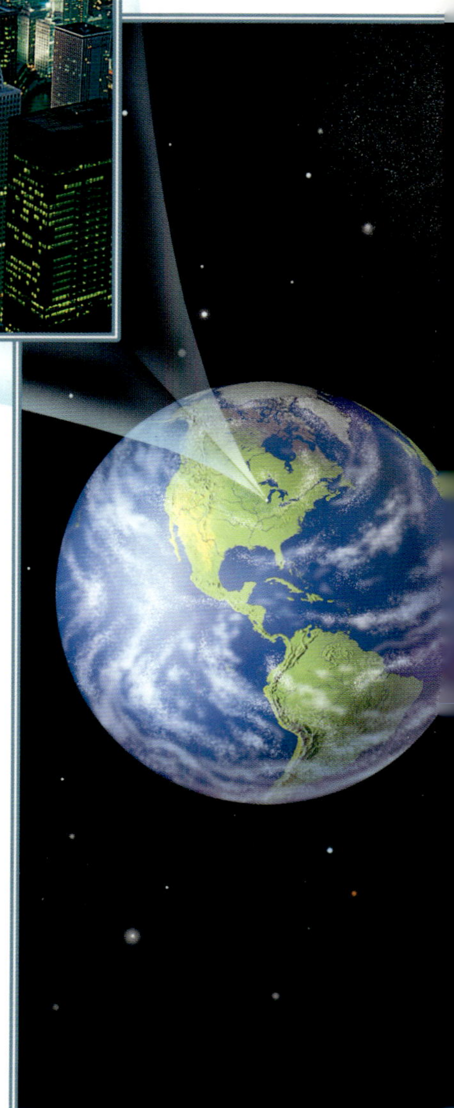

GRÖSSENVERGLEICH
Eine Großstadt mit ihrem Straßen- und Häusergewirr mag euch gigantisch erscheinen, aber verglichen mit den Entfernungen im Sonnensystem ist sie winzig klein. So könntet ihr Chicago bei einem Tempo von 100 km/h in etwa einer Stunde durchqueren, während eine Fahrt zum Mond bei der gleichen Geschwindigkeit 5 1/2 Monate und eine Reise zur Sonne nicht weniger als 175 Jahre dauern würde.

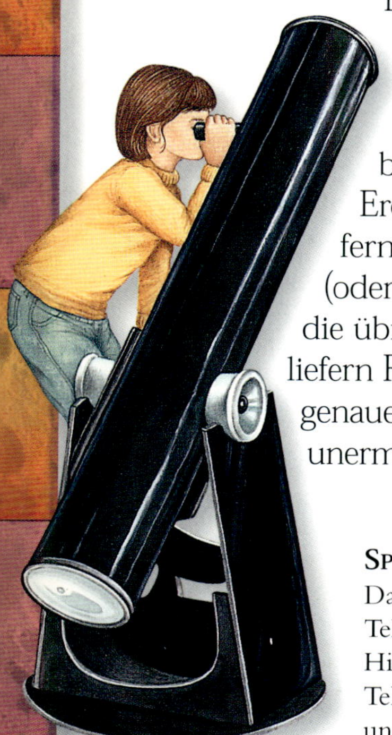

SPÄHER INS ALL
Das vor 400 Jahren erfundene Fernrohr oder Teleskop liefert eine vergrößerte Ansicht der Himmelsnachbarn. Bereits mit einem kleinen Teleskop könnt ihr die Krater des Erdmondes und die Ringe des Saturn erkennen.

HELLE BESUCHER
Kometen verbringen die meiste Zeit fern von uns im Sonnensystem. Nur wenn sie bis in die Nähe des Zentralgestirns vordringen, entwickeln sie leuchtende Schweife – wie der Komet Hyakutake, der 1996 am Nachthimmel auftauchte.

• WISSENSWERTES •

Die Erde umrundet die Sonne einmal in 365 1/4 Tagen und legt dabei eine Strecke von 940 Millionen km im Jahr zurück. Das bedeutet, dass die Erde in diesem Moment mit einer Geschwindigkeit von mehr als 107000 km/h durch das All rast.

UNSER KRATERBEDECKTER MOND
Der Mond ist der einzige Himmelskörper, den Menschen je betreten haben. Obwohl Astronomen seit langem ihre Fernrohre auf seine Oberfläche richten, konnten viele Fragen über den Mond erst beantwortet werden, nachdem Astronauten Proben des Mondgesteins mit auf die Erde brachten.

Landung auf dem Mars
Im März 1976 setzte die unbemannte Raumsonde Viking 2 eine Landefähre auf dem Planeten Mars ab. Die Bilder, die der Viking-Lander zur Erde funkte, zeigten eine rote Sand- und Geröllwüste.

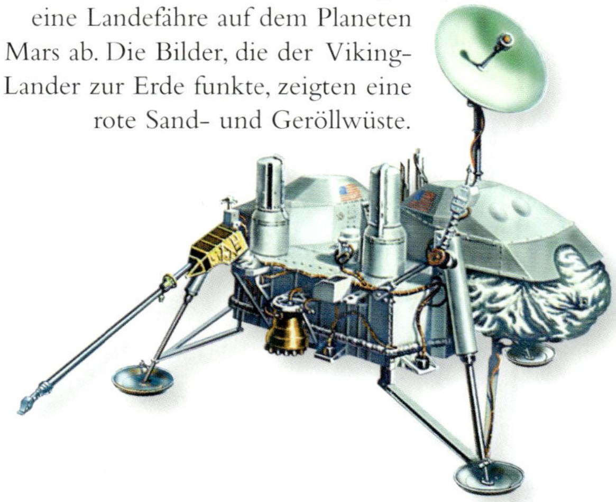

Nahaufnahme von Saturn
Saturn bietet in jedem Teleskop einen imposanten Anblick, aber erst die Voyager-Sonden, die 1980 und 1981 an dem Ringplaneten vorbeiflogen, lieferten neben einer Fülle von Daten solche atemberaubenden Bilder.

3 Sonnensystem
Die Erde ist der dritte von insgesamt neun Planeten, die um die Sonne kreisen. Ihr mittlerer Bahnabstand beträgt 150 Millionen km oder 1 AE. Im Vergleich dazu ist Merkur 0,4 AE, Mars 1,5 AE, Jupiter 5,2 AE und Neptun 30,1 AE von der Sonne entfernt.

2 Erde und Mond
Von allen Himmelskörpern kommt der Mond der Erde am nächsten. Dennoch ist er nach unserem Maßstab unendlich fern. Sein mittlerer Bahnabstand zur Erde beläuft sich auf 30 Erddurchmesser oder 384 401 km.

Die Milchstraße

DIE SONNE IST NUR einer von 200 Milliarden Sternen in einem System, das wir als Milchstraße oder Galaxis bezeichnen. Jenseits des Sonnensystems messen die Astronomen Entfernungen in Lichtjahren – ein Lichtjahr ist die Strecke, die das Licht in einem Jahr zurücklegt. Da sich das Licht mit 300 000 km in der Sekunde fortpflanzt, sind das pro Jahr knapp 10 Billionen km. Die Galaxis hat die Form einer flachen Scheibe mit Spiralarmen, die sich um ihr Zentrum dreht. Ihr Durchmesser beträgt ungefähr 100 000 Lichtjahre, ihre Dicke rund 1 000 Lichtjahre.

So wie die Erde nicht das Zentrum des Sonnensystems bildet, ist die Sonne nicht der Mittelpunkt der Galaxis. Sie kreist 33 000 Lichtjahre vom Zentrum entfernt im äußeren Drittel der Milchstraße. Bis die Sonne das Zentrum der Galaxis einmal umrundet hat, vergehen etwa 226 Millionen Jahre.

Da das Licht für seine Reise Zeit benötigt, blicken wir praktisch in die Vergangenheit. Je tiefer wir in das All schauen, desto größer wird der Unterschied zwischen unserer Gegenwart und dem Zeitpunkt, zu dem das Licht von einem weit entfernten Himmelskörper ausgesandt wurde. Den Mond, der 1,3 Lichtsekunden von uns entfernt ist, sehen wir so, wie er vor 1,3 Sekunden aussah. Der nächste Stern, Alpha Centauri, ist 4,3 Lichtjahre entfernt – wir sehen ihn so, wie er vor 4,3 Jahren war. Wenn wir auf den fernen Rand der Galaxis blicken, sehen wir 80 000 Jahre in die Vergangenheit. Ein Beobachter, der vom Rand der Milchstraße auf die Erde schaute, würde sie so sehen, wie sie vor 80 000 Jahren war!

1 Sonnensystem
Auch wenn uns das Sonnensystem mit seinen Planeten und Monden unermesslich erscheint, ist es doch nur ein winziger Punkt unter den Millionen Sternen der Milchstraße.

JENSEITS DES SONNENSYSTEMS
Wenn wir das Sonnensystem verlassen, ändert sich die Szenerie. Waren Planeten, Monde, Asteroiden und Kometen die häufigsten Himmelskörper im Sonnensystem, so bestehen die Milchstraße und andere Galaxien vorwiegend aus Sternen.

ENTFERNUNGSBESTIMMUNG
Astronomen können die Entfernung eines Sterns ermitteln, indem sie seine Parallaxe bestimmen – die scheinbare Verschiebung seiner Position, die sich ergibt, wenn man ihn von gegenüberliegenden Punkten der Erdbahn anvisiert. Je größer die Verschiebung, desto näher ist der Stern der Erde.

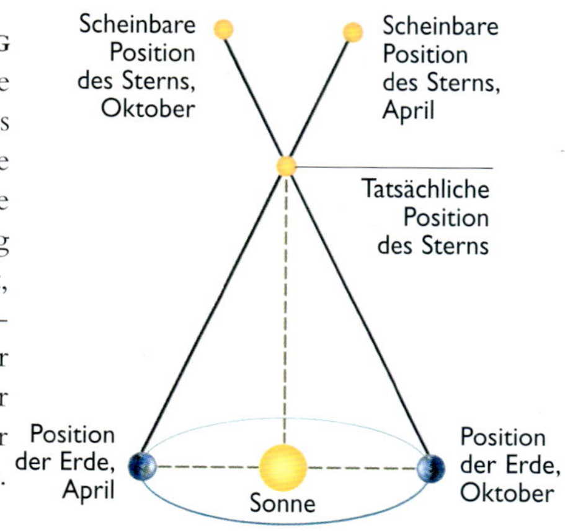

◆ MACH MIT: *Parallaxe* ◆

1. Haltet einen Bleistift senkrecht in Armlänge vor ein Bücherregal oder Fenster. Schließt das linke Auge (oder deckt es mit der Hand zu) und haltet fest, wo sich der Bleistift vor dem Hintergrund befindet.
2. Schließt (oder bedeckt) das rechte Auge, ohne Bleistift oder Kopf zu bewegen, und öffnet das linke. Die scheinbare Verschiebung des Bleistifts gegen den Hintergrund ist seine Parallaxe.

Astronomen bestimmen die Entfernung naher Sterne, indem sie ihre Parallaxe im Abstand von 6 Monaten messen, wenn die Erde von einer Seite der Sonne auf die andere gewandert ist (siehe Diagramm oben).

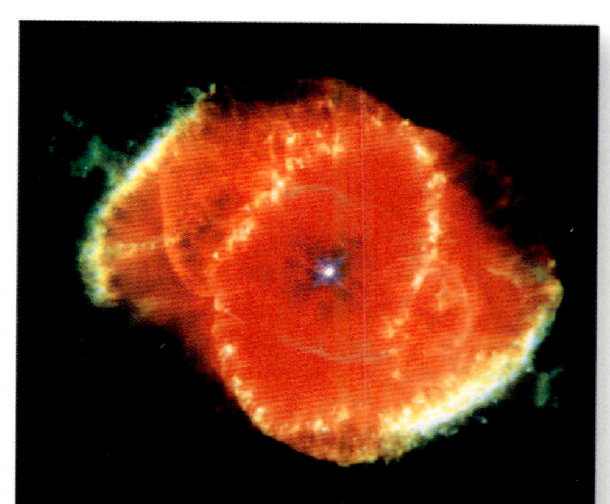

GEBURT UND TOD VON STERNEN
Unsere Galaxis enthält viele Gaswolken, die so genannten Nebel. Manche – wie der Rosettennebel (oben) – sind die Geburtsstätte junger Sterne. Andere Nebel – wie das Objekt NGC 6543 (rechts) – sind Überreste sterbender Sterne, die ihre äußeren Gashüllen durch eine Explosion ins All schleudern.

STERNHAUFEN
Der als M22 bekannte Sternhaufen ist einer von über 100 Kugelsternhaufen, die wie Monde um die Milchstraße kreisen. Jeder Haufen enthält zwischen 100 000 und eine Million Sterne.

SCHARFE AUGEN
Das VLA („Very Large Array“) ist eine Radioteleskop-Anlage, die sich aus 27 Einzelantennen zusammensetzt. Sie dringt mit Hilfe von Radiowellen durch die Staub- und Gasansammlungen der Milchstraße bis ins Herz der Galaxis vor.

❸ Milchstraße
Die nächsten Nachbarn der Milchstraße sind zwei kleine Galaxien, die Große und die Kleine Magellansche Wolke. Die Große Wolke (oben rechts) ist 179 000 Lichtjahre, die Kleine Wolke (unten rechts) 210 000 Lichtjahre entfernt. Astronomen gehen davon aus, dass sie eines Tages mit der Milchstraße verschmelzen werden.

❷ Spiralarm der Milchstraße
Mit Hilfe von Radioteleskopen wurden die Gas- und Staubansammlungen in der Milchstraße kartiert. Diese Karten verraten den Astronomen, dass die Milchstraße eine Spiralgalaxie ist und dass sich unsere Sonne im Ausläufer eines ihrer Spiralarme befindet.

Der Kosmos

SO WIE UNSER SONNENSYSTEM als winziger Punkt in der sternenübersäten Milchstraße erscheint, ist die Galaxis selbst nur ein unbedeutender Klecks in der unermesslichen Weite des Alls. Sie gehört zu einem Verband von etwa 35 meist kleineren Galaxien, der Lokalen Gruppe. Die Lokale Gruppe hat einen Durchmesser von rund 8 Millionen Lichtjahren, aber auch sie ist nur einer von vielen Galaxienhaufen, die das Universum bevölkern.

Der Begriff *cosmos* kommt aus dem Griechischen und bedeutet „Ordnung“. Astronomen, die sich mit dem Aufbau des Universums befassen, nennt man Kosmologen. Sie benötigen besonders große und hoch auflösende Teleskope, um das kaum noch wahrnehmbare Licht zu erkennen, das von den fernsten Galaxien ausgesandt wird. Die Kosmologen haben herausgefunden, dass Galaxien die Grundbausteine des Universums sind. Die Galaxien bilden meist Verbände wie die Lokale Gruppe; diese wiederum gehören übergeordneten Verbänden an. (So ist die Lokale Gruppe ein Mitglied des Lokalen Superhaufens.) Aber auch die Superhaufen schließen sich zu immer größeren Verbänden zusammen.

Wo endet all dies? Niemand weiß es genau. Astronomen spürten mit Hilfe eines speziellen Raumteleskops das verklingende Echo des Urknalls oder „Big Bang“ auf, einer gewaltigen Explosion, aus der das Universum entstand. Dieses Echo lässt darauf schließen, dass es in der Frühzeit des Universums keine Galaxien, Sterne oder sonstigen Strukturen gab. Wodurch dieser Zustand der gleichmäßigen Materieverteilung endete und wie sich die ersten Galaxien zusammenballten, ist bis heute ein Rätsel. Wenn der Urknall, wie die Astronomen schätzen, vor 12 bis 15 Milliarden Jahren erfolgte, wäre die äußere Grenze des Universums 12 bis 15 Milliarden Lichtjahre von uns entfernt.

1 Milchstraße
Galaxien sind die Bausteine des Kosmos. Die Milchstraße ist eine Spiralgalaxie. Andere Galaxien sind elliptisch oder irregulär geformt.

JENSEITS DER MILCHSTRASSE
Trotz ihrer Größe ist die Milchstraße nur ein winziger Teil des Universums. Die kosmischen Dimensionen sind so gewaltig, dass selbst die Lichtgeschwindigkeit als Maßstab kaum noch ausreicht. So ist das Licht der benachbarten Andromeda-Galaxie (M31) mehr als zwei Millionen Lichtjahre unterwegs, ehe es zu uns gelangt.

◆ MACH MIT: *Leben im Kosmos* ◆

Vielleicht gibt es irgendwo in der Milchstraße oder anderen Galaxien Welten, auf denen Leben gedeiht. Bis jetzt ist darüber nichts bekannt, aber die chemischen Prozesse, die Leben entstehen lassen, scheinen überall im Universum gleich zu sein. Überlegt euch einmal, welche Lebensformen die unten aufgeführten Planeten bevölkern könnten. Wie groß müssten diese Lebewesen sein? Wie würden sie atmen, wie sich fortbewegen, wie essen und wie trinken?

1. Ein Planet mit sehr geringer Schwerkraft
2. Ein Planet mit sehr hoher Schwerkraft
3. Ein kalter Planet, der von seinem Stern viel weiter weg ist als die Erde von der Sonne.
4. Ein heißer Planet, der an seinem Stern viel näher dran ist als die Erde an der Sonne.
5. Ein Gasplanet ohne feste Oberfläche.

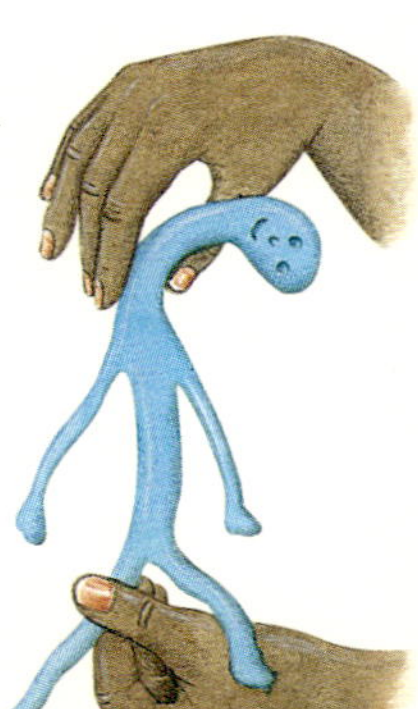

GALAXIEN UND SCHWARZE LÖCHER
Die elliptische Riesengalaxie M87 sendet starke Radiosignale aus. In ihrem Innern befindet sich wahrscheinlich ein Schwarzes Loch – ein extrem dichtes Objekt, das man nicht sehen kann, das jedoch Gas aus seiner Umgebung einsaugt.

GALAKTISCHE BEGEGNUNG
Manchmal driften die Galaxien in einem Galaxienhaufen dicht aneinander vorbei oder stoßen sogar zusammen. Zwar kommt es dabei selten zu richtigen Sternkollisionen, aber beide Galaxien verändern ihre Form.

SOMBRERO-NEBEL
Die Spiralgalaxie im Sternbild Jungfrau (Virgo) verdankt ihrer markanten Hutform ihren Namen. Die breite Zentralebene dieser Galaxie, die wir von der Seitenkante aus sehen, wird durch einen auffallenden dunklen Staubstreifen markiert.

SATELLITEN-OBSERVATORIUM
Mit Hilfe des ISO (Infrared Space Observatory) untersuchten die Astronomen vom Weltraum aus Wasserwolken in fernen Galaxien und Staub im Coma-Galaxienhaufen.

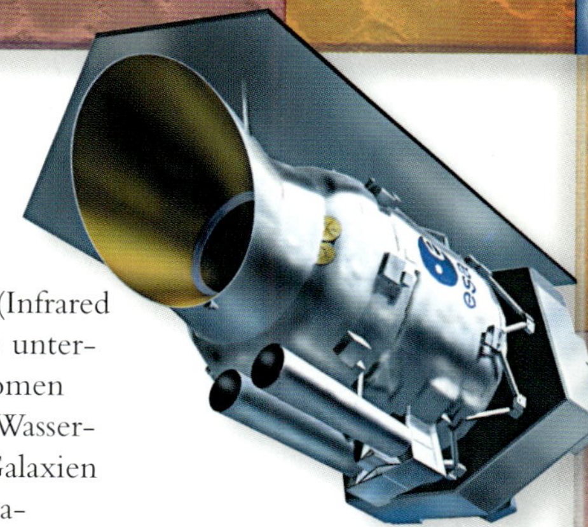

GROSS-TELESKOP
Je größer ein Fernrohr ist, desto mehr Licht fängt es ein. Gigantische Instrumente wie das VLT (Very Large Telescope) in Chile unterstützen die Astronomen bei der Erforschung ferner, schwach leuchtender Galaxien.

3 Kosmische Strukturen
Galaxien scheinen sich zu Gruppen und diese zu größeren Haufen zusammenzuschließen. Kosmologen untersuchen, wie solche Strukturen entstehen und sich weiter entwickeln.

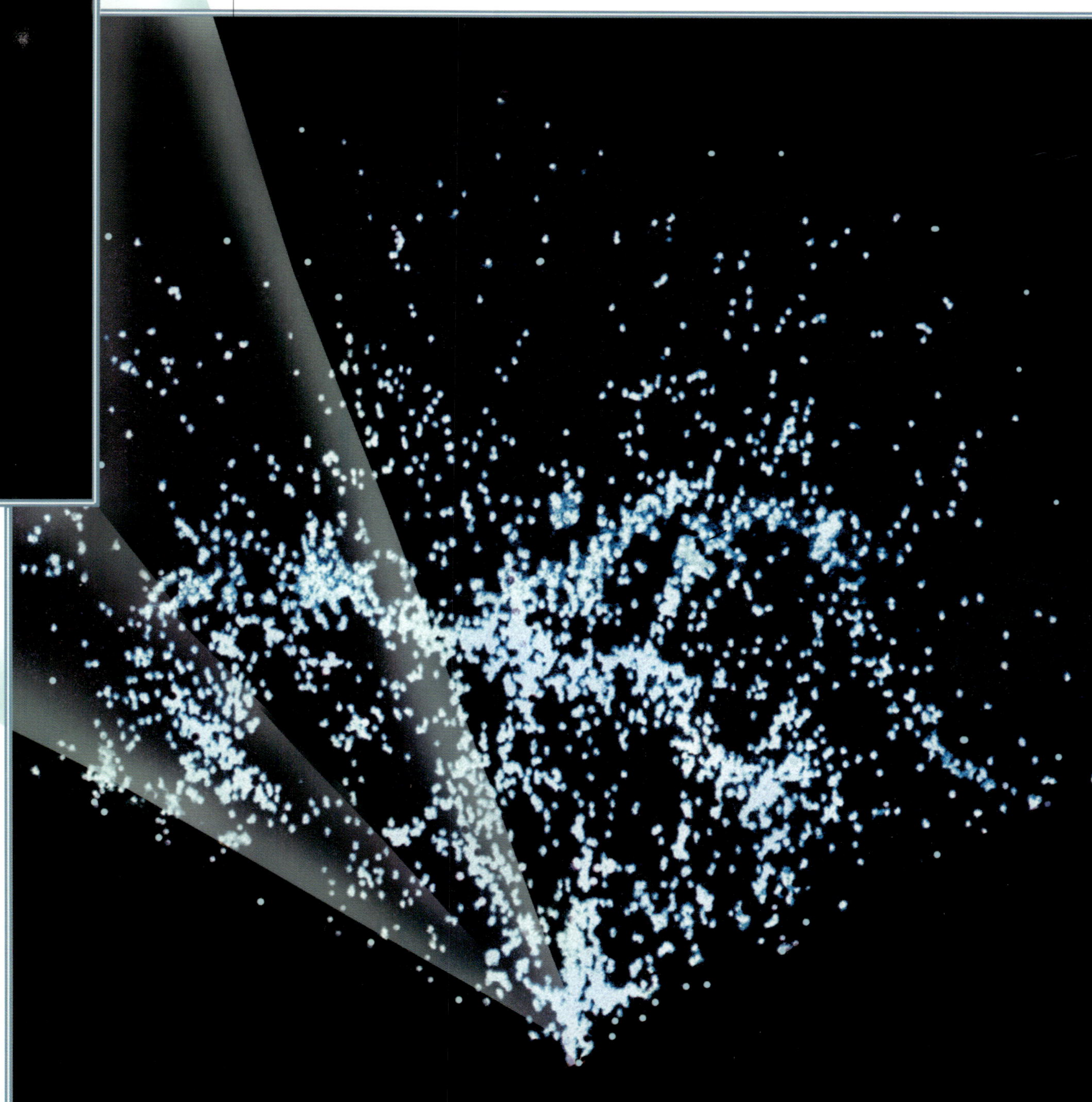

2 Lokale Gruppe
Die lokale Gruppe, der zirka 35 Galaxien angehören, wird von der Milchstraße sowie zwei weiteren großen Spiralgalaxien – dem Andromedanebel (M31) oben links und dem Dreiecksnebel (M33) rechts – beherrscht. Die übrigen Galaxien sind eher klein; einige davon ähneln den Magellanschen Wolken.

Die ersten Himmelsbeobachter

DIE HIMMELSKUNDE IST SO ALT wie die Menschheit selbst. Von Anfang an dienten die Gestirne unseren Vorfahren als Zeitmesser und Kalender. Sonnenaufgang und -untergang markierten Tag und Nacht, während die Mondphasen den Ablauf eines Monats bestimmten. Die Sonne erschien Tag für Tag an einem anderen Punkt des Horizonts und durchwanderte dabei einen Zyklus, der einem Jahr entsprach. Auf der Suche nach Erklärungen erfanden die Menschen der Frühzeit Geschichten von Göttern und Ungeheuern, deren Umrisse sie in bestimmten Sternbildern zu sehen glaubten. Viele der Sternbildnamen haben sich bis heute erhalten.

In den alten Hochkulturen von Sumer, Babylonien und Ägypten verzeichneten die Astronomen den Auf- und Untergang von Gestirnen, legten Listen mit besonderen Himmelsereignissen wie Finsternissen an und stellten Kalender zusammen, um die beste Zeit für die Aussaat und Ernte zu bestimmen. Ihrer scharfen Beobachtung entging nicht, dass die Sonne alljährlich ein Band von zwölf Sternbildern zu durchlaufen schien, das wir als Tierkreis bezeichnen. Auch fiel ihnen auf, dass sich einige Sterne innerhalb des Tierkreises bewegten – eine Erscheinung, die ihnen Rätsel aufgab. Heute wissen wir, dass es sich bei diesen Himmelskörpern um Planeten handelt.

Chinesische Astronomen berechneten schon früh, dass ein Jahr aus $365\frac{1}{4}$ Tagen besteht. Sie beobachteten außerdem Kometen, Sonnen- und Mondfinsternisse und explodierende Sterne, die Supernovae. In der Neuen Welt errichteten die Maya im Süden Mexikos Tempel, die sie für astronomische Zwecke nutzten, und entwickelten einen Kalender, der auf den Bewegungen des Planeten Venus beruhte. Auch für die Azteken Zentralmexikos spielte die Venus eine wichtige Rolle. Sie ordneten den Planeten einem Gott zu, der die Lebenskraft symbolisierte.

PLANETENGÖTTER
Die alten Griechen sahen in den Planeten ihre Götter. Die Römer übernahmen dieses System. Noch heute verwenden wir ihre lateinischen Namen. Als schnellster Planet hieß Merkur nach dem Götterboten.

BABYLONISCHE ASTRONOMIE
Die Astronomen in Babylonien (dem heutigen Irak) verzeichneten bereits vor mehr als 2500 Jahren die Bewegungen von Sternen und Planeten auf Tontafeln.

DIE ERDE IM ZENTRUM
Bei frühen Weltallmodellen wie diesem kreisen Sonne, Mond und Planeten um die Erde. Noch heute sprechen wir davon, dass die Sonne „aufgeht" und „untergeht", obwohl sich in Wahrheit die Erde bewegt. Die hier abgebildeten Tiere und Figuren sind die zwölf Tierkreissternbilder, welche die Sonne auf ihrer scheinbaren Himmelsbahn Jahr für Jahr durchläuft.

• WISSENSWERTES •

Bei diesem 32000 Jahre alten Rentierknochen könnte es sich um das älteste astronomische Zeugnis der Welt handeln. Archäologen vermuten, dass die Zeichen aufeinander folgende Mondphasen darstellen.

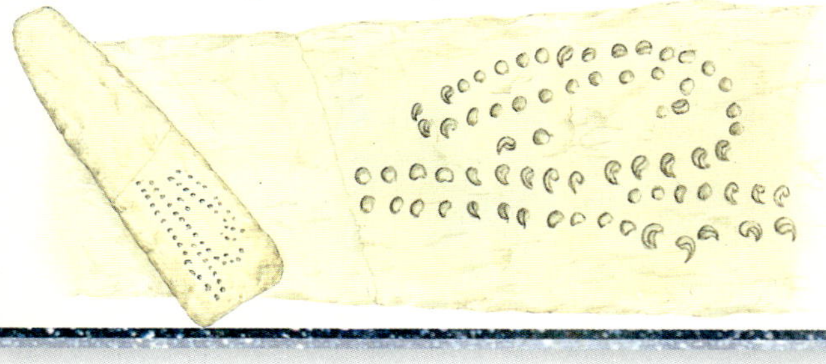

Ägyptische Sternbilder
Diese Sternbilder schmücken ein Pharaonengrab. Die ägyptischen Astronomen berechneten den Auf- und Untergang heller Sterne wie Sirius. Außerdem teilten sie den Tag und die Nacht bereits in jeweils zwölf Stunden ein.

Schau nach

- Woher kommen die Namen unserer Planeten?
- Wie viele Sternbilder enthält der Tierkreis?
- Wozu dienten die Steinkreise von Stonehenge?

Sonnengottheit
Dies ist eine Sonnengott-Maske der Ureinwohner Amerikas. Die Leben spendende Sonne wurde in vielen Frühkulturen als Hauptgottheit verehrt. Daneben gab es meist eine Mondgöttin, die über die Nacht regierte.

Stonehenge
Die vor mehr als 4000 Jahren errichteten Steinkreise von Stonehenge in England dienten der Himmelsbeobachtung. Zu Beginn des Sommers ging die Sonne zwischen den Steinsäulen auf.

Mach mit: *Der Weg der Sonne*

Für dieses Projekt müsst ihr einen Platz finden, wo ihr den Sonnenauf- oder -untergang über dem Horizont sehen könnt.

1. Wählt eine Stelle im Osten oder Westen, wo ein Baum oder Mast eine Linie z. B. mit einem fernen Kirchturm bildet.
2. Notiert an klaren Morgen oder Abenden, wo die Sonne am Horizont auftaucht oder versinkt. *Warnung: Die Sonne kann eure Augen dauerhaft schädigen, darum werft immer nur einen kurzen Blick bei Auf- oder Untergang zum Horizont. Schaut nie direkt in die Sonne, wenn sie höher steht.*
3. Nach etwa einer Woche hat sich etwas verändert: Die Sonne wandert von Ende Juni bis Ende Dezember in eine Richtung und im nächsten Halbjahr wieder zurück.

Unsere Vorfahren errichteten Bauten, mit denen sie den Weg der Sonne im Jahreslauf verfolgten.

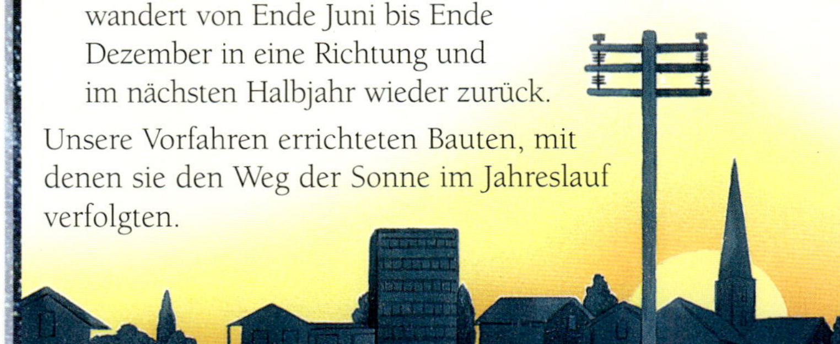

Weltsysteme

DIE ALTEN GRIECHEN SETZTEN sich mit den Gestirnen auseinander. Bereits um 300 v. Chr. wussten sie um die Kugelgestalt der Erde. Die meisten ihrer Astronomen gingen zwar davon aus, dass sich alle Himmelskörper um die Erde drehten, aber zumindest einer von ihnen – Aristarch – vermutete bereits, dass die Erde die Sonne umkreiste. Um 100 v. Chr. stellte Hipparch von Nicäa einen Sternkatalog zusammen und bestimmte die Entfernung zwischen Mond und Erde. Der einflussreichste Astronom war jedoch Claudius Ptolemäus, der etwa 300 Jahre später die Arbeiten des Hipparch als Grundlage für ein Modell verwendete, bei dem die Erde im Mittelpunkt des Universums stand. Dieses Weltbild blieb über ein Jahrtausend gültig.

Nikolaus Kopernikus (1473–1543) war der erste Astronom der Neuzeit, der ein Modell mit der Sonne im Zentrum entwarf. In den nächsten hundert Jahren machten andere Astronomen Beobachtungen, die diese Theorie bestätigten. Tycho Brahe (1546–1601) versuchte die Thesen von Ptolemäus und Kopernikus zu verbinden. Johannes Kepler (1571–1630), der eine Zeit lang mit Brahe arbeitete, entwickelte die erste korrekte Theorie zur Planetenbewegung. Bald darauf baute Galileo Galilei (1564–1642) ein astronomisches Fernrohr, mit dem er als Erster die Mondberge erblickte. Er entdeckte auch die Venusphasen und die vier größten Jupitermonde.

Isaac Newton (1642–1727) schließlich formulierte ein Gesetz, das die Himmelsmechanik physikalisch erklärte: Die Planeten einschließlich der Erde werden durch die Anziehungskraft der Sonne in ihren Umlaufbahnen gehalten. Ähnlich bestimmt die Anziehungskraft der Erde die Bahn des Mondes. Mit Hilfe von Newtons Theorie konnten die Astronomen die Größe des Sonnensystems bestimmen und die Bewegungen von Planeten, Monden und Kometen genau vorhersagen.

NIKOLAUS KOPERNIKUS
Kopernikus wusste, dass seine Theorie auf Widerstand bei der katholischen Kirche stoßen würde, und veröffentlichte die Schriften zu seinem Weltsystem erst, als er bereits auf dem Sterbebett lag.

CLAUDIUS PTOLEMÄUS
Ptolemäus' Weltmodell mit der Erde im Zentrum beherrschte über ein Jahrtausend die Astronomie, ehe es durch das Modell von Kopernikus mit der Sonne im Zentrum abgelöst wurde.

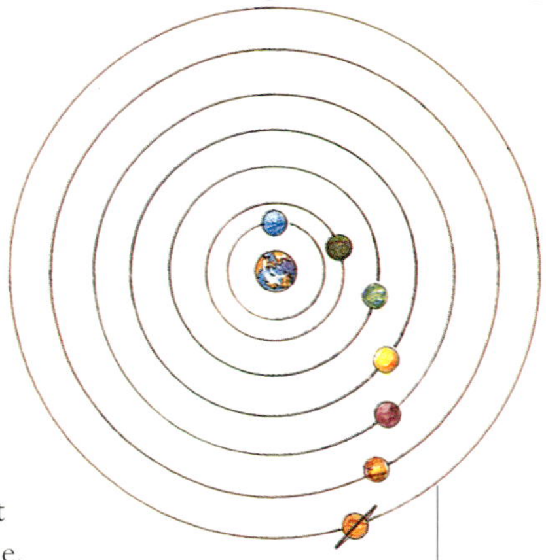

Ptolemäisches Weltbild

WISSENSWERTES

Als der berühmte Physiker Isaac Newton einmal einen Apfel von einem Baum fallen sah, kam ihm der Gedanke, dass die Schwerkraft, die das Obst zum Boden hin zog, auch bis zum Mond reichen und ihn in einer Bahn um die Erde festhalten könnte.

DIE SONNE IM ZENTRUM
Im Kopernikanischen System kreisen sämtliche Planeten, einschließlich der Erde, um die Sonne. Als Kopernikus dieses Weltmodell veröffentlichte, ließ es sich jedoch nicht durch Beobachtungen untermauern. Der astronomische Nachweis, dass Kopernikus Recht hatte, gelang erst viele Jahre nach seinem Tod.

TYCHO BRAHE
Tycho Brahe, der seine Nase bei einem Duell verloren hatte, trug eine Prothese aus Silber. Er war ein scharfäugiger Astronom, der Tausende von Himmelsbeobachtungen durchführte. In seinem Weltmodell kreiste die Sonne um die Erde, während die übrigen Planeten um die Sonne kreisten.

SCHAU NACH

- Welcher Grieche entwarf ein Weltmodell mit der Erde in der Mitte?
- Wie unterschied sich Tycho Brahes Modell vom Ptolemäischen und Kopernikanischen?
- Wer benutzte als Erster ein Fernrohr für astronomische Zwecke?

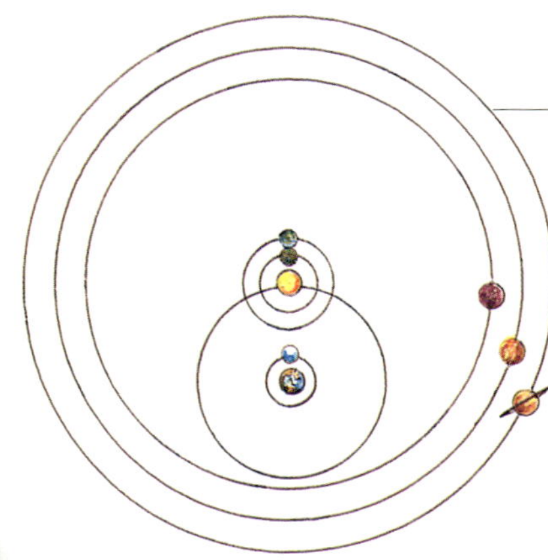

Weltbild des Tycho Brahe

GALILEISCHES FERNROHR
Obwohl Galileos Fernrohre nur um das 20- bis 30-fache vergrößerten, zeigten sie ihm Himmelsphänomene, die noch kein Mensch vor ihm gesehen hatte.

GALILEO GALILEI
Da Galilei offen Partei für Kopernikus und seine Ideen ergriff, klagte ihn die Kirche wegen Ketzerei an. Er wurde für den Rest seines Lebens von der Inquisition unter Hausarrest gestellt.

ISAAC NEWTON
In seiner Kindheit bastelte Newton Wasserräder und Windmühlen. Als Erwachsener entwickelte er mathematische Theorien, die das Universum als ein riesiges Uhrwerk mit exaktem Gang erscheinen ließen.

NEWTONSCHES SPIEGELTELESKOP
Newton erfand ein Fernrohr, bei dem an Stelle von Linsen Hohlspiegel verwendet wurden. Dieses als Reflektor bezeichnete Instrument lieferte schärfere Bilder. Die meisten modernen Fernrohre sind Reflektoren.

Große Schritte voran

Ab 1700 brachten neue Theorien und neue Techniken unser Wissen über das Universum mit großen Schritten voran. Dank Newtons Himmelsmechanik konnten die Astronomen nun die Bahnen der Planeten, Monde und Kometen berechnen. So ermittelte Edmond Halley (1656–1742), wann ein bestimmter Komet wieder an der Erde vorbeiziehen werde. Als sich diese Vorhersage nach seinem Tod bestätigte, erhielt der Komet ihm zu Ehren den Namen Halleyscher Komet.

Stark verbesserte Fernrohre führten ebenfalls zu einer Reihe von Erkenntnissen. Wilhelm Herschel (1738–1822) entdeckte 1781 den Planeten Uranus. Später baute er riesige Spiegelteleskope, die selbst schwach leuchtende Sternhaufen und Nebel sichtbar machten. Sein Ziel war es, Aufbau und Ausmaß der Milchstraße sowie den Platz der Sonne in diesem System zu ergründen.

Um 1850 erfanden Robert Kirchhoff (1824–1887) und Robert Bunsen (1811–1899) das Spektroskop. Es lieferte den Beweis, dass Sterne heiße Gaskugeln sind, während Planeten lediglich das Sonnenlicht reflektieren. Manche Nebel erwiesen sich als dünne Gasschleier, andere dagegen als Sternansammlungen. Dank der Spektroskopie waren ab 1900 aus Astronomen, die in erster Linie die Sternpositionen untersuchten, Astrophysiker geworden, die sich mit dem Aufbau des Universums befassen.

Im 20. Jahrhundert gab es Riesenschritte voran. Albert Einstein (1879–1955) erlangte Weltruhm, nachdem seine Relativitätstheorie 1919 bei einer Sonnenfinsternis bestätigt wurde. Nach seiner Theorie dehnt sich das Universum aus, was etwa gleichzeitig auch Edwin Hubble (1889-1953) beobachtete. In jüngster Zeit liefern uns Raumsonden Messdaten über die Planeten, während enorm leistungsfähige Teleskope das Universum auch in jenen Wellenbereichen erkunden, die für uns Menschen unsichtbar sind.

Herschels Teleskop
Wilhelm Herschel war der erste Astronom, der den Himmel systematisch durchmusterte. Um auch lichtschwache Objekte zu erkennen, baute er ein Teleskop mit einem Metallspiegel von 1,2 m Durchmesser.

Albert Einstein
Die Arbeiten von Albert Einstein bilden die Grundlage der modernen Astronomie. Nach seinen Theorien berechnen Computer Stern- und Galaxienmodelle, die dann mit den Beobachtungswerten der Teleskope verglichen werden.

• Wissenswertes •

Schwarze Löcher – deren Anziehungskraft so groß ist, dass selbst Licht nicht aus ihnen entweichen kann – wurden erstmals im 17. Jahrhundert vorausgesagt. Aber da sich niemand so etwas vorstellen konnte, verwarf man die Idee und griff sie erst im 20. Jahrhundert wieder auf.

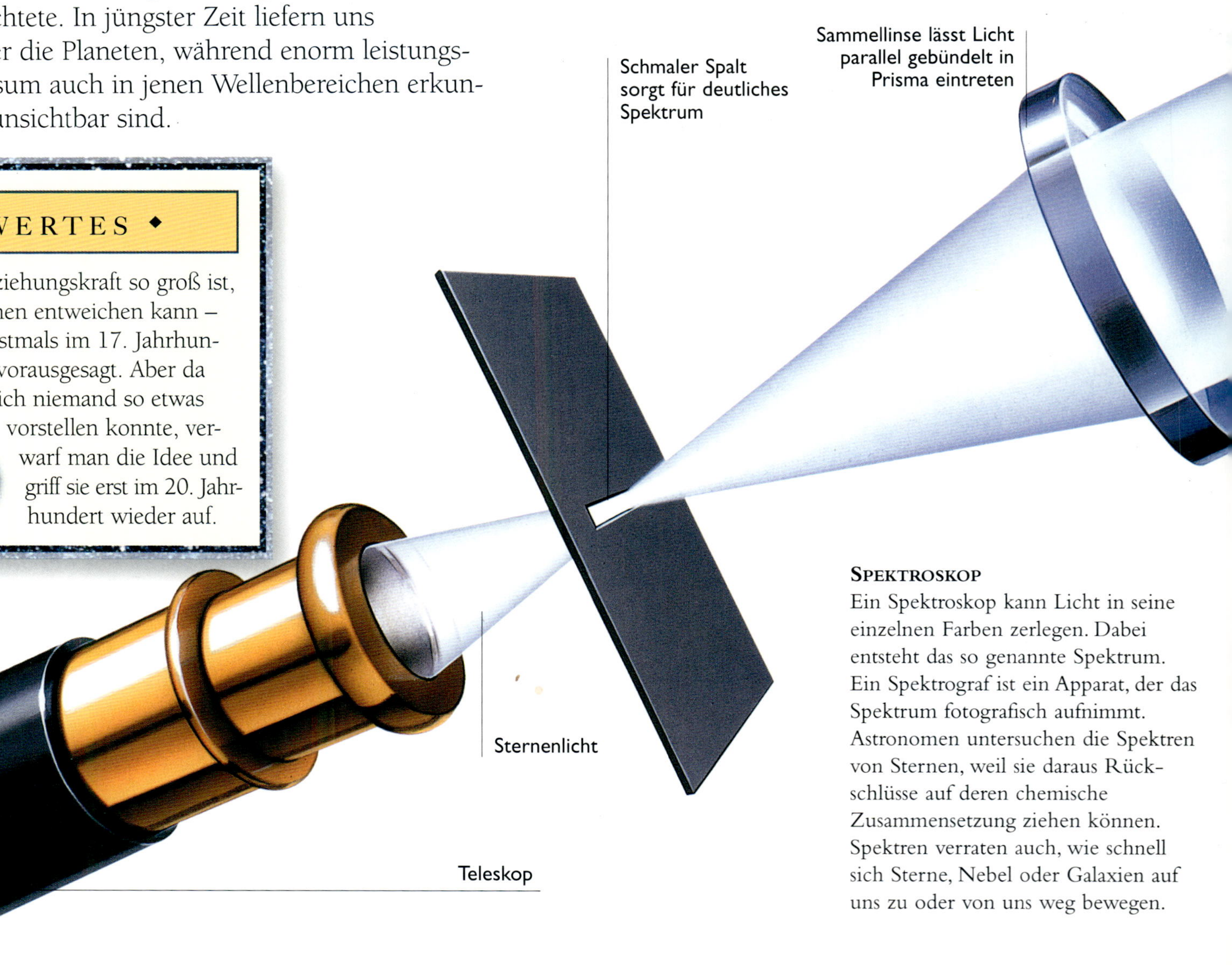

Spektroskop
Ein Spektroskop kann Licht in seine einzelnen Farben zerlegen. Dabei entsteht das so genannte Spektrum. Ein Spektrograf ist ein Apparat, der das Spektrum fotografisch aufnimmt. Astronomen untersuchen die Spektren von Sternen, weil sie daraus Rückschlüsse auf deren chemische Zusammensetzung ziehen können. Spektren verraten auch, wie schnell sich Sterne, Nebel oder Galaxien auf uns zu oder von uns weg bewegen.

Spiralgalaxie
Zu Beginn des 20. Jahrhunderts gab es hitzige Debatten um solche spiralförmigen Objekte. Manche Astronomen hielten sie für junge Sonnensysteme, andere für Galaxien mit Millionen von Sternen. Die Galaxien-Verfechter behielten Recht und das Objekt erhielt den Namen „Dreiecksnebel" M33.

Edwin Hubble
Hubble entdeckte, dass Spiralgalaxien riesige Ansammlungen von Einzelsternen sind. Er wies außerdem nach, dass sich das Weltall ausdehnt, und berechnete die Expansionsgeschwindigkeit.

Mach mit: *Lichtzerlegung*

Für dieses Experiment braucht ihr ein Stück Pappe, ein mit Wasser gefülltes Glas und ein weißes Blatt Papier.

1. Schneidet einen schmalen Schlitz in die Pappe.
2. Stellt das Wasserglas in der Nähe eines sonnigen Fensters auf das Blatt Papier und schiebt das Stück Pappe senkrecht zwischen das Licht und das Glas.

Wenn die Sonne durch den Schlitz auf das Wasser scheint, teilt sich das Licht in die Farben ihres Spektrums – genau wie das Licht von Sternen und Planeten, das von einem Spektroskop in seine Spektralfarben zerlegt wird.

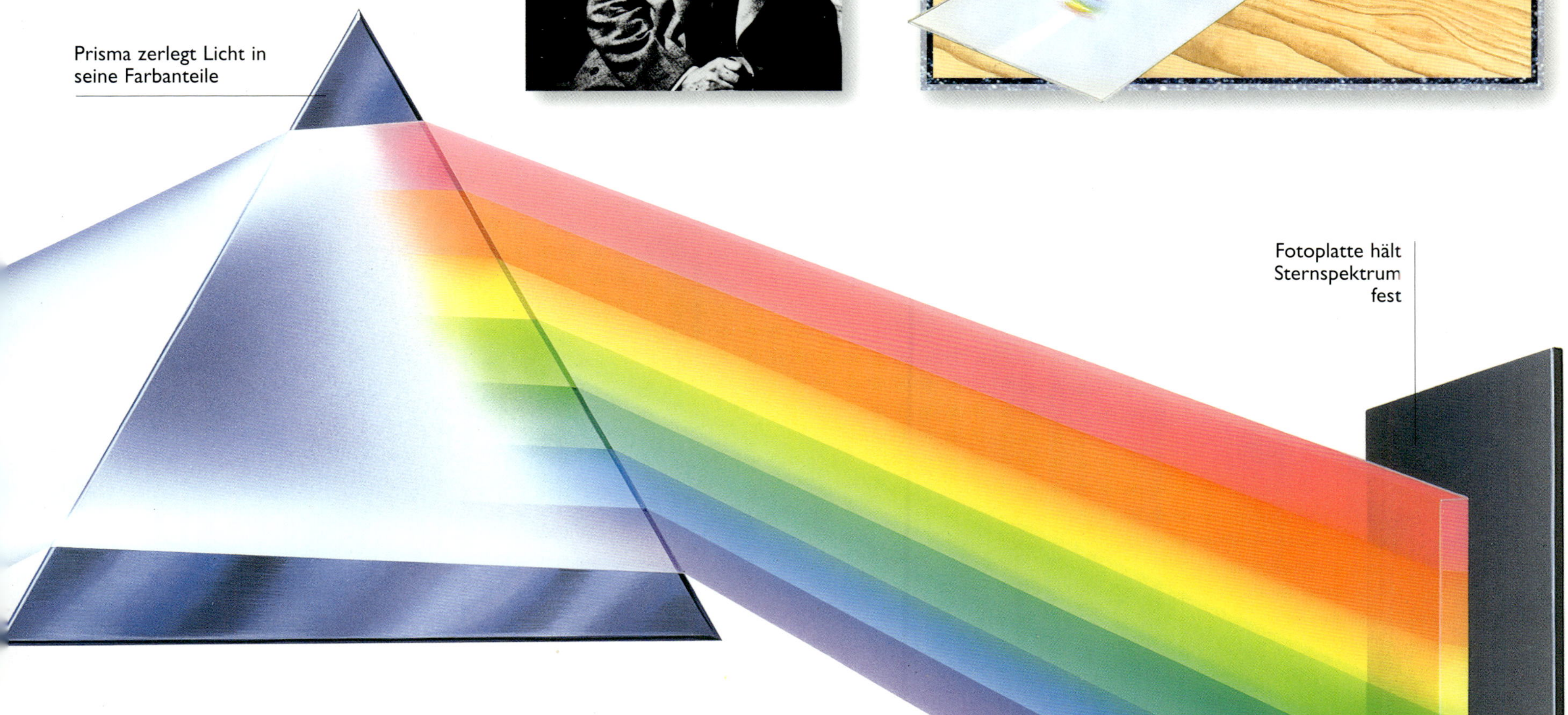

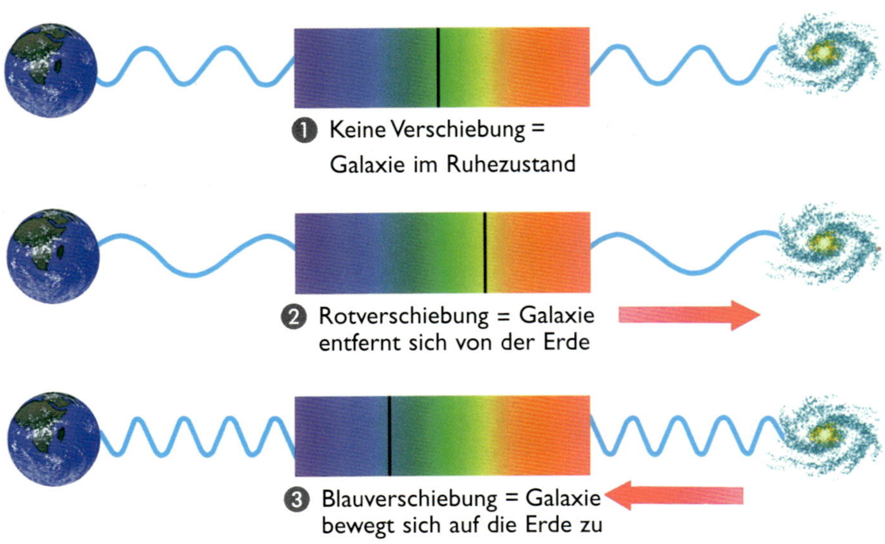

Doppler-Effekt
Wenn eine Lichtquelle einen bestimmten Abstand zur Erde einhält, zeigt ihr Spektrum charakteristische Linien (1). Entfernt sich die Quelle von der Erde, sind die Lichtwellen länger und die Spektrallinien verschieben sich zum roten Bereich (2). Bewegt sich das Objekt auf die Erde zu, sind die Wellen kürzer und die Linien verschieben sich zum blauen Bereich (3).

Astronomie von der Erde aus

DIE MEISTEN OBJEKTE AM NACHTHIMMEL sind nur schwach zu erkennen. Um möglichst viel von ihrer Strahlung aufzufangen, entwickelten die Astronomen immer lichtstärkere Teleskope. Die ersten waren Linsenfernrohre, doch die Verwendung von Spiegeln ermöglichte schon bald den Bau von größeren Instrumenten. Wilhelm Herschel baute um 1770 ein Teleskop mit einem Spiegeldurchmesser von 1,2 m (siehe S.18), das für damalige Zeiten gigantisch war und selbst heute noch imposant wirkt. Das 1948 vollendete und mit einem 5-m-Spiegel ausgestattete Hale-Teleskop auf dem kalifornischen Mount Palomar, mit dem die Astronomen ferne Objekte wie die Quasare untersuchten, war lange Zeit das mächtigste Teleskop der Welt. Mittlerweile wird es jedoch von mehr als einem Dutzend noch größerer Instrumente übertroffen.

Teleskope sehen nur selten in einen klaren Nachthimmel. Die Lichter der Großstädte lassen die Gestirne verblassen, und die Lufthülle der Erde verzerrt das Sternenlicht. Darum stehen die meisten großen Teleskope auf hohen Berggipfeln, fernab von Städten und oberhalb der verzerrenden Schichten der Atmosphäre.

Herkömmliche, optische Teleskope fangen die Art von Licht ein, die auch das menschliche Auge wahrnimmt. Sterne, Planeten und Galaxien senden aber auch unsichtbare Strahlung aus (siehe S. 22). Dazu gehören Radiowellen, die nur eine geringe Störung durch die Erdatmosphäre erfahren und deshalb gut von der Erde aus untersucht werden können. Da der Radiobereich sehr viel längere Wellen aufweist als das sichtbare Licht, müssen Radioteleskope wesentlich größer als optische Fernrohre sein. Die Antenne des größten Einzel-Radioteleskops bei Arecibo auf Puerto Rico hat einen Durchmesser von 305 m. Astronomen können mehrere Radioteleskope verbinden und die Signale, die sie empfangen, gemeinsam auswerten. Diese als Interferometrie bezeichnete Technik führt dazu, dass Radioteleskope eine weit höhere Auflösung erreichen als optische Teleskope.

MAUNA KEA
Da der 4200 m hohe Berggipfel auf Hawaii unter Astronomen als bester Beobachtungspunkt der Welt gilt, drängen sich hier – neben den beiden Keck-Teleskopen – eine Reihe von international genutzten Sternwarten.

RIESENSPIEGEL
Besondere Konstruktionen verhindern, dass große Teleskopspiegel unter ihrem eigenen Gewicht durchhängen. Der hier gezeigte Hauptspiegel des Vatikan-Teleskops besitzt eine sehr dünne Oberfläche, in die von hinten zur Gewichtsersparnis wabenförmige Vertiefungen eingefräst wurden.

KECK-TELESKOPE
Zu den größten optischen Instrumenten der Welt gehören die beiden Keck-Teleskope auf dem Gipfel des Mauna Kea. Jede Kuppel enthält einen Reflektor mit einem Spiegel von knapp 10 m Durchmesser. Die beiden Riesenaugen können unabhängig arbeiten oder zusammenwirken, um eine noch schärfere Abbildung zu erzielen.

ARECIBO-TELESKOP
Dieses riesige Radioteleskop ist in einen natürlichen Kessel zwischen den Hügeln von Arecibo auf der Insel Puerto Rico eingebettet. Es erforscht Planeten und Sterne und horcht das Weltall nach Radiosignalen ab, die von außerirdischen Lebewesen stammen könnten.

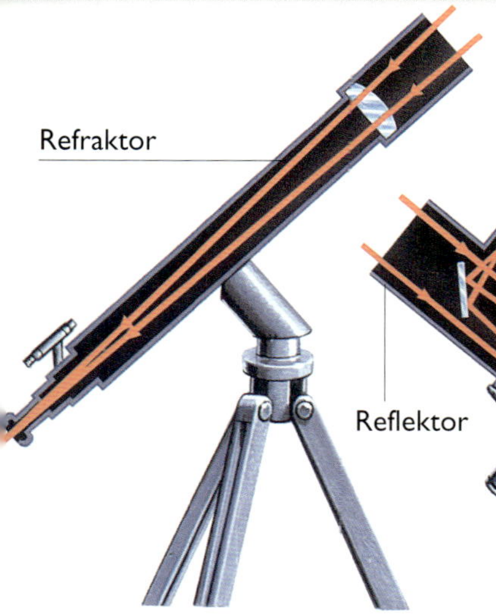

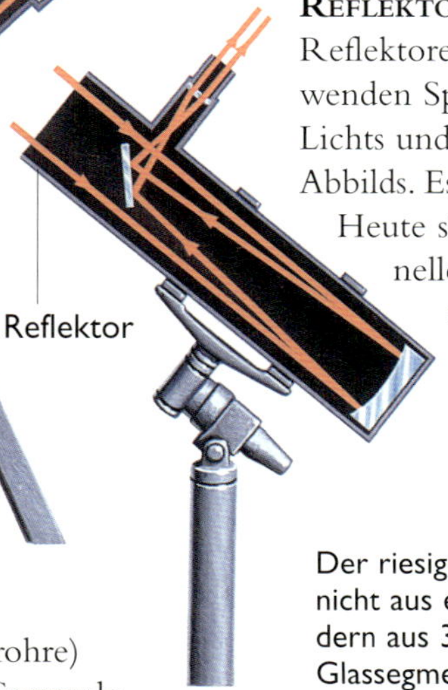

Reflektoren
Reflektoren (Spiegelteleskope) verwenden Spiegel zum Sammeln des Lichts und zum Erzeugen eines Abbilds. Es gibt riesige Spiegel. Heute sind fast alle professionellen Teleskope sowie die meisten Amateur-Teleskope Reflektoren.

Refraktoren
Refraktoren (Linsenfernrohre) verwenden Linsen zum Sammeln des Lichts und zum Erzeugen eines Abbilds. Das Herstellen von Linsen ist teuer und höchstens bis zu einem Durchmesser von 1 m möglich.

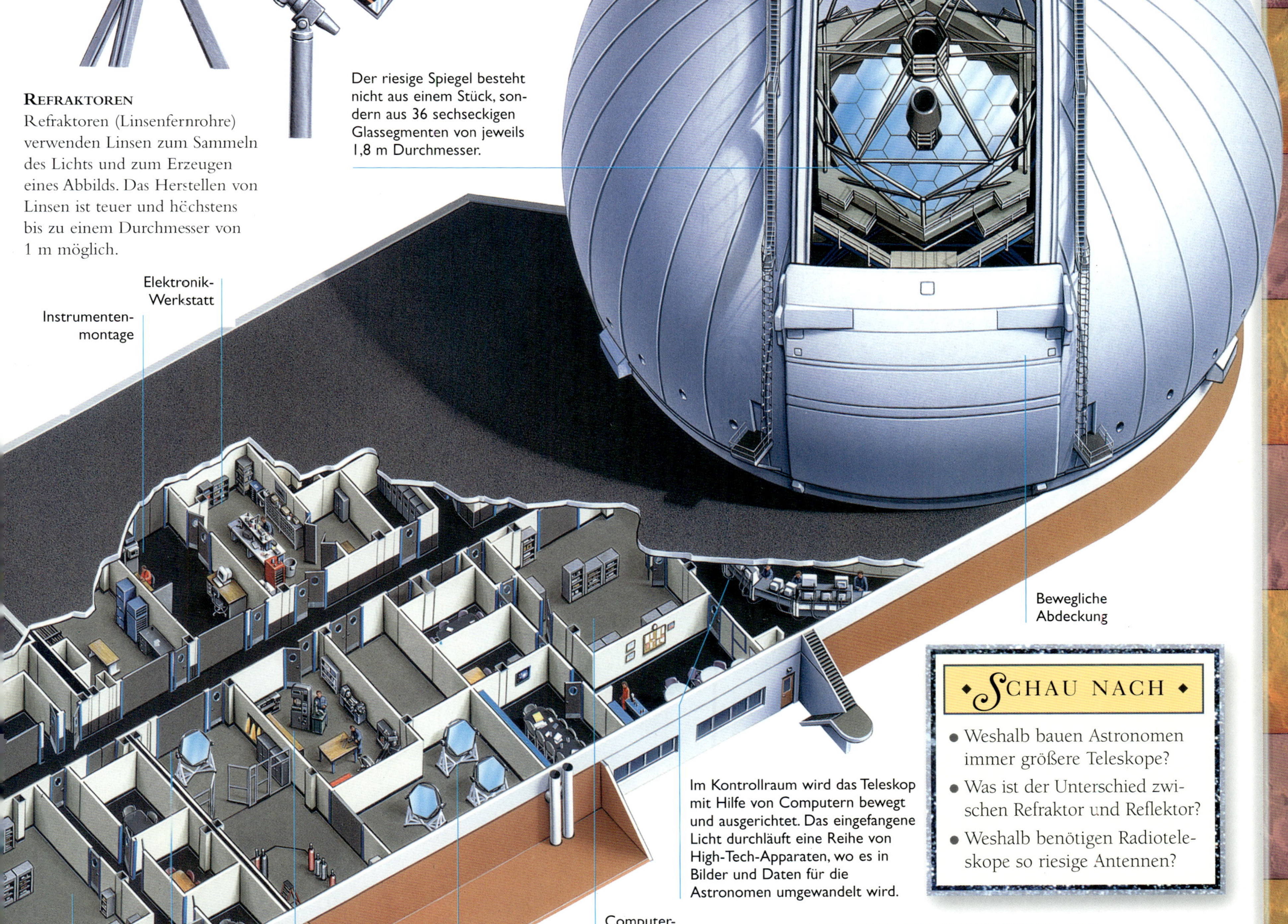

◆ Schau nach ◆

- Weshalb bauen Astronomen immer größere Teleskope?
- Was ist der Unterschied zwischen Refraktor und Reflektor?
- Weshalb benötigen Radioteleskope so riesige Antennen?

Very Large Array
Radiowellen werden mit riesigen Schüsselantennen aufgefangen. Das VLA – Very Large Array oder „sehr große Anordnung“ – bei Socorro in New Mexico besteht aus 27 Teleskopen, die gemeinsam wie eine gigantische Einzelantenne wirken.

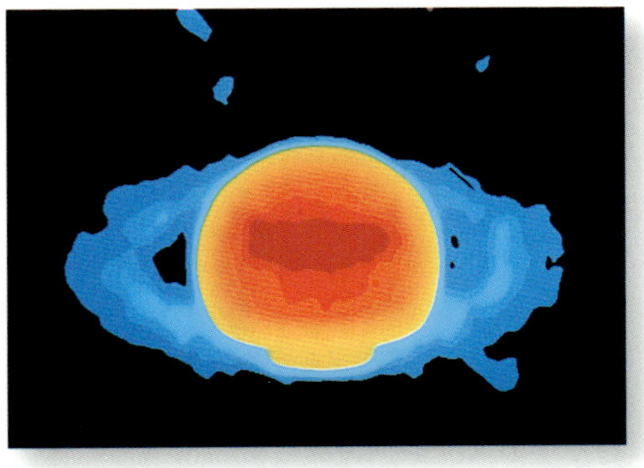

Radiobild
Dieses Radiobild des Saturn entstand mit Hilfe des VLA. Die entsprechend der Temperaturwerte eingefärbten Bereiche zeigen, dass der Planet selbst (orangerot) sehr viel wärmer ist als die Ringe (blau), die ihn umgeben.

Satelliten-Astronomie

NOCH BEVOR 1957 DIE ERSTEN künstlichen Satelliten die Erde umkreisten, suchten die Astronomen nach Möglichkeiten, Observatorien in den Weltraum zu schicken. Sie wussten, dass ihre Instrumente ohne die störende Atmosphäreschicht tiefer ins All spähen konnten, und hofften, auch solche Signale aufzufangen, die gar nicht oder nur schwach bis zur Erdoberfläche durchkamen.

Manche Weltraum-Teleskope arbeiten im optischen Bereich, aber die meisten erforschen die übrigen Strahlenarten, die von Planeten, Sternen und Galaxien ausgesandt werden. Sie reichen von der langwelligen Radio- und Infrarotstrahlung über das sichtbare Licht bis hin zur kurzwelligen Ultraviolett-, Röntgen- und Gammastrahlung und werden als elektromagnetisches Spektrum bezeichnet.

Das bekannteste „fliegende Observatorium" ist das Hubble-Weltraumteleskop (HST). Das 1990 in eine Umlaufbahn gebrachte HST ist das erste von vier Satelliten-Observatorien, die nach den Plänen der amerikanischen Raumfahrtbehörde NASA jeweils einen Teil des elektromagnetischen Spektrums erforschen sollen. Das HST übernimmt den Bereich des sichtbaren Lichts, die Ultraviolett- und einen Teil der Infrarotstrahlung. Das Chandra X-Ray Observatory und das Compton Gamma-Ray Observatory sollen die kurzwellige Röntgen- und Gammastrahlung von heißen Sternen, Supernova-Explosionen und in sich zusammenstürzenden Schwarzen Löchern aufspüren. Den Abschnitt mit den längsten Wellen wird das Infra-rot-Weltraumteleskop SIRTF (Space Infrared Telescope Facility) abdecken, dessen Start im Jahr 2001 erfolgen soll. Mit seiner Hilfe will man Staub- und Gaswolken im All untersuchen, die möglicherweise die Geburtsstätten neuer Sterne und Sonnensysteme sind.

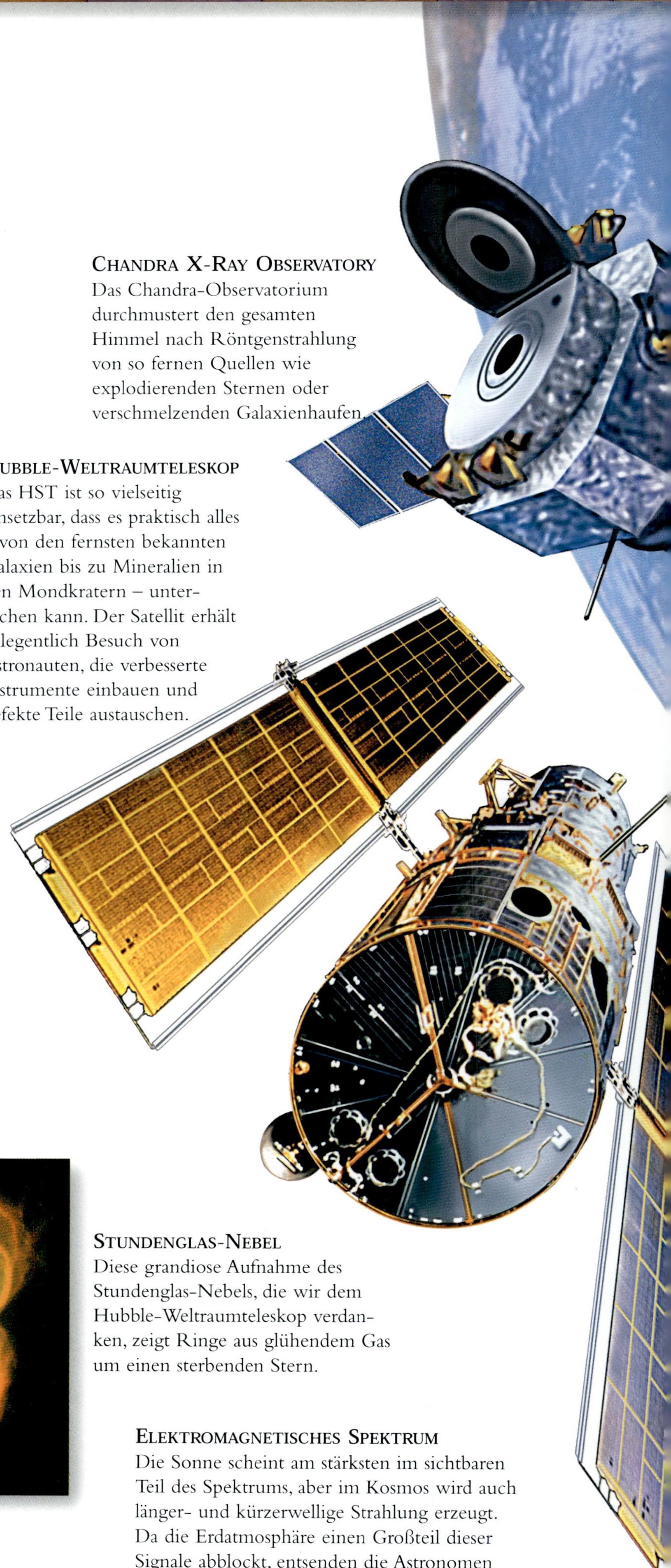

CHANDRA X-RAY OBSERVATORY
Das Chandra-Observatorium durchmustert den gesamten Himmel nach Röntgenstrahlung von so fernen Quellen wie explodierenden Sternen oder verschmelzenden Galaxienhaufen.

HUBBLE-WELTRAUMTELESKOP
Das HST ist so vielseitig einsetzbar, dass es praktisch alles – von den fernsten bekannten Galaxien bis zu Mineralien in den Mondkratern – untersuchen kann. Der Satellit erhält gelegentlich Besuch von Astronauten, die verbesserte Instrumente einbauen und defekte Teile austauschen.

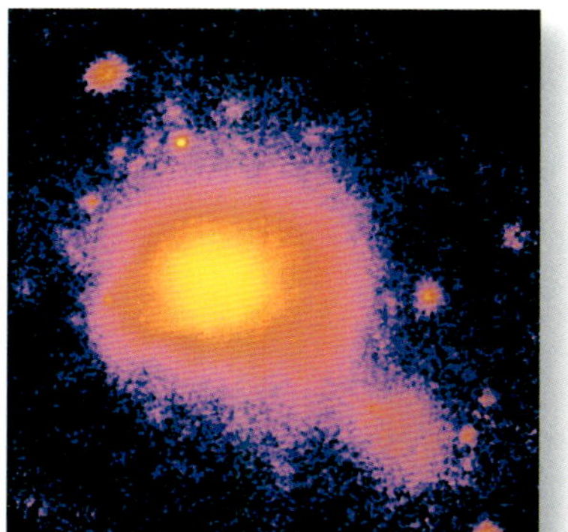

RÖNTGENGALAXIEN
Der in Deutschland gebaute Röntgensatellit ROSAT bildete zwei Galaxien im Coma-Haufen ab, die von extrem heißen Gasen umgeben sind.

STUNDENGLAS-NEBEL
Diese grandiose Aufnahme des Stundenglas-Nebels, die wir dem Hubble-Weltraumteleskop verdanken, zeigt Ringe aus glühendem Gas um einen sterbenden Stern.

ELEKTROMAGNETISCHES SPEKTRUM
Die Sonne scheint am stärksten im sichtbaren Teil des Spektrums, aber im Kosmos wird auch länger- und kürzerwellige Strahlung erzeugt. Da die Erdatmosphäre einen Großteil dieser Signale abblockt, entsenden die Astronomen Teleskope ins All, um sie zu untersuchen.

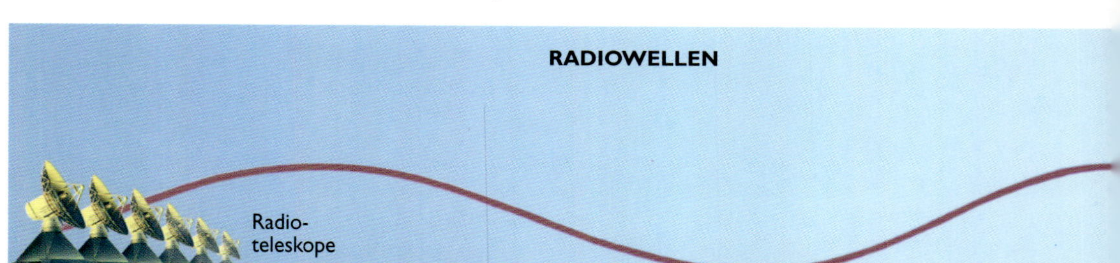

WISSENSWERTES

Der Röntgenapparat beim Arzt erzeugt Strahlen, die zwar die Haut und das Gewebe, nicht aber die Knochen durchdringen. Dadurch entstehen Schattenbilder, die man auf einer Fotoschicht festhalten kann. Ein Röntgenteleskop fängt natürliche Röntgenstrahlung aus den Tiefen des Weltalls auf und kann dadurch Aussagen über die Objekte machen, die diese Wellen aussenden.

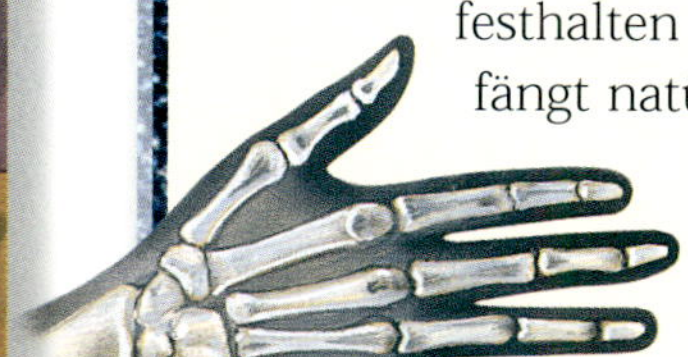

INFRAROT-TELESKOP
Das als SIRTF abgekürzte Infrarot-Weltraumteleskop soll das Weltall nach den Geburtsstätten von Sternen und Planeten durchforschen. Solche Regionen senden meist Strahlung aus, die in den infraroten Bereich des Spektrums fällt.

GAMMASTRAHLEN-SATELLIT
Das Compton Gamma-Ray Observatory verfolgt die Spur der rätselhaften Gammastrahlen-Ausbrüche, die möglicherweise durch die Kollision von zwei Neutronensternen oder andere heftige Explosionen in den Tiefen des Weltalls entstehen.

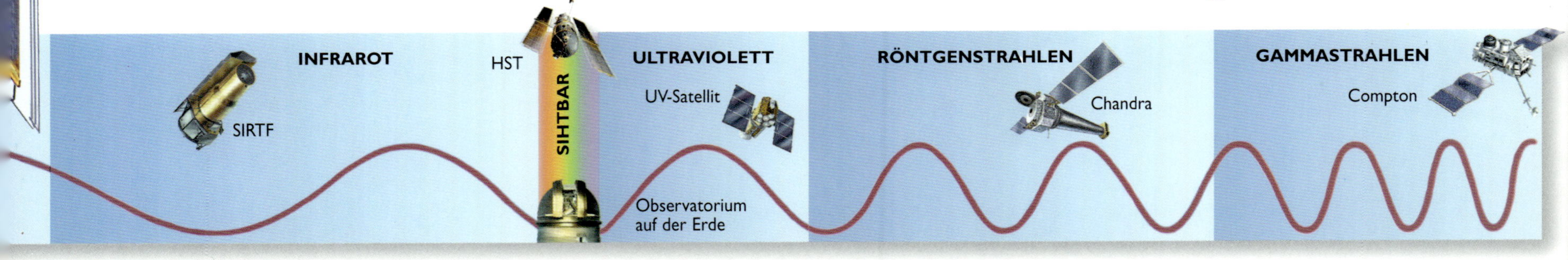

Die bemannte Raumfahrt

Obwohl die Menschen schon seit langem davon träumten, ins All zu fliegen, erfüllte sich diese Vision erst in der zweiten Hälfte des 20. Jahrhunderts .Mit Hilfe von Raketen, die sie im Zweiten Weltkrieg für militärische Zwecke entwickelt hatten, schickten sowjetische Forscher 1957 den ersten Satelliten in den Weltraum. 1961 umkreiste der russische Kosmonaut Juri Gagarin als erster Mensch die Erde. Bald darauf kündigten die USA ihr Apollo-Programm an, dessen Ziel es war, Menschen zum Mond zu bringen.

Die Voraussetzung für eine bemannte Reise zum Mond war eine riesige Trägerrakete und ein genau ausgeklügelter Missionsplan. Nach mehreren Apollo-Testflügen um die Erde brachte Apollo 8 im Dezember 1968 drei Astronauten in eine Mondumlaufbahn. Sie setzten aber nicht auf dem Mond auf, da sich die Landefähre noch in der Entwicklung befand. Weitere Testflüge folgten. Am 20. Juli 1969 landeten Neil Armstrong und Buzz Aldrin von Apollo 11 in einem Mondkrater namens Meer der Ruhe. Fünf weitere Apollo-Mondlandungen folgten.

Nach Abschluss des Apollo-Programms im Jahr 1972 entwickelten die USA ein neues Raumschiff, das Space Shuttle. Wenngleich man die Raumfähren auch für das Aussetzen von Satelliten und Planetensonden verwendet, soll ihre künftige Hauptmission die Errichtung der Internationalen Raumstation sein.

Eine Raumstation kann über lange Zeiträume bemannt sein.Die ersten Raumstationen gab es bereits Anfang der 70er Jahre, aber am erfolgreichsten war die russische Mir-Station, die von 1986 bis 1999 besetzt war. Auf der Internationalen Raumstation sollen eines Tages Wissenschaftler aus vielen Ländern der Erde arbeiten. Ihre Aufgabe wird es sein, einen bemannten Flug zum Mars vorzubereiten.

◆ Mach mit: *Mondbasis* ◆

Baut euch eine Mondbasis – aus Pappe, Schuhkartons, Holzresten, Erde, Modelliermasse, Plastik- und Alufolie, Papier, Draht, Farben und Kleber. Lasst eurer Fantasie freien Lauf! Ihr müsst nur beachten, dass es auf einer Mondbasis folgende Dinge geben muss:

1. Unterkünfte, Treibhäuser, Labors und Werkstätten für die Bewohner.
2. Eine Funkantenne für den Kontakt mit der Erde.
3. Mondautos für Erkundungsfahrten der Astronauten.
4. Eine Rakete für die Rückkehr auf die Erde.

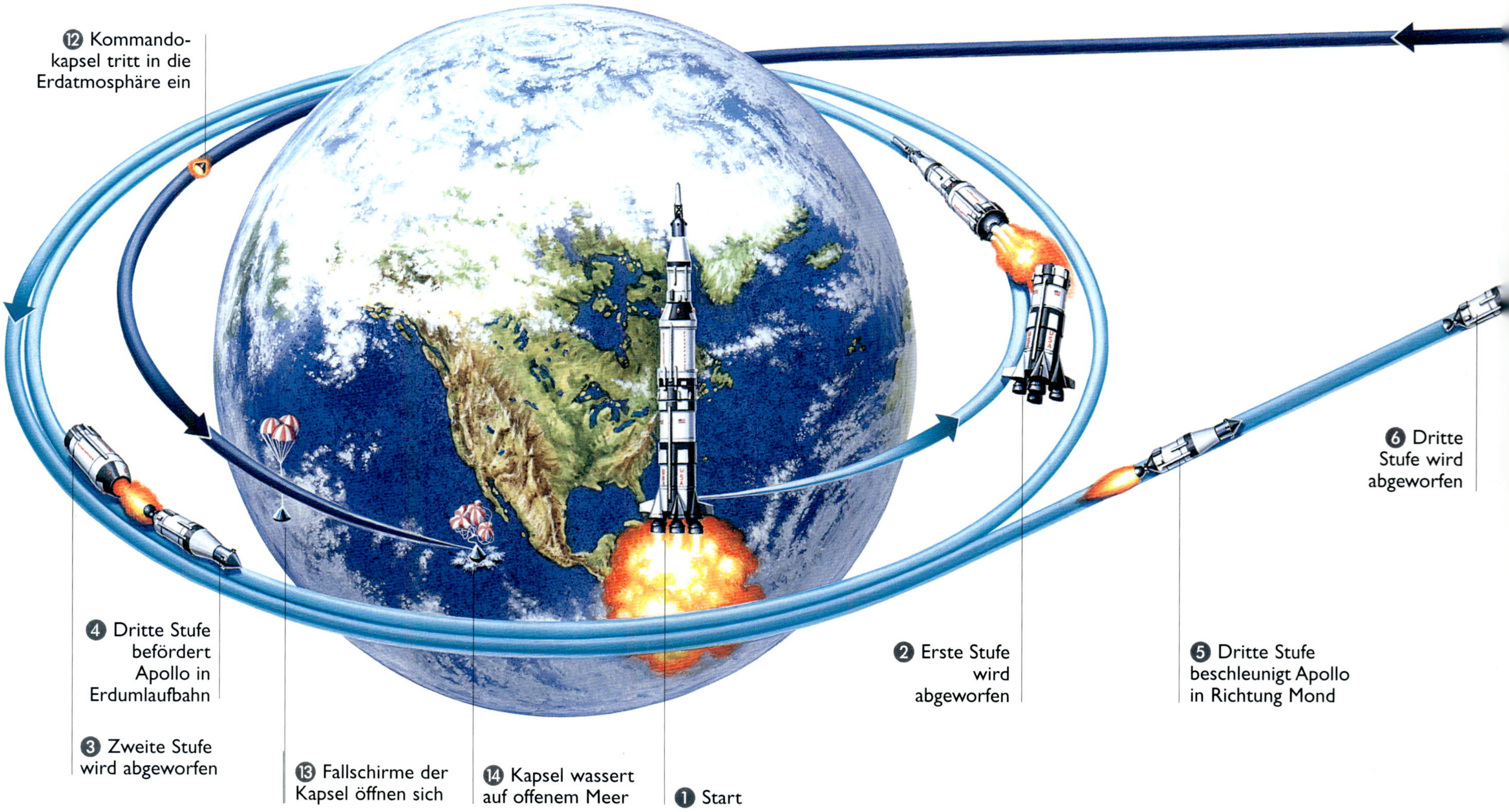

MONDAUTO
Mit diesem zusammenklappbaren Dünen-Buggy konnten sich die Astronauten rund 10 km vom Landeplatz entfernen und Gesteinsbrocken sammeln. Das Mondauto hatte Allradantrieb und -steuerung.

INTERNATIONALE RAUMSTATION
Die Station, an der sich 16 Länder beteiligen, soll im Weltraum aus über 100 Teilen zusammengebaut werden. Nach ihrer Fertigstellung wird sie etwa 100 m lang sein und 450 Tonnen wiegen.

SCHWERELOS AN BORD DER MIR
Trotz der Enge in der russischen Raumstation Mir lernten die Mannschaften – Russen ebenso wie ausländische Gäste – viel über das Leben und Arbeiten im Weltall.

WELTRAUMSPAZIERGANG
Für Arbeiten außerhalb des Raumschiffs tragen die Astronauten Tornister mit kleinen Steuerdüsen, die ihnen gezielte Richtungsänderungen ermöglichen.

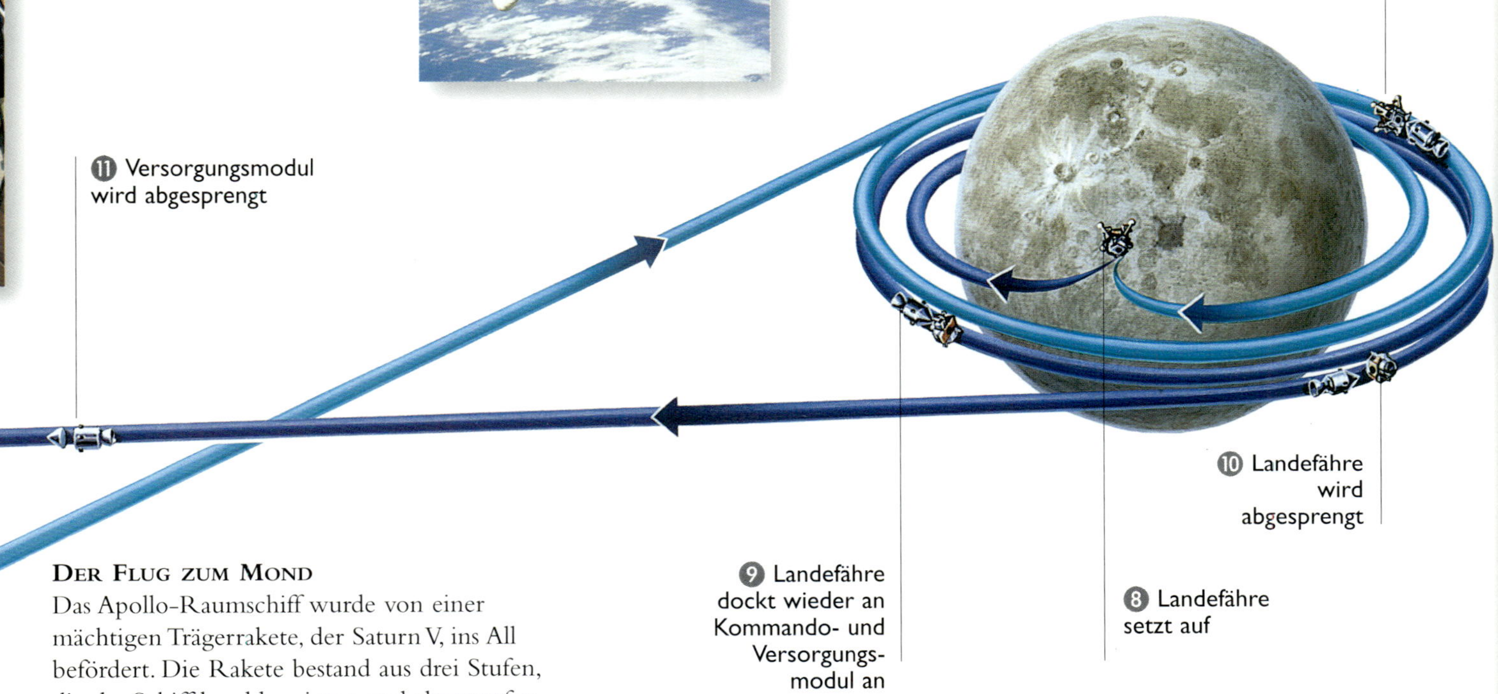

DER FLUG ZUM MOND
Das Apollo-Raumschiff wurde von einer mächtigen Trägerrakete, der Saturn V, ins All befördert. Die Rakete bestand aus drei Stufen, die das Schiff beschleunigten und abgeworfen wurden, sobald ihr Treibstoff verbraucht war. Nach Erreichen der Mondumlaufbahn gingen zwei Astronauten mit der Landefähre auf dem Mond nieder, während ein dritter an Bord der Kommandokapsel in einer Parkbahn um den Mond blieb.

◆ WISSENSWERTES ◆

Die Apollo-Astronauten brauchten drei Tage für ihren Flug zum Mond (und drei Tage für die Rückkehr). Eine Reise zum Mars wür-de ein halbes Jahr dauern – und ihr müsstet anderthalb Jahre auf dem Mars bleiben, ehe Erde und Mars wieder so zueinan-der stünden,

SPACE-SHUTTLE-START
Die als Raumtransporter entwickelten vier Space Shuttles sollen die Schwerarbeit beim Bau der Internationalen Raumstation übernehmen. Die Fähren werden Dutzende von Flügen machen müssen, bis alle Teile der Station montiert sind.

Robotersonden

BEI UNTERSUCHUNGEN von Himmelskörpern jenseits des Erdmondes verlassen sich die Wissenschaftler auf Robotersonden. Diese sind billiger und sicherer als bemannte Raumschiffe und können gefahr-los auch in lebensfeindliche Regionen vordringen. Die Entsendung von Raumsonden zu den Planeten spielt sich nach einem bewährten Muster ab. Die Vorhut bilden „Flyby“-Sonden, die im Vorbeiflug Aufnahmen machen und Daten sammeln. Ihnen folgen Orbiter, die einen Planeten oder Mond längere Zeit umkreisen. Und schließlich kommen die Lander, die auf dem Planeten selbst abgesetzt werden.

Einige Sonden wurden von Raumfähren aus gestartet, aber die meisten verlassen die Erde mit Hilfe von Raketen, weil das billiger ist. Oftmals ist der Kurs der Sonden so berechnet, dass sie erst an einer ganzen Reihe von Planeten vorbeifliegen, ehe sie ihr eigentliches Ziel erreichen. So kommt die Cassini-Sonde vor ihrer Saturn-Ankunft zweimal an der Venus und je einmal an der Erde und an Jupiter vorüber, bevor sie mit der Erforschung von Saturn beginnt. Die Schwerkraft dieser Planeten beschleunigt die Sonde und katapultiert sie weiter – und die Wissenschaftler erhalten so eine Fülle von Flyby-Daten.

Alle Planeten außer Pluto hatten bereits Besuch von mindestens einer Robotersonde. Mars beispielsweise war das Ziel von Flybys, Orbitern, Landern und einem kleinen Gelände-Auto. Eine Reise zu Pluto wird gerade vorbereitet. Die Mission Pluto-Kuiper-Express sieht vor, eine Sonde an Pluto und seinem Mond Charon vorbei in die Randbereiche des Sonnensystems zu schicken und dort die Begegnung mit einem Kometen herbeizuführen.

Weitere Zukunftsprojekte der unbemannten Raumfahrt sind ein naher Vorbeiflug an der Sonne, der Transport von Mars-Gesteinsproben, Orbiter für Merkur und Neptun, ein Lander für den Neptunmond Triton und ein Orbiter, der den geheimnisvollen Jupitermond Europa aus der Nähe betrachten soll.

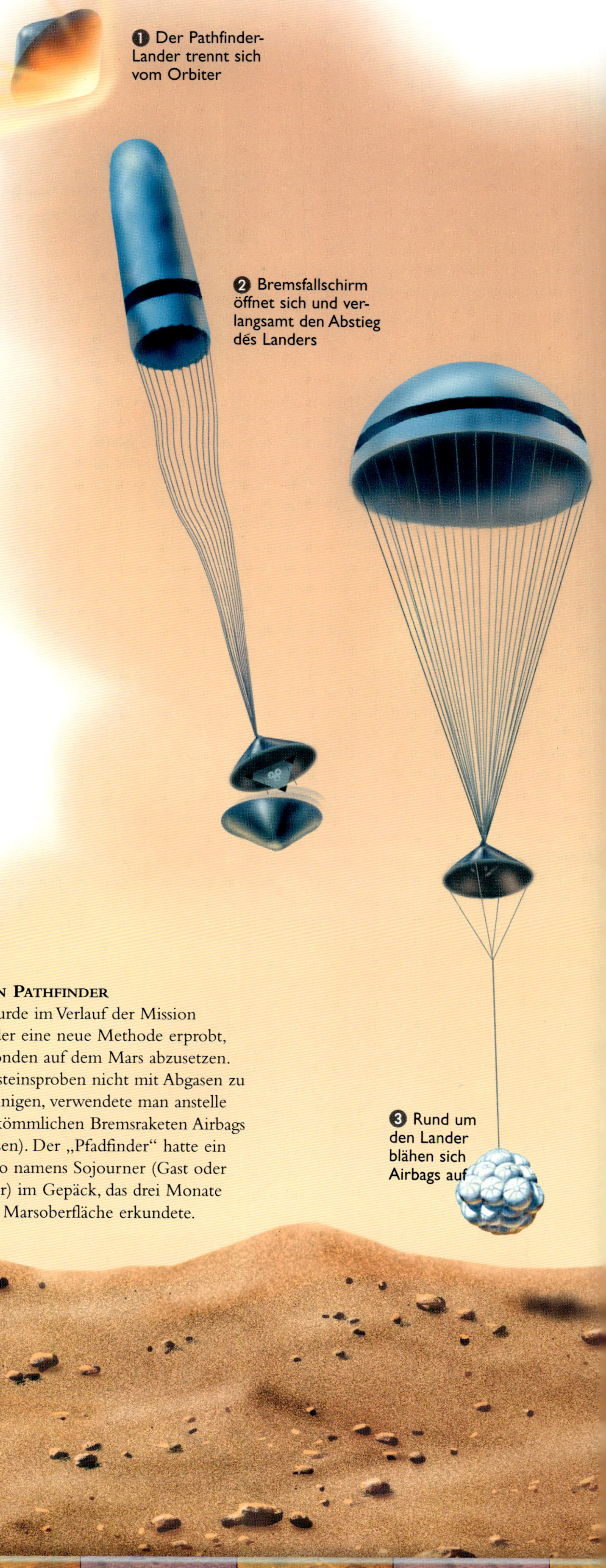

MISSION PATHFINDER
1997 wurde im Verlauf der Mission Pathfinder eine neue Methode erprobt, Raumsonden auf dem Mars abzusetzen. Um Gesteinsproben nicht mit Abgasen zu verunreinigen, verwendete man anstelle der herkömmlichen Bremsraketen Airbags (Luftkissen). Der „Pfadfinder“ hatte ein Marsauto namens Sojourner (Gast oder Besucher) im Gepäck, das drei Monate lang die Marsoberfläche erkundete.

◆ MACH MIT: *Zielgenauigkeit* ◆

Es ist sehr kompliziert, eine Raumsonde in ihre Bahn zu schießen, weil sich Erde und Zielplanet gleichzeitig bewegen. Das folgende Experiment vermittelt euch vielleicht eine Vorstellung von den Problemen eines solchen Unternehmens:

❶ Schneidet aus steifer Pappe einen Ring mit einem Innendurchmesser von 25 cm.

❷ Lasst diesen Ring an einem Band oder einem Stück Schnur von einem Ast baumeln.

❸ Tretet ein paar Schritte zurück und versucht, Papierkugeln durch den Ring zu werfen. Wenn's tüchtig weht, ist es noch realistischer!

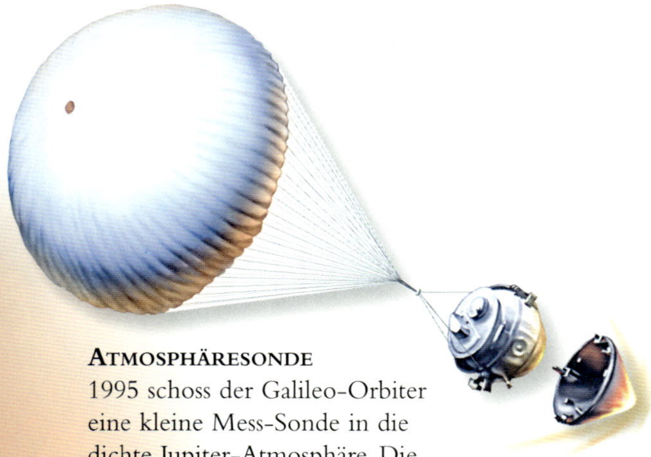

ATMOSPHÄRESONDE
1995 schoss der Galileo-Orbiter eine kleine Mess-Sonde in die dichte Jupiter-Atmosphäre. Die Sonde nahm während des Absinkens Gasproben und funkte Daten an den Orbiter.

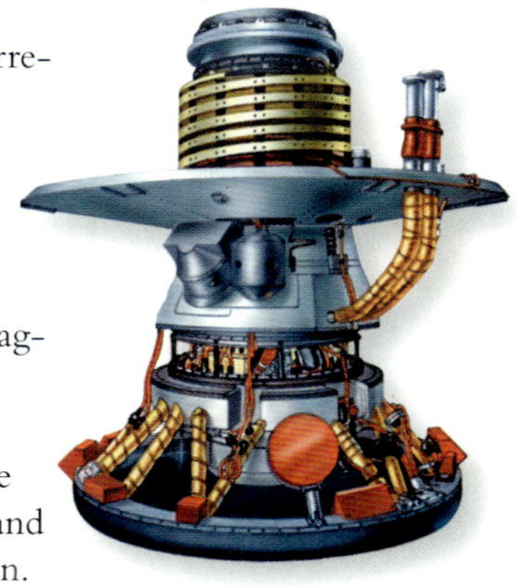

LANDER
Zwischen 1970 und 1982 erreichten zehn sowjetische Venera-Lander die Venus-Oberfläche. Die immense Hitze und der starke Druck bewirkten, dass alle bereits nach wenigen Minuten versagten. Dennoch gelang es vier Sonden, ihre Umgebung zu fotografieren. Man entdeckte auf den Bildern körnigen Sand und Blöcke aus Vulkangestein.

FLYBY-SONDE
Zwischen 1979 und 1989 flog die Sonde Voyager 2 an den Gasriesen Jupiter, Saturn, Uranus und Neptun vorbei und sammelte dabei über jeden der Planeten eine Fülle von Daten.

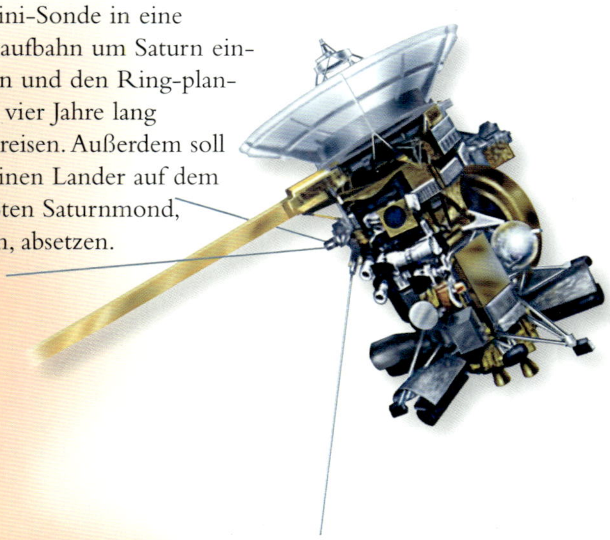

ORBITER
Im Juli 2004 wird die Cassini-Sonde in eine Umlaufbahn um Saturn eintreten und den Ring-planeten vier Jahre lang umkreisen. Außerdem soll sie einen Lander auf dem größten Saturnmond, Titan, absetzen.

KOMETENSONDE
Während der Stardust-Mission soll eine Sonde am Kometen Wild 2 vorbeifliegen, Partikel aus seinem Schweif einfangen und diese im Jahr 2006 auf die Erde zurückbringen.

MARSAUTO
Mit Hilfe von ferngesteuerten Geländeautos können Wissenschaftler auf der Erde das Gebiet in der Umgebung eines Landers erkunden. Hier untersucht das Marsauto Sojourner während der Pathfinder-Mission den etwa 1 m großen Felsbrocken Yogi.

◆ WISSENSWERTES ◆

Voyager 1 hat sich mehr als 11 Milliarden km von der Erde entfernt – weiter als jede andere Sonde. Die 1977 gestartete Sonde passierte 1979–80 Jupiter und Saturn und steuert nun auf den Rand des Sonnensystems zu. Wenn alles klappt, wird Voyager 1 mindestens bis zum Jahr 2020 Daten zur Erde funken.

Unser Sonnensystem

DEN MITTELPUNKT UNSERES SONNENSYSTEMS bildet die Sonne, ein ungeheuer massereicher, selbst leuchtender Stern. Um dieses Zentralgestirn kreisen die neun Planeten und kleinere Himmelskörper, die so genannten Asteroiden und Kometen. Die meisten Planeten werden ihrerseits von einem oder mehreren Monden umkreist. Außerdem sind die vier größten Planeten von Ringen umgeben, die besonders bei Saturn eindrucksvoll sind.

Alle neun Planeten bewegen sich in der gleichen Richtung und annähernd in der gleichen Ebene. Ihre Bahnen sind abgeflachte Kreise, so genannte Ellipsen. Auf einer exakten Kreisbahn hätte ein Planet immer die gleiche Entfernung zur Sonne. Bei einer Ellipse schwankt der Abstand beträchtlich. So liegt der sonnenfernste Punkt der Marsbahn bei 249 Millionen km, der sonnennächste Punkt dagegen bei 207 Millionen km. Noch extremer sind die Unterschiede bei Kometen. Manche ihrer Bahnen sind so elliptisch, dass sie die sengend heiße Umgebung der Sonne ebenso durchwandern wie das eisige Dunkel jenseits der äußeren Planeten.

Als vor rund 400 Jahren das Fernrohr erfunden wurde, begannen die Astronomen unsere Nachbarwelten näher zu studieren. Seit etwa 1960 entdecken Raumsonden immer wieder Neues, darunter die roten Geröllwüsten auf dem Mars, ein riesiges Sturmsystem auf Neptun und aktive Vulkane auf dem Jupitermond Io. Und wenn wir einst glaubten, unser Sonnensystem sei einmalig im Universum, so gelang es Wissenschaftlern in jüngerer Zeit, Planeten aufzuspüren, die um ferne Sonnen kreisen. Vielleicht gibt es sogar Planeten, die unserer Erde ähneln.

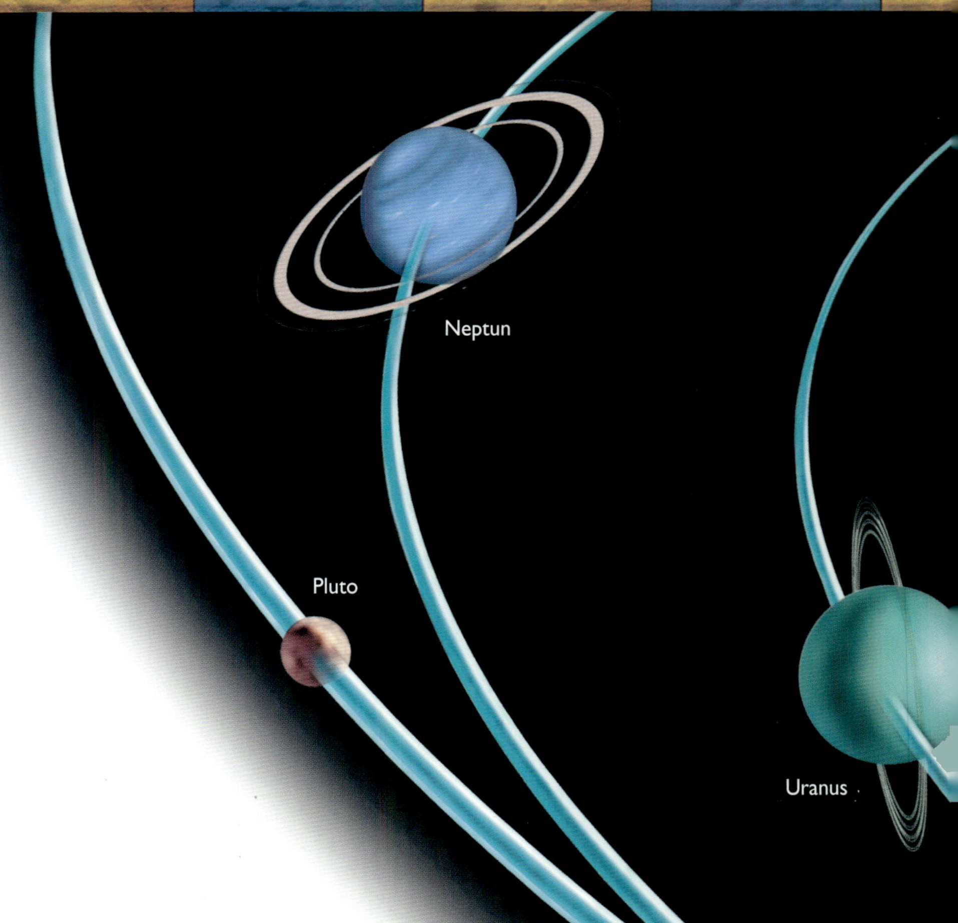

PLANETENBAHNEN
Nahe an der Sonne befinden sich vier kleine Planeten, während weiter draußen vier große ihre Bahnen ziehen. Der neunte Planet, der winzige Pluto, ist im Normalfall weiter von der Sonne entfernt als Neptun, bewegt sich jedoch auf einer stark elliptischen Bahn, die ihn manchmal näher an das Zentralgestirn heranführt als Neptun.

STERNE DES SONNENSYSTEMS
NUR 1, DEN WIR ALS SONNE BEZEICHNEN

PLANETEN DES SONNENSYSTEMS
9: MERKUR, VENUS, ERDE, MARS, JUPITER, SATURN, URANUS, NEPTUN, PLUTO

MONDE DES SONNENSYSTEMS
68 BISLANG ENTDECKTE MONDE (2 MONDÄHNLICHE ASTEROIDEN)

ASTEROIDEN DES SONNENSYSTEMS
MILLIONEN, ABER NUR ETWA 10 000 MIT GUT KARTIERTEN BAHNEN

KOMETEN DES SONNENSYSTEMS
NACH EINSCHÄTZUNG DER ASTRONOMEN BILLIONEN

◆ MACH MIT: *Planetenbahn zeichnen* ◆

Für dieses Projekt benötigt ihr zwei Pinnwandnägel, einen Bleistift, einen Papierbogen DIN A4, ein ebenso großes Stück Pappe und einen reißfesten Faden von ca. 30 cm Länge.

1. Befestigt das Papier mit Klebstreifen auf der Pappe und drückt anschließend die Nägel im Abstand von ca. 12 cm in die Mitte dieser Unterlage.
2. Verknotet die beiden Fadenenden und streift den Ring über die beiden Nägel.
3. Zieht nun den Faden mit dem Bleistift straff (siehe Skizze) und zeichnet ein Oval.
4. Verändert den Abstand zwischen den Nägeln und ändert so die Form des Ovals.

Man bezeichnet eine solche Figur als Ellipse. Je näher ihr die beiden Nägel zusammenrückt, desto stärker ähnelt die Ellipse einer Planetenbahn. Bei einem größeren Abstand der Nägel wird die Ellipse dagegen seitlich stark gedehnt und entspricht eher der Bahn eines Kometen.

DIE ENTFERNUNG VON DER SONNE
Die Abbildung unten zeigt einen Größen- und Entfernungsvergleich zwischen der Sonne (links) und den einzelnen Planeten. So benötigt das Licht für seine Reise von der Sonne zur Erde nur acht Minuten; auf dem fernen Neptun trifft es dagegen erst nach vier Stunden ein.

Tag und Jahr

Die Zeit, die ein Planet benötigt, um einmal um die Sonne zu wandern, wird als Planetenjahr bezeichnet. Ein Planet dreht sich aber auch um die eigene Achse – eine gedachte Linie, die von Pol zu Pol durch seine Mitte verläuft. Eine solche Umdrehung nennt man Rotationsperiode; sie entspricht dem siderischen Tag oder Sterntag. Der Sterntag der Erde beträgt 23 Stunden und 56 Minuten; ihr Sonnentag – die Zeitspanne von einem Mittag zum nächsten – ist dagegen 24 Stunden lang.

◆ Wissenswertes ◆

Die großen Entfernungen im Sonnensystem bedeuten für Raumsonden lange Reisen. So war der Lunar Prospector vier Tage zum Mond unterwegs. Der Pathfinder (rechts) brauchte 7 Monate, um zum Mars zu gelangen. Und Voyager 2, der nach zwei Jahren Jupiter erreicht hatte, benötigte weitere zehn Jahre bis zum fernen Neptun.

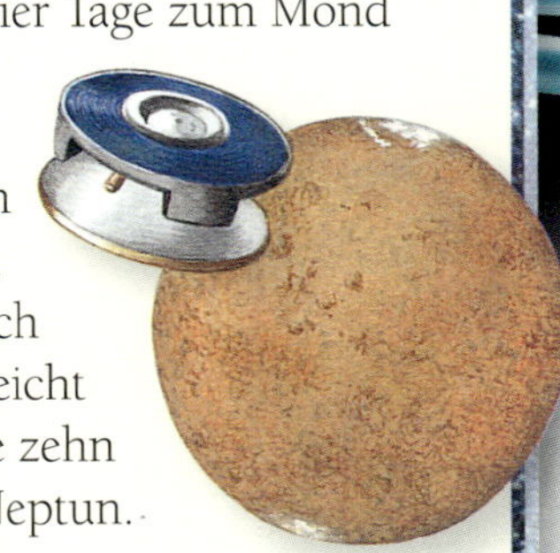

Die Planeten

Die Planeten unterteilen sich in zwei Gruppen – kleine Gesteinswelten und mächtige Gasriesen. Vor etwa 4,6 Milliarden Jahren wurden die Sonne und ihre Planeten aus einer Gas- und Staubwolke geboren: Der dichteste Teil dieser Wolke zog immer mehr Materie an, bis er unter seinem eigenen Gewicht schrumpfte. Diese Ur- oder Protosonne wurde immer heißer. In ihrem Innern kam es zu nuklearen Kettenreaktionen, und schließlich entstand ein neuer Stern – unsere Sonne.

Der Rest der Wolke sammelte sich in einer flachen Scheibe, dem Sonnennebel, der langsam um die Protosonne kreiste, glühend heiß im Zentrum und frostig kalt zum Rand hin. In diesem Nebel stießen Materieteilchen zusammen, blieben aneinander haften und vereinigten sich zu immer massiveren Klumpen, die schließlich Kugelgestalt annahmen. Die sonnennahen Objekte waren zu heiß, um größere Mengen Wasser oder Eis festzuhalten. Aus ihnen entwickelten sich kleine Gesteinsplaneten – Merkur, Venus, Erde und Mars. Weiter entfernt von der Sonnenglut entstanden Jupiter, Saturn, Uranus und Neptun, die man wegen ihrer enormen Größe und ihres hohen Anteils an Wasserstoff, Helium und anderen flüchtigen Substanzen meist als Gasriesen bezeichnet.

Zwischen Mars und Jupiter erstreckt sich ein Gürtel von Asteroiden – gesteins- oder metallreiche Himmelskörper, die nie die Größe von Planeten erreichten. Ganz weit draußen, wo die Sonnenwärme kaum noch Einfluss hatte, nahmen Brocken aus Gas, Eis und Staub Gestalt an. Einige davon ballten sich zu Objekten wie Pluto zusammen. Andere wurden zu Kometen.

SEIT DEM ALTERTUM BEKANNTE PLANETEN
Merkur, Venus, Mars, Jupiter, Saturn

IN NEUERER ZEIT ENTDECKTE PLANETEN
Uranus 1781 von William Herschel
Neptun 1846 von Urbain Leverrier und J.C. Adams
Pluto 1930 von Clyde Tombaugh

VON SONDEN ANGESTEUERTE PLANETEN
Zu allen Planeten ausser Pluto wurde mindestens eine Raumsonde ausgesandt.

PLANETEN MIT MONDEN
7 Planeten werden von Monden umkreist: Erde, Mars, Jupiter, Saturn, Uranus, Neptun, Pluto

Gestein und Gas
Diese Abbildung zeigt die Planeten unseres Sonnensystems in ihrem richtigen Größenverhältnis. Sie zerfallen in zwei Gruppen – kleine Gesteinswelten wie die Erde und gewaltige Gasriesen wie Jupiter. (Der winzige Pluto ist ein Sonderfall, der zu keinem der beiden Typen gehört.) Jeder Planet dreht sich in einem bestimmten Winkel um seine Achse (hier durch kleine graue Striche markiert).

Gesteinsplaneten
Die vier inneren Planeten sind überwiegend gesteinshaltig und viel kleiner als die Gasriesen. Während Merkur keine Lufthülle mehr hat, besitzen Venus, Erde und Mars eine relativ dünne Atmosphäreschicht, deren Entstehen vor allem auf Vulkanausbrüche zurückgeht.

◆ Wissenswertes ◆

Jupiter ist massereicher als sämtliche anderen Planeten, Monde, Kometen und Asteroiden zusammen. Dennoch besitzt er nur etwa ein Hundertstel der Masse, die der kleinste Stern aufweist.

1 Geburt des Sonnensystems
Eine Wolke aus Gas und Staub schrumpft und bildet einen dichten Kern, umgeben von der flachen Scheibe des Sonnennebels.

2 Protosonne entsteht
Der dichte Kern des Nebels zieht immer mehr Gas und Staub an, wird größer und heißer und entwickelt sich zur Protosonne.

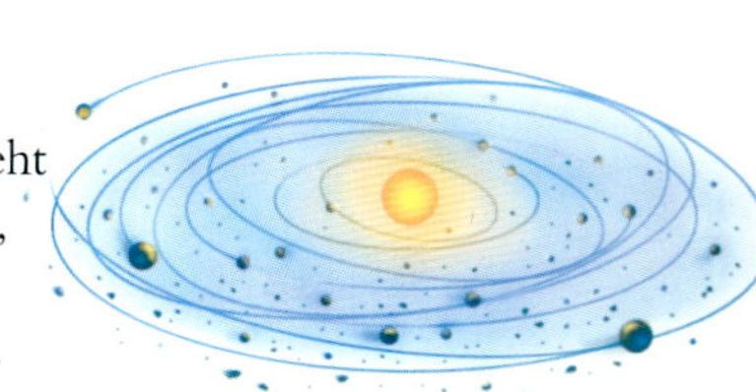

Die Gasriesen
Die vier gigantischen Gasplaneten bildeten sich aus Gaspartikeln und Eiskristallen – dem gleichen Material, aus dem auch die Sonne entstand. Sie alle besitzen dicke Atmosphärehüllen aus Wasserstoff und Helium.

Pluto
Der Winzling Pluto gehört weder zu den Gesteinsplaneten noch zu den Gasriesen. Er ballte sich vermutlich aus Eisbrocken jenseits der Neptunbahn zusammen. Durch die Anziehungskraft der Gasriesen gelangte er in seine heutige Bahn um die Sonne.

Schau nach

- In welche beiden Gruppen unterteilen sich die Planeten?
- Wie viele Planeten wurden in jüngerer Zeit entdeckt?
- Welches ist der kleinste und welches der größte Planet?

❸ Kleinkörper entstehen
Materieteilchen ballen sich zu Eis- und Gesteinsbrocken zusammen - Planetesimale, die das Baumaterial von Planeten sind.

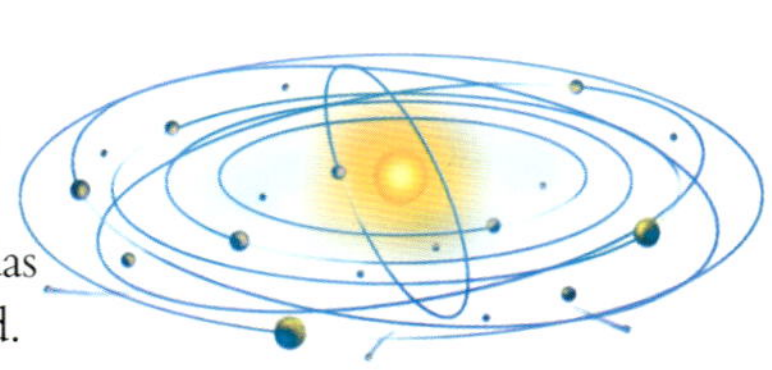

❹ Protoplaneten entstehen
Die Planetesimale verbinden sich – oft durch heftige Zusammenstöße – zu größeren Objekten, den Protoplaneten.

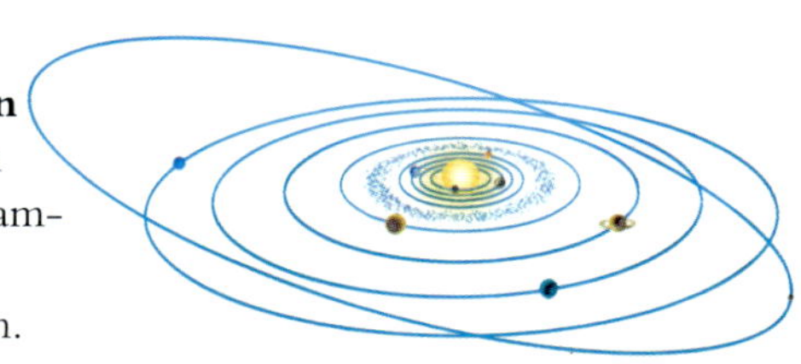

❺ Neun Planeten bleiben
Die Sonne wird zum Stern. Ihre Strahlung vertreibt die letzten Überreste von Gas und Staub. Zurück bleiben neun Planeten.

Die Sonne

Für uns ist die Sonne der wichtigste Himmelskörper. Ihrer Energie verdanken wir das Klima und das Leben auf der Erde. Und doch ist sie nur einer von Milliarden ähnlicher Sterne in der Milchstraße.

Wie andere Sterne ist die Sonne ein riesiger Ball aus heißen Gasen, vorwiegend Wasserstoff (92,1 %) und Helium (7,8 %). Kernreaktionen in ihrem Inneren bauen Helium aus Wasserstoff auf. Dabei werden enorme Energiemengen freigesetzt, die langsam an die Oberfläche steigen und die Sonne zum Leuchten bringen.

Da es gefährlich ist, mit bloßem Auge in die Sonne zu schauen, verwenden Astronomen Teleskope mit Spezialfiltern, um ihre Oberfläche – die Photosphäre – zu untersuchen. Die Photosphäre ist durchsetzt von Granulen, „Blasen" heißer Gasströme, die aus dem Innern aufsteigen. Dunkle Sonnenflecken tauchen auf und verschwinden wieder. Protuberanzen – mächtige Bögen aus Gas – schießen in die Höhe. Und manchmal lodern Teile der Photosphäre hell auf, wenn heftige Eruptionen oder „Flares" große Energiemengen freisetzen.

Die Sonne steht etwa in der Mitte ihres Lebens. Erst in rund sieben Milliarden Jahren wird ihr Brennstoff für die Energieproduktion aufgebraucht sein. Danach wird sie sich zu einem Roten Riesen aufblähen und schließlich ihre äußeren Schichten abstoßen, bis nur noch ein winziger heißer Stern zurückbleibt, ein Weißer Zwerg (siehe Seite 68).

NAMENERKLÄRUNG
Von althochdeutsch Sunna für Sonne

DURCHMESSER
1 392 000 km

MASSE
332 946-mal die Erdmasse

OBERFLÄCHENTEMPERATUR
5 500°C

KERNTEMPERATUR
15 500 000°C

ROTATIONSPERIODE
25 Erdtage am Äquator, 34 Erdtage in Polnähe

Schau nach

- Wie lange wird unsere Sonne noch existieren?
- Wie lange benötigt die Energie im Sonneninnern, um an die Oberfläche zu gelangen?
- Warum sind Sonnenflecken dunkel?

Sonnenkarte
Vom Innern der Sonne sickert die Energie zunächst gleichmäßig durch die Strahlungszone, ehe sie die Konvektionszone erreicht und in heftigen Strömen nach oben gerissen wird – wie Wasser, das in einem Topf brodelt. Die Energie benötigt 200 000 Jahre, um vom Kern bis in die Photosphäre zu gelangen.

Korona
Die als Korona bezeichnete Außenhülle der Sonne besteht aus einem flammenden Kranz superheißer Gase. Da sie vergleichsweise schwach leuchtet, kann man sie nur während einer totalen Sonnenfinsternis deutlich erkennen.

Protuberanzen
Die starken Magnetfelder der Sonne dehnen und verwirbeln aufsteigende Gase zu bogenförmigen Protuberanzen. Wenn die Feldlinien nach außen durchbrechen, wird Gas ins All hinaus geschleudert.

Sonnenflares
Zu Flares oder Eruptionen kommt es meist, wenn sich viele Sonnenflecken in der Photosphäre zeigen. Die dabei freigesetzten Energien können zu Funkstörungen und Stromausfällen auf der Erde führen.

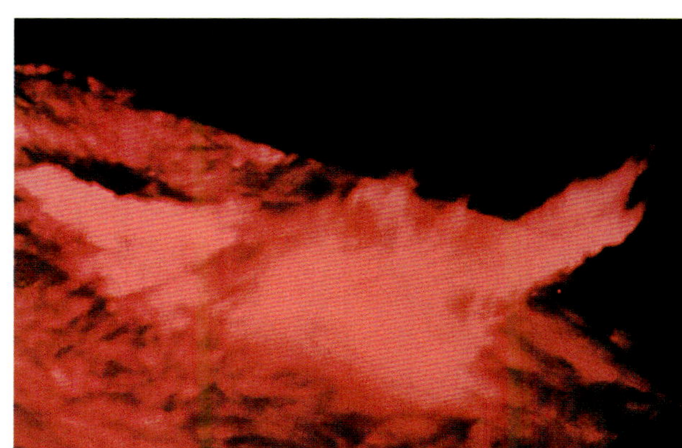

Wissenswertes

Die Sonne läutet wie eine Glocke! Schallwellen reflektieren alle paar Minuten in ihrem Innern. Ihre Frequenz ist zwar so niedrig, dass wir sie nicht hören, aber Wissenschaftler können sie mit Hilfe besonderer Instrumente aufspüren. Das „Läuten" hilft ihnen, den Aufbau der Sonne zu erforschen.

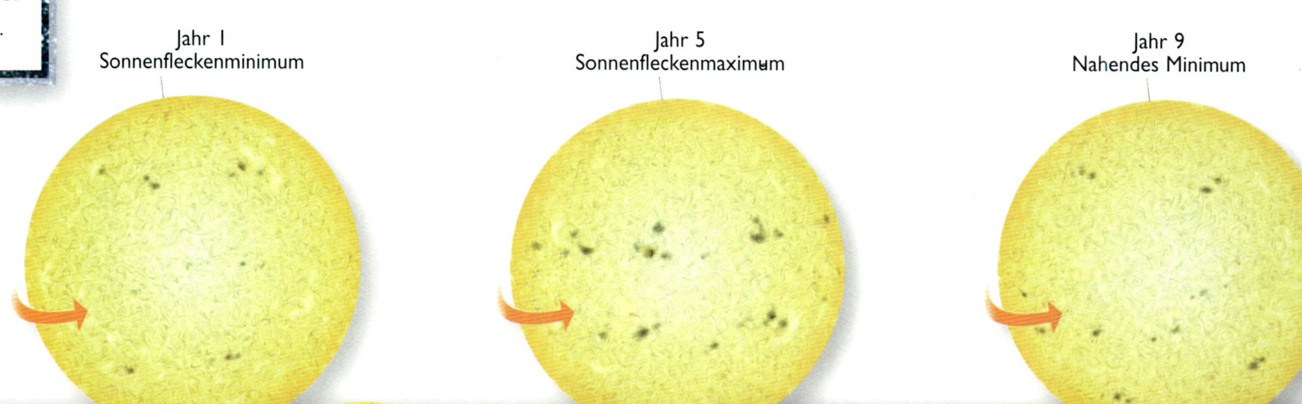

Sonnenfleckenzyklus
Sonnenflecken treten rund alle elf Jahre besonders zahlreich auf. Meist scharen sie sich dann um den Äquator. Während die letzten Flecken eines Zyklus verschwinden, tauchen bereits die ersten Flecken des nächsten Zyklus auf.

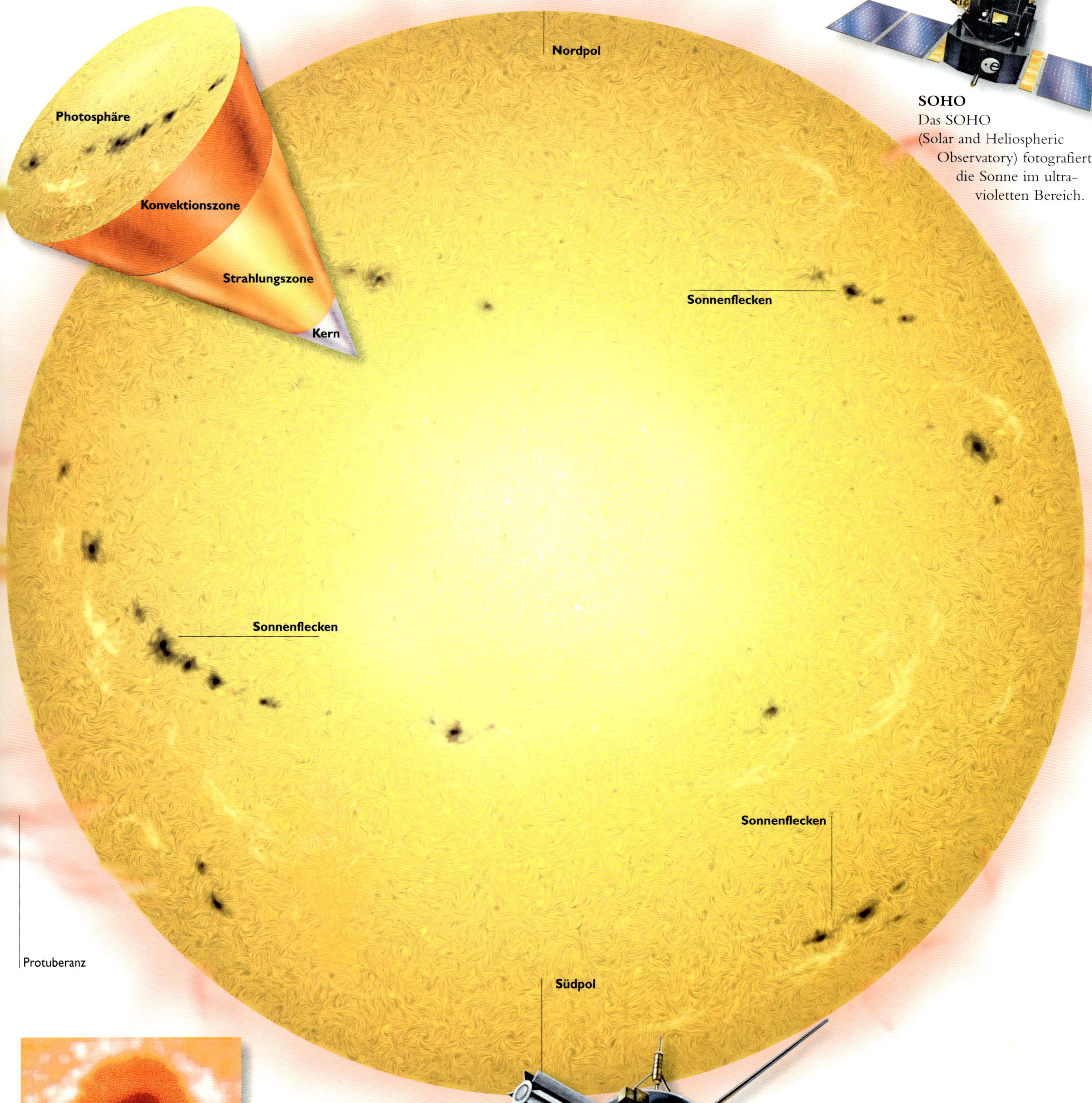

SOHO
Das SOHO (Solar and Heliospheric Observatory) fotografiert die Sonne im ultravioletten Bereich.

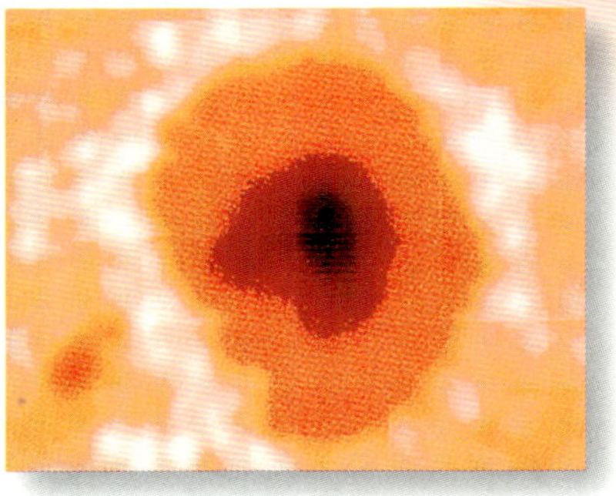

SONNENFLECK
Sonnenflecken erscheinen dunkel, weil sie um Tausende von Graden kälter sind als die übrige Sonnenoberfläche. Sie bilden sich dort, wo starke Magnetkräfte ein Aufsteigen der heißen Gase verhindern.

ULYSSES
Da die Bahn von Ulysses über die Sonnenpole hinweg führt, kann die Raumsonde auch Bereiche erforschen, die von der Erde aus nicht sichtbar sind.

POSITION

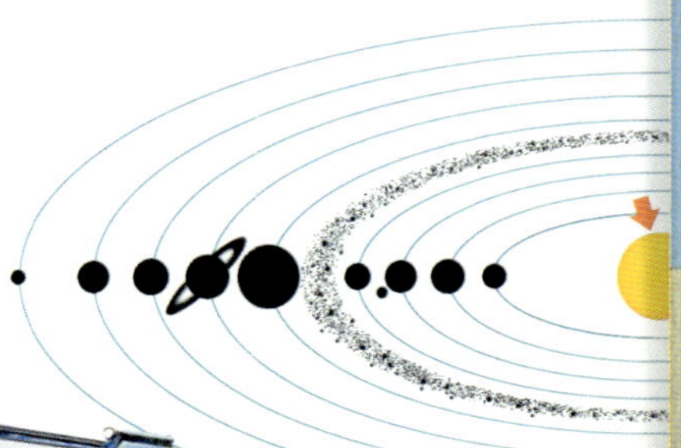

Merkur

MERKUR IST DER INNERSTE Planet unseres Sonnensystems. Da er ständig von der Sonne überstrahlt wird, kann er von der Erde aus nur selten beobachtet werden. Die der Sonne zugewandte Seite des Planeten ist sehr heiß – bis 430°C –, aber Merkur kann diese Wärme nicht festhalten, da er keine nennenswerte Atmosphäre besitzt. Deshalb misst man auf seiner Nachtseite –180°C.

Die Nahaufnahmen, die Mariner 10 zwischen 1974 und 1975 von Merkur machte, zeigen eine Oberfläche, die sich kaum von der des Erdmondes unterscheidet (siehe Seite 43). Sie ist von Kratern und Becken übersät – den Narben früherer Meteoriteneinschläge. Ein Zusammenstoß von gigantischem Ausmaß ließ das Caloris-Becken entstehen, das einen Durchmesser von 1300 km hat. Aber die Ähnlichkeit mit unserem Mond beschränkt sich auf das Äußere. So besitzt Merkur einen mächtigen Eisenkern, der vermutlich die Ursache für sein Magnetfeld ist. Merkwürdigerweise wirkt dieses Feld hundertmal schwächer als das der Erde.

Das Merkurjahr – ein Umlauf um die Sonne – ist nur 88 Erdentage lang, aber sein Tag – eine Drehung um die eigene Achse – dauert 59 Erdentage. Ein Beobachter auf dem Merkur würde nur einmal alle 176 Erdentage einen Sonnenaufgang erleben.

NAMENERKLÄRUNG
MERCURIUS, DER RÖMISCHE GÖTTERBOTE

SONNENABSTAND
58 MILLIONEN KM

DURCHMESSER
4 875 KM

MASSE
5,5% DER ERDMASSE

ATMOSPHÄRE
KEINE

MONDE
KEINE

LÄNGE DES TAGES (in Erdentagen)
ROTATIONSPERIODE: 59 / SONNENTAG: 176

LÄNGE DES JAHRES
88 ERDENTAGE

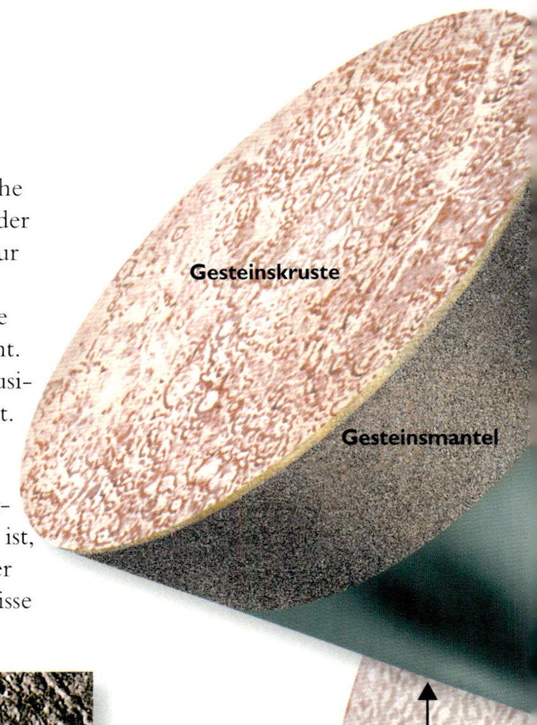

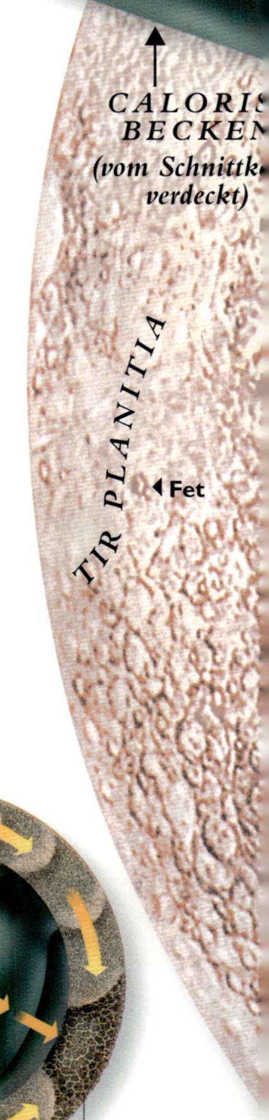

MERKURKARTE
Die kraterbedeckte Merkuroberfläche wurde von Mariner 10 vermessen, der aufgrund seiner Flugbahn jedoch nur eine Hälfte kartieren konnte. Mehr werden wir erst erfahren, wenn eine neue Sonde die andere Seite besucht. Viele Geländeformen sind nach Musikern, Malern und Dichtern benannt.

KRATER UND LAVAFELDER
Zwischen Tausenden von Einschlagkratern, von denen Merkur übersät ist, erstrecken sich Ebenen aus erstarrter Lava. Auf diesem Foto könnt ihr Risse in der Oberfläche erkennen.

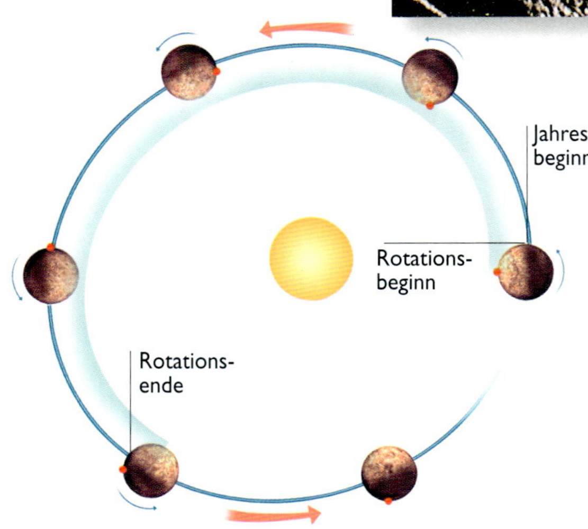

LANGER TAG, KURZES JAHR
In seinem 88 Erdentage kurzen Jahr dreht sich Merkur anderthalb Mal um die eigene Achse. Der rote Punkt auf seiner Oberfläche zeigt, dass er in dieser Zeit nur einen halben Sonnentag schafft. Ein voller Sonnentag von Mittag zu Mittag dauert 176 Erdentage!

RIESENKRATER
Das Caloris-Becken bildete sich durch den Einschlag eines kosmischen Objekts von ungeheurem Ausmaß. Die Druckwellen, die bei diesem Aufprall durch den Eisenkern jagten, waren so stark, dass sie 5000 km entfernt auf der anderen Seite des Planeten Hügel aufwarfen.

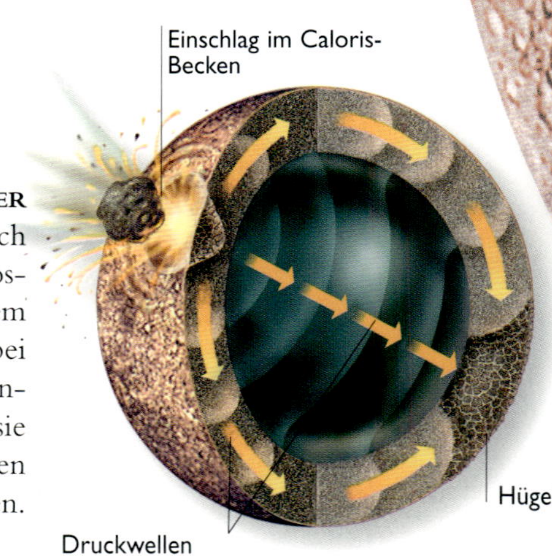

• MACH MIT: *Krater erzeugen* •

Ihr benötigt eine Backform, Mehl und Wasser sowie ein paar runde Gegenstände verschiedener Größe, z.B. eine Murmel oder einen Tischtennisball. Führt den Versuch am besten im Freien durch.

1. Verrührt das Mehl mit Wasser zu einem nicht zu flüssigen Brei.
2. Füllt die Masse bis knapp unter den Rand in eine Backform.
3. Stellt die Backform auf den Boden.
4. Tretet dicht an die Form heran und lasst die Kugeln aus verschiedenen Höhen in die Masse fallen. Holt sie vorsichtig wieder heraus.
5. Lasst einen größeren Gegenstand aus geringer Höhe fallen und dann einen kleineren aus gleicher Höhe. Welcher erzeugt einen größeren Krater?

• WISSENSWERTES •

Merkur hat Falten! Als der Planet abkühlte und sein Kern schrumpfte, wölbte sich die Kruste auf. Die Folge waren gigantische Verwerfungen (Rupes).

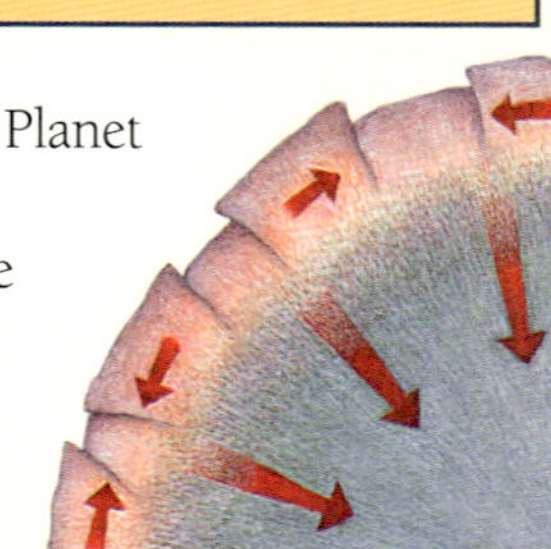

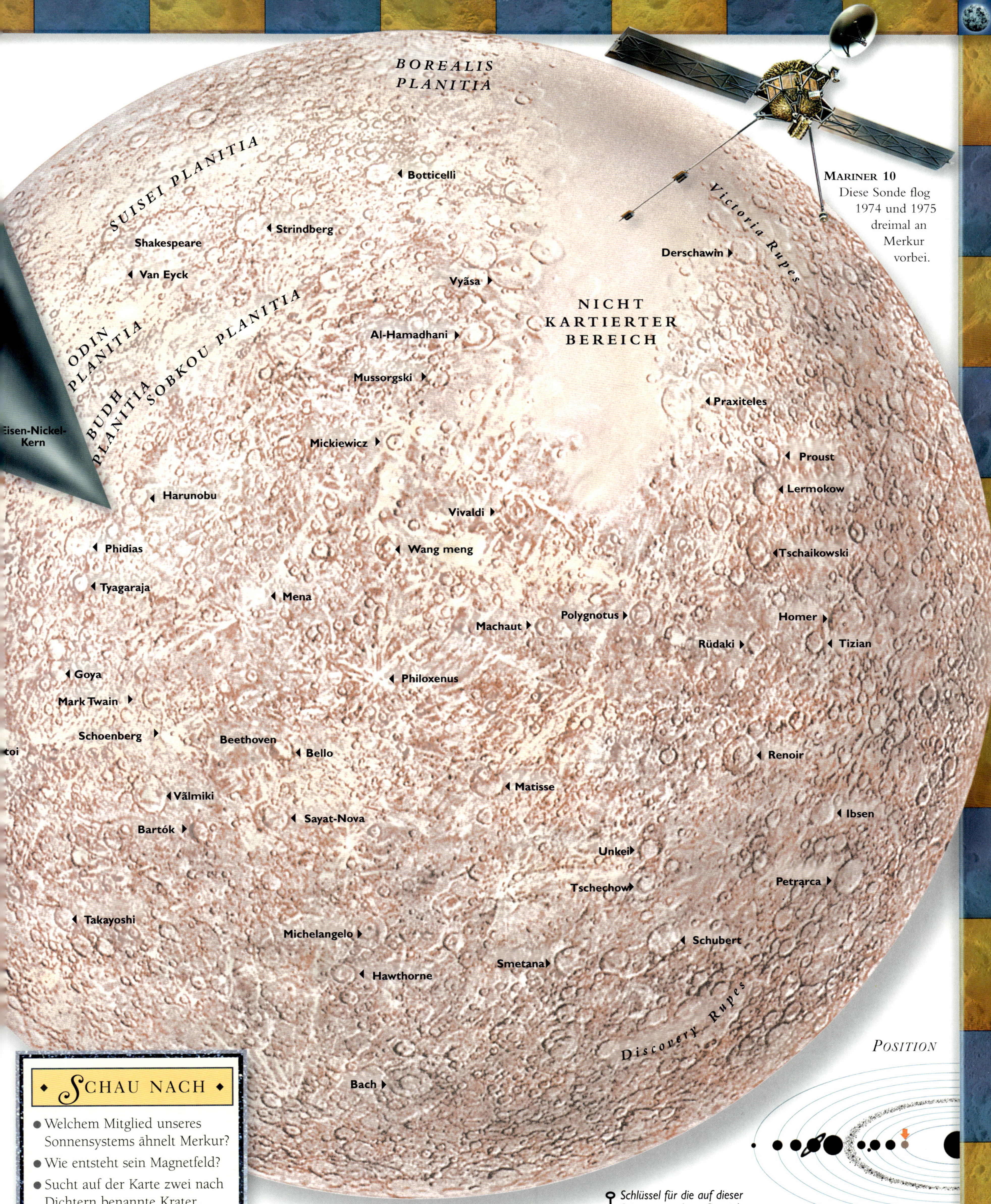

Mariner 10
Diese Sonde flog 1974 und 1975 dreimal an Merkur vorbei.

Position

Schlüssel für die auf dieser Seite verwendeten Bezeichnungen siehe Seite 111.

◆ Schau nach ◆

- Welchem Mitglied unseres Sonnensystems ähnelt Merkur?
- Wie entsteht sein Magnetfeld?
- Sucht auf der Karte zwei nach Dichtern benannte Krater.

Venus

DER ZWEITE PLANET von der Sonne aus ist die Venus, die etwa so groß ist wie die Erde. Wir sehen die Venus oft als hellen Stern am Morgen- oder Abendhimmel. Ihre Leuchtkraft verdankt sie dem Sonnenlicht, das von einer Schicht weißgelber Schwefelsäure-Wolken reflektiert wird. Die dichte Atmosphäre der Venus besteht vorwiegend aus Kohlendioxid. Sie lässt zwar das Sonnenlicht durch, verhindert aber, dass die Wärme wieder in den Weltraum abgestrahlt wird. Dieser Treibhauseffekt bewirkt, dass die Venus mit 470°C die heißeste Oberfläche im ganzen Sonnensystem hat.

Zwischen 1978 und 1994 gelang es den Pioneer- und Venera-Sonden sowie der Sonde Magellan, die Venusoberfläche durch Radarmessungen zu kartieren. Die hervorstechenden Geländeformen sind Vulkane und Lavaströme, aber es gibt weit weniger Einschlagkrater als auf Merkur – vermutlich weil die Lava, die aus Vulkanen und Rissen in der Gesteinskruste quoll, die frühen Meteoritenspuren überdeckte. Nach Ansicht von Experten könnte es auf der Venus sogar heute noch zu Vulkanausbrüchen kommen.

Überraschend sind zwei Tatsachen: Die Drehung der Venus um ihre Achse dauert länger als ein Umlauf um die Sonne, und sie hat – verglichen mit der Erde – eine rückläufige Rotationsrichtung.

NAMENERKLÄRUNG
VENUS, DIE RÖMISCHE GÖTTIN DER SCHÖNHEIT

SONNENABSTAND
108 MILLIONEN KM

DURCHMESSER
12 104 KM

MASSE
82% DER ERDMASSE

ATMOSPHÄRE
KOHLENDIOXID, 96-FACHE DICHTE DER ERDATMOSPHÄRE

MONDE
KEINE

LÄNGE DES TAGES (in Erdentagen)
ROTATIONSPERIODE: 243 / SONNENTAG: 117

LÄNGE DES JAHRES
225 ERDENTAGE

HELLE WOLKEN
Dieses im ultravioletten Bereich aufgenommene Venus-Foto zeigt das typische Muster der Schwefelsäurewolken.

VENUSKARTE
Die von Raumsonden vermessene Venusoberfläche weist Gebirgsketten, Vulkane und Lavaströme auf. Die meisten dieser Geländeformen wurden nach Frauen benannt. Venus besitzt keine beweglichen Krustenplatten, welche die Landmassen der Erde treiben lassen.

VULKANE AUF VENUS
Vulkane sind zahlreich auf Venus, und viele Einschlagkrater scheinen unter Lava verschwunden zu sein. Dieses aus Magellan-Daten entstandene Bild zeigt Maat Mons, einen 8 km hohen Vulkan.

Hemisphäre Alpha Regio

♦ MACH MIT: *Mini-Treibhaus* ♦

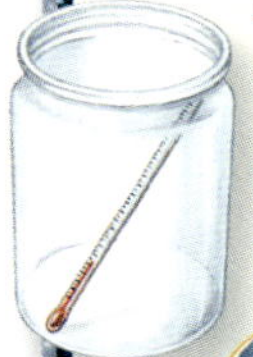

Für dieses Experiment braucht ihr ein Außenthermometer, ein Glas mit Schraubdeckel – und Sonnenschein.

❶ Stellt das Glas ohne Deckel an einem sonnigen Platz im Freien auf. Führt das Thermometer mit dem dicken Ende nach unten ein.

❷ Wartet ein paar Minuten, bis die Temperatur nicht mehr steigt, und schreibt den Wert auf.

❸ Dreht nun das Thermometer um, schraubt den Deckel zu und stellt das Glas mit dem Verschluss nach unten wieder in die Sonne.

❹ Wartet wieder, bis das Thermometer nicht mehr steigt. Hat sich die Temperatur verändert?

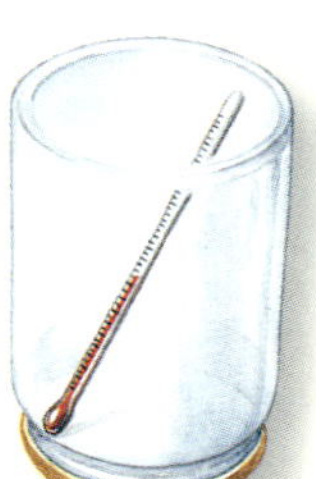

Ihr habt einen Mini-Treibhauseffekt erzeugt. Bei verschlossenem Glas kann die sonnenerwärmte Luft nicht entweichen und im Glas wird es heißer.

TREIBHAUSEFFEKT
Die Venus leidet unter einem starken Treibhauseffekt. Ein Teil des Sonnenlichts sickert ungehindert durch die Wolkenschicht und heizt die Oberfläche auf, aber die Wolken und das Kohlendioxid in der Atmosphäre verhindern, dass die Wärme zurück in den Weltraum entweicht. Darum kann Venus nicht mehr abkühlen.

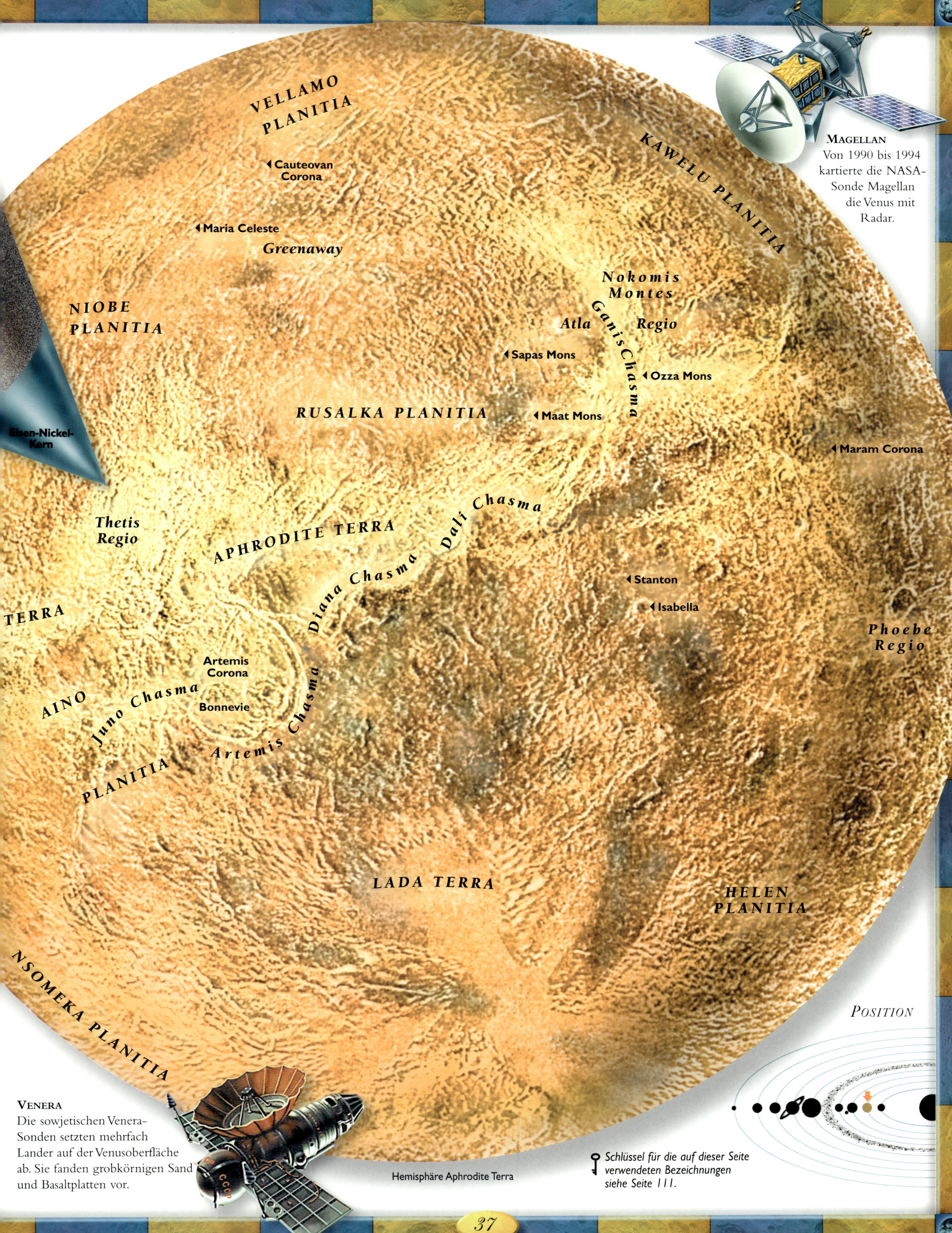

Hemisphäre Aphrodite Terra

MAGELLAN
Von 1990 bis 1994 kartierte die NASA-Sonde Magellan die Venus mit Radar.

VENERA
Die sowjetischen Venera-Sonden setzten mehrfach Lander auf der Venusoberfläche ab. Sie fanden grobkörnigen Sand und Basaltplatten vor.

POSITION

Schlüssel für die auf dieser Seite verwendeten Bezeichnungen siehe Seite 111.

Die Erde

DIE ERDE IST DER DRITTE PLANET von der Sonne aus und die größte der vier Gesteinswelten. Aus dem All betrachtet, ist sie der Blaue Planet, zum einen wegen ihrer tiefblauen Ozeane, die sie zu 71 Prozent bedecken, zum anderen wegen ihrer bläulichen Lufthülle. Die Erde ist der einzige Planet, der Wasser in allen drei Zustandsformen besitzt – fest, flüssig und als Dampf – und sie scheint auch der einzige zu sein, auf dem Leben existiert. Die Ozeane sorgen für den Ausgleich zwischen extrem heißen und kalten Gebieten: Sie verfrachten Sonnenenergie aus den Äquatorregionen zu den Polen. Die Temperaturunterschiede sind auch der Motor für unser Wetter und Klima.

Anfangs bestand die Erde aus heißem, flüssigem Gestein. Eisen und Nickel bildeten den Kern, während sich die leichteren Stoffe zu einer Mittelschicht – dem Erdmantel – und einer Außenschale – der Erdkruste – gruppierten. Der äußere Kern blieb flüssig, aber die Kruste kühlte ab und erstarrte. Dabei zerbrach die Kruste in mehrere Platten, die wie die Teile eines Puzzles zusammenpassen. Diese Platten, die unter den Kontinenten wesentlich mächtiger sind als unter den Ozeanen, werden durch Konvektionsströmungen aus dem heißen Erdkern langsam zusammengeschoben oder auseinander getrieben – ein Prozess, den man als Plattentektonik bezeichnet und der die Kontinente über den gesamten Erdball wandern lässt.

NAMENGEBUNG
VON ALTHOCHDEUTSCH ERDA FÜR ERDE, GRUND

SONNENABSTAND
150 MILLIONEN KM

DURCHMESSER
12 756 KM

MASSE
1 ERDMASSE = 5,5 X 10^{24} TONNEN

ATMOSPHÄRE
STICKSTOFF 78%, SAUERSTOFF 21%

MONDE
1: MOND

LÄNGE DES TAGES (in Stunden/Minuten)
ROTATIONPERIODE: 23 H 56 M / SONNENTAG: 24 H

LÄNGE DES JAHRES
365,25 TAGE

VULKANISMUS
Geschmolzenes Gestein oder Magma steigt aus dem Erdmantel auf, bricht an Schwachstellen hervor und türmt durch wiederholte Eruptionen Vulkankegel auf. So entstanden die Hawaii-Inseln durch Vulkane, die heute noch aktiv sind.

GESTALTUNG DER LANDSCHAFT
Die Erosion – die Abtragung von bloßliegenden Gesteinen durch Wind, Wellen und Regen – verändert die Landschaft. Diese Klippen beispielsweise weichen unter dem Ansturm der Brandung immer weiter zurück.

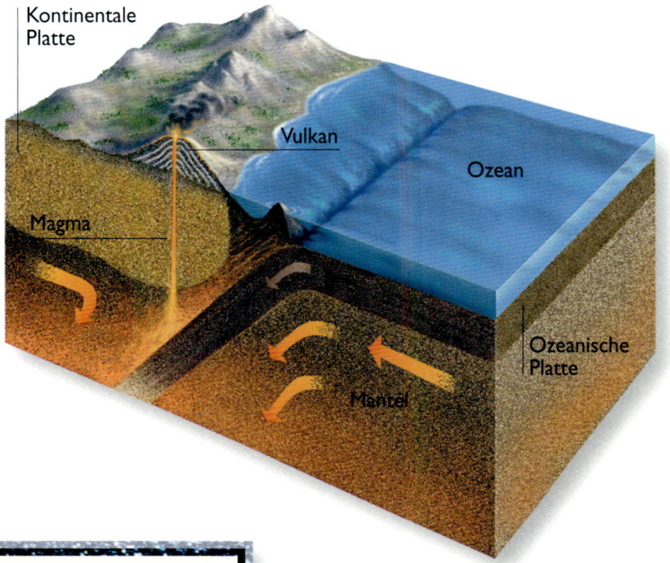

PLATTENKOLLISIONEN
Wenn eine dünne ozeanische Platte und eine dicke kontinentale Platte zusammenstoßen, taucht die dünnere unter der dickeren ab und schmilzt in der Tiefe. Das geschmolzene Gestein steigt an die Oberfläche und lässt Vulkane entstehen. Die Platten bewegen sich etwa so schnell wie ein Fingernagel wächst.

◆ MACH MIT: *Erosion im Tablett* ◆

Für diesen Versuch im Freien benötigt ihr ein großes, flaches Tablett, feinen Sand, einen Gartenschlauch und einen Wasseranschluss.

1. Schüttet den Sand in das Tablett und feuchtet ihn mit Wasser an.
2. Hebt eine Seite des Tabletts 2 bis 3 cm mit einer Holzlatte an.
3. Haltet den Schlauch über die höhere Seite des Tabletts und lasst einen dünnen Wasserstrahl in den Sand laufen.
4. Beobachtet, wie das Wasser Kanäle in den Sand gräbt.
5. Experimentiert ein wenig: Stellt das Tablett steiler oder flacher. Verändert die Stärke des Wasserstrahls. Legt kleine Stei-ne in den Weg, den sich das Wasser bahnt, und seht, wie es die Hindernisse umfließt. Glättet den Sand und zieht eine gerade Furche – wie lange fließt das Wasser in diesem „Bett"?

Pflanzen

LEBEN AUF DER ERDE
Überall auf der Erde gibt es Leben in grenzenloser Formenvielfalt. Aufgrund ihres Sonnenabstands ist die Erde weder zu heiß noch zu kalt und besitzt reichlich flüssiges Wasser. Niemand weiß, woher das Leben kam, aber Wasser scheint bei seiner Entstehung eine entscheidende Rolle gespielt zu haben.

Vögel

ERDKARTE
Durch ihre Ozeane unterscheidet sich die Erde von allen anderen Planeten. Die Platten der Kruste werden durch Konvektionsströme im Mantel ständig verschoben. Solche Ströme entstehen durch das Aufsteigen von Wärme aus dem 5000°C heißen Erdkern.

SPOT
Das ist einer von mehreren Erdbeobachtungssatelliten.

Westliche Hemisphäre

Östliche Hemisphäre

ATMOSPHÄRE
Dieser Wolkenwirbel ist Teil der Erdatmosphäre, die sich überwiegend aus Stickstoff und Sauerstoff sowie Spuren von Wasserdampf zusammensetzt. Die Wassererwärmung durch die Sonne bestimmt weitgehend den Ablauf unseres Wetters.

DIE ERDE BEI NACHT
Diese Nachtaufnahme von der Erde zeigt die Spuren menschlichen Wirkens, z.B. Städte (weiß) und Brände (rot).

POSITION

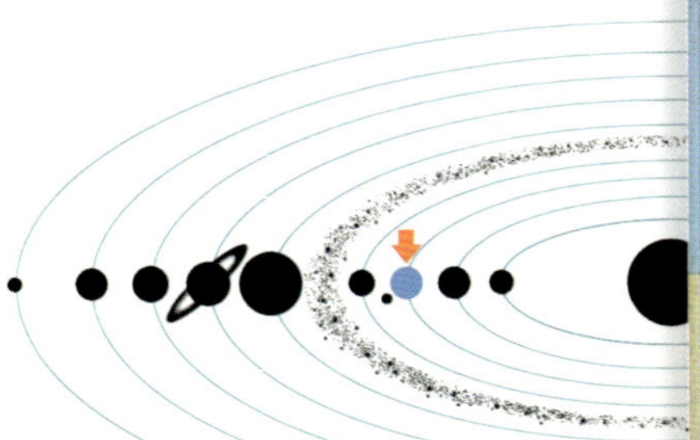

Säugetiere

Fische

Erde und Sonne

DURCH DIE DREHUNG DER ERDE um ihre Achse entstehen Tag und Nacht, durch ihren Umlauf um die Sonne die wechselnden Jahreszeiten. Die Erdachse ist in einem Winkel von 23,5° geneigt, so dass die meisten Regionen der Erde im Verlauf eines Jahres unterschiedlich viel Sonnenlicht und Sonnenenergie erhalten.

Alljährlich um den 21. Juni neigt sich der Nordpol der Sonne am stärksten zu. Wir nennen diesen Tag Sonnenwende. Auf der nördlichen Halbkugel markiert er die höchste Bahn der Sonne über den Himmel und den Beginn des Sommers (auf der Südhalbkugel den Beginn des Winters). Um den 21. Dezember ist der Nordpol am stärksten von der Sonne abgekehrt. Dann zieht die Sonne ihre niedrigste Bahn über den Himmel und auf der Nordhalbkugel beginnt der Winter (auf der Südhalbkugel der Sommer). Im März und September überkreuzt die Sonne den Himmelsäquator und überall auf der Erde sind Tag und Nacht gleich lang. Dann ist Tagundnachtgleiche und fast überall auf der Welt beginnt der Frühling oder Herbst.

Aber nicht alle Gebiete der Erde erleben vier Jahreszeiten. So ist es am Äquator, wo die Sonne meist senkrecht einstrahlt, das ganze Jahr über warm. Die Polargebiete erhalten am wenigsten Sonnenlicht: Im Winter herrscht mehrere Monate lang sogar völliges Dunkel.

Die Sonne beeinflusst die Erde noch in anderer Hinsicht. So fließt der Sonnenwind, ein Strom elektrisch geladener Teilchen, ständig an unserem Planeten vorbei. Obwohl das Magnetfeld der Erde die meisten dieser Partikel ablenkt, dringen einige nahe dem Nord- und Südpol in die obere Atmosphäre ein und bringen deren Gase zum Leuchten. Wir bezeichnen die Lichtkaskaden als Polarlichter.

JAHRESZEITEN
Die Jahreszeiten ändern sich mit der Menge des Sonnenlichts, die auf eine bestimmte Region der Erde fällt. Um den 21. Juni, wenn der Nordpol der Sonne am stärksten zugeneigt ist, herrscht auf der Nordhalbkugel Sommer und auf der Südhalbkugel Winter. Ein halbes Jahr später ist die Situation genau umgekehrt.

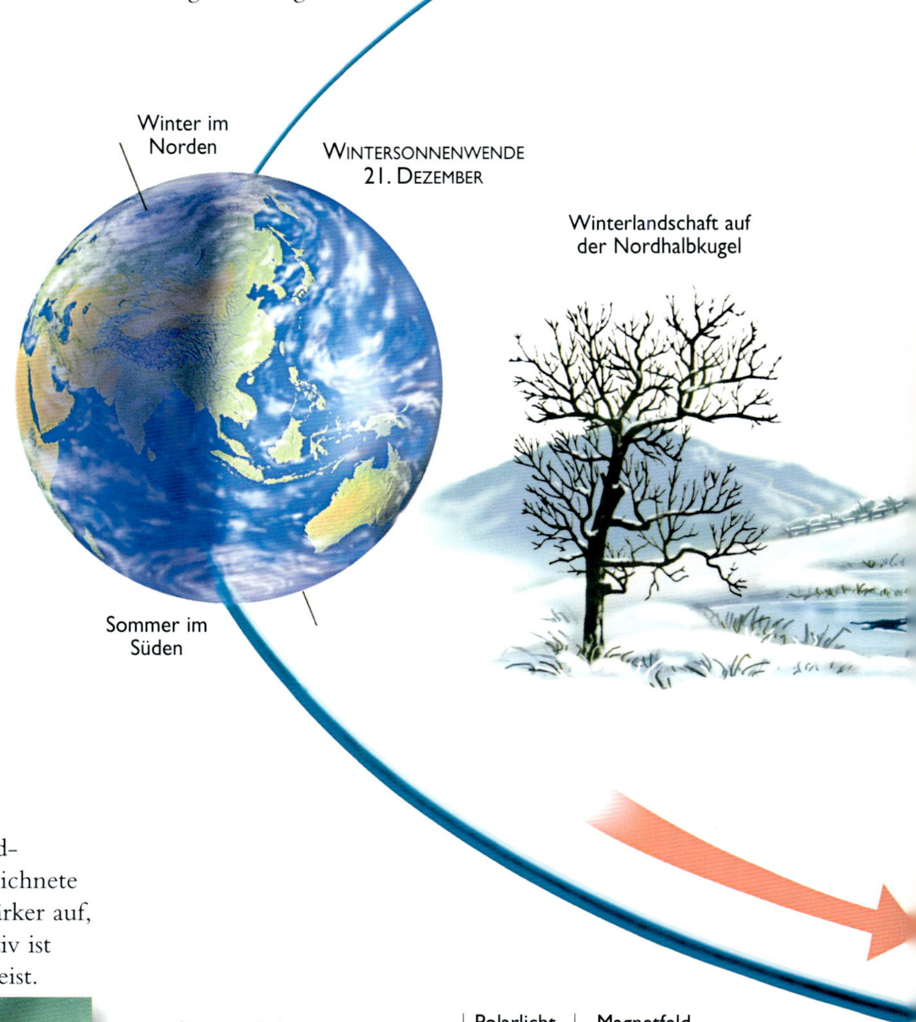

GRÖSSTE SONNENNÄHE DER ERDE
ANFANG JANUAR – 147 MILLIONEN KM

GRÖSSTE SONNENFERNE DER ERDE
ANFANG JULI – 152 MILLIONEN KM

LÄNGE DER ERDUMLAUFBAHN
940 MILLIONEN KM

DURCHSCHNITTSGESCHWINDIGKEIT DER ERDE 107 000 KM/H

HÖCHSTE TEMPERATUR
HÖCHSTE JE AUF DER ERDE GEMESSENE TEMPERATUR: 58°C IN AZIZIA, LIBYEN, 13. SEPTEMBER 1922

TIEFSTE TEMPERATUR
TIEFSTE JE AUF DER ERDE GEMESSENE TEMPERATUR: –89°C IN DER FORSCHUNGSSTATION WOSTOK, ANTARKTIS, 21. JULI 1983

POLARLICHT
Das auch als Aurora oder Nord- beziehungsweise Südlicht bezeichnete Polarlicht tritt häufiger und stärker auf, wenn die Sonne besonders aktiv ist und viele Sonnenflecken aufweist.

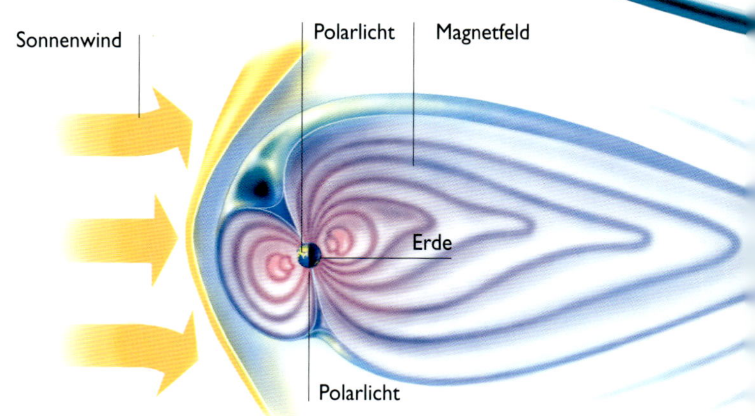

MAGNETFELD
Ein vom Eisenkern der Erde erzeugtes Magnetfeld umgibt unseren Planeten wie ein unsichtbares Netz und schützt es vor den geladenen Teilchen des Sonnenwinds. Nur in Polnähe durchdringen einige Partikel diese Barriere. Dabei kommt es in der Atmosphäre zu den Polarlichtern.

• WISSENSWERTES •

Die Sonnenstrahlen, die euch gerade wärmen, verließen die Sonne vor mehr als 8 Minuten. (Und der Mondschein ist Sonnenlicht, das vor 1,3 Sekunden vom Mond reflektiert wurde.)

POLARLICHT AUS DEM ALL
Vom Weltraum aus fotografierten Astronauten an Bord der Raumfähre Discovery dieses Südlicht.

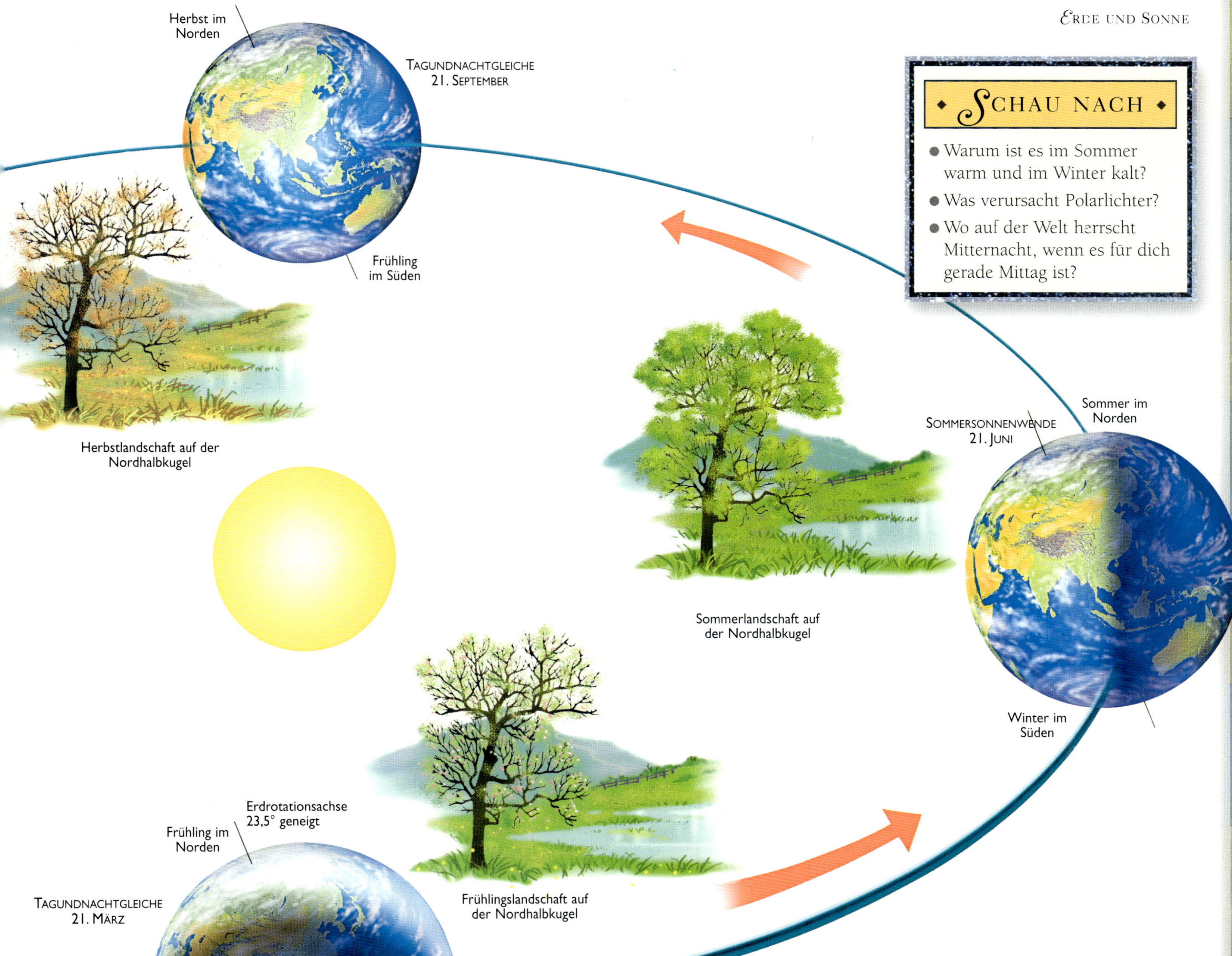

SCHAU NACH

- Warum ist es im Sommer warm und im Winter kalt?
- Was verursacht Polarlichter?
- Wo auf der Welt herrscht Mitternacht, wenn es für dich gerade Mittag ist?

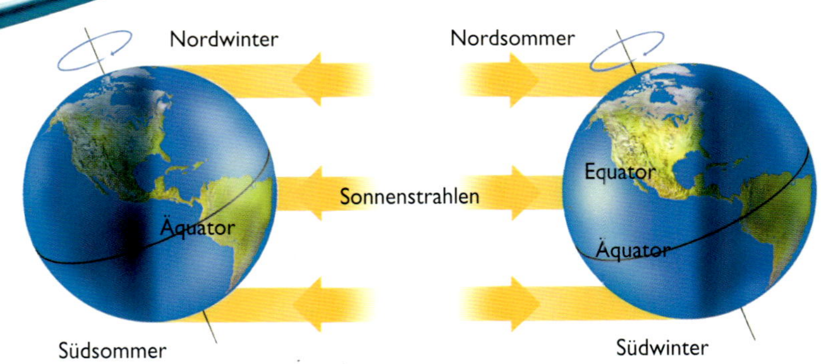

SONNE UND KLIMA

Da am Äquator die Sonnenstrahlen das ganze Jahr über fast senkrecht auftreffen, haben wir hier die heißeste Zone der Erde. Je weiter wir uns vom Äquator entfernen, desto schräger fallen die Strahlen ein und desto kühler wird das Klima.

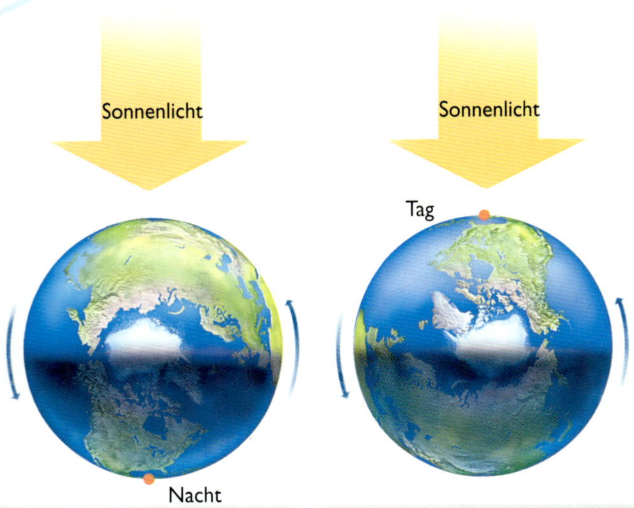

TAG UND NACHT

Unser Tag beginnt, wenn sich das Gebiet, in dem wir leben, der Sonne zuwendet, und die Nacht bricht an, wenn es sich wieder von der Sonne abkehrt. Zu jeder Zeit kann man irgendwo auf der Welt Sonnenaufgang und -untergang, Mittag und Mitternacht erleben.

MACH MIT: *Schräges Licht*

1. Richtet in einem dunklen Raum den Strahl einer Taschenlampe senkrecht auf ein weißes Blatt Papier. Merkt euch die Form und die Helligkeit des Lichtflecks.
2. Haltet die Taschenlampe nun schräg. Seht ihr, wie der Fleck größer und schwächer wird?

Treffen die Sonnenstrahlen senkrecht wie am Äquator auf, ist ihre Energie stärker.

Der Mond

Der Mond ist der einzige natürliche Satellit der Erde. Er entstand vermutlich kurz nach der Erde aus Trümmern, die bei einer Kollision eines großen Körpers mit der Erde ins All geschleudert wurden. In der Anfangszeit wurde der Mond ständig von Meteoriten bombardiert. Seine Oberfläche ist heute noch von zahllosen Kratern und Becken übersät. Die jüngeren dieser Einschlagnarben weisen häufig Strahlensysteme auf – helle Streifen von Auswurfmaterial, das teilweise über große Entfernungen katapultiert wurde.

Durch Spalten ergoss sich Lava in die Tiefebenen und Becken und erstarrte zu einer dunklen Kruste. Die Astronomen hielten diese Flächen anfangs für ausgetrocknete Meere und nannten sie Maria – lateinisch für „Meere". Als eine sowjetische Sonde 1959 erstmals die Rückseite des Mondes fotografierte, entdeckte man, dass fast alle Maria auf der uns zugewandten Mondseite liegen.

Der Mond hat nur ein Sechstel der Erdschwerkraft. Das reicht nicht aus, um eine Atmosphäre festzuhalten, und so sieht der Mondhimmel auch tagsüber immer schwarz aus. Das Fehlen einer Lufthülle trägt mit dazu bei, dass sich die Mondoberfläche an der Sonnenseite bis auf 117°C erhitzt und auf der Schattenseite bis auf –153°C abkühlt.

Erst kürzlich fand die Mondsonde Lunar Prospector Eis an den Mondpolen. Wahrscheinlich ist es auf die Einschläge von Kometen zurückzuführen, die zum größten Teil aus gefrorenem Wasser bestehen.

NAMENERKLÄRUNG
Von althochdeutsch Mano für Mond

ERDABSTAND
384 401 km

DURCHMESSER
3 476 km

MASSE
1,2% der Erdmasse

ATMOSPHÄRE
Keine

LÄNGE DES TAGES (in Erdentagen)
Rotationsperiode und Sonnentag: jeweils 29,5

Mach mit: Mondphasen zeichnen

Ihr braucht einen Bogen Papier und einen Bleistift.

1. Zeichnet 31 in Reihen geordnete Kreise auf einen Bogen Papier. Sie sollen alle den gleichen Durchmesser besitzen. (Zeichnet z.B. um den Rand eines Glases).
2. Schreibt das heutige Datum neben den ersten Kreis und so fort, bis alle Kreise ein Datum haben.
3. Beobachtet nun den Mond am Nachthimmel.
4. Zeichnet die Mondform in die Kreise. Wenn Wolken ihn verdecken, lasst den Kreis frei oder notiert „Wolken".
5. Nach einer oder zwei Wochen werdet ihr eine gleichmäßige Entwicklung erkennen. Was ihr aufgezeichnet habt, sind die so genannten Mondphasen (siehe Seite 44).

Mondkarte
Die Vorderseite des Mondes ist immer der Erde zugewandt. Die Rückseite konnte erst durch mondumkreisende Sonden erforscht und kartiert werden. Der Mond besitzt einen kleinen heißen Kern, einen dicken Mantel und eine kraterübersäte Kruste.

Menschen auf dem Mond
Bei sechs Apollo-Missionen von 1968 bis 1972 betraten Menschen den Mond und brachten Gesteinsproben auf die Erde mit. Hier steht der Astronaut James Irwin 1971 vor der Landefähre und dem Mondauto der Apollo-15-Mission.

Mondeis
Die Sonde Lunar Prospector entdeckte am Südpol des Mondes Eis (weiß) in mehreren Kratern.

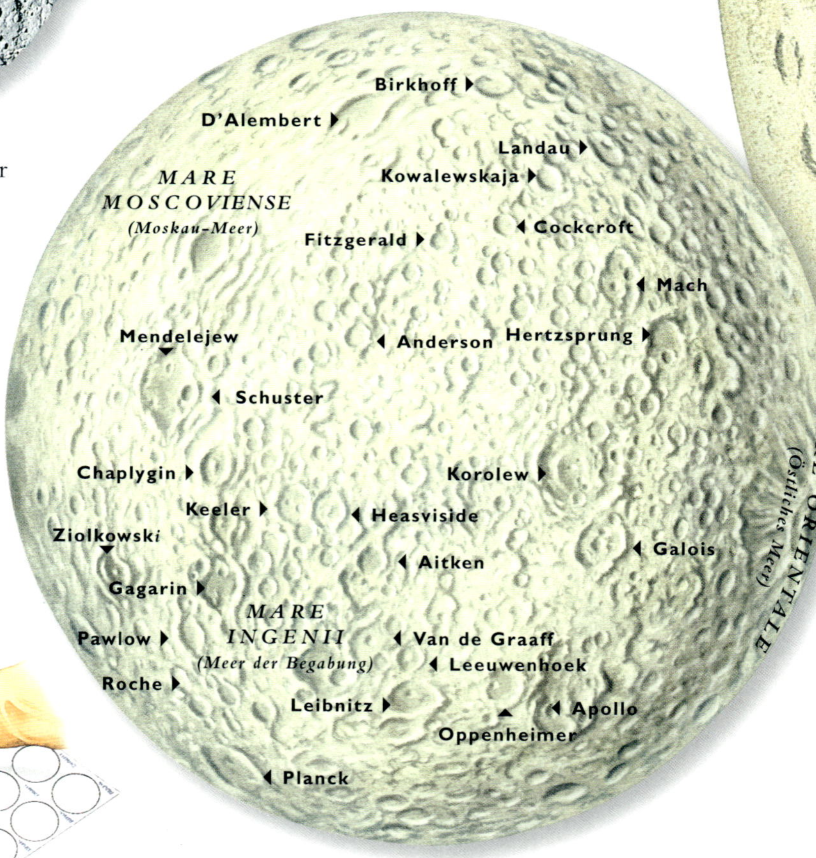

Erdabgewandte Halbkugel

Wie der Mond entstand
Die junge Erde kollidierte mit einem Objekt von der Größe des Mars. Die Trümmer umkreisten die Erde und ballten sich dann zum Mond zusammen.

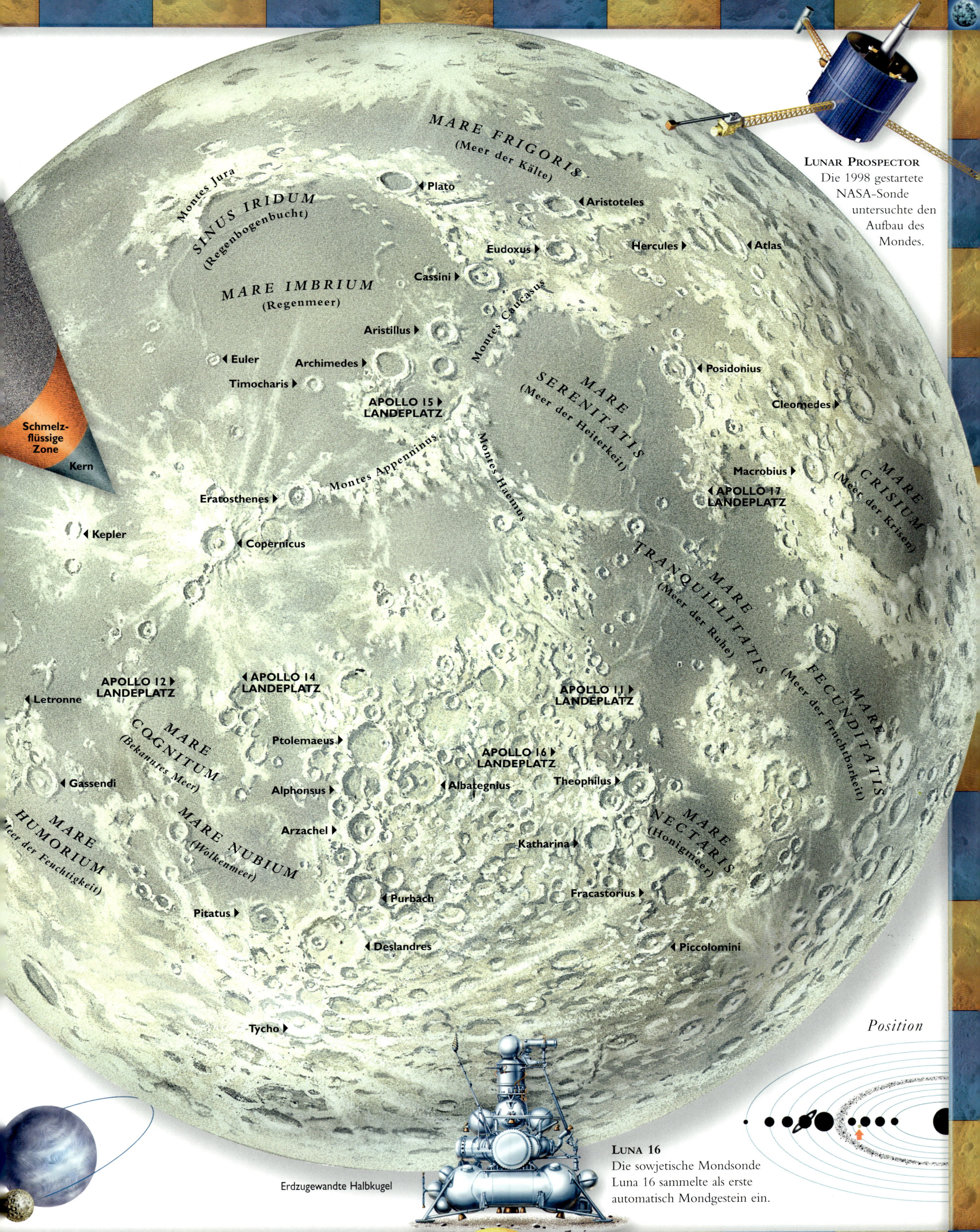

Lunar Prospector
Die 1998 gestartete NASA-Sonde untersuchte den Aufbau des Mondes.

Luna 16
Die sowjetische Mondsonde Luna 16 sammelte als erste automatisch Mondgestein ein.

Position

Erde und Mond

Etwa einmal im Monat umrundet der Mond die Erde. Er wendet uns dabei immer die gleiche Seite zu, so dass es scheint, als würde er sich nicht um seine Achse drehen. Könnten wir den Mond vom Mars aus betrachten, würden wir erkennen, dass er in der gleichen Zeitspanne, in der er einmal die Erde umläuft, sich auch einmal um seine Achse dreht. Für einen Astronauten auf dem Mond würden ein Tag und eine Nacht zwei Wochen dauern.

Der Mond scheint nur, weil er das Sonnenlicht reflektiert. Während er die Erde umkreist, werden unterschiedlich große Teile der Mondscheibe beleuchtet. Diese Veränderungen nennen wir Phasen. Bei Neumond befindet sich die Sonne auf der Rückseite des Mondes, so dass die uns zugewandte Vorderseite dunkel bleibt und wir den Mond nicht sehen können. Bei Vollmond fällt dagegen das Sonnenlicht von vorn auf den Mond. Zu anderen Phasen sehen wir den Mond halb oder nur als schmale Sichel.

Gelegentlich bilden Mond, Erde und Sonne eine Gerade und es kommt zu einer Finsternis. Bei einer Sonnenfinsternis schiebt sich der Mond zwischen Erde und Sonne, und sein Schatten wandert über einen Teil der Erde. Für alle, die in diesem Schattenkorridor leben, erscheint die Sonne teilweise oder ganz schwarz.

Mondfinsternisse sind leichter zu beobachten. Wenn der Mond sich direkt hinter die Erde schiebt, blockiert diese das auf ihn fallende Sonnenlicht. Der Mond verdunkelt sich, verschwindet aber nicht ganz, sondern erscheint in einem kupferroten Licht. Ursache für die Verfärbung sind Sonnenstrahlen, die auf ihrem Weg durch die Erdatmosphäre gefiltert werden. Eine Mondfinsternis dauert über eine Stunde und kann von der gesamten Nachtseite der Erde aus beobachtet werden.

UMLAUFZEIT DES MONDES
Von der Erde aus gesehen (von Neumond zu Neumond): 29,5 Erdentage
Relativ zu den Sternen – 27,3 Erdentage

MAXIMALE DAUER EINER TOTALEN SONNENFINSTERNIS
7 Minuten 40 Sekunden

HÄUFIGKEIT VON TOTALEN SONNENFINSTERNISSEN
Etwa einmal pro Jahr, aber nur in einem eng begrenzten Korridor

ÜBLICHE DAUER EINER TOTALEN MONDFINSTERNIS
Etwa 1 Stunde 40 Minuten

HÄUFIGKEIT VON TOTALEN MONDFINSTERNISSEN
1 bis 3 Mal pro Jahr, in einem weiten Bereich sichtbar

Wissenswertes

Früher, als die Menschen noch keine Erklärung für eine Sonnenfinsternis hatten, löste das Naturschauspiel oft Angst und Schrecken aus. So glaubten die alten Chinesen, dass ein Drache die Sonne verschlingen wolle. Um das Untier zu verscheuchen, veranstalteten sie mit Trommeln, Hörnern und Rasseln einen Höllenlärm. Und damit hatten sie immer Erfolg!

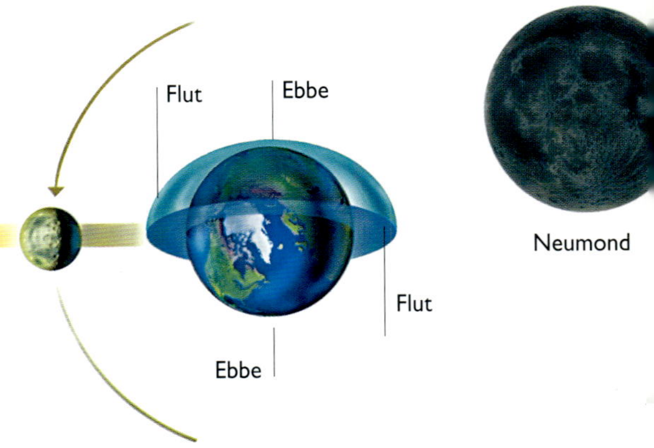

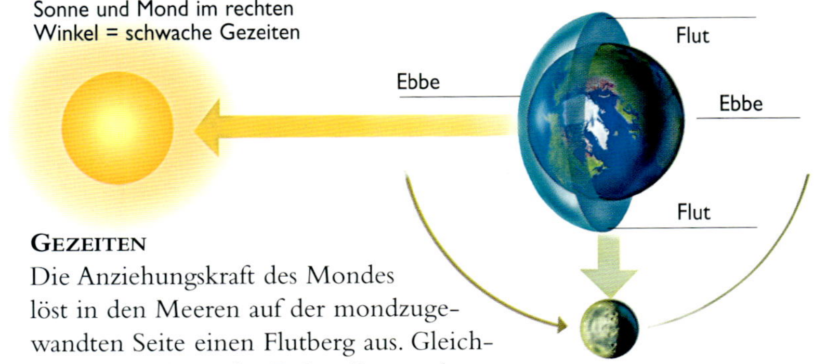

Gezeiten
Die Anziehungskraft des Mondes löst in den Meeren auf der mondzugewandten Seite einen Flutberg aus. Gleichzeitig zerrt sie an der Erde selbst, so dass auf der gegenüberliegenden Seite ebenfalls ein Flutberg entsteht. Die Gezeiten sind dann am stärksten, wenn Sonne und Mond in einer Linie liegen.

Aschgraues Mondlicht
Manchmal zeigt sich innerhalb der hellen Mondsichel ein fahles, geisterhaftes Licht. Das so genannte aschgraue Mondlicht ist Sonnenlicht, das von den Wolken, Landflächen und Meeren der Erde reflektiert wird.

Mondfinsternis
Wenn der Mond durch den Erdschatten wandert, entsteht eine Mondfinsternis. Der Mond verdüstert sich und nimmt oft einen kupferroten Farbton an. Ursache dafür sind Sonnenstrahlen, die durch die Erdatmosphäre gestreut werden.

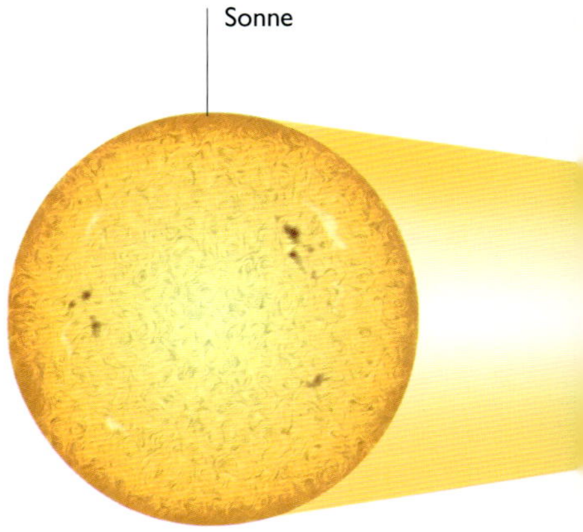

Sonnenfinsternis
Kurz bevor der Mond die Sonne bei einer totalen Sonnenfinsternis vollständig bedeckt, strömt Sonnenlicht durch Täler auf dem Mond und sorgt für einen Diamantring-Effekt. Dabei bildet die Korona den Ring und der letzte Rest der Sonne den gleißenden Diamanten.

◆ Mach mit: *Finsternisse* ◆

Ihr braucht einen Tennisball (Erde), einen Pingpongball (Mond), eine Taschenlampe (Sonne), einen Tisch mit Decke und ein dunkles Zimmer.

❶ Legt den Tennisball etwa 60 cm von der Taschenlampe entfernt auf den Tisch und platziert den Pingpongball in einem Abstand von je 30 cm dazwischen.

❷ Richtet nun die Taschenlampe auf den Tennisball und rollt den Pingpong-Ball im Kreis um den Tennisball.

❸ Wenn sich der Pingpongball-Mond hinter der Tennisball-Erde befindet, seht ihr eine Mondfinsternis. Schiebt sich dagegen der Pingpongball-Mond zwischen Tennisball-Erde und Taschenlampe-Sonne, seht ihr eine Sonnenfinsternis.

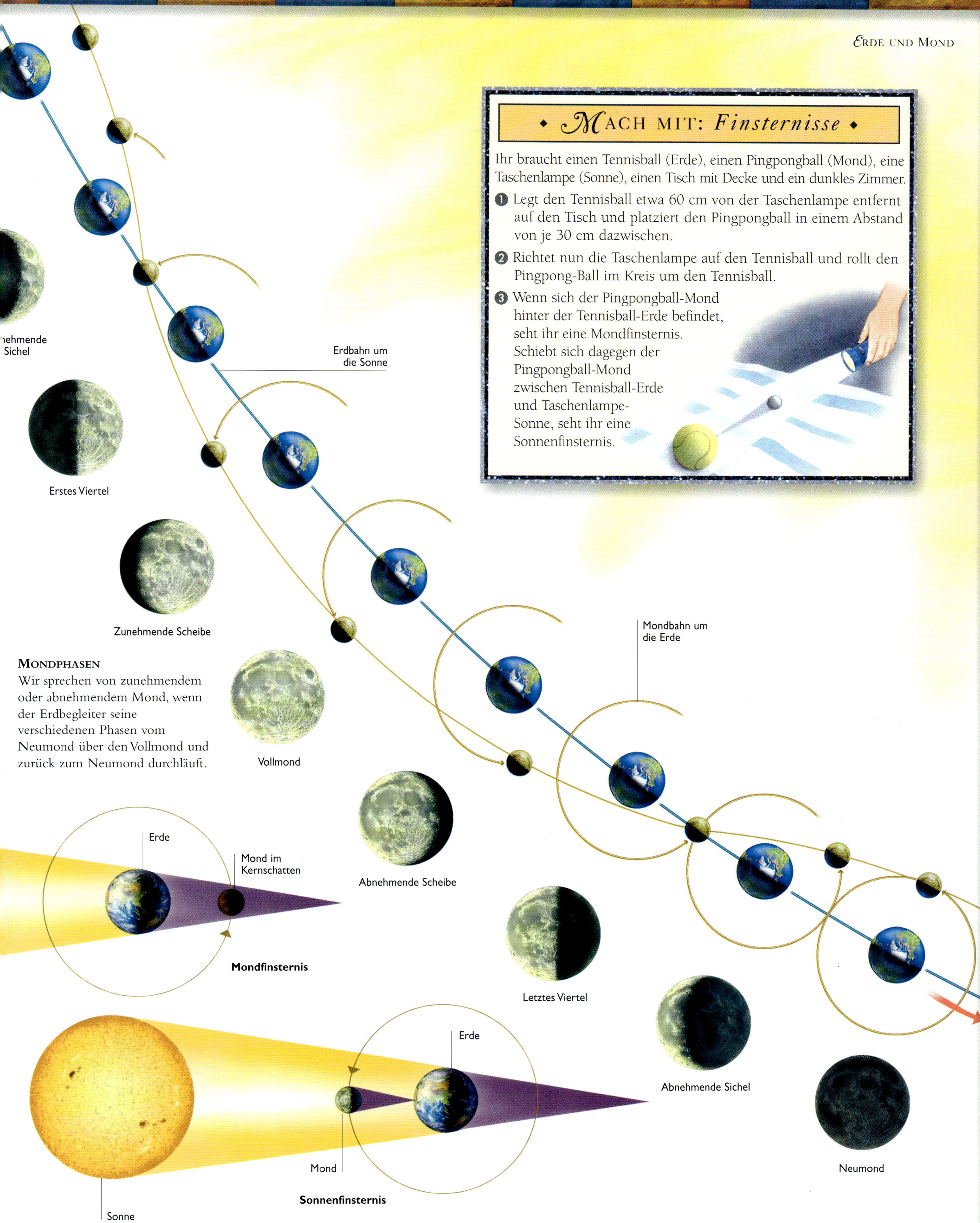

Mondphasen
Wir sprechen von zunehmendem oder abnehmendem Mond, wenn der Erdbegleiter seine verschiedenen Phasen vom Neumond über den Vollmond und zurück zum Neumond durchläuft.

Mondfinsternis

Sonnenfinsternis

Meteore und Meteoriten

Mehr als 180 Tonnen Materietrümmer dringen täglich aus dem Weltraum in die Erdatmosphäre ein – von winzigen Staubflocken über erbsengroße Partikel bis hin zu großen Stein- oder Eisenbrocken. Da diese Objekte Geschwindigkeiten von mehr als 13 km/s erreichen, ist ihre Reibung mit Luftmolekülen so stark, dass sie meist in der Atmosphäre verglühen. Dabei entsteht eine helle Leuchtspur, die wir als Meteor oder Sternschnuppe bezeichnen. Vor dem Eintauchen in die Atmosphäre heißen solche Körper Meteoroiden. Wenn sie nicht verglühen und bis zur Erdoberfläche gelangen, nennt man sie Meteoriten.

Die meisten Meteoroiden stammen von Asteroiden, die vorwiegend zwischen Mars und Jupiter kreisen, oder von Kometen, die in riesigen Ellipsen das Sonnensystem durchstreifen. Wenn Asteroiden zusammenstoßen, treiben die Bruchstücke als Meteoroiden durch das All. Kometen dagegen verlieren Materie, wenn ihr Eis in Sonnennähe schmilzt. Aus diesem Kometenstaub entstehen ganze Meteoroidenschwärme, die irgendwann in die Erdatmosphäre eindringen können. Manche Meteoroiden stammen vom Mond oder Mars ab. Bei Kollisionen mit einem größeren Asteroiden wurden sie aus der Oberfläche herausgeschleudert.

Während die meisten Meteoriten bequem in die Hand passen, fand man vereinzelt auch Bruchstücke, die größer als Häuser sind. In der Vergangenheit schlugen einige Riesenmeteoriten gewaltige Krater in die Erdoberfläche. Und selbst kleine Meteoriten können Schaden anrichten. 1992 zerstörte einer bei New York ein Auto. Ein anderer tötete 1911 in Ägypten einen Hund.

NAMENERKLÄRUNG
Meteor kommt vom griechischen Begriff Meteoros für „in der Luft schwebend".

HÖHE DER VERGLÜHENDEN METEORE
110–80 km

GRÖSSE VON METEOROIDEN
Meteoroiden reichen von Staubkorn- bis Hausgrösse

GRÖSSE VON METEORITEN
Meteoriten sind meist etwa faustgross, können aber auch riesig sein. Den Rekord hält derzeit der 60 tonnen schwere, in Namibia gefundene Hoba-Meteorit.

GRÖSSTER BEKANNTER KRATER
Vreedefort, Südafrika: Durchmesser 300 km

Wissenswertes

Am 17. November 1833 wurden die Bewohner der nordamerikanischen Ostküste Zeugen eines spektakulären Meteorschauers, bei dem bis zu 200 000 Meteore pro Stunde niedergingen – in jeder Minute Tausende von Sternschnuppen.

Meteoritenkrater
Wenn ein Meteorit auf der Erde einschlägt, hinterlässt er einen Krater im Boden. Der Meteorite-Krater in Arizona ist 1220 m breit und 200 m tief. Er entstand vor 50 000 Jahren, als sich ein hausgroßer Eisen-Nickel-Meteorit mit 11 km/s in die Erde bohrte.

Meteor
Die Leuchtspur am dunklen Himmel ist ein Meteor. In einer klaren Nacht kann man in der Stunde drei bis vier dieser als Sternschnuppen bezeichneten Meteore sehen.

Steinmeteorit
Steinmeteoriten machen 92 Prozent aller Meteoriten aus. Sie entstanden bereits sehr früh und geben den Wissenschaftlern wertvolle Hinweise zur Entwicklungsgeschichte des Sonnensystems.

Eisenmeteorit
Eisenmeteorite machen nur 7 Prozent der Meteoriten aus, werden jedoch am häufigsten entdeckt, da sie kaum verwittern und sehr fremdartig wirken.

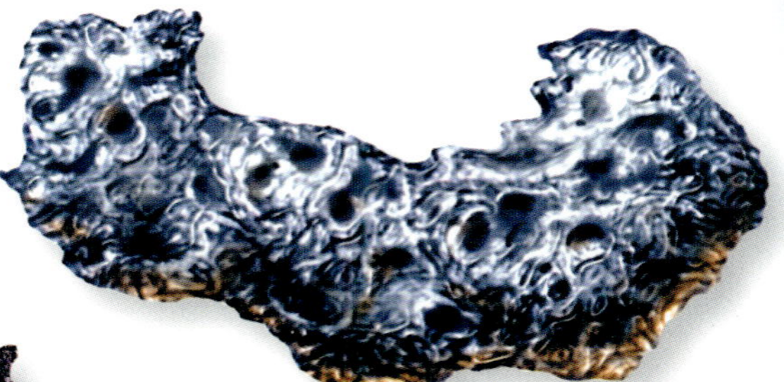

Marsmeteorit ALH 84001
1996 berichteten NASA-Forscher, man habe im Marsmeteoriten ALH 84001 Spuren von einstigem Leben entdeckt. Die meisten Wissenschaftler halten dies heute für falsch.

Steineisenmeteorit
Lediglich 1 Prozent der Meteoriten bestehen aus einem Stein-Eisen-Gemisch. Experten vermuten, dass sie von vollständig geschmolzenen Asteroiden abstammen.

TRAUMSCHUTT

n ihr am Nachthimmel helle Leuchtspur erblickt, delt es sich wahrscheinlich einen Meteor. Er kann einem Kometen mmen, von einem roiden, ja sogar von einem eten oder Mond.

SCHAU NACH

- Was unterscheidet einen Meteor von einem Meteoriten?
- Woher stammen die meisten Meteoriten?
- Was geschieht, wenn ein großer Meteorit die Erde trifft?

Mars

DER MARS IST DER ERDÄHNLICHSTE aller Planeten. Er hat vier Jahreszeiten, Eiskappen an den Polen, Schluchten und Täler. Ein Marstag ist nur 41 Minuten länger als ein Erdentag. Da die Bedingungen auf dem jungen Mars vermutlich die gleichen waren wie auf der Erde, könnte es dort ebenfalls Lebensanfänge gegeben haben. Allerdings fanden Marssonden keinerlei Spuren von Leben.

Seine typische rötliche Färbung, die ihm den Beinamen Roter Planet eintrug, verdankt er den rostbraunen Felsen und dem feinen roten Sand. Da die Kohlendioxid-Atmosphäre des Planeten zu dünn ist, um die Sonnenwärme am Entweichen zu hindern, ist der Mars eine kalte Wüste. Die Temperaturen liegen tagsüber bei 27°C, können nachts jedoch auf eisige –123°C absinken.

Der Süden ist von Kratern übersät. Die nördlichen Ebenen sind flacher und glatter und könnten einst große Seen oder gar Ozeane gewesen sein. Außerdem gibt es erloschene Riesenvulkane, darunter den 24 km hohen Olympus Mons. Die gewaltige Schlucht Valles Marineris hat mit rund 4000 km Länge fast die Breite Nordamerikas.

Der Mars ist neben der Erde der am besten erforschte Planet des Sonnensystems. Er wurde bislang von mehr als zehn unbemannten Sonden erkundet, und weitere Missionen sind geplant.

NAMENERKLÄRUNG
MARS, DER RÖMISCHE KRIEGSGOTT

SONNENABSTAND
228 MILLIONEN KM

DURCHMESSER
6 780 KM

MASSE
10% DER ERDMASSE

ATMOSPHÄRE
KOHLENDIOXID – 0,01% DER ERDATMOSPHÄREDICHTE

MONDE
2: PHOBOS UND DEIMOS

LÄNGE DES TAGES (Erdstunden/-minuten)
ROTATIONSPERIODE 24 H 37 MIN / SONNENTAG: 24 H 40 MIN

LÄNGE DES JAHRES
687 ERDENTAGE

MARSKARTE
Die Marsoberfläche wurde durch unbemannte Sonden genau kartiert. Spuren von Magnetismus deuten darauf hin, dass der Gesteinsmantel und die Kruste in der Frühzeit wie die Erde aus beweglichen Platten bestanden.

MARSOBERFLÄCHE
Die Pathfinder-Sonde landete in einem Gebiet, wo einst Flüsse in die Ebenen geströmt waren. Sie fand viele Gesteinsarten in einer seit mehr als einer Milliarde Jahren unveränderten Landschaft.

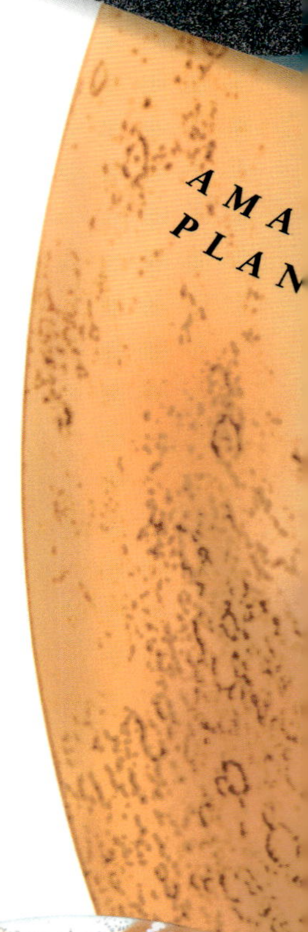

DIE POLE
Die Eiskappe am Nordpol besteht aus gefrorenem Wasser, das im Winter von einem dünnen Gemisch aus Kohlendioxid-Schnee und Staub überdeckt wird.

Deimos

Phobos

DIE BEIDEN MARSMONDE
Die beiden unregelmäßig geformten Marsmonde Phobos und Deimos sind kraterzernarbt. Möglicherweise handelt es sich um Asteroiden, die vom Schwerefeld des Mars eingefangen wurden.

GELÄNDEGÄNGIG
Kleine Marsautos wie der Sojourner, der sich im Gepäck der Pathfinder-Sonde befand (siehe Seiten 26-27), können sich ein Stück von der Landeeinheit entfernen und so Gelände besser erkunden.

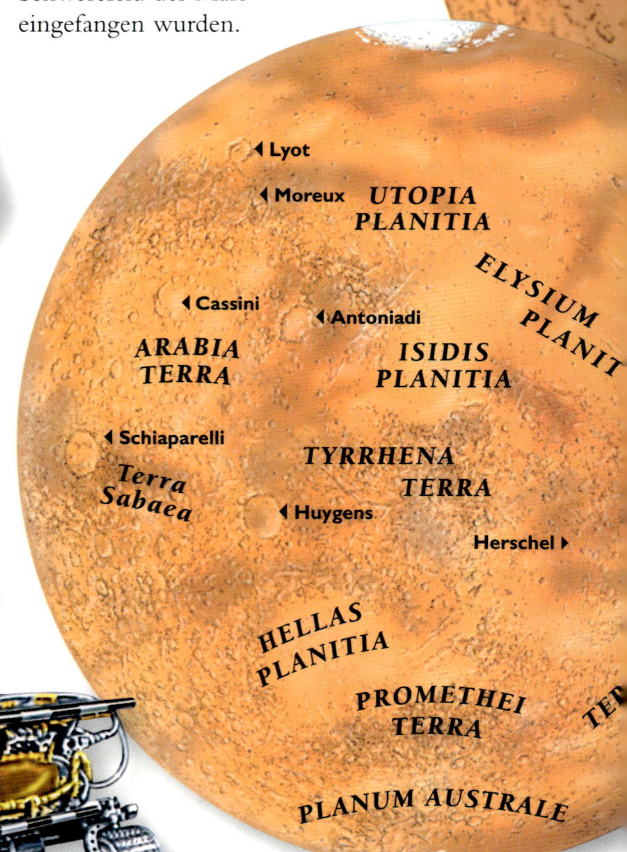

Östliche Hemisphäre

◆ MACH MIT: *Mars basteln* ◆

Ihr benötigt einen Ballen Stahlwolle, Wasser, eine Schüssel und Gummihandschuhe.

1. Zupft die Stahlwolle auseinander, ehe ihr sie in die Schüssel legt und mit Wasser anfeuchtet. Lasst sie ein paar Tage liegen.
2. Nehmt die Stahlwolle mit Gummihandschuhen aus der Schüssel. Ihr werdet sehen, dass sie rostig geworden ist und zu einem orangeroten Pulver zerfällt.

Wenn sich das Eisen in der Stahlwolle mit Wasser und dem Sauerstoff der Luft verbindet, beginnt es zu rosten. Viele Marsgesteine enthalten eisenhaltige Mineralien, die im Lauf der Zeit verrosten. Der rötliche Staub verfärbt die Marsoberfläche und die Atmosphäre.

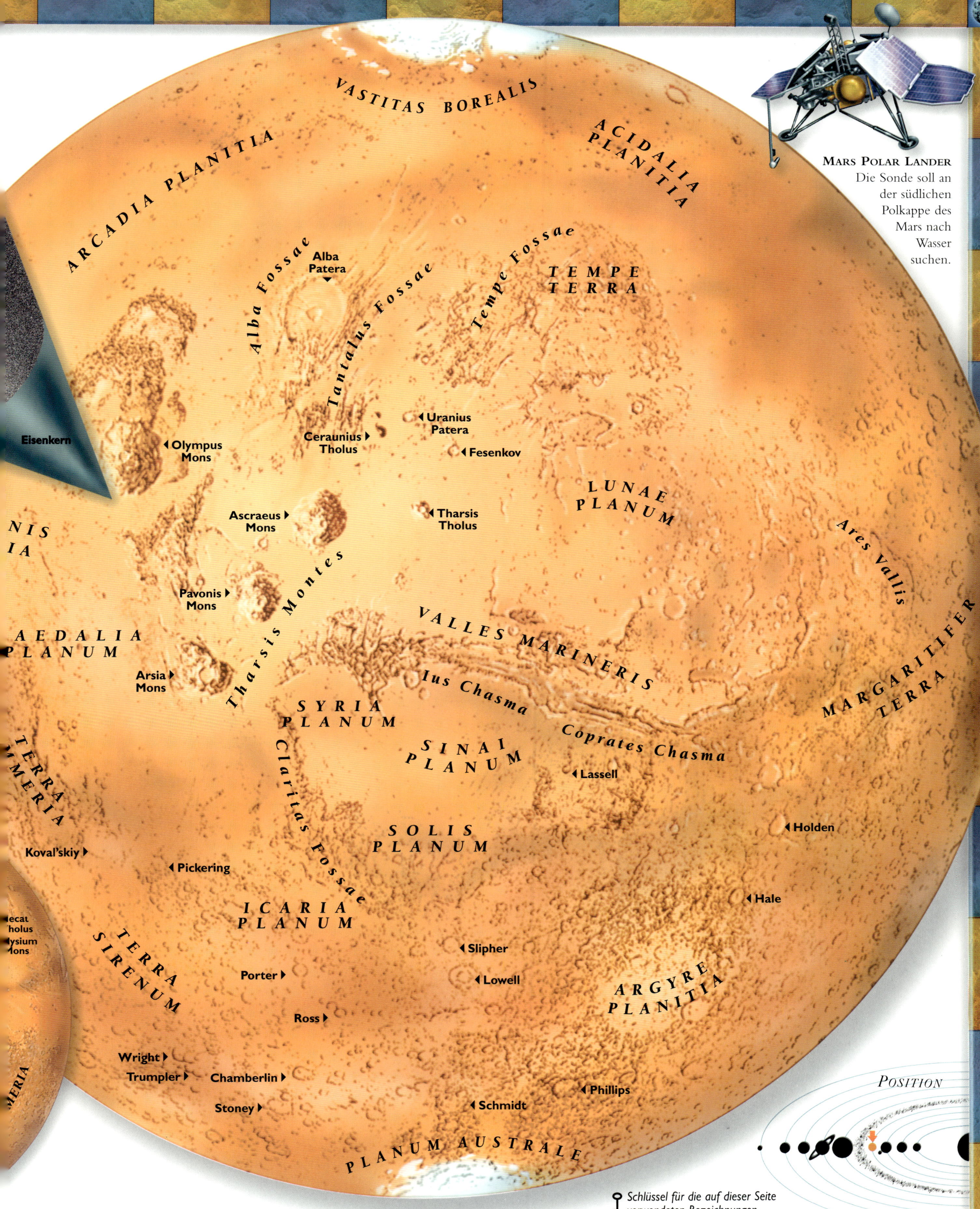

Mars Polar Lander
Die Sonde soll an der südlichen Polkappe des Mars nach Wasser suchen.

Westliche Hemisphäre

Schlüssel für die auf dieser Seite verwendeten Bezeichnungen siehe Seite 111

Asteroiden

Zwischen Mars und Jupiter kreisen Millionen von Asteroiden, unregelmäßig geformte Kleinkörper aus Gestein oder Metall, die bei der Entstehung des Sonnensystems übrig blieben. Die starke Anziehungskraft des Jupiter verhinderte, dass sie sich zu einem Planeten von der Art der Erde oder des Mars zusammenballten. Asteroiden werden auch als Kleinplaneten oder Planetoiden bezeichnet.

Der größte Asteroid Ceres, der bereits 1801 entdeckt wurde, hat einen Durchmesser von knapp 1000 Kilometern. Er ist rund wie die Gesteinsplaneten, während kleinere Planetoiden unregelmäßig geformt sind, da ihre Schwerkraft nicht ausreichte, um das Material zu einer Kugel zu formen. Durch Vorbeiflüge von Raumsonden wissen wir, dass die Oberflächen von Asteroiden wie Gaspra und Ida viele Krater aufweisen und von feinem Felsenstaub bedeckt sind .

Nicht alle Kleinplaneten kreisen im Hauptgürtel. Zwei als Griechen und Trojaner bezeichnete Gruppen bewegen sich auf der Jupiterbahn. Da diese Asteroiden so schnell sind wie der Riesenplanet, stoßen sie nicht mit ihm zusammen. Die Bahnen anderer Asteroiden sind so stark elliptisch, dass sie die Bahnen einiger Planeten wie der Erde schneiden. Astronomen beobachten diese erdnahen Asteroiden sehr genau. Käme es zu einem Zusammenstoß, könnten durch den Aufprall Flutwellen und Waldbrände entstehen und Staub- und Aschewolken würden monatelang die Sonne verdunkeln.

Da unser Planet durch unzählige Kollisionen asteroidenähnlicher Brocken entstand, erhoffen sich Wissenschaftler von Raumsonden wie NEAR und MUSES-C, die die Asteroiden erforschen sollen, neue Erkenntnisse über die Entstehung unseres Sonnensystems.

NAMENERKLÄRUNG
Asteroid bedeutet „sternähnlich". Im Fernrohr sehen Asteroiden wie Sterne aus.

SONNENABSTAND DES HAUPTGÜRTELS
Von 329 Millionen km bis 539 Millionen km

GRÖSSE
Die Asteroiden-Durchmesser reichen von knapp einem Meter bis zu knapp 1000 km

ANZAHL DER ASTEROIDEN IM HAUPTGÜRTEL
Unbekannt – vermutlich Hunderte von Millionen

ANZAHL DER ERDNAHEN ASTEROIDEN
Vermutlich mehrere Tausend – etwa 1000 bekannt

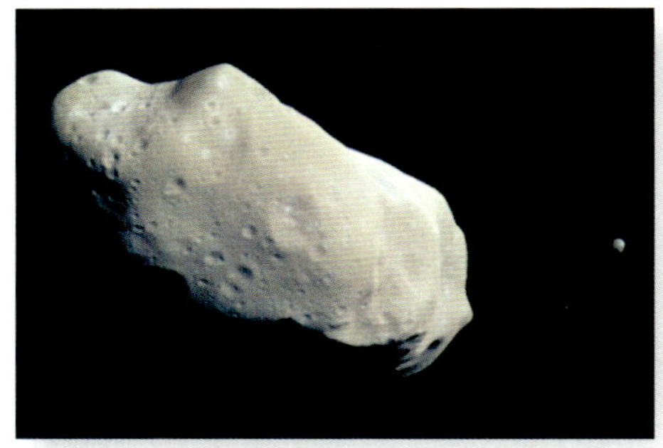

Ida
Der von der Jupitersonde Galileo aufgenommene Kleinplanet Ida ist etwa 60 km lang. Der Fleck rechts auf dem Foto ist Idas winziger Mond Dactyl, der nur 1,5 km Durchmesser hat.

Gaspra
Der ebenfalls von Galileo fotografierte Gaspra ist etwa 18 km lang. Seine Oberfläche scheint jünger zu sein als die von Ida, da sie nicht so viele Krater aufweist.

Eros
1998 gelang der NEAR-Sonde im Vorbeiflug dieser Schnappschuss von Eros. Der etwa 33 km lange, unregelmäßige Felsbrocken ist von Kratern übersät und rotiert einmal in 5 1/4 Stunden um seine Achse.

Mathilde
Noch vor ihrer Begegnung mit Eros stattete NEAR Mathilde einen Besuch ab. Mathilde hat einen Durchmesser von etwa 66 km, wirkt kohlschwarz und ist von großen Kratern übersät.

Asteroideneinschlag
In der Frühzeit wurde die Erde häufig von Asteroiden getroffen. Die „jüngste" große Kollision ereignete sich vor 65 Millionen Jahren. Man nimmt an, dass der Einschlag gewaltige Klimaveränderungen zur Folge hatte, die zum Aussterben der Dinosaurier führten.

◆ Mach mit: *Asteroiden anstrahlen* ◆

Ihr braucht eine starke Taschenlampe, ein abgedunkeltes Zimmer sowie ein paar Steine, Bälle und andere Gegenstände, die teils glatt und teils rau sein sollten. Einer soll mit Alufolie umhüllt sein.

1. Strahlt die Gegenstände mit der Taschenlampe an.
2. Beobachtet, wie unterschiedlich die Gegenstände das Licht reflektieren.
3. Seht, wie sich das Aussehen eines Gegenstands verändert, je nachdem, ob ihr ihn senkrecht oder schräg von der Seite beleuchtet.

Wissenschaftler erforschen das sich bei der Rotation ständig ändernde Aussehen von Asteroiden.

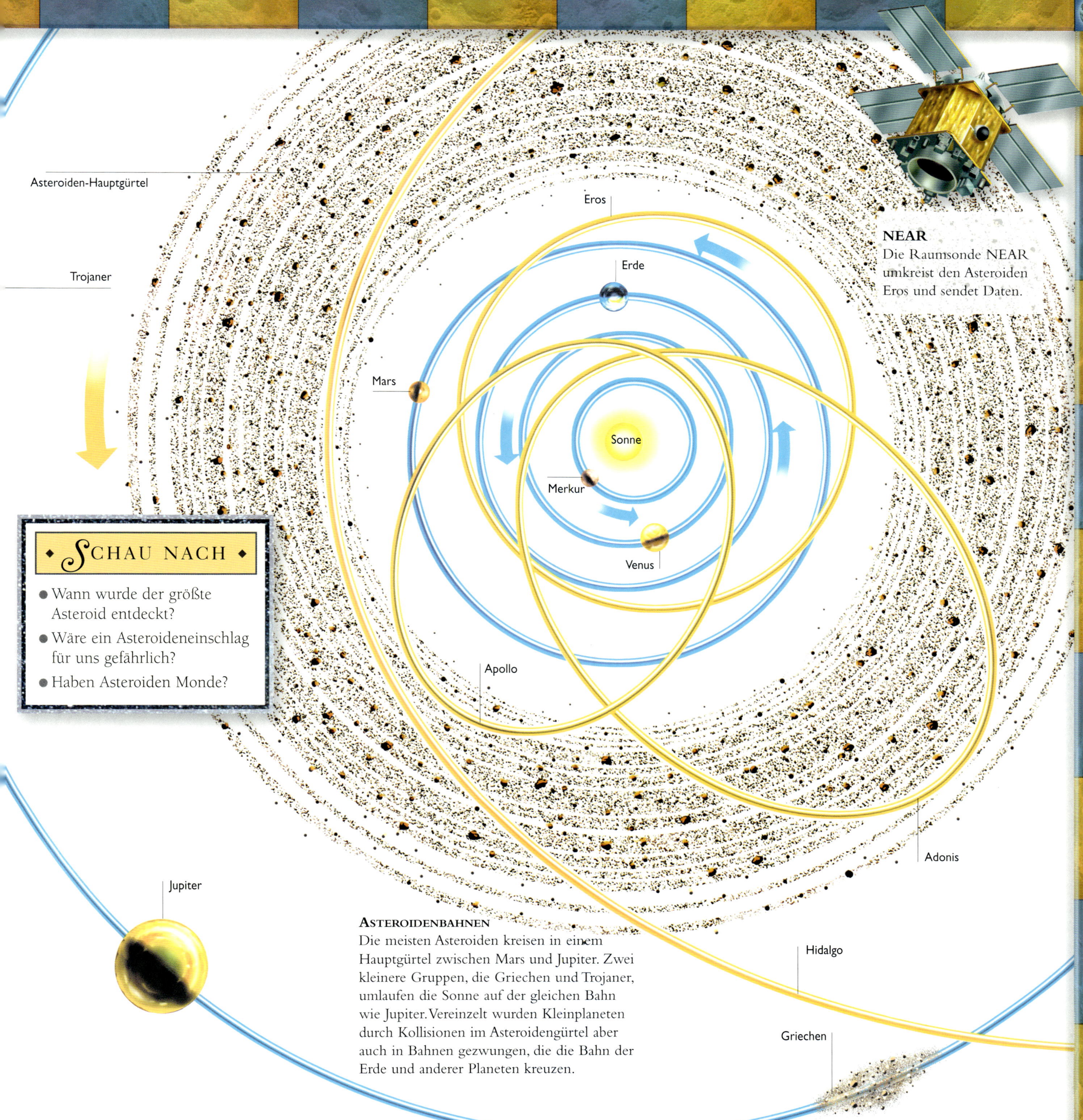

NEAR
Die Raumsonde NEAR umkreist den Asteroiden Eros und sendet Daten.

◆ SCHAU NACH ◆

- Wann wurde der größte Asteroid entdeckt?
- Wäre ein Asteroideneinschlag für uns gefährlich?
- Haben Asteroiden Monde?

ASTEROIDENBAHNEN
Die meisten Asteroiden kreisen in einem Hauptgürtel zwischen Mars und Jupiter. Zwei kleinere Gruppen, die Griechen und Trojaner, umlaufen die Sonne auf der gleichen Bahn wie Jupiter. Vereinzelt wurden Kleinplaneten durch Kollisionen im Asteroidengürtel aber auch in Bahnen gezwungen, die die Bahn der Erde und anderer Planeten kreuzen.

◆ WISSENSWERTES ◆

Auf manchen Asteroiden ist die Schwerkraft so gering, dass ihr einen Ball in eine Bahn um den Kleinplaneten werfen könntet.

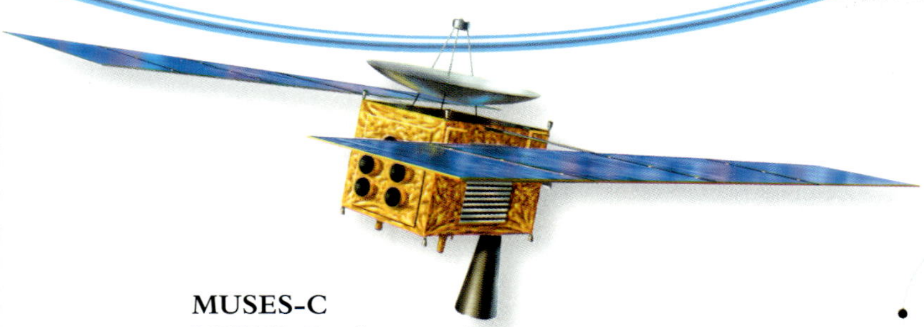

MUSES-C
MUSES-C soll zum erdnahen Asteroiden Nereus starten und von dort Gesteinsproben zur Erde zurückbringen. Der Trichter an der Unterseite dient zum Sammeln der Proben.

POSITION

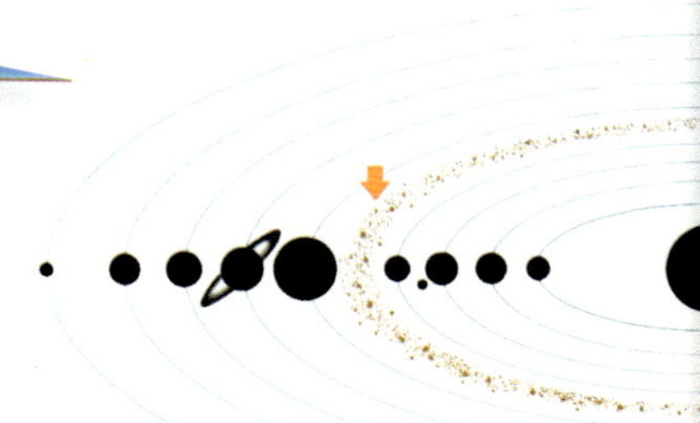

Jupiter

JUPITER, DER GRÖSSTE und massereichste Planet des Sonnensystems, ist ein gigantischer Gasball, der wie die Sonne überwiegend aus Wasserstoff und Helium sowie kleineren Mengen Wasser, Methan und Ammoniak besteht. Die äußeren Schichten sind gasförmig, doch nach innen nehmen Druck und Temperatur so stark zu, dass sich die Gase allmählich verflüssigen. Schließlich erreicht der Wasserstoff einen Zustand, in dem er sich wie flüssiges Metall verhält. Im Zentrum befindet sich vermutlich ein kleiner Gesteinskern, der dreimal heißer ist als die Sonnenoberfläche.

Ein Tag auf dem Jupiter dauert weniger als zehn Stunden. Diese rasche Rotation erzeugt Winde, die mit Geschwindigkeiten bis zu 500 Stundenkilometer über den Planeten fegen und seine farbenprächtigen Wolken in langen Bändern mitreißen. Die helleren dieser Bänder bezeichnet man als Zonen, die dunkleren als Gürtel. Zwischen den Zonen und Gürteln zeigen sich ovale Flecken. Es sind gewaltige Sturmwirbel. Viele von ihnen bleiben Jahre oder gar Jahrhunderte lang bestehen. So ist das ausgedehnteste dieser Sturmsysteme, der Große Rote Fleck, seit mindestens 300 Jahren sichtbar. 1610 entdeckte Galileo Galilei die vier größten Jupitermonde – Io, Europa, Ganymed und Kallisto. Heute sind insgesamt 16 Monde des Riesenplaneten bekannt, von Ganymed mit 5268 km bis Leda mit nur 16 km Durchmesser. Außerdem fand 1979 die Raumsonde Voyager 1 heraus, dass Jupiter ein dünnes Ringsystem besitzt, das sich hauptsächlich aus winzigen Staubteilchen zusammensetzt.

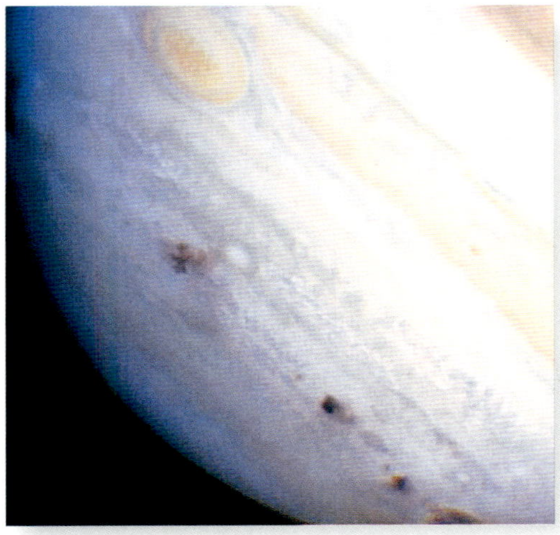

Kometeneinschläge
Im Juli 1994 stießen mehr als 20 Bruchstücke des Kometen Shoemaker-Levy 9 mit dem Jupiter zusammen. Die Einschläge hinterließen dunkle Flecken, die monatelang zu sehen waren.

Jupiterkarte
Jupiters oberste Schicht zeigt helle Zonen und dunkle Gürtel aus schnell dahinjagenden Wolken sowie Sturmwirbel wie den Großen Roten Fleck. Die dichte, kalte Atmosphäre verbirgt ein extrem heißes Inneres. Die Wärme, die der Riesenplanet ständig abgibt, stammt noch aus seiner Entstehungszeit vor knapp fünf Milliarden Jahren.

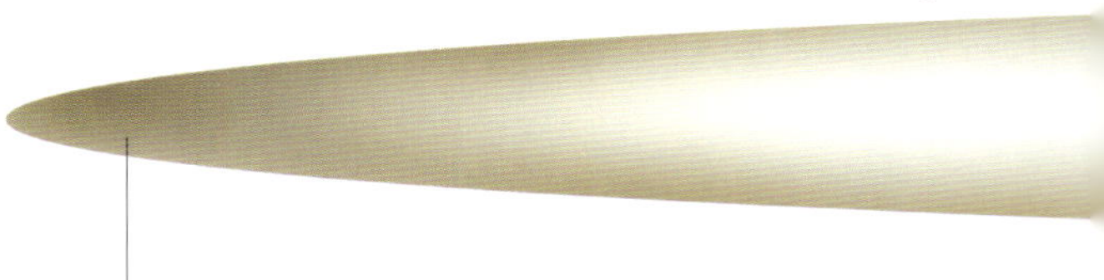

NAMENERKLÄRUNG
JUPITER, DER HAUPTGOTT DER RÖMER

SONNENABSTAND
778 MILLIONEN KM

DURCHMESSER
142 984 KM

MASSE
317,8-FACHE DER ERDMASSE

MONDE
16 – DIE GRÖSSTEN SIND IO, EUROPA, GANYMED UND KALLISTO

LÄNGE DES TAGES (in Erdenstunden/-minuten)
ROTATIONSPERIODE UND SONNENTAG: JE 9 H 55 MIN

LÄNGE DES JAHRES
11,9 ERDENJAHRE

Eruption auf Io
Diese Aufnahme des Jupitermondes Io zeigt eine Fontäne aus Schwefel, die aus einem seiner zahlreichen Vulkane schießt. Die Schwerkraft von Jupiter und benachbarten Monden, die ständig an Io zerrt, heizt das Innere des Satelliten auf und erzeugt auf diese Weise einen heftigen Vulkanismus.

Mond: Io
Der innerste Galileische Mond hat einen Eisenkern, Mantel und Kruste bestehen aus Gestein. Auf Io gibt es im Gegensatz zu den übrigen großen Jupitermonden weder Wasser noch Eis, da der Satellit in der Nähe des Planeten entstand und dort sehr hohen Temperaturen ausgesetzt war.

• Mach mit: *Jupiter in der Backform* •

Ihr benötigt eine runde Backform aus Glas oder Alu, eine Münze, Leitungswasser und flüssige Lebensmittelfarbe.

1. Legt die Münze auf einer ebenen Arbeitsfläche so unter die Form, dass sie sich leicht drehen lässt.
2. Gießt Wasser in die Form (1–2 cm hoch).
3. Tropft nun am Rand vorsichtig etwas Lebensmittelfarbe in das Wasser und fangt an, die Form langsam zu drehen. Sie bildet Schlieren und Streifen, die ganz ähnlich aus-

Eis auf Europa
Die roten Linien auf diesem Foto könnten erstarrte Schlamm- und Wassermassen sein, die einst aus Rissen in der hellen Eisrinde nach oben quollen. Wir wissen nicht, ob das Wasser unter der Kruste heute noch flüssig oder gefroren ist.

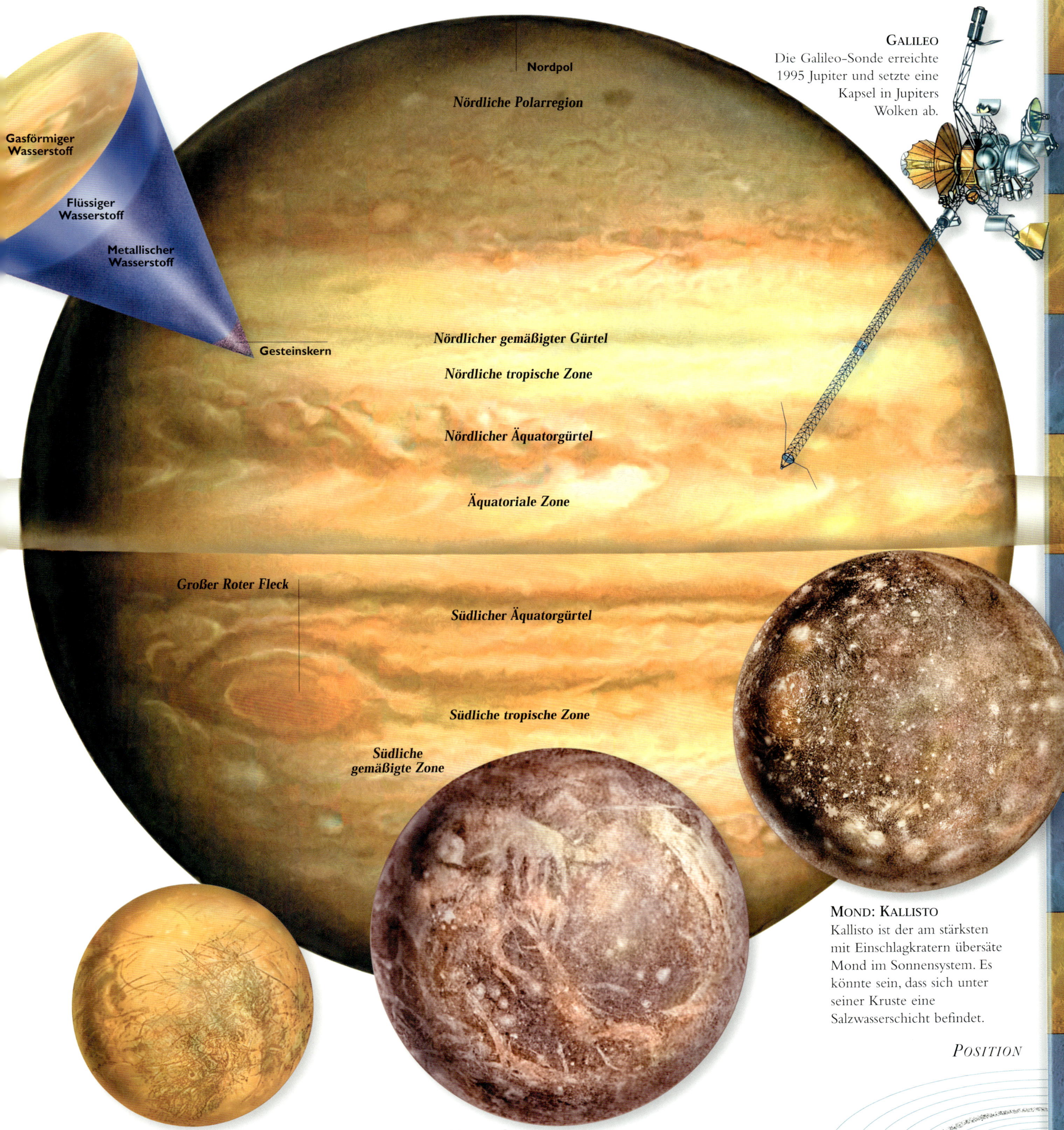

GALILEO
Die Galileo-Sonde erreichte 1995 Jupiter und setzte eine Kapsel in Jupiters Wolken ab.

MOND: KALLISTO
Kallisto ist der am stärksten mit Einschlagkratern übersäte Mond im Sonnensystem. Es könnte sein, dass sich unter seiner Kruste eine Salzwasserschicht befindet.

MOND: EUROPA
Unter der Eiskruste dieses Mondes könnte sich ein Ozean verbergen. Es lässt sich nicht völlig ausschließen, dass ein solcher Ozean von Gezeitenkräften oder Unterwasser-Vulkanen erwärmt wird und einfache Lebensformen enthält, wie es sie in den Tiefseen der Erde gibt.

MOND: GANYMED
Ganymed besitzt einen Metallkern, der von einem Gesteinsmantel, einem Eismantel sowie einer Eiskruste umgeben ist. An seiner Oberfläche wechseln sich alte, dunkle, kraterübersäte Regionen und junge, helle, von Rillen durchzogene Gebiete ab.

POSITION

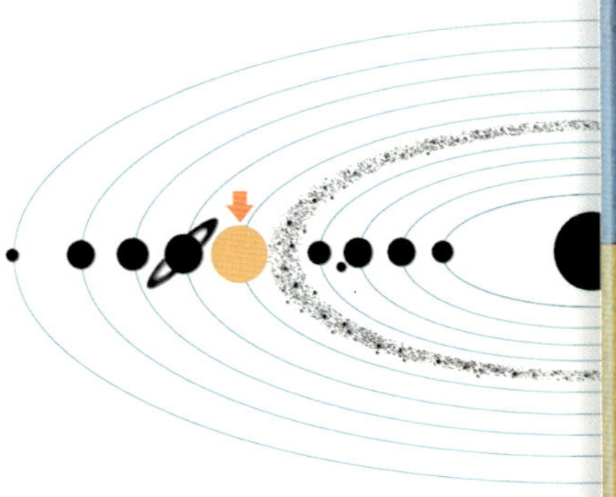

Saturn

Saturn kennen wir als Planet mit den Ringen. Zwar besitzen auch Jupiter, Uranus und Neptun Ringe, die jedoch längst nicht so auffallend sind. Von der Erde aus erkennen wir drei flache, glatte Bänder. Ganz außen befindet sich Ring A, gefolgt von der so genannten Cassini-Teilung, einer dunklen, 4670 km breiten Lücke. Dann kommt Ring B, der hellste und mit 25750 km zugleich der breiteste. Der schmale innere Ring C erscheint blass und halb durchsichtig.

Drei Raumsonden – Pioneer 11 sowie Voyager 1 und 2 – haben Saturn seit 1979 erkundet. Sie entdeckten, dass sich die Ringe aus Tausenden von Einzelringen aus Eisbrocken zusammensetzen. Selbst die Cassini-Teilung ist nicht „leer". Wissenschaftler vermuten, dass die Ringe die Überreste mehrerer zerbrochener Monde sind. Nach und nach werden viele Ringteilchen durch Kollisionen aus ihren Bahnen gedrängt und sinken in langsamen Spiralen auf den Planeten zu. In einigen Millionen Jahren werden die Ringe verschwunden sein.

Saturn selbst ist eine Kopie des Riesenplaneten Jupiter. Er hat keine feste Oberfläche und besteht wie Jupiter fast nur aus Wasserstoff und Helium, mit Spuren Methan, Ammoniak und anderen Gasen. Obwohl Saturn fast so groß wie Jupiter ist, besitzt er nur ein knappes Drittel seiner Masse. Das heißt, dass der Planet schwimmen würde – falls es ein Meer gäbe, das groß genug für ihn wäre.

Die Winde auf Saturn erreichen in Äquatornähe bis zu 1600 Stundenkilometer – und übertreffen damit die Jupiterwinde bei weitem. Saturn hat weniger Sturmwirbel als Jupiter, da seine innere Wärme geringer ist, aber etwa alle 30 Jahren kondensieren in seinem Äquatorbereich große weiße Wolken aus Ammoniak-Eiskristallen.

Jenseits der Hauptringe kreisen 18 Monde. Der größte, Titan, ist das Ziel des Huygens-Landers, der sich an Bord der Cassini-Sonde befindet und Saturn im Jahr 2004 erreichen soll.

NAMENERKLÄRUNG
Saturn, der römische Gott, der als Vater Jupiters gilt

SONNENABSTAND
1432 Millionen km

DURCHMESSER
120 533 Millionen km

MASSE
95,2-fache der Erdmasse

MONDE
18 – der grösste davon Titan

LÄNGE DES TAGES (in Erdstunden/-minuten)
Rotationsperiode und Sonnentag: Je 10 h 39 min

LÄNGE DES JAHRES
29,4 Erdentage

• Wissenswertes •

Als Galileo Galilei im Jahr 1610 die Ringe des Saturn entdeckte, wusste er nicht, was sie darstellten, denn sein Fernrohr war noch ziemlich schwach. Er dachte, der Planet habe „Ohren" oder „Henkel".

Saturnkarte
Der Saturn besitzt zahlreiche Ringe, aber nur die Ringe A, B und C können von der Erde aus beobachtet werden. Wasserstoff und Helium, die Hauptbestandteile von Saturn, sind nahe der Oberfläche gasförmig, mit zunehmender Tiefe jedoch flüssig und metallisch. Der Gesteinskern ist ungefähr doppelt so heiß wie die Sonnenoberfläche.

Die Ringe
Die Ringe des Saturn bestehen aus Eis- und Gesteinsbrocken. Sie sind Tausende von Kilometern breit, aber nur 12 bis 120 Meter dick.

Huygens-Lander
Die Huygens-Sonde soll an einem Bremsfallschirm durch die Titan-Atmosphäre sinken und die Oberfläche des Saturnmondes erkunden.

Cassini
Das Cassini-Raumschiff wird mehr als sechs Jahre benötigen, um Saturn zu erreichen.

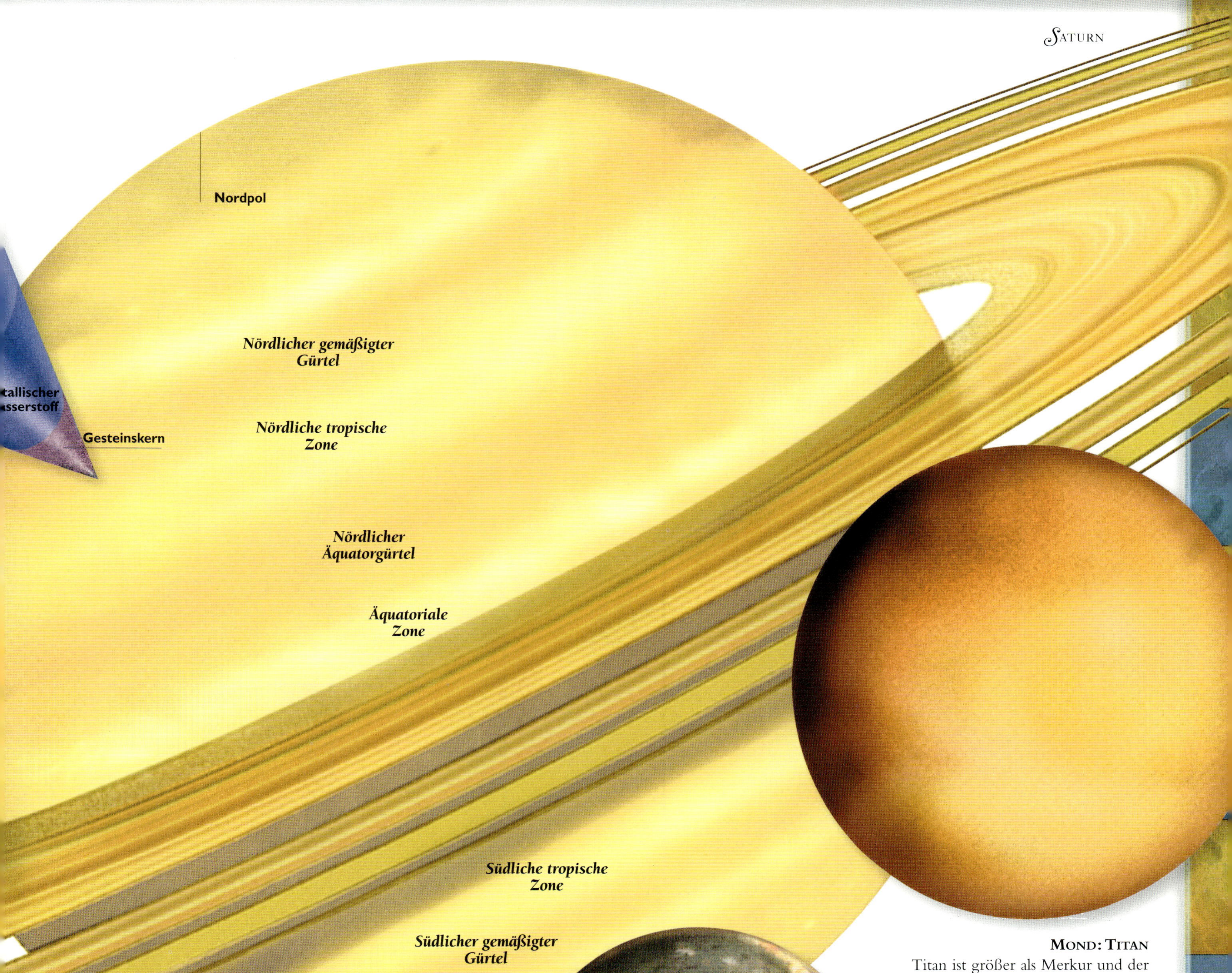

Mond: Titan
Titan ist größer als Merkur und der einzige Mond im Sonnensystem, der eine dichte Atmosphäre besitzt. Titans Oberfläche liegt unter einer Dunstschicht, könnte aber einen zähflüssiger Äthan-Ozean verbergen.

Mond: Iapetus
Die in Bewegungsrichtung liegende Seite von Iapetus ist pechschwarz, die Rückseite dagegen schneeweiß. Bei dem „Pech" könnte es sich um Meteoritenstaub handeln, den der Mond durch Einschläge aufgesammelt hat.

Position

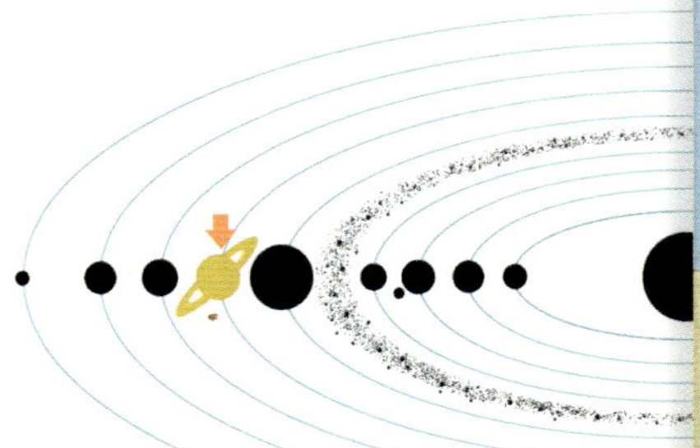

Mond: Enceladus
Enceladus besitzt eine sehr helle Oberfläche und fast kraterfreie Regionen. Das kann ein Hinweis darauf sein, dass Vulkanausbrüche das Äußere umgeformt haben. Vielleicht kommt es noch heute zu Ausbrüchen.

Mond: Mimas
Der Aufprall, der den gigantischen Herschel-Krater schuf, hätte Mimas fast in Stücke gerissen. Heute trägt die Anziehungskraft von Mimas dazu bei, die Cassini-Teilung frei von Ringpartikeln zu halten.

Uranus

WILHELM HERSCHEL STIESS 1781 mit seinem Fernrohr zufällig auf Uranus, den ersten in der Neuzeit entdeckten Planeten. Zwar besitzt Uranus ungefähr den vierfachen Erddurchmesser, aber er umläuft die Sonne in so großer Entfernung, dass Herschel und andere Beobachter nur wenig über den Planeten in Erfahrung bringen konnten. Genauere Daten lieferte erst 1986 ein Vorbeiflug der Raumsonde Voyager 2.

Uranus wird oft als „gekippter" Planet bezeichnet, da seine Achse um 98° gegen die Bahnebene geneigt ist. (Bei der Erde beträgt dieser Winkel nur 23,5°.) Als Voyager 2 an Uranus vorbeiflog, war der Südpol des Planeten der Sonne zugewandt, während die nördliche Hemisphäre im Dunkel lag. Voyager fotografierte einen kühlen, blaugrünen Planeten, dessen Äußeres keinerlei Auffälligkeiten zeigte. Heute können Astronomen mit Hilfe des Hubble-Weltraumteleskops Anzeichen von Stürmen auf der Nordhalbkugel erkennen.

Seine blaugrüne Farbe verdankt Uranus Spuren von Methan in der oberen Atmosphäre. Methan reflektiert blaues Licht ins All und absorbiert alles rote. Im Wesentlichen besteht der Planet jedoch wie die Sonne aus Wasserstoff und Helium.

1977 beobachteten Astronomen eine Helligkeitsschwankung bei einem Stern, der kurz darauf hinter Uranus verschwand. Dies führte zur Entdeckung eines Ringsystems, das den Planeten umgibt. Bis heute sind elf schmale Ringe bekannt.

Uranus hat fünf große Monde, darunter Miranda, der eine rätselhaft zerstückelte Oberfläche besitzt. In den letzten Jahren wurden noch weitere Zwergmonde aufgespürt. Derzeit sind mindestens 15 dieser dunklen, asteroidenähnlichen Satelliten bekannt.

SCHAU NACH

- Wie wurden die Uranusringe entdeckt?
- Warum kann man heute Stürme auf Uranus entdecken?
- Warum liegt Uranus fast auf der Seite?

URANUSKARTE
Bis jetzt erscheint die Oberfläche des Uranus strukturlos, aber das könnte sich ändern. Unter der gasförmigen Außenhülle des Planeten befinden sich eine dichte flüssige Schicht und ein heißer Gesteinskern. Uranus ist von 11 schmalen Ringen umgeben.

JAHRESZEITEN
Da die Umlaufzeit des Uranus 84 Erdenjahre beträgt, sind die Polregionen abwechselnd einer langen Periode konstanter Sonnenbestrahlung und einer langen Periode der Dunkelheit ausgesetzt.

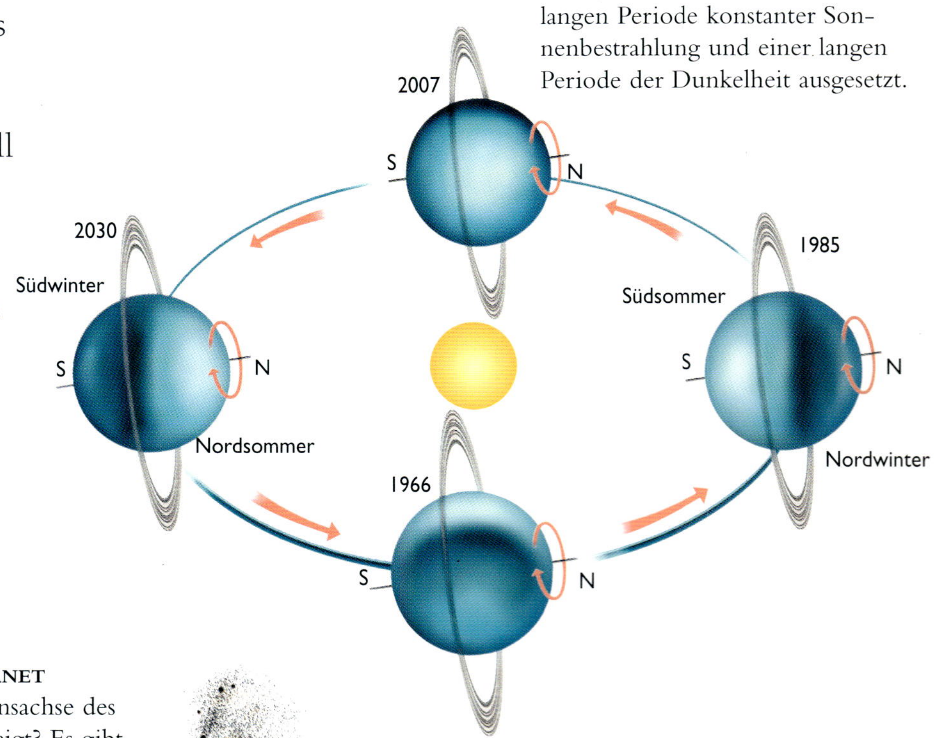

NAMENERKLÄRUNG	URANUS, STAMMVATER DER RÖMISCHEN GÖTTER
SONNENABSTAND	2871 MILLIONEN KM
DURCHMESSER	51 118 KM
MASSE	14,5-FACHE DER ERDMASSE
MONDE	MINDESTENS 20 – DER GRÖSSTE DAVON TITANIA
LÄNGE DES TAGES (in Erdstunden/-minuten)	ROTATIONSPERIODE UND SONNENTAG: JE 17 H 14 MIN
LÄNGE DES JAHRES	84,1 ERDENJAHRE

DER GEKIPPTE PLANET
Was hat die Rotationsachse des Uranus so stark geneigt? Es gibt Spekulationen, dass der Planet während seiner Entstehungszeit von einem großen Objekt gerammt wurde, das ihn zur Seite kippte. Der Aufprall könnte auch für die Monde und Ringe verantwortlich sein, die in der Äquatorebene des Uranus kreisen.

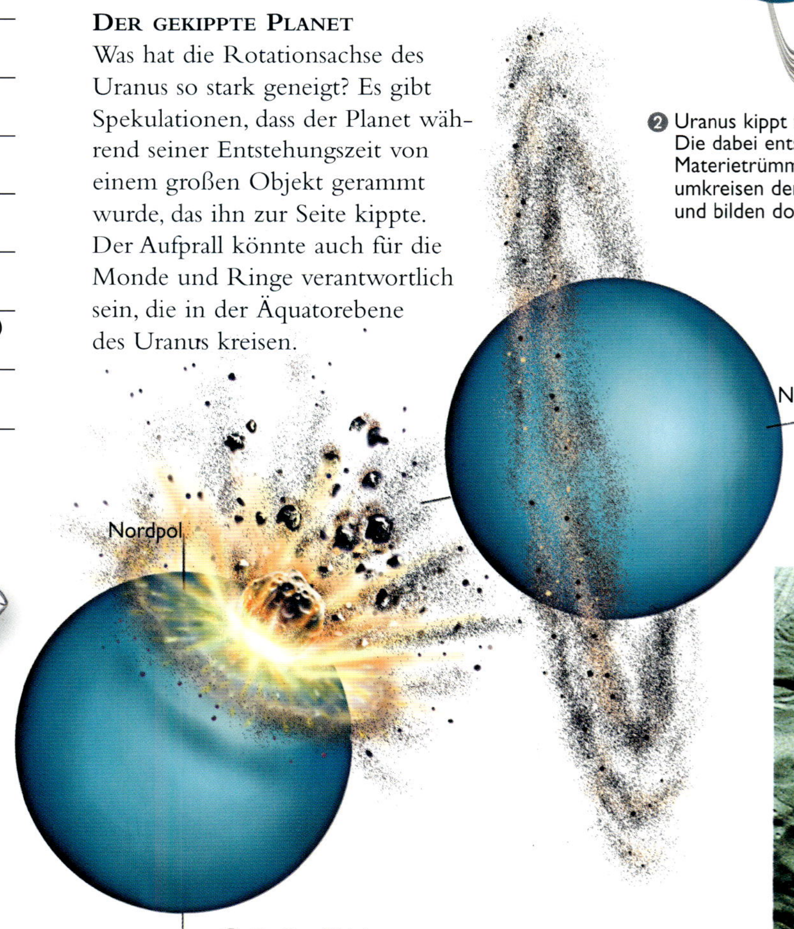

❷ Uranus kippt zur Seite. Die dabei entstandenen Materietrümmer umkreisen den Äquator und bilden dort Ringe.

❶ Großes Objekt kollidiert mit Uranus

OBERFLÄCHE VON MIRANDA
Wissenschaftler vermuten, dass die parallelen Rillen, die auf diesem Miranda-Foto oben links und unten rechts zu erkennen sind, durch Vulkanausbrüche entstanden, die das Äußere des Mondes teilweise umformten. Als Mirandas innere Wärme verbraucht war, erstarrte die Landschaft.

WISSENSWERTES

Das Teleskop, mit dem Wilhelm Herschel 1781 den Planeten Uranus entdeckte, war ein 15-cm-Reflektor – nicht größer als viele Fernrohre, die heute Hobby-Astronomen benutzen.

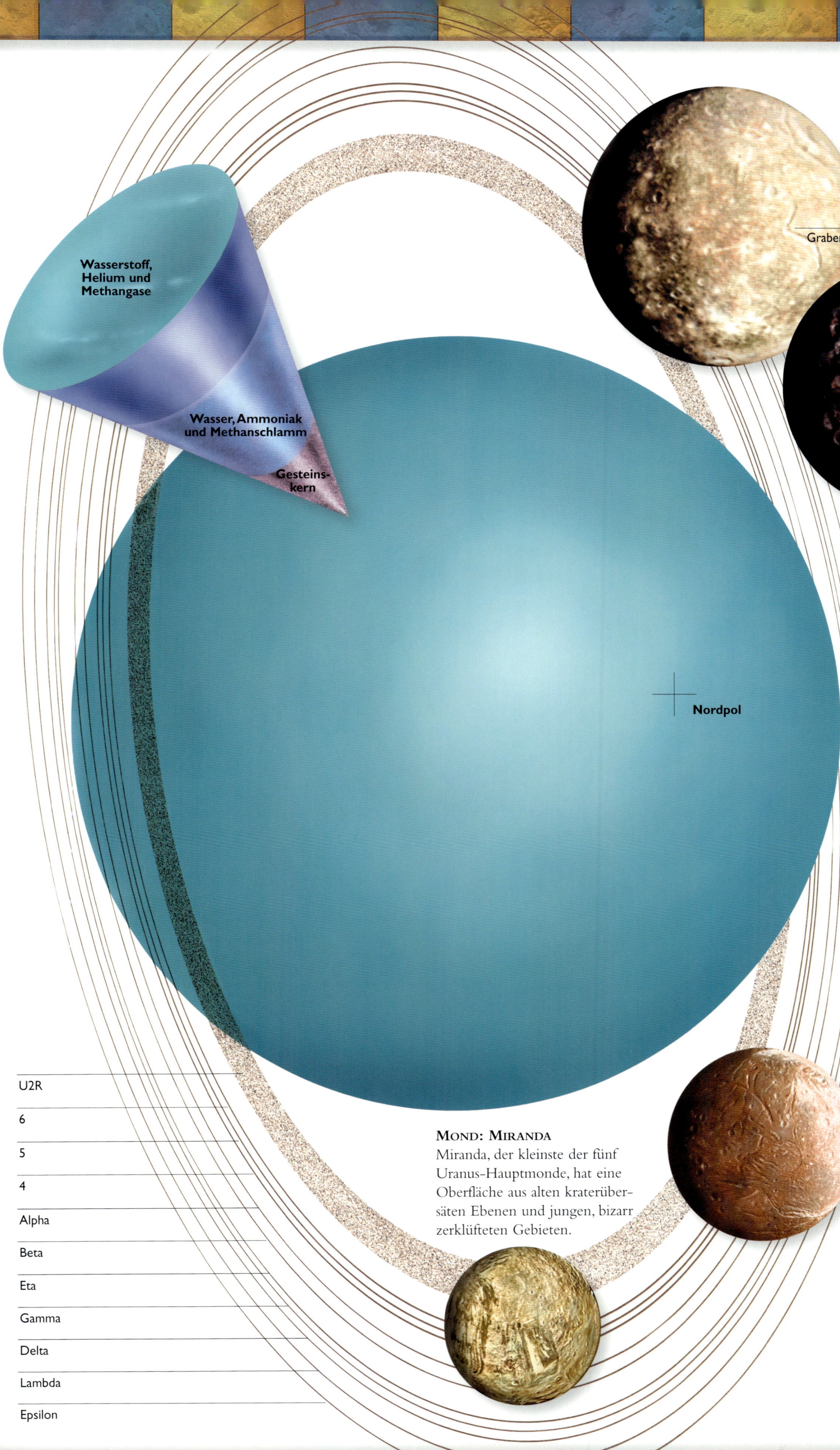

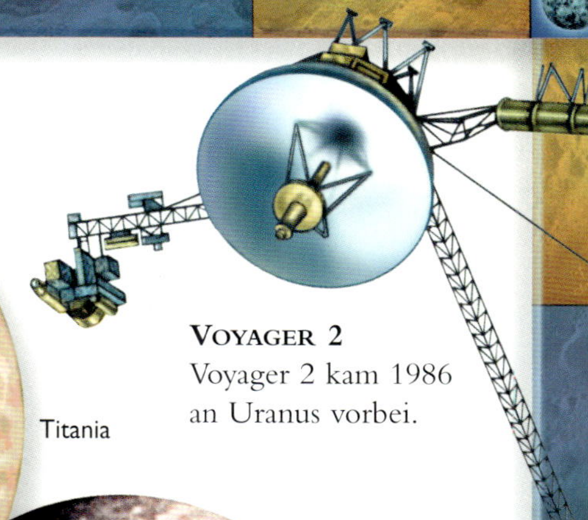

VOYAGER 2
Voyager 2 kam 1986 an Uranus vorbei.

MONDE: TITANIA UND OBERON
Titania und Oberon sind stark von Kratern zernarbt. Bei manchen der Oberon-Krater sind helle Strahlen zu erkennen. Titania weist lange Verwerfungsgräben auf.

MOND: UMBRIEL
Umbriel hat einen Durchmesser von 1150 km. Seine von Kratern übersäte Oberfläche ist seit Milliarden Jahren unverändert geblieben.

MOND: ARIEL
Neben Kratern besitzt Ariel lang gestreckte Täler und Regionen, die ebenfalls das Ergebnis von Vulkanausbrüchen zu sein scheinen.

MOND: MIRANDA
Miranda, der kleinste der fünf Uranus-Hauptmonde, hat eine Oberfläche aus alten kraterübersäten Ebenen und jungen, bizarr zerklüfteten Gebieten.

POSITION

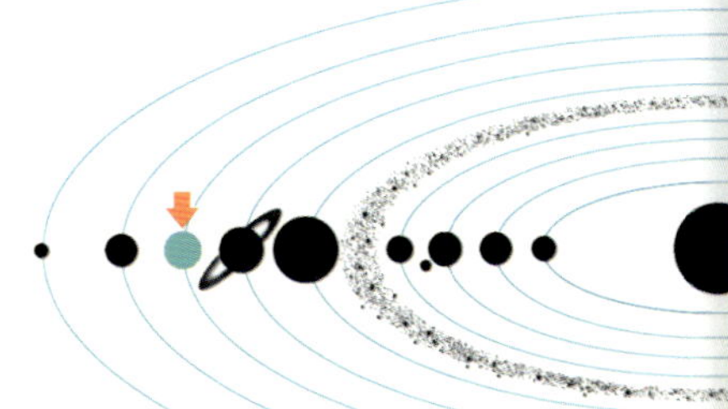

Neptun

Neptun, der letzte Gasriese des Sonnensystems, wurde 1846 entdeckt. Astronomen war aufgefallen, dass die Uranus-Bahn leichte Unregelmäßigkeiten aufwies, und sie vermuteten, dass ein noch weiter entfernter Planet diese Bahnstörung verursachte. Unabhängig voneinander berechneten der Engländer John Couch Adams und der Franzose Urbain Leverrier, wo sich der unbekannte Himmelskörper befinden könnte. Als dann Johann Galle und sein Assistent Heinrich d'Arrest ihr Teleskop auf diese Himmelsgegend richteten, fanden sie den neuen Planeten an der vorausgesagten Position.

Über Neptun war wenig bekannt, bis die Raumsonde Voyager 2 im Jahr 1989 an ihm vorbeiflog. Dabei zeigte sich, dass der Planet viele Parallelen, aber auch Unterschiede zu Uranus aufweist. Wie Uranus besteht Neptun aus Wasserstoff, Helium und Methan. Seine Achsneigung (29,6°) und somit seine Jahreszeiten sind längst nicht so extrem wie die von Uranus. Auf Neptun gibt es heftige Stürme und Wolken. Voyager 2 fotografierte einen riesigen Sturmwirbel, den Großen Dunklen Fleck, und eine schnell dahinziehende weiße Wolke aus Methaneiskristallen, die den Beinamen Scooter erhielt. Die Stürme kommen und gehen im Laufe der Jahre und werden vermutlich von der Restwärme im Innern des Planeten angetrieben.

Zwei Neptunmonde waren bereits vor Voyager bekannt, sechs weitere wurden durch die Raumsonde entdeckt. Sie reichen von Triton mit 2 706 km bis zu Najade mit 58 km Durchmesser. Triton stößt hohe Geysir-Fontänen aus, die übrigen Monde sind inaktiv.

1984 spürten Astronomen das Ringsystem des Neptun auf. Einer der sechs Ringe besitzt Materieverdichtungen, bei denen es sich um bislang unbekannte Monde handeln könnte.

Schau nach

- Wodurch kamen die Astronomen Neptun auf die Spur?
- Ist Triton vulkanisch aktiv?
- Sind Neptuns Sturmsysteme von längerer Dauer?

Neptunkarte
Neptun ist von sechs dünnen Ringen umgeben. Seine blaue Farbe verdankt der Planet Spuren von Methan in der gasförmigen Außenschicht. Neptun besitzt vermutlich einen „Ozean" aus Wasser, Ammoniak und Methan sowie einen heißen Gesteinskern.

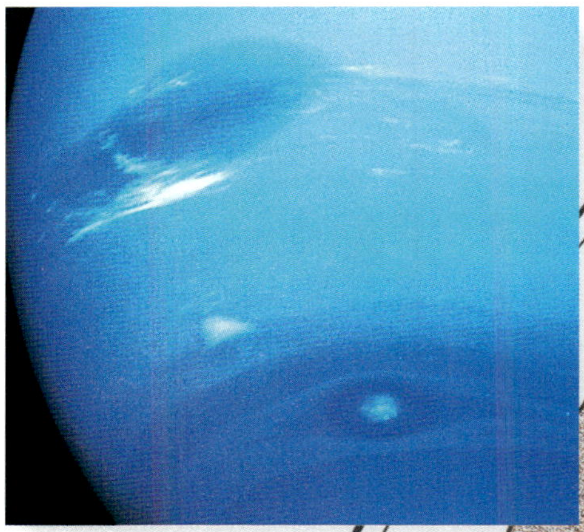

Der grosse dunkle Fleck
Diese Aufnahme der Raumsonde Voyager 2 von 1989 zeigt den Großen Dunklen Fleck (oben links), den weißen Wolkenkomplex Scooter (Mitte) und den Dunklen Fleck 2 (unten rechts). All diese Strukturen sind mittlerweile nicht mehr auszumachen.

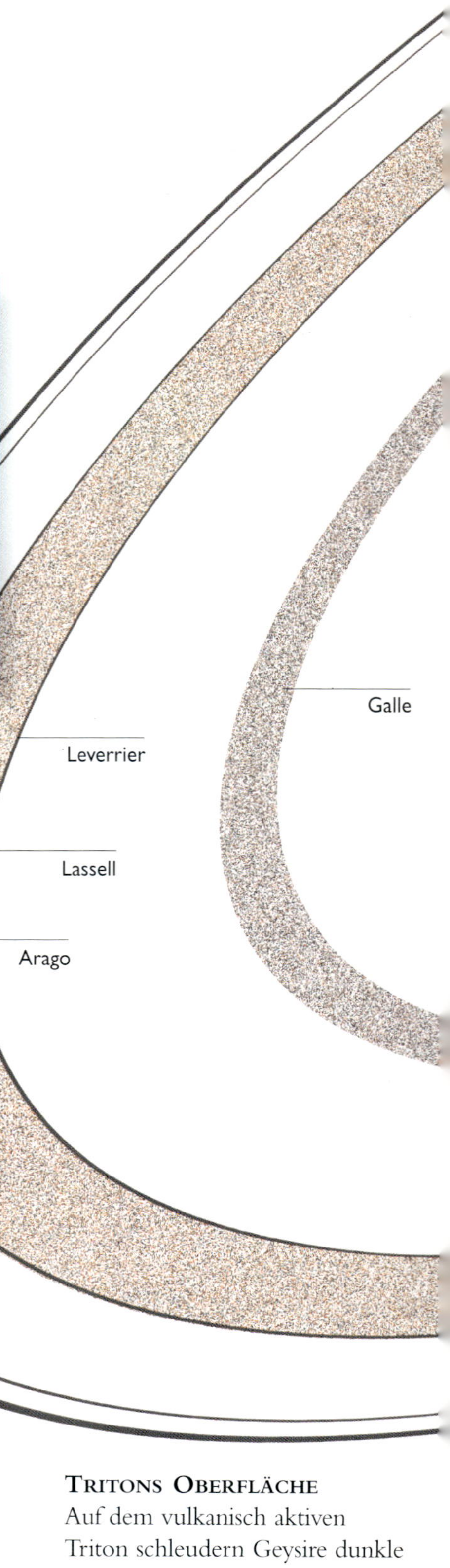

Namenerklärung
Neptun, der römische Gott der Meere

Sonnenabstand
4498 Millionen km

Durchmesser
49 528 km

Masse
17,2-fache der Erdmasse

Monde
8 – der grösste davon Triton

Länge des Tages (in Erdenstunden/-minuten)
Rotationsperiode und Sonnentag: je 16 h 7 min

Länge des Jahres
165 Erdenjahre

Die Neptunringe
Die Materie der Neptunringe reicht von mikroskopisch kleinen Teilchen bis zu hausgroßen Brocken und setzt sich überwiegend aus Eis und dunklem Staub zusammen. Die Wissenschaftler vermuten, dass es sich um Überreste von Kleinmonden handelt, die bei Zusammenstößen zerbarsten. Die Anziehungskraft der noch vorhandenen Neptunmonde hält die Ringpartikel auf ihren Bahnen.

Wissenswertes

Seit Neptun 1846 von der Erde aus erblickt wurde, hat er die Sonne noch nicht einmal umrundet. Da ein Neptunjahr 165 Erdenjahre dauert, wird er seinen Umlauf erst im Jahr 2011 vollenden.

Tritons Oberfläche
Auf dem vulkanisch aktiven Triton schleudern Geysire dunkle Materiefontänen bis zu 8 km in die Höhe. Die Oberfläche weist nur vereinzelt Krater auf und ist mit einer dünnen Eisschicht aus Stickstoff und Methan bedeckt.

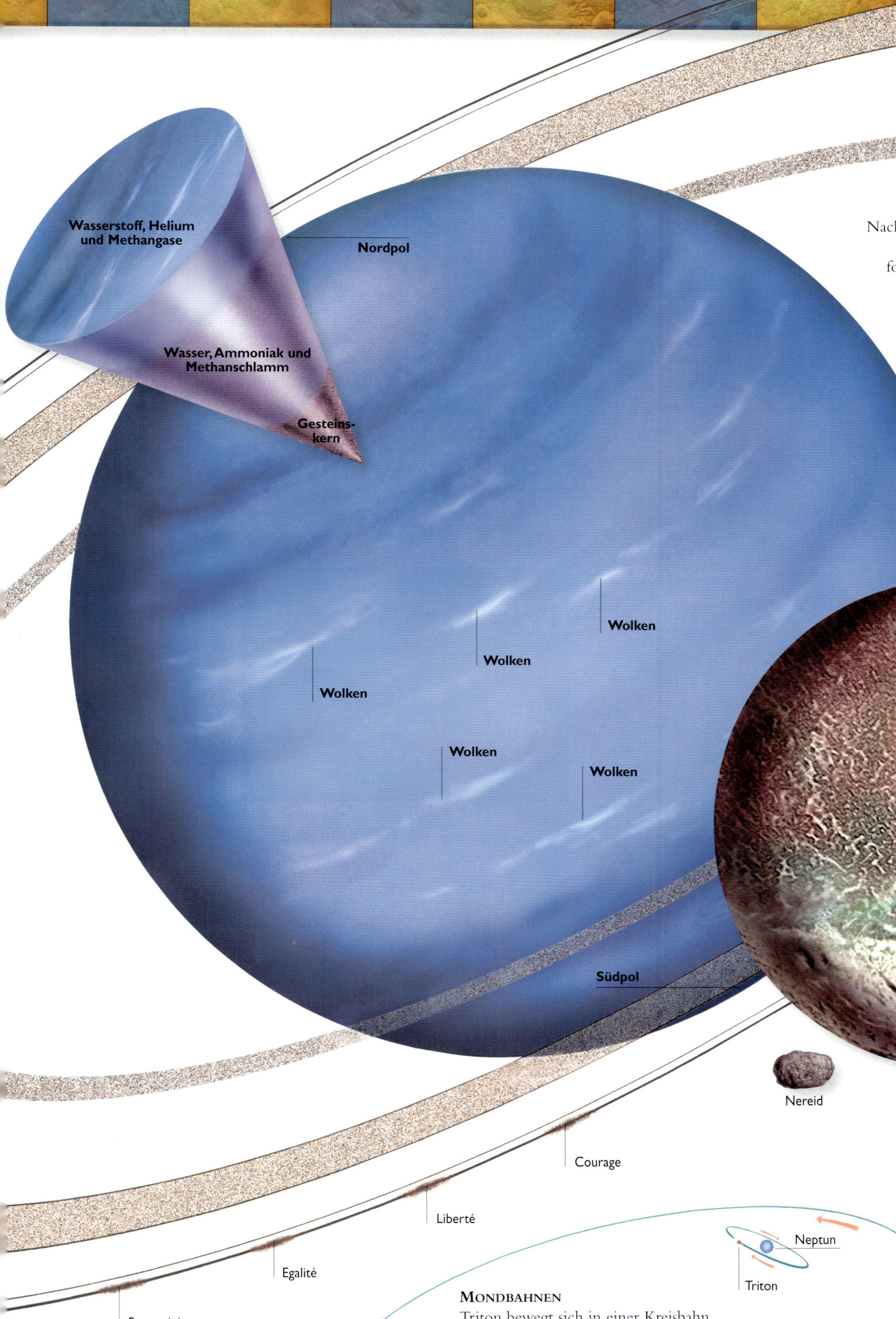

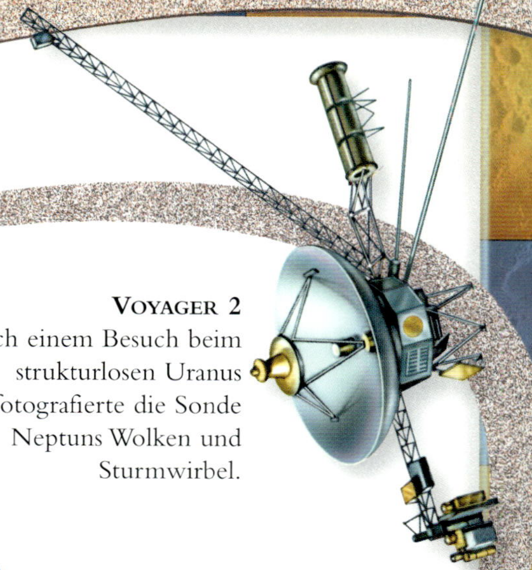

VOYAGER 2
Nach einem Besuch beim strukturlosen Uranus fotografierte die Sonde Neptuns Wolken und Sturmwirbel.

MONDE: TRITON UND NEREID
Man nimmt heute vielfach an, dass Triton ursprünglich ein Planetoid des äußeren Sonnensystems war, der irgendwie von Neptun eingefangen wurde. Nereid dagegen könnte von Anfang an zu den Monden des Neptun gehört haben.

RINGSEGMENTE
Der Adams-Ring enthält vier Segmente, die durch Materieanhäufungen verursacht werden. Sie erhielten Namen, die den Geist der Französischen Revolution von 1789 widerspiegeln: Courage (Mut), Liberté (Freiheit), Egalité (Gleichheit) und Fraternité (Brüderlichkeit).

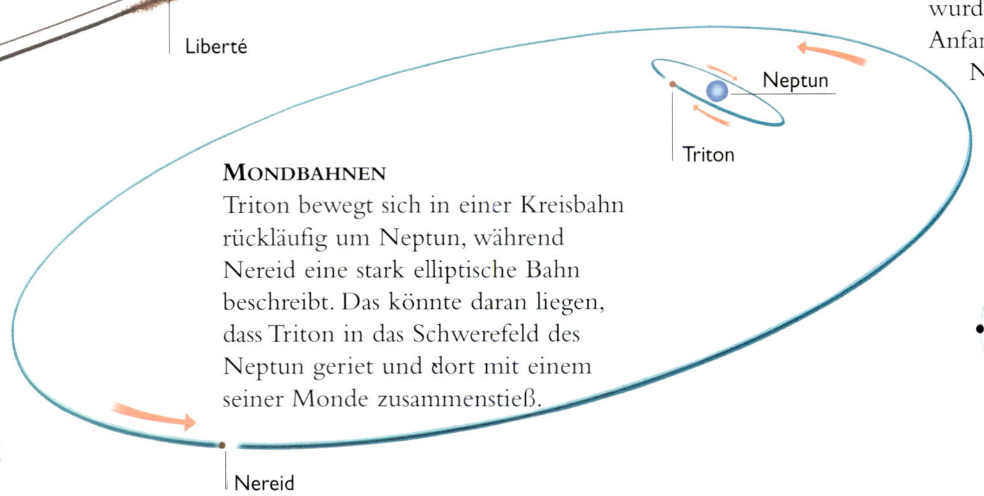

MONDBAHNEN
Triton bewegt sich in einer Kreisbahn rückläufig um Neptun, während Nereid eine stark elliptische Bahn beschreibt. Das könnte daran liegen, dass Triton in das Schwerefeld des Neptun geriet und dort mit einem seiner Monde zusammenstieß.

POSITION

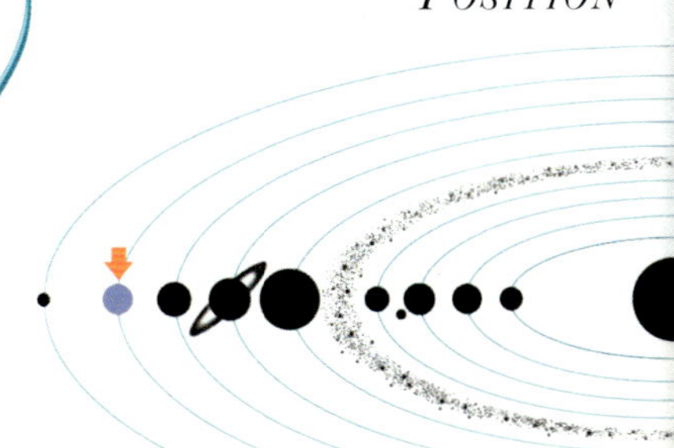

Pluto

Der neunte und äusserste Planet ist Pluto. Er wurde 1930 nach langem Suchen von Clyde Tombaugh entdeckt. James Christy entdeckte 1978 den Mond Charon. Pluto ist eine sehr kleine Eiswelt, ganz anders als die Gesteinsplaneten und die Gasriesen. Viele Wissenschaftler halten Pluto daher nicht für einen echten Planeten, sondern für ein Eis-Planetesimal.

Eis-Planetesimale entwickelten sich wahrscheinlich im Kuiper-Gürtel jenseits der Neptun-Bahn. Von dort gerieten die meisten in die Schwerefelder der Gasriesen und begannen quer durch das Planetensystem zu torkeln. Einige zerschellten durch Kollisionen, andere wurden als Monde eingefangen. (Der Neptunmond Triton könnte ursprünglich ein Eis-Planetesimal gewesen sein.) Manche Planetesimale wurden aber auch nach außen geschleudert. Sie bildeten vor allem die Kometen der fernen Oortschen Wolke (siehe Seite 62). Und aus einem entstand vielleicht der Planet Pluto.

Während seines langen Jahres beträgt Plutos Sonnenabstand das 30- bis 50fache des Sonnenabstands der Erde. In Sonnennähe ist eine Atmosphäre vorhanden. In der übrigen Zeit halten sich die Temperaturen auf Pluto bei –238 °C. Das ist so kalt, dass die Atmosphäre als gefrorene Schneeschicht liegen bleibt.

Pluto wurde noch von keiner Raumsonde besucht, doch der Pluto-Kuiper-Express befindet sich bereits in der Planung. Nach dem Vorbeiflug an Pluto soll die Sonde Kurs auf den Kuiper-Gürtel nehmen und dort mindestens ein Eis-Planetesimal besichtigen.

NAME
Pluto, der römische Gott der Unterwelt

SONNENABSTAND
5914 Millionen km

DURCHMESSER
2304 km

MASSE
0,2% der Erdmasse

MONDE
1: Charon

TAGESLÄNGE (in Erdtagen/-stunden/-minuten)
Rotationsperiode und Sonnentag: Je 6 Tage 9 h 17 min

LÄNGE DES JAHRES
248 Erdenjahre

◆ Mach mit: *Wiegen* ◆

1. Stellt euch auf eine Personenwaage und notiert euer Gewicht auf einem Blatt Papier.
2. Schreibt den Namen der Planeten auf, die ihr besuchen wollt. (Daneben könnt ihr ein Bild des Planeten zeichnen!)
3. Schlagt Fakten und Zahlen, Seiten 110–111, auf und sucht die Oberflächen-Schwerkraft jedes Planeten heraus. Schreibt sie neben den Planeten.
4. Wenn ihr nun euer Gewicht auf der Erde mit der Oberflächen-Schwerkraft jedes Planeten multipliziert, wisst ihr, wie viel ihr dort wiegen würdet.

◆ Wissenswertes ◆

Die Raumsonde Pluto-Kuiper-Express wird 8 Jahre unterwegs sein, ehe sie Pluto erreicht. Und ihre Funksignale werden fast 5 Stunden zur Erde unterwegs sein.

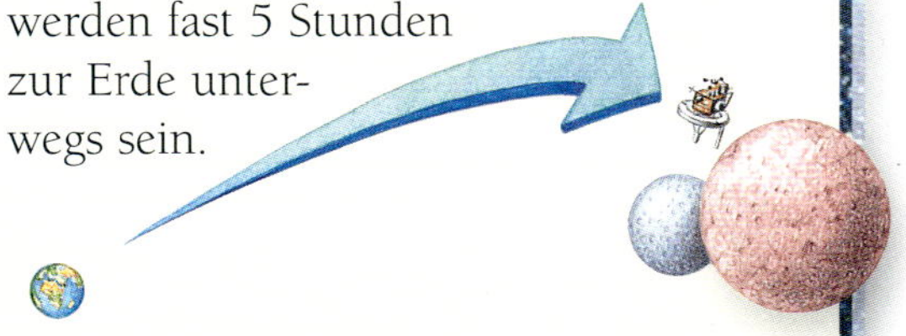

Plutokarte
Über die Oberflächenstruktur von Pluto ist nichts bekannt. Allerdings weiß man durch Beobachtungen, dass der Planet eine dünne Kruste aus Stickstoff- und Methaneis besitzt. Was darunter liegt, wird bis zum Eintreffen einer Sonde ein Rätsel bleiben; es könnte ein Mantel aus Wassereis und ein Gesteinskern sein.

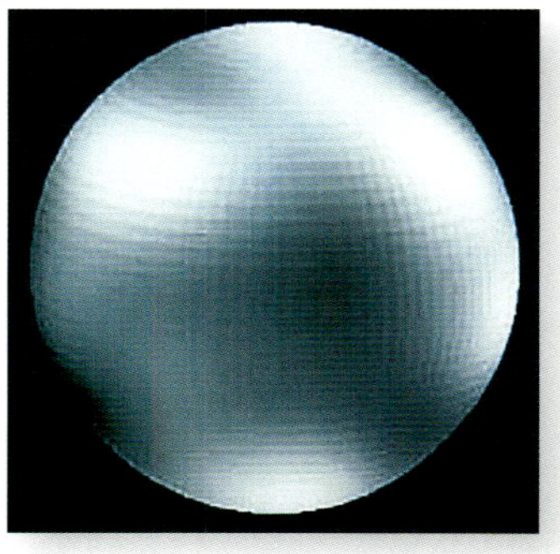

Pluto-Schnappschuss
Vom Hubble-Weltraumteleskop übermittelte Aufnahmen deuten darauf hin, dass Pluto große Ähnlichkeit mit dem Neptunmond Triton hat. Sie haben fast die gleiche Größe und Temperatur und scheinen beide von einer Eisschicht bedeckt zu sein.

Pluto und sein Mond
Charons Durchmesser ist etwa halb so groß wie der von Pluto, sodass die beiden fast einen Doppelplaneten bilden. Man vermutet, dass Pluto und Charon nach einer katastrophalen Kollision gemeinsam entstanden sind.

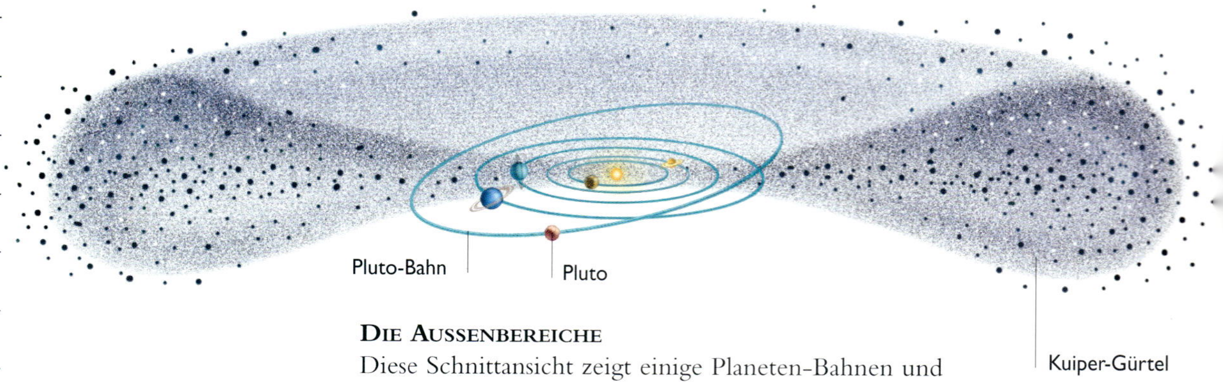

Die Aussenbereiche
Diese Schnittansicht zeigt einige Planeten-Bahnen und den Kuiper-Gürtel. Plutos stark exzentrische Bahn ist um 17 Grad gegen die Bahnen der übrigen Planeten geneigt. Deshalb wird vermutet, dass Pluto aus dem Kuiper-Gürtel kam, einer Region jenseits von Neptun, die von kleinen Eisobjekten bevölkert wird.

Grössenvergleich
Pluto ist nicht nur kleiner als alle anderen Planeten, sondern wird sogar von einigen Monden wie dem Erdmond oder dem Jupitermond Ganymed übertroffen.

Der Express
Der geplante Pluto-Kuiper-Express wird nur etwa ein Viertel so groß wie die Raumsonde Voyager 2 sein.

Plutos Tag und Monat
Pluto und Charon wenden einander stets die gleiche Seite zu. Charon umrundet Pluto in exakt der gleichen Zeit, in der Pluto einmal um die eigene Achse rotiert. Deshalb haben Plutos Tag und Monat die gleiche Länge – etwa 6,4 Erdentage.

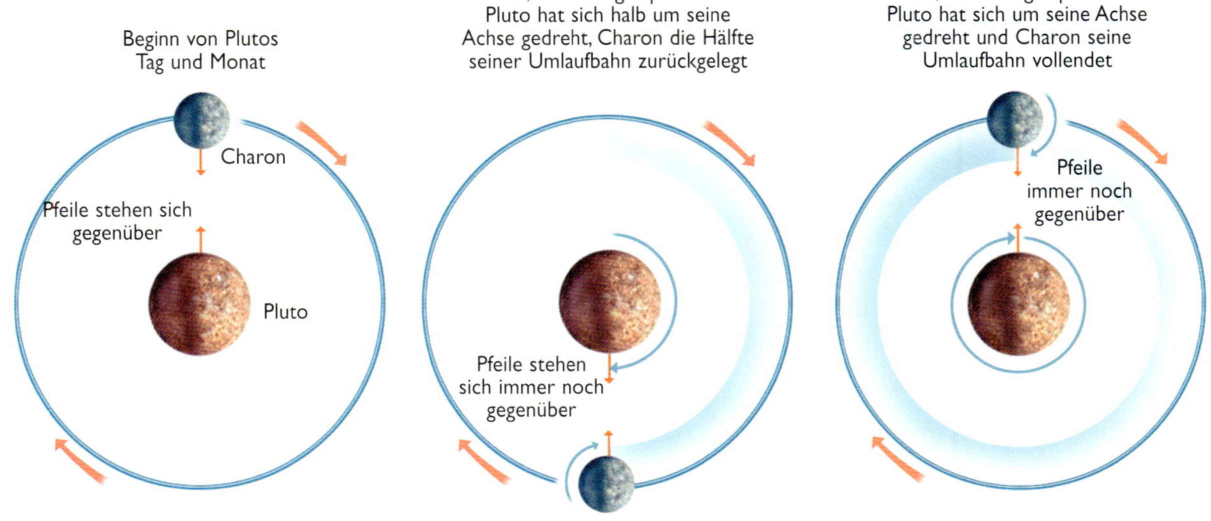

Mond: Charon
Charon, hier im Größenvergleich mit Pluto abgebildet, gibt noch viele Rätsel auf. Seine Oberfläche scheint vollständig von Wassereis bedeckt zu sein und im Gegensatz zu Pluto keine Spur von Methan oder Stickstoff zu enthalten. Vermutlich besitzt er einen Gesteinskern.

Position

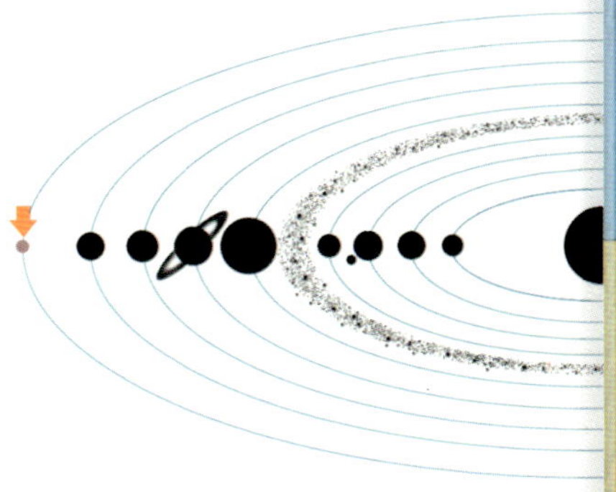

Kometen

Die meisten Kometen sind in den eisigen Regionen jenseits der Neptun-Bahn anzutreffen. Hier existieren sie als lose zusammengeballte Klumpen aus Eis und Staub, manche nur hausgroß, andere dagegen mit Durchmessern von 20 km und mehr. Manchmal gerät so ein Brocken jedoch ins innere Sonnensystem, sei es durch Gravitationskräfte oder eine heftige Kollision. Wenn sich der Komet der Sonne nähert, verdampft sein Eis zu einer Gas- und Staubwolke, der so genannten Koma, die nach und nach auf Tausende von Kilometern anwachsen kann und den sehr viel kleineren Kern verhüllt. Durch den Strahlungsdruck und den Sonnenwind, die gegen den Kometenkopf pressen, werden die Koma-Partikel teilweise nach hinten gerissen und bilden zwei getrennte Schweife aus Gas und Staub, die eine Länge von vielen Millionen Kilometern erreichen können. Während der geradlinige Gasschweif bläulich leuchtet und stets von der Sonne weg weist, ist der schwächer ausgeprägte Staubschweif gelblichweiß und oft gekrümmt.

Kometen erleiden mitunter ein dramatisches Ende. Satellitenaufnahmen zeigen, dass in jüngerer Zeit mehr als 60 kleinere Kometen in Sonnennähe verdampft sind. 1994 zerbarst der Komet Shoemaker-Levy 9 im starken Schwerefeld von Jupiter in 21 Teile, die mit gewaltigen Explosionen in die dichte Atmosphäre des Planeten stürzten. Dabei entstanden dunkle Staubflecken, die noch monatelang in der Wolkenschicht Jupiters zu sehen waren.

Heute geht man davon aus, dass Kometen aus übrig gebliebenem Planetenmaterial entstanden und deshalb einige Aufschlüsse über die Frühzeit des Sonnensystems geben könnten. Raumsonden wie Giotto, die 1986 am Halleyschen Kometen vorbeiflog, lieferten erstmals Nahaufnahmen der rätselhaften Himmelswanderer. Und die Sonde Stardust, die zum Kometen Wild 2 unterwegs ist, soll bei ihrem Rendezvous im Jahr 2006 sogar eine Staubprobe nehmen und auf die Erde zurückbringen.

Kometenbahnen
Kurzperiodische Kometen, wie Halley und Encke, umlaufen die Sonne in weniger als 200 Jahren und bewegen sich innerhalb der Planetenbahnen. Kometen mit längeren Umlaufzeiten sind langperiodisch.

Namenerklärung
Abgeleitet von Griechisch für „Haarstern"

Kerngrösse
Die Durchmesser von Kometenkernen liegen zwischen 100 m und 40 km.

Schweiflänge
Bis zu 160 Millionen km lang

Zusammensetzung
Wassereis und andere gefrorene Gase, vermischt mit kohlenstoff- und silikathaltigem Staub

Anzahl der Kometen im Sonnensystem
Unbekannt – vermutlich Billionen

Komet Hale-Bopp
Als der Komet Hale-Bopp Anfang 1977 am Himmel erschien, bot er einen atemberaubenden Anblick. Auf diesem Foto sind der breite weiße Staubschweif und der bläuliche Gasschweif deutlich zu erkennen. Hale Bopp kehrt erst in 2400 Jahren wieder.

Schau nach

- Welcher Kometenschweif weist immer von der Sonne weg?
- Welche Stoffe enthält ein Komet?
- Woher kommen die meisten Kometen?

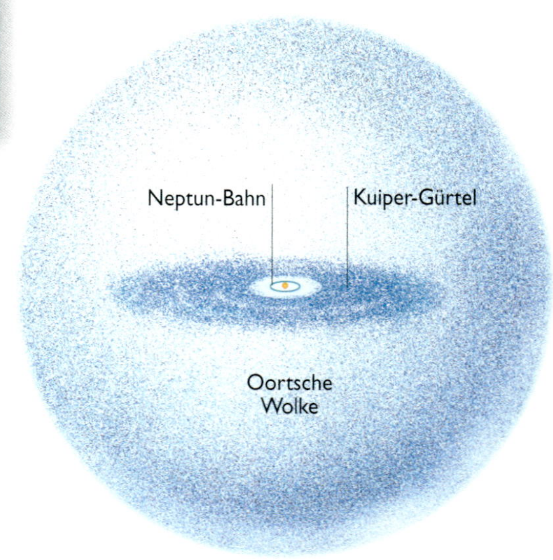

Herkunft der Kometen
Die Oortsche Wolke, die das äußere Sonnensystem umgibt, enthält Billionen von Eis-Objekten. Sie ist die Ursprungsregion der langperiodischen Kometen (mit Sonnen-Umlaufzeiten von mehr als 200 Jahren). Kurzperiodische Kometen stammen überwiegend aus dem Kuiper-Gürtel, einer inneren Materiewolke, die in der Nähe der Neptun-Bahn beginnt.

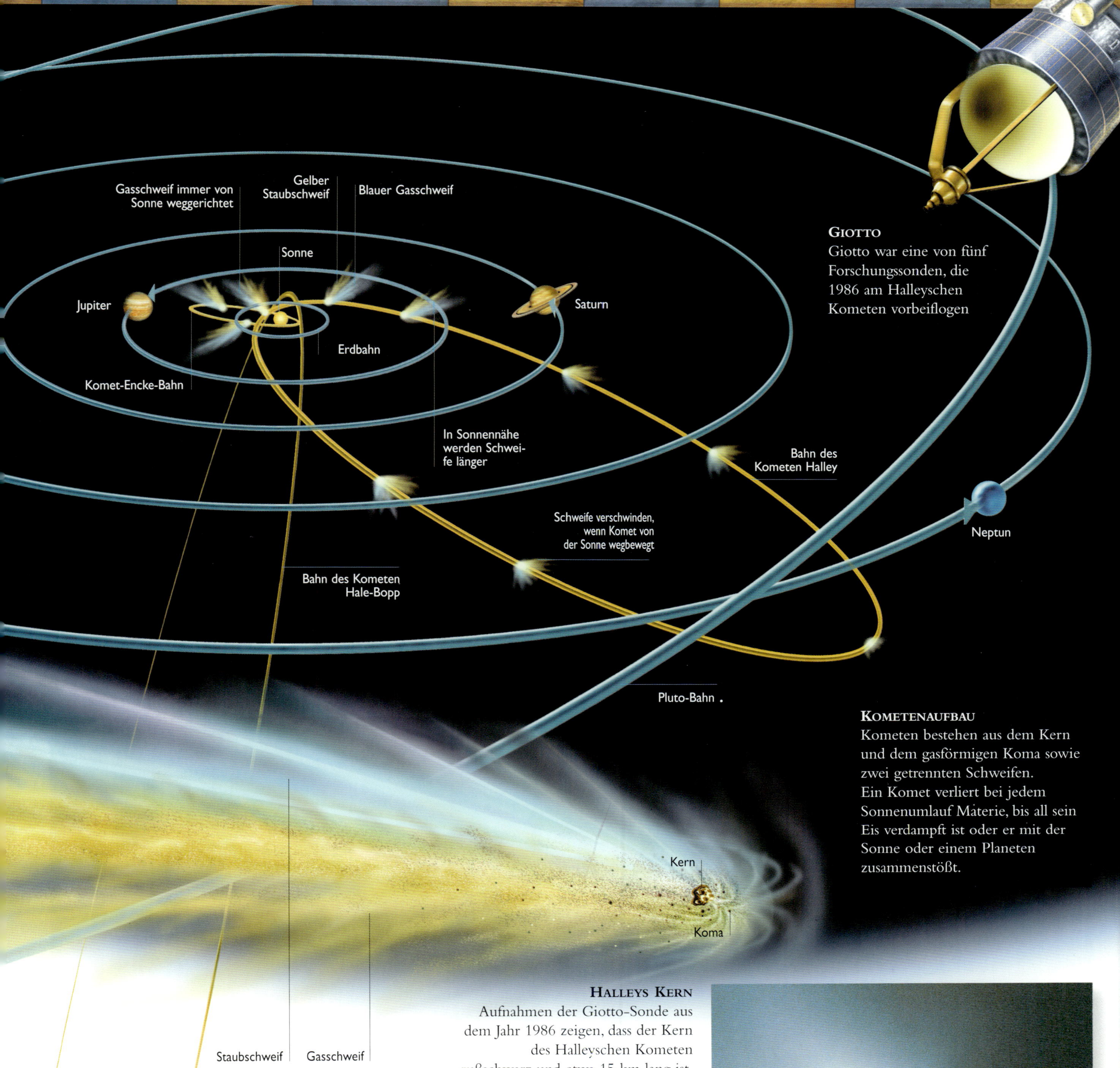

GIOTTO
Giotto war eine von fünf Forschungssonden, die 1986 am Halleyschen Kometen vorbeiflogen

KOMETENAUFBAU
Kometen bestehen aus dem Kern und dem gasförmigen Koma sowie zwei getrennten Schweifen. Ein Komet verliert bei jedem Sonnenumlauf Materie, bis all sein Eis verdampft ist oder er mit der Sonne oder einem Planeten zusammenstößt.

HALLEYS KERN
Aufnahmen der Giotto-Sonde aus dem Jahr 1986 zeigen, dass der Kern des Halleyschen Kometen rußschwarz und etwa 15 km lang ist. Von dem Brocken, der etwa die Größe einer Kleinstadt hat, gehen mehrere Staub-Fontänen aus.

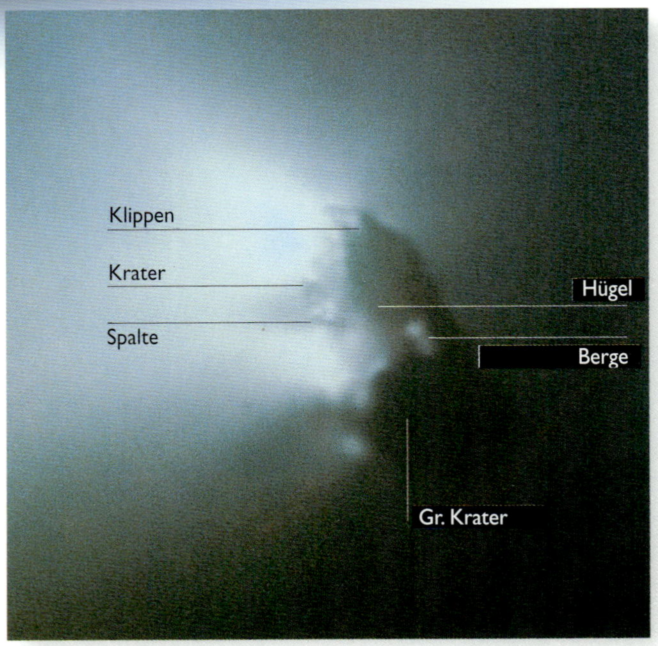

DER HALLEYSCHE KOMET
1706 entdeckte Edmond Halley, dass ein bestimmter Komet alle 76 Jahre wiederkehrte. Als er tatsächlich zum vorherberechneten Zeitpunkt auftauchte, benannte man ihn nach dem mittlerweile verstorbenen Wissenschaftler. Der letzte Besuch des Halleyschen Kometen fand 1986 statt, sein nächster wird im Jahr 2061 erfolgen.

Die Tiefen des Alls

AUCH WENN UNS DAS SONNENSYSTEM riesengroß erscheint, ist es nicht mehr als der „Hinterhof" der Erde. Dahinter beginnen die Tiefen des Alls mit Sternen und anderen Sonnensystemen, aber das ist längst nicht alles. Astronomen haben entdeckt, dass in den dunklen Räumen zwischen den Gestirnen Gas und Staub treiben. Diese interstellare Materie ist im Normalfall unsichtbar, kann aber wahrgenommen werden, wenn ein hell leuchtender Stern dahinter liegt.

Ein Teil der interstellaren Materie sammelt sich in dichten, als Nebel bezeichneten Wolken, die als Geburtsstätten von Sternen (und Planeten) gelten. Meist bilden sich in einem großen Nebel offene Haufen von mehreren hundert Sternen. Es gibt aber auch die so genannten Kugelhaufen, die bis zu einer Million Sterne enthalten. Von noch gewaltigerem Ausmaß sind die Galaxien, die in der Regel Milliarden Sterne enthalten und sehr unterschiedlich geformt sein können. So gibt es Spiralgalaxien, elliptische und irreguläre Galaxien. Auch Galaxien schließen sich zu Verbänden zusammen, die als Haufen und Superhaufen bezeichnet werden.

Da die Entfernungen im Weltall viel größer als im Sonnensystem sind, verwenden die Astronomen als Maßeinheit das Lichtjahr. Das ist die Strecke, die das Licht in einem Jahr zurücklegt – knapp 10 Billionen km. Der Stern Alpha Centauri, der unserer Sonne am nächsten liegt, hat einen Abstand von 4,3 Lichtjahren, während die fernste Galaxie, die man bis jetzt entdeckt hat, 12 bis 15 Milliarden Lichtjahre weit weg ist.

MASSEÄRMSTER BEKANNTER STERN
GLIESE 623B, NUR 10% DER SONNENMASSE

MASSEREICHSTER BEKANNTER STERN
ETA CARINAE, ETWA DIE 150-FACHE SONNENMASSE

MASSEÄRMSTE BEKANNTE GALAXIE
PEGASUS II, ELLIPTISCHE ZWERGGALAXIE MIT ETWA 10 MILLIONEN STERNEN

MASSEREICHSTE BEKANNTE GALAXIE
M87, ELLIPTISCHE RIESENGALAXIE MIT ETWA 800 MILLIARDEN STERNEN

EINE REISE DURCHS ALL
Jenseits unseres Sonnensystems gibt es Nebel, in denen neue Sterne entstehen (unten links) – Sterne aller Größen, Sternhaufen, unterschiedlich geformte Galaxien und Galaxienhaufen. Die Astronomen benutzen heute nicht nur die Riesenfernrohre der ortsfesten Sternwarten, sondern auch Weltraumteleskope, um die Tiefen des Alls zu durchforschen.

Sternhaufen
Sternhaufen wie das Schmuckkästchen sind im Weltall häufig anzutreffen. Wenn sich Gas- und Staubwolken zusammenballen, bilden sie Sternhaufen mit unterschiedlich großen Sternen, die nicht gleich schnell altern. Die kürzeste Lebensdauer haben massereiche Sterne.

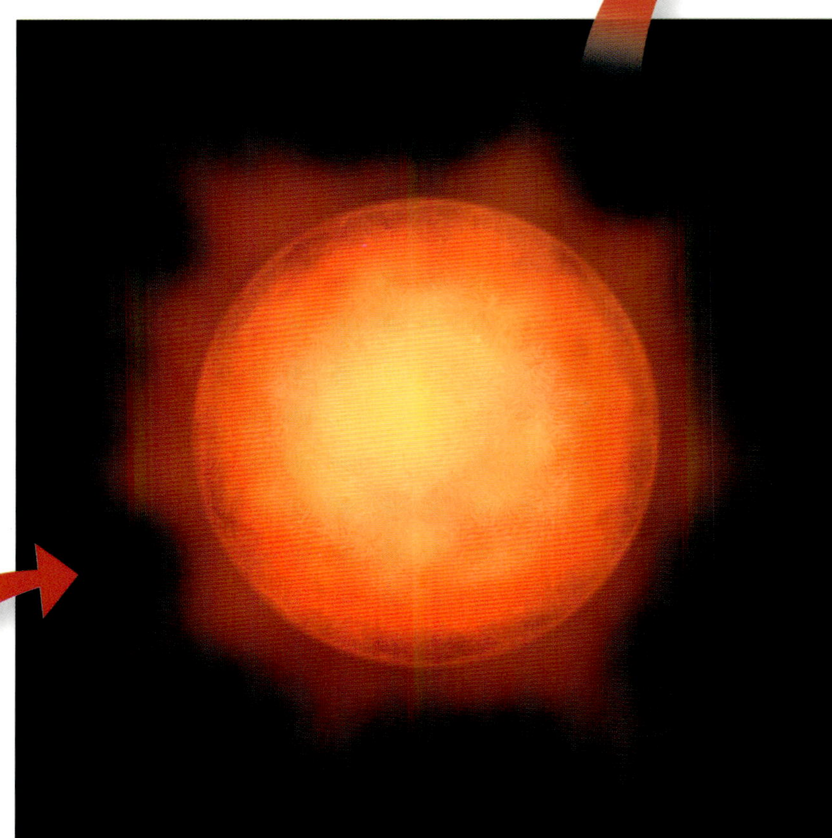

Stern
Sonnenähnliche Sterne leuchten Milliarden Jahre, ehe ihr Wasserstoff-„Brennmaterial" versiegt. Danach blähen sie sich zu einem Roten Riesen oder Überriesen auf, wie die oben abgebildete Beteigeuze

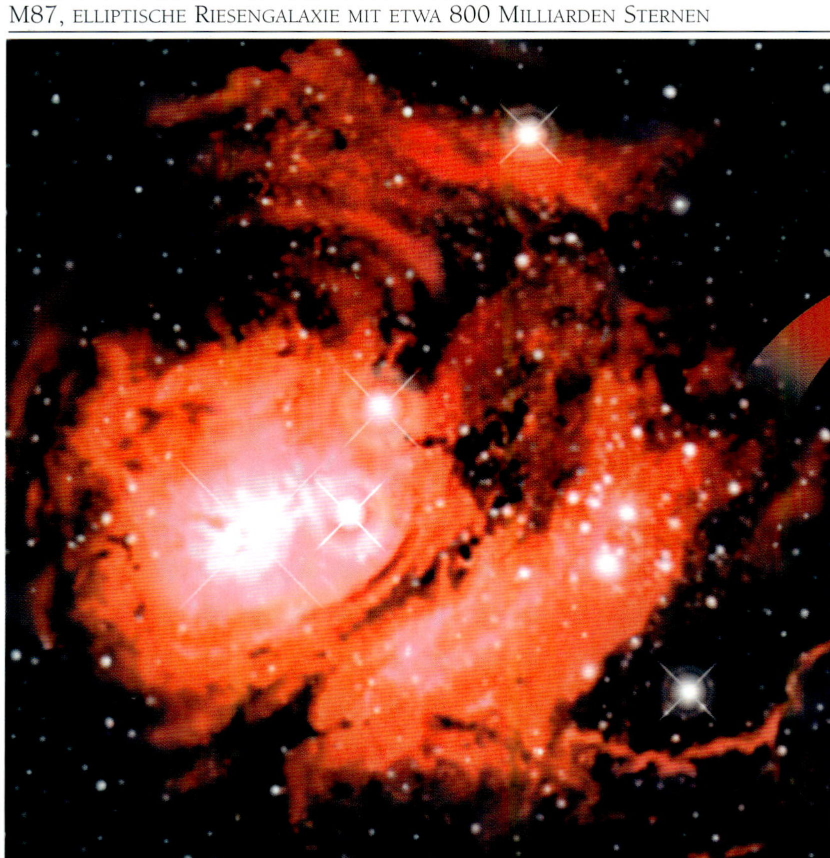

Nebel
Riesige Wolken aus Staub und Wasserstoffgas sind die Wiege junger Sterne. Der hier gezeigte Lagunen-Nebel kann Tausende von Sternen hervorbringen.

Spiralgalaxie
Spiralgalaxien besitzen einen Kern aus älteren, gelb und rötlich leuchtenden Sternen und eine Scheibe mit Spiralarmen aus Staub- und Gaswolken, in denen neue Sterne geboren werden.

ROSAT
Der Satellit ROSAT spürte die Röntgenstrahlung von Sternen, Nebeln und Galaxien auf.

Schau nach

- Wo entstehen neue Sterne?
- Welche Sterne altern am schnellsten?
- Wie weit entfernt ist die fernste Galaxie, die wir kennen?

Galaxienhaufen
Galaxien schließen sich wie Sterne zu Haufen zusammen. Die Astronomen erforschen zur Zeit, ob Galaxien von Anfang an Gruppen bilden oder ob sie getrennt entstehen und erst im Lauf der Zeit zusammenwachsen.

Wissenswertes

Wenn wir mit einer Raumfähre zu unserem Nachbarstern Alpha Centauri reisen könnten, wären wir bei einer Geschwindigkeit von 8 km pro Sekunde rund 162 000 Jahre unterwegs.

Pferdekopfnebel
Der Dunkelnebel, der sich gegen eine rötliche Wasserstoff-Wolke abhebt, verdankt seinen Namen der charakteristischen Form.

Sternenreicher Himmel
Die Sterne, die ihr mit bloßem Auge sehen könnt, sind der Erde relativ nahe. Mit einem Feldstecher oder Fernrohr werdet ihr mehr erkennen, beispielsweise das dichte Sternenfeld auf dem Bild links.

Nebel

STAUB- UND GASWOLKEN im All bezeichnet man als Nebel. In manchen Nebeln wird die Materie durch die Schwerkraft so verdichtet, dass sich Teile davon zu Sternen zusammenballen. Astronomen, die diese „Sternfabriken" näher untersuchen, haben in den Nebeln Gasbälle entdeckt, die sich gerade zu jungen Sternen entwickeln.

Da Nebel meist kühl sind und nicht selbst leuchten, kann man sie nur schwer erkennen. Das gilt nicht für die Emissionsnebel, deren Gase durch das Licht benachbarter heißer Sterne zu einem rötlichen Leuchten angeregt werden und deshalb weithin sichtbar sind. So haben die Astronomen in der 2,5 Millionen Lichtjahre entfernten Andromeda-Galaxie mehrere Emissionsnebel entdeckt.

Ebenfalls gut zu beobachten sind die Reflexionsnebel. Sie bestehen aus winzigen Staubkörnern, die gerade groß genug sind, um das Licht naher Sterne zu streuen. Reflexionsnebel erscheinen oft bläulich, weil der Staub vor allem blaues Sternenlicht zurückwirft. Andere als Dunkelwolken bezeichnete Nebel kann man nur deshalb erkennen, weil sie sich gegen einen hellen Hintergrund abzeichnen. Beim Pferdekopf-Nebel beispielsweise ist die Staubkonzentration so dicht, dass er das Licht des dahinter liegenden Emissionsnebels abblockt (siehe Seite 65).

Während viele Nebel die Geburtsstätten junger Gestirne sind, stellen andere das Endstadium eines Sterns dar. Wenn Himmelskörper wie die Sonne altern, stoßen sie ihre äußeren Schichten ab. Diese Gashülle bildet einen leuchtenden Ringnebel, der vom heißen Kern des Sterns erhellt wird und sich allmählich ausdehnt. Obwohl solche Gebilde nichts mit Planeten zu tun haben, bezeichnet man sie auch als planetarische Nebel. Der Begriff geht auf die Astronomen des 19. Jahrhunderts zurück, die in den Ringnebeln Ähnlichkeit mit Planetenscheiben sahen.

ADLERNEBEL (große Abbildung)
TYP: EMISSIONSNEBEL; ENTFERNUNG: 7000 LICHTJAHRE; DURCHMESSER: 315 LICHTJAHRE

GROSSER ORIONNEBEL (Seite 66, oben)
TYP: EMISSIONSNEBEL; ENTFERNUNG: 1500 LICHTJAHRE; DURCHMESSER: 40 LICHTJAHRE

REFLEXIONSNEBEL IN DER SÜDLICHEN KRONE (S.66, Mitte)
TYP: REFLEXIONSNEBEL; ENTFERNUNG: 445 LICHTJAHRE; DURCHMESSER: 0,13 LICHTJAHRE

KONUSNEBEL(S. 67, unten Mitte)
TYP: DUNKELWOLKE; ENTFERNUNG: 3000 LICHTJAHRE; LÄNGE: 50 LICHTJAHRE

HELIXNEBEL (S. 67, unten rechts)
TYP: PLANETARISCHER NEBEL; ENTFERNUNG: 600 LICHTJAHRE; DURCHMESSER: 2 LICHTJAHRE

◆ WISSENSWERTES ◆

Aus etwa 0,1 Prozent eines Nebels entstehen neue Sterne (und ihre Planeten, falls sie welche haben). Der Rest der Materie wird zurück in den Weltraum geweht, wo sich irgendwann wieder eine Gas- und Staubwolke bildet.

EMISSIONSNEBEL
Der Große Orionnebel ist ein besonders schönes Beispiel für einen Emissionsnebel. Man kann ihn schwach mit bloßem Auge erkennen, aber eindrucksvoller wirkt er im Teleskop. Die Astronomen haben in seinem Bereich Dutzende von neuen Sternen entdeckt.

REFLEXIONSNEBEL
Sternenlicht, das von winzigen Staubkörnchen gestreut wird, erzeugt diesen Reflexionsnebel im Sternbild der Südlichen Krone (Corona Australis). Die bläuliche Farbe kommt zum einen von den heißen Sternen im Innern des Nebels, zum anderen von dem Staub, der blaues Licht besonders gut reflektiert.

EIN STERNENADLER
Der 7000 Lichtjahre entfernte Adlernebel ist ein Emissionsnebel, der im Sternbild Schlange (Serpens) erscheint und einen Sternhaufen umgibt. Das mit Hilfe eines Teleskops auf der Erde entstandene Foto (rechts) zeigt Staub- und Gaswolken, die vom Licht heißer junger Sterne erhellt werden. Aus einem ähnlichen Nebel entstand vor etwa 4,6 Milliarden Jahren unser Sonnensystem.

SÄULEN AUS GAS UND STAUB
Das Hubble-Weltraumteleskop spähte ins Innere des Adlernebels und entdeckte diese Säulen aus Staub und Gas. Die linke Säule (oben) ist etwa ein Lichtjahr hoch. Das Licht neugeborener Sterne verfrachtet das Gas in den Nebeln, ähnlich wie der Wind auf der Erde Staub verlagert. Die kleinen Spitzen, die von den Säulen aufragen (links), sind dichtere Ansammlungen aus Staub und Gas. Jede davon hat etwa die Größe unseres Sonnensystems.

PLANETARISCHER NEBEL
Der Helixnebel im Sternbild Wassermann (Aquarius) ist der unserer Sonne am nächsten gelegene planetarische Nebel. Die Gaswolke, die vor nicht mehr als 10 000 Jahren entstand, wird sich im Lauf der Zeit ausdehnen und schließlich ganz auflösen. Zurück bleibt dann ein Weißer Zwergstern.

DUNKELWOLKE
Der Konusnebel im Sternbild Einhorn (Monoceros) ist eine dichte Staubwolke, die sich gegen einen hellen Emissionsnebel abhebt.

Sterne

Sterne sind grosse, extrem heisse Gaskugeln, die sich überwiegend aus Wasserstoff (etwa 90 Prozent) und Helium (etwa 10 Prozent) sowie Spuren anderer Elemente zusammensetzen. Ein echter Stern muss in seinem Innern so hohe Temperaturen entwickeln (mindestens 6 Millionen Grad Celsius), dass es zu Kernreaktionen kommt. Bei diesen Reaktionen wird Wasserstoff zu Helium verschmolzen und Energie in Form von Strahlung freigesetzt. Der nach außen wirkende Energiedruck verhindert, dass der Stern unter seinem eigenen Gewicht immer weiter schrumpft. Die Strahlung wird an die Oberfläche transportiert, und der Stern beginnt zu leuchten.

Die kleinsten Sterne besitzen etwa ein Zehntel der Sonnenmasse. Noch kleiner sind die Braunen Zwerge, sternähnliche Objekte, die im Innern nie heiß genug werden, um Wasserstoff zu Helium zu verschmelzen. Sie geben zwar etwas Wärme nach außen ab, leuchten aber nicht wie echte Sterne. Die massereichsten Sterne, die wir kennen, weisen ungefähr die 150-fache Sonnenmasse auf. Die Astronomen vermuten, dass bei der Entwicklung von größeren Sternen die Entstehungswolke auseinander brechen und zwei oder mehr Sterne hervorbringen würde.

Tatsächlich gibt es häufig zwei normal große Sterne, die einen gemeinsamen Schwerpunkt umkreisen. Alpha Centauri, der unserer Sonne am nächsten gelegene Stern, ist sogar ein Dreifachsystem mit zwei sonnenähnlichen Partnern (Alpha Centauri A und B) und einem sehr viel kleineren Begleiter (Proxima Centauri). Auch Sirius, das hellste Sternsystem am Himmel, besteht aus zwei Sternen: Sirius A, der auch als „Hundsstern“ bezeichnet wird, und dem sehr viel kleineren Sirius B. Die Astronomen können die Masse von Mehrfachsystemen abschätzen, indem sie genau beobachten, wie die Partner einander umkreisen.

Stationen eines Sternenlebens
Von Staub zu Staub: Ein Stern wird aus einer Gas- und Staubwolke geboren und schleudert Millionen Jahre später, wenn sein Dasein endet, einen Teil der Materie, aus der er entstand, wieder zurück ins All.
Je massereicher ein Stern ist, desto heißer wird er und desto schneller durchläuft er seine Lebensstationen. Diese Bildfolge zeigt den Zyklus eines mittelgroßen Sterns wie die Sonne.

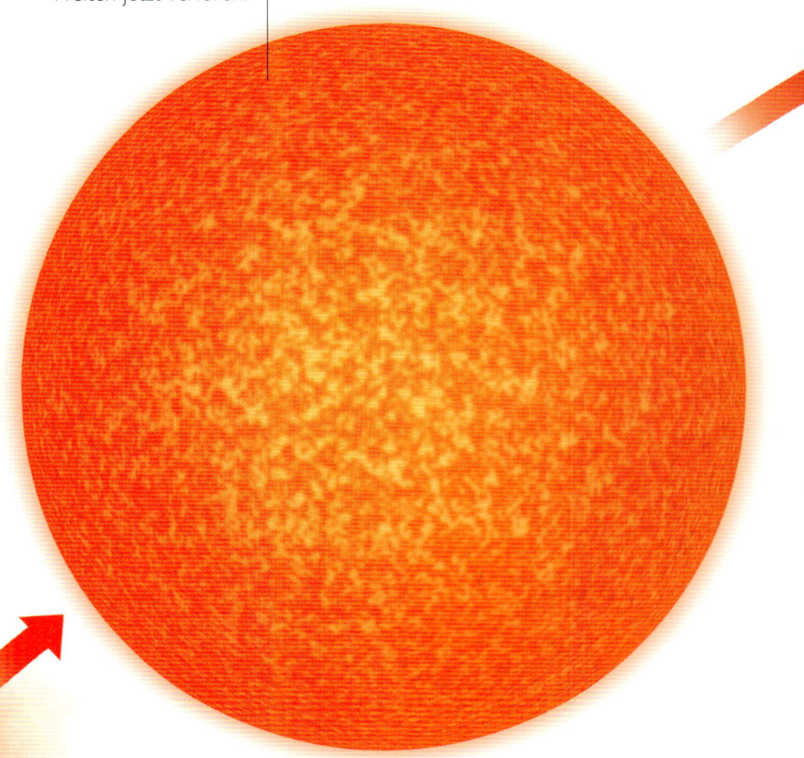

Roter Riese
Nach weiteren 10 Milliarden Jahren hat der Stern sein „Brennmaterial“ Wasserstoff fast verbraucht. Er bläht sich zu einem Roten Riesen auf, der zu pulsieren beginnt. Falls der Stern ein Planetensystem besitzt, sind die inneren Welten jetzt verloren.

SONNE
Typ: Gelb, Hauptreihe; Entfernung: 8 Lichtminuten; Durchmesser 1 392 000 km

ALPHA CENTAURI
Typ: Gelb, Hauptreihe; Entfernung: 4,3 Lichtjahre; Durchmesser: 1 Sonnendurchmesser

SIRIUS
Typ: Weiss, Hauptreihe; Entfernung: 8,6 Lichtjahre; Durchmesser: 2,4-facher Sonnendurchmesser

BETEIGEUZE
Typ: Rot, Überriese; Entfernung: 427 Lichtjahre; Durchmesser: 800-facher Sonnendurchmesser

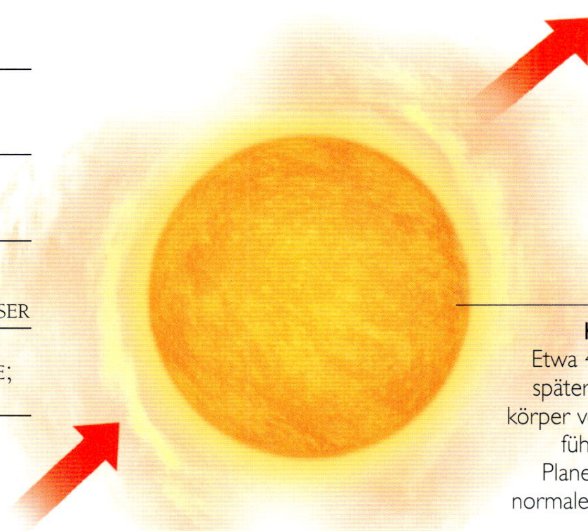

Hauptreihenstern
Etwa 40 Millionen Jahre später ist der Himmelskörper voll entwickelt und führt, manchmal von Planeten umgeben, ein normales Sternen-Dasein.

Geburtsstätte
Ein Stern wie unsere Sonne entsteht im Innern eines Nebels, wenn sich eine Gas- und Staubwolke verdichtet, zu einer Kugel zusammenzieht und immer heißer wird.

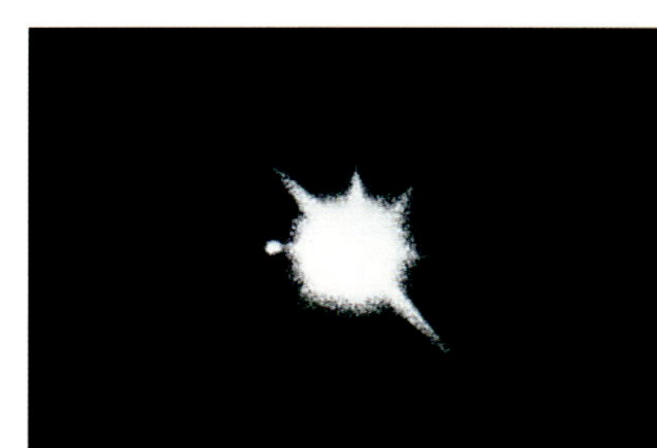

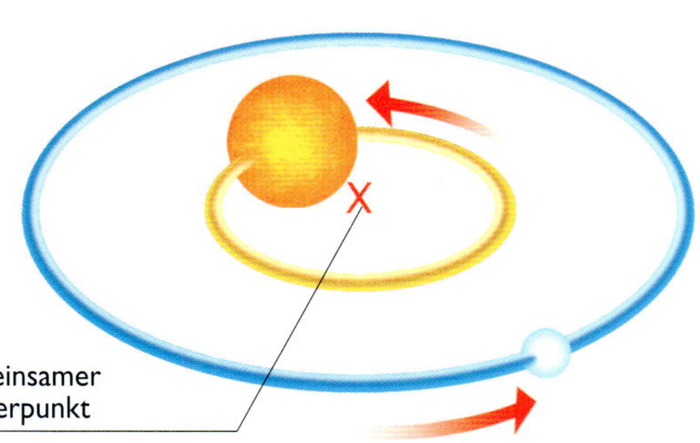

Doppelsterne
Die beiden Sterne des Sirius-Systems unkreisen einander alle 50 Jahre. Als die Astronomen Sirius B näher untersuchten, stellten sie fest, dass er in Verhältnis zu seiner Winzigkeit ungewöhnlich massereich war. Es handelte sich um den ersten Weißen Zwerg, den man je entdeckt hatte.

Weißer Zwerg
In weniger als 50 000 Jahren löst sich der Ringnebel auf. Zurück bleibt ein Weißer Zwerg, der dichte, weißglühende Kern des einstigen Sterns.

Ringnebel
Drei Milliarden Jahre später pulsiert der aufgeblähte Stern heftiger und stößt seine äußere Gashülle ab. Diese bildet einen Ringnebel im All.

Hertzsprung-Russell-Diagramm
In diesem Diagramm sind sämtliche Sterne entsprechend ihrer Helligkeit (senkrechte Achse) und Temperatur (waagrechte Achse) aufgeführt. Die meisten Sterne liegen auf der Hauptreihe, einem breiten Streifen, der von oben links nach unten rechts verläuft. Es überrascht nicht weiter, dass die heißen großen Sterne leuchtkräftiger sind als die kühleren kleinen Sterne. Oben rechts finden wir Rote Überriesen, die zwar kühl, wegen ihrer enormen Größe jedoch sehr leuchtkräftig sind. Die Weißen Zwerge am unteren Rand sind sehr heiß, aber nur schwach zu erkennen.

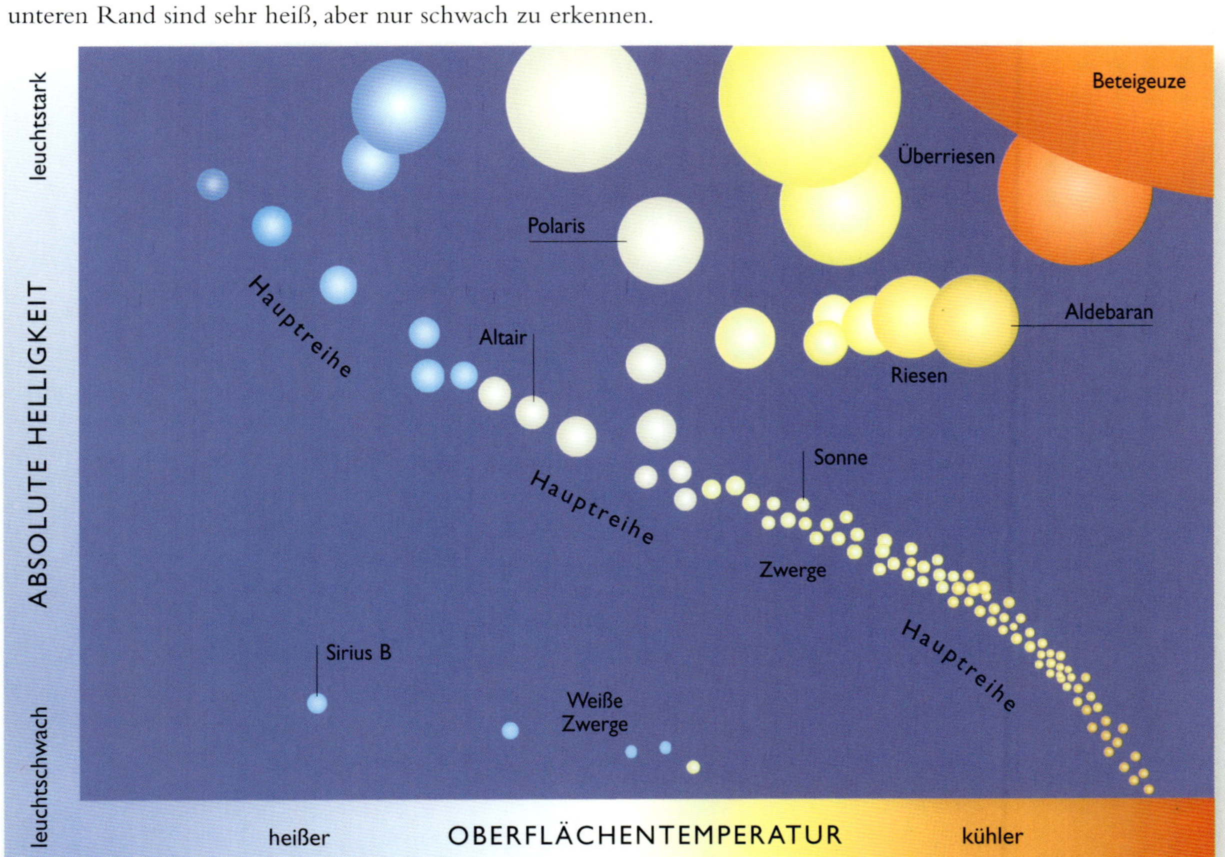

Grössenvergleich
Verglichen mit einem Weißen Zwerg ist unsere Sonne gigantisch. Ein Roter Riese aber ist 20- bis 40-mal und ein Roter Überriese sogar 800-mal größer als die Sonne.

Veränderliche Sterne

Während viele Sterne Jahr für Jahr gleichmäßig leuchten, scheint bei anderen die Helligkeit periodisch zu wechseln. Zu diesen Veränderlichen gehören Doppelsternsysteme, die einander umkreisen. Sie wirken am hellsten, wenn beide Partner Seite an Seite stehen, und am dunkelsten, wenn sich einer vor den anderen schiebt. Da sie ihre Helligkeit nicht wirklich verändern, bezeichnet man sie als optische Veränderliche oder auch als Bedeckungsveränderliche.

Bei manchen Sternen dagegen schwankt die Leuchtkraft tatsächlich. So können sich Riesen und Überriesen regelmäßig aufblähen und wieder zusammenziehen und dabei ihre Farbe und Helligkeit wechseln. Man nennt solche Sterne Pulsationsveränderliche und teilt sie je nach ihrer Leuchtkraft und Periode – das ist die Dauer des Lichtwechsels von hell zu dunkel und wieder zu hell – in Klassen ein.

Die Cepheiden sind eine Gruppe von Pulsationsveränderlichen mit Lichtwechsel-Perioden zwischen 1 Tag und 70 Tagen. Dabei besitzen Cepheiden mit der gleichen Periode auch die gleiche absolute Helligkeit. Außerdem nimmt die Leuchtkraft eines Cepheiden mit der Länge seiner Periode zu. Um 1920 entdeckte der amerikanische Astronom Edwin Hubble in der Andromeda-Galaxie einige Cepheiden. Nachdem er ihre Periode und damit ihre absolute Helligkeit ermittelt hatte, verglich er die absolute und die scheinbare Helligkeit und konnte so die Entfernung der Sterne abschätzen. Damit gelang ihm der Nachweis, dass die Cepheiden und Andromeda zu weit weg waren, um zur Milchstraße zu gehören – und das Universum eine größere Ausdehnung besaß als bis dahin angenommen.

In einem Doppelsternsystem kann der Partner mit der größeren Schwerkraft seinem Begleiter so viel Gas entziehen, dass es zu einer Nova genannten Explosion kommt und das System hell aufleuchtet.

Nova-Explosion

In manchen Doppelsternsystemen laufen äußerst komplexe Prozesse ab. Wenn der eine Partner ein alternder Roter Riese und der andere ein Weißer Zwerg ist, zieht der kleine, dichte Stern aufgrund seiner höheren Schwerkraft Gas von dem Roten Riesen zu sich herüber. Dabei kann sich die Materie, die auf ihn stürzt, so stark erhitzen, dass sie zu einer Nuklearexplosion an der Oberfläche führt. Die Folge ist ein heftiger Energieblitz, der als Nova bezeichnet wird. Gibt der aufgeblähte Rote Riese weiterhin Gas an den Weißen Zwerg ab, kommt es wiederholt zu solchen Nova-Ausbrüchen.

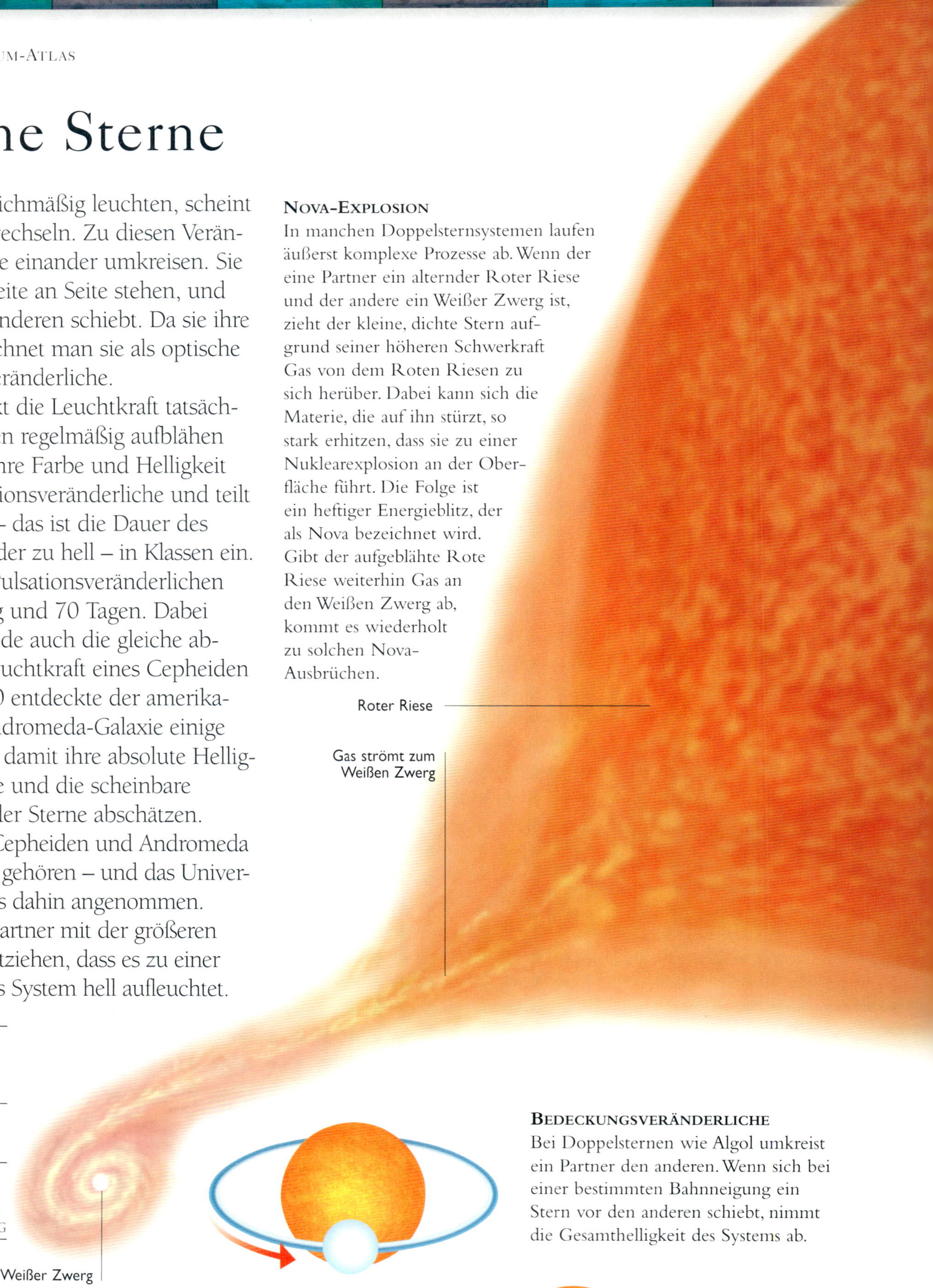

ALGOL
Typ: Bedeckungsveränderlicher; Helligkeitsschwankung: Grössenklasse: 2,1 bis 3,4; Periode: 2 Tage 20 Stunden 49 Min.

MIRA
Typ: pulsierender Veränderlicher; Helligkeitsschwankung: Grössenklasse 3,4 bis 9,3; Periode: 332 Tage

ETA CARINAE
Typ: unregelmässiger Veränderlicher; Helligkeitsschwankung: um 1840 Grössenklasse 2, danach extreme Abschwächung, derzeit wieder Aufhellung

Bedeckungsveränderliche

Bei Doppelsternen wie Algol umkreist ein Partner den anderen. Wenn sich bei einer bestimmten Bahnneigung ein Stern vor den anderen schiebt, nimmt die Gesamthelligkeit des Systems ab.

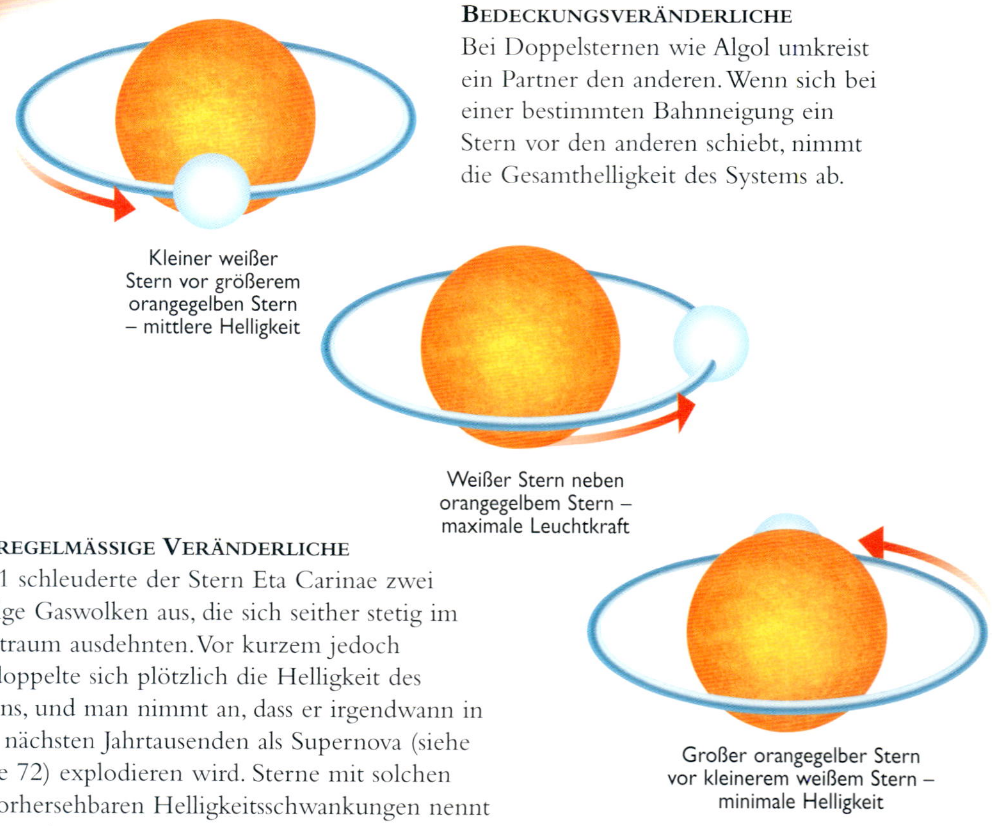

Unregelmässige Veränderliche

1841 schleuderte der Stern Eta Carinae zwei riesige Gaswolken aus, die sich seither stetig im Weltraum ausdehnten. Vor kurzem jedoch verdoppelte sich plötzlich die Helligkeit des Sterns, und man nimmt an, dass er irgendwann in den nächsten Jahrtausenden als Supernova (siehe Seite 72) explodieren wird. Sterne mit solchen unvorhersehbaren Helligkeitsschwankungen nennt man auch unregelmäßige Veränderliche.

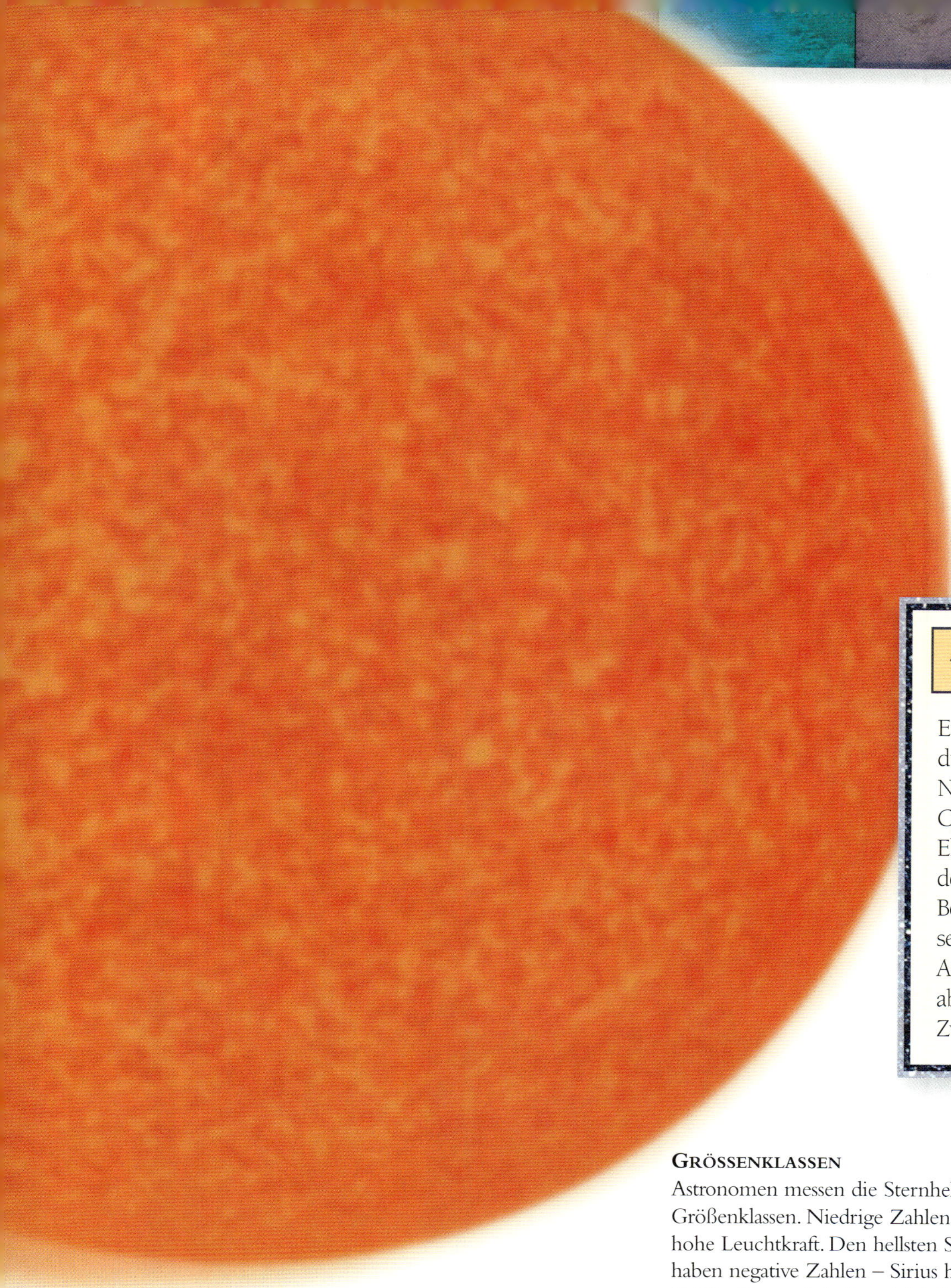

PULSATIONSVERÄNDERLICHE
Sterne, die zu den Pulsationsveränderlichen zählen, blähen sich auf und schrumpfen wieder. Wenn ein solcher Stern anschwillt, wird seine Oberfläche kühler, rötlicher und lichtschwächer. Das Gegenteil ist der Fall, wenn er sich zusammenzieht. Die Zeit eines vollständigen Lichtwechsels bezeichnet man als Periode. Sie kann Stunden, aber auch Monate dauern.

◆ WISSENSWERTES ◆

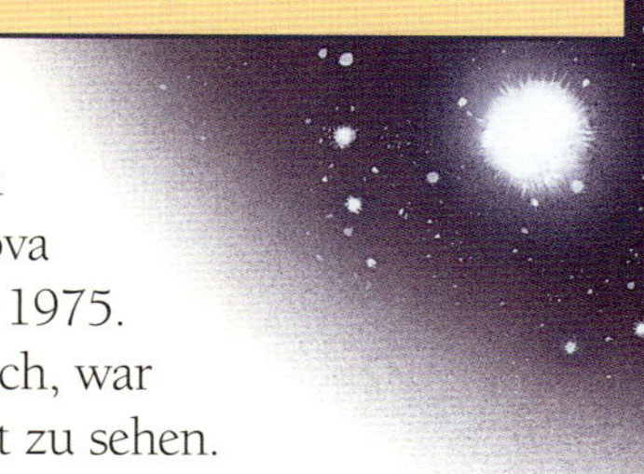

Eine der eindrucksvollsten Novae war Nova Cygni im Jahr 1975. Ehe sie ausbrach, war der Stern nicht zu sehen. Bei der Explosion am 31.8.1975 stieg seine scheinbare Helligkeit auf 1,8. Astronomen ermittelten, dass seine absolute Helligkeit mindestens um das Zwanzigmillionenfache angestiegen war.

GRÖSSENKLASSEN
Astronomen messen die Sternhelligkeit in Größenklassen. Niedrige Zahlen bedeuten hohe Leuchtkraft. Den hellsten Sterne haben negative Zahlen – Sirius hat die Größenklasse –1,4, die mit bloßem Auge erkennenbaren Sterne die Größenklasse 6.

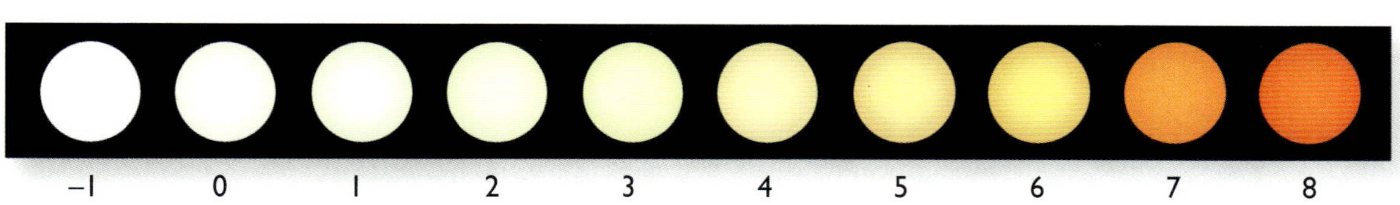

SCHEINBARE HELLIGKEIT
Die rote Beteigeuze (oben links) und der blaue Rigel (unten rechts) im Sternbild Orion scheinen fast gleich hell zu strahlen. Da aber Rigel fast doppelt so weit entfernt ist, leuchtet er in Wahrheit viel intensiver. Die Astronomen vergleichen die wahre oder absolute Helligkeit der Sterne, indem sie berechnen, welche Leuchtkraft sie in einer Entfernung von 32,6 Lichtjahren hätten.

◆ MACH MIT: *Veränderliche beobachten* ◆

Beobachtet den Lichtwechsel eines Veränderlichen. Auf der Nordhalbkugel eignet sich Algol im Sternbild Perseus gut dafür – verfolgt ihn eine Woche lang jede Nacht. Auf der Südhalbkugel wäre Mira im Sternbild Walfisch (Cetus) gut zu beobachten.

❷ Macht den Stern auf einer der Sternkarten in diesem Buch (Seiten 94–109) ausfindig und sucht ihn dann am Nachthimmel. Notiert seine Helligkeit im Vergleich zu den Sternen in der Umgebung. Zeichnet ein Bild von den Sternen, aus dem hervorgeht, ob der Veränderliche heller oder dunkler als seine Nachbarn ist.

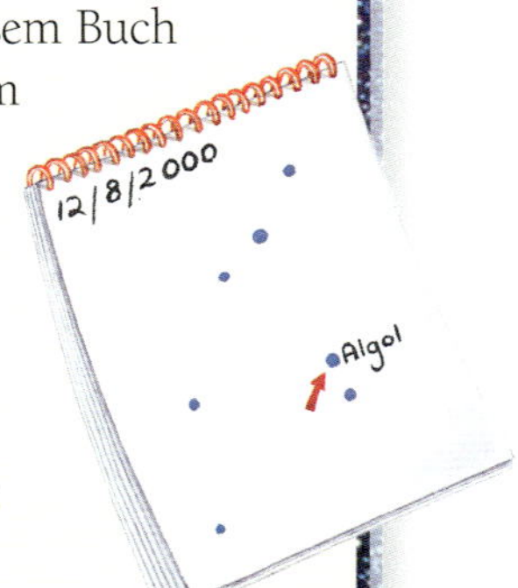

❷ Wenn ihr den Stern das nächste Mal beobachtet, vergleicht ihn erneut mit seinen Nachbarn und schreibt auf, ob sich seine Helligkeit verändert hat.

Supernovae

EINE SUPERNOVA IST DIE EXPLOSION eines massereichen Sterns. Während einer Supernova kann ein einzelner Stern für kurze Zeit seine gesamte Galaxie überstrahlen. Es gibt zwei Sterntypen, die sich zu einer Supernova entwickeln können. Der erste ist ein Weißer Zwerg in einem Doppelsternsystem (siehe Illustration unten). Wenn sich der Begleiter des Weißen Zwergs zu einem Roten Riesen aufbläht, kann ein Teil seines Gases auf den Weißen Zwerg überfließen und zu einem steten Massezuwachs führen. Hat der Weiße Zwerg schließlich die kritische Grenze von 1,4 Sonnenmassen überschritten, wird er instabil. Die nuklearen Reaktionen geraten außer Kontrolle und erzeugen eine Supernova, die beide Sterne zerstört.

Der zweite Sterntyp, der zu einer Supernova werden kann, hat mindestens die achtfache Sonnenmasse (siehe Illustration rechts). Solche Sterne sind sehr heiß und relativ kurzlebig. Das Ende kommt, wenn sie ihren Wasserstoffvorrat verbraucht haben und die Kernprozesse aufhören. In Sekundenschnelle fällt dann der Kern in sich zusammen und eine Stoßwelle jagt durch die äußeren Schichten. Sobald sie die Oberfläche erreicht, explodiert der Stern in einer Supernova. Bei dieser Art von Supernova bleibt der Kernbereich entweder als Neutronenstern erhalten – eine sehr dichte, etwa stadtgroße Kugel – oder er zieht sich noch stärker zusammen und wird zu einem Schwarzen Loch – einem unendlich dichten Objekt, dessen Gravitationskraft so groß ist, dass aus seinem Innern nicht einmal mehr Licht entweichen kann.

Bei jeder Supernova-Explosion bleibt die Sternhülle als schalenförmige Wolke aus Gas und Staub zurück, die sich nach allen Richtungen ausdehnt und aus der irgendwann neue Sterne, Planeten und Monde entstehen können.

SUPERNOVA 1987A
AUSBRUCH: 23. FEBRUAR 1987; HEUTE: JUNGER SUPERNOVA-ÜBERREST; ENTFERNUNG: 179 000 LICHTJAHRE; DURCHMESSER: 0,2 LICHTJAHRE

CRAB-NEBEL
AUSBRUCH: 1054; HEUTE: SUPERNOVA-ÜBERREST; ENTFERNUNG: 6 520 LICHTJAHRE; AUSDEHNUNG: 8,8 BIS 13,7 LICHTJAHRE

SAX J1808.4-3658
AUSBRUCH: IN PRÄHISTORISCHER ZEIT; HEUTE: EIN PULSAR; ENTFERNUNG: 13 000 LICHTJAHRE

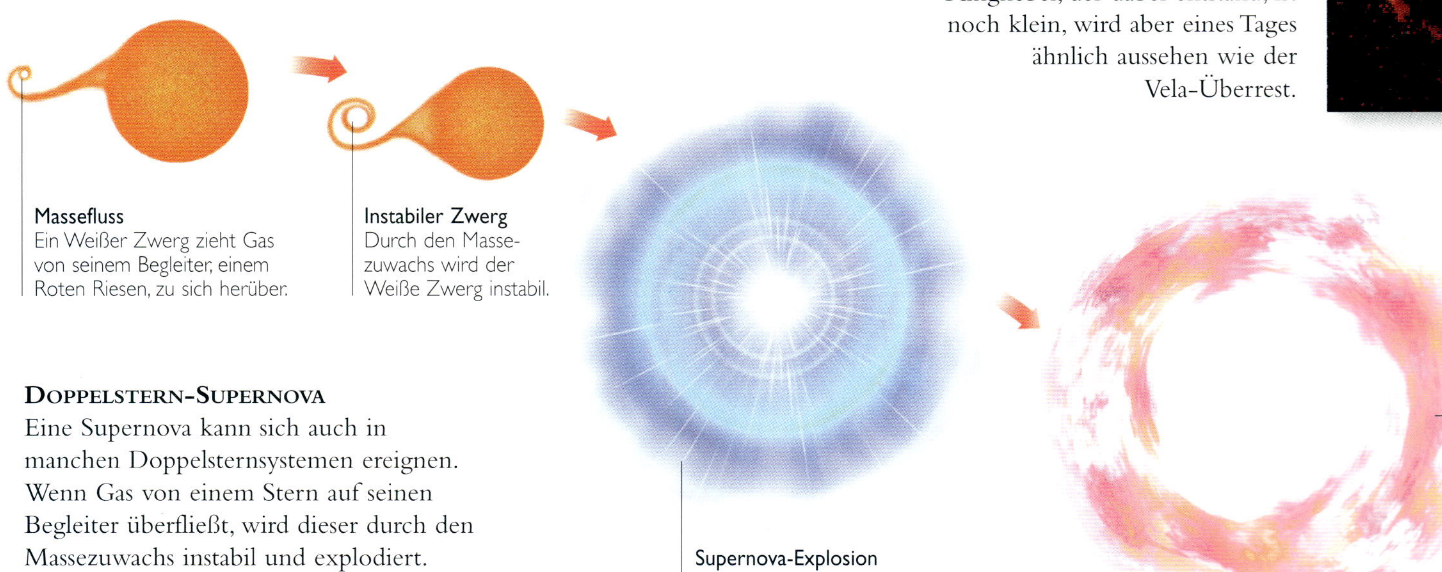

Massefluss
Ein Weißer Zwerg zieht Gas von seinem Begleiter, einem Roten Riesen, zu sich herüber.

Instabiler Zwerg
Durch den Massezuwachs wird der Weiße Zwerg instabil.

Supernova-Explosion
Schließlich explodiert der Weiße Zwerg in einer Supernova.

Supernova-Überrest
Die Explosion zerstört beide Sterne und hinterlässt eine glühende Gasschale, die sich ausdehnt.

DOPPELSTERN-SUPERNOVA
Eine Supernova kann sich auch in manchen Doppelsternsystemen ereignen. Wenn Gas von einem Stern auf seinen Begleiter überfließt, wird dieser durch den Massezuwachs instabil und explodiert. Alles, was von den beiden Sternen übrig bleibt, ist eine Schale aus heißem Gas, die sich rasch ausdehnt.

RIESENSTERN-SUPERNOVA
Sterne mit mindestens der achtfachen Sonnenmasse beenden ihren kurzen Lebensweg meist in einer Supernova. Durch die Hitze, die sich in ihrem Innern entwickelt, brauchen sie ihren Wasserstoffvorrat rasend schnell auf und explodieren dann. Zurück bleibt entweder ein Neutronenstern oder, wenn der Stern extrem massereich war, ein Schwarzes Loch.

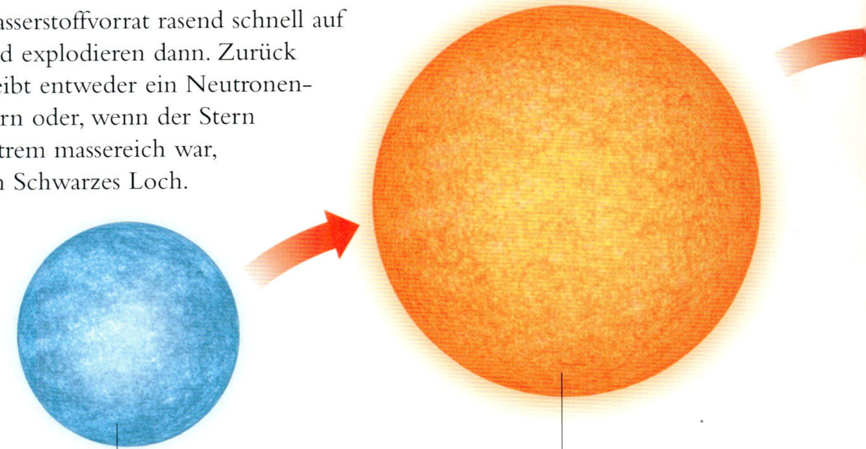

Hauptreihen-Stern
Ein Stern mit der achtfachen Sonnenmasse oder mehr durchläuft eine rasche Entwicklung. Er bleibt nur etwa 30 Millionen Jahre ein „normaler" Hauptreihen-Stern.

Überriese
Der massereiche Stern bläht sich zu einem Überriesen auf und beginnt zu pulsieren. Diese Pulsationsphase kann 70 Millionen Jahre dauern.

SUPERNOVA-ÜBERREST
Vor ca. 12 000 Jahren explodierte im Sternbild Vela (Segel) ein massereicher Stern. Inzwischen hat sich die damals ausgestoßene Materiewolke so weit verteilt, dass sie an ein feines Netz aus Nebelfäden erinnert. Gas und Staub, die bei einer Supernova ins All geschleudert werden, liefern das Baumaterial für neue Sterne.

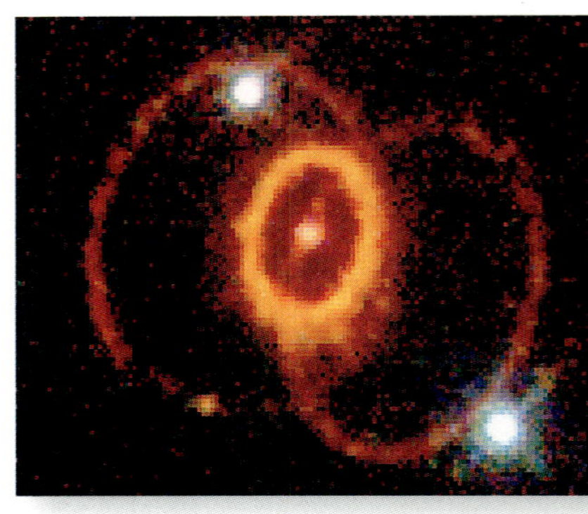

EINE NEUERE SUPERNOVA
1987 konnte man beobachten, wie in der Großen Magellanschen Wolke ein massereicher Sterne in einer Supernova explodierte. Der Ringnebel, der dabei entstand, ist noch klein, wird aber eines Tages ähnlich aussehen wie der Vela-Überrest.

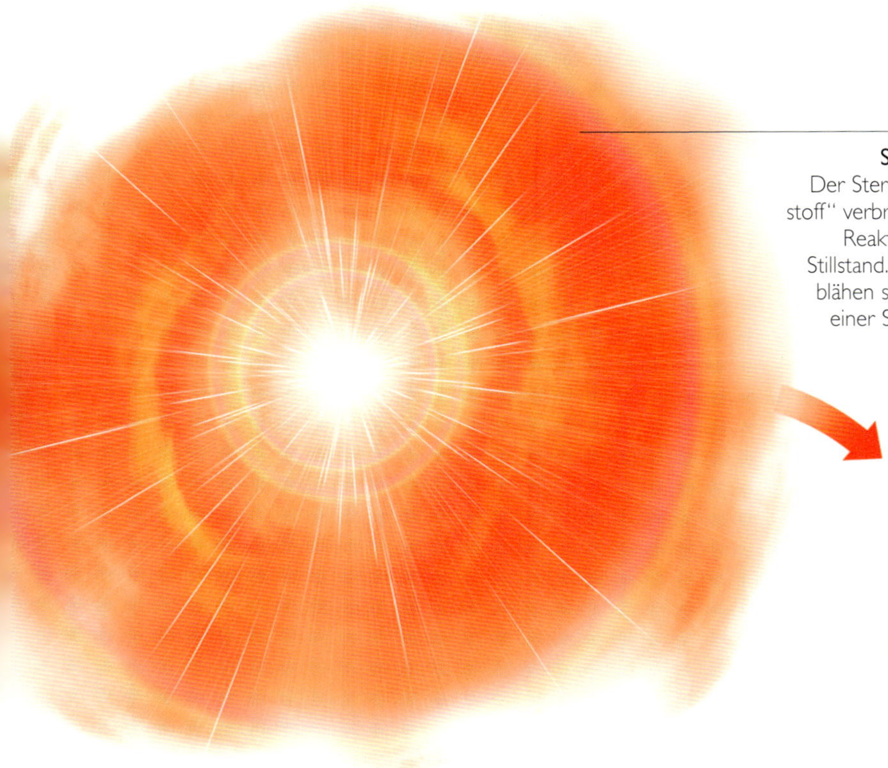

Supernova-Explosion
Der Stern hat seinen „Brennstoff" verbraucht. Die nuklearen Reaktionen kommen zum Stillstand. Die Außenschichten blähen sich auf: Es kommt zu einer Supernova-Explosion.

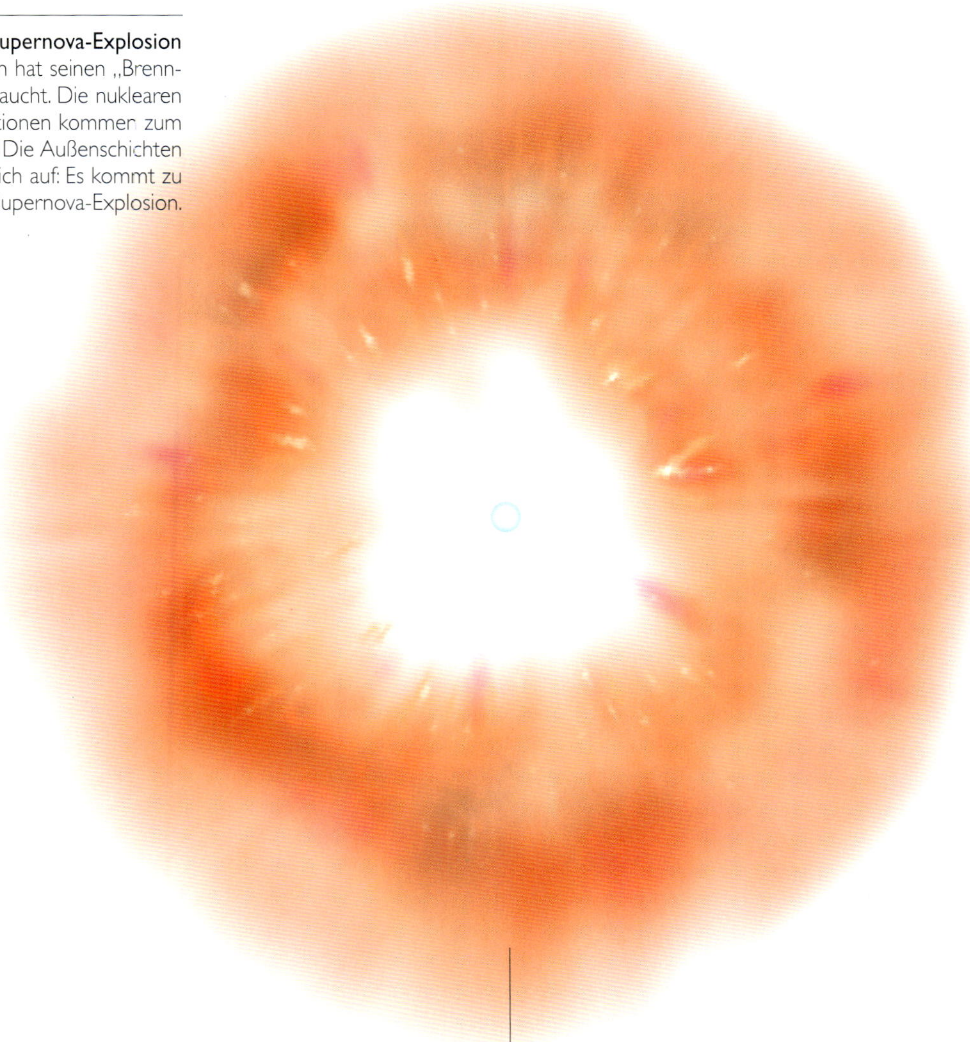

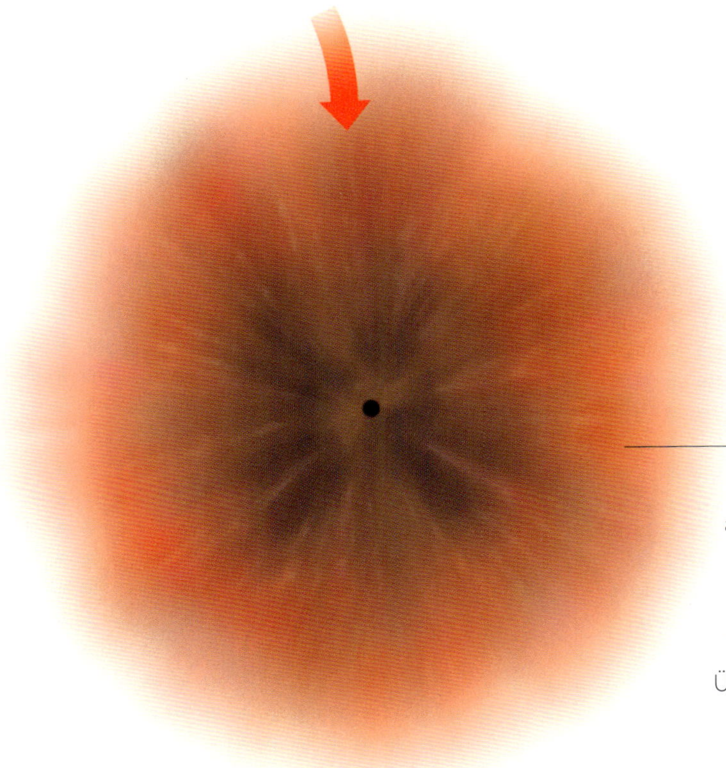

Schwarzes Loch
Wenn der ursprüngliche Stern mehr als die zehnfache Sonnenmasse hatte, schrumpft die Kernregion zu einem Schwarzen Loch. Es ist so kompakt, dass aus seinem Innern nicht einmal Licht entweichen kann. Das Schwarze Loch wird von einem Supernova-Überrest aus Gas und Staub umgeben.

Neutronenstern
Ein Stern, der anfangs die acht- bis zehnfache Sonnenmasse hatte, wird zu einem Neutronenstern, umhüllt vom Supernova-Überrest, einer Wolke aus heißem Gas, die sich allmählich im All ausbreitet.

Pulsare
Ein Neutronenstern hat nur wenige Kilometer Durchmesser, rotiert aber sehr schnell und setzt dabei einen Teil seines Drehmoments in Strahlungsenergie um. Immer wenn die Erde von den Strahlenkegeln überstrichen wird, sehen wir ein Blinken wie von einem Leuchtturm. Wegen dieser Energiepulse werden Neutronensterne auch als Pulsare bezeichnet.

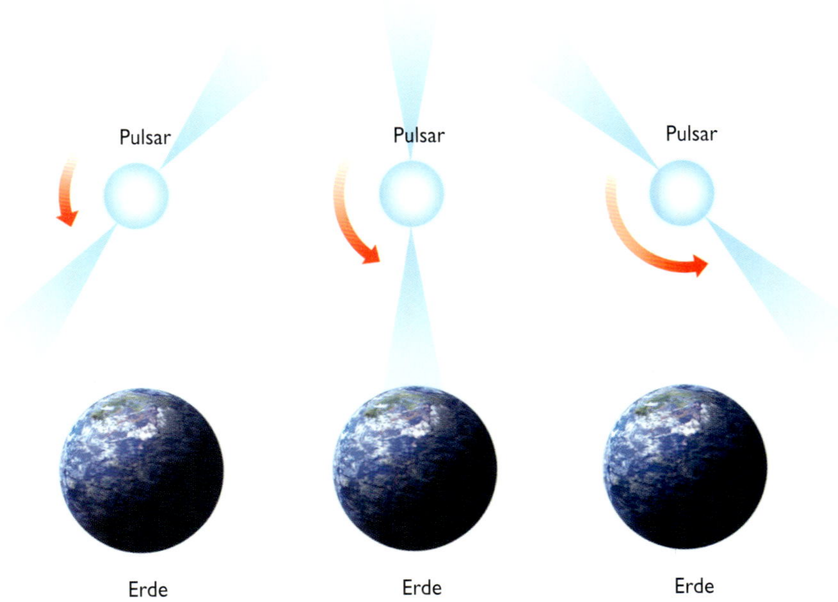

◆ Wissenswertes ◆

Im Jahr 1054 n. Chr. wurde in vielen Teilen der Welt eine gewaltige Supernova beobachtet. Bald danach entstand im amerikanischen Südwesten diese Felszeichnung. Man nimmt an, dass sie die Sternexplosion (unten links) am Nachthimmel darstellt.

Andere Sonnensysteme

UNSERE SONNE IST NICHT der einzige Stern mit Planeten. Im Oktober 1995 entdeckten Astronomen, dass ein Stern namens 51 Pegasi von einer Welt umkreist wird, die etwa die halbe Jupitermasse besitzt. Seither konnten über zwanzig Planetensysteme ausfindig gemacht werden. Und die Astronomen sind zuversichtlich, dass sie im Lauf der Zeit noch mehr Sterne mit Planetenfamilien aufspüren werden.

Die Suche ist allerdings schwierig, da man diese Planeten nicht direkt sehen kann. Von der Erde aus betrachtet stehen sie so nahe an ihren Sonnen, dass sie von deren Licht völlig überstrahlt werden. Deshalb suchen die Astronomen nach winzigen Bahnänderungen des Sterns, die sich durch eine minimale Farbverschiebung des Sternenlichts aufgrund des Doppler-Effekts (siehe Seite 19) verraten. Solche Abweichungen treten auf, weil Planeten eine Anziehungskraft auf ihren Zentralstern ausüben und ihn damit zwingen, sich ein wenig vor- und zurückzubewegen. Allerdings sind heutigen Instrumenten Grenzen bei der Entdeckung von Bahnänderungen gesetzt. Bislang konnten nur jupiterähnliche Welten aufgespürt werden – massereiche Planeten mit einer starken Gravitation, die ihre Sonne relativ nahe umlaufen. Da die Teleskope jedoch laufend verbessert werden, wird man in Zukunft wohl auch Planeten von Erdgröße ausfindig machen.

Ein Blick auf andere Systeme zeigt, dass sie sich deutlich von unserer Planetenfamilie unterscheiden. Die inneren Welten unserer Sonne sind klein und massearm wie die Erde, die äußeren riesig und massereich wie Jupiter. Bei anderen Systemen gibt es dagegen große Planeten, die auf sonnennahen Bahnen kreisen. Offenbar nahm die Entwicklung dieser Sonnensysteme einen etwas anderen Verlauf, der die großen Planeten nach innen wandern ließ.

ANZAHL DER BISHER ENTDECKTEN SONNENSYSTEME
ÜBER 20 MIT NACHWEISBAREN PLANETEN (11 WEITERE WERDEN NICHT VON PLANETEN, SONDERN VON BRAUNEN ZWERGEN UMLAUFEN

GESCHÄTZTE ANZAHL VON SONNENSYSTEMEN
DIE MEISTEN EINZELSTERNE SIND VERMUTLICH VON PLANETEN UMGEBEN

KLEINSTER AUSSERHALB DES SONNENSYSTEMS ENTDECKTER STERN
EIN PLANET MIT DER 0,4-FACHEN JUPITERMASSE, DER DEN STERN HD 75289 UMLÄUFT

GRÖSSTER AUSSERHALB DES SONNENSYSTEMS ENTDECKTER STERN
EIN PLANET MIT DER 11-FACHEN JUPITERMASSE, DER DEN STERN HD 114762 UMLÄUFT

◆ Mach mit: *Ein Sonnensystem malen* ◆

Ihr braucht Zeichenpapier, Wachsmalkreiden oder Buntstifte und die Planetendaten aus der Vergleichstabelle auf der nächsten Seite.

1. Wählt eines der fremden Sonnensysteme in der Tabelle aus.
2. Malt seine Planeten, wie sie eurer Meinung nach aussähen, wenn ihr sie mit einem Raumschiff ansteuern würdet. Denkt daran, dass große Planeten wahrscheinlich ähnlich dichte Atmosphären haben wie Jupiter! Und jedes System könnte unentdeckte Planeten von der Größe der Erde besitzen.
3. Malt zum Vergleich ein paar Welten unseres Sonnensystems wie Merkur, die Erde und Jupiter.

◆ Wissenswertes ◆

Auf einem Planeten, der einen Doppelstern umläuft, würdet ihr zumindest zeitweise zwei Sonnen am Himmel sehen. Jeder Gegenstand hätte zwei Schatten, und wenn die Sonnen sehr verschieden wären, könnten die Schatten sogar farblich voneinander abweichen.

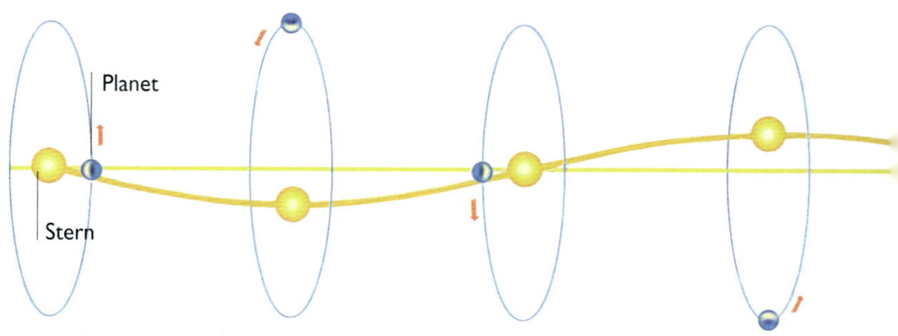

COROT
Das französische Weltraumteleskop COROT, dessen Start für das Jahr 2003 geplant ist, soll in erster Linie kleine Stern-Pulsationen erforschen. Daneben wird es aber auch nach Planeten suchen.

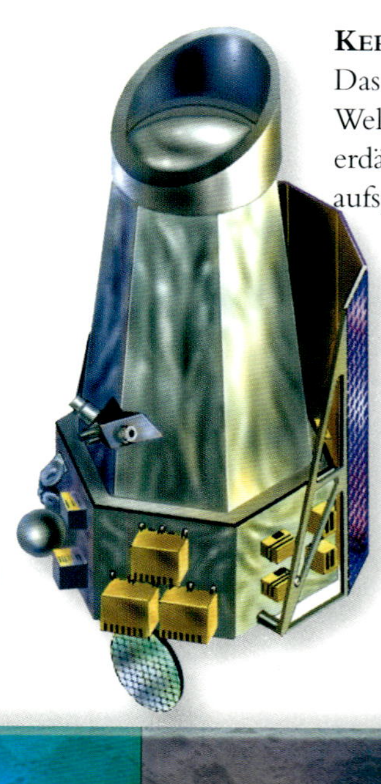

KEPLER
Das geplante Kepler-Weltraumteleskop soll erdähnliche Planeten aufspüren, indem es nach der schwachen Trübung von Sternen Ausschau hält, die beim Vorbeiziehen eines Planeten entstehen.

SCHAU NACH

- Warum haben Astronomen bisher nur massereiche Sterne entdeckt?
- Wie spüren Astronomen Planeten auf, die sie nicht sehen?
- Wie unterscheiden sich andere Sonnensysteme von unserem?

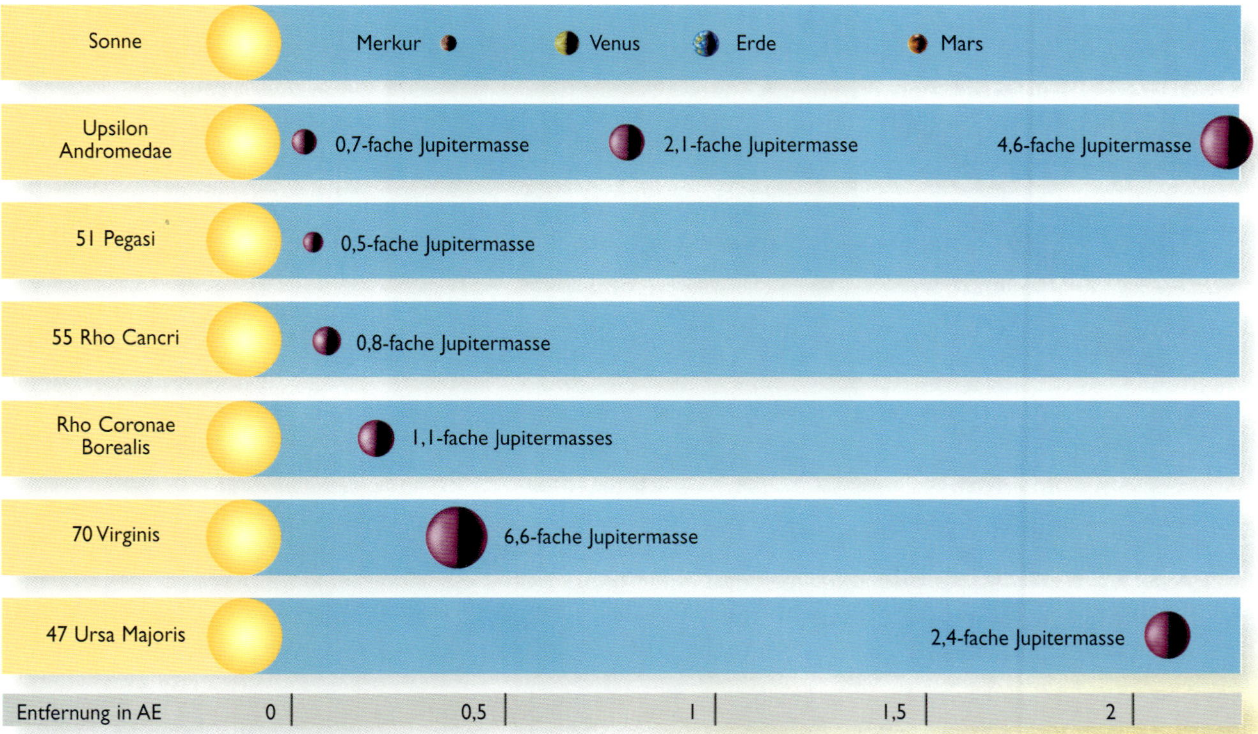

PLANETENVERGLEICH
Die Tabelle (links) zeigt einige der bekannten Planetensysteme im Vergleich zu unserem inneren Sonnensystem. Die Unterschiede sind verblüffend. So umläuft ein Planet mit der sechsfachen Jupitermasse den Stern 70 Virginis etwa im gleichen Abstand wie Merkur unsere Sonne. Vielleicht haben diese Systeme eine andere Entstehungsgeschichte als die Planeten unserer Sonne.

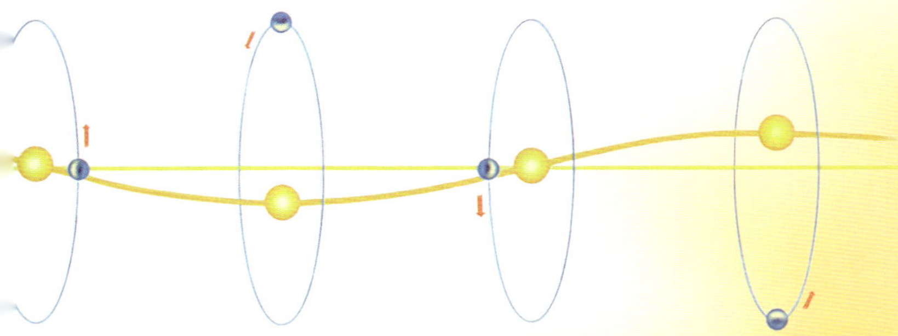

TAUMELBEWEGUNG
Weist ein Stern eine schwache Taumelbewegung auf, dann lässt das darauf schließen, dass ihn ein Planet umkreist – selbst wenn der „Störenfried" so klein ist, dass er im Teleskop unsichtbar bleibt. Wenn der Planet massereich ist oder den Stern in einem geringen Abstand umläuft, verstärkt sich der Effekt.

ANDERE SONNENSYSTEME
Wie könnte ein fremdes Sonnensystem aussehen? Praktisch alle Planeten, die man bis jetzt als Begleiter ferner Gestirne ausfindig gemacht hat, besitzen in etwa die Größe und Masse des Jupiter. Die Astronomen vermuten deshalb, dass diese Welten dem Gasriesen mit seinen Wolkengürteln und Sturmwirbeln ähnlich sind.

Sternhaufen

Die meisten Sterne bilden Verbände, die von den Astronomen als Assoziationen oder Haufen bezeichnet werden. Die kleinste Gruppe ist die Sternassoziation; sie umfasst höchstens hundert Sterne, die sich lose über Hunderte von Lichtjahren verteilen. Ihre hellsten Mitglieder sind heiße, bläulichweiße Sterne, die alle eine höhere Masse besitzen als unsere Sonne. Manche Assoziationen enthalten jedoch überwiegend kleinere Sterne, die erst am Anfang ihrer Entwicklung stehen. Die hellen Sterne des Sternbilds Perseus gehören zu drei Assoziationen. Keine Sternassoziation ist älter als einige Millionen Jahre.

Offene Sternhaufen bestehen aus weit mehr Mitgliedern als die Sternassoziationen – mehreren hundert bis tausend – obwohl sie sich auf einem wesentlich kleineren Raum – etwa zehn statt hundert Lichtjahren – zusammendrängen. Zwei offene Sternhaufen in der Nähe unseres Sonnensystems sind die Plejaden und die Hyaden. Auch die Sonne gehört zu einem offenen Sternhaufen, der jedoch schwer auszumachen ist, da er uns von allen Seiten umgibt. Ebenfalls Mitglieder dieses Haufens sind die hellen Sterne des Großen Bären. Offene Sternhaufen können bis zu 500 Millionen Jahre alt sein.

Die Giganten sind jedoch die Kugelsternhaufen. Sie können bis zu einer Million Sterne enthalten, die sich auf einem kleineren Gebiet konzentrieren als die hundert Sterne einer Assoziation. Die Sterne in Kugelsternhaufen sind alt und am Ende ihrer Entwicklung angelangt und enthalten deshalb viele Rote Riesen und Weiße Zwerge. Da die Roten Riesen wesentlich heller leuchten als Weiße Zwerge, sind sie die auffälligsten Objekte in einem Kugelsternhaufen.

Omega Centauri
Omega Centauri ist der massereichste Kugelsternhaufen, den wir kennen. Nach Schätzung der Astronomen enthält er etwa eine Million Sterne. Stellt euch vor, wie strahlend hell der Nachthimmel auf einem Planeten in seinem Zentrum aussehen würde!

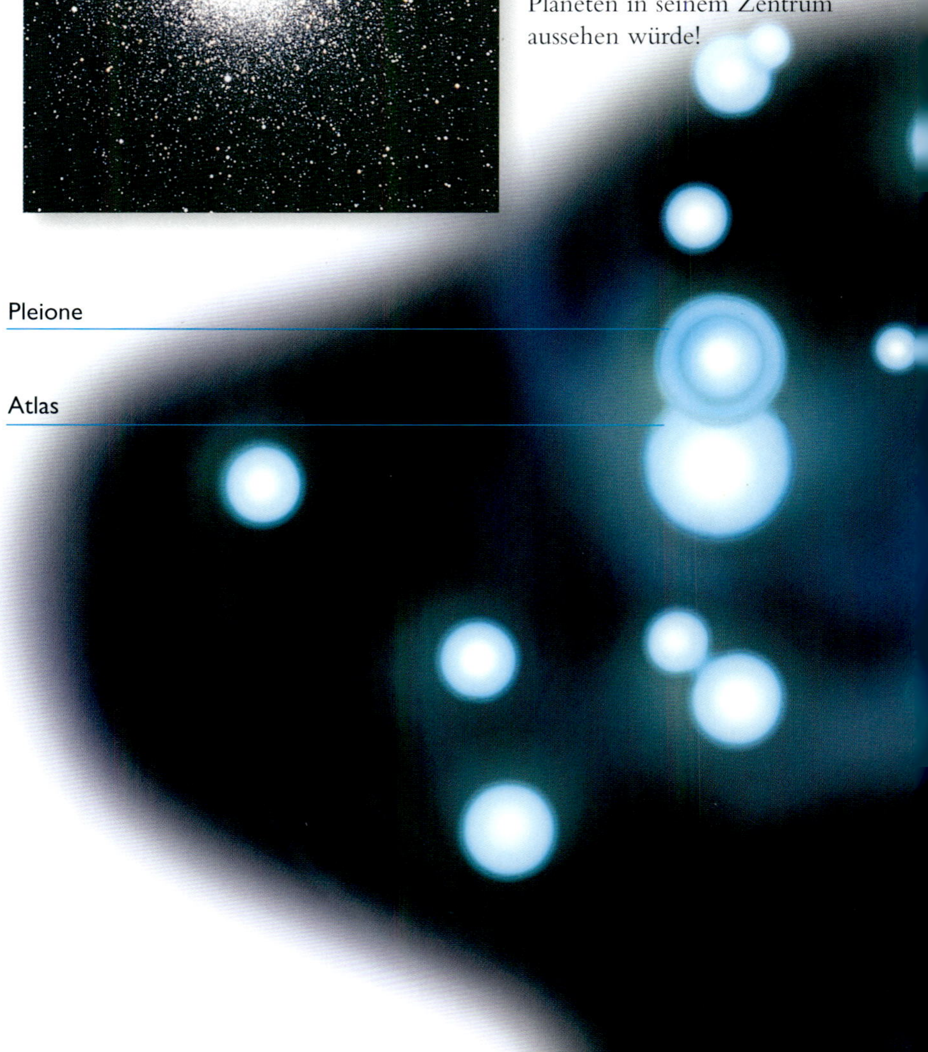

Sternassoziationen in der Milchstrasse
Bekannt: ca. 70

Grösse der bedeutendsten Assoziation im Perseus
Weniger als 100 Sterne in einem Gebiet von ca. 800 Lichtjahren Durchmesser

Offene Sternhaufen in der Milchstrasse
Bekannt: ca. 1 000

Grösse des offenen Sternhaufens Plejaden
Mehrere hundert Sterne in einem Gebiet von ca. 13 Lichtjahren Durchmesser

Kugelsternhaufen in der Milchstrasse
Bekannt: ca. 125

Grösse des Kugelsternhaufens Omega Centauri
Ca. 1 Million Sterne in einem Gebiet von ca. 180 Lichtjahren Durchmesser

◆ Mach mit: *Haufen sammeln* ◆

Ihr könnt Sternhaufen suchen. Alles, was ihr dazu braucht, sind die Sternkarten auf den Seiten 94–109 und ein Fernglas.

1. Wählt die für die Jahreszeit passenden Sternkarten und die richtige Hemisphäre aus.
2. Sucht die Symbole der offenen Haufen und der Kugelsternhaufen und schreibt die Haufen auf, die nachts gut zu sehen sein müssten.
3. Geht mit der Sternkarte ins Freie und haltet nach den Sternhaufen auf eurer Liste Ausschau. (Fangt mit den hellen Gruppen an!) Hakt sie ab, wenn ihr sie entdeckt habt.
4. Skizziert, was ihr seht, und verseht die Skizze mit Datum und Uhrzeit.

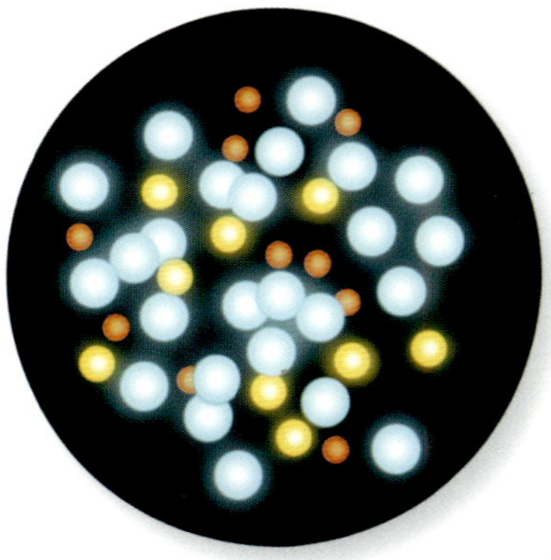

Ein junger Kugelsternhaufen enthält viele heiße, weiß leuchtende Sterne, dazu gelbe Sterne wie unsere Sonne und lichtschwache Rote Zwerge.

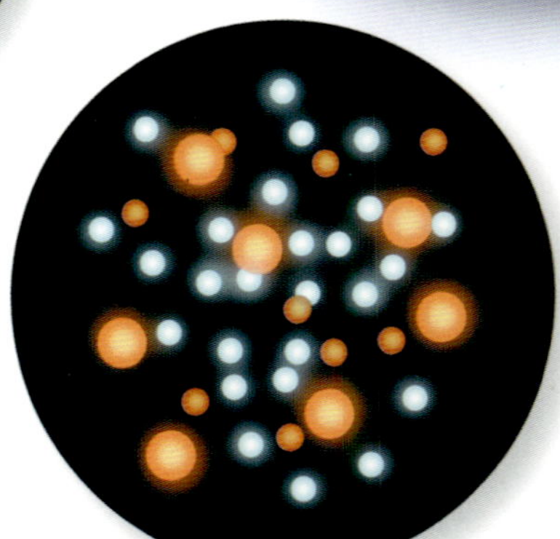

In einem alten Kugelsternhaufen hat sich die ursprüngliche Sternpopulation zu Roten Riesen und Weißen Zwergen weiterentwickelt.

Kugelsternhaufen
Wegen ihrer gewaltigen Masse und Gravitation halten Kugelsternhaufen ihre Mitglieder lange zusammen. Gelegentlich kommt es jedoch zu Fast-Zusammenstößen, bei denen einzelne Sterne verdrängt werden.

OFFENE STERNHAUFEN
Während seiner Entstehung hat ein offener Sternhaufen einen Durchmesser von weniger als 30 Lichtjahren und enthält ein breites Spektrum an Sternen, darunter viele, die heißer und massereicher als unsere Sonne sind.

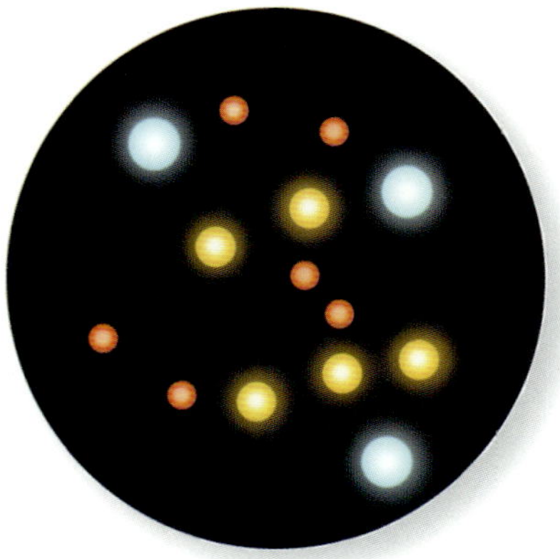

Unter dem Einfluss der galaktischen Gravitation driften die Sterne eines offenen Haufens im Lauf der Zeit auseinander.

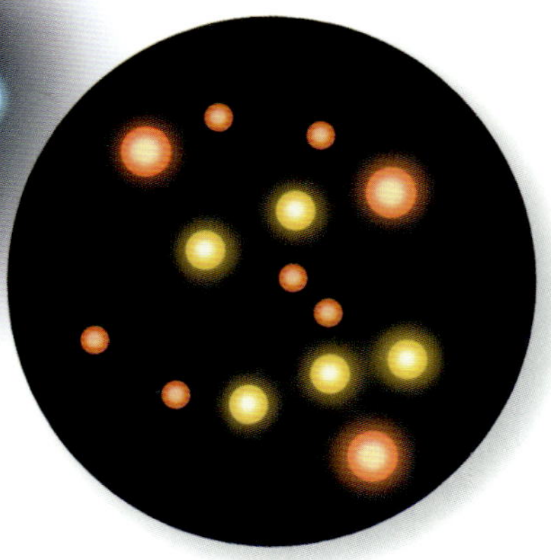

Die einzelnen Mitglieder des Haufens machen die gleiche Entwicklung wie alle Sterne durch: Aus den massereicheren Objekten entstehen die ersten Rote Riesen.

SCHAU NACH

- Welcher Sternhaufen-Typ ist der älteste?
- Wie groß ist der Plejaden-Sternhaufen?
- Welches ist der massereichste Kugelsternhaufen?

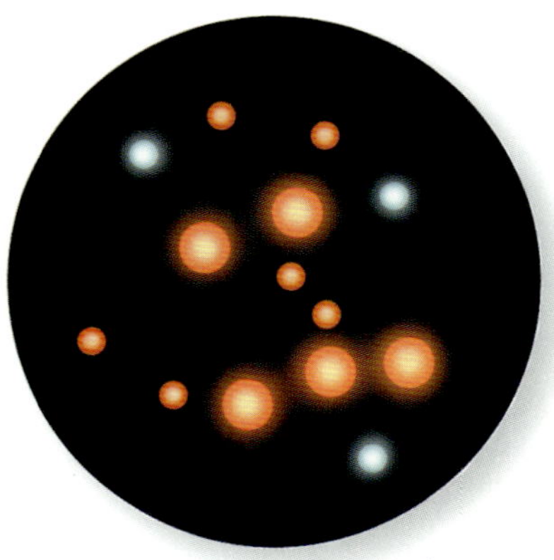

Je weiter sich der offene Haufen ausdehnt, desto schwerer ist er als Einheit zu erkennen. Die ersten Roten Riesen verwandeln sich in Weiße Zwerge, während nun die gelben Sterne zu neuen Roten Riesen werden.

DIE PLEJADEN
Die Plejaden, auch Siebengestirn genannt, sind ein auffälliger offener Sternhaufen im Sternbild Taurus (Stier), der 375 Lichtjahre von uns entfernt ist und mehrere hundert Mitglieder zählt. Der Verband wird von jungen, heißen blauen Sternen dominiert und ist in einen bläulich schimmernden Reflexionsnebel eingebettet.

MILCHSTRASSEN-HAUFEN
In dieser Seitenansicht der Milchstraße könnt ihr erkennen, dass offene Sternhaufen auf oder in der Nähe der galaktischen Scheibe angesiedelt sind, während Kugelsternhaufen den linsenförmigen Zentralbereich wie eine Schar von Monden umkreisen.

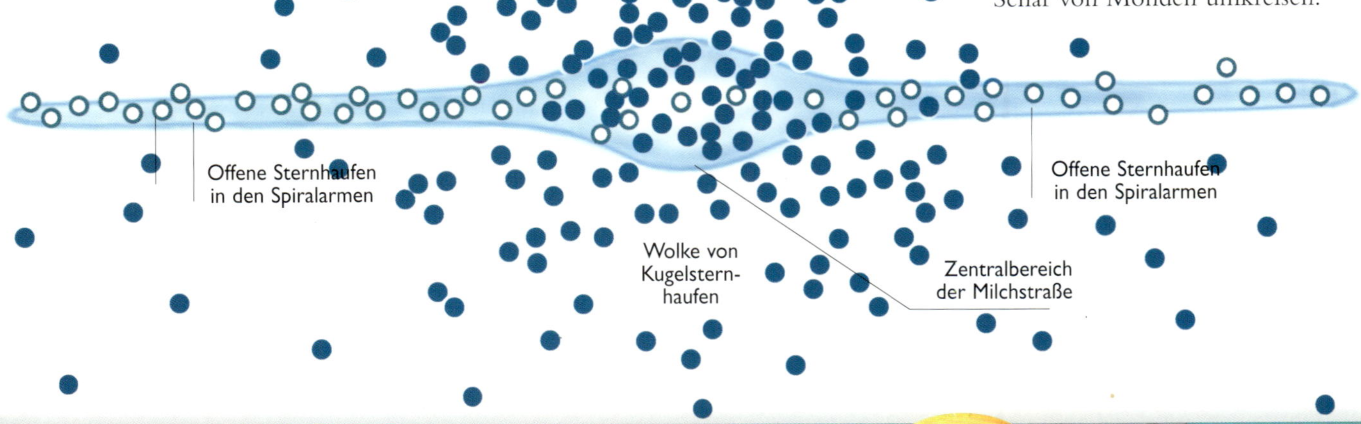

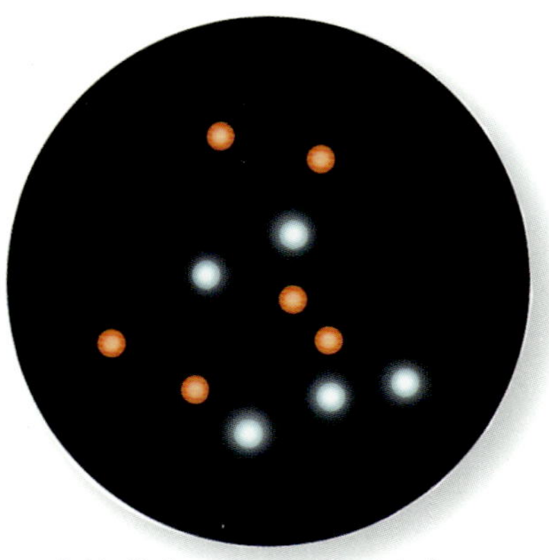

Schließlich unterscheidet sich der Haufen kaum noch von den übrigen Sternen der Galaxie. Seine kleinsten Mitglieder haben sich in all der Zeit kaum verändert.

Die Milchstraße

Wenn des Sonnensystem unsere unmittelbare Nachbarschaft ist, dann können wir die Milchstraße als unsere nächste Großstadt betrachten. Tatsächlich ist die Milchstraße größer als die meisten anderen bisher entdeckten Galaxien. Ihren Namen verdankt sie den Menschen der Antike; sie glaubten, das silberne Lichtband quer über dem Nachthimmel sei von einer Göttin vergossene Milch. Vor etwa 400 Jahren richtete Galilei erstmals sein Fernrohr auf dieses Band und stellte fest, dass es aus zahllosen Sternen besteht, ähnlich jenen, die wir mit bloßem Auge erkennen, aber sehr viel lichtschwächer.

Es dauerte Jahrhunderte, bis man die wahre Form und Größe der Milchstraße herausgefunden hatte – und viele Einzelheiten sind bis heute unklar. Da unser Sonnensystem in die Milchstraße eingebettet ist, kann man sie nämlich nur schwer beobachten; das ist, als läge man mitten in einer Wiese und versuchte ihre Grenzen zu erkennen. Um 1930 entdeckten die Astronomen, dass sich unsere Sonne nicht im Zentrum, sondern im äußeren Drittel der Galaxis befindet. Später, als Radioteleskope die Staubwolken des Systems durchdrangen, zeigte sich, dass die Milchstraße mehrere Spiralarme besitzt. Die Sonne befindet sich im Orion-Arm, jenem Teil der Milchstraße, den wir am Himmel erblicken. Der Perseus-Arm liegt vor dem Orion-Arm, der Sagittarius-Arm dahinter. Sterne, Sternhaufen und Gaswolken umlaufen den Zentralbereich der Galaxis wie Planeten ihr Zentralgestirn. Unsere Sonne benötigt für eine vollständige Umkreisung der Milchstraße 226 Millionen Jahre.

Im Zentralbereich der Milchstraße liegt ein supermassives Schwarzes Loch, das wahrscheinlich die millionenfache Materie unserer Sonne enthält. Um dieses Objekt wirbelt wie eine Nabe der galaktische Wulst, eine riesige Ansammlung von älteren roten und gelben Sternen. Ihn umgibt eine flache vielarmige Scheibe, die sich langsam dreht. Der zentrale Wulst und die Scheibe sind eingehüllt vom so genannten Halo, einer dünn besiedelten Wolke aus alten roten Sternen und Kugelsternhaufen.

GRÖSSE DER MILCHSTRASSE
100 000 Lichtjahre Durchmesser

STERNE IN DER MILCHSTRASSE
Rund 200 Milliarden

STERNHAUFEN IN DER MILCHSTRASSE
Rund 125 Kugelhaufen und etwa 1 000 offene Haufen sind bekannt.

STAUB UND GAS IN DER MILCHSTRASSE
Rund 5% der sichtbaren Materie in der Milchstrasse sind Gas und Staub.

Wissenswertes

Wenn wir mit einer Raumfähre zum Zentrum der Galaxis reisen könnten, wären wir bei einer Geschwindigkeit von 8 km/s (oder ca. 30 000 km pro Stunde) 1,2 Milliarden Jahre unterwegs. Das entspricht etwa einem Zehntel des Gesamtalters unseres Universums.

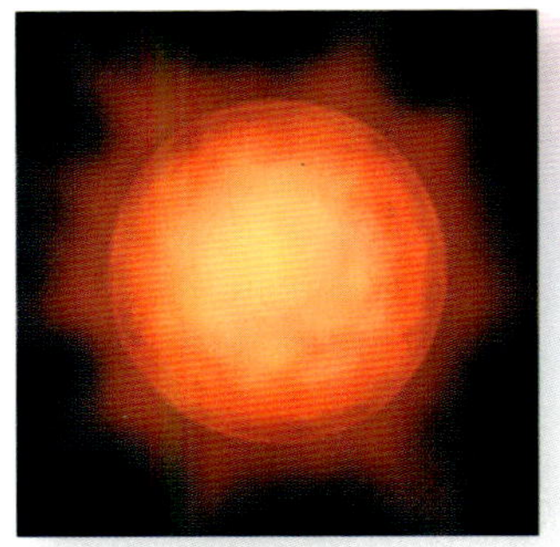

Beteigeuze
Gealterte rote Sterne wie Beteigeuze kommen im zentralen Wulst der Milchstraße häufiger vor als in den Spiralarmen.

Orion-Nebel
Der Orion-Nebel ist Teil einer Riesenwolke aus Gas und Staub – einer „Fabrik", die seit etwa 12 Millionen Jahren Sterne produziert.

Die Plejaden
Offene Sternhaufen wie die Plejaden werden durch die Gravitation anderer Sterne oder Gas- und Staubwolken allmählich immer weiter auseinander gezogen.

Omega Centauri
Kugelsternhaufen wie Omega Centauri, die sich gleichzeitig mit den ersten Sternen der Milchstraße entwickelten, sind mittlerweile Milliarden Jahre alt.

Adlernebel
Wolken aus Gas und jungen Sternen wie der Adlernebel finden sich nur im zentralen Wulst und in den Spiralarmen der Galaxis.

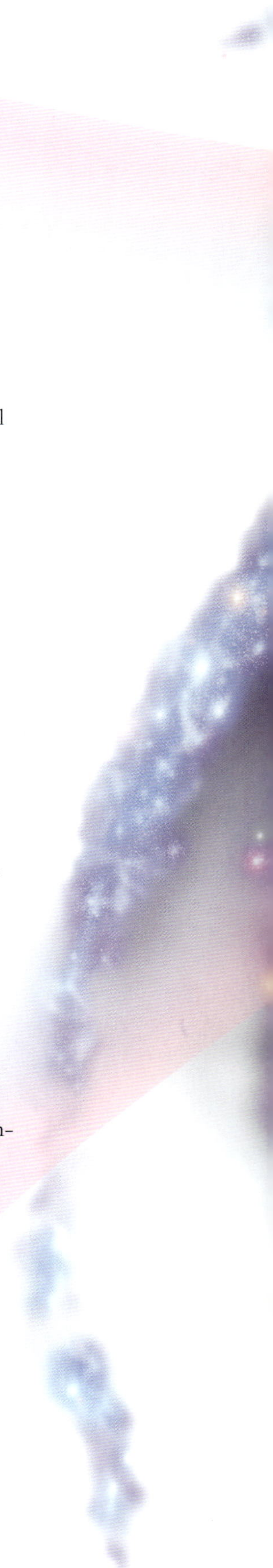

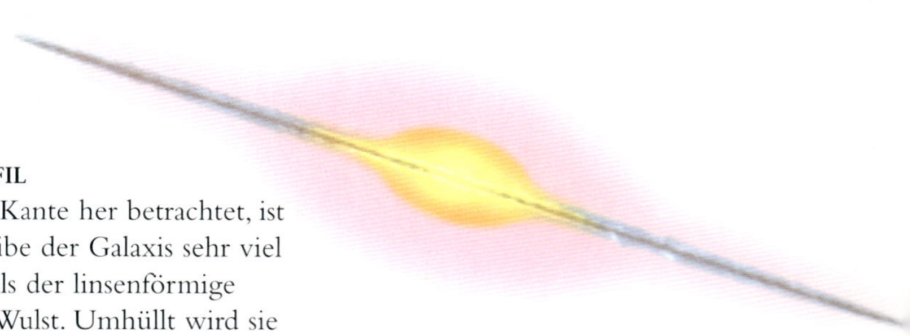

Im Profil
Von der Kante her betrachtet, ist die Scheibe der Galaxis sehr viel dünner als der linsenförmige zentrale Wulst. Umhüllt wird sie von einem Halo aus Kugelsternhaufen und alten roten Sternen.

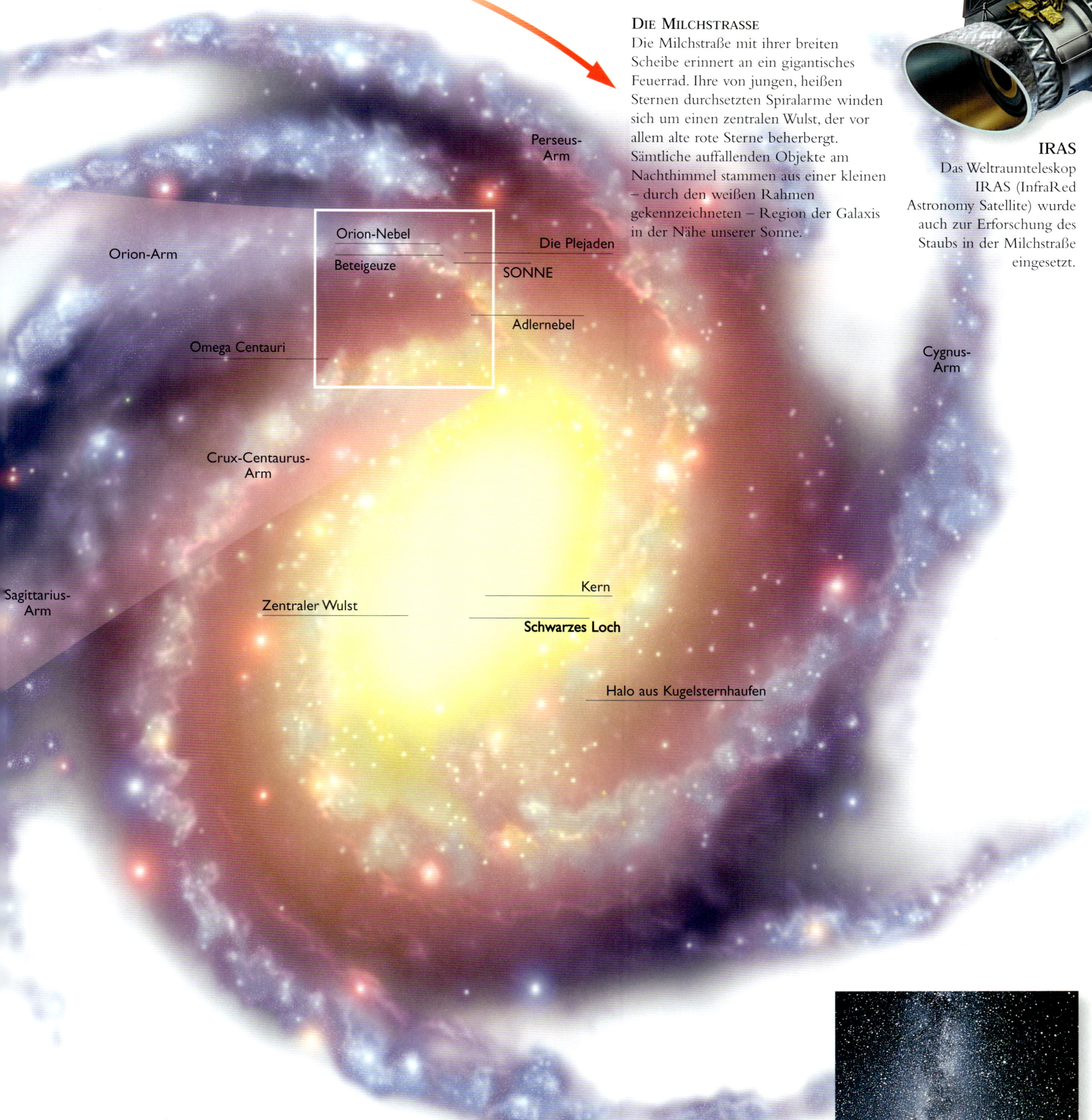

Die Milchstrasse
Die Milchstraße mit ihrer breiten Scheibe erinnert an ein gigantisches Feuerrad. Ihre von jungen, heißen Sternen durchsetzten Spiralarme winden sich um einen zentralen Wulst, der vor allem alte rote Sterne beherbergt. Sämtliche auffallenden Objekte am Nachthimmel stammen aus einer kleinen – durch den weißen Rahmen gekennzeichneten – Region der Galaxis in der Nähe unserer Sonne.

IRAS
Das Weltraumteleskop IRAS (InfraRed Astronomy Satellite) wurde auch zur Erforschung des Staubs in der Milchstraße eingesetzt.

Im Infrarotbereich
Diese Infrarot-Aufnahme hebt die wärmsten Gebiete der Milchstraße hervor. Die Infrarotstrahlung stammt hauptsächlich von Staubwolken, die überall in der Scheibe anzutreffen sind und durch die benachbarten Sterne aufgeheizt werden. Staubklumpen bilden die Vorstufe von neuen Sternen.

Ein Sternenband
Die dunklen Flecken im Silberband der Milchstraße werden von ausgedehnten Staubwolken verursacht, die das Licht der dahinter liegenden Sterne abblocken.

Galaxien

ASTRONOMEN UNTERSCHEIDEN je nach Aussehen und Gestalt zwischen spiralförmigen, elliptischen und irregulären (unregelmäßigen) Galaxien. Leicht zu erkennen sind die Spiralgalaxien mit ihren gewundenen Armen, die viel Gas und Staub enthalten – Materie, aus der neue Sterne entstehen. Eine wichtige Untergruppe der Spiralgalaxien sind die Balkenspiralen, bei denen der Kern in die Länge gezogen erscheint. Bei Balkenspiralen könnte es sich um gewöhnliche Spiralgalaxien handeln, die mit kleineren Galaxien zusammengestoßen oder verschmolzen sind. Es wird vermutet, dass auch die Milchstraße bereits mehrere kleine Galaxien „geschluckt" hat und ihr zentraler Wulst die Form eines Balkens hat.

Elliptische Galaxien enthalten überwiegend ältere Sterne und spärliche oder gar keine Gaswolken, in denen neue Sterne entstehen könnten. Diese kugelförmigen bis ovalen Galaxien stammen möglicherweise aus einer frühen Entwicklungsphase des Universums und haben aufgehört, neue Sterne zu bilden, weil ihr Vorrat an Materie erschöpft ist. Am zahlreichsten im Weltall vertreten sind wohl die elliptischen Zwerggalaxien. Da sie jedoch sehr klein sind und vor allem lichtschwache Sterne enthalten, konnten bislang nur wenige aufgespürt werden.

Irreguläre Galaxien sind klein und unregelmäßig geformt, aber viele von ihnen produzieren junge Sterne. Die Kleine Magellansche Wolke etwa ist eine irreguläre Galaxie, die von der Großen Magellanschen Wolke und der Milchstraße verzerrt wird.

Ähnlich wie Sterne sind auch Galaxien zu Haufen gruppiert. Dort kommt es oft zu Zusammenstößen oder Wechselwirkungen, bei denen die Objekte ihre Form verändern. Dabei entstehen meist helle neue Sterne, die einen spektakulären Anblick bieten.

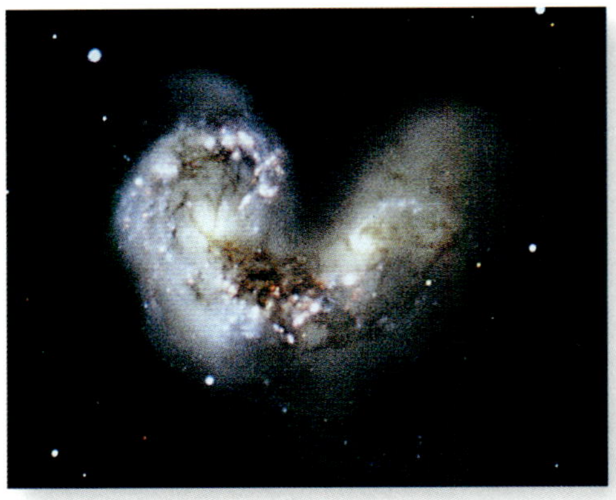

GALAXIENKOLLISIONEN
Wenn Galaxien zusammenstoßen, durchwandert eine die andere, weil ihre Sterne lose genug verteilt sind. Allerdings löst die wechselseitige Anziehung oft die Geburt neuer Sterne aus. Im Antennae-Galaxienpaar, dessen Annäherung vor 500 Millionen Jahren begann, sind deutlich hell leuchtende Gebiete mit jungen Sternen zu erkennen.

STERNENRING
Als eine kleine Galaxie die Scheibe der sehr viel größeren Wagenrad-Galaxie durchdrang, breitete sich vom Zentrum der Kollision ein Ring neuer Sterne aus, der mittlerweile so groß ist, dass er die gesamte Milchstraße umspannen könnte.

VERTEILUNG DER BEKANNTEN GALAXIEN
SPIRALGALAXIEN: 63%; BALKENSPIRALEN: 15%; ELLIPTISCHE GALAXIEN: 18%; IRREGULÄRE GALAXIEN: 4%

FEUERRAD-GALAXIE/M51 (Seite 80)
TYP: SPIRALGALAXIE; ENTFERNUNG: 15 MILLIONEN LICHTJAHRE; DURCHMESSER: 50 000 LICHTJAHRE

GROSSE BALKENSPIRALE/NGC 1365 (Seite 81)
TYP: BALKENSPIRALE; ENTFERNUNG: 55 MILLIONEN LICHTJAHRE; DURCHMESSER: 157 800 LICHTJAHRE

M87 (Seite 81, oben)
TYP: ELLIPTISCHE RIESENGALAXIE; ENTFERNUNG: 55 MILLIONEN LICHTJAHRE; DURCHMESSER: 147 000 LICHTJAHRE

KLEINE MAGELLANSCHE WOLKE (Seite 81)
TYP: IRREGULAR; ENTFERNUNG: 210 000 LICHTJAHRE; DURCHMESSER: 17 000 LICHTJAHRE

WISSENSWERTES

Die größten uns bekannten Galaxien sind 100 Millionen Mal massereicher als die kleinsten Galaxien. Bei manchen elliptischen Zwerggalaxien (links) ist die Masse geringer als bei den größten Kugelsternhaufen (rechts).

ELLIPTISCHE GALAXIE
Wie diese Illustration von M87 im Sternbild Jungfrau zeigt, hat eine elliptische Galaxie Ähnlichkeit mit dem zentralen Wulst einer Spiralgalaxie. Elliptische Galaxien können massereicher als die Milchstraße sein, umfassen aber auch Zwerggalaxien, die kleiner als die größten Kugelsternhaufen sind.

IRREGULÄRE GALAXIE
Wie so viele unregelmäßig geformte Galaxien ist die Kleine Magellansche Wolke winzig, enthält jedoch viele helle Nebel und heiße, junge Sterne. Die Astronomen gehen davon aus, dass die meisten irregulären Galaxien irgendwann von größeren Galaxien aufgesogen werden.

BALKENSPIRALE
Während bei einer regelmäßigen Spiralgalaxie der zentrale Wulst rund ist, wirkt er bei der Balkenspirale stark in die Länge gezogen. So deutlich ausgeprägte Balkenstrukturen wie bei der hier abgebildeten Großen Balkenspirale (NGC 1365) sind selten, aber es gibt viele normale Spiralgalaxien, die schwache Balken zu haben

SPIRALGALAXIE
Die Feuerrad-Galaxie (M51) zählt zu den schönsten Spiralgalaxien, die wir kennen. Typisch für alle Spiralgalaxien sind die Ausläufer oder Arme, aber während sie bei manchen Objekten eng um den Kern gewunden sind, wirken sie bei anderen eher lose oder offen. Spiralgalaxien unterscheiden sich außerdem durch ihren Gehalt an Staub und Gas.

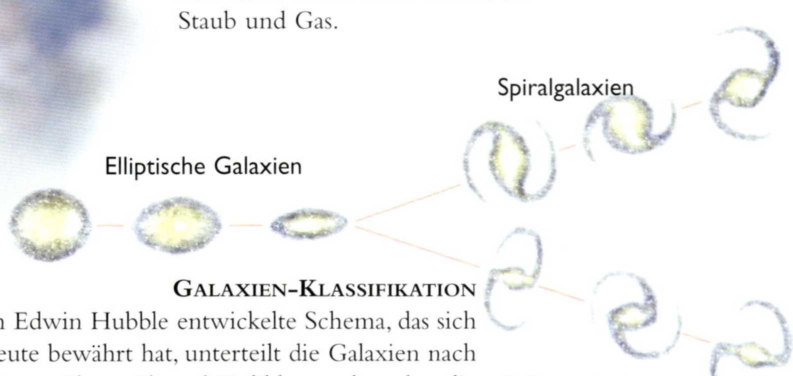

GALAXIEN-KLASSIFIKATION
Dieses von Edwin Hubble entwickelte Schema, das sich bis heute bewährt hat, unterteilt die Galaxien nach ihrer Form. Aber während Hubble annahm, dass die Spiralen im Lauf der Zeit aus elliptischen Galaxien entstanden sind, glauben die Astronomen heute, dass die meisten Spiralgalaxien von Anfang an so aussahen.

◆ MACH MIT: *Konfetti-Spirale* ◆

Ihr braucht eine runde Backform, eine Münze und etwas Konfetti (das ihr mit einem Locher selbst machen könnt).

1. Schiebt die Münze auf einer ebenen Fläche so zentral unter die Backform, dass diese sich leicht drehen lässt.
2. Gießt Leitungswasser in die Form (1–2 cm hoch).
3. Streut das Konfetti vorsichtig in die Mitte der Form.
4. Dreht die Form langsam. Ihr werdet sehen, dass sich die Papierschnitzel in Spiralen nach außen bewegen.

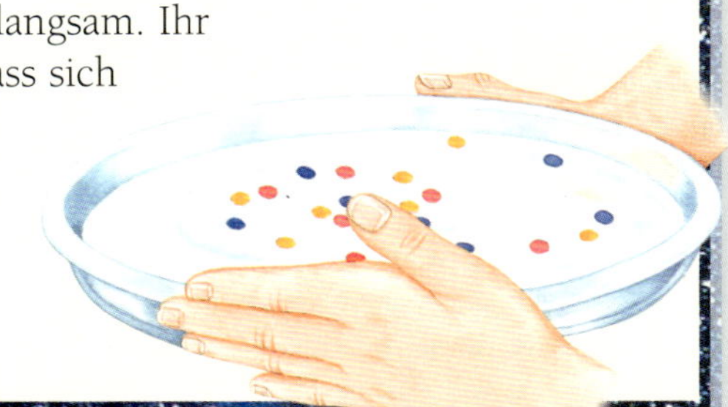

Die Lokale Gruppe

Die Bezeichnung Lokale Gruppe für die Galaxien in der Nachbarschaft der Milchstraße stammt von Edwin Hubble. Derzeit zählen die Astronomen etwa 35 Galaxien zu diesem Verband, der sich in einem Gebiet von rund 8 Millionen Lichtjahren ausbreitet. Die Mitglieder der Lokalen Gruppe werden durch gegenseitige Anziehung zusammengehalten und bilden einen Galaxienhaufen, so wie die Plejaden einen Sternhaufen bilden.

Zwei große Galaxien dominieren die Lokale Gruppe – unsere Milchstraße und der etwas größere Andromedanebel. Jede der beiden hat eine Ansammlung kleinerer Galaxien um sich geschart. Zum Andromedanebel gehören M32, NGC 147, NGC 185, NGC 205 und vier Zwerggalaxien. Auch die drittgrößte Galaxie der Gruppe, der Dreiecksnebel (M33), befindet sich in der Nähe des Andromedanebels. Die galaktischen Begleiter der Milchstraße sind die Große und die Kleine Magellansche Wolke sowie mehrere Zwerggalaxien. Die übrigen Galaxien der Lokalen Gruppe scheinen isoliert zu sein.

Die Astronomen, die sich intensiv mit der Lokalen Gruppe befassen, haben bislang 3 Spiralgalaxien, 4 elliptische und 14 irreguläre Galaxien sowie rund 14 elliptische Zwerggalaxien gefunden. Einige der kleineren Mitgliedsgalaxien wurden erst in jüngster Zeit aufgespürt. Noch ist unklar, ob die Lokale Gruppe einen höheren Anteil an kleinen Galaxien hat als das Universum insgesamt. Falls die Lokale Gruppe jedoch typisch für die Galaxienverbände ist, muss es im Universum weit mehr kleine Galaxien geben, als man bisher entdeckt hat.

Diverse andere Galaxienhaufen scharen sich um die Lokale Gruppe, der größte davon im Sternbild Jungfrau (Virgo). Gemeinsam mit vielen anderen bilden sie den Lokalen Superhaufen, der eine Ausdehnung von zirka 60 Millionen Lichtjahren hat.

GRÖSSE DER LOKALEN GRUPPE	Rund 8 Millionen Lichtjahre im Durchmesser, mit etwa 35 Mitgliedern
MAGELLANSCHE WOLKEN	Grosse Wolke – Entfernung: 179 000 Lichtjahre; Durchmesser: 34 000 Lichtjahre Kleine Wolke – Entfernung: 210 000 Lichtjahre; Durchmesser: 17 000 Lichtjahre
ANDROMEDANEBEL (M31)	Entfernung: 2,5 Millionen Lichtjahre; Durchmesser: 128 000 Lichtjahre
DREIECKSNEBEL (M33)	Entfernung: 2,6 Millionen Lichtjahre; Durchmesser: 50 000 Lichtjahre
SCULPTOR (ZWERGGALAXIE)	Entfernung: 284 000 Lichtjahre; Durchmesser: 1 400 Lichtjahre

Fornaxhaufen
Im gleichen Sternbild wie die Fornax-Zwerggalaxie liegt, wenn auch sehr viel weiter entfernt, der Fornax-Galaxienhaufen, ein riesiges Gebiet im Weltraum, in dem sich Galaxien zu hellen Ketten und Bögen vereinigen.

Galaktische Nachbarn
Die Lokale Gruppe besteht aus mehreren großen hellen und einer Vielzahl von kleinen Galaxien. Die 17 größten Mitglieder des Verbandes sind hier abgebildet. Die Galaxien, die zur Lokalen Gruppe gehören, liegen in der unmittelbaren Nachbarschaft unseres Systems und bewegen sich nicht so schnell, dass ihre Fliehkraft größer ist als die Anziehungskraft des Galaxienhaufens.

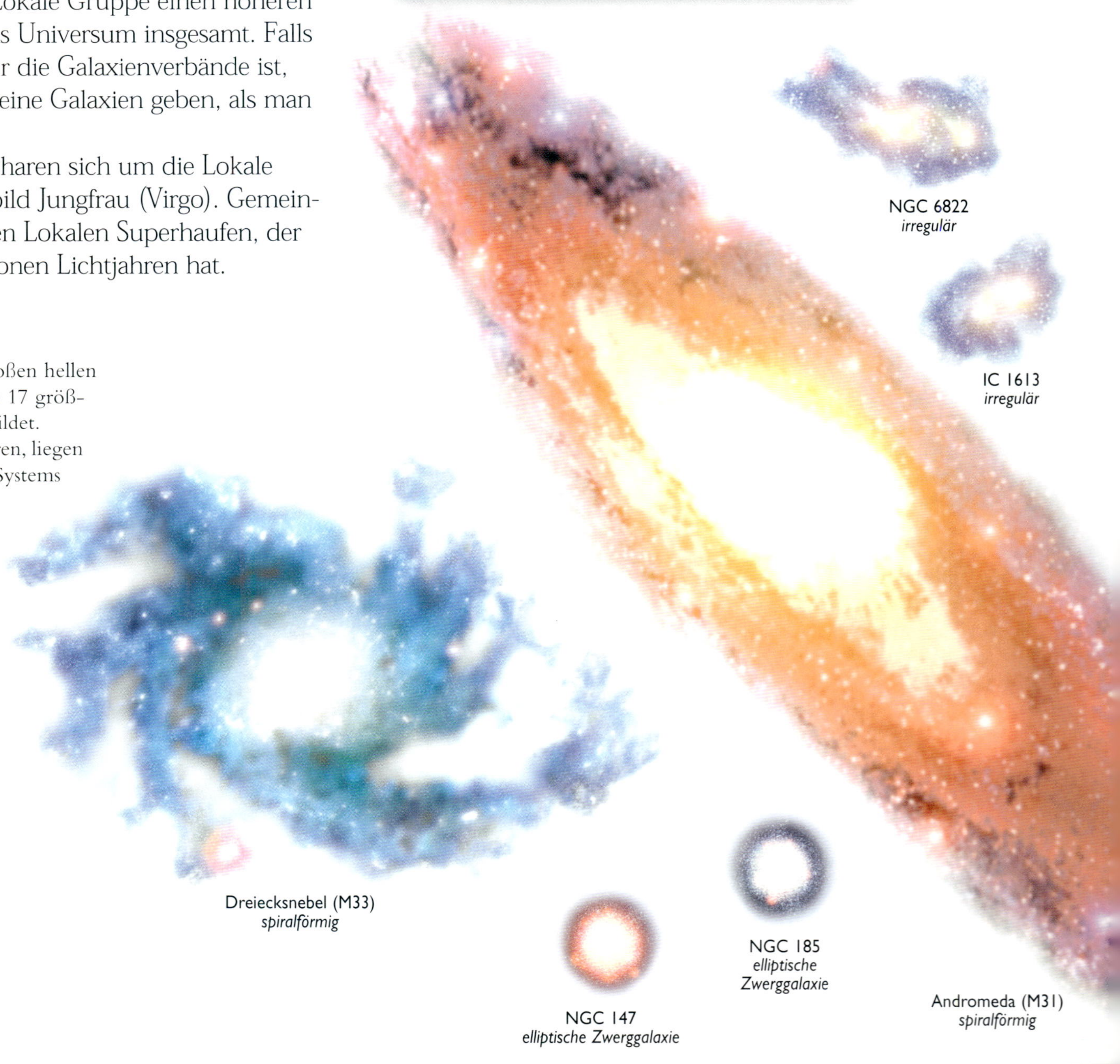

Schau nach

- Wie viele Galaxien enthält die Lokale Gruppe?
- Welcher Galaxientyp ist in der Lokalen Gruppe am häufigsten?
- Zu welchem größeren Verband gehört die Lokale Gruppe?

Kleine Magellansche Wolke
Die Kleine Magellansche Wolke ist die zweitgrößte Begleitgalaxie der Milchstraße. Beim Studium ihrer unregelmäßigen Form zeigte sich, dass sie durch die Gravitation der Milchstraße und der Großen Magellanschen Wolke verzerrt wird.

Virgohaufen
Die Lokale Gruppe befindet sich am Rande eines großen Superhaufens, der den Virgohaufen (unten) umgibt. Der Virgohaufen enthält die elliptische Riesengalaxie M87, die eine starke Radio- und Röntgenquelle ist.

Andromedanebel
Der Andromedanebel ist das fernste Objekt, das wir – in einem Abstand von etwa 2,5 Millionen Lichtjahren – noch mit bloßem Auge wahrnehmen können. Er ist eine Spiralgalaxie wie unsere Milchstraße, enthält aber mehr Masse als diese.

◆ Wissenswertes ◆

Eine Zwerggalaxie hat es in einem Galaxienhaufen nicht einfach. Die großen Verbände ziehen sie weit auseinander und reißen die einzelnen Sterne an sich, bis von dem System nichts mehr übrig ist.

Schwarze Löcher

Manche Galaxien haben leuchtende Kerne, die starke Energie aussenden. Man bezeichnet sie deshalb als aktive Galaxien. Die Astronomen vermuten, dass ihre Energie durch ein kleines, aber extrem massereiches Objekt erzeugt wird, höchstwahrscheinlich ein Schwarzes Loch. Schwarze Löcher sind so dicht, dass sie alles, was in ihre Nähe kommt, ansaugen und für immer verschlingen – nicht einmal Licht kann ihrer ungeheuren Anziehungskraft entweichen. Ein stellares Schwarzes Loch, das bei einer Supernova-Explosion entsteht, hat ungefähr die Masse eines Sterns (S. 73), während ein galaktisches Schwarzes Loch die Masse von Milliarden Sonnen besitzen kann.

Da Schwarze Löcher Licht verschlucken, kann man sie nicht direkt beobachten. Statt dessen suchen die Astronomen nach den Auswirkungen der extrem starken Gravitation. Die Energie einer aktiven Galaxie kommt nicht aus dem Innern des Schwarzen Lochs, sondern aus seiner unmittelbaren Umgebung. Gaswolken und Sternenschutt bilden einen als Akkretionsscheibe bezeichneten Strudel, der im Sog des Schwarzen Lochs herumwirbelt. Die enorme Schwerkraft des Schwarzen Lochs presst diese Scheibe mit extremer Gewalt zusammen und erhitzt sie dabei auf hunderttausend Grad und mehr. Ehe die Materie für immer im Schlund des Schwarzen Lochs verschwindet, sendet sie Röntgen- und Radiostrahlung sowie Unmengen sichtbarer Energie aus. In manchen aktiven Galaxien ist die Scheibe um das Schwarze Loch sehr dick. Das hat zur Folge, dass aus dem Zentrum Ströme geladener Teilchen fast mit Lichtgeschwindigkeit nach außen schießen – gigantische Strahlen oder Jets, die sich über Tausende von Lichtjahren erstrecken können.

DURCHMESSER EINES STELLAREN SCHWARZEN LOCHS
Ein Schwarzes Loch mit der Masse unserer Sonne hätte einen Durchmesser von 6 km.

DURCHMESSER EINES GALAKTISCHEN SCHWARZEN LOCHS
Ein Schwarzes Loch mit der Masse von 1 Million Sonnen hätte einen Durchmesser von 6 Millionen km.

QUASAR PKS 0637-752 (Seite 84, oben)
Entfernung: 6 Milliarden Lichtjahre; Durchmesser: unbekannt

EINSTEIN-KREUZ (Seite 84, Mitte rechts)
Entfernung: 10 Milliarden Lichtjahre; Durchmesser: unbekannt

CENTAURUS A/NGC 5128 (Seite 84, Mitte links)
Entfernung: 26 Millionen Lichtjahre; Durchmesser: 138 000 Lichtjahre

SEYFERT NGC 1275 (Seite 84, unten)
Entfernung: 230 Millionen Lichtjahre; Durchmesser: 175 000 Lichtjahre

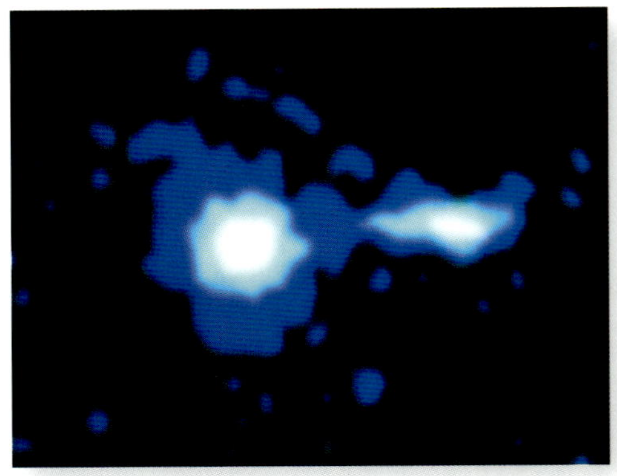

Quasar
Die Kerne von aktiven Galaxien, deren Helligkeit im Verlauf von Wochen oder Tagen schwankt, werden als Quasare – abgekürzt für „quasi-stellare (sternähnliche) Radioquellen" – bezeichnet. Quasar PKS 0637-752 stößt die Energie von 10 Billionen Sonnen aus. Das Röntgenbild zeigt einen gewaltigen, Tausende von Lichtjahre langen Jet.

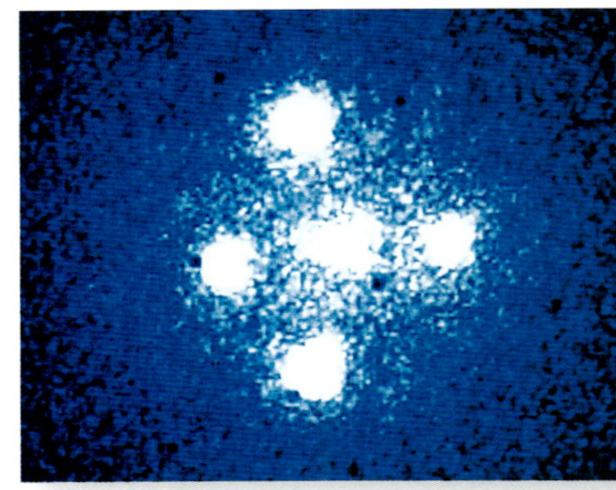

Gravitationslinse
Beim Einstein-Kreuz sind die vier äußeren Objekte Bilder ein und desselben Quasars! In der Mitte befindet sich eine massereiche Galaxie, deren Schwerkraft das Licht des hinter ihr liegenden Quasars wie eine Linse ablenkt und so verteilt, dass er gleich viermal abgebildet wird (siehe Diagramm gegenüber).

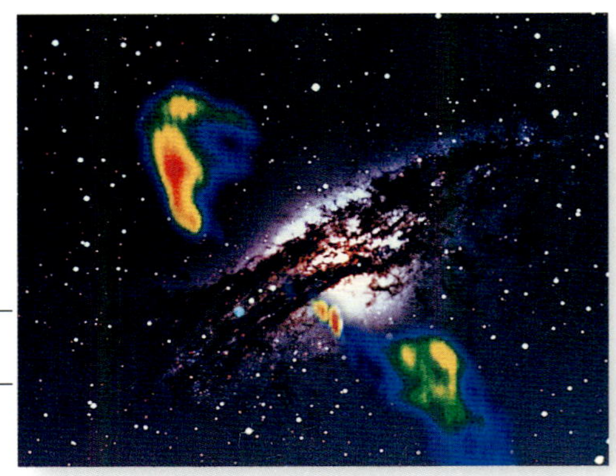

Radiogalaxie
Centaurus A (NGC 5128) ist die der Erde am nächsten gelegene aktive Galaxie. Das optische Bild in der Mitte zeigt eine große elliptische Galaxie, während die Falschfarben-Aufnahme im Radiobereich zwei gewaltige Energie-„Keulen" enthüllt, die nördlich und südlich von der Zentralgalaxie in den Raum hinausschießen.

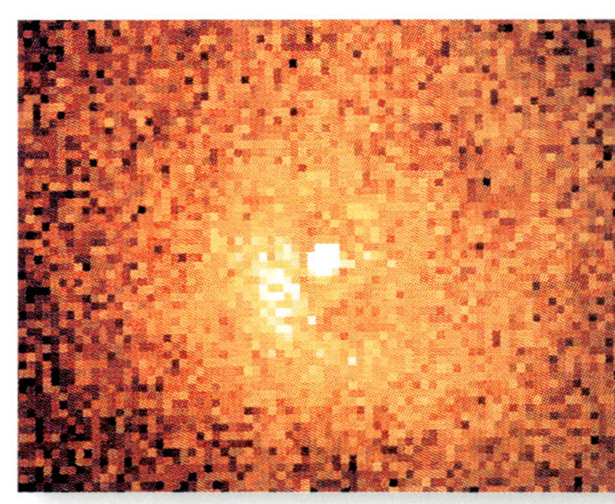

Seyfert-Galaxie
Dieses Röntgenbild zeigt NGC 1275, eine Scheibengalaxie mit einem extrem hellen, sternähnlichen Zentrum, dessen heiße Gase sehr aktiv zu sein scheinen – ein Galaxientyp, der nach seinem Entdecker als Seyfert-Galaxie bezeichnet wird.

◆ Mach mit: *Gravitationslinse* ◆

Eine Gravitationslinse kann Lichtstrahlen bündeln. Ihr benötigt eine einfache Linse, die ihr in der Hand halten könnt (z.B. eine Lupe). Der Versuch klappt besser, wenn die Linse nicht perfekt geschliffen ist.

1. Bewegt die Linse 2 bis 3 cm über einer Zeitung hin und her.
2. Die Verzerrung, die ihr beobachten könnt, ist der gleiche Effekt, den Astronomen (in Super-Zeitlupe!) sehen, wenn ein Schwarzes Loch oder eine massereiche Galaxie an einem weiter entfernten Objekt vorbeizieht.

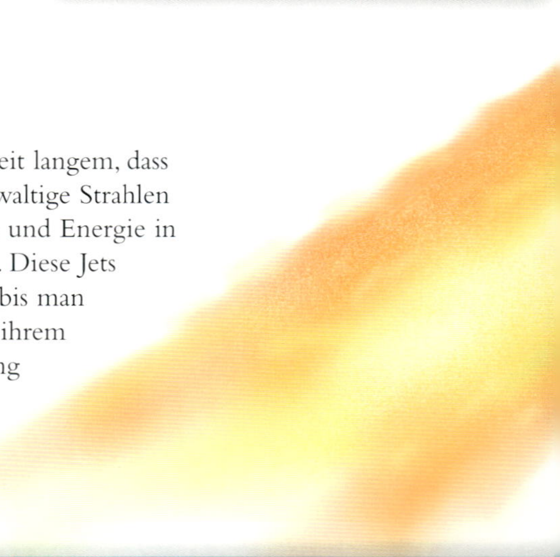

Schnelle Jets
Radioastronomen wissen seit langem, dass von manchen Galaxien gewaltige Strahlen oder Jets aus heißen Gasen und Energie in den Raum hinausschießen. Diese Jets blieben jedoch ein Rätsel, bis man eine schlüssige Theorie zu ihrem Entstehen in der Umgebung Schwarzer Löcher erarbeitet hatte.

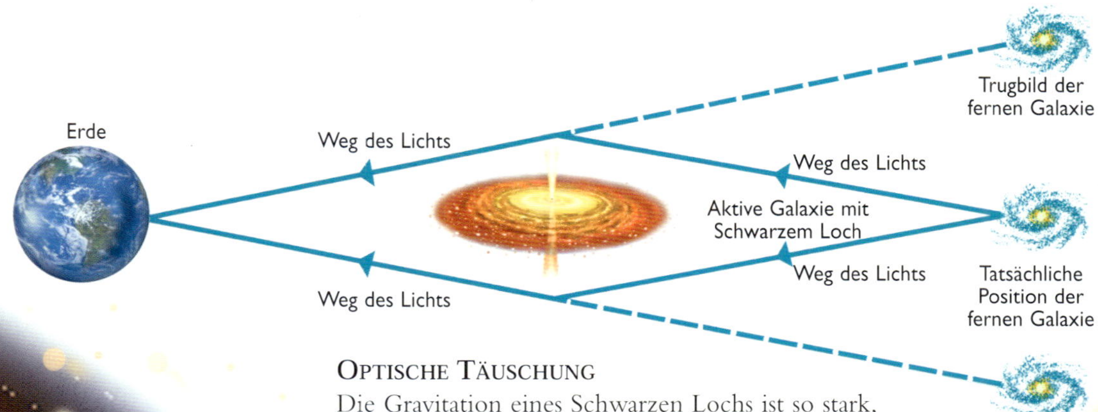

Optische Täuschung
Die Gravitation eines Schwarzen Lochs ist so stark, dass sie den Raum in ihrer Umgebung krümmt und wie eine Linse wirkt. Hier lenkt eine Galaxie mit einem Schwarzen Loch das Licht eines weiter entfernten Objekts ab, sodass für Beobachter auf der Erde die optische Täuschung einer Doppelgalaxie entsteht.

Galaktisches Schwarzes Loch
Aktive Galaxien erzeugen auf kleinstem Raum gewaltige Energien. Die Astronomen nehmen daher an, dass sich im Zentrum solcher Galaxien ein Schwarzes Loch mit einer Akkretionsscheibe (einem scheibenförmigen Bereich aus Gas oder anderer Materie) befindet. Wenn das Schwarze Loch die angesammelte Materie einsaugt, wird diese extrem heiß und strahlt Energie ab.

Schau nach

- Wie „strahlt" ein Schwarzes Loch?
- Können Galaxien optische Täuschungen hervorrufen?
- Warum erzeugen manche aktive Galaxien Jets?

Das Universum

DAS UNIVERSUM ENTSTAND vor 12 bis 15 Milliarden Jahren durch eine unvorstellbar heftige Explosion, die wir als Urknall oder „Big Bang" bezeichnen. Es begann als unendlich heißer und dichter Punkt, in dem alle Materie zusammengepresst war, die es heute enthält. Dieses brodelnde Gemisch exotischer Teilchen hatte eine Temperatur von über einer Billion Grad.

Als sich das Universum ausdehnte, kühlte es ab und Materie-Bausteine wie Protonen, Elektronen und Neutronen tauchten auf. Sie fügten sich zu einfachen chemischen Elementen zusammen – zunächst Wasserstoff, dann Helium. Die ältesten Sterne und Galaxien wurden aus diesen Elementen gebildet. Dann erzeugten die Kernreaktionen im Innern der Sterne komplexere Elemente, zum Beispiel Sauerstoff, Kohlenstoff, Blei und Gold. Daraus entstanden die nächsten Sterngenerationen, unsere Sonne, die Planeten – und wir! Gleichzeitig gruppierten sich Sterne zu Galaxien und Galaxien zu Galaxienhaufen und Superhaufen.

Der Urknall schuf ein Universum, das sich mit dem Raum selbst ausdehnt. Wohin die Astronomen auch blicken, sie stellen fest, dass sich die Galaxien mit wachsendem Abstand immer schneller von uns entfernen. Wird diese Ausdehnung bis in alle Ewigkeit anhalten? Das hängt davon ab, wie viel Materie das Universum enthält – ein Faktor, der sich nur schwer bestimmen lässt. Berechnet man ihn aufgrund des Lichts, das von Sternen und Nebeln abgestrahlt wird, kommt man nur auf ein Zehntel der Masse, die notwendig wäre, um die Expansion zu stoppen. Deshalb glauben viele Experten, dass sich das Universum für immer ausdehnen wird. Andere suchen nach zusätzlicher „Dunkelmaterie" – nach lichtschwachen Sternen, Schwarzen Löchern und exotischen Teilchen. Falls es im All genug Dunkelmaterie gibt, könnte die Schwerkraft eines Tages die Ausdehnung zum Stillstand bringen und das Universum würde in einem Endknall oder „Big Crunch" in sich zusammenstürzen.

ENTFERNUNG ZUM RAND DES UNIVERSUMS
12 BIS 15 MILLIARDEN LICHTJAHRE

ALTER DES UNIVERSUMS
12 BIS 15 MILLIARDEN LICHTJAHRE

SCHWÄCHSTE BISHER ENTDECKTE GALAXIEN
30. GRÖSSENORDNUNG

TEMPERATUR DER HINTERGRUNDSTRAHLUNG
–270°C

• SCHAU NACH •

- Wird die Ausdehnung nach dem Urknall jemals enden?
- Wie lange liegt die Geburt des Universums zurück?
- Wie sieht die Reststrahlung des Urknalls aus?

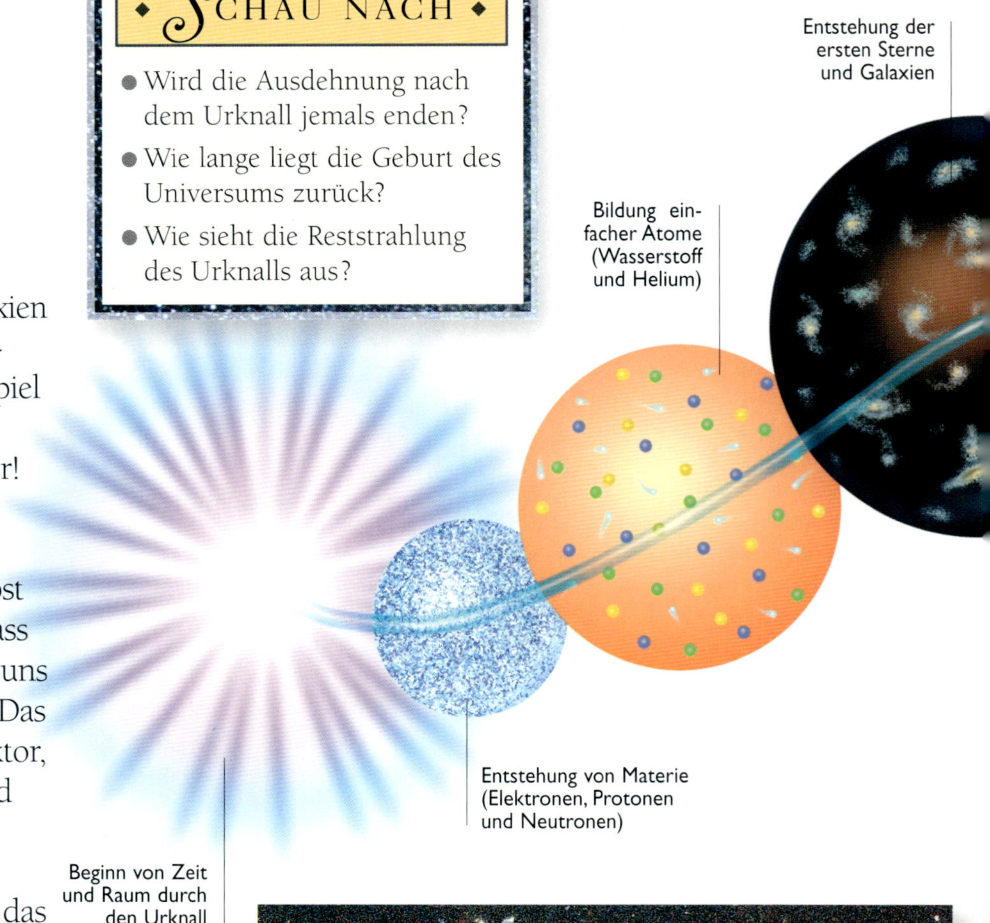

ALTE GALAXIEN
1995 fotografierte das Hubble-Weltraumteleskop die ältesten Galaxien, die je entdeckt worden waren. Die Astronomen erhoffen sich aus dem Studium dieser alten Objekte wichtige Hinweise zur Entstehung und Entwicklung der heutigen Galaxien.

• WISSENSWERTES •

Während sich das Weltall ausdehnt, entfernen sich die Galaxien voneinander – so wie die Punkte, die ihr auf einen Luftballon gemalt habt, sich voneinander fortbewegen, wenn ihr den Ballon aufblast. Anders als ein Ballon hat ein Universum jedoch kein „Außen", weil es alles enthält, was es gibt – auch den Raum selbst.

GROSSRÄUMIGE STRUKTUREN
Das Universum weist eine Reihe von riesigen Galaxienbögen auf, die blasenähnliche Leerräume umgrenzen. Astronomen untersuchen, ob die Galaxien zuerst da waren und sich dann zu Verbänden vereinigten – oder ob es in der Anfangszeit Materieketten gab, aus denen die Galaxien entstanden.

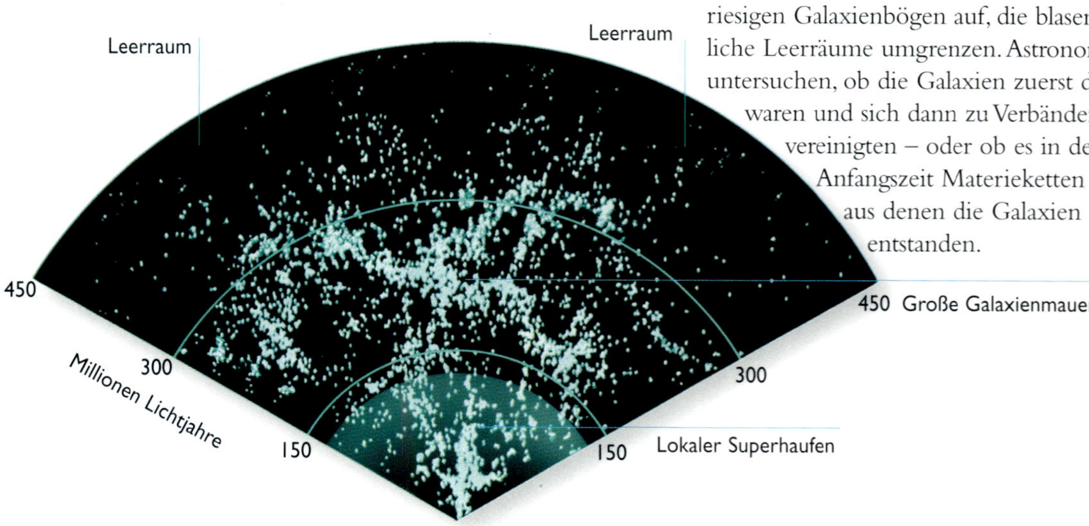

Der Endknall
Ein enges Gefängnis erwartet das Universum, wenn es genug Materie enthält, um die Ausdehnung ganz zum Stillstand zu bringen. Das All wird sich wieder zusammenziehen. Schließlich kommt es zum Endknall, bei dem alle Materie von einem supermassiven Schwarzen Loch verschlungen wird. Nach jüngsten Erkenntnissen ist die Entwicklung zum Endknall jedoch eher unwahrscheinlich.

Der Urknall
Die Urknall-Theorie erklärt, wie mit der Explosion von Materie und Energie die Entwicklung der Sterne und Galaxien einsetzte. Die Zukunft des Universums, das sich derzeit immer noch ausdehnt, hängt davon ab, wie viel Materie es enthält. Die vorhandene Materie könnte ausreichen, um die Expansion zu verlangsamen und das Universum irgendwann zu stabilisieren. Geht die Ausdehnung jedoch im gleichen Tempo wie bisher weiter, werden die Galaxien immer weiter auseinander driften, bis die letzten Sterne erlöschen und die Materie zu einem grenzenlosen Teilchen-„Ozean“ zerfällt.

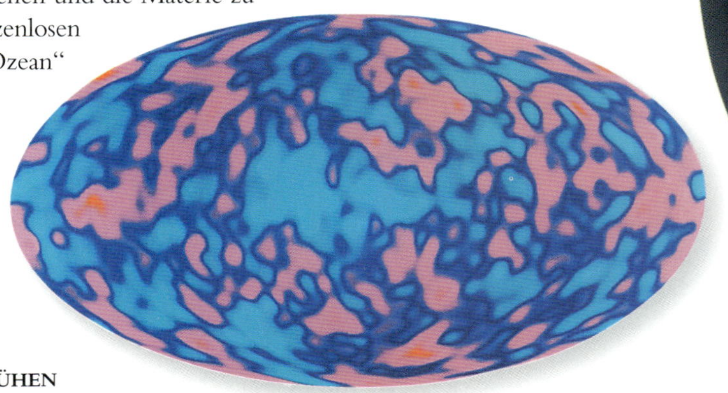

Nachglühen
Diese vom COBE-Satelliten erstellte Wärmekarte zeigt ein schwaches Gekräusel in der kosmischen Hintergrundstrahlung – einem fernen Echo oder „Nachglühen“ des Urknalls. Aus den blauen, etwas dichteren Bereichen entstanden die ersten Sterne und Galaxien.

COBE
Der Forschungssatellit COBE (Cosmic Background Explorer) hatte die Aufgabe, die Reststrahlung des Urknalls zu untersuchen. Seine Messungen ergaben kleine Temperatur- und damit auch Dichteschwankungen.

Himmelsbeobachtung

STERNE BEOBACHTEN IST EINFACH: Ihr könnt bei klarem Himmel noch heute Abend vor die Haustür gehen und damit anfangen. Viele Amateur-Astronomen bevorzugen jedoch Orte, die einen unverstellten Blick zum Himmel bieten – wie einen Park oder einen Schulhof. Sucht euch also einen Platz, wo keine Lichter die Sterne überstrahlen und wählt die passende Sternkarte auf den Seiten 94–109 aus.

Wartet mindestens eine Viertelstunde, bis sich eure Augen an das Dunkel gewöhnt haben. Ihr braucht eine Taschenlampe, damit ihr die Sternkarte lesen könnt. Da ein weißer Strahl eure Pupillen wieder auf Tageslicht einstellen würde, bedeckt das Glas mit rotem Transparentpapier. Haltet nun nach hellen Sternen Ausschau und lokalisiert sie auf eurer Karte. Dann sucht nach lichtschwächeren Sternen, indem ihr auf der Karte eine Linie zu einem hellen Stern zieht und dann am Himmel nach dem gleichen Muster sucht.

Für das Betrachten von Sternbildern oder Meteorschauern reicht das bloße Auge vollkommen aus. Wenn ihr mehr sehen wollt, bietet ein Fernglas meist eine bessere Auflösung als ein billiges Fernrohr. Es zeigt euch die Milchstraße in Tausenden von Einzelsternen sowie Sternhaufen wie den Plejaden und lässt ferne Galaxien als verschwommene Lichtflecken erscheinen.

Der nächste Schritt wäre ein gutes Fernrohr. Mit seiner Hilfe könnt ihr die Krater auf dem Mond, die Ringe des Saturn, leuchtende Nebel und mehr erkennen. Da eine solche Anschaffung aber nicht gerade billig ist, solltet ihr euch vor dem Kauf genau erkundigen, worauf ihr achten müsst. Vielleicht gibt es in eurer Nähe einen Astronomieklub, ein Observatorium oder ein Museum, wo ihr euch Rat holen oder ein paar Instrumente ausprobieren könnt.

Die Sternkarten in diesem Buch wollen euch den Einstieg in die Himmelskunde erleichtern. Wenn ihr Spaß daran findet, lohnt sich vielleicht ein Sternatlas, der sehr viel mehr Einzelheiten enthält. Ein Sternatlas ist eine Art Reiseführer durch das Weltall, dem ihr euer Leben lang folgen könnt.

MIT BLOSSEM AUGE
Schon im Altertum waren der Menschheit die fünf Planeten vertraut, die man ohne weiteres mit bloßem Auge sehen kann: Merkur, Venus, Mars, Jupiter und Saturn. Auf dieser Abendaufnahme ist die Mondsichel zwischen Venus (am oberen Bildrand) und Jupiter (unten) zu sehen.

LICHTVERSCHMUTZUNG
Der helle Schein von Straßenlaternen, Reklameschriften und Häusern lässt die Gestirne verblassen und macht es unmöglich, lichtschwache Objekte am Nachthimmel zu erkennen. Die beste Aussicht auf die Sterne habt ihr in klaren, mondlosen Nächten draußen auf dem flachen Land.

◆ MACH MIT: *Tagsterne* ◆

Die Sterne leuchten Tag und Nacht, auch wenn wir sie nur nachts sehen können. Tagsüber wird das helle Sonnenlicht von der Atmosphäre so gestreut, dass der blaue Himmel die Sterne verdeckt. Ihr könnt mit Hilfe eines einfachen Experiments ausprobieren, wie das funktioniert.

1. Knipst mit einem Locher „Sterne" in eine Karteikarte. Ihr könnt dazu euer Lieblings-Sternbild auswählen.
2. Schiebt die Karte in einen weißen Briefumschlag.
3. Leuchtet in einem dunklen Raum mit einer Lampe auf den Umschlag. Das Papier reflektiert das Licht, sodass ihr die „Sterne" nicht sehen könnt.
4. Leuchtet nun von hinten auf den Umschlag. Nun scheinen die „Sterne" durch.

NÄCHTLICHE HIMMELSEREIGNISSE
Manche Himmelsereignisse kann man vorausberechnen. So ereignet sich mindestens einmal im Jahr eine Mondfinsternis (siehe Seite 113). Diese Langzeit-Aufnahme zeigt den Mond vor, während und nach einer Bedeckung.

EIN GUTES FERNROHR
Die wichtigste Eigenschaft eines Fernrohrs – wichtiger als seine Vergrößerungsleistung – ist eine robuste Montierung.

Der Beobachtungsplatz
Ihr seht mehr am Himmel, wenn ihr es euch bequem macht. Je nach Jahreszeit kann das warme Unterwäsche und eine Wollmütze oder ein Mücken-Spray bedeuten. (Aber macht euch darauf gefasst, dass es auch in Sommernächten empfindlich kalt werden kann!) Ein Klappstuhl mit Lehne verhindert, dass Rücken und Schultern beim Hochhalten des Fernglases steif werden. Und eine Thermosflasche mit heißem Kakao ist nach einem längeren Aufenthalt im Freien ein Hochgenuss!

Wissenswertes

Wenn ihr auf freiem Feld steht und zum Nachthimmel aufschaut, seht ihr nicht wirklich „Millionen“ Sterne. Selbst bei idealen Bedingungen kann man mit bloßem Auge nur etwa 2000 Sterne erkennen.

Sternbilder

STERNBILDER UNTERTEILEN den Himmel in Abschnitte, die man sich leicht merken kann. Im Altertum, als nur wenige Menschen lesen konnten, waren diese Sternbilder wie himmlische Bilderbücher. Sie sorgten dafür, dass die Sagen und Legenden über die Götter nicht in Vergessenheit gerieten. Die moderne Astronomie hat insgesamt 88 dieser alten Sternbilder oder Konstellationen beibehalten.

Die meisten davon stammen aus der griechischen und römischen Kultur, die vor mehr als 2000 Jahren ihren Höhepunkt hatte. Aber schon damals waren einige der Sternbilder aus dem noch älteren Mesopotamien (im heutigen Irak) übernommen worden. Zu den allerersten Konstellationen zählten nach Ansicht der Astronomen Stier, Löwe und Skorpion, da sie den Sonnenaufgang zu bestimmten Zeiten des jährlichen Anbau- und Erntezyklus markierten.

Die Bezeichnung der einzelnen Sterne erfolgte in unterschiedlicher Weise. Ptolemäus benannte sie nach ihrer Position in einer Konstellation. So bedeutet Rigel im Sternbild von Orion, dem Jäger, auf Arabisch „Fuß“. (Der Name ist deshalb arabisch, weil die Schriften des Ptolemäus im Mittelalter durch eine arabische Übersetzung zu uns gelangten.) Etwas später begannen einige Astronomen griechische Buchstaben zu verwenden – angefangen mit Alpha für den hellsten Stern einer Konstellation, Beta für den zweithellsten, und so fort – während andere die Sterne nummerierten.

Sternhaufen, Galaxien und Nebel haben in der Regel Bezeichnungen wie M35 oder NGC1365. Die M-Nummern stammen von dem Franzosen Charles Messier, der im späten 18. Jahrhundert viele dieser Objekte entdeckte. Die NGC-Nummern beziehen sich auf den *New General Catalogue*, eine umfassende Liste von Sternhaufen und Nebeln, die gegen Ende des 19. Jahrhunderts zusammengestellt wurde.

• Wissenswertes •

In fremden Kulturen werden die Sterne oft zu anderen Figuren gruppiert als bei uns. So bezeichnet man in den USA den Großen Wagen als Großen Schöpflöffel (Big Dipper) – und die Sioux-Indianer sahen in dem gleichen Sternbild ein Stinktier!

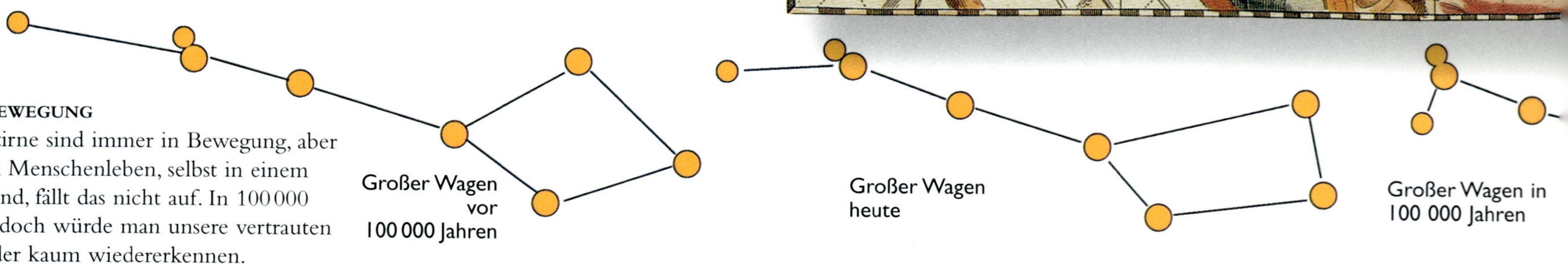

Sternbewegung
Die Gestirne sind immer in Bewegung, aber in einem Menschenleben, selbst in einem Jahrtausend, fällt das nicht auf. In 100 000 Jahren jedoch würde man unsere vertrauten Sternbilder kaum wiedererkennen.

Der Himmelsjäger Orion
Die ältesten Konstellationen wie Orion setzen sich aus Sternen zusammen, die man mit bloßem Auge erkennen konnte. Der Sage nach war Orion ein mächtiger Jäger, den eine Göttin als Sternbild in den Himmel versetzt hatte. Er schwingt eine Keule über dem Kopf und reckt dem Stier einen mit Löwenhaut bespannten Schild entgegen. Die drei Sterne in der Mitte bilden seinen Gürtel.

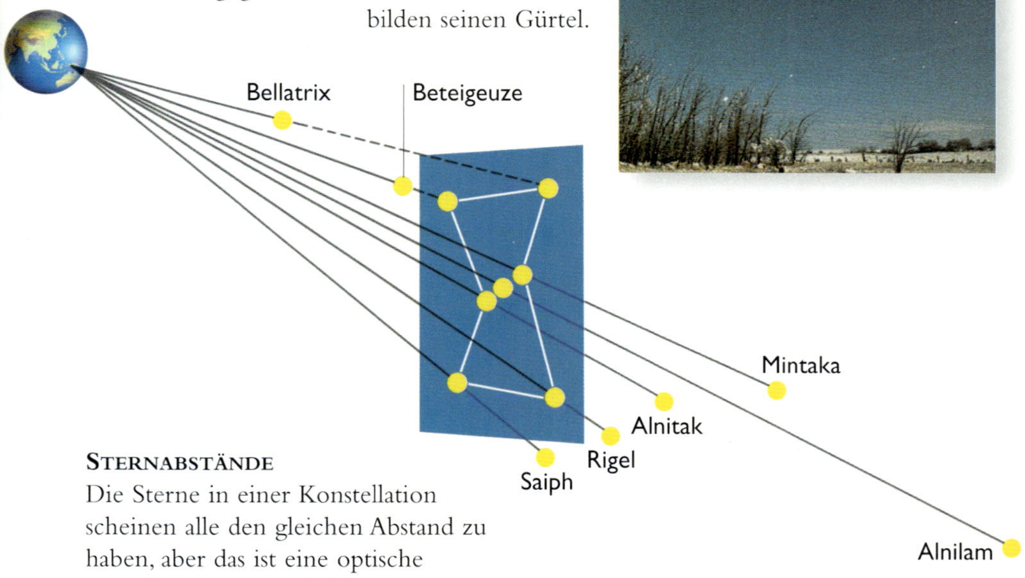

Sternabstände
Die Sterne in einer Konstellation scheinen alle den gleichen Abstand zu haben, aber das ist eine optische Täuschung. Im Sternbild Orion etwa ist Beteigeuze 427 Lichtjahre, Rigel dagegen 773 Lichtjahre entfernt.

Mythologische Gestalten
Viele alte Sternkarten schmücken die sorgfältig eingetragenen Gestirne mit farbenprächtigen Gestalten der Götter- und Sagenwelt aus. So sehen wir hier unter anderem die Zwillinge (Gemini), Orion, den Jäger, den Stier (Taurus) und den Fluss Eridanus.

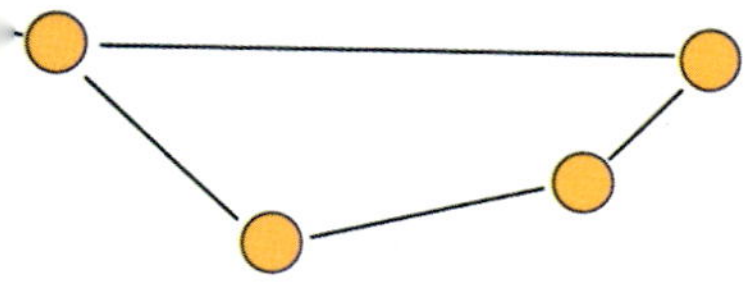

Indische Sternkarte
Diese prachtvolle Sternkarte wurde 1840 von einem indischen Herrscher in Auftrag gegeben. Sie ist mit indischen und islamischen Motiven ausgeschmückt, enthält aber auch viele der Sternbilder, die bei uns gebräuchlich sind. Welche könnt ihr erkennen?

◆ Mach mit: *Sternbilder* ◆

So wie andere Völker unterschiedliche Figuren in den Sternen sehen, könnt ihr eure eigenen Sternbilder erfinden.

1. Wählt eines der mythologischen Sternbilder aus, die auf den Seiten 94–109 dargestellt sind.
2. Zeichnet die Konstellation auf ein Blatt Papier ab.
3. Malt das mythologische Sternbild nach.
4. Welche anderen Bilder könnte man in der Sternanordnung erkennen? Zeichnet und malt alle, die euch einfallen!

Unser Beispiel zeigt zwei Figuren, die auf den Sternen des Orion basieren.

Wie man eine Sternkarte liest

AUF DEN FOLGENDEN SEITEN findet ihr Sternkarten für die Nord- und Südhalbkugel und für jede der vier Jahreszeiten. Wenn ihr die Doppelseite mit der richtigen Hemisphäre und Jahreszeit aufschlagt, seht ihr zwei Karten mit den Sternen und Sternbildern, die ihr am Nachthimmel erkennen könnt, wenn ihr nach Norden oder Süden schaut. Im Osten und Westen überlappen sich die Karten ein wenig, sodass sie alle Gestirne vollständig zeigen.

Die Sternkarten verändern sich im Lauf eines Jahres, da viele Sternbilder aus eurem Blickfeld verschwinden und wieder auftauchen, während die Erde die Sonne umkreist. So sind die Konstellationen, die ihr an einem Märzabend beobachten könnt, andere als die im September. Die Verschiebung von einer Nacht zur nächsten ist nicht groß, aber sie summiert sich. Nach etwa einem Monat geht jeder Stern um zwei Stunden früher auf und unter. Das bedeutet, dass ihr die Sternbilder vielleicht nicht genau da findet, wo sie auf euren Jahreszeiten-Karten eingetragen sind. Zu Beginn des Quartals liegen sie mehr im Osten, gegen Ende dagegen mehr im Westen. (Und wenn ihr die Sterne spät nachts beobachtet, verwendet ihr am besten eine Karte der nächsten Jahreszeit.)

Die Karten enthalten Sterne, die Milchstraße, Sternhaufen, Nebel und sogar Galaxien, aber keine Planeten oder Kometen, weil solche Objekte ihre Position ständig verändern. Während Sternbilder alljährlich zur gleichen Zeit wieder am gleichen Ort auftauchen, ist das bei Planeten nicht der Fall. Wenn ihr also nach einem bestimmten Planeten sucht, müsst ihr die Zeitung, ein Astronomie-Fachblatt oder Websites wie www.vds-astro.de, www.skypub.com und www.astronomy.com zu Rate ziehen.

NACH EINER STUNDE
Aufgrund der Erdrotation scheinen die Sternbilder von Ost nach West zu wandern. Schaut man in Richtung Süden, bewegen sie sich im Lauf einer Stunde – wie hier Orion – ein Stück von links nach rechts, schaut man nach Norden, von rechts nach links.

NACH ZWEI WOCHEN
Die Drehung der Erde um die Sonne wirkt sich ähnlich aus wie ihre Rotation: Wenn ihr im Abstand von zwei Wochen abends zur gleichen Stunde in Richtung Süden blickt, wird Orion ein Stück weiter im Westen zu sehen sein.

STERNSPUREN
Da die Erde um ihre Achse rotiert, scheinen sich die Sterne um den Himmelspol im Kreis zu drehen. Diese Langzeit-Aufnahme hält die Bewegung fest.

ORIENTIERUNGSHILFEN
Für den Umgang mit Sternkarten müsst ihr die Himmelsrichtungen kennen. In manchen Orten sind die Straßen nach Nord-Süd oder Ost-West ausgerichtet. Wo das nicht der Fall ist, könnt ihr Osten und Westen nach dem Stand der Morgen- oder Abendsonne bestimmen. Oder ihr fragt einfach einen Erwachsenen.

SYMBOL- UND FARBKODE
Die Himmelskarten vermerken die Sternhelligkeit mit Punkten, die der Größenklasse des Objekts entsprechen. Lichtschwächere Sterne haben höhere Größenklassen, während die hellsten Sterne bis in den Minus-Bereich gehen. Sternhaufen, Nebel und Galaxien sind durch besondere Symbole gekennzeichnet.

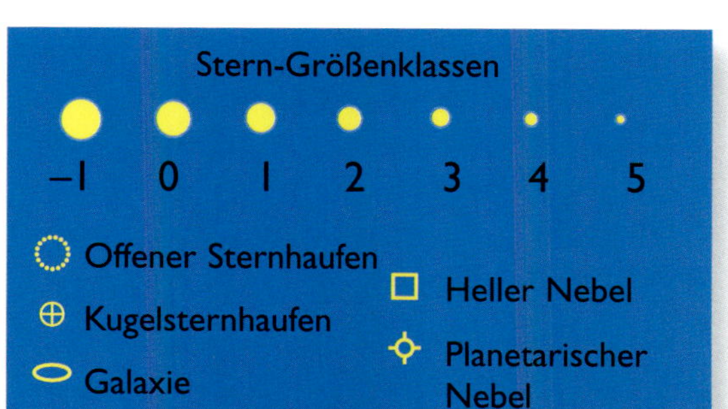

STERNKARTEN
Die hier abgebildeten Sternkarten-Halbkreise zeigen jeweils die Hälfte des Himmels zu einer bestimmten Jahreszeit. Der Horizont verläuft entlang der Grundlinie, mit dem Norden beziehungsweise Süden im Zentrum. Osten und Westen sind markiert, der höchste Punkt entspricht oben. Dreht die Karte so, dass sie mit der Kompassrichtung übereinstimmt, in die ihr gerade schaut.

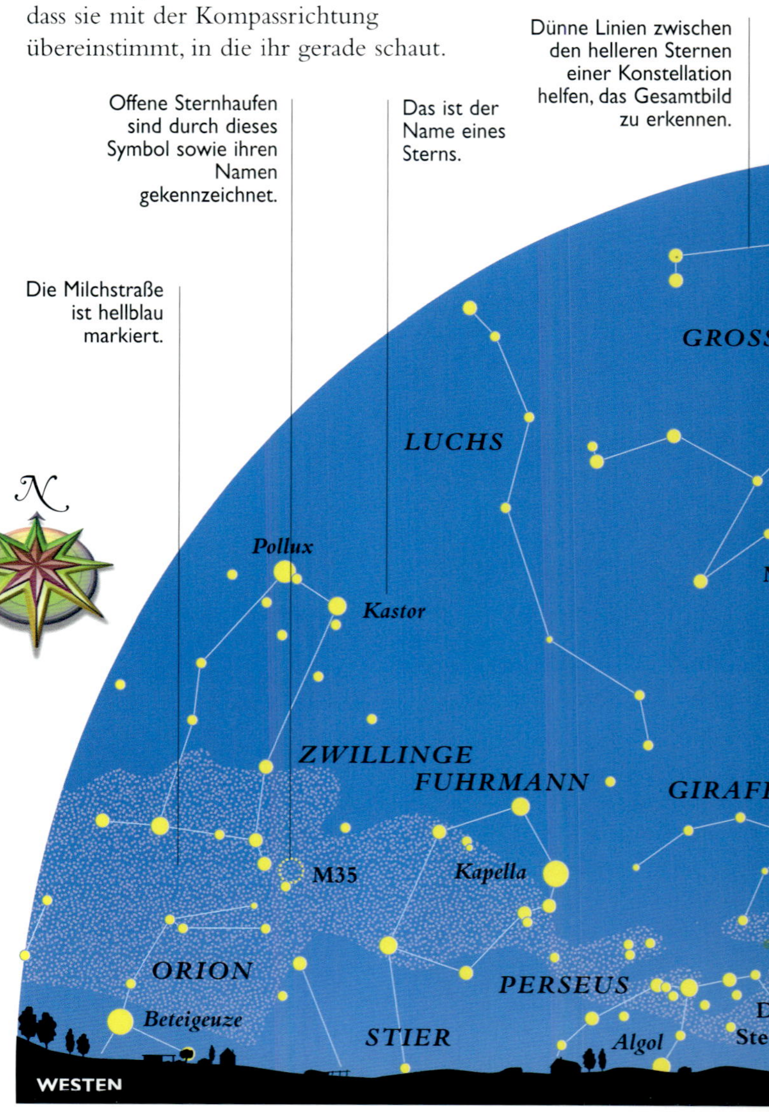

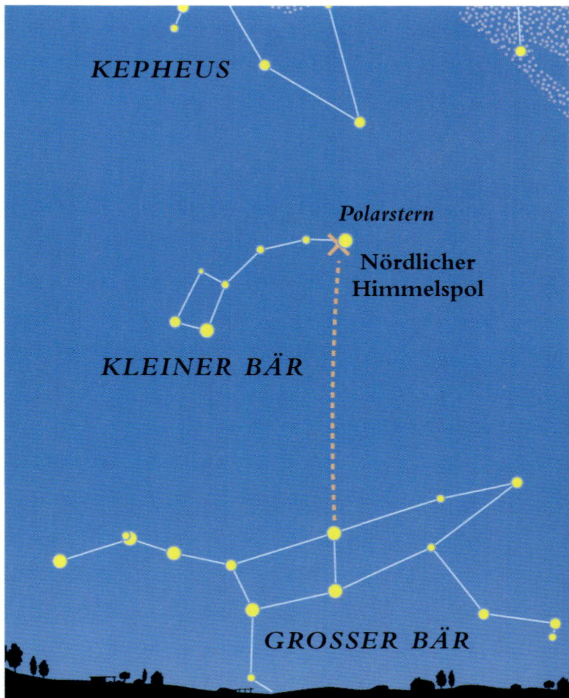

Wo ist Norden?

Der nördliche Himmelspol liegt in der Nähe des Polarsterns im Kleinen Wagen. Auf der Nordhalbkugel könnt ihr euch am Großen Wagen orientieren, um ihn zu finden. Wählt die richtige Sternkarte auf den Seiten 94-101 aus und zieht eine gedachte Linie zwischen dem oberen Eckstern des Großen Wagens und dem Polarstern am Deichselende des Kleinen Wagen.

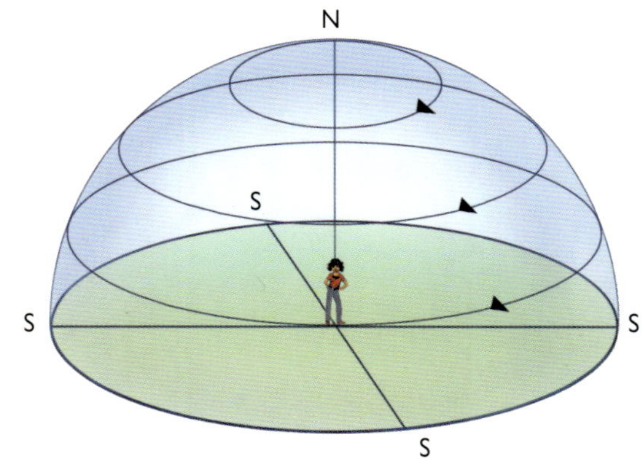

am Nordpol (90°N)

Wo ist Süden?

Der südliche Himmelspol auf der Südhalbkugel ist nicht durch einen besonderen Stern markiert, aber das Kreuz des Südens bietet eine gute Orientierungshilfe. Sucht die Konstellation auf einer Sternkarte der Seiten 102-109 und zieht, wie in der Skizze rechts gezeigt, einige gedachte Linien zwischen den hellsten Nachbarsternen, um den gesuchten Südpol aufzuspüren.

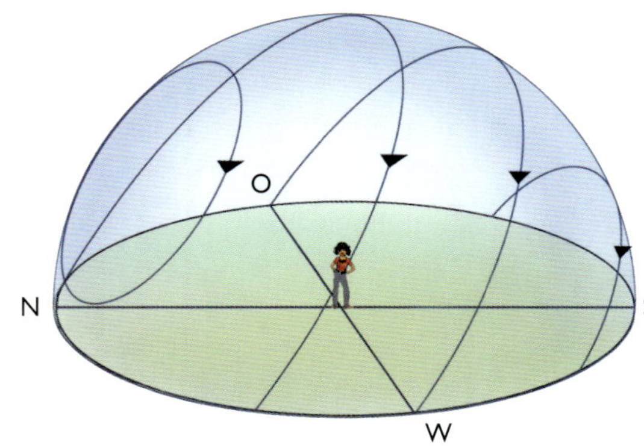

in mittleren nördlichen Breiten (40°N)

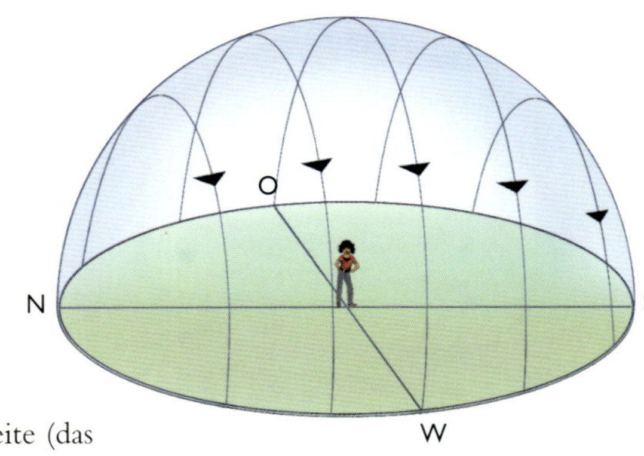

Am Äquator (0°)

Verschiedene Bahnen

Je nach der geografischen Breite (das ist der Äquatorabstand in Richtung Norden oder Süden), in der sich ein Beobachter befindet, verändern sich die scheinbaren Bahnen der Sterne über den Himmel.

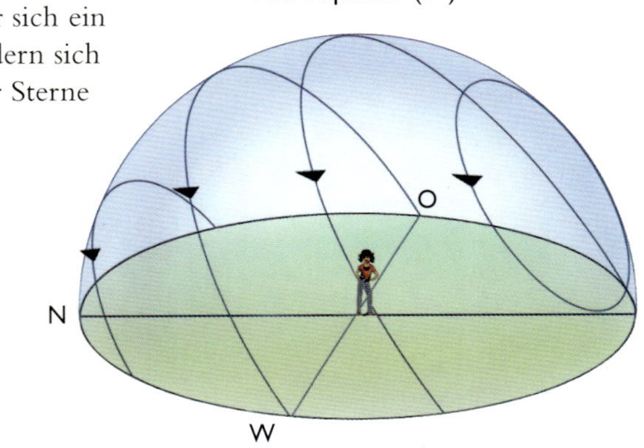

in mittleren südlichen Breiten (40°S)

Galaxien sind durch dieses Symbol sowie ihren Namen gekennzeichnet.

Kugelsternhaufen sind durch dieses Symbol und ihrem Namen gekennzeichnet.

Das ist der Name eines Sternbilds.

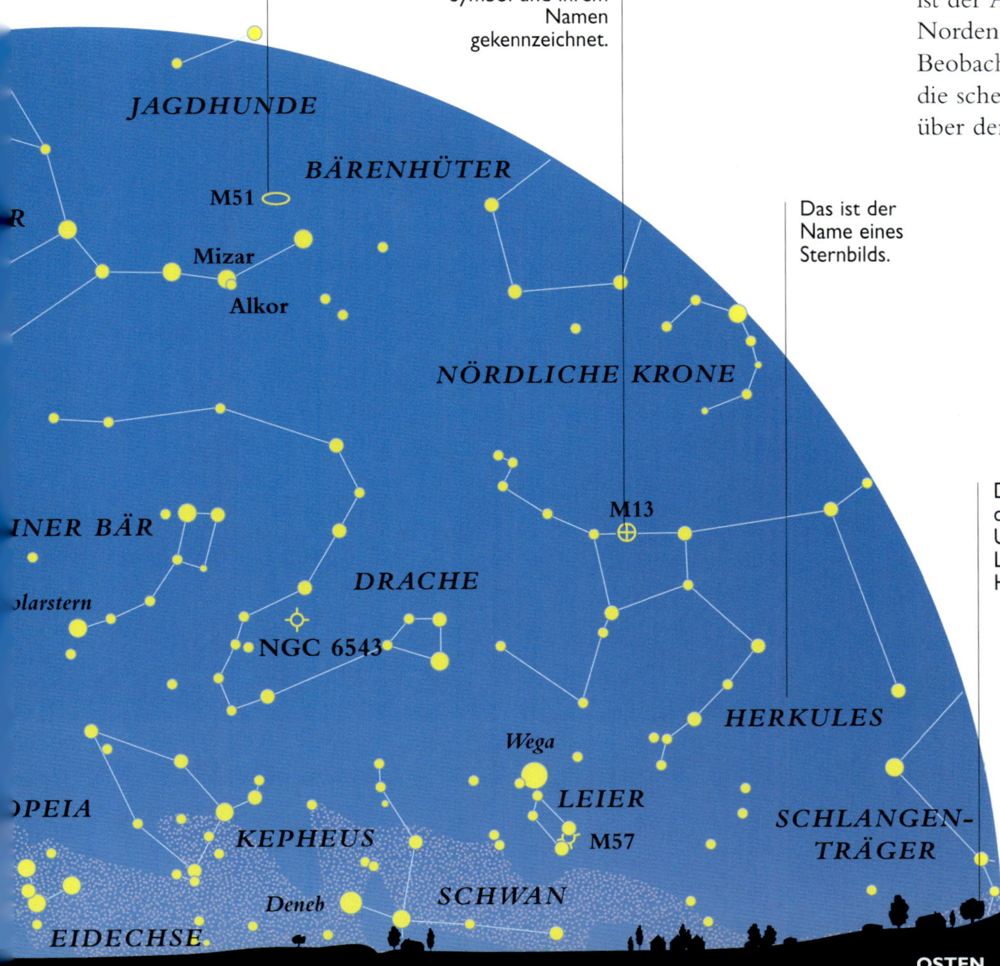

Der Horizont wird durch die schwarzen Umrisse der Landschaft und Häuser angedeutet.

Diese Karte zeigt die Sterne des Frühlingshimmels auf der nördlichen Halbkugel, wenn man nach Norden schaut (siehe S. 96).

Schau nach

- Welchen Bahnen am Nachthimmel folgen die Sterne in eurer Gegend?
- Wann geht Orion in einem Monat auf, wenn er heute um 21 Uhr am Himmel erscheint?

Wintersterne am Nordhimmel

BLICKRICHTUNG NORDEN: Die meisten Beobachter werden auf Anhieb den Großen Wagen erkennen. Er besteht aus sieben hellen Sternen, die Rücken und Schwanz des Großen Bären bilden. Während der Wintermonate scheint der Große Wagen im Nordosten auf seiner Deichsel zu stehen. Wenn man von den beiden oberen Sternen des Wagens zwei gedachte Linien nach links zieht, kommt man zum Kleinen Bären mit dem Polarstern. Wenn der Große Wagen aufgeht, sinkt im Nordwesten das wie ein großes M geformte Sternbild Kassiopeia. Umgeben ist Kassiopeia, die schöne Königin Äthiopiens, von ihren Gefährten aus der Götter- und Sagenwelt: König Kepheus (ihrem Gemahl), Andromeda (ihrer Tochter), Perseus (dem Helden und Retter Andromedas) und Pegasus (dem Pferd des Perseus). Der Walfisch, der Andromeda zu verschlingen drohte, ehe ihr Perseus zu Hilfe kam, geht im Südwesten unter (siehe Karte gegenüber). Den Andromeda-Nebel (Galaxie M33) seht ihr mit bloßem Auge oder mit dem Fernglas. Er hebt sich als ovaler Lichtfleck gegen den dunklen Himmel ab.

WO SEHT IHR DIESEN STERNHIMMEL?
Auf der Nordhalbkugel, z.B. in Europa, den USA, Kanada und Japan

WANN SEHT IHR DIESEN HIMMEL?
Von Januar bis Ende März

MIT BLOSSEM AUGE ZU ERKENNEN
Algol im Perseus, Grosser Wagen im Grossen Bären, Polarstern im Kleinen Bären

MIT DEM FERNGLAS ZU ERKENNEN
Doppelhaufen im Perseus, Doppelsterne Mizar und Alcor und Galaxie M81 im Grossen Bären

MIT DEM FERNROHR ZU ERKENNEN
Andromedanebel (M31) in der Andromeda, Feuerrad-Galaxie (M51) in den Jagdhunden

DOPPELSTERNHAUFEN
Gerade noch mit bloßem Auge auszumachen sind diese beiden offenen Sternhaufen, die zwischen Perseus und Kassiopeia dicht zusammen liegen.

DER HELD PERSEUS
Der Legende nach rettete Perseus die schöne Andromeda, die dem Walfisch zum Fraß vorgeworfen werden sollte, und nahm sie später zur Gemahlin.

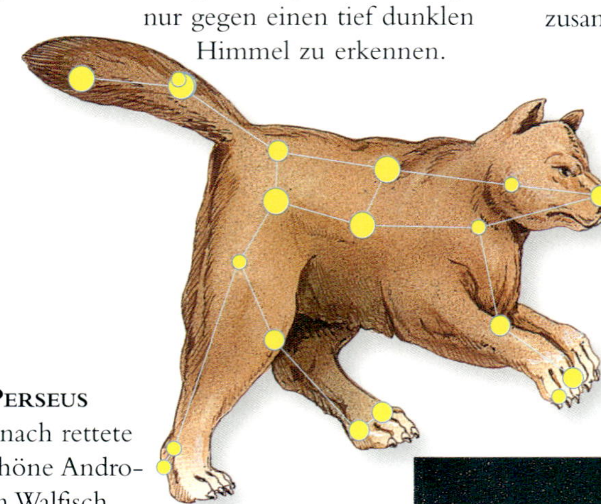

GROSSER BÄR
Der Große Bär enthält mehr Sterne als der Große Wagen. Die ganze Figur ist allerdings nur gegen einen tief dunklen Himmel zu erkennen.

GROSSER WAGEN
Die vier Kasten- und drei Deichselsterne des Großen Wagens galten bei den alten Römern als Dreschochsen, die im Kreis um den nördlichen Himmelspol liefen.

◆ SCHAU NACH ◆

- Wie heißt der hellste Stern am Nachthimmel?
- Zu welchem Sternbild gehört der Große Wagen?
- Wen rettete Perseus vor welchem Untier?

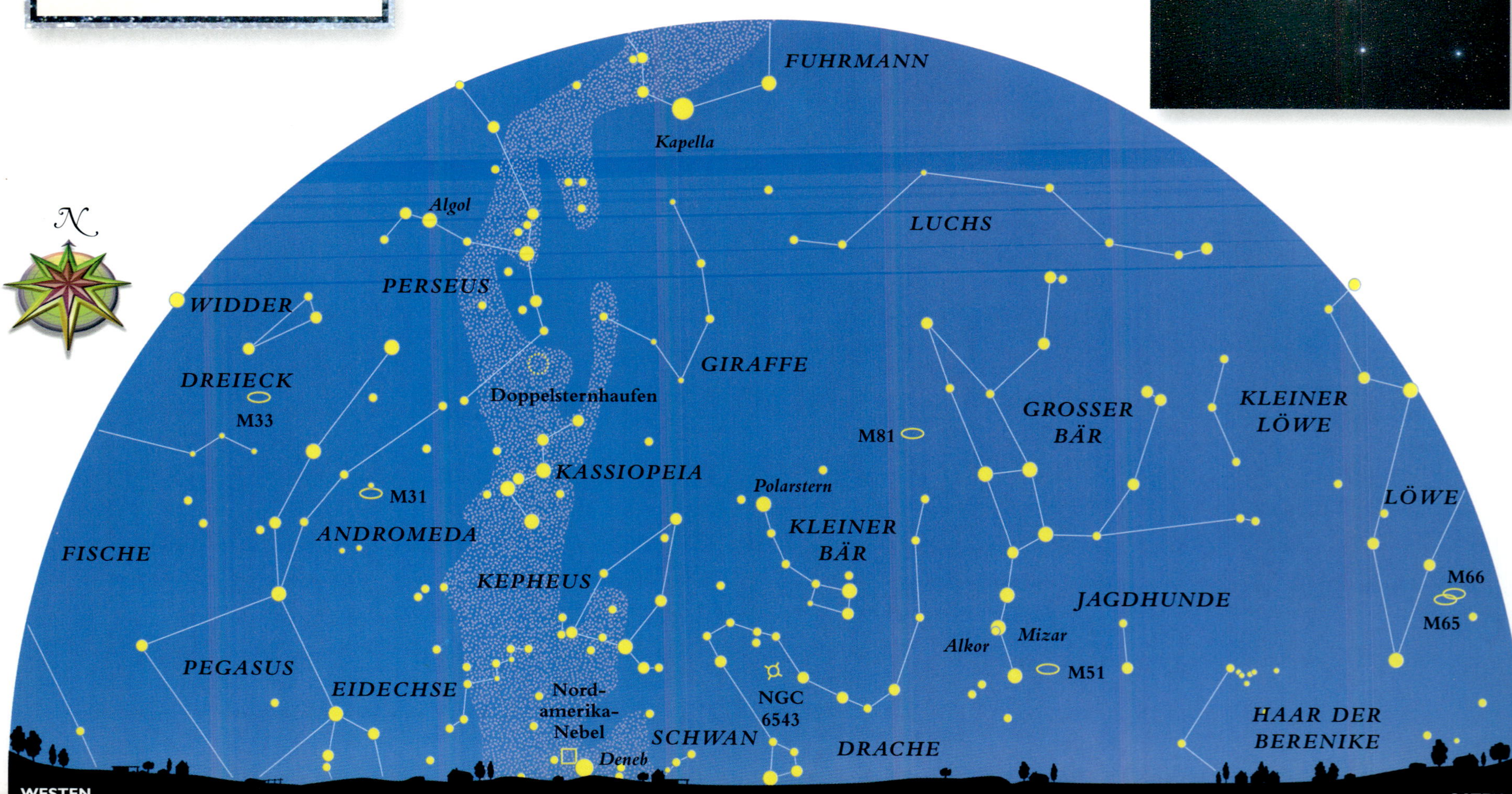

BLICKRICHTUNG SÜDEN: Der Himmelsjäger Orion steht hoch über dem Horizont, deutlich zu erkennen an seinen drei Gürtelsternen. Im Schwertgehänge, von der Mitte des Gürtels abwärts, befindet sich der gerade noch mit bloßem Auge sichtbare Orionnebel (M42). Zwei sehr helle Sterne, Beteigeuze und Rigel, markieren die linke Schulter und den rechten Fuß des Jägers. Orion schlägt den Stier in die Flucht. Dieses Sternbild enthält zwei offene Sternhaufen – an der Schulter die auch als Siebengestirn bezeichneten Plejaden sowie die Hyaden, die den Kopf des Stiers bilden. Unter dem Himmelsjäger kauert der Hase und links davon findet ihr den Großen Hund mit dem gleißenden Sirius als Auge. Senkrecht über Sirius leuchtet Prokyon, der zum Kleinen Hund gehört, und noch ein Stück höher erscheinen die Zwillinge Kastor und Pollux im gleichnamigen Sternbild. Von dort aus könnt ihr rechts oben in der Milchstraße den Fuhrmann mit seinem Hauptstern Kapella (siehe Karte gegenüber) entdecken.

GROSSER HUND
In der Mythologie war der Große Hund einer von zwei Jagdhunden, die Orion stets auf seinen Streifzügen begleiteten.

SIRIUS
Sirius, der das Auge des Großen Hundes bildet und deshalb auch der „Hundsstern“ genannt wird, ist der hellste Stern am Nachthimmel. Die alten Ägypter wussten, dass die jährliche Nilüberschwemmung bevorstand, wenn Sirius kurz vor der Sonne aufging.

ORION
Der Himmelsjäger ist ein guter Wegweiser für Himmelsbeobachter. Versucht in seiner Nähe weitere Sternbilder ausfindig zu machen.

ORIONNEBEL (M42)
Ihr könnt diesen berühmten Nebel gerade noch mit bloßem Auge erkennen. Sehr viel leichter ist er allerdings mit dem Fernglas zu sehen.

STIER
Der Stier ist eines der ältesten Sternbilder. Es erscheint bereits auf mesopotamischen Tontafeln, die mehr als 3000 Jahre alt sind.

WO SEHT IHR DIESEN STERNHIMMEL?
AUF DER NORDHALBKUGEL, Z. B. IN EUROPA, DEN USA, KANADA UND JAPAN

WANN SEHT IHR DIESEN HIMMEL?
VON JANUAR BIS ENDE MÄRZ

MIT BLOSSEM AUGE ZU ERKENNEN
SIRIUS IM GROSSEN HUND, RIGEL UND BETEIGEUZE IM ORION, MIRA IM WALFISCH

MIT DEN FERNGLAS ZU ERKENNEN
STERNHAUFEN PLEJADEN UND HYADEN IM STIER, STERNHAUFEN PRAESEPE (KRIPPE) IM KREBS

MIT DEM FERNROHR ZU ERKENNEN
ORIONNEBEL (M42) IM ORION, STERNHAUFEN M35 IN DEN ZWILLINGEN

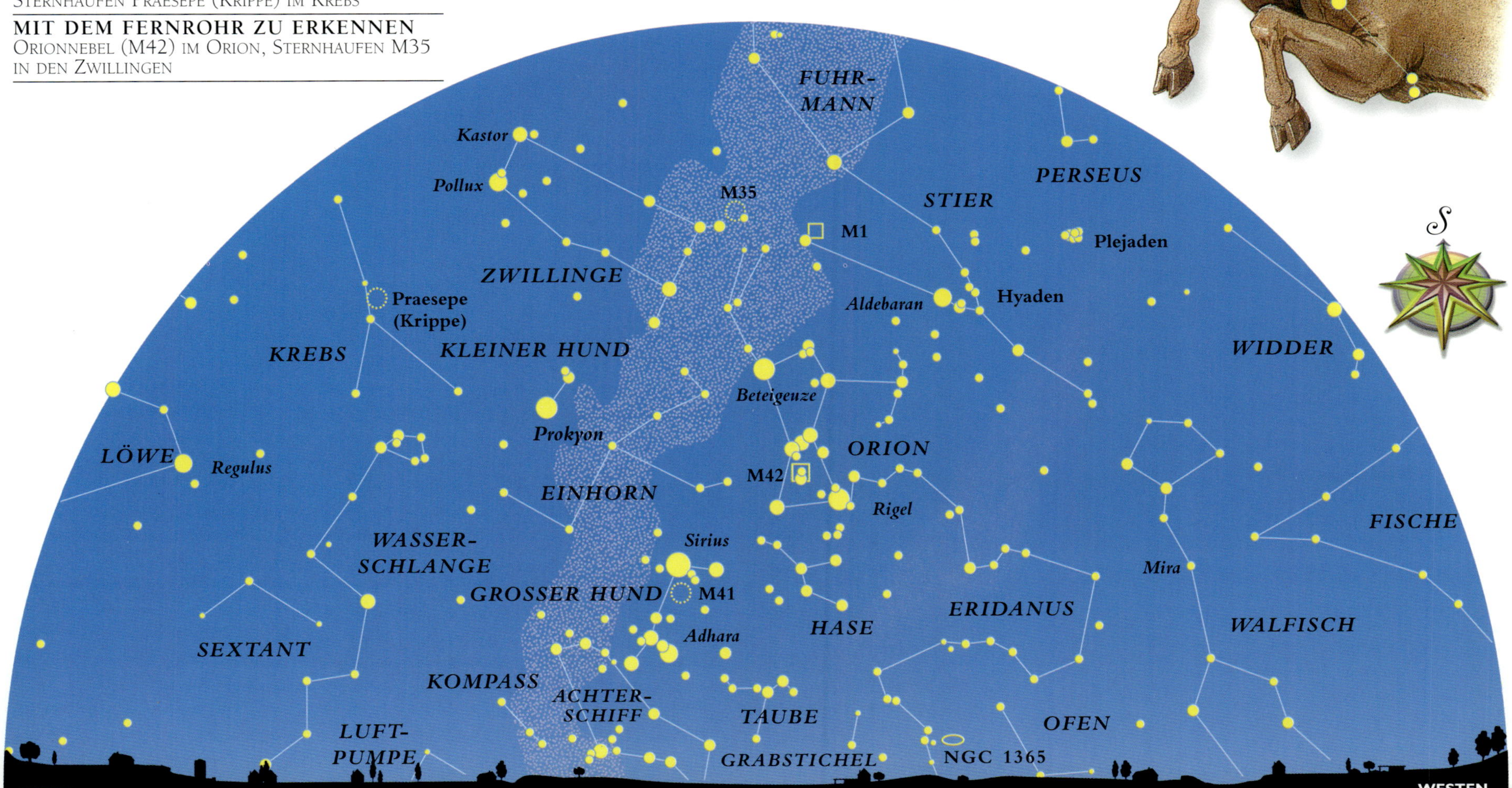

Frühlingssterne am Nordhimmel

Blickrichtung Norden: Um diese Zeit erscheint der Große Wagen (im Sternbild Großer Bär) verkehrt herum hoch am Nordhimmel. Die Verlängerung der linken Wagensterne weist zum Polarstern (im Sternbild Kleiner Bär oder Kleiner Wagen) hinunter. Zwischen diesen beiden Konstellationen windet sich der Leib des Drachen. Senkrecht unter dem Polarstern, schon fast am Horizont, leuchtet das W der Königin Kassiopeia. Während im Nordwesten die Zwillinge mit den Hauptsternen Kastor und Pollux allmählich sinken, geht im Nordosten die helle Wega im Sternbild Leier (ein altes Saiteninstrument) auf. Dicht oberhalb der Leier könnt ihr das Sternbild Herkules erkennen. Nach der griechischen Sage war Herkules der Sohn des Göttervaters Zeus und einer Sterblichen. Die Deichsel des Großen Wagens schließlich deutet auf Arktur, den hellsten Stern im Bärenhüter, hoch im Südosten (siehe Karte gegenüber).

Herkules-Haufen (M13)
Der bekannte Kugelsternhaufen ist mit bloßem Auge nur in einer dunklen Nacht, im Fernglas aber gut zu erkennen.

Herkules
Den Göttersagen nach vollbrachte Herkules viele Heldentaten, die übermenschliche Kraft erforderten. So mistete er einmal die Ställe aus, in denen die Pferde des Sonnengottes untergebracht waren.

WO SEHT IHR DIESEN STERNHIMMEL?
Auf der Nordhalbkugel, z. B. in Europa, den USA, Kanada und Japan

WANN SEHT IHR DIESEN HIMMEL?
Von April bis Ende Juni

MIT BLOSSEM AUGE ZU ERKENNEN
Wega in der Leier, Kastor und Pollux in den Zwillingen

MIT DEM FERNGLAS ZU ERKENNEN
Herkules-Sternhaufen(M13) im Herkules, Doppelsternsystem Mizar und Alkor im Grossen Bären

MIT DEM FERNROHR ZU ERKENNEN
Galaxie M81 im Grossen Bären, Feuerrad-Galaxie (M51) in den Jagdhunden

Feuerrad-Galaxie (M51)
Ein Spiralarm der Feuerrad-Galaxie (nahe der Deichsel des Großen Wagens) wird durch die Anziehungskraft einer kleineren Nachbargalaxie verzerrt.

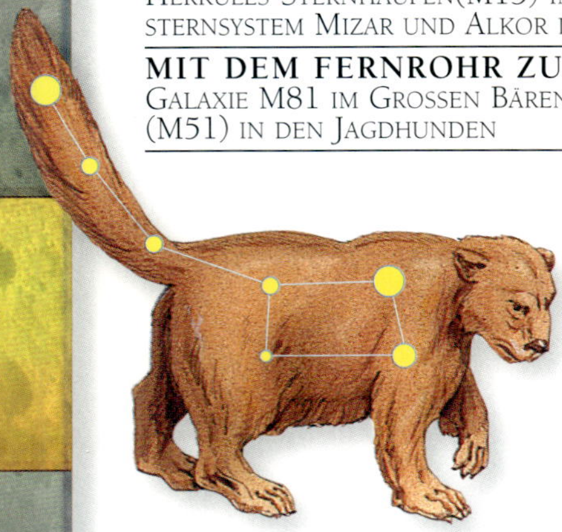

Kleiner Bär
Dieses auch als Kleiner Wagen bezeichnete Sternbild findet ihr, wenn ihr den Polarstern und dann die beiden äußeren Wagensterne sucht. Der Rest liegt dazwischen.

Wissenswertes

1845 entdeckte der Brite William Parsons mit seinem Riesenteleskop die Spiralstruktur der Feuerrad-Galaxie (M51). Erst danach begann man gezielt nach Spiralgalaxien zu suchen.

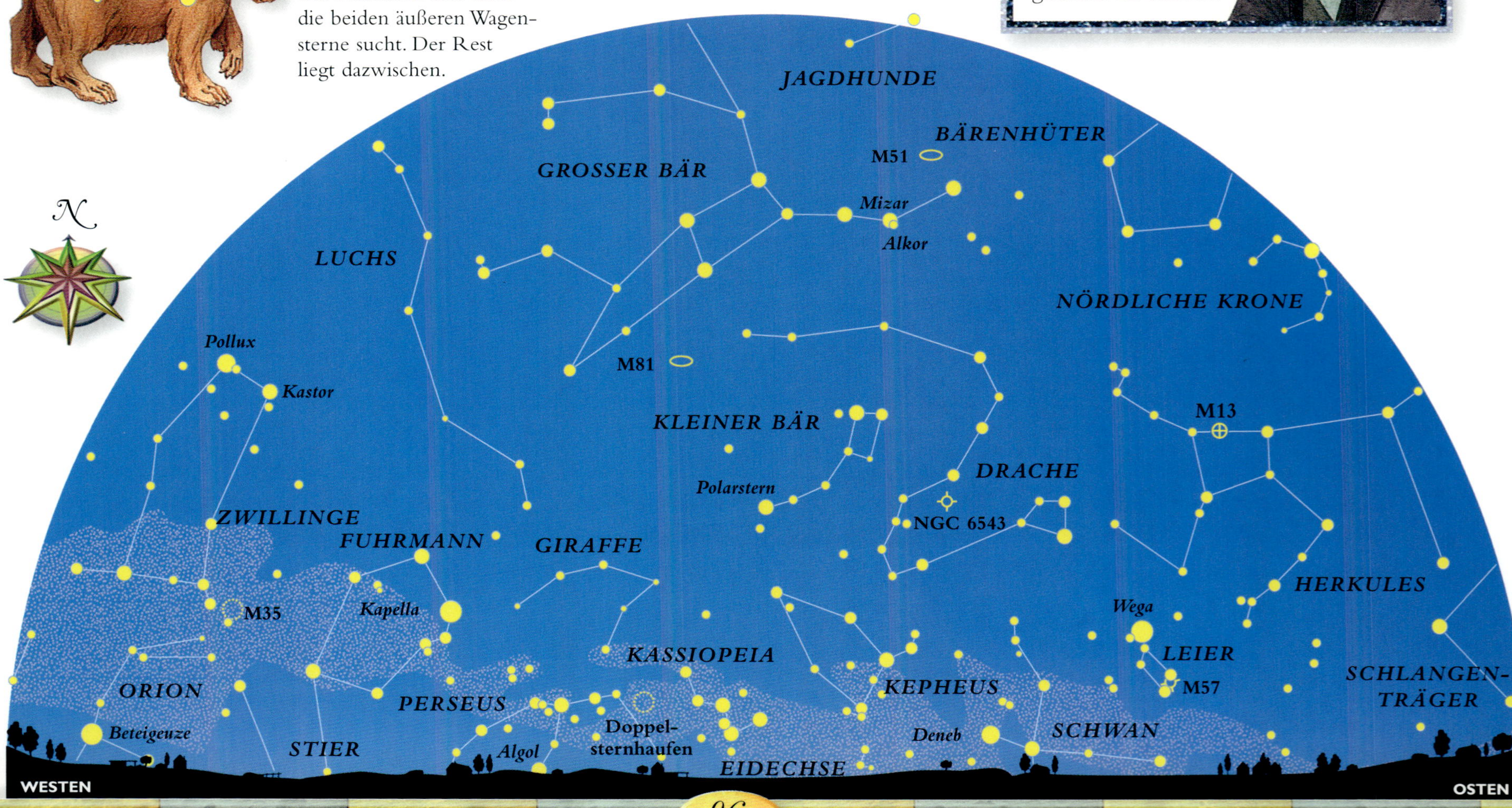

BLICKRICHTUNG SÜDEN: Da sich das Band der Milchstraße jetzt um den Horizont windet und kaum zu sehen ist, erscheint der Frühlingshimmel relativ dunkel. Dennoch erhellen vier lichtstarke Sterne die südliche Hälfte des Himmels. Arktur im Bärenhüter steht hoch im Südosten, Spika im Sternbild Jungfrau mehr im Süden. Im Südwesten werdet ihr Regulus im Löwen entdecken, während Prokyon im Kleinen Hund gerade im Westen untergeht. Das Sternbild Löwe enthält außerdem zwei Spiralgalaxien, M65 und M66, die ihr mit dem Fernglas oder Fernrohr erkennen könnt. Unterhalb von Löwe und Jungfrau erstreckt sich die längste Konstellation am Himmel – Hydra, die Wasserschlange. Da ihre Sterne sehr lichtschwach sind, kann man sie nur in dunklen Nächten finden. Zwischen Jungfrau und dem Schwanz des Löwen liegt der Virgo-Haufen, eine 55 Millionen Lichtjahre entfernte Gruppe von Spiralnebeln und elliptischen Galaxien.

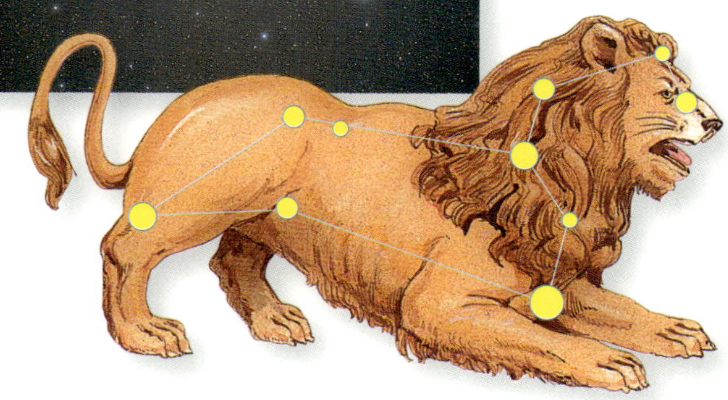

LÖWE
Der Löwe ist eines der ältesten Sternbilder überhaupt. Bereits vor knapp 6000 Jahren erscheint es in Tierkreis-Bildern der Sumerer.

WO SEHT IHR DIESEN STERNHIMMEL?
AUF DER NORDHALBKUGEL, Z.B. IN EUROPA, DEN USA, KANADA UND JAPAN

WANN SEHT IHR DIESEN HIMMEL?
VON APRIL BIS ENDE JUNI

MIT BLOSSEM AUGE ZU ERKENNEN
ARKTUR IM BÄRENHÜTER, SPIKA IN DER JUNGFRAU, REGULUS IM LÖWEN, PROKYON IM KLEINEN HUND

MIT DEM FERNGLAS ZU ERKENNEN
STERNHAUFEN PRAESEPE (KRIPPE) IM KREBS

MIT DEM FERNROHR ZU ERKENNEN
GALAXIEN M65 UND M66 IM LÖWEN, VIRGO-GALAXIENHAUFEN

PRAESEPE (KRIPPE)
Der Sternhaufen spielt eine Rolle in den alten Kalenderregeln: Wenn er vom Himmel verschwindet, fängt es angeblich bald zu regnen an.

SCHAU NACH

- Wo würdet ihr nach einem Galaxienhaufen suchen?
- Wie findet ihr vom Großen Wagen aus den Polarstern?
- Zu welchem Sternbild gehört der Stern Kapella?

WASSERSCHLANGE
Hydra, die Wasserschlange, windet sich quer über den Himmel. Der Sage nach erschlug Herkules eine neunköpfige Hydra.

KREBS
Das Sternbild ist vor allem über Städten schwer auszumachen. Am leichtesten findet ihr den Krebs, wenn ihr ihn zwischen Regulus im Löwen (auf dieser Karte) und Kastor und Pollux in den Zwillingen (im Westen auf der gegenüberliegenden Karte) anpeilt.

Sommersterne am Nordhimmel

BLICKRICHTUNG NORDEN: Jetzt liegt der Große Wagen (im Sternbild Großer Bär) links vom Polarstern und gegenüber Kassiopeia, die rechts höher steigt. Vom Polarstern aufwärts krümmt sich die Deichsel des Kleinen Wagens. Dieses Sternbild wird auch als Kleiner Bär bezeichnet. Darüber bäumt sich, nur schwach sichtbar, der Drache auf. Um diese Jahreszeit kann man die Milchstraße auf der Nordhalbkugel am besten beobachten. Sucht in dunklen, mondlosen Nächten nach dem silbrigen Band, das schräg von Nordosten nach Süden verläuft. In ihrem Bereich findet ihr Königin Kassiopeia und ihren Gemahl Kepheus sowie hoch am Himmel den Schwan. Seine Sterne sind teilweise auf der Karte gegenüber zu sehen und bilden ein Kreuz, das an einen Vogel auf dem Flug nach Süden erinnert. Aus diesem Grund nennt man die Konstellation manchmal auch Nördliches Kreuz.

WO SEHT IHR DIESEN STERNHIMMEL
AUF DER NORDHALBKUGEL, Z.B. IN EUROPA, DEN USA, KANADA UND JAPAN

WANN SEHT IHR DIESEN HIMMEL?
VON JULI BIS ENDE SEPTEMBER

MIT BLOSSEM AUGE ZU ERKENNEN
SOMMERDREIECK (BESTEHEND AUS DENEB IM SCHWAN, WEGA IN DER LEIER UND ATAIR IM ADLER)

MIT DEM FERNGLAS ZU ERKENNEN
MILCHSTRASSE VON KASSIOPEIA BIS SCHWAN, GALAXIE M81 IM GROSSEN BÄREN

MIT DEM FERNROHR ZU ERKENNEN
ANDROMEDANEBEL (M31) IN DER ANDROMEDA, PLANETARISCHER NEBEN NGC 6543 IM DRACHEN

KÖNIG KEPHEUS
Kepheus, mythischer König von Äthiopien, ließ seine Tochter Andromeda vom Helden Perseus vor Cetus, dem Walfisch, retten.

DRACHE
In den griechischen Heldensagen wurde der Drache von Herkules (oder Herakles) bezwungen. Deshalb bilden ihn manche alte Sternkarten unter einem Fuß des Herkules ab.

SCHWAN
Das Sternbild Schwan ist von vielen Kulturen als fliegender Vogel gedeutet worden. Unser Sternbild hat seinen Ursprung in der griechischen Mythologie.

ANDROMEDANEBEL (M31)
Der Andromedanebel ist die Nachbargalaxie der Milchstraße. Man kann ihn gerade noch mit bloßem Auge erkennen, aber eindrucksvoller wirkt er im Fernglas oder Fernrohr.

M81
Obwohl die Spiralgalaxie M81 im Sternbild Großer Bär nur als Lichtfleck im Fernglas zu sehen ist, enthält sie ebenso viele Sterne wie die Milchstraße.

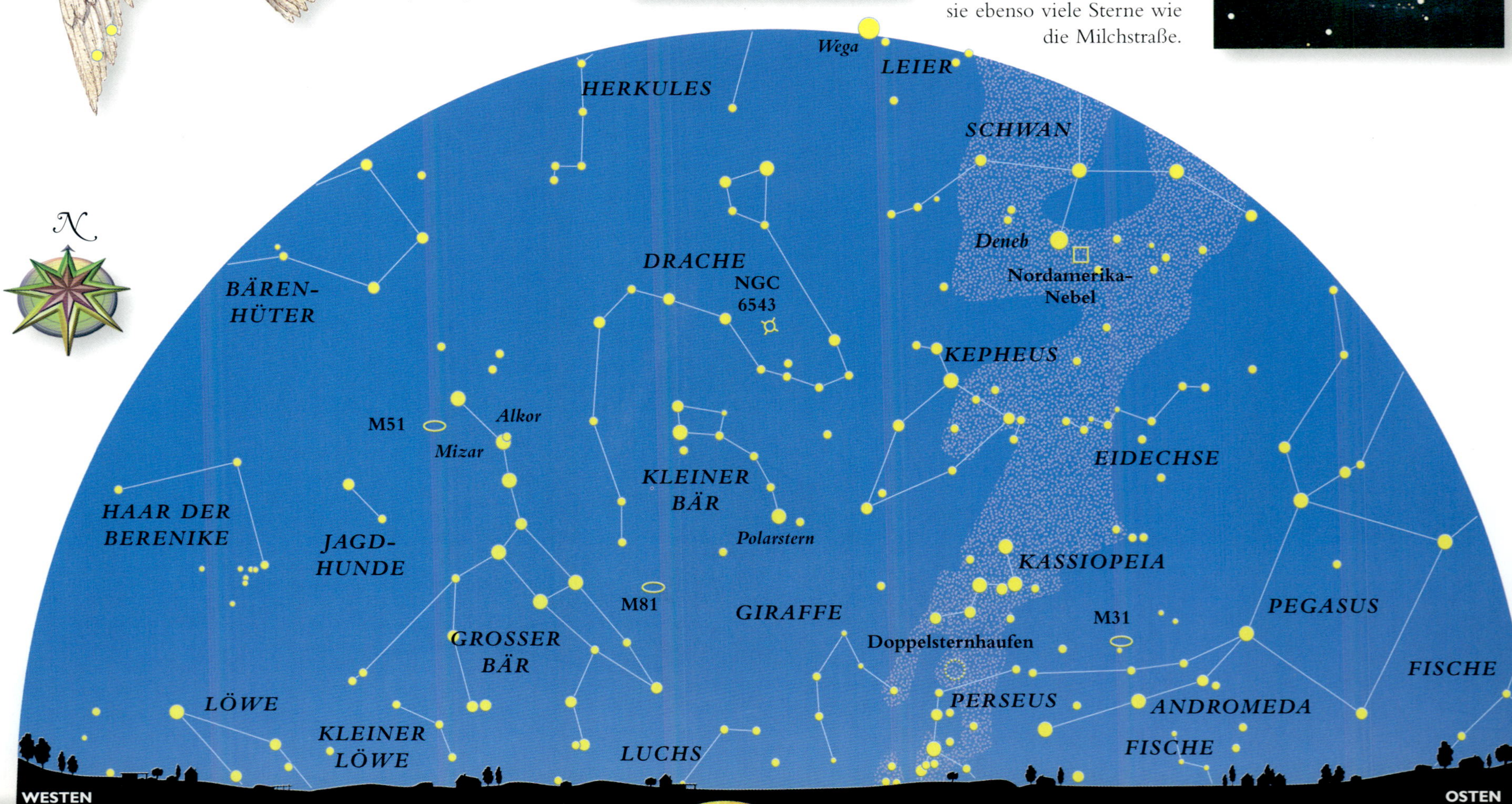

Blickrichtung Süden: In den Sommernächten erreicht die Milchstraße am südlichen Himmel ihre größte Helligkeit. Ihr Zentrum befindet sich in Richtung der sternreichen Konstellationen Skorpion und Schütze, allerdings verdeckt von Gas- und Staubwolken, die sich über mehr als 30 000 Lichtjahre ausdehnen. Rechts von der Milchstraße ist jetzt der Schlangenträger zu erkennen, ein weitläufiges, aber lichtschwaches Sternbild. Der Schlangenträger – ein anderer Begriff für Äskulap, den eine Schlange einst in die Geheimnisse der Heilkräuter eingeweiht hatte – erscheint stets zusammen mit der Schlange. Weiter im Norden, bei den Sternbildern Adler und Schwan, teilt sich die Milchstraße in zwei Ströme. Die dunkle Insel dazwischen entsteht durch eine Staubwolke in der Nähe unserer Sonne; sie verdeckt die weiter entfernten Milchstraßen-Sterne. Drei helle Sterne bilden das Sommerdreieck Deneb im Schwan (siehe

Lagunennebel (M8)
Der Lagunennebel (in der Milchstraße nahe dem Horizont) ist mit einem Fernglas gut zu erkennen und bietet schon in einem kleinen Fernrohr einen herrlichen Anblick.

Adler
Nach griechischem Mythos schickte Zeus den Adler aus, um Menschen zu retten – oder um sie zu bestrafen.

Schlangenträger
Der Schlangenträger erscheint zwischen den beiden Hälften des Sternbilds Schlange, die auch als Kopf (im Westen) und Schwanz (im Osten) der Schlange bezeichnet werden.

Wo seht ihr diesen Sternhimmel?
Auf der Nordhalbkugel, z.B. in Europa, den USA, Kanada und Japan

Wann seht ihr diesen Himmel?
Von Juli bis Ende September

Mit blossem Auge zu erkennen
Teilung in der Milchstrasse, Antares im Skorpion

Mit dem Fernglas zu erkennen
Sternwolken im Skorpion und Schützen

Mit dem Fernrohr zu erkennen
Lagunen-(M8) udn Trifidnebel (M20) im Schützen, Adlernebel (M16) in der Schlange, Hantelnebel (M27) im Fuchs

Schau nach

- Welche drei Sterne bilden das Sommerdreieck?
- Wie weit entfernt ist das Zentrum der Milchstraße?
- Was verriet eine Schlange dem Schlangenträger?

Hantelnebel (M27)
Der Hantelnebel im Sternbild Fuchs ist der Überrest der Gashülle, die von einem alternden Stern abgestoßen wurde.

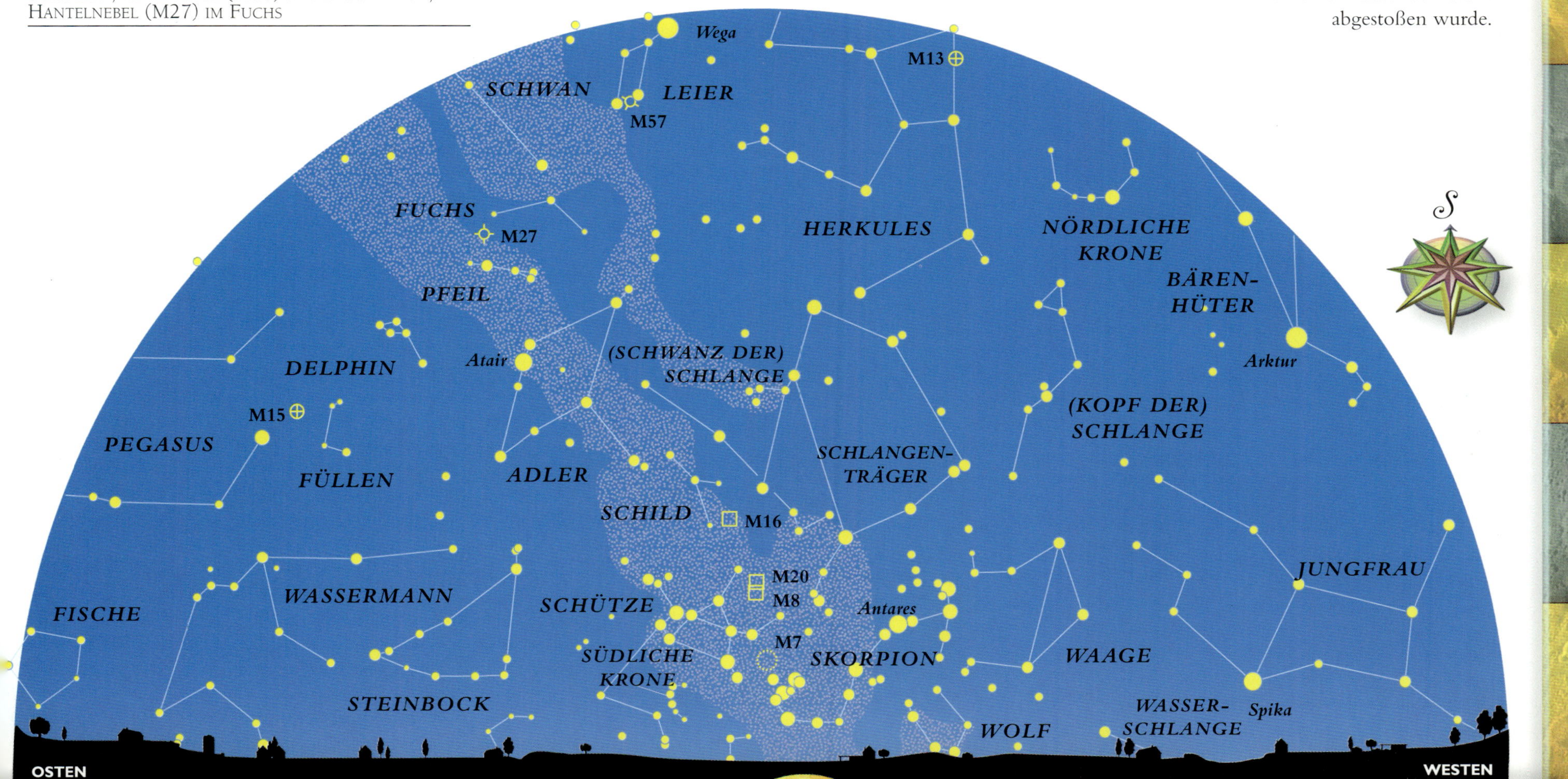

Herbststerne am Nordhimmel

BLICKRICHTUNG NORDEN: Im Herbst steht der Große Wagen (im Sternbild Großer Bär) am Horizont, unter dem Polarstern, der zum Kleinen Bären gehört. Senkrecht über dem Polarstern könnt ihr das leicht gekippte M von Kassiopeia beobachten; das Sternbild ihres Gemahls Kepheus befindet sich links darunter. Im Nordosten geht der Fuhrmann auf, deutlich zu erkennen an seinem hellen gelblichen Hauptstern Kapella. Über dem Fuhrmann seht ihr den Helden Perseus im Band der Milchstraße; ein berühmter Stern dieser Konstellation ist der Bedeckungsveränderliche Algol. Im Westen sinkt allmählich das Sommerdreieck der Sterne Deneb im Schwan, Wega in der Leier und Atair im Adler (siehe Karte gegenüber). Hoch am Himmel steht Andromeda über ihrer Mutter Kassiopeia. Die als Andromedanebel bezeichnete Spiralgalaxie M31 ist das am weitesten entfernte Objekt, das wir mit bloßem Auge wahrnehmen können. Der ovale kleine Lichtfleck hat in Wirklichkeit etwa die Größe unserer Milchstraße.

SCHAU NACH

- Zwei Galaxien der Lokalen Gruppe sind jetzt sichtbar. Welche?
- Welcher Nebel liegt in der Nähe des Sterns Deneb?
- Wer war die Tochter von Kassiopeia?

LEIER
Das kleine Sternbild ist durch seinen leuchtstarken Hauptstern Wega und die markante Form leicht zu finden.

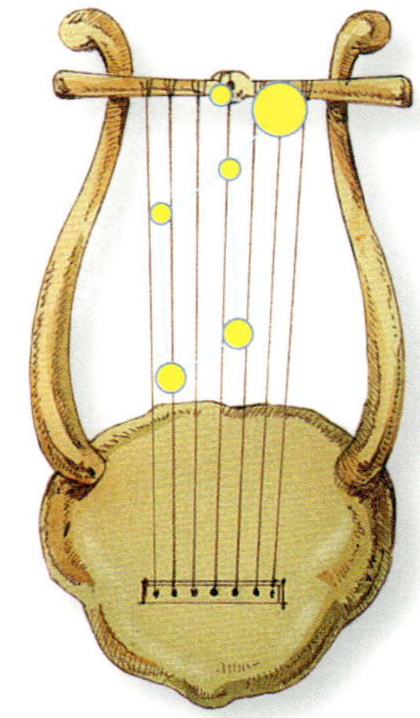

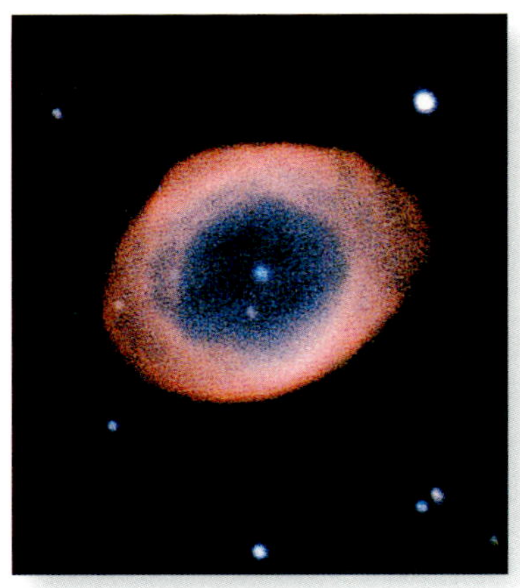

RINGNEBEL (M57)
Der Ringnebel in der Leier ist die abgestoßene Gashülle eines sterbenden Sterns, die einen Weißen Zwerg umgibt. Ein ähnlicher Tod erwartet einst unsere Sonne.

WO SEHT IHR DIESEN STERNHIMMEL?
AUF DER NORDHALBKUGEL, Z.B. IN EUROPA, DEN USA, KANADA UND JAPAN

WANN SEHT IHR DIESEN HIMMEL?
VON OKTOBER BIS ENDE DEZEMBER

MIT BLOSSEM AUGE ZU ERKENNEN
ALGOL (VERÄNDERLICHER STERN) IM PERSEUS, SOMMERDREIECK (BESTEHEND AUS DENEB IM SCHWAN, WEGA IN DER LEIER UND ATAIR IM ADLER)

MIT DEM FERNGLAS ZU ERKENNEN
DOPPELSTERNHAUFEN IM PERSEUS, NORDAMERIKA-NEBEL IM SCHWAN

MIT DEM FERNROHR ZU ERKENNEN
ANDROMEDA-NEBEL (M31) IN DER ANDROMEDA, RINGNEBEL (M57) IN DER LEIER

FUHRMANN
Der Fuhrmann, der mehrere Sagengestalten in sich vereint, wird meist mit einem Zicklein auf dem Arm und den Zügeln in der freien Hand dargestellt.

NORDAMERIKA-NEBEL
Die Wasserstoff-Wolke im Schwan verdankt ihren Namen der verblüffenden Ähnlichkeit mit den Umrissen Nordamerikas.

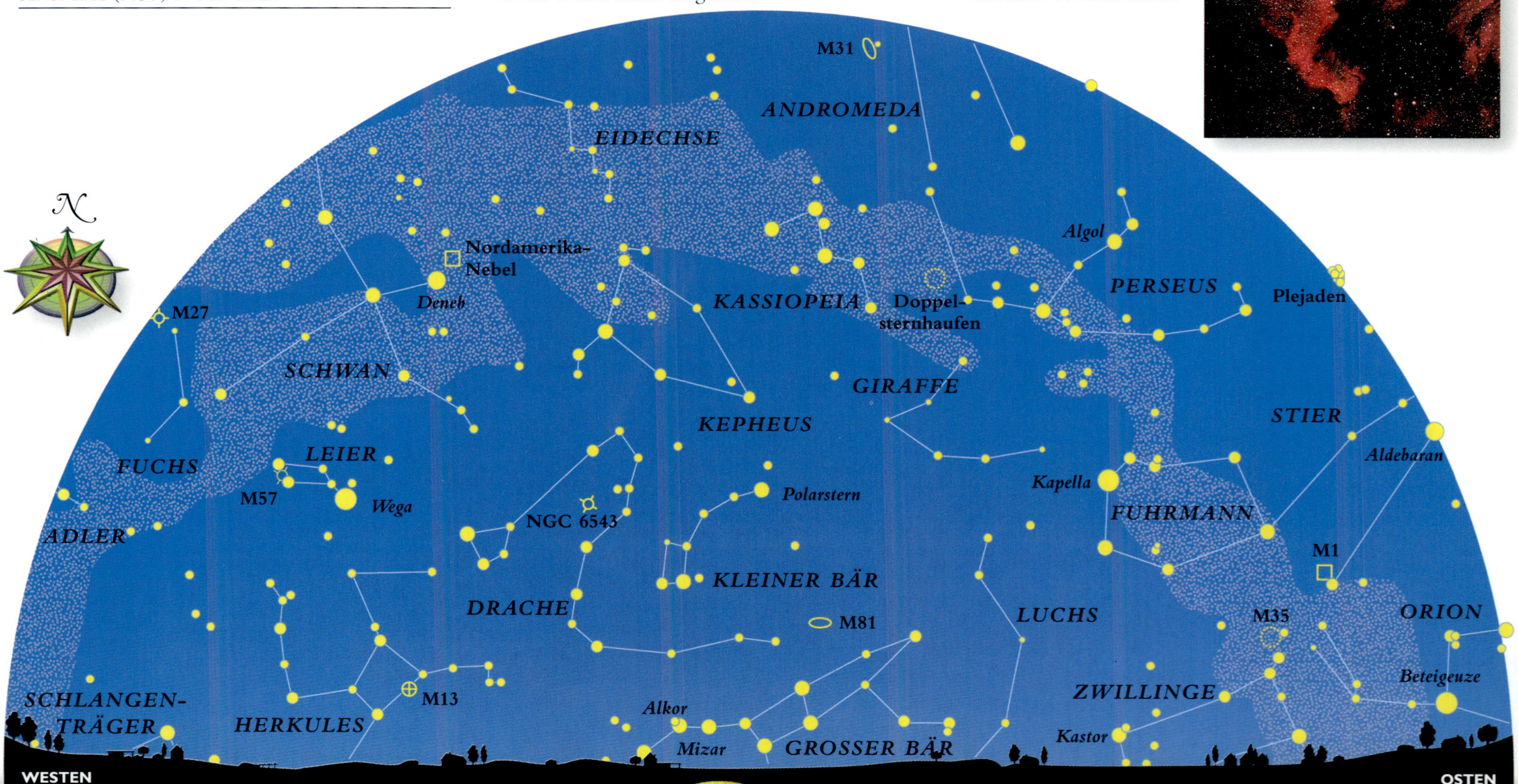

BLICKRICHTUNG SÜDEN: Das Große Pegasus-Quadrat mit seinen vier hellen Ecksternen steht jetzt hoch am südlichen Himmel und weist den Weg zu den anderen Sternbildern. Der griechischen Sage nach ist Pegasus das geflügelte Pferd des Helden Perseus. Es entsprang dem Blut der Medusa, einem Ungeheuer mit Schlangenhaaren, das von Perseus enthauptet wurde. Zur Zeit erscheint das Pferd umgekehrt am Himmel, sodass die Sterne unten rechts Hals und Kopf markieren. Pegasus galoppiert nach Westen auf den Stern Atair im Adler zu, der sich im Bereich der Milchstraße befindet. Auf dem Weg dorthin liegt der winzige Delphin, eine Gruppe lichtschwacher Sterne, die ein wenig an einen Papierdrachen erinnert. Unter dem Pegasus-Quadrat gibt es noch mehr „Wasser"-Sternbilder – Wassermann, Südlicher Fisch, Fische und Walfisch. Der Südliche Fisch fällt durch seinen weiß leuchtenden Hauptstern Fomalhaut auf, aber die anderen Konstellationen sind schwer zu erkennen, da sie keine hellen Sterne besitzen. Den Nacken des Walfisches bildet der berühmte Veränderliche Mira. Der Stier steigt nun höher, verfolgt vom Winter-Jäger Orion, der noch halb hinter dem Horizont lauert.

WO SEHT IHR DIESEN STERNHIMMEL?
AUF DER NORDHALBKUGEL, Z.B. IN EUROPA, DEN USA, KANADA UND JAPAN

WANN SEHT IHR DIESEN HIMMEL?
VON OKTOBER BIS ENDE DEZEMBER

MIT BLOSSEM AUGE ZU ERKENNEN
FOMALHAUT IM SÜDLICHEN FISCH, DER VERÄNDERLICHE STERN MIRA IM WALFISCH

MIT DEM FERNGLAS ZU ERKENNEN
STERNHAUFEN HYADEN IM STIER, HELIXNEBEL IM WASSERMANN, DREIECKSNEBEL M33

MIT DEM FERNROHR ZU ERKENNEN
KUGELSTERNHAUFEN M15 IM PEGASUS

DREIECKSNEBEL (M33)
Wie der Andromedanebel und unsere Milchstraße ist der Dreiecksnebel (hoch am südöstlichen Himmel) eine Spiralgalaxie der Lokalen Gruppe.

WASSERMANN
In alten Sternatlanten wird der Wassermann meist mit einem Krug dargestellt, aus dem er einen Wasserstrahl in das Maul des Südlichen Fisches gießt.

FISCHE
Die Fische gehören zu den 12 Tierkreis-Sternbildern. Da sie relativ lichtschwach sind, kann man sie am ehesten in einer mondlosen Nacht entdecken.

HYADEN
Dieser lose offene Sternhaufen (am östlichen Himmel) ist nur etwa 150 Lichtjahre von uns entfernt.

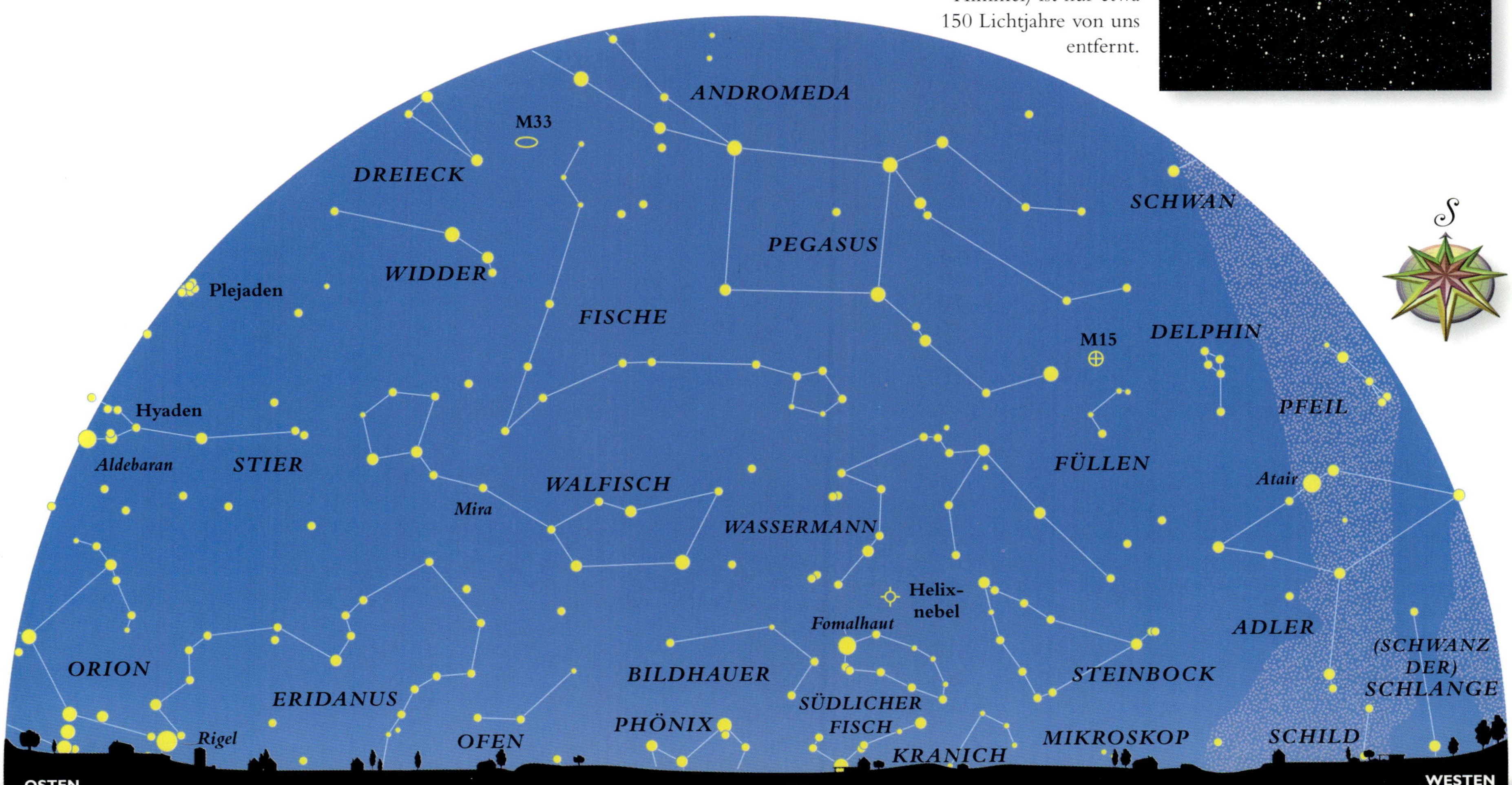

Wintersterne am Südhimmel

Blickrichtung Norden: Drei helle Sterne fallen auf, zwei davon tief am Himmel stehend. Im Nordwesten sinkt der Bärenhüter und mit ihm der gelbliche Arktur. Genau im Norden seht ihr am Horizont die weiße Wega als Hauptstern der Leier, einer kleinen, aber deutlich erkennbaren Konstellation. Etwas höher im Nordosten erstrahlt der weiße Atair im Sternbild Adler. Er befindet sich am Rand eines breiten Risses, der die Milchstraße vom Schwan bis zum Schwanz der Schlange durchzieht und von einer riesigen Staubwolke gebildet wird. Rechts unterhalb der Wega entdeckt ihr nahe dem Horizont Deneb im Sternbild Schwan. Links von der Wega könnt ihr Herkules und den Halbkreis der Nördlichen Krone beobachten. Hoch am westlichen Himmel zeigt sich die lichtschwache Waage, eines der Tierkreis-Sternbilder. Noch weiter droben, in der Nähe des Schützen, verbreitert sich die Milchstraße. Diese Region, in der sich das Zentrum unserer Galaxis befindet, enthält dichte Sternwolken, die einen schönen Anblick bieten.

WO SEHT IHR DIESEN STERNHIMMEL?
Auf der südlichen Halbkugel, z.B. in Australien, Neuseeland, Südamerika und Südafrika

WANN SEHT IHR DIESEN HIMMEL?
Von Juli bis Ende September

MIT BLOSSEM AUGE ZU ERKENNEN
Dunkle Teilung in der Milchstrasse vom Schwan bis zum Schwanz der Schlange und Schild

MIT DEM FERNGLAS ZU ERKENNEN
Sternwolken im Skorpion und Schützen

MIT DEM FERNROHR ZU ERKENNEN
Lagunen-(M8) und Trifidnebel (M20) im Schützen, Adlernebel (M16) und Hantelnebel (M27) im Fuchs, Kugelsternhaufen (M13) im Herkules

Waage
Im Altertum bildeten die Sterne der Waage die Scheren des Skorpions. Aber um 50 v. Chr. schufen die Astronomen ein eigenes Sternbild für die Gruppe.

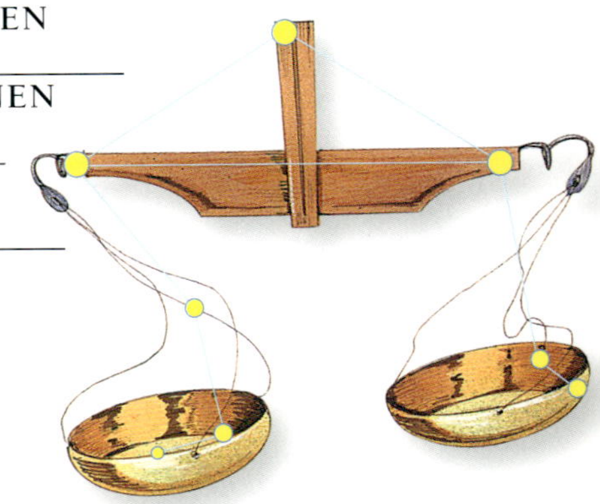

Schütze
Der Schütze, der wie der Kentaur als Mischwesen – halb Mensch und halb Pferd – dargestellt wird, gilt nach einer griechischen Legende als der Erfinder von Pfeil und Bogen.

Trifidnebel (M20)
Der helle Trifidnebel im Schützen wird von dunklen Adern aus Gas und Staub in drei Teile gespalten.

Adlernebel (M16)
Der Adlernebel liegt am Rand der Milchstraße im Sternbild Schlange. Im Fernrohr ähnelt die leuchtende Gaswolke einem kauernden Vogel.

Schlange
Die Schlange ist das einzige Sternbild, das aus zwei Teilen – Kopf und Schwanz der Schlange genannt – besteht. Zwischen den beiden Hälften befindet sich der Schlangenträger.

BLICKRICHTUNG SÜDEN: Die Milchstraße geht im Südwesten unter und mit ihr eine Reihe heller Sterne. Das Kreuz des Südens ist leicht an seiner Form zu erkennen. Ganz in seiner Nähe liegt der Kohlensack, eine Dunkelwolke, die mit bloßem Auge beobachtet werden kann. Links unter dem Kreuz des Südens erscheint die Kleine Magellansche Wolke (SMC) wie ein Spritzer der Milchstraße. Rechts und oberhalb des Kreuzes wölbt sich die Konstellation Kentaur, benannt nach einem Fabelwesen, das halb Mensch und halb Pferd war. Die Sterne Alpha und Beta Centauri bilden die Vorderbeine des Kentauren. Über dem Kentaur kauert der Wolf vor einem breiten Strom der Milchstraße, der sich zum Skorpion am oberen Rand der Sternkarte erstreckt. Hier und im nahen Sternbild Schütze (der ebenfalls ein Kentaur ist) bietet die Milchstraße einen grandiosen Anblick. Deshalb solltet ihr diese Region in einer mondlosen Nacht mit dem Fernglas oder Fernrohr erkunden.

SÜDLICHE KRONE
Die Südliche Krone (auf der Karte unter dem Sternbild Schütze) stellte ursprünglich einen Lorbeerkranz dar.

SCHAU NACH

- Welches Sternbild besteht aus zwei Teilen?
- Warum wirkt die Milchstraße im Schützen und Skorpion breiter?
- Kann man die Nördliche und die Südliche Krone gleichzeitig sehen?

WO SEHT IHR DIESEN STERNHIMMEL?
AUF DER SÜDHALBKUGEL, Z.B. IN AUSTRALIEN, NEUSEELAND, SÜDAMERIKA UND SÜDAFRIKA

WANN SEHT IHR DIESEN HIMMEL?
VON JULI BIS ENDE SEPTEMBER

MIT BLOSSEM AUGE ZU ERKENNEN
ALPHA UND BETA CENTAURI IN STERNBILD KENTAUR

MIT DEM FERNGLAS ZU ERKENNEN
OFFENER STERNHAUFEN M7 IM SKORPION, KUGELSTERNHAUFEN 47 TUCANAE (47 TUC) IN DER KLEINEN MAGELLANSCHEN WOLKE UND OMEGA CENTAURI IM KENTAUR, KLEINE MAGELLANSCHE WOLKE (SMC)

MIT DEM FERNROHR ZU ERKENNEN
STERNHAUFEN SCHMUCKKÄSTCHEN IM KREUZ DES SÜDENS

47 TUCANAE (47 TUC)
Dieser schöne Kugelsternhaufen im Tukan, der sich nahe der Kleinen Magellanschen Wolke (SMC) befindet, ist 16 000 Lichtjahre von uns entfernt. Er zeigt sich im Fernglas oder Fernrohr in seiner ganzen Pracht.

MILCHSTRASSE
Die Milchstraße, in einer mondlosen Nacht durch das Fernglas betrachtet, ist ein unvergesslicher Anblick.

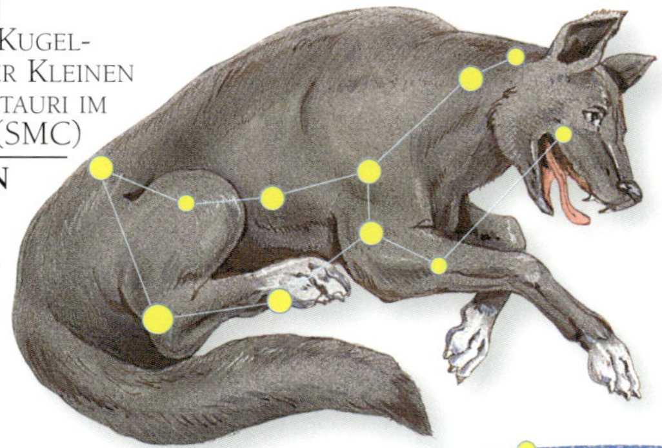

WOLF
Nach einer griechischen Legende tötete der Kentaur den Wolf und opferte ihn auf dem Altar.

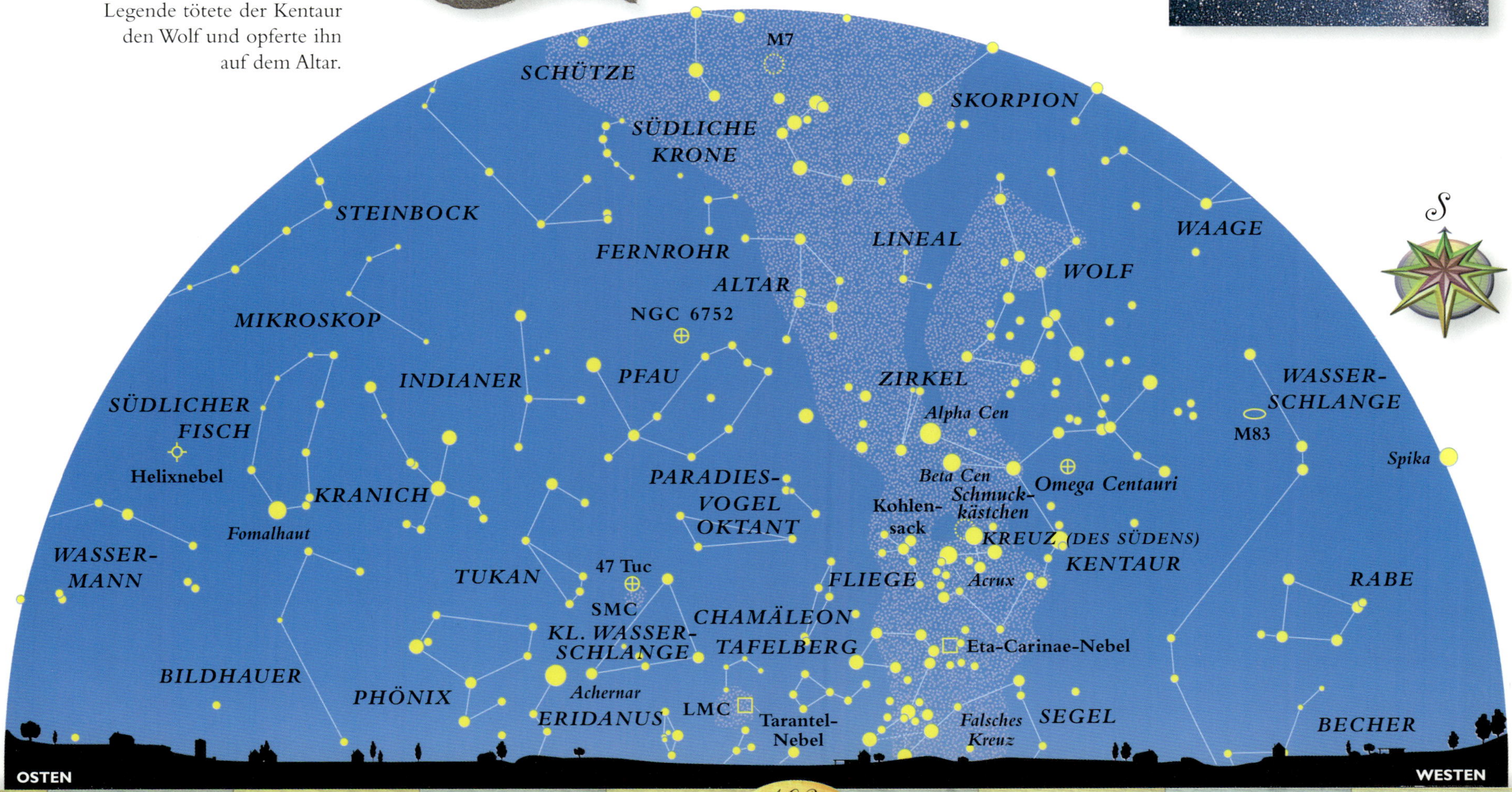

Frühlingssterne am Südhimmel

Blickrichtung Norden: Eine gute Orientierungshilfe liefert jetzt das große Quadrat des geflügelten Pferdes Pegasus, das über dem nördlichen Horizont nach Westen galoppiert. Die nach links verlängerte Verbindungslinie der beiden unteren Quadrat-Sterne führt zum Atair im Sternbild Adler, die nach oben verlängerte Linie der beiden linken Quadrat-Sterne zu Fomalhaut im Südlichen Fisch, der sehr hoch am Himmel steht. Zwischen Pegasus und Fomalhaut befinden sich drei lichtschwache Konstellationen, die alle mit dem feuchten Element zu tun haben: Fische, Walfisch und Wassermann. Diese Sternbilder sind am besten in einer dunklen, mondlosen Nacht zu beobachten. Im Osten geht zur Zeit der helle Stern Aldebaran auf, der das Auge des Stiers bildet. Links von Aldebaran seht ihr die Plejaden, einen offenen Sternhaufen, der auch als Siebengestirn bezeichnet wird. Halb sichtbar am östlichen Horizont lauert Orion, der Himmelsjäger.

WO SEHT IHR DIESEN STERNHIMMEL?
Auf der Südhalbkugel, z.B. in Australien, Neuseeland, Südamerika und Südafrika

WANN SEHT IHR DIESEN HIMMEL?
Von Oktober bis Ende Dezember

MIT BLOSSEM AUGE ZU ERKENNEN
Grosses Pegasus-Quadrat, Fomalhaut im südlichen Fisch, veränderlicher Stern Mira im Walfisch

MIT DEM FERNGLAS ZU ERKENNEN
Plejaden und Hyaden (Sternhaufen) im Stier

MIT DEM FERNROHR ZU ERKENNEN
Kugelsternhaufen M15 im Pegasus, Andromedanebel (M31) in der Andromeda

Fomalhaut
Fomalhaut ist der Hauptstern im Südlichen Fisch. Sein Name kommt aus dem Arabischen und bedeutet „Maul des Fisches".

Walfisch
Den Nacken des Meerungeheuers bildet Mira, ein veränderlicher Stern mit einer Lichtwechsel-Periode von etwa 11 Monaten.

Pegasus-Quadrat
Wenn ihr das große Quadrat findet und die gedachten Linien zwischen den vier Ecksternen verlängert, könnt ihr viele der Frühlings-Sternbilder aufspüren.

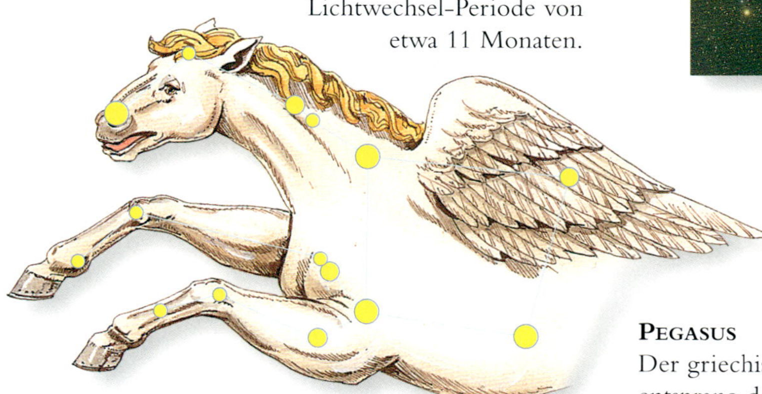

Pegasus
Der griechischen Sage nach entsprang das geflügelte Pferd Pegasus dem Blut eines Ungeheuers, das der Held Perseus erschlagen hatte.

◆ Wissenswertes ◆

Die Magellanschen Wolken (siehe Karte gegenüber) sind nach dem portugiesischen Entdecker Ferdinand Magellan benannt, der die Galaxien bei seiner Weltumseglung 1521 erstmals beschrieb.

BLICKRICHTUNG SÜDEN: Um diese Zeit fallen zwei helle Sterne ins Auge, einer hoch im Süden, der andere tief im Südosten. Bei dem höheren Stern handelt es sich um Achernar im Eridanus, der einen fernen Fluss der griechischen Mythologie symbolisiert. Die lang gestreckte Figur beginnt bei Achernar und windet sich zum östlichen Horizont, wo jetzt Orion aufgeht. Das Gegenstück tief im Südosten ist Kanopus im Schiffskiel, der zweithellste Stern nach Sirius. Zwischen Kanopus und Achernar liegt die Große Magellansche Wolke (LMC), etwas nach rechts oben versetzt die Kleine Magellansche Wolke (SMC). Beide sind Begleiter unserer Galaxis und sehen am Nachthimmel wie verschüttete „Tropfen" der Milchstraße aus. Oberhalb Achernar seht ihr Phönix, den Feuervogel, und rechts davon den hoch aufgerichteten Kranich. Unter diesen beiden befinden sich der Tukan und der Pfau. Die Milchstraße geht allmählich am westlichen Horizont unter.

WO SEHT IHR DIESEN STERNHIMMEL?
AUF DER SÜDHALBKUGEL, Z.B. IN AUSTRALIEN, NEUSEELAND, SÜDAMERIKA UND SÜDAFRIKA

WANN SEHT IHR DIESEN HIMMEL?
VON OKTOBER BIS ENDE DEZEMBER

MIT DEM BLOSSEN AUGE
KANOPUS IM SCHIFFSKIEL, ACHERNAR IM ERIDANUS

MIT DEM FERNGLAS ZU ERKENNEN
KLEINE MAGELLANSCHE WOLKE (SMC), GROSSE MAGELLANSCHE WOLKE (LMC)

MIT DEM FERNROHR ZU ERKENNEN
KUGELSTERNHAUFEN 47 TUCANAE (47 TUC) IN DER KLEINEN MAGELLANSCHEN WOLKE, GROSSE BALKENSPIRALE NGC 1365 IM STERNBILD OFEN

TUKAN
Dieser amerikanische Tropenvogel wurde erst zu Beginn des 17. Jahrhunderts in die Liste der Sternbilder aufgenommen.

GROSSE BALKENSPIRALE NGC 1365
Die Große Balkenspirale NGC 1365 gehört zu den hellsten Mitgliedern eines Galaxienhaufens im Sternbild Ofen.

MAGELLANSCHE WOLKEN
Die beiden Begleitgalaxien der Milchstraße werden wohl in ferner Zukunft mit unserer Galaxis zusammenstoßen und verschmelzen.

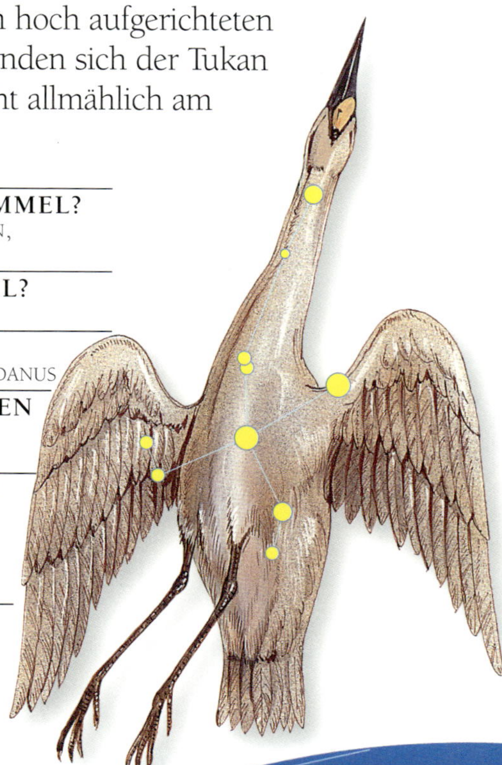

KRANICH
Der Kranich wurde erst im Jahr 1603 eingeführt und ist damit wie der Tukan ein Sternbild der Neuzeit.

SCHAU NACH

- Nennt mindestens drei jetzt sichtbare Vogel-Sternbilder.
- Wie heißt der zweithellste Stern am Nachthimmel?
- Wo findet ihr den veränderlichen Stern Mira?

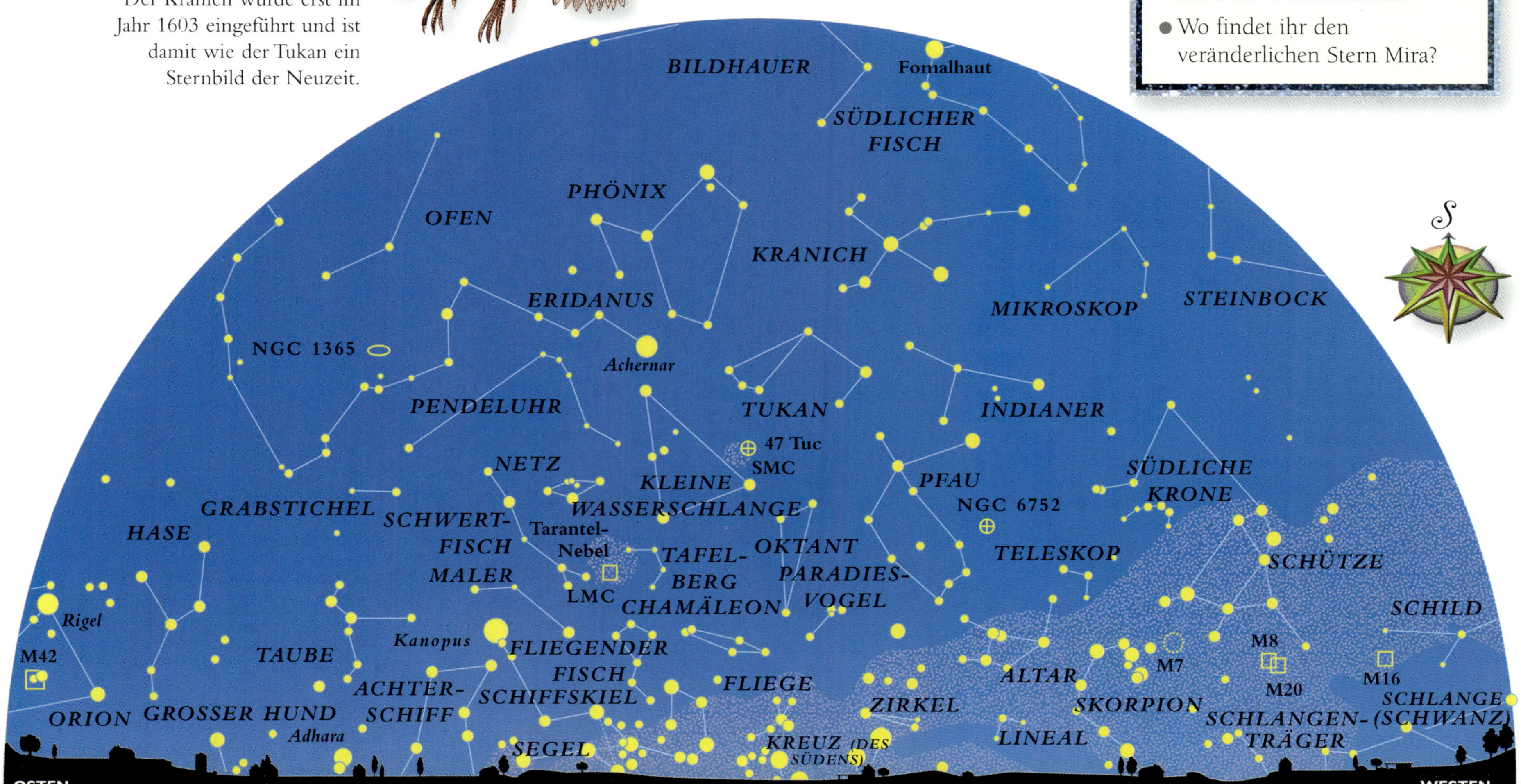

Sommersterne am Südhimmel

Blickrichtung Norden: In dieser Jahreszeit steht der große Jäger Orion hoch am Nordhimmel und weist euch die Richtung zu den übrigen Sternbildern. Fällt euch der Farbunterschied zwischen Beteigeuze (einem kühlen roten Riesenstern) und Rigel (einem heißen blauweißen Überriesen) auf? Wenn ihr die Linie der lichtschwächeren drei Gürtelsterne Orions nach links unten verlängert, stoßt ihr auf den Stier mit seinem rötlichen Hauptstern Aldebaran, der wie ein zorniges Auge glüht, und den beiden offenen Sternhaufen Plejaden und Hyaden. Wenn ihr den Gürtel nach oben rechts verlängert, strahlt euch Sirius, der hellste Stern am Himmel, im Großen Hund entgegen. Die Verbindungslinie von Sirius zum nordöstlichen Horizont führt euch zunächst zu Prokyon im Kleinen Hund und dann zu Regulus im Sternbild Löwe. Von Orion aus in Richtung Norden könnt ihr ein Stück über dem Horizont den Fuhrmann mit seinem gelben Hauptstern Kapella sehen. Zu seiner Rechten befinden sich die Zwillinge mit den beiden hellen Sternen Kastor und Pollux. Glanzpunkt im Sternbild Krebs ist Praesepe (Krippe), ein offener Sternhaufen dicht neben Pollux, der mehr als 200 Sterne enthält und im Fernglas einen prächtigen Anblick bietet.

WO SEHT IHR DIESEN STERNHIMMEL?
Auf der Südhalbkugel, z.B. in Australien, Neuseeland, Südamerika und Südafrika

WANN SEHT IHR DIESEN HIMMEL?
Von Januar bis Ende März

MIT BLOSSEM AUGE ZU ERKENNEN
Sirius im Grossen Hund, der Himmelsjäger Orion

MIT DEM FERNGLAS ZU ERKENNEN
Offener Sternhaufen Praesepe (Krippe) im Krebs, Offene Sternhaufen Plejaden und Hyaden im Stier

MIT DEM FERNROHR ZU ERKENNEN
Offene Sternhaufen M35 in den Zwillingen und M41 im Grossen Hund, Crabnebel (M1) im Stier, Orionnebel (M42) im Orion

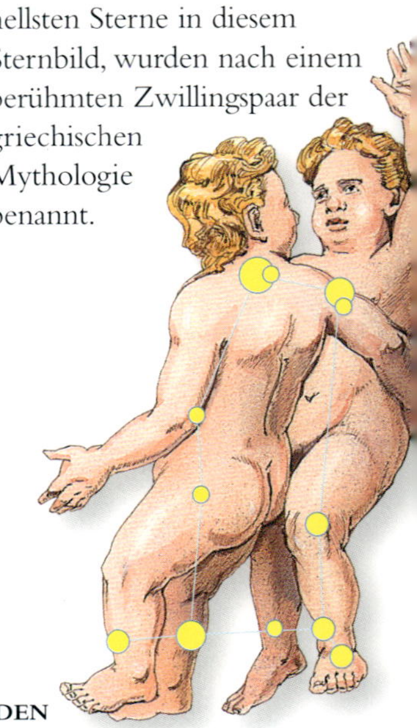

Zwillinge
Kastor und Pollux, die beiden hellsten Sterne in diesem Sternbild, wurden nach einem berühmten Zwillingspaar der griechischen Mythologie benannt.

Plejaden
Die Plejaden heißen im Volksmund auch das Siebengestirn oder die Sieben Schwestern, aber die meisten Menschen können ohne Hilfsmittel nur sechs Sterne erkennen.

Wissenswertes

Der Legende nach benannte der Griechenkönig Menelaos den Stern Kanopus nach einem berühmten Steuermann. Kanopus wird heute noch in der Raumfahrt als Navigationshilfe benutzt.

Einhorn
Das Einhorn wurde erst im 17. Jahrhundert eingeführt und besteht überwiegend aus lichtschwachen Sternen.

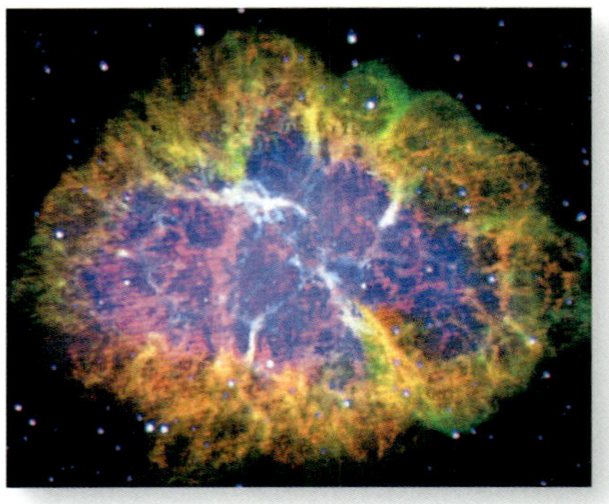

Crabnebel (M1)
Der Crab- oder Krebsnebel im Stier ist der gasförmige Überrest eines Sterns, der 1054 in einer Supernova explodierte.

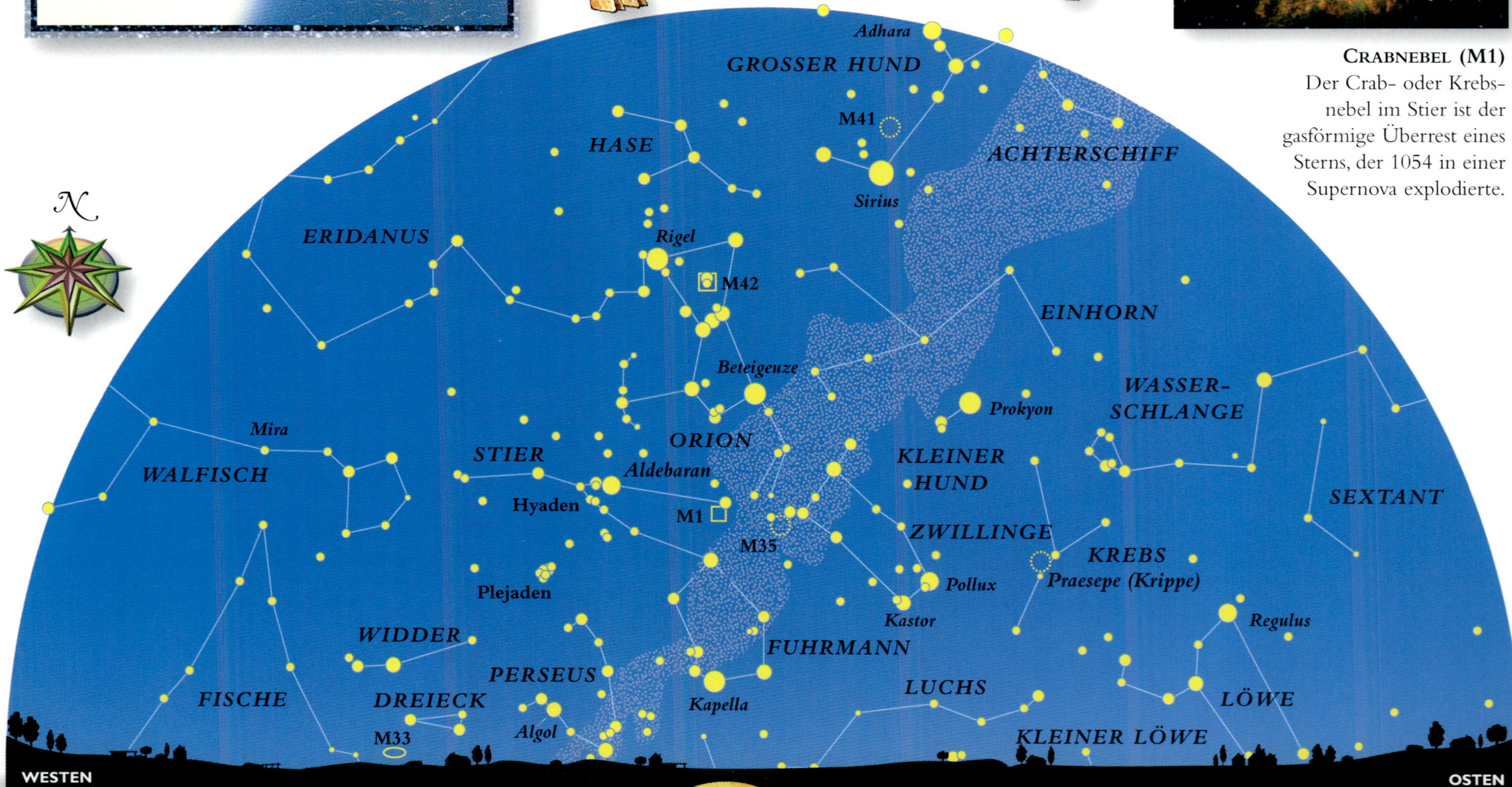

Blickrichtung Süden: Hoch im Süden markiert der helle Stern Kanopus das Steuerruder des Schiffskiels, der ein Teil des mythischen Schiffes Argo ist. Mit diesem Schiff machten sich die Argonauten unter Führung des Helden Jason auf die Suche nach dem Goldenen Vlies – dem Fell eines geflügelten Widders, das in einem heiligen Hain aufbewahrt und von einem Drachen bewacht wurde. Früher war das Schiff Argo ein ausgedehntes Sternbild, doch heute unterteilt man es in Kiel, Segel, Achterschiff und Kompass, die alle in der Milchstraße liegen. Unter dem Segel im Südosten geht das kleine Kreuz des Südens auf, halb umschlossen vom Sternbild Kentaur. Im Südwesten leuchtet Achernar, ein heller Einzelstern. Er steht am Ende des Flusses Eridanus, der dicht neben dem Rigel im Orion (siehe Karte gegenüber) „entspringt". Der Nebelfleck zwischen Achernar und Kanopus ist die Große Magellansche Wolke (LMC). Die Kleine Magellansche Wolke (SMC) bildet ein Dreieck mit Achernar und der Großen Wolke.

Wo seht ihr diesen Sternhimmel?
Auf der Südhalbkugel, z.B. in Australien, Neuseeland, Südamerika und Südafrika

Wann seht ihr diesen Himmel?
Von Januar bis Ende März

Mit blossem Auge zu erkennen
Kanopus im Schiffskiel, Kreuz des Südens

Mit dem Fernglas zu erkennen
Grosse Magellansche Wolke (LMC), Kleine Magellansche Wolke (SMC)

Mit dem Fernrohr zu erkennen
Sternhaufen Schmuckkästchen im Kreuz des Südens, Kugelsternhaufen 47 Tucanae (47 Tuc) in der Kleinen Magellanschen Wolke (SMC), Tarantel-Nebel in der Grossen Magellanschen Wolke (LMC)

Eridanus
Der gewundene Himmelsfluss erinnert an den sagenhaften Weltstrom Okeanos, der nach der Vorstellung der Antike die Erde umschloss.

Taube
Dieses Sternbild am höchsten Punkt der Karte wurde erst um 1600 eingeführt. Es bezieht sich auf die Taube, die Noah von der Arche aussandte, um nach Land Ausschau zu halten.

Schau nach

- Was geschah 1987 in der Großen Magellanschen Wolke?
- Wo befindet sich Eridanus um diese Jahreszeit?
- Was ist der Crabnebel?

Eta-Carinae-Nebel
Im Zentrum dieser Gaswolke im Sternbild Schiffskiel liegt der instabile Stern Eta Carinae, der nach Ansicht der Astronomen irgendwann in den nächsten Jahrtausenden explodieren wird.

Grosse Magellansche Wolke
1987 beobachteten Astronomen in der kleinen irregulären Galaxie LMC eine Sternexplosion. Es war die erste helle Supernova seit Erfindung des Fernrohrs vor rund 400 Jahren.

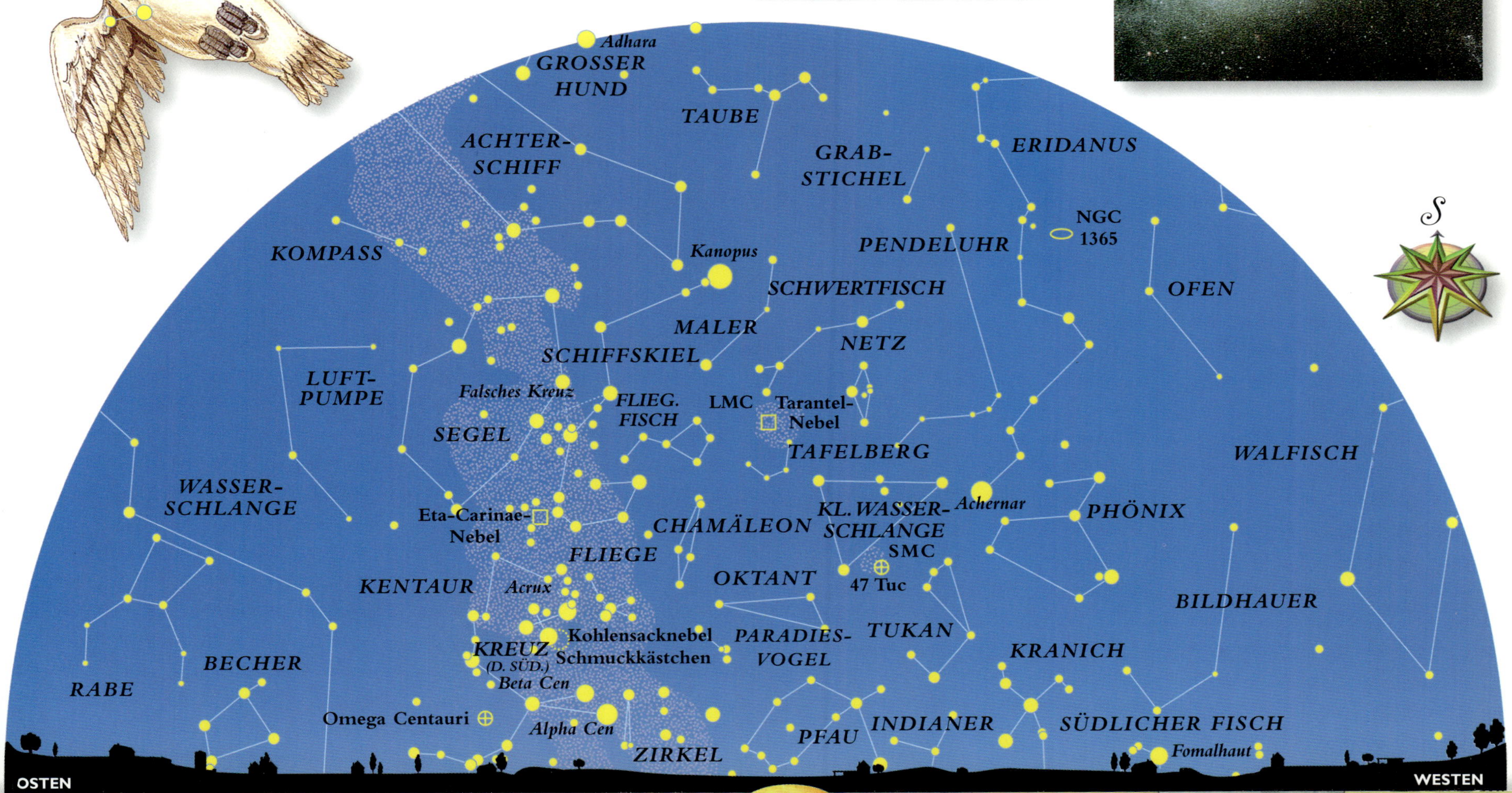

Herbststerne am Südhimmel

BLICKRICHTUNG NORDEN: Vier helle Sterne helfen euch jetzt beim Aufspüren der Sternbilder. Sucht zunächst nach Prokyon im Kleinen Hund, der im Nordwesten untergeht. Schräg rechts davon, im Norden, strahlt Regulus im Herzen des Löwen. Noch weiter rechts stoßt ihr im Nordosten auf Arktur, den Hauptstern des Bärenhüters, der sich etwa auf gleicher Höhe mit Regulus befindet. Direkt darüber steht Spika im Sternbild Jungfrau, ein weißer Stern, der sich deutlich von dem rötlichen Arktur abhebt. Die Himmelsregion zwischen Löwe und Jungfrau enthält den Virgo-Galaxienhaufen, der bei einem Abstand von zirka 55 Millionen Lichtjahren zur Lokalen Gruppe der nächste größere Galaxienhaufen ist. Die Wasserschlange, die derzeit hoch am Himmel zu erkennen ist, hat ihren Kopf in der Nähe von Prokyon, windet sich an den Sternbildern Becher und Rabe vorbei und endet schließlich nicht weit entfernt von Spika.

WO SEHT IHR DIESEN STERNHIMMEL?
AUF DER SÜDHALBKUGEL, Z.B. IN AUSTRALIEN, NEUSEELAND, SÜDAMERIKA UND SÜDAFRIKA

WANN SEHT IHR DIESEN HIMMEL?
VON APRIL BIS ENDE JUNI

MIT BLOSSEM AUGE ZU ERKENNEN
REGULUS IM LÖWEN, ARKTUR IM BÄRENHÜTER, SPIKA IN DER JUNGFRAU

MIT DEM FERNGLAS ZU ERKENNEN
OFFENER STERNHAUFEN PRAESEPE (KRIPPE) IM KREBS

MIT DEM FERNROHR ZU ERKENNEN
GALAXIEN M65 UND M66 IM LÖWEN, M83 IN DER WASSERSCHLANGE, M87 IN DER JUNGFRAU, VIRGO-GALAXIENHAUFEN

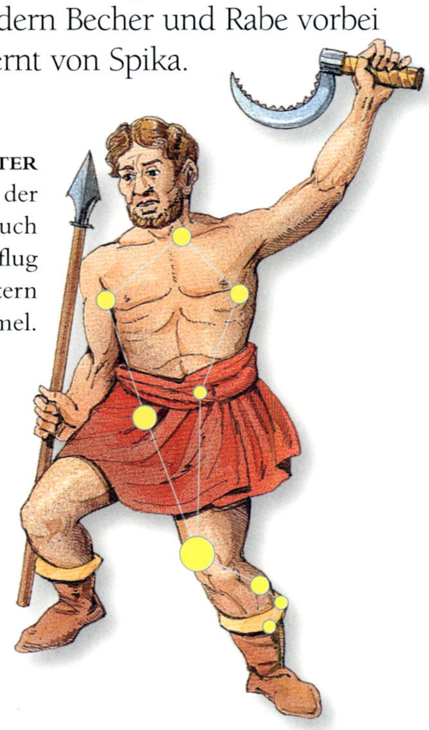

BÄRENHÜTER
Nach einer alten Legende erfand der Bärenhüter (der manchmal auch Ochsentreiber genannt wird) den Pflug und erhielt deshalb von den Göttern einen Ehrenplatz am Himmel.

◆ SCHAU NACH ◆

- Wie heißt das Schiff, zu dem das Sternbild Segel gehört?
- Wann wurde das Kreuz des Südens ein eigenes Sternbild?
- Wie kam der Bärenhüter an den Nachthimmel?

M87
Die elliptische Galaxie M87 in der Jungfrau ist einer der massereichsten Sternverbände, die wir kennen. In einem kleinen Fernrohr sieht sie wie ein verschwommener Lichtfleck aus.

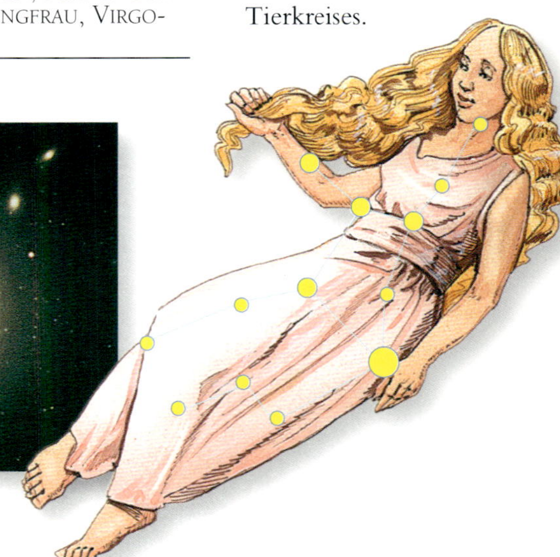

JUNGFRAU
Die Jungfrau ist die einzige weibliche Gestalt unter den 12 Sternbildern des Tierkreises.

M83
Die Balkenspirale M83 ist uns so zugewandt, dass wir ihre Scheibe von vorn sehen. Man kann sie mit einem Fernglas hoch im Nordosten beobachten.

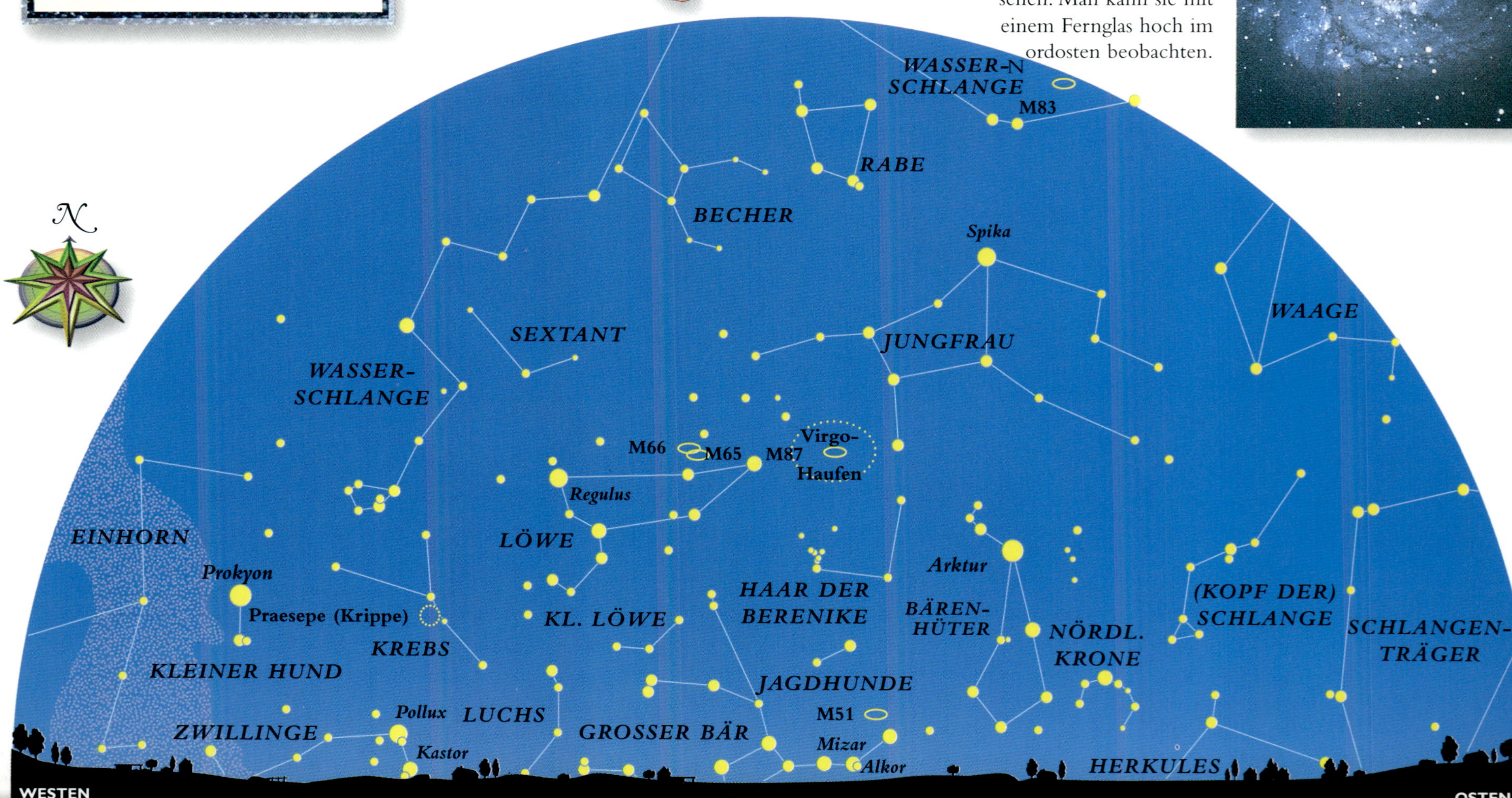

BLICKRICHTUNG SÜDEN: Um diese Jahreszeit könnt ihr in mondlosen Nächten und abseits der Großstadtlichter die Milchstraße in ihrer vollen Pracht bewundern. Jetzt ist die beste Gelegenheit, den schimmernden Bogen, der sich quer über den Südhimmel wölbt, mit einem Fernglas oder einem kleinen Fernrohr nach seinen schönsten Sternen absuchen. Das Band verläuft vom gleißenden Sirius im Großen Hund, der sich dem westlichen Horizont zuneigt, bis zum rötlichen Antares im Skorpion, der gerade im Südosten aufgeht. Schräg über dem hellen Kanopus im Südwesten findet ihr Schiffskiel, Segel und Achterschiff – alles Sternbilder, die im Altertum zur Konstellation Argo gehörten, dem legendären Schiff von Jason und den Argonauten. Links davon setzt der Kentaur mit seinen Vorderhufen – markiert von Alpha und Beta Centauri – geschickt über das winzige Kreuz des Südens mit seinen hellen Sternen hinweg.

SKORPION
Nach einer griechischen Sage bedrohte der Skorpion Orion mit seinem Giftstachel. Die Götter brachten deshalb die beiden an entgegengesetzte Stellen des Himmels, damit sie sich nicht mehr begegnen konnten.

SCHMUCKKÄSTCHEN
Betrachtet man die Sterne dieses kleinen offenen Haufens im Fernrohr, dann glitzern sie in allen Farben. Das Schmuckkästchen liegt 6800 Lichtjahre entfernt in der Nähe des südlichen Kreuzes.

WO SEHT IHR DIESEN STERNHIMMEL?
AUF DER SÜDHALBKUGEL, Z.B. IN AUSTRALIEN, NEUSEELAND, SÜDAMERIKA UND SÜDAFRIKA

WANN SEHT IHR DIESEN HIMMEL?
VON APRIL BIS ENDE JUNI

MIT BLOSSEM AUGE ZU ERKENNEN
MILCHSTRASSE, KREUZ DES SÜDENS, KOHLENSACK IM KREUZ DES SÜDENS

MIT DEM FERNGLAS ZU ERKENNEN
MILCHSTRASSE, GROSSE MAGELLANSCHE WOLKE

MIT DEM FERNROHR ZU ERKENNEN
STERNHAUFEN SCHMUCKKÄSTCHEN IM KREUZ DES SÜDENS, KUGELSTERNHAUFEN OMEGA CENTAURI IM KENTAUR, ETA-CARINAE-NEBEL IM SCHIFFSKIEL, TARANTEL-NEBEL IN DER GROSSEN MAGELLANSCHEN WOLKE

TARANTEL-NEBEL
Der Tarantel-Nebel verdankt seinen Namen der Tatsache, dass seine Gaswolken Ähnlichkeit mit den behaarten Beinen einer Spinne haben. Ihr findet ihn links vom Stern Kanopus.

KREUZ
Das Kreuz des Südens wurde erst 1592 eine eigene Konstellation. Vorher gehörten seine Sterne zum Sternbild Kentaur.

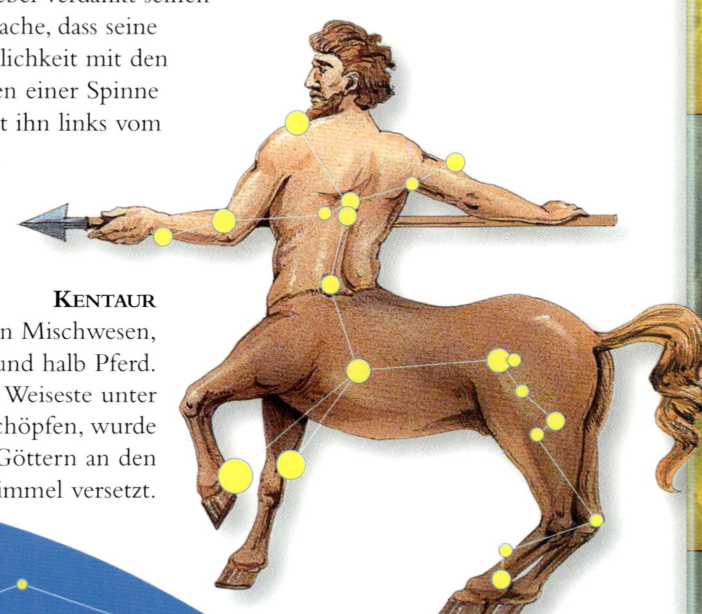

KENTAUR
Kentauren waren Mischwesen, halb Mensch und halb Pferd. Chiron, der Weiseste unter diesen Fabelgeschöpfen, wurde von den Göttern an den Himmel versetzt.

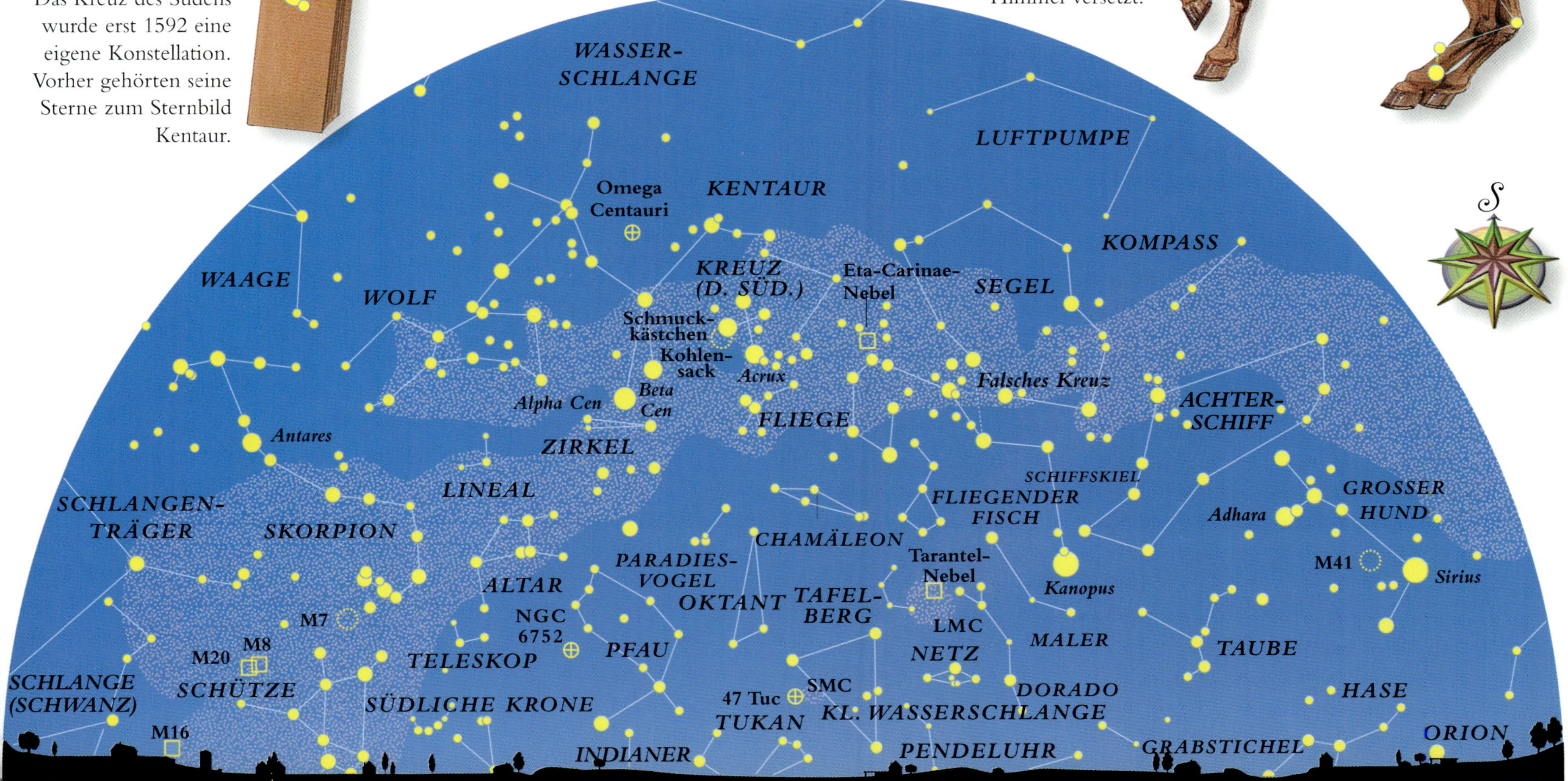

Fakten und Zahlen

Sonne
Scheinbare Helligkeit: –26,8
Absolute (tatsächliche) Helligkeit: 4,8
Rotationszeit: 25 Erdentage am Äquator, 34 Erdentage in Polnähe
Durchmesser: 1 392 000 km
Masse: 332 946-fache Erdmasse
Dichte: 1,4-fache Dichte von Wasser
Oberflächenschwerkraft: 27,9% d. Erdschwerkr.
Aufbau: 92,1% Wasserstoff, 7,8% Helium, 1% sonstige Elemente
Oberflächentemperatur: 5 500°C
Kerntemperatur: 15 500 000°C
Magnetfeldstäre: bis zu 10 000 mal höher als auf der Erde.

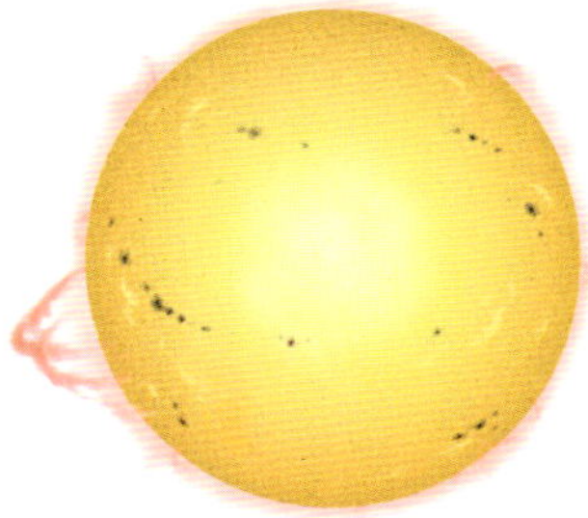

Merkur
Bekannt seit: prähistorischer Zeit
Entdecker: unbekannt
Beobachtung: mit bloßem Auge
Scheinbare Helligkeit: –2 bis +3
Sonnenabstand: 0,4 AE oder 58 Millionen km
Länge des Jahres: 88 Erdentage
Durchschnittsgeschwindigkeit: 48 km/s
Bahnneigung: 7,0°
Bahnexzentrizität: 0,21
Achsneigung: 0,5°
Rotationszeit: 59 Erdentage
Sonnentag: 176 Erdentage
Durchmesser: 4 875 km
Masse: 5,5% der Erdmasse
Dichte: 5,4-fache Dichte des Wassers
Oberflächenschwerkraft: 38% der Erdschwerkraft
Aufbau: Eisen und Gestein
Atmosphäre: praktisch keine
Durchschnittstemperatur: –173°C bis 427°C
Magnetfeldstärke: 0,5% des Erdmagnetfelds
Monde: keine
Ringe: keine
Sondenmissionen: 1

Venus
Bekannt seit: prähistorischer Zeit
Entdecker: unbekannt
Beobachtung: mit bloßem Auge
Scheinbare Helligkeit: –4,0 bis –4,6
Sonnenabstand: 0,7 AE oder 108 Millionen km
Länge des Jahres: 225 Erdentage
Durchschnittsgeschwindigkeit: 35 km/s
Bahnneigung: 3,4°
Bahnexzentrizität: 0,01
Achsneigung: 177,4°
Rotationszeit: 243 Erdentage
Sonnentag: 117 Erdentage
Durchmesser: 12 104 km
Masse: 82% der Erdmasse
Dichte: 5,2-fache Dichte von Wasser
Oberflächenschwerkraft: 90% der Erdschwerkraft
Aufbau: überwiegend Gestein
Atmosphäre: 97% Kohlendioxid, 3% Stickstoff
Atmosphäredruck: 96-fache der Erdatmosphäre
Durchschnittstemperatur: 470°C
Magnetfeldstärke: geringer als 0,05% des Erdmagnetfelds
Monde: keine
Ringe: keine
Sondenmissionen: 31

Erde
Bekannt seit: prähistorischer Zeit
Entdecker: unbekannt
Sonnenabstand: 1,0 AE oder 150 Millionen km
Länge des Jahres: 365,25 Tage
Durchschnittsgeschwindigkeit: 30 km/s
Bahnneigung: 0°
Bahnexzentrizität: 0,02
Achsneigung: 23,5°
Rotationszeit: 23 Stunden 56 Minuten
Sonnentag: 24 Stunden
Durchmesser: 12 756 km
Masse: 5,5 x 10^{24} Tonnen
Dichte: 5,5-fache Dichte von Wasser
Aufbau: überwiegend Gestein
Atmosphäre: 78% Stickstoff, 21% Sauerstoff sowie geringe Mengen Wasser, Argon, Kohlendioxid
Durchscnittstemperatur: 17°C
Monde: 1
Ringe: keine

Mars
Bekannt seit: prähistorischer Zeit
Entdecker: unbekannt
Beobachtung: mit bloßem Auge
Scheinbare Helligkeit: –2,6 bis +1,8
Sonnenabstand: 1,5 AE oder 228 Millionen km
Länge des Jahres: 687 Erdentage
Durchschnittsgeschwindigkeit: 24 km/s
Bahnneigung: 1,9°
Bahnexzentrizität: 0,09
Achsneigung: 25,2°
Rotationszeit: 24 Stunden 37 Minuten
Sonnentag: 24 Stunden 40 Minuten
Durchmesser: 6 780 km
Masse: 10% der Erdmasse
Dichte: 3,9-fache Dichte von Wasser
Oberflächenschwertkraft: 38% der Erdschwerkraft
Aufbau: überwiegend Gestein
Atmosphäre: 95% Kohlendioxid, 2,7% Stickstoff, 1,6% Argon und sonstige Elemente
Atmosphäredruck: 0,6% der Erdatmosphäre
Durchsschnittstemperatur:–59°C
Magnetfeldstärke: geringer als 0,1% des Erdmagnetfelds
Monde: 2
Ringe: keine
Sondenmissionen: 23

Jupiter
Bekannt seit: prähistorischer Zeit
Entdecker: unbekannt
Beobachtung: mit bloßem Auge
Scheinbare Helligkeit: –2,5 bis –1,2
Sonnenabstand: 5,2 AE oder 778 Millionen km
Länge des Jahres: 11,9 Erdenjahre
Durchschnittsgeschwindigkeit: 13 km/s
Bahnneigung: 1,3°
Bahnexzentrizität: 0,05
Achsneigung: 3,1°
Rotationszeit: 9 Stunden 55 Minuten
Sonnentag: entspricht der Rotationszeit
Durchmesser: 142 984 km
Masse: 317,8-fache Erdmasse
Dichte: 1,3-fache Dichte von Wasser
Schwerkraft in Wolkenhöhe: 2,6-fache Erdschwerkraft
Aufbau: überwiegend Gase
Atmosphäre: 86% Wasserstoff, 13,6% Helium und geringe Mengen Methan, Ammoniak, Wasser
Durchschnittstemperatur in Wolkenhöhe: –108°C
Magnetfeldstärke: 7,1-fache Stärke des Erdmagnetfelds
Monde: 16
Ringe: 3
Sondenmissionen: 5

Erläuterungen zu Planeten
Scheinbare Helligkeit: Wie hell ein Objekt am Himmel erscheint. Niedrige Größenklassen stehen für helle, hohe für dunkle Objekte.
Sonnenabstand: Die durchschnittliche Entfernung eines Planeten von der Sonne.
Bahnneigung: Der Winkel einer Planetenbahn gegenüber der Erdbahn-Ebene.
Bahnexzentrizität: Die Ellipsenform einer Planetenbahn. Je größer die Zahl, desto stärker weicht sie von der Kreisform ab.

Erläuterungen zu Asteroiden
Sonnenabstand: Die durchschnittliche Entfernung eines Asteroiden zu Sonne.
Umlaufzeit: Stets in Erdenjahren angegeben.

Erläuterungen zu Kometen
Namen: Kometen werden nach ihren Entdeckern benannt.
Umlaufzeit: Stets in Erdenjahren angegeben.
Bahnneigung: Der Winkel einer Kometenbahn gegenüber der Erdbahn-Ebene.
Bahnexzentrizität: Die Ellipsenform einer Kometenbahn. Je größer die Zahl, desto stärker weicht sie von der Kreisform ab.

Allgemeine Erläuterungen
- 1 AE (Astronomische Einheit) ist die mittlere Entfernung der Erde von der Sonne und entspricht rund 150 Millionen km.
- 1 Tonne entspricht 1000 kg.

Saturn

Bekannt seit: prähistorischer Zeit
Entdecker: unbekannt
Beobachtung: mit bloßem Auge
Scheinbare Helligkeit: 0,6 bis 1,5
Sonnenabstand: 9,6 AE oder 1 432 Millionen km
Länge des Jahres: 29,4 Erdenjahre
Durchschnittsgeschwindigkeit: 10 km/s
Bahnneigung: 2,5°
Bahnexzentrizität: 0,05
Achsneigung: 26,7°
Rotationszeit: 10 Stunden 39 Minuten
Sonnentag: entspricht der Rotationszeit
Durchmesser: 120 533 km
Masse: 95,2-fache Erdmasse
Dichte: 0,7-fache Dichte von Wasser
Schwerkraft in Wolkenhöhe: 1,1-fache Erdschwerkraft
Aufbau: überwiegend Gase
Atmosphäre: 96% Wasserstoff, 3,3% Helium sowie Methan, Ammoniak u. sonstige Elemente
Durchschnittstemperatur in Wolkenhöhe: –139°C
Magnetfeldstärke: 0,34-fache Stärke des Ermagnetfelds
Monde: 18
Ringe: 7
Sondenmissionen: 4

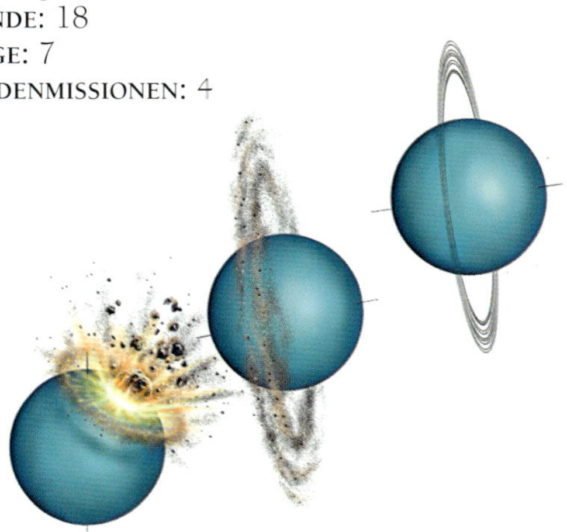

Uranus

Bekannt seit: März 1781
Entdecker: Wilhelm Herschel
Beobachtung: mit bloßem Auge gerade noch erkennbar, mit dem Fernrohr leicht aufzuspüren
Scheinbare Helligkeit: 5,5 bis 5,9
Sonnenabstand: 19,2 AE oder 2 871 Millionen km
Länge des Jahres: 84,1 Erdenjahre
Durchschnittsgeschwindigkeit: 7 km/s
Bahnneigung: 0,8°
Bahnexzentrizität: 0,04
Bahnneigung: 97,9°
Rotationszeit: 17 Stunden 14 Minuten
Sonnentag: entspricht der Rotationszeit
Durchmesser: 51 118 km
Masse: 14,5-fache Erdmasse
Dichte: 1,3-fache Dichte von Wasser
Schwerkraft in Wolkenhöhe: 0,90-fache Erdschwerkraft
Aufbau: überwiegend Gase
Atmosphäre: 83% Wasserstoff, 15% Helium, 2% Methan
Durchschnittstemperatur in Wolkenhöhe: –197°C
Magnetfeldstärke: 0,38-fache Stärke des Erdmagnetfelds
Monde: mindestens 20
Ringe: 11
Sondenmissionen: 1

Geländeformen auf Planeten

Geländeformen auf Gesteinsplaneten und Monden kommen aus dem Lateinischen oder Griechischen.
Chasma: tiefes, langes Tal mit steilen Seitenwänden
Corona: große ovale oder runde Struktur
Fossa, fossae: flaches, langes und schmales Tal
Mons, montes: Berg oder Gebirgskette
Patera: unregelmäßig geformter Krater
Planitia: Tiefebene
Planum: Plateau oder Hochebene
Regio: größeres Gebiet, das eine Einheit bildet
Rupes: langgestreckte Böschung
Terra: ausgedehnte Landmasse
Tessera: Gebiet mit mehreren, sich überkreuzenden Verwerfungen
Tholus: kuppelartiger Berg oder Hügel
Vallis, valles: Tal oder Tälersystem
Vastitas: ausgedehnte Ebene

Neptun

Bekannt seit: September 1846
Entdecker: Urbain Leverrier, John Couch Adams, Johann Galle und Heinrich d'Arrest
Beobachtung: mit dem Fernrohr
Scheinbare Helligkeit: 7,9
Sonnenabstand: 30,1 AE oder 4 498 Millionen km
Länge des Jahres: 164,9 Erdenjahre
Durchschnittsgeschwindigkeit: 5,5 km/s
Bahnneigung: 1,8°
Bahnexzentrizität: 0,01
Achsneigung: 29,6°
Rotationszeit: 16 Stunden 7 Minuten
Sonnentag: entspricht der Rotationszeit
Durchmesser: 49 528 km
Masse: 17,2-fache Erdmasse
Dichte: 1,6-fache Dichte von Wasser
Schwerkraft in Wolkenhöhe: 1,1-fache Erdschwerkraft
Aufbau: überwiegend Gase
Atmosphäre: 80% Wasserstoff, 19% Helium, 1% Methan
Durchschnittstemperatur in Wolkenhöhe: –201°C
Magnetfeldstärke: 22%-fache Stärke des Erdmagnetfelds
Monde: 8
Ringe: 6
Sondenmissionen: 1

Pluto

Bekannt seit: Februar 1930
Entdecker: Clyde Tombaugh
Beobachtung: mit dem Fernrohr
Scheinbare Helligkeit: 13,7
Sonnenabstand: 39,5 AE oder 5 914 Millionen km
Länge des Jahres: 248 Erdenjahre
Durchschnittsgeschwindigkeit: 5 km/s
Bahnneigung: 17,1°
Bahnexzentrizität: 0,25
Bahnneigung: 122,5°
Rotationszeit: 6,4 Erdentage
Sonnentag: entspricht der Rotationszeit
Durchmesser: 2 304 km
Masse: 0,2-fache Erdmasse
Dichte: 2,1-fache Dichte von Wasser
Oberflächenschwerkraft: 0,065-fache Erdschwerkraft
Aufbau: Gestein und Eis
Atmosphäre: Methan, Stickstoff
Atmosphäredruck: etwa 3 000 000-fach stärker als auf der Erde
Durchschnittstemperatur: –233°C
Magnetfeldstärke: unbekannt
Monde: 1
Ringe: keine
Sondenmissionen: keine

Asteroiden

Name	Entdecker	Sonnenabstand	Umlaufzeit	Rotationszeit	Durchmesser
1 Ceres	Piazzi, 1801	2,76 AE	4,6 Jahre	9h 5m	913 km
2 Pallas	Olbers, 1802	2,77 AE	4,6 Jahre	7h 49m	523 km
4 Vesta	Olbers, 1807	2,36 AE	3,6 Jahre	5h 21m	520 km
10 Hygeia	De Gasparis, 1849	3,14 AE	5,6 Jahre	27h 40m	429 km
511 Davida	Dugan, 1903	3,18 AE	5,7 Jahre	5h 8m	337 km
704 Interamnia	Cerulli, 1910	3,06 AE	5,4 Jahre	8h 44m	333 km
253 Mathilde	Palisa, 1885	2,65 AE	4,3 Jahre	17h 24m	66 km
243 Ida	Palisa, 1884	2,86 AE	4,9 Jahre	4h 38m	60 km
433 Eros	Witt & Charlois, 1898	1,46 AE	1,8 Jahre	5h 18m	33 km
951 Gaspra	Neujmin, 1916	2,21 AE	3,3 Jahre	7h 3m	18 km

Kometen

Name	Erstmals registriert	Grösster Sonnenabst.	Kleinster Sonnenabst.	Typ	Umlaufzeit	Bahnneigung	Bahnexzentr.
Encke	1786	4,1 AE	0,3 AE	kurzperiod.	3,3 Jahre	11,9°	0,85
Wirtanen	1954	5,1 AE	1,1 AE	kurzperiod.	5,5 Jahre	11,7°	0,65
Wild 2	1978	5,3 AE	1,6 AE	kurzperiod.	6,4 Jahre	3,2°	0,54
d'Arrest	1851	5,6 AE	1,4 AE	kurzperiod.	6,5 Jahre	19.,5°	0,61
Tempel-Tuttle	1866	19,5 AE	1,0 AE	kurzperiod.	32,9 Jahre	163°	0,90
Halley	239 v. Chr.	35,0 AE	0,6 AE	kurzperiod.	76,0 Jahre	162°	0,97
Swift-Tuttle	1862	52,3 AE	1v0 AE	kurzperiod.	137,3 Jahre	113°	0,96
Bennett	1970	281,8 AE	0,5 AE	langperiod.	1 678 Jahre	90,0°	0,99
Donati	1858	311,6 AE	0,6 AE	langperiod.	1 950 Jahre	117°	0,99
Hale-Bopp	1995	370,6 AE	0,9 AE	langperiod.	2 529 Jahre	89,4°	0,99
Hyakutake	1996	2 006 AE	0,2 AE	langperiod.	31 781 Jahre	125°	0,99
Ikeya-Seki	1965	4 000 AE	0,01 AE	langperiod.	89 443 Jahre	129°	0,99

MONDE

NAME	ENTDECKUNG	ENTFERNUNG VOM PLANETEN IN KM	UMLAUF-ZEIT	DURCHMESSER IN KM	MASSE IN TONNEN	OBERFLÄCHENBESCHAFFENHEIT
Erde						
Erdmond	Altertum	384 401	27,3 Tage	3 476	7,3 x 10^{19}	Anorthosit & Basalt, Staub
Mars						
Phobos	Hall, 1877	9 378	0,3 Tag	27	9,6 x 10^{12}	kohlenstoffh. Gestein, Staub
Deimos	Hall, 1877	23 459	1,3 Tage	15	1,8 x 10^{12}	kohlenstoffh. Gestein, Staub
45 Eugenia						
S/1998(45)1	Merline, 1998	1 240?	4,7 Tage	10?	unbekannt	Gestein?
243 Ida						
Dactyl	Galileo-Raumsonde, 1993	90	unbekannt	1,6	3,7 x 10^{9}	kohlenstoffh. Gestein, Staub
Jupiter						
Metis	Synnott, 1979	127 960	0,3 Tag	40	9,5 x 10^{13}	Gestein
Adrastea	Jewitt & Danielson, 1979	128 980	0,3 Tag	25	1,9 x 10^{13}	Gestein
Amalthea	Barnard, 1892	181 300	0,5 Tag	270	7,2 x 10^{15}	Gestein, Schwefelüberzug?
Thebe	Synnott, 1979	221 900	0,7 Tag	110	7,6 x 10^{14}	Gestein
Io	Galilei, 1610	421 600	1,8 Tage	3 643	8,9 x 10^{19}	Gestein
Europa	Galilei, 1610	670 900	3,5 Tage	3 120	4,8 x 10^{19}	Gestein
Ganymed	Galilei, 1610	1 070 000	7,2 Tage	5 268	1,5 x 10^{20}	Gestein
Kallisto	Galilei, 1610	1 883 000	16,7 Tage	4 800	1,1 x 10^{20}	Gestein
Leda	Kowal, 1974	11 094 000	238,7 Tage	16	5,7 x 10^{12}	kohlenstoffh. Schmutz, Eis
Himalia	Perrine, 1904	11 480 000	250,6 Tage	186	9,5 x 10^{15}	kohlenstoffh. Schmutz, Eis
Lysithea	Nicholson, 1938	11 720 000	259,2 Tage	36	7,6 x 10^{13}	kohlenstoffh. Schmutz, Eis
Elara	Perrine, 1905	11 737 000	259,6 Tage	76	7,6 x 10^{14}	kohlenstoffh. Schmutz, Eis
Ananke	Nicholson, 1951	21 200 000	631 Tage	30	3,8 x 10^{13}	kohlenstoffh. Schmutz, Eis
Carme	Nicholson, 1938	22 600 000	692 Tage	40	9,5 x 10^{13}	kohlenstoffh. Schmutz, Eis
Pasiphae	Melotte, 1908	23 500 000	735 Tage	50	1,9 x 10^{14}	kohlenstoffh. Schmutz, Eis
Sinope	Nicholson, 1914	23 700 000	758 Tage	36	7,6 x 10^{13}	kohlenstoffh. Schmutz, Eis
Saturn						
Pan	Showalter, 1990	133 583	0,6 Tag	20	unbekannt	Eis?
Atlas	Terrile, 1980	137 670	0,6 Tag	38	unbekannt	schmutziges Eis?
Prometheus	Collins & andere, 1980	139 353	0,6 Tag	140	1,4 x 10^{14}	Eis?
Pandora	Collins & andere, 1980	141 700	0,6 Tag	110	1,3 x 10^{14}	Eis?
Epimetheus	Walker & andere,1966	151 422	0,7 Tag	140	5,5 x 10^{14}	schmutziges Eis?
Janus	Dollfus, 1966	151 472	0,7 Tag	220	2,0 x 10^{15}	schmutz. Eis?
Mimas	Herschel, 1789	185 520	0,9 Tag	392	3,8 x 10^{16}	Eis
Enceladus	Herschel, 1789	238 020	1,4 Tage	500	8,0 x 10^{16}	Eis
Tethys	Cassini, 1684	294 660	1,9 Tage	1 060	7,6 x 10^{17}	Eis
Telesto	Smith & andere, 1980	294 660	1,9 Tage	34	unbekannt	Eis?
Calypso	Pascu & andere, 1980	294 660	1,9 Tage	34	unbekannt	Eis?
Dione	Cassini, 1684	377 400	2,7 Tage	1 120	1,1 x 10^{18}	schmutz. Eis
Helene	Laques & Lecacheux, 1980	377 400	2,7 Tage	36	unbekannt	schmutziges Eis?
Rhea	Cassini, 1672	527 040	4,5 Tage	1 528	2,5 x 10^{18}	Eis
Titan	Huygens, 1655	1 221 830	16 Tage	5 150	1,4 x 10^{20}	flüssiges Methan, Eis
Hyperion	Bond, 1848	1 481 100	21,3 Tage	350	1,7 x 10^{16}	schmutziges Eis?
Iapetus	Cassini, 1671	3 561 300	79,3 Tage	1 436	1,9 x 10^{18}	Eis, kohlenstoffh. Schmutz
Phoebe	Pickering, 1898	12 952 000	550,5 Tage	230	4,0 x 10^{14}	Eis, kohlenstoffh. Schmutz?
Uranus						
Cordelia	Voyager 2, 1986	49 770	0,3 Tag	26	unbekannt	kohlenstoffh. Schmutz, Eis?
Ophelia	Voyager 2, 1986	53 790	0,4 Tag	30	unbekannt	kohlenstoffh. Schmutz, Eis?
Bianca	Voyager 2, 1986	59 166	0,4 Tag	42	unbekannt	kohlenstoffh. Schmutz, Eis?
Cressida	Voyager 2, 1986	61 780	0,5 Tag	62	unbekannt	kohlenstoffh. Schmutz, Eis?
Desdemona	Voyager 2, 1986	62 680	0,5 Tag	54	unbekannt	kohlenstoffh. Schmutz, Eis?
Juliet	Voyager 2, 1986	64 350	0,5 Tag	84	unbekannt	kohlenstoffh. Schmutz, Eis?
Portia	Voyager 2, 1986	66 090	0,5 Tag	108	unbekannt	kohlenstoffh. Schmutz, Eis?
Rosalind	Voyager 2, 1986	69 940	0,6 Tag	54	unbekannt	kohlenstoffh. Schmutz, Eis?
Belinda	Voyager 2, 1986	75 256	0,6 Tag	66	unbekannt	kohlenstoffh. Schmutz, Eis?
S/1986 U10	Karkoshka, 1999	76 416	0,6 Tag	40?	unbekannt	unbekannt
Puck	Voyager 2, 1986	86 010	0,8 Tag	154	unbekannt	kohlenstoffh. Schmutz, Eis?
Miranda	Kuiper, 1948	129 390	1,4 Tage	484	6,9 x 10^{16}	Eis
Ariel	Lassell, 1851	191 020	2,5 Tage	1 158	1,4 x 10^{18}	Eis
Umbriel	Lassell, 1851	266 300	4,1 Tage	1 172	1,2 x 10^{18}	Eis
Titania	Herschel, 1787	453 910	8,7 Tage	1 580	3,5 x 10^{18}	Eis
Oberon	Herschel, 1787	583 520	13,5 Tage	1 524	3,.0 x 10^{18}	Eis
Caliban	Gladman & andere, 1997	7 169 000	579 Tage	60	unbekannt	unbekannt
S/1999 U1	Gladman & andere, 1999	10 000 000?	unbekannt	20?	unbekannt	unbekannt
Sycorax	Nicholson & andere, 1997	12 214 000	1 289 Tage	160	unbekannt	unbekannt
S/1999 U2	Gladman & andere, 1999	25 000 000?	unbekannt	20?	unbekannt	unbekannt

Name	Entdeckung	Entfernung vom Planeten in km	Umlaufzeit	Durchmesser in km	Masse in Tonnen	Oberflächenbeschaffenheit
Neptun						
Najade	Voyager 2, 1989	48 227	0,3 Tag	58	unbekannt	kohlenstoffh. Schmutz, Eis?
Thalassa	Voyager 2, 1989	50 070	0,3 Tag	80	unbekannt	kohlenstoffh. Schmutz, Eis?
Despina	Voyager 2, 1989	52 526	0,3 Tag	148	unbekannt	kohlenstoffh. Schmutz, Eis?
Galatea	Voyager 2, 1989	61 953	0,4 Tag	158	unbekannt	kohlenstoffh. Schmutz, Eis?
Larissa	Reitsma & Voyager 2, 1989	73 548	0,6 Tag	208	unbekannt	kohlenstoffh. Schmutz, Eis?
Proteus	Voyager 2, 1989	117 647	1,1 Tage	436	unbekannt	kohlenstoffh. Schmutz, Eis?
Triton	Lassell, 1846	354 760	5,9 Tage	2 706	$2{,}2 \times 10^{19}$	Stickstoff & Methaneis
Nereid	Kuiper, 1949	5 513 400	360,1 Tage	340	unbekannt	kohlenstoffh. Schmutz, Eis?
Pluto						
Charon	Christy, 1978	19 636	6,4 Tage	1 186	$1{,}9 \times 10^{18}$	Eis

Erläuterungen zu Monden

Name: 45 Eugenia und 243 Ida sind Asteroiden mit eigenen Monden.
Umlaufzeit: Alle Tage sind Erdentage.
Masse: Sehr große Maßzahlen werden wissenschaftlich ausgedrückt, z.B. mit $3{,}7 \times 10^9$. Die kleine Zahl nach der 10 ist die Anzahl der Nullen, die nach der 1 steht. Demnach ist 10^9 gleich 1 000 000 000 und $3{,}7 \times 10^9$ ist 3 700 000 000 oder 3700 Millionen.

- Eine Tonne ist eine metrische Tonne und entspricht 1 000 kg.
- Ein Fragezeichen bedeutet, dass die Zahl geschätzt ist.

Mondfinsternisse

Datum	Art	Am besten beobachtbar in
21.1.2000	total	Nord- & Südamerika
16.7.2000	total	Australien, westlicher Pazifik
9.1.2001	total	westliches Asien, Afrika, Europa
5.7. 2001	partiell	Australien, westlicher Pazifik
16.5.2003	total	Nord- & Südamerika
9.11. 2003	total	Europa, westliches Afrika, Nord- & Südamerika
4.5.2004	total	westliches Asien, Afrika, Europa
28.10.2004	total	Nord- & Südamerika
17.10.2005	partiell	zentraler Pazifik
7.9.2006	partiell	Indischer Ozean, Asien, östliches Afrika
3.3.2007	total	Afrika, Europa
28.8.2007	total	zentraler Pazifik, westliches Nord- & Südamerika
21.2.2008	total	Nord- & Südamerika, westliches Europa
16.8.2008	partiell	westliches Asien, Europa, Afrika
21.12.2009	partiell	Asien, Indischer Ozean, Afrika, Europa
26.6.2010	partiell	zentraler Pazifik, westliches Nord- & Südamerika
21.12.2010	total	Nordamerika, westliches Südamerika
15.6.2011	total	südwestliches Asien, Afrika, Indischer Ozean
10.12.2011	total	westlicher Pazifik, östliches Asien, Alaska, Yukon
4,6,2012	partiell	zentraler Pazifik, westliches Nord- & Südamerika
15.4.2014	total	Nordamerika, westliches Südamerika, Pazifik
8.10.2014	total	Pazifik, westliches Nord- & Südamerika
4.4.2015	total	Pazifik, westliches Nord- & Südamerika
28.9.2015	total	Westeuropa & Afrika, Nord- & Südamerika

Meteorschauer

**Daten können leicht abweichen*

Schauer	Sternbild	Datum	pro Stunde	Ursprung
Quadrantiden	Bärenhüter	3. Jan.	40 Meteore	unbekannt
Lyriden	Leier	22. Apr.	15 Meteore	Komet Thatcher
Eta Aquariden	Wassermann	5. Mai	20 Meteore	Komet Halley
Delta Aquariden	Wassermann	28. Juli	20 Meteore	unbekannt
Perseiden	Perseus	12. Aug	50 Meteore	Komet Swift-Tuttle
Orioniden	Orion	22. Okt.	25 Meteore	Komet Halley
Tauriden	Stier	3. Nov	15 Meteore	Komet Encke
Leoniden	Löwe	17. Nov.	15 Meteore	Komet Tempel-Tuttle
Geminiden	Zwillinge	14. Dez.	50 Meteore	Asteroid 3200 Phaethon
Ursiden	Kleiner Bär	23. Dez.	20 Meteore	Komet Tuttle

Sonnenfinsternisse

Datum	Art	Am besten beobachtbar in
5.2.2000	partiell	Antarktis
1.7.2000	partiell	südöstlicher Pazifik, Chile, Argentinien
31.7.2000	partiell	Sibirien, Nordmeer, nordwestl. USA & Kanada
25.12.2000	partiell	Nord- und Mittelamerika
21.6.2001	total	südliches Afrika
14.12.2001	partiell	Pazifik, Nicaragua
10.6.2002	partiell	Pazifik
4.12.2002	total	südliches Afrika, Pazifik & Australien
31.5.2003	partiell	mittleres und östliches Europa, Asien
23.11.2003	total	Antarktis
19.4.2004	partiell	südliches Afrika
14.10.2004	partiell	nordöstliches Asien, nördlicher Pazifik
8.4.2005	total	östlicher Pazifik, Kolumbien, Venezuela
3.10.2005	partiell	Spanien, nördliches und mittleres Afrika
29.3.2006	total	westl.und nördl. Afrika, Turkei, Südrussland
22.9.2006	partiell	Atlantischer Ozean
19.3.2007	partiell	östliches Asien, Alaska
11.9.2007	partiell	Südamerika, Antarktis
7.2.2008	partiell	Antarktis, östliches Australien, Neuseeland
1.8.2008	total	Nordkanada, Grönland, Sibirien, Mongolei, China
26.1.2009	partiell	südl. Afrika, Antarktis, südöstl. Asien, Australien
22.7.2009	total	Indien, Nepal, China, zentraler Pazifik
15.1.2010	partiell	mittleres Afrika, Indien, Burma, China
11.7.2010	total	südlicher Pazifik, Osterinsel, Chile, Argentinien
4.1.2011	partiell	Europa, nördliches Afrika, zentrales Asien
1.6.2011	partiell	östliches Asien, Alaska, Nordkanada, Island
1.7.2011	partiell	südlicher Indischer Ozean
25.11.2011	partiell	südl. Afrika, Antarktis, Tasmanien, Neuseeland
20.5.2012	partiell	China, Japan, Pazifik, westliche USA
13.11.2012	total	nördliches Australien, südlicher Pazifik
10.5.2013	partiell	nördliches Australien, Salomon-Inseln, Pazifik
3.11.2013	total	Atlantischer Ozean, mittleres Afrika
29.4.2014	partiell	südlicher Indischer Ozean, Australien, Antarktis
23.10.2014	partiell	nördlicher Pazifik, Nordamerika
20.3.2015	total	nordöstlicher Atlantischer Ozean
13.9.2015	partiell	südl. Afrika, südl. Indischer Ozean, Antarktis

BEMANNTE MISSIONEN ZUM MOND

* Die Namen der Astronauten, die auf dem Mond landeten, sind kursiv gesetzt.

NAME	BESATZUNG	START	ANKUNFT	LANDEPLATZ	MITGEBRACHTE PROBEN
Apollo 8	Frank Borman, James Lovell, William Anders	21. Dez. 1968	24. Dez. 1968	keine Landung	keine Gesteinsproben
Apollo 10	Thomas Stafford, John Young, Eugene Cernan	18. Mai 1969	22. Mai 1969	keine Landung	keine Gesteinsproben
Apollo 11	*Neil Armstrong, Edwin Aldrin,* Michael Collins	16. Juli 1969	20. Juli 1969	Meer der Ruhe	22 kg
Apollo 12	*Charles Conrad, Alan Bean,* Richard Gordon	14. Nov. 1969	19. Nov. 1969	Ozean der Stürme	34 kg
Apollo 13	James Lovell, John Swigert, Fred Haise	11. Apr. 1970	14. Apr. 1970	keine Landung	keine Gesteinsproben
Apollo 14	*Alan Shepard, Edgar Mitchell,* Stuart Roosa	31. Jan. 1971	5. Febr. 1971	Fra-Mauro-Hochland	42 kg
Apollo 15	*David Scott, James Irwin,* Alfred Worden	26. Juli 1971	30. Juli 1971	Hadley-Rille	77 kg
Apollo 16	*John Young, Charles Duke,* Thomas Mattingly	16. Apr. 1972	21. Apr. 1972	Descartes-Hochland	96 kg
Apollo 17	*Eugene Cernan, Harrison Schmitt,* Ronald Evans	7. Dez. 1972	11. Dez. 1972	Taurus-Littrow-Tal	2111 kg

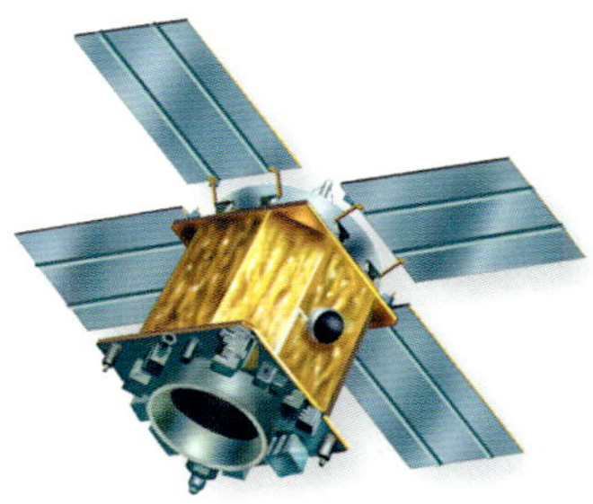

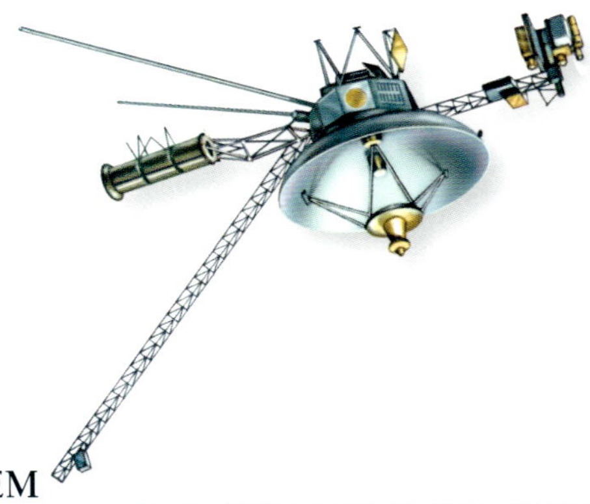

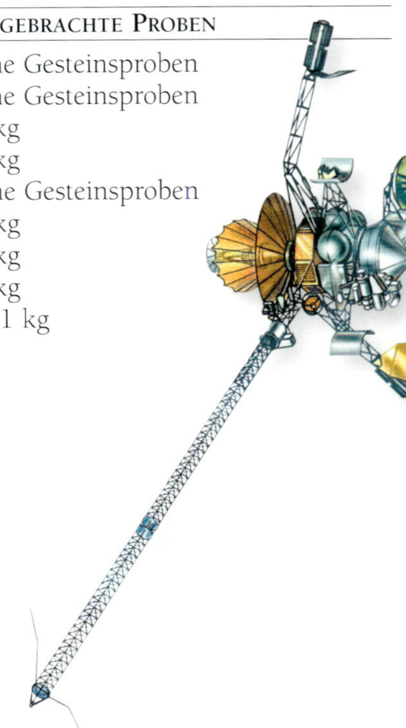

WICHTIGE UNBEMANNTE MISSIONEN IM SONNENSYSTEM

MISSION	LAND	ART	START	ANKUNFT	MISSIONSDATEN
Mond					
Luna 2	UdSSR	Aufprall	12. Sept. 1959	13. Sept. 1959	harte Landung
Luna 3	UdSSR	Vorbeiflug	4. Okt. 1959	7. Okt. 1959	erste Bilder von der Rückseite zeigen, dass Berge vorherrschen
Ranger 7	USA	Aufprall	28. Juli 1964	31. Juli 1964	funkt bis zum Aufschlag Bilder, findet viele kleine Krater
Ranger 8	USA	Aufprall	17. Febr. 1965	20. Febr. 1965	schlägt im Meer der Ruhe auf, funkt über 7 000 Fotos
Ranger 9	USA	Aufprall	21. März 1965	24. März 1965	schlägt im Krater Alphonsus auf, findet Vulkanschlote
Zond 3	UdSSR	Vorbeiflug	18. Juli 1965	20. Juli 1965	fotografiert die Mondrückseite
Luna 9	UdSSR	Lander	31. Jan. 1966	3. Febr. 1966	erste weiche Landung, Panorama-Aufnahmen der Oberfläche
Luna 10	UdSSR	Orbiter	31. März1966	3. Apr 1966	erstes Raumschiff, das in eine Mondumlaufbahn einschwenkt
Surveyor 1	USA	Lander	30. Mai 1966	2. Juni 1966	erster Lander, der chemische Messungen vornimmt
Lunar Orbiter 1	USA	Orbiter	10. Aug. 1966	14. Aug. 1966	funkt Bilder und sucht geeignete Landeplätze für Apollo
Luna 11	UdSSR	Orbiter	24. Aug. 1966	28. Aug. 1966	fotografiert die Oberfläche
Luna 12	UdSSR	Orbiter	22. Okt. 1966	25. Okt. 1966	fotografiert die Oberfläche
Lunar Orbiter 2	USA	Orbiter	6. Nov. 1966	10. Nov. 1966	fotografiert mögliche Landeplätze für Apollo
Luna 13	UdSSR	Lander	21. Dez. 1966	24. Dez. 1966	fotografiert, nimmt Bodenproben mit automatischen Schaufeln
Lunar Orbiter 3	USA	Orbiter	5. Febr. 1967	8. Febr. 1967	fotografiert mögliche Landeplätze für Apollo
Surveyor 3	USA	Lander	17. Apr. 1967	20. Apr. 1967	funkt über 6 000 Bilder, späterer Landeplatz für Apollo 12
Lunar Orbiter 4	USA	Orbiter	4. Mai 1967	8. Mai 1967	fotografiert die gesamte erdzugewandte Mondseite
Lunar Orbiter 5	USA	Orbiter	1. Aug. 1967	5. Aug. 1967	fotografiert geologisch interessante Gebiete
Surveyor 5	USA	Lander	8. Sept. 1967	11. Sept. 1967	analysiert Mondoberfläche, übermittelt 6 300 Oberflächenfotos
Surveyor 6	USA	Lander	7. Nov. 1967	10. Nov. 1967	funkt fast 30 000 Fotos von der Oberfläche
Surveyor 7	USA	Lander	7. Jan. 1968	10. Jan. 1968	landet am Rand des Kraters Tycho, analysiert Oberflächengestein
Zond 5	UdSSR	Vorbeiflug	15. Sept. 1968	18. Sept. 1968	fliegt um den Mond, kehrt am 21. September unbeschadet zurück
Zond 6	UdSSR	Vorbeiflug	10. Nov. 1968	14. Nov. 1968	fliegt um den Mond, kehrt am 17. November unbeschadet zurück
Zond 7	UdSSR	Vorbeiflug	7. Aug. 1969	11. Aug. 1969	fliegt um den Mond, kehrt am 14. August unbeschadet zurück
Luna 16	UdSSR	Lander	12. Sept. 1970	20. Sept. 1970	sammelt Gestein ein und bringt es zur Erde
Zond 8	UdSSR	Vorbeiflug	20. Okt. 1970	24. Okt. 1970	fliegt um den Mond, kehrt am 27. Oktober zurück
Luna 17	UdSSR	Rover	10. Nov. 1970	17. Nov. 1970	erstes Mondfahrzeug, legt 10 km zurück
Luna 20	UdSSR	Lander	14. Febr. 1972	21. Febr. 1972	automatisches Einsammeln von Bodenproben
Luna 21	UdSSR	Rover	8. Jan. 1973	15. Jan. 1973	erkundet den Krater Posidonius, fährt 37 km
Luna 22	UdSSR	Orbiter	29. Mai 1974	2. Juni 1974	fotografiert aus der Mondumlaufbahn
Luna 24	UdSSR	Lander	9. Aug. 1976	14. Aug. 1976	landet im Meer der Gefahren, holt Bodenproben
Hiten (Muses-A)	Japan	Vorbeiflug/Orbiter	24. Jan. 1990	19. März 1990	fliegt am Mond vorbei und setzt 1 Satelliten aus
Clementine	USA	Orbiter	25. Jan. 1994	21. Febr. 1994	mineralogische Studien mit hochauflös. Kameras
Lunar Prospector	USA	Orbiter	7. Jan. 1998	11. Jan. 1998	untersucht Aufbau, findet Eis in polnahen Kratern
Merkur					
Mariner 10	USA	Vorbeiflug	3. Nov. 1973	29. März 1974	erste Nahaufnahmen, Kraterlandschaften, Nachw. eines Eisenkerns
Venus					
Mariner 2	USA	Vorbeiflug	27. Aug. 1962	14. Dez. 1962	erster Vorbeiflug bestätigt dichte Atmosphäre, heiße Oberfläche
Venera 4	UdSSR	Lander	12. Juni 1967	18. Okt. 1967	misst Atmosphäre, zerschellt beim Landeversuch
Mariner 5	USA	Vorbeiflug	14, Juni 1967	19. Okt. 1967	liefert verbesserte Atmosphäredruck- und Temperaturwerte
Venera 5	UdSSR	Lander	5. Jan. 1969	16. Mai 1969	erforscht Atmosphäre

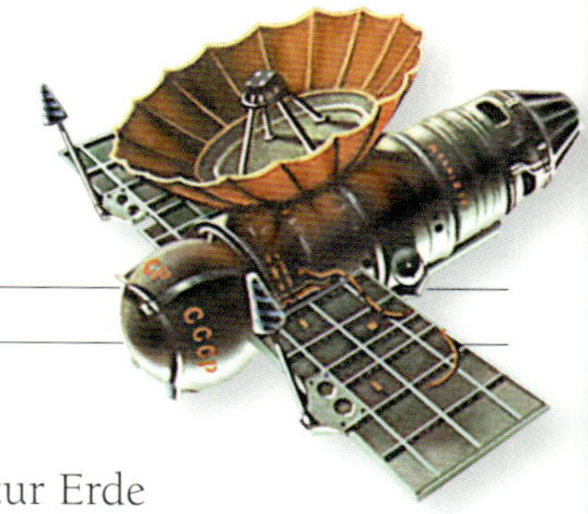

Mission	Land	Art	Start	Ankunft	Missionsdaten
Venus (Fortsetzung)					
Venera 6	UdSSR	Lander	10. Jan.1969	17. Mai 1969	erforscht Atmosphäre
Venera 8	UdSSR	Lander	27. März 1972	22. Juli 1972	sendet erste Daten von der Oberfläche zur Erde
Mariner 10	USA	Vorbeiflug	4. Nov. 1973	5. Febr. 1974	Vorbeiflug auf dem Weg zu Merkur, fotografiert Wolkenwirbel
Venera 9	UdSSR	Orbiter & Lander	8. Juni 1975	22. Okt. 1975	erste Bilder von der Venusoberfläche zeigen Vulkangestein
Venera 10	UdSSR	Orbiter & Lander	14. Juni 1975	25. Okt. 1975	fotografiert verstreute Felsbrocken und Staub
Pioneer-Venus-Orbiter	USA	Orbiter	20. Mai 1978	4. Dez. 1978	erste Radarkartierung der Gesamtoberfläche, erforscht Wolken
Pioneer-Venus-Sonden	USA	Eintauch-Sonden	8. Aug. 1978	9. Dez. 1978	fünf Sonden entnehmen Proben aus der Atmosphäre
Venera 11	UdSSR	Orbiter & Lander	9. Sept. 1978	25. Dez.1978	fotografiert Oberfläche, analysiert Atmosphäre
Venera 12	UdSSR	Orbiter & Lander	14. Sept. 1978	21. Dez. 1978	fotografiert Oberfläche, analysiert Atmosphäre
Venera 13	UdSSR	Orbiter & Lander	30. Okt. 1981	1. März 1982	fotografiert Oberfläche, analysiert Atmosphäre
Venera 14	UdSSR	Orbiter & Lander	4. Nov. 1981	5. März 1982	fotografiert Oberfläche, analysiert Atmosphäre
Venera 15	UdSSR	Orbiter	2. Juni 1983	10. Okt. 1983	Radarkartierung der nördlichen Hemisphäre
Venera 16	UdSSR	Orbiter	7. Juni 1983	14. Okt. 1983	Radarkartierung der nördlichen Hemisphäre
Vega 1	UdSSR	Lander & Ballon	15. Dez. 1984	11. Juni 1985	misst Atmosphäre und Windgeschwindigkeiten mit Wetterballon
Vega 2	UdSSR	Lander & Ballon	21. Dez. 1984	16. Juni 1985	misst Atmosphäre und Windgeschwindigkeiten mit Wetterballon
Magellan	USA	Orbiter	4. Mai 1989	10. Aug. 1990	geologische Erkundung mittels Radar
Galileo	USA	Vorbeiflug	18. Okt. 1989	10. Febr. 1990	Vorbeiflug auf dem Weg zu Jupiter, erforscht Wolken
Cassini	USA	Vorbeiflug	15. Okt. 1997	26. Apr. 1998	Vorbeiflug auf dem Weg zu Saturn, erforscht Wolken
Cassini	USA	Vorbeiflug	15. Okt. 1997	24. Juni 1999	zweiter Vorbeiflug an Venus, erforscht Wolken
Mars					
Mariner 4	USA	Vorbeiflug	28. Nov. 1965	14. Juli 1965	erste Nahaufnahmen zeigen viele Krater, dünne Atmosphäre
Mariner 6	USA	Vorbeiflug	24. Febr. 1969	31. Juli 1969	übermittelt 75 Fotos, erweitert geologische Kenntnisse
Mariner 7	USA	Vorbeiflug	27. März 1969	5. Aug. 1969	übermittelt 126 Fotos, erweitert geologische Kenntnisse
Mars 3	UdSSR	Orbiter & Lander	28. Mai 1971	3. Dez. 1971	einige Daten und wenige Fotos
Mariner 9	USA	Orbiter	30. Mai 1971	12. Nov. 1971	kartiert erstm. den Planeten, entdeckt Flusstäler u. Riesenvulkane
Mars 5	UdSSR	Orbiter	25. Juli 1973	12. Febr. 1974	überdauert nur wenige Tage
Mars 6	UdSSR	Orbiter & Lander	5. Aug. 1973	12. März 1974	geringe Datenausbeute
Mars 7	UdSSR	Orbiter & Lander	9. Aug. 1973	9. März 1974	geringe Datenausbeute
Viking 1	USA	Orbiter & Lander	20. Aug. 1975	19. Juni 1976	Vermessung aus der Umlaufbahn, erfolglose Suche nach Leben
Viking 2	USA	Orbiter & Lander	9. Sept. 1975	7. Aug. 1976	Vermessung aus der Umlaufbahn, erfolglose Suche nach Leben
Mars Global Surveyor	USA	Orbiter	7. Nov. 1996	12. Sept. 1997	vollständige Kartierung mit hoch auflösenden Kameras
Mars Pathfinder	USA	Lander & Rover	2. Dez. 1996	4. Juli 1997	erforscht Geologie einer einst überschwemmten Landschaft
Nozomi (Planet-B)	Japan	Orbiter	4. Juli 1998	Dez. 2003	erforscht obere Atmosphäre, Magnetosphäre, Sonnenwind
Mars Climate Orbiter	USA	Orbiter	11. Dez. 1998	23. Sept. 1999	zerschellt bei Ankunft, keine Daten
Mars Polar Lander	USA	Lander	3. Jan. 1999	3. Dez. 1999	missglückte Landung, keine Daten
Deep Space 2	USA	Aufschlagsonde	3. Jan. 1999	3. Dez. 1999	mitgeführt von Polar Lander, nach Absetzen verschollen
Asteroiden					
Galileo	USA	Vorbeiflug	18. Okt. 1989	29. Okt. 1991	erste Nahaufnahmen eines Asteroiden, 951 Gaspra, zeigt Krater
Galileo	USA	Vorbeiflug	18. Okt. 1989	28. Aug. 1993	Asteroid 243 Ida: kraterübersate Oberfläche, Mond Dactyl
NEAR	USA	Vorbeiflug	17. Febr. 1996	27. Juli 1997	Asteroid 253 Mathilde: große Krater, niedrige Dichte
NEAR	USA	Vorbeiflug	17. Febr. 1996	23. Dez. 1998	Asteroid 433 Eros: Kartierung von Kratern und Oberfläche
Deep Space 1	USA	Vorbeiflug	24. Okt. 1998	29. Juli 1999	Asteroid 9969 Braille: untersucht Magnetfeld, Oberflächenaufbau
NEAR	USA	Orbiter	17. Febr. 1996	14. Febr.200	Asteroid 433 Eros: umfliegt als erste Sonde einen Asteroiden
Jupiter					
Pioneer 10	USA	Vorbeiflug	3. März 1972	Dec 3, 1973	erste Nahaufnahmen von einem Gasriesen
Pioneer 11	USA	Vorbeiflug	6. Apr. 1973	Dec 3, 1974	untersucht Jupiters Polargebiete und Magnetfeld
Voyager 1	USA	Vorbeiflug	5. Sept. 1977	Mar 5, 1979	erste Nahaufnahmen vom Planeten und Monden, entdeckt Ringe
Voyager 2	USA	Vorbeiflug	Aug 20, 1977	July 9, 1979	Entdeckungen von Voyager 1 bestätigt
Galileo	USA	Orbiter & Eintritt	Oct 18, 1989	Dec 7, 1995	erste Atmosphäresonde, fotografiert Planeten und Monde
Saturn					
Pioneer 11	USA	Vorbeiflug	6. April 1973	1. Sept. 1979	erster Besuch einer Sonde, entdeckt neue Ringe
Voyager 1	USA	Vorbeiflug	5. Sept. 1977	12. Nov. 1980	Nahaufnahmen von Wolken, Ringen und Monden
Voyager 2	USA	Vorbeiflug	20. Aug. 1977	25. Aug. 1981	bestätigt Entdeckungen von Voyager 1
Cassini	USA	Vorbeiflug	15. Okt. 1997	Juli 2004	Flug um Planet und Monde, Landekapsel für Titan
Uranus					
Voyager 2	USA	Vorbeiflug	20. Aug. 1977	24. Jan. 1986	erster Sondenbesuch, studiert Ringe u. Monde, findet neue Monde
Neptun					
Voyager 2	USA	Vorbeiflug	20. Aug. 1977	25. Aug. 1989	erster Sondenbesuch, erforscht Stürme, findet Geysire auf Triton
Pluto					
bis heute noch keine Mission gestartet					
Kometen					
Giotto	Europa	Vorbeiflug	2. Juli 1985	14. März 1986	fotografiert den Kern des Halleyschen Kometen
Stardust	USA	Vorbeiflug	7. Febr. 1999	2. Jan. 2004	Proben vom Kometen Wild 2
Deep Space 1	USA	Vorbeiflug	Okt. 1998	Jan./Sept. 2001	Vorbeiflug an Kom. Wilson-Harrington u. Borrelly

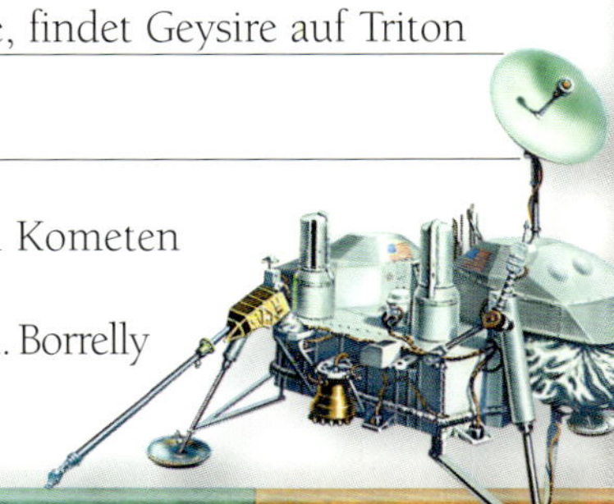

Sternbilder

Lateinischer Name	Deutscher Name	Hemisphäre	Besonderheiten
Andromeda	Andromeda	Nördliche	Spiralgalaxie M31 (Andromeda), Doppelstern Gamma Andromedae, offener Haufen NGC 752
Antlia	Luftpumpe	Südliche	planetarischer Nebel NGC 3132, Spiralgalaxie NGC 2997
Apus	Paradiesvogel	Südliche	Doppelstern Delta Apodis, Veränderlicher Stern S Apodis, Veränderlicher Stern Theta Apodis
Aquarius	Wassermann	Äquatorzone	Kugelsternhaufen M2, planetarische Nebel NGC 7009 (Saturn) und NGC 7293 (Helix)
Aquila	Adler	Äquatorzone	heller Stern Atair, Veränderliche Eta Aquilae und R Aquilae, offener Haufen NGC 6709
Ara	Altar	Südliche	offener Haufen NGC 6193, Kugelsternhaufen NGC 6397
Aries	Widder	Nördliche	Doppelsterne Gamma Arietis, Lambda Arietis und Pi Arietis
Auriga	Fuhrmann	Nördliche	heller Stern Capella, offene Haufen M36, M37 und M38 Doppelstern Omega Aurigae
Boötes	Bärenhüter	Nördliche	heller Stern Arktur, Doppelstern Mu Boötis
Caelum	Grabstichel	Südliche	Doppelstern Gamma Caeli, Veränderlicher R Caeli
Camelopardalis	Giraffe	Südliche	Doppelstern Beta Camelopardalis, Veränderlicher VZ Camelopardalis, Sternhaufen NGC 1502
Cancer	Krebs	Nördliche	offene Haufen M44 (Beehive) und M67, Doppelsterne Zeta Cancri und Iota Cancri
Canes Venatici	Jagdhunde	Nördliche	Spiralgalaxien M51 (Feuerrad) and M94, Kugelsternhaufen M3
Canis Major	Großer Hund	Südliche	heller Stern Sirius, offene Haufen M41 und NGC 2362
Canis Minor	Kleiner Hund	Äquatorzone	heller Stern Prokyon
Capricornus	Steinbock	Südliche	Doppelsterne Alpha Capricorni und Beta Capricorni, Kugelsternhaufen M30
Carina	Schiffskiel	Südliche	heller Stern Canopus, Emissionsnebel Eta Carinae, offene Haufen NGC 3532 und IC 2602
Cassiopeia	Kassiopeia	Nördliche	Veränderlicher Gamma Cassiopeiae, offener Haufen M52
Centaurus	Kentaur	Südliche	heller Stern Alpha Centauri, Kugelsternhaufen Omega Centauri, elliptische Galaxie NGC 5128
Cepheus	Kepheus	Nördliche	Veränderliche Delta Cephei und Mu Cephei
Cetus	Walfisch	Äquatorzone	Veränderlicher Mira Ceti, Seyfert-Galaxie M77
Chamaeleon	Chamäleon	Südliche	Doppelstern Delta Chamaeleontis, planetarische Nebel NGC 3195
Circinus	Kompass	Südliche	Doppelstern Alpha Circini
Columba	Taube	Südliche	Veränderlicher T Columbae, Kugelsternhaufen NGC 1851
Coma Berenices	Haar der Berenike	Nördliche	Kugelsternhaufen M53, Spiralgalaxien M64 (Black-eye) und NGC 4565
Corona Australis	Südliche Krone	Südliche	Doppelstern Kappa Coronae Australis, Kugelsternhaufen NGC 6541
Corona Borealis	Nördliche	Nördliche	Doppelstern Nu Coronae Borealis, Veränderlicher R Coronae Borealis
Corvus	Rabe	Südliche	Veränderl. R Corvi, Galaxien NGC 4038 sind NGC 4039 (Antennae-Galaxien)
Crater	Becher	Südliche	—
Crux	Kreuz (des Südens)	Südliche	heller Stern Acrux, off. Haufen NGC 4755 (Schmuckkäst.), Dunkelwolke Kohlensack
Cygnus	Schwan	Nördliche	heller Stern Deneb, Doppelstern Beta Cygni, Emissionsnebel NGC 7000 (Nordamerika)
Delphinus	Delfin	Nördliche	Doppelstern Gamma Delphini
Dorado	Schwertfisch	Südliche	irreguläre Galaxie Große Magellansche Wolke, Emissionsnebel NGC 2070 (Tarantel)
Draco	Drachen	Nördliche	Doppelsterne Psi Draconis und 39 Draconis, planetarischer Nebel NGC 6543
Equuleus	Füllen	Nördliche	Doppelstern Gamma Equulei
Eridanus	Eridanus (Fluss)	Südliche	heller Stern Achernar, Dreifachstern Omicron 2 Eridani
Fornax	Ofen	Südliche	offene Haufen NGC 1365 (Große Balkenspirale)
Gemini	Zwillinge	Nördliche	helle Sterne Kastor und Pollux, offener Haufen M35, planetarischer Nebel NGC 2392 (Struwelpete
Grus	Kranich	Südliche	Doppelstern Delta Gruis und Mu Gruis
Hercules	Herkules	Nördliche	Veränderlicher Alpha Herculis, Kugelsternhaufen M13 (Herkules) und M92
Horologium	Pendeluhr	Südliche	Veränderliche R Horologii und TW Horologii
Hydra	Wasserschlange	Äquatorzone	Doppelstern 27 Hydrae, offener Haufen M48, planetarischer Nebel NGC 3242, Spiralgalaxie M83
Hydrus	Kleine Wasserschlange	Südliche	Doppelstern Pi Hydri
Indus	Indianer	Südliche	Doppelstern Theta Indi
Lacerta	Eidechse	Nördliche	—
Leo	Löwe	Äquatorzone	heller Stern Regulus, Doppelstern Gamma Leonis, Spiralgalaxien M65 und M66
Leo Minor	Kleiner Löwe	Nördliche	—
Lepus	Hase	Südliche	Doppelstern Gamma Leporis, Kugelsternhaufen M79
Libra	Waage	Südliche	Doppelstern Alpha Librae, Veränderlicher Delta Librae
Lupus	Wolf	Südliche	offener Haufen NGC 5822, Kugelsternhaufen NGC 5986
Lynx	Luchs	Nördliche	—
Lyra	Leier	Nördliche	heller Stern Wega, Veränderlicher Beta Lyrae, planetarischer Nebel M57 (Ring)
Mensa	Tafelberg	Südliche	—
Microscopium	Mikroskop	Südliche	Doppelstern Alpha Microscopii
Monoceros	Einhorn	Äquatorzone	offener Haufen M50, Nebel NGC 2237 (Rosettennebel) und NGC 2264 (Konusnebel)
Musca	Fliege	Südliche	Doppelstern Theta Muscae, Kugelsternhaufen NGC 4372 und NGC 4833
Norma	Winkelmaß	Südliche	offene Haufen NGC 6067 und NGC 6087
Octans	Oktant	Südliche	Polstern Sigma Octantis, Doppelstern Lambda Octantis
Ophiuchus	Schlangenträger	Äquatorzone	offene Haufen IC 4665 und NGC 6633, Kugelsternhaufen M10 und M12
Orion	Orion (Jäger)	Äquatorzone	helle Sterne Beteigeuze und Rigel, Emissionsnebel M42 (Orion), Dunkelwolke IC 434 (Pferdekopf)
Pavo	Pfau	Südliche	Veränderlicher Kappa Pavonis, Kugelsternhaufen NGC 6752
Pegasus	Pegasus (Flügelross)	Nördliche	Doppelstern Epsilon Pegasi, Kugelsternhaufen M15
Perseus	Perseus (Held)	Nördliche	Veränderlicher Algol (Beta Persei), offene Haufen NGC 869 und NGC 884 (Doppelhaufen)
Phoenix	Phönix (Feuervogel)	Südliche	Doppel- und Veränderlicher Stern Zeta Phoenicis
Pictor	Maler(staffelei)	Südliche	—
Pisces	Fische	Äquatorzone	Doppelstern Rho und 94 Piscium, Spiralgalaxie M74
Piscis Austrinus	Südlicher Fisch	Südliche	heller Stern Fomalhaut
Puppis	Achterschiff	Südliche	Veränderlicher L2 Puppis, offene Haufen M46 und M47
Pyxis	Kompass	Südliche	—

Lateinischer Name	Deutscher Name	Hemisphäre	Besonderheiten
Reticulum	Kleines Netz	Südliche	Doppelstern Zeta Reticuli
Sagitta	Pfeil	Nördliche	Kugelsternhaufen M71
Sagittarius	Schütze	Südliche	Kugelsternhaufen M22 und M23, Emissionsnebel M8 (Lagune), M17 (Omega), M20 (Trifid)
Scorpius	Skorpion	Südliche	heller Stern Antares, Doppelstern Beta Scorpii, offener Haufen M7, Kugelsternhaufen M4 und M80
Sculptor	Bildhauer	Südliche	Spiralgalaxien NGC 253 und NGC 55
Scutum	Schild	Nördliche	offener Haufen M11 (Wildente)
Serpens	Schlange	Äquatorzone	Doppelstern Nu Serpentis, Emissionsnbel M16 (Adler), Kugelsternhaufen M5
Sextans	Sextant	Äquatorzone	Doppelstern 17 und 18 Sextantis, elliptische Galaxie NGC 3115 (Spindel)
Taurus	Stier	Äquatorzone	heller Stern Aldebaran, offene Haufen M45 (Plejaden) und Hyaden, Supernova-Überrest M1 (Crab)
Telescopium	Teleskop	Südliche	Doppelstern Delta Telescopii
Triangulum	Dreieck	Nördliche	Spiralgalaxie M33 (Dreiecksnebel)
Triangulum Australe	Südliches Dreieck	Südliche	Veränderlicher R Trianguli Australe, offener Haufen NGC 6025
Tucana	Tukan	Südliche	Doppelstern Beta Tucanae, Kugelsternhaufen 47 Tucanae, irreguläre Galaxie Kleine Magellansche Wolke
Ursa Major	Großer Bär	Nördliche	Doppelstern Mizar und Alkor, Spiralgalaxie M81 und M101, pekuliare Galaxie M82
Ursa Minor	Kleiner Bär	Nördliche	Polarstern, Doppelstern Gamma und 11 Ursae Minoris
Vela	Segel	Südliche	Doppelstern Gamma Velorum, offene Haufen IC 2391 und NGC 2547
Virgo	Jungfrau	Äquatorzone	heller Stern Spika, elliptische Galaxien M47, M87 und M104 (Sombrero-Nebel), Quasar 3C 273
Volans	Fliegender Fisch	Südliche	Doppelstern Gamma Volantis, Balkenspirale NGC 2442
Vulpecula	Fuchs	Nördliche	planetarischer Nebel M27 (Hantel)

Hellste Sterne

Stern	Sternbild	Farbe und Typ	Begleiter-Sterne	Scheinbare Helligkeit	Absolute Helligkeit	Durchmesser (Sonne = 1)	Entfernung von der Erde	Zu erkennen mit
Sirius	Großer Hund	weiße Hauptreihe	1 Begleiter	–1,44	+1,4	2,4	8,6 Lj	bloßem Auge
Canopus	Schiffskiel	weißer Riese	0 Begleiter	–0,72	–3,5	80	117 Lj	bloßem Auge
Alpha Centauri	Kentaur	gelbe Hauptreihe	2 Begleiter	–0,28	+4,4	1,0	4,3 Lj	bloßem Auge
Arktur	Bärenhüter	roter Riese	0 Begleiter	–0,05	–0,27	20	36,7 Lj	bloßem Auge
Vega	Leier	weiße Hauptreihe	0 Begleiter	+0,03	+0,48	2,4	25,3 Lj	bloßem Auge
Capella	Fuhrmann	gelber Riese	1 Begleiter	+0,08	–0,60	10	42 Lj	bloßem Auge
Rigel	Orion	bläulichweißer Überriese	1 Begleiter	+0,14	–6,8	55	773 Lj	bloßem Auge
Prokyon	Kleiner Hund	weißer Unterriese	1 Begleiter	+0,40	+2,68	1,3	11,4 Lj	bloßem Auge
Beteigeuze	Orion	roter Überriese	0 Begleiter	+0,41	–5,5	800	427 Lj	bloßem Auge
Achernar	Eridanus	bläulichweiße Hauptreihe	0 Begleiter	+0,45	–2,5	3,9	144 Lj	bloßem Auge

Veränderliche Sterne

Stern	Sternbild	Typ	Helligkeit	Periode (Tage)
R Canis Majoris	Großer Hund	Bedeckungsver.	5,7–6,3	1,1
Algol (Beta Persei)	Perseus	Bedeckungsver.	2,1–3,4	2,9
Delta Cephei	Kepheus	Cepheiden	3,5–4,4	5,4
Eta Aquilae	Adler	Cepheiden	3,5–4,3	7,2
Beta Lyrae	Leier	Bedeckungsver.	3,4–4,3	12,9
Alpha Herculis	Herkules	semi-regulär	3,0–4,0	50–130
L2 Puppis	Achterschiff	pulsierend	2,6–6,2	141
Mira (Omicron Ceti)	Walfisch	pulsierend	3,4–9,3	332
R Hydrae	Wasserschlange	pulsierend	3,4–10,7	389
RX Leporis	Hase	irregulär	5,4–7,4	irreg.

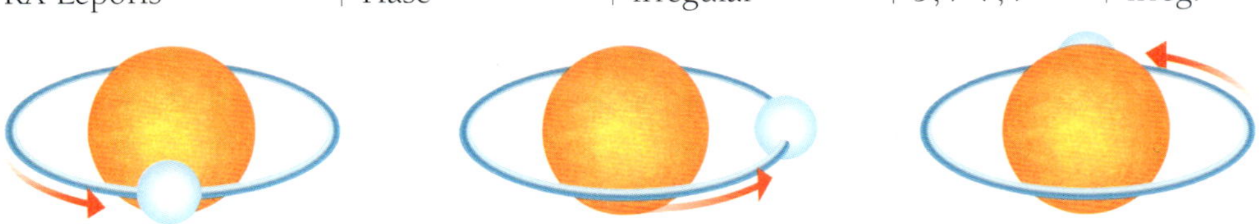

Erläuterungen zu Sternbildern

Hemisphäre: Die Spalte verrät euch, wo ihr das Sternbild am ehesten findet – auf der Nord- oder Südhalbkugel oder in der Äquatorzone. Je nachdem, wo ihr lebt, entdeckt ihr vielleicht auch Sternbilder, die nicht für eure Hemisphäre aufgelistet sind. In diesem Fall schlagt einfach auf den Seiten 94–109 nach.

Zu Sternen & Sternhaufen

Begleiter: Hier erfahrt ihr, ob der Stern zu einem Doppel- oder Mehrfachsystem gehört.

Scheinbare Helligkeit: An diesen Zahlen seht ihr, wie hell ein Stern am Himmel leuchtet.

Entfernung von der Erde: Entfernungen (und Haufen-Durchmesser) sind in Lichtjahren (Lj) angegeben.

Sternhaufen

Haufen	Sternbild	Typ	Anzahl der Sterne	Scheinbare Helligkeit	Durch-messer	Entfernung von der Erde	Zu erkennen mit
Hyaden	Stier	offener	100	0,8	17 Lj	150 Lj	bloßem Auge
Plejaden	Stier	offener	mehrere hundert	1,6	13 Lj	375 Lj	bloßem Auge
Praesepe	Krebs	offener	50	3,9	15 Lj	590 Lj	Fernglas
Doppelhaufen	Perseus	offener	350	4,3	61 Lj	7 000 Lj	Teleskop
47 Tucanae	Tukan	kugelförmig	460 000	4,4	125 Lj	16 000 Lj	Teleskop
Omega Centauri	Kentaur	globular	1 100 000	4,5	180 Lj	17 000 Lj	Teleskop
Schmuckkästchen	Kreuz	kugelförmig	50	5,2	24 Lj	6 800 Lj	Teleskop
Herkules-Haufen (M13)	Herkules	kugelförmig	220 000	6,4	110 Lj	21 000 Lj	Teleskop
M15	Pegasus	kugelförmig	410 000	7,0	120 Lj	34 000 Lj	Teleskop
M4	Skorpion	kugelförmig	44 000	7,1	50 Lj	14 000 Lj	Teleskop

Nebel

Nebel	Sternbild	Art	Scheinbare Helligkeit	Durch-messer	Entfernung von der Erde	Zu erkennen mit
NGC 7293 (Helixnebel)	Wassermann	planetarisch	6,5	2 Lj	600 Lj	Teleskop
M27 (Hantelnebel)	Fuchs	planetarisch	8,1	2 Lj	815 Lj	Teleskop
M57 (Ringnebel)	Leier	planetarisch	9,0	0,4 Lj	1 140 Lj	Teleskop
IC 434 (Pferdekopfnebel)	Orion	Dunkelwolke	—	20 Lj?	1 200 Lj?	Teleskop
M42 (Orionnebel)	Orion	Emission	4,0	40 Lj	1 500 Lj	Teleskop
NGC 2264 (Konusnebel)	Einhorn	Dunkelwolke	—	50 Lj	3 000 Lj	Teleskop
M20 (Trifidnebel)	Schütze	Emission/Reflexion	8,5	40 Lj	5 000 Lj	Teleskop
M8 (Lagunennebel)	Schütze	Emission	5,8	130 Lj	5 200 Lj	Teleskop
M1 (Crabnebel)	Stier	Supernova-Überrest	8,4	13,7 Lj	6 520 Lj	Teleskop
M16 (Adlernebel)	Schlange	Emission	6,0	315 Lj	7 000 Lj	Teleskop

Galaxien

Galaxie	Sternbild	Art	Galaxienhaufen	Scheinbare Helligkeit	Durch-messer	Entfernung von der Erde	Zu erkennen mit
M81	Großer Bär	spiralförmig	Coma-Sculptor-Wolke	7,9	30 000 Lj	4 500 000 Lj	Teleskop
M83	Wasserschlange	spiralförmig	Coma-Sculptor-Wolke	8,2	52 000 Lj	15 000 000 Lj	Teleskop
M51 (Feuerrad)	Jagdhunde	spiralförmig	Coma-Sculptor-Wolke	9,0	50 000 Lj	15 000 000 Lj	Teleskop
M101	Großer Bär	spiralförmig	Coma-Sculptor-Wolke	7,9	120 000 Lj	17 500 000 Lj	Teleskop
NGC 6946	Kepheus	spiralförmig	Coma-Sculptor-Wolke	8,9	78 000 Lj	18 000 000 Lj	Teleskop
NGC 5128 (Centaurus A)	Zentaur	Riesenellipse	Coma-Sculptor-Wolke	7,0	138 000 Lj	26 000 000 Lj	Teleskop
M87	Jungfrau	Riesenellipse	Virgo-Haufen	8,6	147 000 Lj	55 000 000 Lj	Teleskop
NGC 1365 (Große Balkenspirale)	Ofen	Balkenspirale	Fornax-Haufen	9,5	157 800 Lj	55 000 000 Lj	Teleskop
M104 (Sombrero)	Jungfrau	spiralförmig	Virgo-Haufen	8.3	160 000 Lj	65 000 000 Lj	Teleskop
NGC 4038/4039 (Antennae)	Rabe	Spiralenpaar	Becher-Wolke	10,7	220 000 Lj	82 800 000 Lj	Teleskop
NGC 1275	Perseus	Seyfert	Perseus-Haufen	11,6	175 000 Lj	230 000 000 Lj	Teleskop
3C 273	Jungfrau	Quasar	unbekannt	12,0	unbekannt	1 900 000 000 Lj	Teleskop

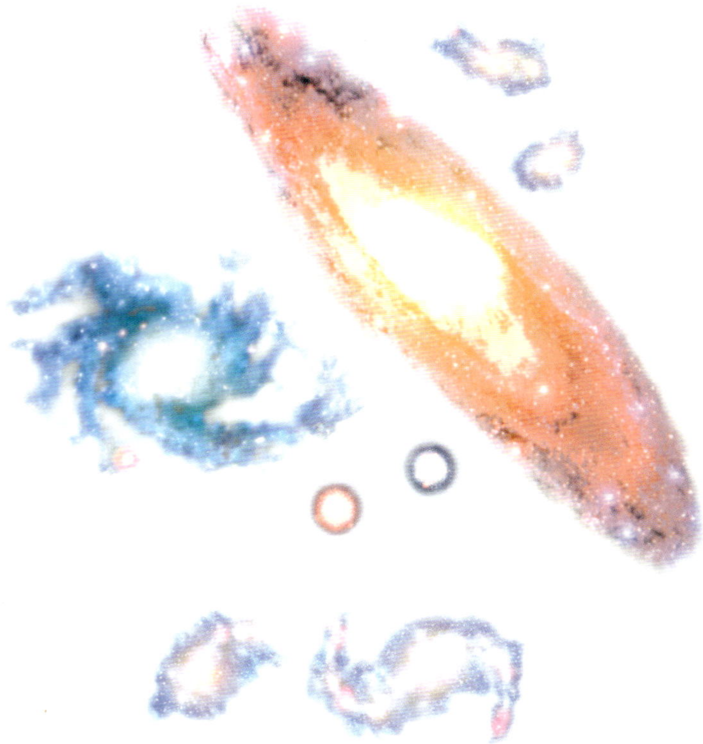

Lokale-Gruppen

Galaxie	Art	Scheinbare Helligkeit	Durchmesser	Entfernung von der Erde
Milchstraße	spiralförmig	—	100 000 Lj	—
SagDEG	elliptisch	3,6	unbekannt	80 000 Lj
Große Magellansche Wolke	irregulär	0,6	34 000 Lj	179 000 Lj
Kleine Magellansche Wolke	irregulär	2,8	17 000 Lj	210 000 Lj
Sculptor-Zwerggalaxie	irregulär	9,1	1 400 Lj	284 000 Lj
Sextant I	elliptisch	10,3	3 000 Lj	300 000 Lj
Ursa-Minor-Zwerggalaxie	elliptisch	10,0	1 000 Lj	300 000 Lj
Carina	elliptisch	10,6	500 Lj	300 000 Lj
Draco-Zwerggalaxie	elliptisch	10,9	500 Lj	300 000 Lj
Fornax-Zwerggalaxie	elliptisch	8,5	3 000 Lj	500 000 Lj
Leo I	elliptisch	11,8	1 000 Lj	600 000 Lj
Leo II	elliptisch	12,3	500 Lj	600 000 Lj
NGC 6822	irregulär	9,3	8 000 Lj	1 700 000 Lj
Wolf-Lundmark-Melotte	irregulär	11,3	7 000 Lj	2 000 000 Lj
IC 5152	irregulär	11,7	5 000 Lj	2 000 000 Lj
NGC 205	elliptisch	8,6	10 000 Lj	2 200 000 Lj
NGC 147	elliptisch	10,4	10 000 Lj	2 200 000 Lj
NGC 185	elliptisch	10,1	6 000 Lj	2 200 000 Lj
M32	elliptisch	9,0	5 000 Lj	2 200 000 Lj
Andromeda III	elliptisch	13,5	3 000 Lj	2 200 000 Lj
Andromeda I	elliptisch	14,4	2 000 Lj	2 200 000 Lj
Andromeda II	elliptisch	13,0	2 000 Lj	2 200 000 Lj
M31 (Andromeda)	spiralförmig	4,4	128 000 Lj	2 500 000 Lj
IC 1613	irregulär	10,0	12 000 Lj	2 500 000 Lj
M33 (Dreiecksnebel)	spiralförmig	6,3	50 000 Lj	2 600 000 Lj
DDO 210	irregulär	15,3	4 000 Lj	3 000 000 Lj
Pisces	irregulär	15,5	500 Lj	3 000 000 Lj
IC 10	irregulär	11,7	6 000 Lj	4 000 000 Lj
Sextant A	irregulär	—	unbekannt	4 000 000 Lj?
SagDIG	irregulär	15,6	5 000 Lj	4 000 000 Lj
GR 8	irregulär	14,6	200 Lj	4 000 000 Lj
Antlia	elliptisch	14,8	unbekannt	4 100 000 Lj?
Pegasus	irregulär	12,4	8 000 Lj	5 000 000 Lj
Leo A	irregulär	12,7	7 000 Lj	5 000 000 Lj
Tucana	elliptisch	15,1	unbekannt	unbekannt

Erläuterungen zu Nebel, Galaxie und Lokale Gruppe

Scheinbare Helligkeit: Wie hell ein Stern am Himmel zu sehen ist. Hellere Objekte haben kleinere Zahlen als lichtschwächere Objekte.

Durchmesser/Entfernung von der Erde: Die Zahlen sind in Lichtjahren (Lj) angegeben.

- Ein Fragezeichen bedeutet, dass die Angabe eine unbestätigte Schätzung ist.

Kosmische Rekorde

Heisseste Planetenoberfläche im Sonnensystem
Die Venusoberfläche mit 470°C, dicht gefolgt von Merkur mit 427°C. Da die dichte Venusatmosphäre die Sonnenwärme einfängt und festhält, sind die Temperaturen nachts ebenso hoch wie tagsüber. (Das Gestein heizt sich dabei bis zur Rotglut auf!)

Kälteste Planetenoberfläche im Sonnensystem
Die Plutooberfläche, wenn der Planet am weitesten von der Sonne entfernt ist. Die tatsächliche Temperatur in diesem Bereich konnte noch nicht ermittelt werden, da Pluto seit seiner Entdeckung 1930 noch keinen Umlauf vollendet hat und den sonnenfernsten Punkt erst im Februar 2114 erreichen wird. Gegenwärtig beträgt seine Oberflächentemperatur –233°C – und sie sinkt langsam!

Grösster Krater in unserem Sonnensystem
Das Südpol-Aitken-Becken auf dem Mond mit einem Durchmesser von ca. 2500 km. Dieser uralte Aufschlagkrater ist so stark von jüngeren Kratern zernarbt, dass er erst 1994 entdeckt wurde, als die Sonde Clementine eine Mond-Umlaufbahn einschlug, um Daten für eine genaue Kartierung zu sammeln. Das Becken liegt auf der erdabgewandten Seite des Mondes und ist über 12 km tief.

Höchster Berg in unserem sonnensystem
Der Olympus Mons auf dem Mars mit einer Höhe von 24 km und einen Durchmesser von über 50 km. Die zweithöchste Erhebung, Maxwell Montes, ragt 11 km über das mittlere Niveau der Venus auf. Als höchster Berg der Erde gilt der Mount Everest mit 8,8 km über dem Meeresspiegel. Er erhält allerdings Konkurrenz vom Mauna Kea auf Hawaii, der vom Meeresgrund bis zum Gipfel 9 km misst.

Grösste Schlucht in unserem Sonnensystem
Valles Marineris, ein Grabenbruchsystem auf dem Mars, das ca. 4000 km lang, bis zu 600 kam breit und bis 8 km tief ist. Befände sich diese Schlucht in den USA, so würde sie sich von San Francisco an der Westküste bis zu den Appalachen in Virginia nahe der Ostküste erstrecken. Und in Europa würde sie von Paris bis zum Ural an der russischen Grenze zu Asien reichen.

Grösster Mond in unserem Sonnensystem
Der Jupitermond Ganymed hat einen Durchmesser von 5 268 km und übertrifft damit die Planeten Merkur und Pluto.

Grösster Planet in unserem Sonnensystem
Jupiter besitzt die 317,8-fache Masse und den 11-fachen Durchmesser der Erde. Der Gasriese enthält mehr Masse als alle übrigen Planeten, Monde, Kometen und Asteroiden zusammen.

Grösster bekannter Planet im Weltall
Eine namenlose Welt, die den Stern HD 114762 umkreist und die 11-fache Jupitermasse zu besitzen scheint. Allerdings nehmen manche Astronomen an, dass es sich in Wahrheit um einen Braunen Zwerg handelt – also um einen kleinen, extrem kühlen und lichtschwachen Stern. Wenn das stimmt, geht der Rekord an einen Planeten mit der 6,6-fachen Jupitermasse, der den Stern 70 Virginis umkreist. (Das kann sich bald ändern, da die Astronomen mit ihren Teleskopen immer tiefer ins All vordringen.)

Grösster Meteorschauer
Der Leoniden-Schwarm vom 13. November 1833, bei dem bis zu 200 000 Meteore in der Stunde niedergingen. Augenzeugen berichteten, dass die Meteore „wie Schneeflocken" fielen. Das erstaunliche Schauspiel verhalf den Astronomen zu der Erkenntnis, dass Meteore aus dem äußeren Weltraum in die Erdatmosphäre eindrangen und keinen irdischen Ursprung hatten wie etwa Regen.

Grösster Meteorit
Der Hoba-Meteorit in Namibia, ein Koloss von 60 Tonnen, der ungefähr soviel wiegt wie neun Elefanten! Der 1920 entdeckte Eisenmeteorit liegt heute noch da, wo er einst in den Boden einschlug. Er ist etwa drei Meter lang, aber das verfärbte Erdreich ringsum verrät, dass ein Teil bereits verwittert ist.

Grösster Asteroid
1 Ceres mit einem Durchmesser von 913 km. Dieser größte aller Asteroiden ist zugleich der erste, den man aufspürte – und das am 1. Januar 1801, dem ersten Tag des 19. Jahrhunderts. Der Entdecker von Ceres war Giuseppe Pizzi (1746–1826) an der Sternwarte Palermo auf Sizilien.

Erdnächster Komet
Komet Lexell, der 1770 in einem Abstand von 2,2 Millionen km an unserem Planeten vorbeiraste – das ist kaum mehr als der sechsfache Mondabstand. Trotz seiner Erdnähe entwickelte dieser Komet nie einen langen Schweif und sein Kopf sah höchstens fünfmal größer als der Mond am Nachthimmel aus.

Längster Kometenschweif
Der Große März-Komet 1843 mit einer Länge von 300 Millionen km. Sein Schweif war so lang, dass er von der Sonne bis weit über die Marsbahn hinaus reichte. Im sonnennächsten Punkt seiner Umlaufbahn war der Komet nur 130 000 km von der Sonne entfernt, womit er ihre Oberfläche fast „streifte".

Hellster Stern am Nachthimmel
Sirius, Größenklasse -1,4. Sirius ist genau genommen ein Doppelstern. Sein lichtschwacher Begleiter war der erste, je entdeckte Weiße Zwerg.

Grösster Stern
Beteigeuze im Orion, ein Roter Überriese mit dem etwa 800-fachen Durchmesser der Sonne. In unserem Sonnensystem würde er bis über die Jupiterbahn hinausragen.

Massereichster Stern
Eta Carinae mit der etwa 150-fachen Masse der Sonne. Manche Astronomen halten Eta Carinae allerdings für ein Doppelsternsystem.

Masseärmster Stern
Gliese 105C mit etwa einem Zehntel der Sonnenmasse. Damit liegt er an der untersten Grenze für die Entwicklung zu einem echten Stern, d.h. für das „Zünden" der nuklearen Reaktion, mit der Wasserstoff zu Helium verschmilzt.

Sonnennächster Stern
Proxima Centauri, das dritte Mitglied des Systems Alpha Centauri. Der kühle Rote Zwerg ist nur 4,2 Lichtjahre von der Sonne entfernt und damit um 0,1 Lichtjahre näher als die beiden anderen Sterne des Systems.

Kugelsternhaufen mit der höchsten Sternzahl
Omega Centauri mit 1,1 Millionen Sternen bei einem Durchmesser von etwa 180 Lichtjahren.

Massereichste Galaxie
Elliptische Riesengalaxie M87 im Sternbild Jungfrau, die zum Virgo-Galaxien gehört. Ihre Masse entspricht etwa 800 Milliarden Sonnenmassen.

Masseärmste Galaxie
Zwerggalaxie Pegasus II mit etwa 10 Millionen Sonnenmassen. Zwar existieren möglicherweise noch kleinere Galaxien, aber da sie keine große Leuchtkraft besitzen, können die Astronomen sie nur dann entdecken, wenn sie nahe genug sind.

Sonnennächste Galaxie
Sagittarius-Zwerggalaxie im Sternbild Schütze mit einer Entfernung von etwa 80 000 Lichtjahren. Allerdings entdecken die Astronomen ständig neue Zwerggalaxien, und es ist durchaus möglich, dass sie irgendwann eine noch nähere Galaxie aufspüren.

Fernstes mit blossem Auge sichtbares Objekt
Die 2,5 Millionen Lichtjahre entfernte Andromeda-Galaxie, besser bekannt als Andromedanebel (M31). Das Licht, das wir sehen, wurde ausgesandt, als auf der Erde gerade die letzte große Eiszeit begann.

Fernstes bisher entdecktes Objekt
Eine namenlose Galaxie im Großen Bären mit einer Entfernung von etwa 12,6 Milliarden Lichtjahren. Auch dieser Rekord wird vermutlich bald übertroffen werden.

GESCHICHTE DER ASTRONOMIE

30 000 v. Chr. Auf Knochen eingeritzte Mondphasen – ältestes astronomisches Zeugnis?

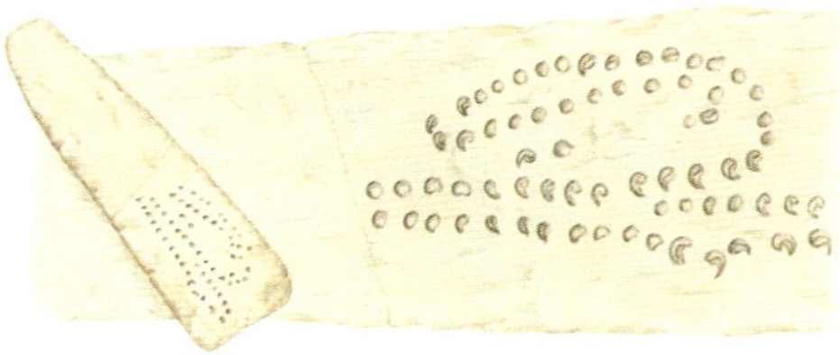

4000 v. Chr. Auf sumerischen Tontafeln in Mesopotamien finden sich die ersten Aufzeichnungen von Löwe, Stier und Skorpion.

600 v. Chr. Der griechische Philosoph Thales kennt vermutlich die Ursachen von Sonnen- und Mondfinsternissen.

525 v. Chr. Der griechische Philosoph Pythagoras stellt die These auf, dass die Erde eine Kugel ist.

350 v. Chr. Der griechische Philosoph Aristoteles liefert eine wissenschaftliche Begründung für die Kugelgestalt der Erde.

300 v. Chr. Der griechische Astronom Aristarch behauptet als Erster, nicht die Erde, sondern die Sonne stünde im Mittelpunkt des Universums.

200 v. Chr. Der griechische Astronom Eratosthenes bestimmt den Umfang der Erde – und irrt sich nur um 400 km!

150 v. Chr. Der griechische Astronom Hipparch entwickelt ein System von Größenklassen, um die Sternhelligkeit zu messen, entdeckt ein schwaches Taumeln der Erdachse und stellt den ersten Sternkatalog zusammen.

150 n. Chr. Der griechische Astronom Claudius Ptolemäus veröffentlicht den *Almagest*, ein Werk über das astronomische Wissen des Altertums, das mehr als ein Jahrtausend richtungweisend bleibt.

165 Chinesische Astronomen zeichnen die ersten Himmelsbeobachtungen auf, darunter die Aktivität von Sonnenflecken.

635 Chinesischer Gelehrter stellt fest, dass Kometenschweife von der Sonne weg weisen.

1543 Nikolaus Kopernikus veröffentlicht sein Werk *Über die Umläufe der Himmelskörper*. Es stellt die Sonne in den Mittelpunkt der Welt.

1572 Tycho Brahe entdeckt eine Supernova im Sternbild Kassiopeia und stellt fest, dass sie sich jenseits des Mondes befindet. Das steht im Widerspruch zur Vorstellung der Antike, dass der Himmel vollkommen und unveränderlich sei.

1576 Tycho Brahe errichtet auf einer Ostsee-Insel seine Sternwarte Uranienborg und trägt die bis dahin genauesten Beobachtungen der Welt über Stern- und Planetenbewegungen zusammen.

1600 Tycho Brahe nimmt Johannes Kepler als mathematischen Gehilfen in seine Dienste.

1608 Der Holländer Hans Lippershey erfindet das Linsenfernrohr.

1609 Gestützt auf Tychos Unterlagen, erkennt Kepler, dass die Marsbahn elliptisch sein muss – ein entscheidender Fortschritt gegenüber der klassischen Astronomie, die auf kreisförmigen Bahnen beharrt hatte.
Galileo Galilei erfährt von der holländischen Erfindung und baut das Fernrohr nach. Er nutzt es als erster für die Astronomie.

1610 Galileo macht seine Erkenntnisse über Jupitermonde, Krater auf dem Erdmond und Sterne in der Milchstraße publik. und setzt sich für das kopernikanische Modell des Sonnensystems ein.

1616 Die katholische Kirche verbietet die Lehre des Kopernikus.

1619 Kepler entdeckt einen mathematischen Zusammenhang zwischen der Länge eines Planetenjahres und dem Sonnenabstand.

1633 Die Kirche stellt Galilei unter Hausarrest, weil er weiterhin das kopernikanische Gedankengut verbreitet.

1665 Isaac Newton begründet die klassische theoretische Physik.

1687 Newton veröffentlicht sein Werk *Mathematische Grundlagen der Naturwissenschaft*, das die Astronomie mit der Physik verbindet.

1727 James Bradley entdeckt die Aberration von Sternenlicht – die scheinbare Positionsverschiebung eines Sterns, die auf der Bewegung der Erde beruht. Damit ist erstmals der physikalische Nachweis erbracht, dass sich die Erde um die Sonne dreht.

1758 Der Halleysche Komet kehrt genau zu dem Zeitpunkt wieder, den Edmond Halley vorherberechnet hat.

1781 Wilhelm Herschel entdeckt den siebenten Planeten Uranus. Es ist der erste in der Neuzeit aufgespürte Planet.

1833 Ein spektakulärer Leonidenschwarm zeigt den Astronomen, dass Meteore ihren Ursprung im Weltraum und nicht in der Atmosphäre haben.

1835 Die Kirche nimmt die Bücher von Kopernikus und Galilei vom Index (einer Liste verbotener Werke).

1838 Friedrich Bessel bestimmt die Parallaxe von 61 Cygni und führt damit die erste direkte Entfernungsmessung an einem Fixstern durch.

1846 Johann Galle und Heinrich d'Arrest entdecken den achten Planeten Neptun auf Vorhersagen von Urbain Leverrier (und unabhängig davon John C. Adams).

ab 1860 Das Spektroskop vermittelt den Astronomen neue Erkenntnisse über den Aufbau von Sternen und Nebeln.

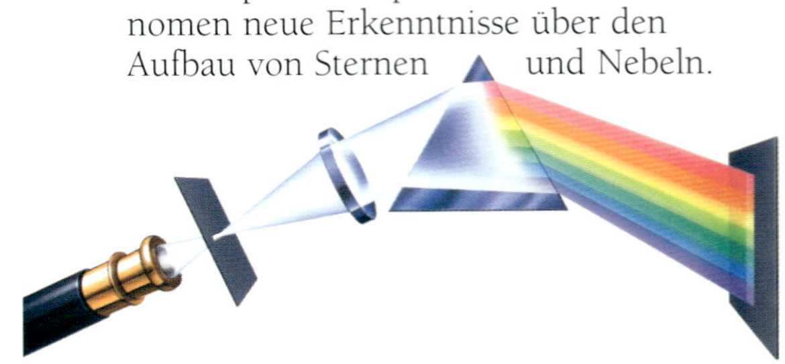

ab 1880 Die Himmelsfotografie wird zu einem wichtigen Hilfsmittel der Astronomie.

1905 Albert Einstein veröffentlicht seine Spezielle Relativitätstheorie.

1908 Ejnar Hertzsprung unterteilt die Sternpopulation in zwei Gruppen, die Riesen und die Zwerge. Es ist der erste Schritt zum Verständnis der Sternentwicklung.

1910 Die Wiederkehr des Halleyschen Kometen wird zum ersten Medienereignis der Welt.

1912 Henrietta Leavitt beobachtet, dass langperiodische Cepheiden-Veränderliche heller leuchten als kurzperiodische, und entwickelt daraus die Perioden-Helligkeits-Beziehung.
Vesto Slipher entdeckt, dass die meisten „Spiralnebel“ sich von der Erde entfernen – ein erster Hinweis auf die Ausdehnung oder Expansion des Weltalls.

1916 Albert Einstein veröffentlicht seine Allgemeine Relativitätstheorie. Sie sagt die Expansion des Weltalls vorher.

1917 Auf dem Mount Wilson in Kalifornien, USA, wird das 2,50-Meter-Hooker-Spiegelteleskop fertiggestellt.

1919 Einsteins Allgemeine Relativitätstheorie wird durch Sternort-Messungen während einer totalen Sonnenfinsternis bestätigt.

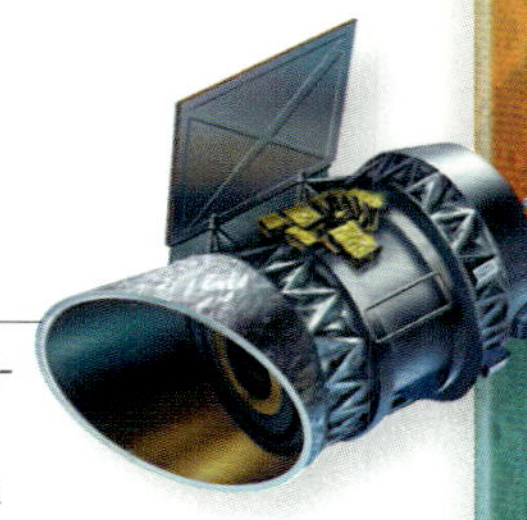

1923 Edwin Hubble beweist mit Hilfe von Cepheiden-Veränderlichen, dass „Spiralnebel" Galaxien sind, die sich außerhalb der Milchstraße befinden.

1929 Hubble erbringt den Beobachtungsnachweis für die Ausdehnung des Universums und liefert erste Schätzwerte für das Alter und die Expansionsrate des Weltalls.

1930 Clyde Tombaugh entdeckt den neunten Planeten Pluto.

1931 Karl Jansky fängt mit einer drehbaren Antennenanlage erstmals Radiowellen aus dem Kosmos auf.

1937 Grote Reber baut in seinem Garten ein Radioteleskop und entdeckt damit Radioquellen im Zentrum der Milchstraße.

1938 Hans Bethe erklärt die Energieerzeugung (und damit das Leuchten) der Sonne und anderer Sterne durch Kernreaktionen in ihrem Zentralbereich.

1942 John Hey und Mitarbeiter orten die Sonne als Störstrahlungsquelle von Radarstationen.

1946 Hey und seine Mitarbeiter entdecken die stärkste Radioquelle im All – die Radiogalaxie Cygnus A.

1948 George Gamow, Ralph Alpher und Robert Herman beschreiben die Entstehung chemischen Elemente im Frühstadium des Universums.
Auf dem Mount Palomar in Kalifornien, USA, wird der 5-Meter-Spiegel des Hale-Teleskops fertiggestellt.

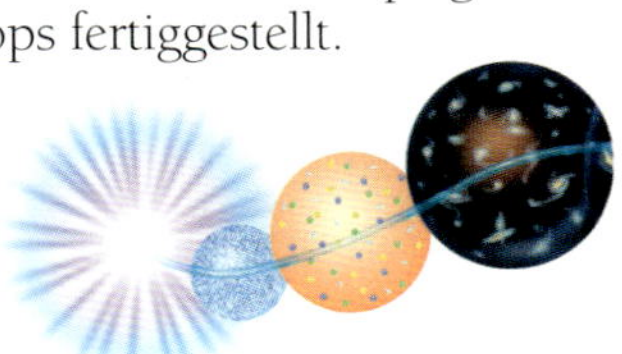

1952 Walter Baade stellt fest, dass die bisher für die Galaxien angenommenen Entfernungen mindestens verdoppelt werden müssen.

1957 Mit dem Start des Satelliten Sputnik 1 durch die Sowjetunion (heute Russland) beginnt das Zeitalter der Raumfahrt.

1959 Die sowjetische Sonde Lunik 3 sendet die ersten Aufnahmen von der Mondrückseite.

1961 Juri Gagarin (Sowjetunion) umkreist an Bord von Wostok 1 als erster Mensch die Erde.

1962 Mariner 2 ist die erste Sonde, die zur Erforschung anderer Planeten ausgesandt wird. Bei ihrem Vorbeiflug an der Venus entdeckt sie eine dichte Atmosphäre und hohe Oberflächentemperaturen.

1963 Maarten Schmidt stellt fest, dass Quasare eine extreme Rotverschiebung besitzen und sehr weit entfernt sein müssen.

1965 Arno Penzias und Robert Wilson entdecken die kosmische Hintergrundstrahlung – das ferne Echo des Urknalls. Mariner 4 fliegt am Mars vorbei.

1967 Jocelyn Bell-Burnell entdeckt Pulsare, die bald darauf als Neutronensterne identifiziert werden.

1969 Die Apollo-11-Astronauten Neil Armstrong und Edwin Aldrin betreten als erste Menschen den Mond.

1971 Mariner 9 umfliegt als erste Sonde einen anderen Planeten, den Mars.

1973 Pioneer 10 fliegt zum ersten Mal an Jupiter vorbei und entdeckt starke Strahlungsgürtel.

1974 Mariner 10 gelingt der erste von drei Merkur-Vorbeiflügen. Findet Anzeichen für massiven Eisenkern und riesige Aufschlagkrater.

1975 Venera 9 macht die ersten Aufnahmen der Venusoberfläche.

1976 Viking 1 und 2 landen auf dem Mars. Sie entdecken nirgends Spuren von Leben.

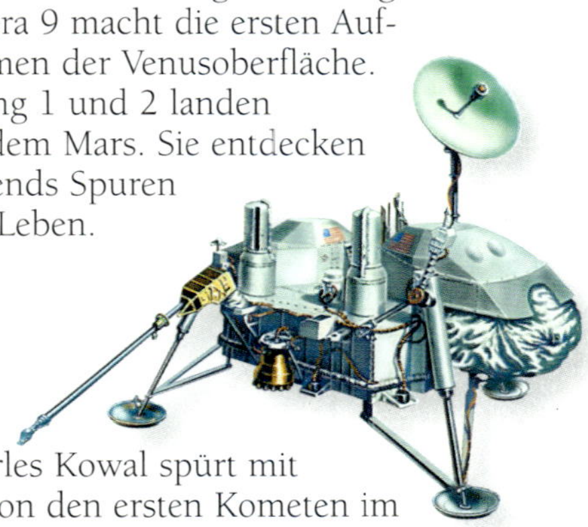

1977 Charles Kowal spürt mit Chiron den ersten Kometen im äußeren Sonnensystem auf.
Astronomen an Bord des Kuiper Airborne Observatory entdecken fünf Uranus-Ringe.

1978 James Christy entdeckt Plutos Mond Charon.

1979 Voyager 1 und 2 fliegen an Jupiter vorbei. Sie fotografieren und vermessen den Planeten und seine Monde und entdecken das Ringsystem.
Pioneer 11 gelingt erster Saturn-Vorbeiflug.

1980 Voyager 1 beginnt mit der Erforschung des Saturn-Systems.
Das VLA(Very Large Array)-Radioteleskop nimmt seine Arbeit im amerikanischen Bundesstaat Neu-Mexiko auf.

1983 Der Astronomische Infrarot-Satellit IRAS erstellt eine Infrarot-Karte des gesamten Sternenhimmels.

1985/6 Forschungssonden verfolgen die Wiederkehr des Halleyschen Kometen.

1986 Voyager 2 gelingt der erste Uranus-Vorbeiflug.

1987 Supernova 1987 A erscheint in der Großen Magellanschen Wolke.

1989 Voyager 2 gelingt der erste Neptun-Vorbeiflug. Die Sonde sammelt Daten über den Planeten, seine Monde – und ein Ringsystem, dessen Vorhandensein man seit 1981 vermutet hatte.

1990 Das Hubble-Weltraum-Teleskop wird gestartet.

1991 Auf ihrer Reise zum Jupiter fliegt die Sonde Galileo nahe an dem Asteroiden 951 Gaspra vorbei.
Das Compton Gamma Ray Observatory beginnt mit der Durchmusterung des Weltalls nach hochenergetischen Strahlungsquellen.

1992 Das Satelliten-Observatorium COBE bestätigt die Vorhersagen der Urknall-Theorie.

1993 Das erste 10-m-Keck-Teleskop am Mauna Kea, Hawaii, wird in Betrieb genommen.
Das Hubble-Weltraumteleskop wird in seiner Umlaufbahn repariert und auf den neuesten technischen Stand gebracht.

1994 Teile des Kometen Shoemaker-Levy 9 stürzen auf Jupiter.

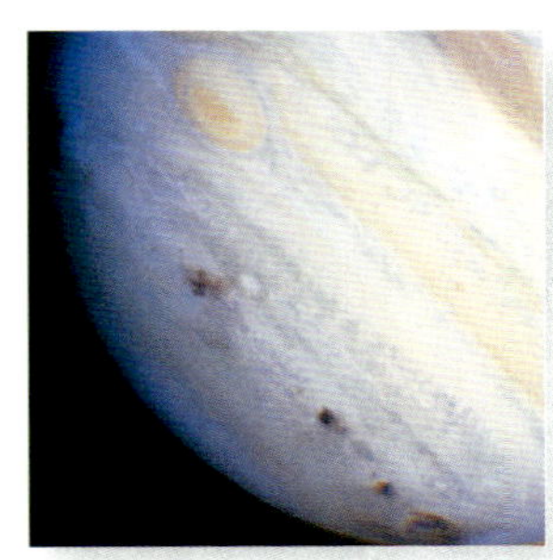

1995 Entdeckung des ersten Planeten außerhalb unseres Sonnensystems (Stern 51 Pegasi).
Der Forschungssatellit Galileo schickt eine Sonde in die Jupiter-Atmosphäre und beginnt seine Reise zu den Jupitermonden.

1996 Schwarzes Loch im Zentrum der Milchstraße bestätigt.

1997 Gammastrahlen-Ausbruch, verursacht durch Kollision von Neutronensternen, zur Quelle weitab der Milchstraße zurückverfolgt.
Pathfinder landet auf dem Mars mit dem Marsauto Sojourner.

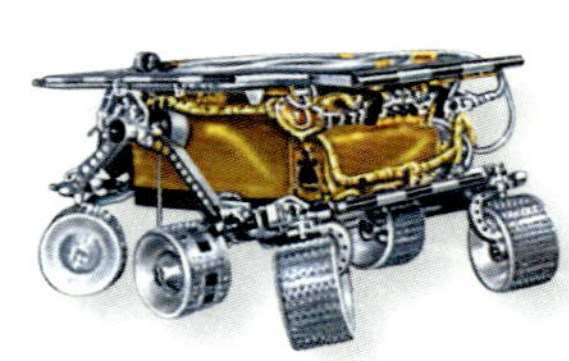

1999 Chandra X-Ray Observatory sucht den Himmel nach Röntgenstrahlung ferner Quellen ab.

Glossar

A

Aktive Galaxie ~ Galaxie, deren Kernbereich starke Strahlung aussendet; Ursache sind vermutlich aufgeheizte Gase, die in ein Schwarzes Loch gesogen werden.
Antenne ~ Gerät zum Empfang von Radiowellen aus dem All. Viele Antennen bestehen aus einem offenen Aluminium- oder Stahldrahtgeflecht.
Anziehungskraft ~*Siehe* Gravitation
Äquator ~ Gedachte Linie auf der Oberfläche eines Planeten, Mondes oder Sterns, deren Ebene durch den Mittelpunkt des Körpers geht und senkrecht auf der Rotationsachse steht.
Äquinoktium ~ *Siehe* Tagundnachtgleiche
Asteroid ~ Kleinkörper aus Gestein oder Metall, der die Sonne umkreist. Die meisten der auch Kleinplaneten oder Planetoiden genannten Objekte haben ihre Bahnen im Asteroiden-Hauptgürtel zwischen Mars und Jupiter.
Astronomie ~ Aus dem Griechischen stammende Bezeichnung für Himmels- oder Sternkunde. Heute versteht man darunter das wissenschaftliche Studium des Weltalls einschließlich Sonnensystem, Sterne und Galaxien.
Astronomische Einheit (AE) ~ Die mittlere Entfernung zwischen Erde und Sonne; sie beträgt ungefähr 150 Millionen Kilometer.
Atmosphäre ~ Die äußere Gashülle um einen Planeten, Mond oder Stern.

B

Bedeckungsveränderliche ~ Doppelsterne, bei denen ein Partner den anderen regelmäßig bei ihrem Umlauf bedeckt, sodass es zu periodischen Lichtwechseln kommt. Da die Helligkeitsschwankungen nicht auf echte Sternveränderungen zurückzuführen sind, spricht man auch von „optischen Veränderlichen".
Brauner Zwerg ~ Ein lichtschwaches Objekt mit weniger als 0,1 Sonnenmasse, bei dem die Zentraltemperatur nicht ausreicht, um die Kernfusion in Gang zu setzen.

D

Doppelstern ~ Sternpaar, dessen Partner sich um einen gemeinsamen Schwerpunkt bewegen.
Doppler-Effekt ~ Eine Farbverschiebung des Lichts, hervorgerufen durch eine scheinbare Verdichtung oder Dehnung der Wellen, wenn sich ein Stern oder eine Galaxie auf uns zu oder von uns weg bewegt.
Dunkelnebel ~ Wolke aus interstellarem Staub, die das Licht weiter entfernter Sterne abblockt. Der Pferdekopfnebel im Orion ist ein Dunkelnebel.

E

Eintauch-Sonde ~ Unbemannte Sonde, die sich vom Mutterschiff löst und in die Atmosphäre eines Planeten oder Mondes eintritt, um während des Sinkflugs Daten zu sammeln. Manche dieser Sonden schaffen die Landung, aber die meisten, z.B. auch die Eintauchsonde der Galileo-Mission, werden durch die Reibungshitze und den zunehmenden Druck zerstört.
Elektromagnetisches Spektrum ~ Die gesamte von Himmelskörpern erzeugte Strahlung, geordnet nach Wellenlängen oder Frequenzen. Sie reicht von langwelliger Radiostrahlung mit niedrigen Frequenzen bis zu kurzwelliger Gammastrahlung mit hohen Frequenzen.
Ellipse ~ Die Bahnform der meisten Planeten und Kometen, die einem in die Länge gedehnten Kreis ähnelt.
Elliptische Galaxie ~ Kugelförmige (sphärische), meist abgeplattet erscheinende Galaxie ohne erkennbare Scheibe und Spiralarme. Sie besteht überwiegend aus älteren roten Sternen. Es gibt elliptische Riesengalaxien wie M87 in der Jungfrau, aber auch Zwerggalaxien wie das winzige Sculptor-System.
Emissionsnebel ~ Interstellare Wolke, deren Gase (hauptsächlich Wasserstoff) durch das Licht benachbarter heißer Sterne zum Leuchten angeregt werden. Der Nordamerika-Nebel im Schwan ist ein berühmter Emissionsnebel.
Endknall ~ Mögliches Ende des Universums, falls die Schwerkraft die derzeitige Ausdehnung des Weltalls stoppt und anschließend die gesamte Materie in ein einziges Schwarzes Loch zieht und unendlich verdichtet. Auch Big Crunch genannt.
Erdlicht ~ Sonnenlicht, das von der Erde reflektiert wird und den Teil des Mondes erhellt, der nicht direkt von der Sonne bestrahlt ist. Man nennt diese Erscheinung auch aschgraues Mondlicht oder Erdschein. Für jemand, der sich auf dem Mond befindet, ist das Erdlicht das gleiche wie für uns das Mondlicht.
Extraterrestrisch ~ Wörtlich: außerirdisch. Alles, was von jenseits der Erde kommt.

F

Fernglas ~ Durch Knickbrücke verbundenes Doppelfernrohr mit schwacher Vergrößerung. Auch Prismenglas oder Feldstecher genannt. Gut als Anfangsinstrument für Hobby-Astronomen geeignet.
Feuerkugel ~ Ein extrem heller Meteor. Auch Bolid genannt.
Finsternisse ~ Himmelserscheinungen, bei denen die Sonne ganz oder teilweise verdunkelt wird, weil sich der Mond zwischen die Sonne und den Beobachter auf der Erde schiebt (Sonnenfinsternis), oder bei denen der Vollmond ganz oder teilweise in den Schatten der Erde tritt (Mondfinsternis).
Flyby ~ *Siehe* Vorbeiflug

G

Galaktische Scheibe ~ Das flache, breite Gebilde, das den Kern einer Spiralgalaxie umgibt. Unsere Sonne liegt in der Scheibe der Milchstraße.
Galaxie ~ Durch die Gravitation zusammengehaltener Verband von einigen Millionen bis Milliarden Sternen. Es gibt Spiralgalaxien, elliptische und irreguläre Galaxien.
Galaxis ~ Historisch bedingte Bezeichnung des Milchstraßensystems.
Galilei-Monde ~ Bezeichnung für die vier Hauptmonde des Jupiter: Io, Europa, Ganymed und Kallisto. Der Name bezieht sich auf Galileo Galilei (1564–1642), einen italienischen Astronomen, der die Monde 1610 entdeckte.
Gammastrahlung ~ Energiereichste Form der elektromagnetischen Strahlung mit den höchsten Frequenzen und den kürzesten Wellenlängen. Sie wird in aktiven Galaxien, bei Supernovae und in der Umgebung von Schwarzen Löchern freigesetzt.
Gasriese ~ Ein großer Planet, der überwiegend aus Wasserstoff besteht. In unserem Sonnensystem sind Jupiter, Saturn, Uranus und Neptun Gasriesen.
Gesteinsplaneten ~ Bezeichnung für die vier inneren Planeten des Sonnensystems, da sie überwiegend gesteinshaltig sind. Auch erdähnliche Planeten genannt.
Geysir ~ Eine heiße Quelle, die in regelmäßigen Abständen Wasser- oder Gasfontänen ausstößt. Während aus den Geysiren auf der Erde kochendes Wasser schießt, bestehen die Eruptionen auf dem Neptunmond Triton aus heißem Stickstoffgas.
Gezeiten ~ Die Verzerrung eines Körpers durch die Anziehungskraft eines anderen Objekts in seiner Nähe. Auf der Erde das Heben und Senken der Wassermassen in den Meeren. Es beruht auf dem Wechselspiel zwischen der Anziehungskraft des Mondes und der Fliehkraft, die beim Umlauf der Erde um das gemeinsame Schwerezentrum Erde-Mond entsteht. Kommt die Anziehungskraft der Sonne hinzu, werden die Gezeiten verstärkt. In diesem Fall sprechen wir von einer Springflut.
Granule ~ Kuppe oder Blase aus heißem Gas an der Sonnenoberfläche. Die kleinsten Granulen haben einen Durchmesser von etwa 500 km.
Gravitation ~ Gegenseitige Anziehung zwischen Massekörpern. Eine der Grundkräfte der Natur, die Galaxien zusammenhält, dafür sorgt, dass Planeten, Monde und Raumschiffe in ihren Bahnen bleiben, und bewirkt, dass wir fest auf der Erde stehen und nicht davonschweben. Auch Anziehungskraft oder Schwerkraft genannt.
Gravitationslinse ~ Optischer Effekt, bei dem das Licht eines weit entfernten Objekts im Schwerefeld eines massereichen Gebildes, z.B. einer Galaxie, abgelenkt wird. Dadurch sieht der Beobachter auf der Erde mehrere, zum Teil verzerrte Bilder.
Größenklasse ~ Maßeinheit für die Helligkeit eines Himmelsobjekts, abgekürzt mit hoch gestelltem m für magnitudo (lat. Größe). Niedrige Zahlen bedeuten eine hohe Leuchtkraft. Den hellsten Sternen sind daher negative Zahlen zugeordnet. So beträgt die Größenklasse unserer Sonne $-26{,}8^{m}$. Die scheinbare Größenklasse beschreibt die Menge des beim Beobachter ankommenden Lichtes; sie wird durch die wirkliche Helligkeit, die Entfernung und Hindernisse auf dem Weg zum Beobachter beeinflusst. Die tatsächliche (oder absolute) Größenklasse eines Sterns entspricht seiner Helligkeit in einem gedachten Abstand von 32,6 Lichtjahren.
Gürtel ~ Allgemein ein schmaler Bereich, z.B. der Asteroidengürtel zwischen Mars und Jupiter; speziell die dunklen Wolkenbänder der Gasriesen-Planeten, im Gegensatz zu den hellen, als Zonen bezeichneten Streifen.

H

Haufen ~ Ansammlung von Sternen oder Galaxien, die durch ihre gegenseitige Anziehungskraft zusammengehalten werden.
Hauptreihe ~ Ein Band im Hertzsprung-Russell-Diagramm, das 90 Prozent aller Sterne enthält. Es verläuft diagonal von oben links (hohe Temperatur und Helligkeit) nach unten rechts (niedrige Temperatur und Helligkeit).

Helligkeit ~ Die Strahlungsstärke eines Himmelskörpers. Dabei ist die scheinbare Helligkeit die Menge des beim Beobachter ankommenden Lichtes; sie wird durch die Entfernung und Hindernisse auf dem Weg zum Beobachter beeinflusst. Die Astronomen benutzen als Vergleichsmaßstab die absolute Helligkeit; das ist die Helligkeit eines Sterns in einem gedachten Abstand von 32,6 Lichtjahren.
Hemisphäre (nördliche und südliche) ~ Anderes Wort für Halbkugel oder Planetenhälfte. Die Erde wird durch den Äquator in die nördliche und südliche Hemisphären unterteilt.
Hertzsprung-Russell-Diagramm ~ Eine grafische Darstellung von Sterneigenschaften, bei der die absolute Helligkeit relativ zur Oberflächentemperatur aufgetragen wird. Aus diesem Diagramm kann man die Entfernung und das Alter von einzelnen Sternen oder Sternhaufen bestimmen.
Himmelspole ~ Die Punkte, an denen die gedachte Verlängerung der Erdachse das Himmelsgewölbe im Norden und Süden schneidet.
Horizont ~ Die Linie, an der Himmel und Erde zusammentreffen.

I

Infrarotstrahlung ~ Unsichtbare Strahlung, deren Wellenlänge etwas größer ist als die des sichtbaren Lichtes. Wir spüren sie als Wärme, wenn wir uns in der Nähe eines Feuers oder einer Heizung befinden.
Interferometrie ~ Neue Technik der gleichzeitigen Beobachtung einer Strahlungsquelle mit mehreren unabhängigen Teleskopen. Aus der Überlagerung der Einzelbeobachtungen erhält man ein sehr viel schärferes Bild des Objekts.
Interstellare Materie ~ Die im Raum zwischen den Sternen verteilte Materie aus Gas und Staub. Im Lauf der Zeit entwickeln sich aus dieser Materie wieder neue Sterne.
Irreguläre Galaxie ~ Unregelmäßig geformte Galaxie ohne erkennbare Struktur, z.B. die Kleine Magellansche Wolke. Die meisten irregulären Galaxien enthalten große Mengen an Gas und Staub.

J

Jahr ~ Die Zeitspanne, die ein Planet benötigt, um die Sonne einmal zu umrunden. Das Erdenjahr hat 365,25 Tage.
Jahreszeiten ~ Zyklische Wetterveränderungen auf einem Planeten. Durch die Neigung der Rotationsachse erhält jeweils ein Gebiet mehr Licht und Wärme, während der Planet die Sonne umwandert.

K

Kern ~ Das oft auch als Zentrum oder Zentralbereich bezeichnete Innere eines Objekts. Der Erdkern besteht aus Nickel und Eisen.
Kernfusion ~ Verschmelzung zweier Atomkerne zu einem schwereren Kern, wobei eine große Menge Energie freigesetzt wird. Durch diesen Prozess, der vor allem im heißen Sterninnern abläuft, verwandeln sich einfache in immer komplexere Elemente.
Koma ~ Diffuse Gas- und Staubwolke, die den Eiskern eines Kometen umhüllt und den sichtbaren Kometenkopf bildet. Sie entsteht, wenn die Eisbestandteile des Kometen in Sonnennähe verdampfen, und kann einen Durchmesser von mehr als 100 000 km erreichen.
Komet ~ Gebilde aus gefrorenem Gas und Staub, das die Sonne auf einer stark elliptischen Bahn umrundet. In Sonnennähe verdampft ein Teil des Eises und der Komet entwickelt neben einer Koma lange Gas- und Staubschweife. Es gibt kurz- und langperiodische Kometen (mit einer Umlaufzeit von weniger bzw. mehr als 200 Jahren).
Kommandokapsel ~ Auch Kommandoeinheit oder -modul genannt. Der Teil der Apollo-Raumschaffe, der die Mannschaftskabine enthielt. Sie blieb in einer Umlaufbahn, während die Landefähre zur Mondoberfläche weiterflog.
Kontinent ~ Größte zusammenhängende Festlandmasse auf der Erde, vielleicht auch auf anderen Planeten.
Konvektion ~ Der durch Strömung von heißeren zu kühleren Schichten bewirkte Wärmetransport, z.B. in der Atmosphäre, im Wasser, auf der Sonne und auf Planeten.
Kopernikanisches System ~ Auch als heliozentrisch bezeichnetes Weltbild, das die Sonne und nicht die Erde in den Mittelpunkt des Sonnensystems stellt. Es ist nach dem polnischen Astronomen und Domherrn Nikolaus Kopernikus (1472–1543) benannt, der dieses Modell in seinem Werk *Sechs Bücher über die Umläufe der Himmelskörper* beschreibt.
Korona ~Äußerer Bereich der Sonnenatmosphäre, der von der Erde aus nur während einer totalen Sonnenfinsternis zu sehen ist.

Kosmische Hintergrundstrahlung ~ Extrem schwache, aber konstante Strahlung, die aus allen Himmelsrichtungen mit gleichmäßiger Intensität auf die Erde trifft und als „Nachglühen" des heißen Universums nach dem Urknall angesehen wird.
Kosmos ~ Anderer Begriff für das Universum.
Krater ~ Kesselförmige Vertiefung in der Oberfläche eines Planeten, Mondes oder Asteroiden, bei der es sich meist um die Spuren von Meteoriteneinschlägen handelt.
Kruste ~ Die Außenschicht eines Gesteinsplaneten, Mondes oder Asteroiden. Wir leben auf der Erdkruste.
Kugelsternhaufen ~ Von der Schwerkraft zusammengehaltene kugelförmige Verbände, die bis zu einer Million Sterne enthalten können. In der Milchstraße wurden bisher mehr als hundert Kugelsternhaufen entdeckt.
Kuiper-Gürtel ~ Eine schmale Region jenseits der Neptunbahn, in der ganze Scharen von Kometen die Sonne umkreisen.

L

Lander ~ Zur Landung auf einem Planeten oder Mond vorgesehene Sonde oder Raumschiff-Einheit, manchmal mit Roboter-Fahrzeugen zur Erkundung der Landeplatz-Umgebung ausgestattet. Lander werden in der Regel erst nach Flyby- und Orbiter-Missionen eingesetzt.
Lava ~ Geschmolzenes Gestein, das durch Vulkane oder Risse in der Oberfläche aus dem Innern eines Planeten oder Mondes quillt.
Lichtjahr ~ Astronomische Entfernungseinheit. Die Strecke, die das Licht bei einer Geschwindigkeit von rund 300 000 km/s in einem Jahr zurücklegt (knapp 10 Billionen km).
Lokale Gruppe ~ Kleiner Haufen von etwa 35 Galaxien, zu dem auch unsere Milchstraße gehört. Weitere Mitglieder sind die Große und die Kleine Magellansche Wolke, der Andromedanebel (M31) und der Dreiecksnebel (M33).

M

Magma ~ Geschmolzenes Gestein im Innern eines Planeten oder Mondes. Sobald es an die Oberfläche quillt, wird es als Lava bezeichnet.
Magnetfeld ~ Kraftfeld, das durch elektrische Strörme oder veränderliche elektrische Felder erzeugt wird. Viele Himmelskörper verfügen über ein Magnetfeld, das in ihrem Innern, an ihrer Oberfläche oder ihrer Umgebung auftritt.
Magnetpol ~ Einer von zwei Punkten an der Oberfläche eines Planeten, Mondes oder Sterns, wo die Magnetfeldlinien in den Raum austreten.

Mantel ~ Die Schicht im Innern eines Planeten oder Mondes, die zwischen Kruste und Kern liegt. Sie kann ganz aus Gestein oder aus einem Gemisch aus Eis und Gestein bestehen.
Mare (Mz: **Maria)** ~ Großes, dunkles Gebiet auf der Oberfläche des Mondes oder Mars, entstanden durch Lava, die sich einst in die Tiefebenen ergoss. Da die frühen Astronomen diese Flecken für ausgetrocknete Ozeane hielten, wählten sie die Bezeichnung *mare* (lateinisch „Meer").
Mehrfachsterne ~ Drei oder mehr Sterne, die infolge ihrer gegenseitigen Massenanziehung eine Gruppe bilden. Das sonnennächste Mehrfachsystem Alpha Centauri besteht aus drei Sternen: Alpha Centauri A und B sowie Proxima Centauri.
Meteor ~ Strichförmige Leuchterscheinung am Himmel, hervorgerufen durch kleinen Gesteins- oder Metallbrocken aus dem All, der beim Eintauchen in die Erdatmosphäre verglüht. Im Volksmund auch Sternschnuppe genannt.
Meteorit ~ Gesteins- oder Metallbrocken aus dem All, der den Durchgang durch die Erdatmosphäre überdauert und auf der Oberfläche eines Planeten oder Mondes landet.
Meteoroid ~ Gesteins- oder Metallbrocken, der die Sonne umrundet. Größere Stücke stammen meist von geborstenen Asteroiden, kleinere eher von Kometen.
Meteorschauer ~ Auch Meteorstrom genannt. Eine Schar von Meteoren, die in einem begrenzten Zeitraum aus einem kleinen Gebiet, dem so genannten Ausstrahlungspunkt, zu kommen scheinen. Meteorschauer treten dann auf, wenn die Erde einen Staubstrom durchquert, der häufig das Auflösungsprodukt eines Kometen ist. Die Namen der Meteorschauer gehen auf die Sternbilder zurück, in denen sich der Ausstrahlungspunkt befindet. Die Perseiden etwa, die wir um den 12. August sehen, scheinen aus dem Sternbild Perseus zu kommen und bestehen aus Staubteilchen des Kometen Swift-Tuttle.
Milchstraße ~ Die Galaxie, in der sich unser Sonnensystem befindet. Außerdem das schimmernde Lichtband, das sich über den Nachthimmel zieht und aus

unzähligen leuchtschwachen Sternen zusammensetzt. Seit altersher auch Galaxis genannt.

Mond ~ Der natürliche Satellit eines Planeten. Auch Trabant oder Begleiter genannt.

Mondlandefähre ~ Landemodul der Apollo-Raumschiffe, das jeweils zwei Astronauten auf der Mondoberfläche absetzte.

Mondsichel ~ Der schmale, gekrümmte Teil des Mondes, der zwischen Neumond und Erstem Viertel beziehungsweise zwischen Letztem Viertel und Neumond am Himmel zu sehen ist.

N

Nebel ~ Wolke aus interstellarem Gas und Staub, die hell oder dunkel sein kann; in manchen Fällen auch der Überrest einer Supernova oder eine abgestoßene Sternhülle. Früher galt der Begriff Nebel für alle unscharfen Objekte, also auch für Galaxien und Sternhaufen. Dieser Gebrauch ist heute nur noch vereinzelt üblich, z.B. beim Andromedanebel (richtiger: Andromeda-Galaxie). Echte Nebel gelten als Geburtstätten von Sternen.

Neumond ~ Mondphase, in der sich der Mond zwischen Erde und Sonne befindet und deshalb unsichtbar bleibt. Manchmal wird auch die dünne Sichel, die sich ein paar Tage nach Neumond tief am Abendhimmel zeigt, als Neumond bezeichnet.

Neutronenstern ~ Ein sehr kompakter, aus dicht gedrängten Neutronen zusammengesetzter Körper, der als Sternüberrest einer Supernova-Explosion gilt. Neutronensterne können in Form von Pulsaren beobachtet werden.

Nova ~ Weißer Zwerg in einem Doppelsternsystem, dessen Helligkeit plötzlich um mehrere Größenklassen ansteigt. Ein solcher Lichtausbruch ereignet sich, wenn der Weiße Zwerg seinem Begleiter so viel Gas entzieht, dass es zu einer Explosion kommt.

O

Offener Sternhaufen ~ Loser, durch die Gravitation zusammengehaltener Verband von Sternen mit einigen hundert bis tausend Mitgliedern.

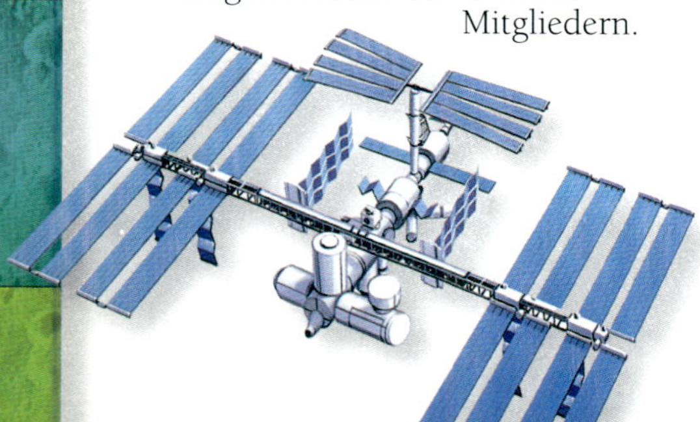

Oortsche Wolke ~ Ein Schwarm von Billionen Kometen, der die Sonne wie eine Kugelschale umgibt und sich vermutlich vom Kuiper-Gürtel mehr als zwei Lichtjahre ins All erstreckt.

Optisches Teleskop ~ Jedes Teleskop, das im Bereich des sichtbaren Lichtes arbeitet.

Orbit ~ Die Bahn, auf der ein Himmelskörper, z.B. die Erde, einen anderen Himmelskörper, z.B. die Sonne, umläuft.

Orbiter ~ Raumfahrzeuge oder Sonden, die einen Planeten oder Mond umkreisen.

P

Phase ~ Entwicklungsstufe, Erscheinungsform oder Zustand eines Gegenstands, z.B. die verschiedenen Erscheinungsformen des Mondes, je nachdem, wie er von der Sonne beleuchtet wird.

Photosphäre ~ Sichtbare äußere Begrenzung der Sonne oder eines anderen Sterns.

Planet ~ Großer Himmelskörper, z.B. Mars oder Jupiter, der einen Stern, z.B. die Sonne, umkreist. Planeten leuchten nicht selbst, sondern reflektieren das Licht ihres Zentralgestirns.

Planetarischer Nebel ~ Von einem sterbenden Stern abgestoßene Gashülle. Die irreführende Bezeichnung „planetarisch" hat damit zu tun, dass solche Nebel im Fernrohr planetenähnlich aussehen. Heute spricht man eher von einem Ringnebel.

Planetesimal ~ Kleinkörper aus der Frühzeit unseres Planetensystems, der sich durch Anlagerung von Materie aus dem Sonnen-Urnebel gebildet hatte und durch Kollisionen allmählich zu einem großen Planeten entwickelte. Planetesimale bestanden überwiegend aus Gestein oder Eis.

Plattentektonik ~ Theorie, derzufolge die Erdkruste ein Mosaik aus etwa zwei Dutzend starren Platten ist, die auf dem geschmolzenen Gestein des Erdmantels schwimmen und sich ständig verschieben.

Polarlicht ~ Lichterscheinung am Himmel, hervorgerufen durch den Zusammenprall von elektrisch geladenen, im Magnetfeld der Erde eingefangenen Sonnenpartikeln mit Molekülen und Atomen der oberen Atmosphäre. Auch Nordlicht, Südlicht oder Aurora genannt.

Pole ~ Zwei gegenüber liegende Punkte auf der Oberfläche eines rotierenden Planeten, Mondes oder Sterns, die zugleich die Endpunkte der Rotationsachsen bilden.

Proto-Sonne ~ Verdichtung gasförmiger Materie im Zentrum des Sonnennebels, aus der später die Sonne entstand.

Protuberanz ~ Dichte, kühle Gaswolke, die von der Sonnenoberfläche in die Korona ragt. Sie wird durch Magnetfelder gehalten.

Ptolemäisches System ~ Auch als geozentrisch bezeichnetes Weltbild der Antike. Es stellt die Erde in den Mittelpunkt des Sonnensystems, umkreist von Sonne, Planeten und Sternen. An diesem Modell, das der griechische Astronom Claudius Ptolemäus um 150 n. Chr. beschreibt, hält die Menschheit fast 1500 Jahre fest, ehe sie es durch das Kopernikanische System ersetzt.

Pulsar ~ Extrem dichter Neutronenstern, der sich rasch dreht und dabei Radiowellen aussendet. Diese wird in Form von gepulsten Signalen von den Radioteleskopen der Erde aufgefangen.

Pulsierender Veränderlicher ~ Stern, dessen Lichtwechsel durch eine regelmäßige Expansion und Kontraktion bewirkt wird.

Q

Quasar ~ Kurzform für quasistellare Radioquelle. Extrem energiereiche Strahlungsquelle im Zentralbereich einer fernen, leuchtstarken Galaxie. Wahrscheinliche Ursache dieser Strahlung ist Materie, die in ein Schwarzes Loch gesogen wird.

R

Radarastronomie ~ Im Gegensatz zur Radioastronomie nicht die passive Erforschung der Radiostrahlung, sondern das aktive Aussenden von Funkimpulsen zu nahen Himmelskörpern und die Untersuchung der reflektierten Signale. Auch Radio-Echo-Methode genannt.

Radioastronomie ~ Beobachtung und Untersuchung der Radiostrahlung von kosmischen Objekten.

Radioenergie ~ Unsichtbare Strahlung mit den größten Wellenlängen und den niedrigsten Frequenzen des elektromagnetischen Spektrums.

Radiogalaxie ~ Aktive Galaxie mit einer starken Radiostrahlungsquelle.

Radioteleskop ~ Gerät zur Beobachtung kosmischer Objekte im Bereich der Radiostrahlung.

Raumstation ~ Erdumkreisendes Raumschiff als Stützpunkt für einen längeren Aufenthalt von Menschen im All.

Reflektor ~ Spiegel oder andere Oberfläche zur Bündelung der auftreffenden Strahlen. Auch für ein Teleskop mit einem solchen Spiegel benutzt.

Reflexionsnebel ~ Interstellare Wolke, deren Staubpartikel das Licht naher Sterne reflektiert.

Refraktor ~ Eine Linse zur Bündelung der auftreffenden Strahlen. Auch für ein Linsenfernrohr benutzt.

Relativitätstheorie ~ Von Albert Einstein (1879–1955) entwickelte Gleichungssysteme. Sie beschreiben die Einflüsse von Bewegung und Gravitation auf das Gefüge von Zeit und Raum.

Ringe ~ Staubteilchen und Gesteinsbrocken, die einen Planeten in Ringsystemen umlaufen. Man nimmt an, dass die Ring-Bestandteile Überreste zerbrochener Monde sind.

Ringnebel ~ *Siehe* Planetarischer Nebel

Röntgenstrahlung ~ Unsichtbare Strahlung mit Wellenlängen zwischen denen von UV- und Gammastrahlung. Sie wird von extrem heißen Objekten und bei heftigen Aktivitäten ausgesandt, z.B. von explodierenden Sternen und bei der Kollision von Galaxien.

Rotation ~ Die Drehung eines Planeten, Mondes oder Sterns um seine Achse.

Rotationsachse ~ Eine gedachte Gerade durch das Zentrum von Planeten, Monden, Sternen und Galaxien, um die sich die genannten Objekte drehen.

Roter Riese ~ Alternder Stern, der den Wasserstoff in seinem Zentralbereich aufgebraucht hat; seine Außenhülle ist stark aufgebläht und relativ kühl. Viele Rote Riesen sind pulsierende Veränderliche.

Roter Überriese ~ Das Stadium eines Roten Riesen bei einem extrem großen und massereichen Stern.

Rover ~ Kleines, ferngesteuertes Fahrzeug, das die Oberfläche eines Planeten oder Mondes erkundet. Auch für das Allrad-„Mondauto" der Apollo-Astronauten verwendet.

S

Satellit ~ Jedes Objekt, das einen Himmelskörper umkreist. Man unterscheidet zwischen natürlichen Satelliten (Monde) und künstlichen Satelliten (Raumschiffe oder -stationen in einer Planeten-Umlaufbahn).

Satelliten-Galaxie ~ Kleiner, zu einer größeren Galaxie gehörender Sternverband.

Satelliten-Observatorium ~ Ein Teleskop, das die Erde oder Sonne umläuft, um Beobachtungsstörungen durch die Erdatmosphäre zu vermeiden.

Schwarzes Loch ~ Extrem kompakter Körper mit so hoher Anziehungskraft, dass keine Strahlung (also auch kein Licht) von ihm entweichen kann. Schwarze Löcher können je nach der Masse, die sie enthalten, sehr groß oder winzig klein sein.

Schwerkraft ~ *Siehe* Gravitation

Seyfert-Galaxie ~ Aktive Scheibengalaxie mit einem extrem hellen, sternähnlichen Kern; wurde erstmals 1943 von dem amerikanischen Astronomen Carl Seyfert entdeckt.

Sichtbares Licht ~ Strahlung, die das menschliche Auge wahrnehmen kann.

Siderischer Tag ~ Die Rotationsperiode eines Planeten, d.h. die Zeit, die er benötigt, um sich einmal um seine Achse zu drehen. Auf der Erde dauert ein siderischer Tag 23 Stunden 56 Minuten. Auch Sterntag genannt.

Sonde ~ Unbemanntes, von der Erde ausgesandtes Raumfahrzeug, das andere Planeten, Monde oder Asteroiden im Sonnensystem untersuchen soll. Die Daten, die es sammelt, werden als Funksignale zur Erde geschickt.

Sonnenflare ~ Explosionsartige Freisetzung von elektromagnetischer Strahlung und großen Mengen energiereicher Teilchen in der Chromosphäre. Kann als plötzliche Aufhellung in der Nähe von Sonnenflecken beobachtet werden. Oft erscheinen einige Tage später, wenn die Teilchen die Erde erreichen, Polarlichter am Nachthimmel.

Sonnensystem ~ Ursprünglich bezog sich dieser Begriff nur auf unsere Sonne und die sie umkreisenden Planeten, Monde, Kometen und Asteroiden. Heute wird er auch für andere Sterne und ihre Planetenfamilien verwendet.

Sonnentag ~ Die Zeit von einem Mittag zum nächsten. Auf der Erde dauert ein Sonnentag 24 Stunden.

Sonnenwende ~ Die beiden Zeitpunkte im Jahresablauf, an denen sich Auf- und Untergangsstellen der Sonne nicht weiter in der bisherigen Richtung verschieben, sondern wieder umkehren. Der Pol neigt sich jetzt am stärksten der Sonne zu (oder kippt am stärksten von ihr weg) und die Sonne erreicht mittags ihre höchste (oder tiefste Stellung) am Himmel. Die Sonnenwende, lateinisch Solstitium, kennzeichnet den Beginn des Sommers und Winters.

Sonnenwind ~ Von der Sonne ausgehende Strömung elektrisch geladener Teilchen und Magnetfelder.

Spaceshuttle ~ Wieder verwendbare Raumfähre der NASA, die Menschen und Fracht in eine Umlaufbahn um die Erde bringt. Die NASA besitzt insgesamt vier Raumfähren: Columbia, Discovery, Atlantis und Endeavour.

Spektrograph ~ Instrument zur Aufspaltung des Lichts in die verschiedenen Wellenlängen des Spektrums und dessen fotografische Aufzeichnung.

Spektrum ~ Die Regenbogenfarben des sichtbaren Lichts, das von der Sonne oder einem Stern ausgestrahlt wird. Man erhält sie durch Brechung der Lichtstrahlen in einem Prisma oder Spektrographen. Häufig auch für das gesamte elektromagnetische Spektrum verwendet.

Spiralarm ~ Dichte, gekrümmte Region in der Scheibe einer Spiralgalaxie, die besonders viele Sterne und Gaswolken enthält.

Spiralgalaxie ~ Große Scheibengalaxie mit hellen Sternen und Gaswolken, die zu mehreren, gekrümmt vom Kern nach außen verlaufenden Spiralarmen gruppiert sind. Eine Sonderform ist die Balkenspirale, die einen länglichen Kern und nur zwei Spiralarme besitzt.

Stern ~ Selbst leuchtende Gaskugel, die ihre Strahlungsenergie aus Nuklearreaktionen in ihrem Innern erhält. Unsere Sonne ist ein Stern.

Sternassoziation ~ Verband von höchstens hundert jungen Sternen, die sich gemeinsam entwickelten und mittlerweile lose über Hunderte von Lichtjahren verteilen. Die hellen Sterne von Perseus gehören zu drei Assoziationen.

Sternbild ~ Gruppe von Sternen, die zu einer Figur oder einem Bild zusammengefügt wurden. Es gibt heute 88 Sternbilder, die sich meist auf die Sternmythen und -legenden des Altertums beziehen. Auch Konstellation genannt.

Sterntag ~ *Siehe* Siderischer Tag

Sternwolke ~ Bereich innerhalb der Milchstraße, in dem die Sterne so dicht stehen, dass sie wie eine Wolke aussehen.

Strahlung ~ Energie, die sich in Form von Wellen- oder Teilchenstrahlen ausbreitet.

Strahlungszone ~ Mittlere Schicht der Sonne (und anderer Sterne), in der Energie durch Strahlung nach außen transportiert wird. Sie liegt zwischen Zentralbereich und Konvektionszone.

Superhaufen ~ Loser Verband von mehreren durch die Gravitation zusammengehaltenen Galaxienhaufen. Der Lokale Superhaufen enthält die Lokale Gruppe, den Virgo-Haufen und andere Galaxienhaufen.

Supernova ~ Sternexplosion, bei der ein massereicher Stern unter extremer Helligkeitsentwicklung seine Atmosphärehülle abstößt. Zu einer Supernova kommt es, wenn ein Riesenstern seinen Wasserstoffvorrat verbraucht hat oder wenn ein Stern zu viel Gas von seinem Begleiter zu sich herüberzieht.

Supernova-Überrest ~ Expandierende Gaswolke aus den Materieresten einer Supernova.

T

Tag (Rotationsperiode und Sonnentag) ~ Der siderische Tag oder Sterntag eines Planeten oder Mondes entspricht seiner Rotationsperiode – der Zeit, in der er sich einmal vollständig um seine Achse dreht. Der Sonnentag ist dagegen die Zeitspanne von einem Mittag zum nächsten.

Tagundnachtgleiche ~ Der Moment, an dem die Sonne den Himmelsäquator von Süden nach Norden oder von Norden nach Süden überquert und direkt über dem Äquator eines Planeten zu stehen scheint. Zu diesem Zeitpunkt sind überall auf dem Planeten Tag und Nacht gleich lang.

Teleskop ~ Jedes Instrument, das Licht oder sonstige Strahlung sammelt und auf diese Weise die Beobachtung von Himmelsobjekten erleichtert.

Tierkreis ~ Ein Band von 12 Sternbildern, das die Sonne im Lauf des Jahrs zu durchwandern scheint. Die Sternbilder sind: Fische, Widder, Stier, Zwillinge, Krebs, Löwe, Jungfrau, Waage, Skorpion, Schütze, Steinbock und Wassermann.

Treibhauseffekt ~ Die Erwärmung einer Planetenoberfläche durch eingefangene Sonnenstrahlung. Kurzwelliges Sonnenlicht durchdringt die Atmosphäre ungehindert und heizt die Oberfläche auf. Dagegen blockiert die Gashülle einen Teil der langwelligen Wärmestrahlung, die von der Oberfläche abgegeben wird, sodass sich die oberflächennahen Schichten immer stärker erwärmen. Auch Glashauseffekt genannt.

Trojaner ~ Zwei Gruppen von Asteroiden, welche die Sonne auf der gleichen Bahn wie Jupiter umlaufen, eine vor und eine hinter dem Riesenplaneten.

U

Ultraviolettstrahlung ~ Unsichtbare Strahlung mit kürzeren Wellenlängen und höheren Frequenzen als beim sichtbaren Licht. Die UV-Strahlung der Sonne verursacht den Sonnenbrand.

Universum ~ Das Weltall mit allen Galaxien, Schwarzen Löchern,

Sternen, Nebeln, Monden, Planeten, Kometen, Asteroiden, Meteoroiden und Staubpartikeln. Auch wir sind Teil des Universums!

Urknall ~ Anfang des Universums, bei dem das Weltall in einer gewaltigen Explosion aus einem Zustand unendlicher Dichte hervorging. Auch Big Bang genannt.

V

Veränderlicher Stern ~ Stern, dessen Helligkeit sich im Lauf der Zeit ändert. Zu den regelmäßigen Veränderlichen gehören Bedeckungs- und Pulsationsveränderliche.

Vollmond ~ Mondphase, in der die Mondscheibe vollständig von der Sonne erhellt wird.

Vorbeiflug ~ Eine Weltraum-Mission zu einem Planeten oder Mond, bei dem die Sonde weder landet noch in eine Umlaufbahn einschwenkt. Das ist in der Regel die erste Stufe einer Erkundung, gefolgt von einem Orbiter und dann einem Lander. Vorbeiflug-Sonden und Missionen werden oft als „Flyby“ bezeichnet.

W

Weißer Zwerg ~ Alter, extrem dichter und heißer Stern; in der Regel der Überrest eines Roten Riesen.

Wellenlänge ~ Abstand zwischen zwei Wellenbergen.

Weltraum ~ Das Universum jenseits der Erdatmosphäre. Die Grenze ist fließend und beginnt ungefähr 160 Kilometer oberhalb der Erde.

Weltraumteleskop ~ Im Allgemeinen jedes Teleskop an Bord eines Satelliten oder Raumfahrzeugs. Das Hubble-Weltraumteleskop, benannt nach dem amerikanischen Astronomen Edwin Hubble (1889–1953), wurde von der NASA 1990 ausgesetzt.

Z

Zone ~ Ein helles Wolkenband in der Atmosphäre eines Gasriesen.

Index

L

M

N

O

P

Q

R

S

Danksagungen

Weldon Owen möchte folgenden Personen für ihre Hilfe bei der Fertigstellung dieses Buches danken: Helen Bateman, Mike Croll, Michael Hann, Veronica Hilton, John Mapps, Stuart McVicar, Cliff Watt.

Photonachweis: AAO = Anglo-Australian Observatory, AF = Akira Fujii, ESO = European Southern Observatory, NOAO = National Optical Astronomy Observatories, ROE = Royal Observatory, Edinburgh, SPL = Science Photo Library, STScI = Space Telescope Science Institute, TPL = The Photo Library, Sydney, TS =Tom Stack & Associates
o=oben, u=unten, m=; Mitte l=links, r=rechts
3, Oliver Strewe/Weldon Owen; **8o** Superstock; **m** TPL/Rev.Ronald Royer/SPL; **u** TPL/NASA/DVR/SPL; **9** TPL; **10ul** AAO/ROE; **ur** TPL/STScI/SPL; **11or** TPL/Kim Gordon/SPL; **12ul** TPL/NASA/SPL; **ur** The Observatories of the Carnegie Institute of Washington; **13ol** NOAO; **mr** ESO; **14** The Bridgeman Art Library/British Museum, London; **15ol** William Austral/MacQuitty/Camera Press; **or** The Granger Collection; **m** TPL/Paul Thompson; **18o** ASP/Mt Wilson and Las Campanas Observatories; **19ol** Malin/IAC/RGO; **or** TPL/Hale Observatories/SPL; **20ol** Richard J. Wainscoat; **or** Corbis/Roger Ressemeyer; **21ul** TPL/David Nunuk/SPL; **ur** TPL/NASA/SPL; **22l** TPL/Max Planck Institute/SPL; **r** STScI/NASA **25 o** TPL/NASA/SPL; **ml** Novosti, London; **mr** TPL/NASA/SPL; **u** TPL/NASA/SPL; **27** TPL/NASA/SPL; **32or** Tony & Daphne Hallas/Astrophoto; **ml** TPL/NASA/SPL; **mr** TPL/SPL **33 ul** TPL/Geoff Tomkinson/SPL; **34** TS/JPL/TSADO; **36ml** NASA; **mr** TPL/SPL/David P. Anderson/NASA; **38ol** Auscape/Maurice & Katia Krafft; **or** TPL/Ted Mead; **39m** NASA; **u** TPL/SPL/NASA; **40m** A; **u** NASA; **42ml** TPL/SPL/BMDO/NRL/LLNL; **mr** NASA; **44or** TPL/Fred Espenak/SPL; **mr** TPL/John Sanford/SPL; **ur** AF; **46or** TPL/John Sanford/SP; **mr** TPL/David Nunuk/SPL; **48ml** TPL/USGS/SPL; **mr** TPL/NASA/SPL; **50o**NASA; **mr** NASA; **ml** John Hopkins University Applied Physics Laboratory; **u** TPL/NASA/SPL; **52o** TPL/NASA/SPL; **ml** NASA; **mr** NASA; **u** TPL/NASA/SPL; **56** NASA/JPL; **58** NASA; **60** TPL/STScI; **62** TPL/John Chumack; **63ul** TPL/SPL; **ur** TPL/European Space Agency/SPL; **64ul** NASA/STScI; **ur** NASA/STScI; **64-65** NASA/STScI; **65om** NASA/STScI; **ul** AAO/David Malin; **ur** TPL/Fred Espenak/SPL; **66o** TPL/ROE; **m** AAO/David Malin; **u** TPL/STScI/NASA; **67or** TPL/I.M House; **m** TPL/STScI/NASA; **ul** AAO/David Malin; **ur** AAO/David Malin; **68ur** TPL/Lick Observatory; **70ul** NASA/STScI; **71ur** AF; **72ml** AAO/ROE; **mr** NASA/STScI; **76o** AF; **78o** NASA/STScI; **om** NASA/STScI; **m** TPL/Tony Hallas/SPL; **um** AF, **u** AAO/ David Malin; **79ul** TPL/NASA/SPL; **ur** TPL/Fred Espenak/SPL; **80o** AAO/David Malin; **m** NASA/STScI; **82** AAO/ROE; **83ol** TPL/NASA/SPL; **om** AAO/ROE; **or** TPL/SPL; **84o** NASA/Chandra X-Ray Observatory/MFSC; **mo** NASA/STScI; **mu** TPL/SPL/AAO/David Malin; **u** TPL/Max Planck Institute/SPL; **86m** NASA/STScI; **87m**TPL/NASA/SPL; **88o** David Miller; **m** Jerry Schad; **ul** Oliver Strewe/Weldon Owen; **br** AF; **90-91** The Granger Collection, New York; **91o** Alan Dyer; **m** British Library, London; **92ul** TPL/Pekka Parviainen/SPL; **94o** AF; **m** AF; **95ot A**; **m** TPL/SPL; **96o** TPL/Kim Gordon; **m** NOAO; **97** AF; **98ml** TPL/Celestial Image Pict/SPL; **mr** Bill and Sally Fletcher; **99o** TPL/SPL; **mr** TPL/Kim Gordon/SPL; **100om** TPL/Kim Gordon/SPL; **um** TPL/Tony Hallas/SPL; **10lo** TS/Bill and Sally Fletcher; **m** TPL/John Sanford; **102ml** TPL/SPL; **mr** TPL/SPL; **103mc** AAO/David Malin, **mr** TPL/Fred Espenak/SPL; **104** AF; **105o** AAO/David Malin; **m** AF; **106o** TPL/Tony Hallas/SPL; **m** TPL/J. Hester & P. Scowen/SPL; **107ml** TPL/SPL; **mr** AAO/ROE; **108o** AAO/David Malin; **m** TPL/NOAO/SPL; **109m** TPL/SPL; **o** AAO/David Malin; **121** TPL/NASA/SPL.

Illustrationsnachweis: Wildlife Art Ltd.
18-25, 120mr, 121ur, 121mr, 124ul, **Tom Connell**; 1(Sternbilder), 14-17, 94-109, 116mr, 117or, 120ml, 120ul, 120m, 123or, 125ul **Luigi Gallante**; 68-73, 78-83, 117ul, 118m, 121or, **Lee Gibbons**; 1m, 3, 8-13, 26-65, 66-67 (digitale Bearbeitung), 74-78, 84-87, 90-93, 112mr, 113-115, 117ur, 118or, 119or, 120r, 121ol, 121ml, 121m, 121um, 122, 123u, 124ur, 124or, 125or, **David A. Hardy**; alle „Mach mit"-Projekte und „Wissenswertes"-Kästchen, 119bl, 120tl, 12tr, **Sandra Pond**; 38bc, 38br, 39bl, 39br, 88-89, **Jonathon Potter**.